"十二五"国家重点图书出版规划项目

中国社会科学院创新工程学术出版资助项目

总主编：金 碚

经济管理学科前沿研究报告系列丛书

THE FRONTIER RESEARCH REPORT ON
DISCIPLINE OF
AGRICULTURAL ECONOMICS

周应恒 等 主编

农业经济学学科前沿研究报告

图书在版编目（CIP）数据

农业经济学学科前沿研究报告 2012/周应恒等主编．—北京：经济管理出版社，2017.1
ISBN 978-7-5096-4718-9

Ⅰ.①农… Ⅱ.①周… Ⅲ.①农业经济学—研究报告—世界—2012 Ⅳ.①F30

中国版本图书馆 CIP 数据核字（2016）第 259191 号

组稿编辑：张永美
责任编辑：胡　茜
责任印制：黄章平
责任校对：张　青

出版发行：经济管理出版社
　　　　　（北京市海淀区北蜂窝 8 号中雅大厦 A 座 11 层　100038）
网　　址：www.E-mp.com.cn
电　　话：（010）51915602
印　　刷：玉田县昊达印刷有限公司
经　　销：新华书店
开　　本：787mm×1092mm/16
印　　张：27
字　　数：591 千字
版　　次：2017 年 1 月第 1 版　2017 年 1 月第 1 次印刷
书　　号：ISBN 978-7-5096-4718-9
定　　价：89.00 元

·版权所有　翻印必究·

凡购本社图书，如有印装错误，由本社读者服务部负责调换。
联系地址：北京阜外月坛北小街 2 号
电话：（010）68022974　　邮编：100836

目 录

第一章 农业经济学学科 2012 年国内外研究综述 1
- 第一节 国内文献综述 1
- 第二节 国外文献综述 13

第二章 农业经济学学科 2012 年期刊论文精选 19
- 第一节 中文期刊论文精选 19
  - "新农合":经济绩效还是健康绩效? 20
  - 江苏省新型农村社会养老保险制度的调查和思考 39
  - 经济增长、收入差距与农村贫困 48
  - 产业组织模式对农产品质量安全的影响:来自奶业的例证 67
  - 生计资本、生计风险与农户的生计策略 93
  - 社会资本是穷人的资本吗?
    ——基于中国农户收入的经验证据 101
  - 新时期国家粮食安全战略和政策的思考 123
  - 消费者对含有不同质量安全信息可追溯猪肉的消费偏好分析 131
  - 基于收入分层 QUAIDS 模型的广东省城镇居民家庭食品消费行为分析 146
  - 复杂产权论和有效产权论
    ——中国地权变迁的一个分析框架 159
  - 交易费用、农户认知与农地流转
    ——来自广东省的农户问卷调查 178
  - 气候变化是否影响了我国过去两千年间的农业社会稳定?
    ——一个基于气候变化重建数据及经济发展历史数据的实证研究 193
  - "老龄健康"的经济学研究 225
  - 健康人力资本、经济增长和贫困陷阱 248
  - 城镇化对粮食需求的影响
    ——基于热量消费视角的分析 266
  - 中国与金砖国家农产品贸易:比较优势与合作潜力 275
  - 中国农业对外开放:影响、启示与战略选择 289
  - 农户正规借贷需求及其正规贷款可获性的影响因素分析 302
  - 宗族网络、农村金融与平滑消费:来自中国 11 省 77 村的经验 313

　　城乡金融发展非均等化的形成机理及对策
　　　　——基于自组织理论的分析 ………………………………… 330
　第二节　英文期刊论文精选 …………………………………………… 335

第三章　农业经济学学科 2012 年出版图书精选 … 359
　第一节　中文图书精选 ………………………………………………… 359
　第二节　英文图书精选 ………………………………………………… 380

第四章　农业经济学学科 2012 年大事记 … 397
　第一节　国内大事记 …………………………………………………… 397
　第二节　国外大事记 …………………………………………………… 402

第五章　农业经济学学科 2012 年文献索引 … 405
　第一节　中文文献索引 ………………………………………………… 405
　第二节　英文文献索引 ………………………………………………… 415

后　记 … 427

第一章 农业经济学学科2012年国内外研究综述

第一节 国内文献综述

本报告以农业经济学理论结构为划分基础,对2012年国内与农业经济学理论相关的文献资料进行梳理和内容划分。考虑到篇幅与质量问题,笔者从这些资料中精选出来自《中国社会科学》、《经济研究》、《经济学(季刊)》、《管理世界》、《中国农村经济》、《中国农村观察》、《农业经济问题》、《农业技术经济》等学术期刊的100多篇论文,并进行综述评价。本次文献资料整理的国内期刊主要来源于CSSCI。文献综述包括农业经济理论与政策、农业资源与环境、食物经济与管理、营养与健康经济、农产品市场与贸易、农村与区域发展、农村金融与保险七方面。

一、农业经济理论与政策

在我国农业发展进程中始终伴随着农业政策的不断调整,农业政策的适应性调整为应对我国农业发展面临的内外部环境变化提供了支持,保障了我国农业的长期和稳定发展。目前,学术界对农业政策的研究主要包括"新农合"、"新农保"、农业补贴政策、生产组织形式等方面。

在"新农合"政策方面,程令国和张晔(2012)利用2005年和2008年中国老年健康影响因素跟踪调查的两期数据,从经济绩效和健康绩效两个角度对"新农合"的绩效进行了考察,研究发现,"新农合"显著提高了参合者的健康水平,但是未明显降低医疗负担。李立清(2012)基于五省的调查数据,实证分析了影响农户参与新型农村合作医疗稳定的因素,研究发现,户主年龄、户主受教育年限、户主自评健康等级、家庭成员中是否有慢性病患者、家庭成员有因病获得住院补偿情况、家庭人均纯收入水平、家庭人口规模、家中有60岁以上的老人、所在村庄生育观念、农户家庭距乡(镇)医院距离等户主个体特征、家庭特征和"新农合"制度实施环境因素,都不同程度地对农户退出"新农合"风险产生了显著影响。刘晓梅和刘波(2012)从收入和医疗支出两个方面分析了城市和农村以及农村内部的差异状况，得出我国医疗保险制度中的差异性趋势是医疗支出的差异性在逐渐缩小，而医疗服务的差异已经到了农民可承受的边缘，需要政府及时改革。

在"新农保"政策方面，黄宏伟和展进涛（2012）利用农业部农村固定观察点2011年全国抽样调查数据，实证分析了农户参加新型农村社会养老保险概率和缴费金额的决定因素。研究发现，家庭经济条件越好，农户参加"新农保"概率越低，缴费金额越高；家庭养老负担和教育支出压力制约了农户"新农保"参加概率和缴费金额；家庭经营耕地面积越大与户主文化程度越高的农户，其参加"新农保"的概率更高。孙文基和孙骏可（2012）在介绍江苏省新型农村社会养老保险制度的基础上，总结了取得的突出成绩，分析了存在的主要问题，从完善制度、正确处理财政压力与进一步加大财政投入的关系、加强经办能力建设、加强基金结余管理、加快立法工作几方面提出了完善的具体对策。

在农业补贴政策方面，张淑杰和孙天华（2012）运用DEA和Tobit模型，分析了现行农业补贴政策效率及其影响因素。分析表明，农业补贴政策存在较高比例的DEA无效，农业补贴次数、亩均农业补贴水平、农业补贴类型与补贴次数、农资价格上涨等因素对农业补贴政策效率具有显著的影响。王士海和李先德（2012）考查了中国最低收购价政策是否起到对粮食市场的托市效应，研究发现，最低收购价政策对大部分粮食品种存在托市效应，其中小麦的政策效果最为明显，油脂业用大豆的政策效应为负，同样的政策对主产区和主销区的影响也有所不同。洪自同和郑金贵（2012）通过对福建省农户调研的数据，探讨农机购置补贴政策对农户粮食生产行为的影响。实证分析结果表明，农户是否扩大水稻种植面积的主要影响因素是农户家庭农业劳动力人数和农户从集体承包的耕地面积，而农户从集体承包的耕地面积和对农机购置补贴政策的评价对农户扩大多少水稻种植面积具有显著影响。

在组织形式方面，扶玉枝和黄祖辉（2012）测算了2009年浙江省营销合作社总体及细分产品类型的技术效率、纯技术效率和规模效率。结果表明，无论是总体还是分产品类型，浙江省营销合作社技术效率水平均较低，且技术低效率的主导因素是纯技术低效率。孙亚范和余海鹏（2012）分析了中国农民专业合作社成员的合作意愿及其影响因素，研究结果表明，农民专业合作社成员在参与合作中普遍缺乏投资入股、稳定惠顾和扩大产品生产规模的意愿，中国农民专业合作社尚未形成稳定发展和持续成长的内在机制；成员的合作认知水平、获得的合作收益及其满足程度、对管理层的信任程度、合作社盈余返还分配制度和社员股金制度是否健全以及成员在合作社中的某些角色差别，是影响成员合作意愿的主要因素。黄祖辉和高钰玲（2012）实证分析了影响农民专业合作社服务功能实现程度的主要因素。研究发现，农民专业合作社主营产品的产品特性对其服务功能的实现程度具有显著影响，但目前不同主营产品类型农民专业合作社的服务功能并未完全实现。成员拥有的资源状况、社长的企业家才能以及对社长的激励程度都会影响合作社服务功能的实现程度，产业集群、产品认证以及政府的资金扶持对合作社服务功能的实现程度也有显著影响。蔡荣和韩洪云（2012）实证分析了影响农户参与合作社程度的因素，研究发现，苹果种植面积、苹果收入比重、苹果质量、市场价格水平和果品市场距离等对农户是否参与合作社具有显著的积极影响，户主文化程度、市场价格波动等对农户是否参与合作社则具有显著的抑制作用。

其他政策涵盖禁牧政策、退耕还林政策、征地补偿政策等。海力且木·斯依提等（2012）以新疆富蕴县等六个典型牧业、半牧业县的调查资料为基础，分析禁牧政策实施中存在的主要问题，提出了相应的对策建议。韩洪云和喻永红（2012）采用陈述偏好法中的选择实验法，基于重庆万州的调查数据，评估了退耕还林的环境改善价值、退耕还林政策的可持续性和受益者对保护退耕还林成果的支付意愿。结果发现，退耕还林给项目区带来了巨大的环境价值；退耕还林政策具有很好的绩效和可持续性；样本区绝大多数家庭对退耕还林具有较强的支付意愿。林乐芬和金媛（2012）实证分析被征地农户受偿满意程度的影响因素，研究发现，地方政府征地补偿政策执行滞后偏离程度越大，被征地农户受偿满意程度越低，中央政府征地补偿政策效应就越低；被征地农户家庭特征、被征地地区的经济发展水平和被征地块的特征因素，都会在一定程度上影响被征地农户的受偿满意程度。

二、农业资源与环境

自改革开放特别是进入21世纪以来，中国在长期保持经济快速增长的同时，不断强化环境保护，追求经济增长与环境保护相协调，体现出生态现代化取向；但技术条件不足、经济发展不充分和不均衡、以制造业为支柱产业、带有鲜明的政府主导色彩，又使得中国生态现代化具有自身特点及风险（洪大用，2012）。农村环境治理和保护作为环境保护的一个重要方面早已受到社会各界的广泛关注，低碳农业、生态农业、循环经济等领域的发展为农村环境的改善和资源的有效利用起到了很大的助推作用。

陈卫洪（2012）利用我国1990～2009年的土地利用变化数据，运用相关计量模型对农用地面积、建设用地面积和林业用地面积与农林牧渔等部门二氧化碳排放通量的关系进行分析。建议在合理、高效利用现有土地的同时，通过加强农地保护和林地抚育，继续增加植树造林等措施来促进我国低碳农业的建设和发展。低碳农产品中的低碳特性是指通过控制农业生产资料生产过程的石化能源消耗、农业生产过程中不合理使用化肥农药等生产资料、农产品加工流通包装物的能耗和农业废弃物的不合理处理等碳排放源，实现最少的温室气体排放所带来的减缓气候变暖的环保价值。湿地保护与生态农业发展一直是理论和实践中众人关注的问题。杨新荣（2012）以洞庭湖区为例，按照种植型、养殖型和综合型研究了基于湿地保护的生态农业模式，并针对不同区域特点给出发展建议。农业生产废弃物循环利用是实现生态农业的重要途径，而基质化是农业生产废弃物循环利用产业联动的重要路径。李鹏（2012）针对农户农业生产废弃物基质化循环利用行为进行实地调研，采用DEA-Tobit两步法，测度农业生产废弃物循环利用的产业联动绩效，并分析内外部环境因素对农业生产废弃物循环利用产业联动绩效的作用方向及程度。

在有关农村环境的农户行为方面，大量学者进行了相关研究。刘莹（2012）在全国范围内对 660 个农户进行实地调查，并对影响农村生活垃圾处理方式的因素进行了分析。黄武（2012）认为农户秸秆处理行为主要受到投入要素价格和农户所拥有的资源状况的影响，降低农户实际支付的要素价格以及改善农户的资源状况将有助于促进农户对秸秆资源的综合利用。褚彩虹（2012）通过了解太湖流域农户的有机肥选用与测土配方施肥技术，研究了农户采用环境友好型农业技术行为的影响因素。苗艳青（2012）研究了农村居民对环境卫生改善的支付意愿与其影响因素，发现相对于当前的改厕成本，我国农村居民的改厕支付意愿较低，虽然东部省份的平均支付意愿高于中西部省份，但是西部省份比东部和中部省份有更高的改厕需求，而农村居民改厕支付意愿的概率不仅是收入水平的体现，更重要的是知识、态度、个人卫生行为的体现，这些非经济变量对农村居民改厕支付意愿概率和数量都有非常显著的正向影响。

在资源经济方面，土地和水作为农业生产的基础性资源一直受到很多学者的关注。张曙光（2012）从新的角度研究了中国地权的变迁，他认为中国农地产权的变迁过程说明了土地流转的出现在经济发展与技术进步中是一种必然，而除了产权问题之外，中国的土地流转还有其他的障碍，其中最突出的就是土地市场的发育不全、交易费用高昂。罗必良（2012）等将农户的土地承包经营权退出分为经营权退出与承包权退出，分析了农户对于土地承包经营权的退出意愿及其影响因素，并提出应重视农民的意愿冲突和政策目标的冲突。此外，对于指标控制下的城乡土地流转机制，谢新（2012）以成渝地区地票实践为例，研究了城乡土地流转的微观机制，指出了地票制度中存在的不足与症结所在，对国土资源部将实施的经营性建设用地初次流转市场化的制度设计具有重要的借鉴意义。宋敏（2012）以武汉市洪山区为例，运用条件价值评估法和层次分析法，对耕地的总外部效益和局部外部效益进行了定量估算。研究发现，耕地除了具有一般的生产功能之外，其产生的社会、生态方面的外部效益更是不容小觑，而长时间对耕地资源外部效益的忽视以及缺乏将其内在化的机制和途径，使得农地用途管制等保护政策并未有效地发挥作用。为真正有效地控制耕地的流失速度和数量，政府应该建立耕地保护的补偿机制，设置有针对性的公众参与机制，创设耕地外部效益财产权，以确保耕地保护的真正实现。

随着我国人口增长和经济发展，农产品消费需求将呈刚性增长，水资源短缺问题日益严峻，成为我国农业可持续发展的巨大挑战。为解决农业用水问题，要发展生物性节水技术，开发旱作节水技术，发展现代节水灌溉技术，解决水质性缺水问题，提高节水装备水平，加强管理制度和机制创新，全面提高农业用水生产力（薛亮，2012）。另外，由于我国大部分地区水资源短缺，我国乡村水利建设也面临重重困境，如灌溉系统老化失修、灌溉面积萎缩、灌溉效益低下和农业生产力下降等。目前，成立以农民为主体的用水户协会逐渐上升为全面性的政府行为，纳入了国家改善农业基础设施的整体战略之中。蔡晶晶（2012）从乡村水利合作建构的三种制度途径（科层建构、交易建构和社会建构）出发，以福建省清流县灵地镇吉龙村农民用水户协会为个案，分析乡村水利合作出现困境的深层障碍及其根源，探讨用水户协会面临的科层化、缺乏激励与组织失效等问题的解决思路。

三、食物经济与管理

改革开放 30 多年来,中国的粮食供给能力大幅提高,推动了人民生活水平从温饱向小康过渡,然而,如果用历史理性来审视当前的粮食供需紧张平衡就会发现,中国并未摆脱粮食安全的威胁,只是短期内通过石油农业将粮食安全问题转化为生态安全问题和食品安全问题。学界关于我国食物消费的研究主要集中在粮食安全、食品安全、食物消费等领域。

保障粮食安全始终是我国农业发展的主旋律之一,新时期的粮食安全被赋予了更为丰富的内涵和定义。倪国华等(2012)指出从新中国成立到改革开放前属于粮食供应短缺与生态环境压力增大时期。改革开放以来,化肥、农药、动植物激素等生产要素的大量引入,促使粮食供需达到紧张平衡,短期内粮食安全问题得到缓解,长期来看,农业面源污染加剧,土壤毒化、地下水超采、土地荒漠化与水土流失继续恶化,粮食供给不可持续。于晓华等(2012)对中国所面临的粮食安全问题的背景和政策做了一个全面的总结和分析,并指出中国的粮食自给率按照能量计算已经下降到了 70%。为了更好地制定粮食安全政策,中国政府必须区分食物安全(Food Security)、口粮安全(Grain Security)以及饲料安全(Feed Security)三个概念,中国现在和将来的粮食安全实际表现为饲料安全。黄季焜等(2012)从个体、区域和国家三个不同尺度上考量,认为过去 30 年我国食物安全水平都得到了不断提高,广义的粮食安全基本上得到保障。虽然狭义的粮食安全已经突破了 95% 自给率的国家既定目标,但是大豆供给安全已从国内生产转向依靠国际市场进口,玉米供给安全正逐渐从国内生产向国际市场进口转变。吕新业等(2012)在对粮食消费因素、生产因素、进口因素进行趋势性分析的基础上,对稻谷、小麦、玉米、大豆等主要粮食品种进行供需预测认为,2020 年我国粮食消费、生产与进口量分别为 6.93 亿吨、6.44 亿吨与 0.49 亿吨。

食品安全是近年来国内学界的热点议题,确保食品安全是经济发展、社会进步和人民生活不断改善的必然要求。王可山(2012)指出在不同的历史时期,食品安全的内容和面临的主要问题也不同。在食品短缺时期,更加关注食品的数量安全,发展生产、保障供给是主旋律,强调生产或提供的食品要在数量上保证食品消费的需求。当数量安全问题得到基本解决之后,食品是否卫生安全、营养结构是否合理受到关注,重视生产或提供的食品在品种质量、营养卫生上保证食品消费的需求。曲峻岭(2012)认为食品安全问题的根本原因是,我国经济进入转型阶段,有关农产品和食品的法律法规体系和技术标准体系尚不健全,执法监管工作滞后。基于对欧美等发达国家食品安全监管工作的主要特点的分析,总结发达国家食品安全监管工作的经验和做法,提出食品安全工作应由统一部门管理并形成独立执行机构,食品标准应与国际标准接轨,提高检验技术能力,建立企业自我监控体系,加强法律法规建设。王志刚等(2012)根据 12 个食品加工行业中已获得 HACCP 认证的 334 家企业的调查数据,实证分析了食品安全规制对生产成本的影响。结果表明,食品安全质量对生产成本具有内生性，提高资本使用效率、改善要素投入结构、扩大企业生产规模是厂商降低质量安全成本效应的有效途径。陶善信等（2012）提出信息不对称已被认为是食品安全问题发生的本质原因，然而，问题不可能通过信息对称来解决。信息不对称也不是造成市场失灵的充分条件。要解决食品安全市场的信息不对称问题，必须控制食品的属性特征、食品市场的结构特征以及安全食品的流通过程，满足信任机制生成和稳定的条件，从而使食品安全市场建立起有效的信任机制。

食品安全领域的微观研究主要集中于食品生产加工企业的生产经营行为和消费者层面对安全的支付意愿与支付行为等方面。胡颖廉（2012）基于外部信号理论分析了食品生产经营者行为的影响因素，以食品生产加工环节为例，构建了我国食品生产经营者违法行为影响因素的分析框架。实证研究发现，产品质量监督抽查合格率以及食品工业产值与农产品产量之比越低，食物中毒发生率越高，生产经营者违法情况越严重。李红等（2012）认为奶制品生产环节的控制和管理是奶制品质量安全管理的关键点，利用内蒙古的调查数据分析了影响奶牛养殖户质量安全行为的因素，发现要想规范和优化奶牛养殖户的饲养行为、消毒行为、挤奶行为，必须提高奶牛养殖户的受教育程度，进行规模化、专业化养殖，加强技术指导和食品安全知识教育，引导奶牛养殖户参加奶业合作社。吴林海等（2012）在对可追溯猪肉不同质量安全信息做出设定的基础上，研究了山东省潍坊市 765 位消费者对含有不同质量安全信息的可追溯猪肉的偏好。结果显示，消费者对食品质量安全的关注度、对可追溯食品的认知、关注"猪肉可追溯标签"信息、自身收入与家中是否有孕妇、受双汇"瘦肉精事件"影响等变量显著影响其对含有不同质量安全信息可追溯猪肉的偏好。文晓巍等（2012）以可追溯肉鸡为例，调查了广州市消费者对可追溯食品的感知利得、感知风险、信任态度、购买意愿以及对可追溯体系的监督意愿，探讨消费者感知利得、感知风险、信任态度与购买意愿、监督意愿之间的关系。结果表明，消费者从可追溯食品中的感知利得越大，越倾向购买可追溯食品和监督可追溯体系；消费者感知风险越大，购买意愿越低；消费者对可追溯食品信任态度越强，购买意愿越高；而消费者购买意愿越高，其对可追溯体系的监督意愿也越高。

食物消费和需求弹性受人口结构、收入水平、城镇化程度等因素影响。钟甫宁等（2012）认为城镇化从两方面影响粮食的需求：一方面，城镇化提高居民食品消费结构中动物产品的比重，增加粮食需求总量；另一方面，城镇化降低劳动强度并减少热量需求从而降低粮食需求总量。无论是城市还是农村，食品消费结构中动物产品的增长是我国粮食需求增长的主要原因，农村居民最终粮食消费总量低于城市居民。吴蓓蓓等（2012）基于 2007~2009 年广东省城镇居民家庭 7 类食品的消费数据，对不同收入家庭食品消费结构及其消费行为进行了分析。结果表明，城镇居民家庭乳品、油脂类和肉类等动物性食品的支出弹性大于 1，与中等和高收入家庭相比，低收入家庭这三类食品的消费支出弹性也相对敏感；在不同收入分层中，低收入家庭油脂类食品的消费价格弹性相对敏感；当收入和价格同比例变化时，城镇居民家庭更愿意增加对肉类、蛋类和乳品的消费。郑志浩等（2012）利用 2004 年江苏省城镇住户调查数据，分析了收入分布状况的变化后中国城镇居民家庭在外食物消费的变化，认为增加居民收入，特别是增加中低收入阶层居民的收入，将会明显增加全社会在外食物消费的支出和各类食物的消费量，收入分布状况的变化会影响中国城镇居民家庭在外食物消费。唐学玉等（2012）以南京市场消费者为样本，分析了安全农产品消费动机的构成维度，并以消费动机为细分变量，对安全农产品市场进行细分。研究结果表明，安全农产品市场可以分为健康寻求者、时尚环保者与安全寻求者三个细分市场，其中安全寻求者是最大的消费群体。

四、营养与健康经济

国民营养与健康状况是反映一个国家或地区经济与社会发展、卫生保健水平和人口素质的重要指标。良好的营养和健康状况既是社会经济发展的基础，也是社会经济发展的重要目标。关于营养与健康经济的研究主要包括城镇化对农民的健康影响、农民健康意识与农作物用药选择、卫生服务可及性与农村居民健康关联性、中国西南贫困地区的营养与人力资本状况、发达地区的家庭食品消费研究、健康人力资本与经济增长的关系等。

秦立建（2012）等认为城镇化征地降低了农民的健康状况，被征地农民的健康状况明显低于有地农民的健康状况，其主要原因在于征收农用土地时补偿标准较低，农民实际得到的补偿款较少，无力进行必要的健康投资，降低了被征地农民的健康水平。人的健康程度和营养息息相关，而所获取的营养又与食品的健康程度呈现一定的相关性。喻永红和韩洪云（2012）基于对湖北稻农 IPM 采用的调查数据，利用决策模型进行分析，结果发现：农民对传统化学防治的健康危害认知是影响 IPM 的重要因素之一；稻农的年龄、性别、受教育程度、是否兼职、种植规模、离城镇的距离等也是重要的影响因素。王永强和朱玉春（2012）通过对农户的深入访谈和实验，利用问卷调查，使用多元线性回归模型证实零售商对农民的不安全用药的影响最大，同时农民的不安全认知、风险厌恶程度对不安全用药也有一定的影响。

老龄健康问题也是社会发展进程中面临的重大议题，随着经济学的发展，老龄健康问题不再仅局限于医学方面的研究，而成为一门交叉学科，经济、环境等与老龄健康的研究逐渐成为近年来这一研究领域的主要内容。王俊和龚强等（2012）从宏观和微观两个层面对老龄健康与经济学的相关性进行研究。研究表明，人口老龄化远远超前于经济发展，对处于发展中的中国而言未富先老的人口压力使得我国养老任务十分艰巨，不利于我国的经济发展。卫生服务的可及性与农村居民的健康是不平衡的。辛怡（2012）根据 1997 年和 2006 年中国健康与营养调查数据，利用随机截距逻辑回归模型分析当前卫生服务可及性与农村居民的健康关系问题。研究表明：需求方变量中收入和医疗保险对健康影响显著，供给方只有价格是显著的，需求方影响程度大于供给方；家庭对健康的影响在削弱；供给方在一定程度上是有所改进的，但还可以继续改进，同时需求方存在个人障碍，降低了卫生服务利用。

我国贫困地区居民普遍营养摄入不足，健康状况有待提升。王兴稳等（2012）在贵州省普定县随机抽取了3个行政村8个自然村的全户数据，利用多元线性回归方程分析西南贫困山区道路是否会影响其农户的食物获得能力。研究表明，调查地区的农民温饱问题已经基本得到了保障，但农民的营养结构还是不太合理，蛋白质摄入普遍不足；距离集贸市场越远、道路状况越差，农民的膳食搭配越不合理；农民的收入以及居住地到城镇的距离对膳食的多样性有显著的影响。目前我国贫困地区中小学寄宿生的营养不良问题十分严重，亟待及时制定相应的政策进行相应的营养干预。齐良书和赵俊超（2012）通过对照试验，利用双重差分法，评估了通过校园餐进行的营养干预对贫困地区寄宿人力资本发展的影响，发现营养干预对学生的身高、体重、肺活量等都有一定的正面影响，同时对于不同性别、不同年龄段、不同的家庭背景都有着不同的影响效果。在计量分析的基础上，结合相关文献，提出了相应的改善措施：一是尽快把为贫困中小学寄宿生提供校园餐纳入国家义务教育发展规划；二是制定明确的推动贫困地区寄宿制学校校园餐项目发展的时间表；三是注重培养地方政府部门和农村寄宿制学校提供校园餐的能力；四是以校园餐项目带动贫困地区农副业发展，促进农户增收。

发达城市的营养问题也是研究课题的重要组成部分。吴蓓蓓等（2012）在2007~2009年广东省城镇居民家庭七类食品的消费数据基础上，运用QUAAIDS模型对不同收入家庭的消费结构进行了分析。结果表明，稳定食品价格、提高最低生活保障标准和最低工资标准等措施，是确保城镇居民家庭的消费需求、营养摄入水平及生活质量的前提。唐学玉和李世平（2012）以南京市场消费者为样本，运用因子分析方法发现：安全农产品市场可以分为健康寻求者、时尚环保者和安全寻求者，其中安全寻求者是最大的消费群体。营养与健康息息相关，而健康又与经济有着密切的联系。王弟海（2012）利用拓展的Romsey模型，通过考虑食物消费和营养对健康人力资本的作用，研究了健康对长期经济增长的影响。最后发现，来源于食物消费和营养的福格尔型健康人力资本不能产生内生经济增长机制，但如果有外生技术进步，这种福格尔型的健康人力资本是可以扩大经济增长率的；富国具有高资本、高健康和高消费水平，而穷国则刚好相反。

五、农产品市场与贸易

流通渠道的建设是农产品贸易得以顺利开展的必要前提，而相对落后的农产品流通渠道建设一直是制约我国农产品市场快速发展的瓶颈。赵晓飞和李崇光（2012）通过构建农产品流通渠道变革驱动力模型，分析了农产品流通渠道变革的影响因素及其作用机制，并提出我国农产品流通渠道变革应朝着渠道战略"双重化"，渠道结构"扁平化、多元化"，渠道关系"联盟化、一体化"，渠道职能"专业化"，渠道主体"组织化、规模化"，渠道运作"信息化"，渠道终端"连锁化、超市化"，交易方式"现代化"，渠道环境"规范化、有序化"的方向发展。

对于当前农产品流通所存在的问题与应对策略，学术界提供了多种思路。王冲和陈旭（2012）将农产品价格上涨与流通改革相联系，认为农产品价格大幅度上涨是造成当前通货膨胀的主要原因，农产品的流通效率亟待提高。李连英和李崇光（2012）研究发现我国的农产品流通现代化存在着农产品流通组织化程度低、农产品流通主体整体水平不高、农产品流通领域基础设施不健全、农产品流通交易方式落后、农产品流通信息化水平较低及农产品流通技术落后等问题，必须采取加快农产品流通组织化程度、提高农产品流通主体整体水平、加强农产品流通基础设施建设、不断创新农产品流通方式、加快推进农产品流通信息化建设以及提高农产品流通技术水平等具体对策。殷延海（2012）则提出了农超对接模式是我国农产品流通渠道今后发展的理想模式。

随着我国在国际上贸易大国地位的确立，农产品贸易的发展对我国经济持续健康发展的作用越来越受到人们的关注，影响我国农产品贸易的因素有很多，学术界在此方面进行了广泛的研究。贾伟和屈四喜（2012）对中国与东盟农产品贸易进行了分析，结果表明，中国各省份地区生产总产值、关税税率变化、农产品竞争力水平显著影响中国与东盟农产品贸易，中国与东盟农产品贸易的增长不能忽略世界经济增长的影响。宫同瑶、辛贤和潘文卿（2012）通过构建一般均衡模型检验了贸易壁垒对中国—东盟农产品贸易的影响程度，结果表明，农产品生产和需求的变动增加了贸易壁垒对双边农产品贸易的影响，而贸易成本的下降显著降低了贸易壁垒对双边农产品贸易的负面影响。司伟、黄春全和王济民（2012）利用恒定市场份额模型从进口需求效应、出口结构效应和竞争力效应三个方面分析了中日、中韩双边农产品贸易增长的主导因素及其对双边农产品贸易增长的贡献，结果发现，进口需求效应一直是中、日、韩农产品贸易增长的主导力量，而出口效应是制约其增长的原因。刘艺卓（2012）运用GTAP模型，就欧韩自由贸易协定实施对中国贸易规模、GDP、福利水平、农产品贸易结构以及国内农业产出结构等方面的影响进行了一般均衡模拟研究。结果表明，欧韩大部分产品实现零关税后，中国将会受到贸易转移效应的影响而出口减少、福利下降，中国的果蔬和畜产品受冲击较大，生产规模将有所萎缩。

近些年，中国农产品的贸易逆差不断增加。汤碧（2012）研究发现，巴西、印度、俄罗斯和南非是近年来中国农产品贸易逆差的主要来源，中国与巴西、印度、俄罗斯和南非农产品贸易的竞争性并不十分突出且趋于缓和，中国与其他"金砖国家"的农产品贸易存在互补性，并具有较大贸易潜力。何敏和田维明（2012）通过测算出口复杂度指标，表明中国农产品出口以中等技术产品出口为主，并逐步向中高技术产品出口转变。如今我国农业发展的内外环境已经发生深刻变化，粮食生产丰歉交替、结构性短缺、农产品价格温和上涨与市场频繁波动、持续性贸易逆差等长期性、常态化趋势已经开始显现，对农业生产方式、经营体制、市场调控、贸易格局、政策支持等多个方面都将产生深远影响。在农业政策方面尤其需要做出适应性调整，应更加注重政策的稳定性、协调性、针对性和实效性，发挥其在解决农业发展的长远性、基础性等方面的保障作用（沈贵银，2012）。

针对我国农产品贸易中存在的问题，众多学者提出建议改善现状。王阿娜（2012）根据汇率波动与农产品价格波动关系，提出农业结构优化和农产品贸易、农产品价格等方面的对策。朱晶和吴国松（2012）对中国农产品非关税贸易措施的进口限制效果进行了整体和分类的全面考察，他们指出在未来的多边贸易谈判过程中，应该结合中国农产品现有贸易结构特征与贸易政策效果，借鉴相关国际经验保护中国农业的合法权益，要综合考虑关税减让幅度、特殊产品比例、敏感性产品比例等方面的利益得失，有效采取反倾销、反补贴的法律措施抵制进口农产品的冲击，争取总体利益的最大化。杨蕾、陈永福和安玉发（2012）以中国发起的首例农业关联产品——马铃薯淀粉反倾销案件为研究对象，构建了双对数非平衡面板数据模型，对实施的马铃薯淀粉反倾销措施的贸易效果进行了实证分析，并提出对于涉农产业来说，需要建立健全贸易救济体系，采取多种方法和手段减少涉农行业的损害，维护涉农行业的利益，保持国际贸易公平的竞争环境。

六、农村与区域发展

减少贫困是大多数发展中国家社会经济发展所力图实现的重要目标，尽管不是所有的国家都能有效地实现。在改革开放以来经济高速发展的30年间，中国农村贫困人口数量大幅度下降，取得了令人瞩目的成效。学界关于农村区域与管理领域的研究重点集中在分析贫困机制和成因、扶贫的有效方式及效果评价、农村集体经济模式等方面。

我国贫困地区农户主要从事农业相关工作，贫困农户收入对种植业的依赖性很强，种植业收入低下依旧是其贫困的重要原因之一。马铃等（2012）研究了贫困农户种植业收入低下的原因。贫困农户种植业收入低下的主要原因是投入不足而不是效率低下。在主要投入要素中，贫困农户的中间物质投入量低于一般农户，但是效率高于一般农户；在劳动力投入方面，无论投入量和效率，贫困农户都高于一般农户；在生产性固定资产方面，无论投入量及效率，贫困农户均低于一般农户。罗楚亮（2012）讨论了各年份中分项收入对于贫困发生率的影响。农业纯收入对贫困指标的贡献份额都是最高的，但相对贡献份额具有明显的下降趋势；而外出务工收入和其他工资收入，在贫困决定中的作用都在逐渐增强；财产收入和转移收入在贫困决定中所起的作用一直都非常低。贫困减缓中收入分配弹性的增加意味着收入分配的不均等性对于贫困减缓所造成的不利影响在加剧。刘红秀（2012）基于西南民族贫困地区调研数据，分析当地农户关于防灾减灾认识及行为的影响因素，认为上述地区农户的防灾减灾认知普遍薄弱，未采取有效防灾或良好减灾行为；农户的防灾减灾意识、农户对自然灾害危害的感知、农户经济实力以及政府的防灾减灾措施对农户防灾减灾行为的影响较大，同时表明农户防灾减灾知识及技能有待提升。

自然地理环境对农户贫困的约束是显著的。曲玮等（2012）以甘肃省51个扶贫开发重点县为例，基于资源约束和地理环境对社会经济发展产生影响的理论框架，实证研究了自然地理环境的贫困效应。结果表明，经济社会发展在很大程度上能缓解由不利的自然地理环境对贫困造成的负面影响，但是气候环境、耕地质量和面积、地理区位和交通条件等因素，仍然是导致贫困的重要因素之一。郭建宇（2012）从不同角度构建了多维贫困测量体系，并以陕西省贫困县为例，通过调整多维贫困测量指标、指标取值和权重，考察其对多维贫困估计结果的影响。结合区域多维贫困的实际选择合适的指标、剥夺临界值和指标权重所建立的多维贫困指数，多维贫困测算方法超越了以收入或支出为标准的传统贫困测量方法，是更加符合实际的贫困测量新方法。

生计风险是农户濒临贫困境遇的直接影响因素。许汉石等（2012）对农户在生计过程中的风险状况、生计资本对生计风险的影响作用等问题进行实证研究认为，当前我国农户主要面临大病风险、子女受教育风险和养老风险；农户所拥有的生计资本对其生计风险具有极其复杂的影响关系，生计风险的大小还与农户在利用生计资本基础上所选择的资本搭配及生计策略有着密切关系。刘生龙等（2012）探讨了中国农村老年贫困问题，检验了健康因素对农村老年贫困的影响。随着健康状况的改善，居民的劳动参与显著增加，贫困发生率显著下降。相对城镇居民和青壮年农村居民而言，健康对农村老年居民贫困的影响更加显著。健康状况的改善能够提高农村年居民的福利比率。林闽钢等（2012）认为贫困的代际传递是长期贫困的关键问题，基于 CHNS 数据测算后发现，贫困家庭的代际收入弹性大，收入流动性较差；贫困家庭的子女收入对父母收入的依赖性更强；贫困家庭父辈和子辈在婚姻状况、受教育年限、收入水平、就业机会和医疗保险情况等重要社会因素方面具有明显的相关性，贫困家庭子女容易受到上一代经济和社会劣势的影响；贫困家庭父辈和子辈在受教育水平、上学机会、就业状况以及医疗保险等方面都处于明显劣势，表明农村贫困家庭贫困代际传递明显。

减少贫困人口、提高扶贫效率是扶贫工作的主要任务。许翔宇（2012）认为我国贫困地区主要以农业为主要产业，因此农产品供应链管理的实践有望为解决这一问题提供新的视角和方向。需要完善供应链主体的利益分配机制，推进信息化建设和提高信息共享程度，培育和发展农产品供应链组织体系，建立农产品供应链战略合作伙伴关系。章元等（2012）论证了中国通过优先发展城市工业部门来推动工业化并推动经济增长和降低农村贫困有其必然性，在人多地少的条件下优先发展附加值较低的农业未必是一个好策略。此外，还提出通过城市倾向政策推动工业化，创造出新的经济增长点，并创造大量非农就业岗位吸收农村剩余劳动力，而贫困农户能够进入劳动力密集型的工业部门就业并获得更高收入。郭晓鸣等（2012）对成都温江区所代表的城郊农村探索新型城市化进行了案例分析，以土地管理和利用制度调整为基点，在不变动农地产权关系的基础上充分发挥农民的主体作用，实现以"持地"城市化、"就地"城市化、"主动"城市化和"田园"城市化为特征的新型城市化模式创新。

农村社区集体经济的发展是提升区域经济水平和农户收入水平的重要因素。郑有贵（2012）定义了农村社区集体经济组织，它是按照 20 世纪 50 年代农业社会主义改造的要求在全国普遍建立起来的，经历改革，实行土地等生产资料的农民集体所有，以家庭承包为基础、统分结合的双层经营为基本经营制度，经营管理集体资产、资源、资金和服务成员，以保障农民基本经济权益，促进农业农村经济发展、农民增收、社区和谐进步的经济组织。王娟等（2012）构建了一个具有一般性的公共支出与减贫关系的理论框架，并基于省级面板数据分析各项公共支出的减贫效应。检验结果发现，社会救济支出、基本建设支出和农业性公共支出对减贫存在显著效应，但科教文卫支出作用并不显著。各项公共支出的减贫效应排序为：农业性公共支出＞社会救济支出＞基本建设支出。尹文静等

(2012)从农户生产投资视角分析了农村公共投资对农户生产投资影响的区域差异。因为不同地区市场因素、农户特征等因素的不同而对农民生产投资表现出不同的影响程度,而且这种影响关系随着时间变化产生波动。这一关系的跳跃性变化往往与国家重要政策的出台和经济水平的迅速发展密切相关。

七、农村金融与保险

改革开放以来,我国经济飞速发展,但是随着城乡发展不均衡问题日益凸显,"三农"问题成为各级政府努力解决的重点内容。近些年,政府组织将建设农村金融体系放在重要位置,农村金融这一概念虽然在我国有着悠久的历史,但却是在中共十一届三中全会后才逐渐流行起来。

"十二五"规划明确指出,要进一步做好农业农村经济发展工作,农村金融作为农村经济发展的核心,是优化农村资源配置和破解农村资金约束的重要力量(黎翠梅和曹建珍,2012)。关于农村金融与农村经济发展关系的研究中,丁志国、徐德财和赵晶(2012)通过实证分析表明农村金融规模的扩大有助于农村经济发展,农村经济发展反过来又可以促进农村金融体系的完善建设,两者相互促进。孙永强(2012)认为在城乡二元结构下存在的金融经济,整体发展水平的提高将会扩大城乡居民收入差距,其影响具有滞后性。王文成和周津宇(2012)通过 QR 模型和 IVQR 模型,在考虑异质性和内生性的前提下,分析了不同收入水平的农户运用接待资金实现增收的效果,结果表明,接待资金对高低收入水平农户均不显著,而对中等收入水平农户收入效应明显。易小兰(2012)通过实证分析表明,家庭生产经营总支出对于农户正规借贷有正向影响,而家庭总收入则具有负影响;不同地区的农户,其借贷需求也不同。易小兰提出可发展多元化的农户贷款担保体系,促进农村金融的发展。张兵和张宁(2012)认为,非正规接待显著降低了农户受到信贷约束的概率,进而提高了农户的信贷可获性,我国应当尽快出台相关的法律法规,加快农村非正规金融合法化的进程。

过去农村金融为了服从国家经济发展的总体战略,成为了向工业和城市输送农村经济资源与剩余的渠道。从这个意义上讲,我国农村金融的发展不可能沿着自身内在的逻辑展开和扩展,而是由政府主导的强制性制度变迁过程。然而,这种由政府主导的农村金融体系不仅不能促进农村经济的增长,反而极有可能会抑制农村经济的发展。胡士华、武晨笛和许静林(2012)认为农村金融制度的改进,应由政府外生主导型向民间内生型转变,进而积极引导纯粹的民营资本进入农村金融领域,充分发挥各类新型农民专业合作组织在农村融资活动中的作用。师荣蓉和徐璋勇(2012)同样认为,通过减少政府的不良干预、优化资产质量、深化产权制度改革、提高农村经济发展水平可以有效促进农村信用社成本效率的提成。陈东平和周振(2012)认为政府的强力管制在一定程度上有益于新型农村合作金融机构支农绩效的提成,但应警惕其对新型农村合作金融机构的过度干涉所产生的消极影响。

关于农村金融发展区域差异,黎翠梅(2012)运用因子分析研究表明,我国农村金融效率区域差异明显,东部地区农村金融效率总体高于中西部地区,呈现出典型的"塌陷"特征。高云峰和王子健(2012)通过实证分析,表明农业信贷投入对第一产业产出增长的作用存在明显的省际与地区差异,受农业生产环境的制约,西部地区农业信贷投入的产出效应较弱,农村金融市场上信贷配给现象比较普遍。农村信用社是直接面向"三农"的农村金融主体。师荣蓉和徐璋勇(2012)认为不同地区农村信用社成本效率平均值之间的差距不断缩小,不良贷款率对农村信用社成本效率有显著影响。陈东平等(2012)认为新型农村合作金融机构(NCF)与当地农村信用社的友好程度与NCF的支农绩效正相关。阎亚军和郭凌(2012)通过实证分析,确定影响农村信用社核心竞争力的主要因素,认为经营管理体制、电子信息化网络、金融产品及服务创新、人力资源和企业文化是影响农村信用社核心竞争力提高的主要因素。

第二节 国外文献综述

本报告以上述农业经济学理论结构为划分基础,对2012年国外与农业经济学理论相关的文献资料进行梳理和内容划分。考虑到篇幅与质量问题,笔者从这些资料中精选出来自 Food Poliy、Applied Economic Perspectives and Policy、Journal of Agricultural Economics、American Economic Review、European Review of Agricultural Economics、American Journal of Agricultural Economics、Australian Journal of Agricultural and Resource Economics、Agricultural Economics、Australian Journal of Agricultural and Resource Economics、Journal of Political Economy、Agribusiness、China Agricultural Economic Review 等学术期刊中的100多篇论文,对此进行综述评价。本次文献资料整理的国外期刊主要来源于SSCI,文献综述包括农业生产、食品经济、农业资源与环境、农业组织与产业链、农村发展等方面。

一、农业生产

全要素生产率(TFP)的测量理论的最新进展意味着TFP指标现在可以详尽地分解为技术变化和效率变化。但是,截至目前,这类进行指数分解的新方法的所有应用都缺乏较好的理论支撑。O'Donnell(2012)给出了用于分解TFP指数的新方法,并证明了这种指数满足所有来自指数理论的所有经济相关的公理。本文采用的是1960~2004年美国州一级的数据。研究发现,在大多数州农业全要素生产率变化的主要驱动力已经是技术变革、规模和混合效率的变化。

农药是重要的农业投入品。Schreinemachers 和 Tipraqsa(2012)利用联合国粮农组织数据研究了1990~2009年一大批国家农药使用水平和趋势。分析显示,每公顷农药的使用增加1.8%，可以使每公顷的农作物产量增加1%，但是当一国达到更高的经济发展水平，农药使用强度的增长就停止了。同时，讨论了发展中国家的农药使用高速增长所面临的政策挑战，并建议四管齐下的战略，包括农药环境税，其税收收入用于认知构建的长期投资，综合作物管理方法的开发和食品安全标准的制定。这些措施之间的相互作用应有助于提高整体战略的有效性。

农业技术在发展中国家的应用对其农业发展至关重要。Asfaw等（2012）评估埃塞俄比亚和坦桑尼亚农村居民采纳改进的豆科技术对其以消费支出测量的农村家庭福利的影响。这项研究利用了1313户（700户在埃塞俄比亚，613户在坦桑尼亚）在2008年收集的随机选择的农户数据。技术采用的因果影响是利用内生转换回归估算。这有助于通过控制对生产和技术采纳决策中的选择问题，进而估计技术采用对福利的真实影响。分析表明，采用改进的农业技术在埃塞俄比亚和坦桑尼亚农村对居民消费支出（按成人当量计算）有一个显著的正面影响。这证实了技术采纳能够提高农村家庭福利，从改进的技术中提高消费支出并降低贫困，提高粮食安全和抵御风险的能力。技术采纳的决定因素分析表明，本地种子供应不足，信息渠道缺乏，对新品种的感知是制约新技术采纳的重要因素。作为尖端技术的纳米技术，在食品和农业生产中的应用备受关注。Gruere（2012）分析了OECD国家农业和食品行业纳米技术的增长，并认为这一领域的三个挑战分别是投资资金来源、治理风险和公众的接受，这还涉及一些道德问题。

数学规划模型被广泛应用于农业部门分析。但是，由于缺乏微观层面的数据，并考虑计算要求，当研究行业层面时有必要以代表性个体生产者加总。这通常会导致不切实际的极端专业化的供给反应。1982年，麦卡尔推出了"历史的作物混合"的方式，以避免极端的专业化。Chen等（2012）拓展了这一方法，即通过使用供给反应弹性和系统的可变商品价格，产生额外的合成作物混合。除了避免极端专业化外，这种方法提供了灵活性，未来供给反应可以跟过去的反应大不相同。该文以美国的生物质能源政策分析做了应用。

随着收入水平的提高，中国对乳制品的消费需求日益增加，中国乳制品行业更加重要。Yu（2012）研究了中国乳制品行业的结构性问题。研究发现，中国乳制品行业存在大量的低效率问题，小规模的养殖场以及小型和大型农场之间的生产率不平等在不断增加，这是2008年三聚氰胺丑闻背后可能的推动力。为了解决结构性问题，中国政府也应该帮助小规模农户采用新的高产品种，补贴小规模养殖户，并培训农民掌握复杂的技能以便养殖高收益的品种。

转基因技术在农业生产中的应用是个热点。Nolan和Santos（2012）使用来自大学推广试验的结果编制了大规模的数据集，以估计转基因在美国从时间A到时间B玉米产量变化的贡献。经过反复试验，通过使用豪斯曼—泰勒估计和类似于比较近等值线的农艺实践的固定效应对比，得到了这些性状影响的一致性估计。研究结果表明，转基因性状对产量产生了积极影响，但在一种杂交品种上的多个转基因性状得到的收益并不会是各性状收益的简单加总。

农业生产的外部性一直是研究热点。其中，蜜蜂授粉是农业生产外部性的一个代表。

Rucker 等（2012）从理论和经验两个方面分析了养蜂人的活动和蜜蜂授粉费的形成机制，深化了对外部性内部化的研究。

二、食品经济

很少有同行评议或重要研究报告估计在发达国家的食物浪费总额，试图估算其货币价值的研究则更少。Buzby 和 Hyman（2012）利用美国农业部经济研究服务局的浪费调整食物可获得性数据，编制了美国超过 200 个独立的食品的浪费金额，然后汇总这些值来估算食物浪费的总额和不同类食品的浪费额。结果表明，2008 年，以零售价格计算的美国零售和消费水平的食物浪费金额高达 1656 亿美元。按浪费价值排在前三位的三类食物分别是：肉类、家禽和鱼类（41%），蔬菜（17%），奶类产品（14%）。进一步分析消费者层面的食物浪费，这个水平的食物浪费转化为消费者食用中浪费的食物，2008 年达人均 124 公斤（273 磅），按零售价格计算为人均 390 美元。食物浪费在家庭食品支出中有显著份额，估计表明，2008 年食物浪费金额占食物消费支出的 10%，超过平均可支配收入的 1%。这相当于每人每日浪费重量超过 0.3 公斤（0.7 磅）、价值为 1.07 美元的食物。

在 2008 年的夏天，中国最大的食品危机来袭，人们发现牛奶供应商被添加三聚氰胺——一种无色晶体化合物，可以人为地提高牛奶中的蛋白质含量。丑闻后食品工业受到的负面影响很大，但很少有人知道有关牛奶丑闻对奶农的影响和政策反应。Jia 等（2012）研究了政府应对奶粉丑闻实施的政策和分析这些政策对奶农生产的影响。为了满足研究的目的，该文采用由作者在北京地区采集的 25 个乳制品生产村 231 户的奶农数据。该数据既记录了政府出台的政策，也包括奶农自己的应对行为和参与牛奶产业行为及其牛群规模。使用样本村奶农生产变化的描述性统计和多元分析，该文认为，虽然毒奶粉事件后牛奶产业参与率下降，且饲养规模也在缩小，政府的应对政策也起到了作用。具体来说，营销管理政策抑制了参与率和畜群规模的下降。生产管理政策在保持奶农参与牛奶产业的作用较小。危机收入管理的实施与牛奶产业参与率和畜群规模下降有关。这次事件也成为研究公司社会责任的一个情景，Kong（2012）以三聚氰胺事件为外生冲击，研究了食品行业公司社会责任的重要性，发现政府和监管者要出台合适的政策以提高不同企业的公司社会责任，尤其在食品行业；而企业本身也能够通过提高公司社会责任获得长期的收益。

许多评论家声称，农业补贴通过使容易发胖的食品价格相对便宜和丰富，显著地促进了"肥胖"。相应地，通过对"不健康"的商品征税或补贴"健康"的商品，将有助于减少肥胖率。Okrent 和 Alston（2012）使用一个均衡位移模型，来估计和比较一系列假想的农场商品和零售食品政策下的经济福利效应，影响机制包括鼓励健康的食品消费或劝阻不健康的食物，或两者兼有。研究发现，与对脂肪、糖或所有的食物征收零售税，或者对水果蔬菜的农场或零售环节补贴相比，对卡路里征税将是最有效的减少肥胖的政策。卡路里税将使普通成年人在减少每磅脂肪时产生的无谓损失降至最低，此外，卡路里税将对公共医疗支出方面产生社会净收益。

由于消费者与食品厂商存在信息不对称，即使消费者希望消费健康食品，也不一定能真正选择到合适的产品。Nocella 和 Kennedy（2012）研究了消费者对食品健康声明的理解，通过各国的文献梳理，比较研究了社会人口地位、知识、态度等个人特征对理解食品健康声明的认知，指出厂商应该提高对消费科学交流的重要性，以提高消费者对食品健康声明的理解。在食品技术不断进步和全球化背景下，消费者和厂商之间的信任及行业监管值得关注。Meyer 等（2012）采用半结构化采访研究了南澳大利亚城乡居民对食品企业的信任，发现由于农村居民有参与食品生产的经历，因此对食品企业的信任比城市居民要高。因此，增加本地食品生产和消费，可能有助于提高消费者对食品的信任，从而降低了消费者对政府监管的依赖程度。Cranfield 等（2012）的研究发现参与食物制作的消费者更可能购买本地食品，而关注品牌的消费者则更不愿意买本地食品。

三、农业资源与环境

农业生产者对环境保护的认知和行为备受关注。Zivin 和 Neidell（2012）把外生臭氧层的每日变化和计件工资合同下的农业工人工作记录相联系，评估污染对工人生产率的影响。研究发现有力的证据证明，臭氧含量远低于联邦空气质量标准，对生产率有显著的影响。这些结果表明，与以往认为环境保护是对企业征税的看法相反，环保也可以作为人力资本的投资，从而也是促进经济增长的工具。

畜牧、水产养殖和渔业对环境产生重大影响。Nijdam 等（2012）用生命周期评估研究（LCAS）分析了52种动植物的蛋白质来源，集中在土地需求和碳足迹。总的结论是，气候最友好产品的蛋白质来源的碳足迹比气候最不友好的产品小100倍。被发现的各种产品的碳足迹之间的差别主要来自生产系统中的差异。猪肉和家禽的结果表现出的同质性比牛肉和海鲜的同质性高。

生物质能源是农业转化为能源的一个重要途径。Timilsina 等（2012）利用包含土地利用模块和细化生物质燃料部门的一个多国家多部门的全球可计算一般均衡模型，分析生物质能源的大规模扩展对不同国家和地区的土地利用变化、粮食供应和价格，以及整体经济的长期影响。研究发现，为实现不同国家已有或更高目标的生物质能源生产的扩张，将稍微降低全球GDP，但在不同国家和地区影响有差异。显著的土地重新分配将发生在少数几个森林和牧场显著减少的国家。生物质能源的扩张将导致世界粮食供应的温和下降，导致印度和撒哈拉以南的非洲等发展中国家的粮食供给显著下降。到2020年，原料商品（糖、玉米和油菜籽）价格将显著上升，但其他商品价格变化很小。Huang 等（2012）研究了生物质能源生产对今后十年全球相对落后地区农业和相关部门的影响，发现其对减少贫困有积极的作用。

气候变化对农业生产的影响受到政策制定者和从业人员的密切关注。Tack 等（2012）提出了利用矩函数和最大熵技术作为一种灵活的技术，来估计条件作物产量分布。这一研究提出了一个基于矩的模型，扩展了以前的方法，并很容易采用标准的计量估计。在不同生产体制下的矩预测，被作为最大熵框架下的约束条件，来分析体制变化带来影响的分配效应。对阿肯色州、密西西比州和得克萨斯州陆地棉进行实证应用研究，发现了气候和灌溉对产量分布形状的影响，并以此说明基于矩的最大熵方法的几个优点。

澳大利亚政府正在购买水权，以确保水环境效益，但这一权利却产生了不完全符合环保流量要求的配置轮廓。因此，环境管理者将如何操作提供中小型水灾的环境流量仍然不明朗。Loch 等（2012）采用一个市场交易框架，从定性和定量视角，分析了南部穆里达令盆地灌溉四季交易配置水的影响。结果表明，灌溉有机会获得更大的风险管理方案，环境管理者应该在干预传统的市场活动前考虑到制度变迁可能带来的影响。这些发现可能有助于改进干预战略的设计，以尽量减少市场干预可能带来的影响和策略行为。

四、农业组织与产业链

在过去的 20 年中，许多传统方式组织的农业合作社已经被迫放弃它们的业务形式，已有很多解释被提出，包括各种经济和社会学理论。Nilsson 等（2012）的研究表明，社会资本范式可能有助于提高分析这一发展的解释力。合作社决策者没有工具评估他们在追求纵向和横向整合的策略中社会资本丧失的大小，因此，他们不会考虑这方面的损失。这样，因合作社产权定义模糊导致的问题日益严重。这种推理归纳成一个由消费者选择模式影响的模型。

农民合作问题一直备受关注。Stoop 等（2012）进行了现场试验，测量在一家私人拥有的钓鱼设施的休闲渔民团体之间的合作。当小组成员抓到的鱼越少，则盈利越大。与古典经济理论相一致，但与此前实验室研究的结果相反，该研究没有发现合作，一系列额外的试验处理识别了这些差异的原因。研究排除主题池和实验室环境的潜在原因，并识别现场试验中缺乏合作来源的活动类型。当合作需要减少捕捞强度，个人都没有合作。

超市在许多发展中国家的农业食品体系中越来越重要。虽然最近的研究分析了超市对小农场部门的收入效应，但是对生产率和效率的影响几乎没有进行研究。Rao 等（2012）分析了肯尼亚菜农是否参与超市渠道的对比效果，参与超市渠道使菜农的元技术比率生产率提高 45%。研究还发现其对技术效率和规模效率也有积极的显著影响。因此，超市扩张给小型农业部门的农业发展提供了机会，这对非洲减贫至关重要。

除了农业合作社自身的发展外，其收入分配效应也受到学者关注。Ito 等（2012）研究了中国农业合作社的分配效应，通过对江苏南京西瓜合作社的调查研究发现，合作社是农民提高收入的重要手段，并且只对小规模农户影响显著。因此，如果合作社排斥小农，将不利于扶贫。

五、农村发展

脱钩支付，如美国的直接支付，对农业生产的影响仍然是一个开放的有政策启示的经验问题。使用来自多年的农业普查数据，Weber 和 Key（2012）利用 2002 年农业法案中使油籽享受直接支付的条款，从而使历史上有更多的油籽地区比以前获得更多的支付。对比普通最小二乘法估计，该研究使用工具变量的估计发现这一支付的变化在2002~2007年对以邮政编码为单位的地区生产总量影响不大。

行业规制是否有效与个人风险态度有关。Brick 等（2012）估计了南非西海岸各种渔业社区的大样本的个人风险态度。研究发现，女渔民和权利人比男性更厌恶风险，而权利人相比没有捕鱼权的人则更少厌恶风险。研究表明，风险态度与遵守渔业条例有关，特别是风险厌恶程度越大，相应的遵守会减小。此外，考虑性别差异，女性渔民和权利人更容易遵守渔业条例。

回购或退役形式的容量削减方案已在美国、欧洲和澳大利亚的渔业中有比较广泛的应用。对这种方案的一个普遍的批评是他们会先除掉效率最低的渔船，从而增加了剩下渔船的平均效率，这往往会增加剩余渔船的有效捕捞能力，Pascoe 等（2012）使用一个具有明确的低效率模型的多产出生产函数方法，考查回购计划对澳大利亚北部对虾捕捞平均技术效率的影响。正如预期那样，保留渔船的平均效率一般高于除掉的渔船。此外，由于保留渔船的船队平均更接近最优规模，得到的一些证据也说明保留船队的平均规模效率有所提高。影响技术效率的关键因素包括公司结构和船只捕鱼的数量，至于船队规模，模型表明，在任何时间点，有更多的船只捕鱼存在正外部性，但是由于拥挤，也存在负外部性，而后者的影响超过了前者。因此，回购带来的船队规模下降，由于减少拥挤，同时因为除去效率低的渔船而保留效率较高的渔船，使得保留船队的个体效率净值增加。

第二章 农业经济学学科 2012 年期刊论文精选

第一节

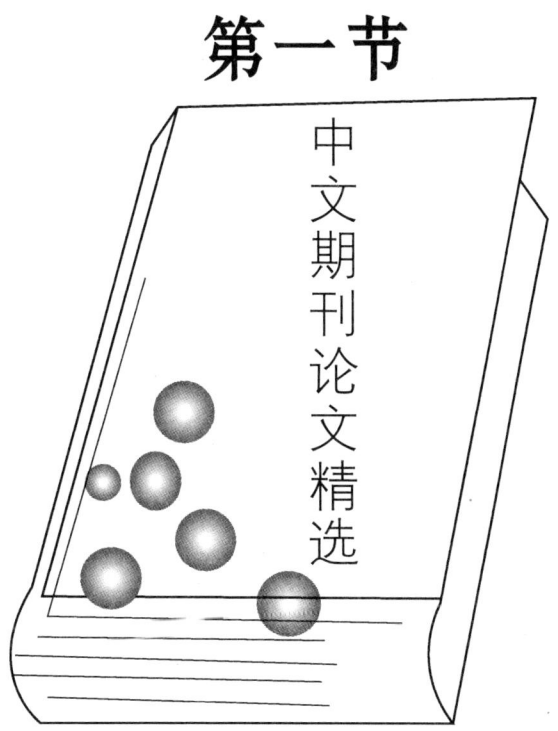

中文期刊论文精选

"新农合"：经济绩效还是健康绩效？*

程令国　张　晔

【摘　要】 本文使用中国老年健康影响因素跟踪调查（CLHLS）2005年和2008年两期数据，对新农合的绩效重新进行了考察。本文发现：新农合显著提高了参合者的健康水平；改善了参合者"有病不医"的状况，提高了其医疗服务利用率；降低了参合者的自付比例，但实际医疗支出和大病支出发生率并未显著下降；医疗服务利用率的提高成为新农合影响参合者健康水平的一个重要渠道。据此本文推断，医疗服务需求弹性较大等原因使得参合者对新农合的反应是增加医疗消费而非减少医疗支出，因此新农合在改善参合者健康状况的同时，并未明显降低医疗负担。

【关键词】 新农合；政策评估；健康绩效；经济绩效

一、引　言

新型农村合作医疗制度（以下简称"新农合"）是近年来我国农村医疗卫生体系的一个重大变革，目的是"重点解决农民因大病出现的因病致贫、返贫的问题"，基本制度设计是"自愿加入"、"大病防治为主"，为参合者提供医疗补贴[①]。自2003年新农合在我国部分县（市）试点推行以来，参加人数以年均34%的速度迅猛增长。截至2009年底，开展新农

---

* 作者：程令国，北京大学国家发展研究院中国经济研究中心；张晔，南京大学经济学院国际经济贸易系，南京大学国际经济研究所。感谢北京大学国家发展研究院的曾毅、赵耀辉、雷晓燕、巫和懋、朱家祥等老师的指导和建议；感谢南京大学经济学院的刘志彪、郑江淮、谢建国、皮建才、郑东雅等老师的意见和评论；感谢沈可博士的有益评论。非常感谢两位匿名审稿人提出的宝贵意见。文责自负。
本文引自《经济研究》2012年第1期。
① "新农合"主要对农民因患重大疾病发生的大额医疗费用（如住院费）给予一定比例的报销，但不同地区在非住院医疗费用是否报销、报销额度方面有所不同（Du and Zhang, 2007; Lei and Lin, 2009; 封进、李珍珍，2009）。

合的地区已达2716个，参合人数达8.33亿人，覆盖人群高达94%。国家及各级财政仅2009年度的新农合补助资金就超过740亿元，占整个新农合筹资基金的79%（卫生部，2010）。

然而，新农合的实施绩效如何？从现有研究来看，似乎效果并不理想。一方面，学者们发现新农合在"大病支出保障"和减轻"因病致贫"方面只起到微弱的作用。Shi 等（2010）利用河北、陕西和内蒙古的调查数据发现，提供新农合补助金后，参合者的大病支出发生率从14.3%下降到12.9%，因病致贫率从8.2%下降到7.6%，总体仍维持在较高水平；Sun 等（2009a）则利用山东临沂的农户调查数据，发现加入"新农合"使得大病支出的发生率从8.98%仅下降到8.25%。因此新农合对减少大病支出和因病致贫的作用较为有限（Yip and Hsiao，2009；You and Kobayashi，2009；Sun et al.，2010）。另一方面，新农合也没有显著减轻参合者的医疗负担。Lei 和 Lin（2009）利用中国健康营养调查（CHNS）数据，发现参合者的实际医疗支出并未显著下降；Wagstaff 等（2009）发现"新农合"不但没有降低医疗支出，反而提高了非住院医疗服务的支出，从而增加了患者在报销前的开支。

医疗支出下降不显著，或许是由于参合者享受了更多的医疗服务。Wagstaff 等（2009）发现不管是住院服务还是非住院服务，患者对医疗服务的利用率都得到了提高。但 Lei 和 Lin（2009）发现新农合仅增加了参合者对日常体检等预防性医疗服务的使用，而并未提高对正规医疗服务的利用率；Yu 等（2010）和 Yip 等（2009）则发现新农合仅增加了住院医疗服务的利用率，而对非住院医疗服务的利用率几乎没有作用。因此，新农合对医疗利用率的影响也没有一致结论。

由此看来，"新农合"的实施似乎远未达到人们的期望。然而，仅估算新农合的经济效果能否正确评价其真正绩效？我们认为评估新农合的绩效，还必须考虑它对参合者健康水平的影响（WHO，2000），但这一点被普遍忽视了。仅有 Lei 和 Lin（2009）使用"自评健康"和"过去四周内生病或受伤次数"考察了新农合的健康绩效，但并未发现新农合能显著改善参合者的健康状况。然而，由于自评健康指标具有主观性，以及四周生病数的观测期较短，加上该文仅使用了截至2006年的数据，新农合的健康绩效可能会被低估。更重要的是，新农合对不同年龄段个体的影响可能具有较大差异，导致整体回归结果不显著，因而这一结论的稳健性还需要进一步检验。

为此，本文试图对"新农合"的绩效重新加以探讨。我们把经济绩效定义为新农合对降低参合者的实际医疗支出，以及减少大病支出等方面的作用；而把健康绩效定义为新农合对提高参合者健康水平的作用。本文着重探讨：新农合的实际绩效如何？是经济绩效还是健康绩效，或者兼而有之？其原因和机制是什么？本文研究采用了农村老年人样本，主要考虑到：青壮年作为农村家庭的主要劳动力，生病时无论有无医疗保险，往往优先获得家庭的医疗救助；而老年人虽然健康状况较差、患病率高、对医疗服务需求大（Seshamani and Gray，2004；姜向群、万红霞，2004），但在医疗资源分配上却处于弱势地位，生重病时往往不得不放弃救治。在此情况下，老年人可能会比其他年龄组对新农合的实施带来的医疗服务相对价格的变动更加敏感（Ringel et al.，2002），导致新农合绩效可能比其他年龄组表现得更为显著,而这种绩效在使用不分年龄组的数据进行研究时,很可能被掩盖。

本文其余章节安排如下:第二部分简要介绍了本文的数据来源及描述性统计;第三部分阐述了本文的模型设定及识别策略;第四部分是估计结果和讨论;第五部分是简要结论。

二、数据来源及描述性统计

(一) 数据介绍与变量定义

本文使用了中国老年健康影响因素跟踪调查(CLHLS)的最新数据。它涵盖了受访者的人口特征、认知能力、生活方式等多方面信息。我们利用2005年和2008年两次调查均存活的农村老年人样本构造了一个平衡面板数据。为了把"新农合"的效应从其他种类医疗保险的效应中分离出来,我们进一步把参合组定义为"2005年没有任何保险,但在2005~2008年仅加入了'合作医疗'一种医疗保险"的个体;而控制组为"2005~2008年均没有任何医疗保险"的个体。因此样本中不再包含2005年前参加"新农合"的个体,以及加入其他医疗保险的个体。经过上述限定后,我们的分析对象包括3361个受访老人,其中实验组和对照组分别为2197个和1164个。

本文主要的解释变量为"是否加入'新农合'","加入"赋值为1,否则赋值为0。被解释变量分为三类:第一类是衡量健康状况的指标,包括ADL受损(Ability of Daily Life)①、自评健康②、认知功能(Mini-Mental State Examination,MMSE)③,以及近两年患重病次数、近两年因病卧床天数,以及受访时患病数等。第二类是反映医疗支出负担和大病支出发生率的指标,包括医疗总支出、实际医疗支出、自付比例和是否发生大病支出。其中自付比例根据老人的实际医疗支出与医疗总支出的比值得到,而大病支出按照实际医疗支出占年度收入的比重是否超过一个固定比例来衡量(Shi et al., 2010; Sun et al., 2009a)。本文给出了分别按照20%和40%标准计算的大病支出发生率。第三类是反映医疗服务利用率的指标,包括生病时能否得到医院救治、近两年医院确诊疾病数、近两年患病由医院确诊的比例等。

---

① 该指标是对老人日常生活自理能力的衡量,包括洗澡、吃饭、穿衣、上厕所、控制大小便和室内移动六项能力。这是一个反向指标,老人能自己完成这六项活动,定义为"ADL完好"(ADL=0);至少1项活动需要依赖他人的帮助完成,定义为"ADL受损"(ADL=1)。

② 这一指标是基于对问卷中"您觉得现在您自己的健康状况怎么样"的回答。我们将"很好"与"好"归并为"自评健康良好"(赋值为1),将"一般"、"不好"和"很不好"归并为"自评健康较差"(赋值为0),"无法回答"视作缺失值。

③ 该指标在国际通用的简易精神状态量表(MMSE)的基础上(Deb and Braganza, 1999)构建,并根据中国的文化传统对量表加以适当修改。MMSE的分值为0~30分。

（二）描述性统计

表1给出了参合组和控制组的描述性统计。其中前两列和后两列分别给出了2005年和2008年参合组在加入新农合前后与控制组相比较的特征描述。可以看出，2005年加入新农合以前，参合组与控制组在健康以及医疗服务利用率方面并无明显差别；而在参合组加入新农合后的2008年，尽管随着年龄增长，两组老人都有健康恶化的趋势，但参合组在某些变量上表现出较明显的优势。

表1 描述性统计

变量	2005年		2008年	
	参合组	控制组	参合组	控制组
类别1：健康类变量				
ADL受损（否=0）	0.11（0.31）	0.11（0.31）	0.14***（0.35）	0.18（0.39）
自评健康好（不好=0）	0.52（0.50）	0.51（0.50）	0.43（0.50）	0.46（0.50）
认知功能	23.91（7.56）	23.48（7.79）	22.23***（9.31）	20.71（9.68）
近两年患重病次数	0.21（0.02）	0.24（0.02）	0.32（0.03）	0.32（0.04）
近两年因病卧床天数	8.76（53.90）	8.13（45.62）	7.09**（45.68）	11.67（63.82）
受访时患病数	0.99（1.31）	1.04（1.18）	1.00（3.88）	0.86（1.04）
类别2：医疗服务利用率				
生病能得到医院救治（否=0）	0.85（0.36）	0.85（0.36）	0.92***（0.28）	0.85（0.35）
近两年医院确诊疾病数	0.72（1.06）	0.76（1.03）	1.22（0.98）	1.19（0.94）
近两年医院确诊比例	0.73（0.41）	0.72（0.41）	0.74（0.41）	0.73（0.41）
类别3：医疗支出负担和大病支出				
医疗总支出（元）	675.92*（1790.3）	799.87（1971.4）	1039.26（2886.9）	1210.14（3166.8）
实际医疗支出（元）	662.82*（1777.8）	783.52（1965.6）	912.21***（2486.4）	1181.08（3109.9）
自付比例	0.99（0.10）	0.98（0.12）	0.92***（0.19）	0.98（0.14）
大病支出发生率（20%）	0.34**（0.48）	0.31（0.46）	0.32*（0.47）	0.29（0.45）
大病支出发生率（40%）	0.22（0.41）	0.20（0.40）	0.21（0.41）	0.22（0.41）
类别4：社会、经济及人口学特征				
年龄	81.45*（11.03）	82.21（10.78）	84.61*（11.04）	85.37（10.82）
女性（男性=0）	0.58（0.49）	0.57（0.49）	0.58（0.49）	0.57（0.50）
少数民族（汉族=0）	0.13***（0.33）	0.04（0.20）	0.13***（0.33）	0.04（0.20）
有配偶（否=0）	0.39***（0.49）	0.33（0.47）	0.32（0.47）	0.30（0.46）
教育年限	1.45（2.50）	1.38（2.60）	1.45（2.50）	1.38（2.60）
职业（专业或管理类工作=1，其他=0）	0.02（0.14）	0.02（0.16）	0.02（0.14）	0.02（0.16）

续表

变量	2005 年		2008 年	
	参合组	控制组	参合组	控制组
饮酒多（否=0）	0.06*** (0.24)	0.09 (0.29)	0.04 (0.19)	0.04 (0.19)
吸烟多（否=0）	0.22 (0.42)	0.23 (0.42)	0.18 (0.39)	0.17 (0.38)
经常锻炼（否=0）	0.26*** (0.44)	0.21 (0.41)	0.23 (0.42)	0.24 (0.43)
存活子女个数	3.88*** (1.78)	3.58 (1.8)	3.87*** (1.71)	3.63 (1.72)
与子女同住（否=0）	0.87 (0.34)	0.83 (0.38)	0.87*** (0.33)	0.81 (0.39)
收入	2414.3*** (4333.1)	3822.24(8116.0)	3428.23(3848.6)	3617.88(4566.0)
生活资源充足（否=0）	0.70 (0.46)	0.70 (0.46)	0.69 (0.46)	0.68 (0.47)

注：①参合组指 2005 年未参加新农合但此后到 2008 年期间参加新农合的老人；控制组指 2005～2008 年都未参加新农合的老人。②括号内为样本标准差。③***、**、*分别表示1%、5%和10%的显著性水平，下表同；此处 p 值是对给定年份的各个变量进行两组差别的 t 检验得到的。

与控制组相比，参合组 ADL 受损的比例明显较低（两组值分别为 0.18 和 0.14，p 值<0.01），认知功能增强（分别为 20.71 和 22.23，p 值<0.01），近两年因病卧床天数较少（分别为 11.67 和 7.09，p 值<0.05），生病时得到医院救治的可能性更大（分别为 0.85 和 0.92，p 值<0.01）。

再看医疗支出负担和大病支出方面。加入新农合前，参合组的总医疗支出和实际医疗支出较控制组略低，但仅在边际水平（10%）上显著。参合组和控制组的自付比例则几无差异，分别为 99% 和 98%。值得注意的是，加入新农合后参合组的医疗支出不降反升。总医疗支出和实际医疗支出分别从参合前的 675.92 元和 662.82 元，上升到 1039.26 元和 912.21 元。但由于控制组的医疗支出也在上升，因此难以直接判断新农合对医疗支出的影响。参合组的自付比例相对控制组则发生了明显下降（分别为 0.92 和 0.98，p 值<0.01）。在 20% 标准衡量的大病支出发生率上，参合组比控制组发生大病支出的可能性高（分别为 0.34 和 0.31，p 值<0.05），但在 40% 标准衡量的大病支出水平上，参合组与控制组之间的差异并不显著。

三、模型设定及识别策略

评估"新农合"的绩效时，必须考虑以下两个问题：一是逆向选择问题。由于是否加入新农合是农民自愿选择的结果，所以健康状况不佳的农民因预计自己未来的医疗支出较大，更倾向于参加"新农合"，使得新农合的健康绩效可能被低估①。二是样本中有很大比例的观测对象的医疗支出为零②。被解释变量大量取零会破坏随机误差项的正态性假设，导致估计可能有偏。为此，前者我们主要采用固定效应模型和倾向分值基础上的差分内差分方法（PSMDD）加以克服，后者则使用了两部分模型和样本选择模型③。

（一）固定效应模型（fixed effect model）

由于一些遗漏变量，如观测不到的个人、家庭以及地区等层面的异质性，会同时影响到参合者的参合意愿以及我们关注的被解释变量，导致估计偏误；而固定效应模型能在一定程度上控制不随时间改变的遗漏变量问题。我们设立固定效应模型为：

$$y_{ist} = \alpha_0 + \alpha_1 NCMS_{ist} + X_{ist}\beta + \delta_s + \lambda_t + c_i + \varepsilon_{ist} \tag{1}$$

其中，y_{ist}是个体i在s省t时点的被解释变量，代表参合者的健康状况、医疗服务利用率或医疗支出。$NCMS_{ist}$代表个体i在s省t时点"是否加入"新农合的哑变量，加入取1，未加入取0。X_{ist}是其他控制变量，包括性别、年龄、职业、教育、婚姻、对数收入、存活子女个数、生活资源是否充足等可见特征。δ_s是省固定效应，λ_t是调查年份的哑变量，c_i是不可观测的个体固定效应，扰动项ε_{ist}包含了其他不可观测的随"个体"、"省别"以及"时间"都改变的因素。显然，省和个人层面的异质性δ_s和c_i可以通过固定效应模型予以剔除。

（二）倾向分值匹配基础上的差分内差分方法（PSMDD）

为了更有效地减少估计偏误，我们进一步采用倾向分值匹配基础上的差分内差分方法（PSMDD）进行估计。这一方法相对于固定效应模型有两个独特优势：一是它作为一种非参方法，不依赖于线性模型的假设。因此即便新农合对参合者的影响不是线性的，估计结果仍是一致的。二是对控制组进行更准确的处理，即在构造控制组时只选择落到"共同支持"（Common Support）区间的非参合者，即尽量选择那些除"是否参合"以外其他各方面特征与实验组（参合组）中的参合者相近的个体，使得实验组与控制组之间更加可比，因而得到的估计会更精确一些。

该方法的第一步是估计倾向分值函数（Propensity Score Function）$P(NCMS_{it} = 1 | X_{it})$，即给定"一组可观察的特征"情况下个体$i$参加新农合的概率。在估计得到每个个体的倾向分值后，再据此对样本进行匹配。本文采用常见的规值半径匹配方法（Caliper

---

① 为减少逆向选择的风险，中央规定只有一地的参合率达到80%以上时，中央政府才提供配套资金，以鼓励地方政府动员当地民众参与（Wu et al., 2006）；大多数地方政府也要求参加新农合须以家庭为基本参保单位，农户只能选择家庭全部加入或不加入。已有的研究也发现，由于低费率、高补贴、地方政府的高度动员等原因，新农合的参与率很高，因此逆向选择问题可能存在但效应较小（封进、宋铮，2007；Wang et al., 2006；刘国恩等，2011）。

② 在全部6722个样本观察值中有1230人次没有任何医疗支出，占总数的18.3%。

③ 此外还必须考虑样本损耗问题。由于本文使用了两期均存活的农村老年人数据，而健康状况不佳的老年人死亡率较高，从而可能产生样本选择性偏误。对这一问题，我们在附录A中进行了辅助性检验。感谢匿名审稿人的提醒。

and Radius Matching),即选取与给定参合者的倾向分值之差处于一个"可接受的最大限度内"(本文取值为 0.01) 的所有非参合者与其相配对。配对完成后,需做共同支持检验和匹配程度检验 (见附录 B)。检验通过后①,根据式 (2) (Heckman et al., 1997; Eichler and Lechner, 2002),就可以估得"新农合对参合者的平均效应",用 τ_{ATT}^{PSM} 表示:

$$\tau_{ATT}^{PSMDID} = E_{P(X_i) \mid D_i=1} \{ E(\Delta Y_{1it} \mid D_i=1, P(X_i)) - E(\Delta Y_{0it} \mid D_i=0, P(X_i)) \} \quad (2)$$

这里,$\Delta Y_{1it} \equiv Y_{1it} - Y_{1it-1}$,$\Delta Y_{0it} \equiv Y_{0it} - Y_{0it-1}$。其中 Y_{1it} 是个体 i 在 t 时点"参与新农合"的潜在结果 (Potential Outcome),Y_{0it} 是个体 i 在 t 时点"不参与新农合"的潜在结果。$D=1$ 表示参与新农合,$D=0$ 表示没有参与新农合。

(三) 两部分模型和 Heckman 选择模型

大量的零医疗支出将导致新农合绩效的估计有偏。同时,非零医疗支出经对数变换后仍存在严重偏正态 (JB 统计量高达 708.5),此时使用极大似然法估计 Tobit 模型也会产生偏误;而两部分模型不依赖同方差和正态性假设 (Duan et al., 1983),估计结果更加稳健,因此我们选择了两部分模型进行估计。同时,为了控制参合组与控制组在医疗支出上的共同时间趋势,我们采用了差分内差分 (DID) 的面板结构。于是设定两部分模型如下:

$$\Pr(I_i=1) = \Pr(y_{isgt} > 0) = \Pr(\alpha_1 + \beta_1 G_g + \gamma_1 YR_t + \rho_1 G_g^* YR_t + x_{ist}\eta_1 + \delta_s + \varepsilon_{isgt} > 0) \quad (3)$$

$$\ln(y_{isgt} \mid I_i=1) = \alpha_2 + \beta_2 G_g + \gamma_2 YR_t + \rho_2 G_g^* YR_t + x_{ist}\eta_2 + \delta_s + \xi_{isgt} \quad (4)$$

这里假定:$\varepsilon_{isgt} \sim N(0, 1)$,$\xi_{isgt} \sim N(0, \sigma_\xi^2)$,$\text{cov}(\varepsilon_{isgt}, \xi_{isgt}) = 0$。被解释变量 y_{isgt} 代表医疗支出,其他控制变量 x_{ist} 主要包括性别、年龄、年龄的平方、民族、教育、职业、对数收入、存活子女个数等。G_g 是代表组别的哑变量,取 1 代表参合组,取 0 代表控制组。YR_t 则是代表调查年份的哑变量,取 1 代表调查年份是 2008 年,取 0 则代表是 2005 年。δ_s 是 21 个省的哑变量。显然,G_g 与 YR_t 的乘积项系数 ρ_1、ρ_2 即我们关注的新农合的 (经济) 绩效。

上述两部分模型有一个暗含的假定,即个体在做"是否发生医疗开支"和"如果发生,支出多少"这两个决策时是独立进行的。但如果"是否发生医疗开支"是老年人基于对医疗服务价格、就医的便利程度以及其他自身因素的考虑而进行的自我选择,此时两部分模型将会出现选择性偏误。为此,我们进一步使用 Heckman 选择模型 (Heckman, 1976) 对模型设定进行稳健性检验。选择模型由选择方程和支出方程两部分组成,仍采用 DID 的面板结构:

$$Treatment_i = 1(\alpha_1 + \beta_1 G_g + \gamma_1 YR_t + \rho_1 G_g^* YR_t + x_{ist}z_1 + \delta_s + \varepsilon_{isgt} > 0) \quad (5)$$

$$\ln(y_{isgt} \mid Treatment_i = 1) = \alpha_2 + \beta_2 G_g + \gamma_2 YR_t + \rho_2 G_g^* YR_t + x_{ist}z_2 + \delta_s + \xi_{isgt} \quad (6)$$

这里假设 $(\varepsilon_{isgt}, \xi_{isgt})$ 服从二维正态分布,其他变量的定义与两部分模型相同。与上述两部分模型不同的是,此时允许两个随机扰动项相关,即允许 $\text{cov}(\varepsilon_{isgt}, \xi_{isgt}) \neq 0$。

---

① 共同支持检验发现,参合组和控制组个体的倾向分值大多都落在 [0.5, 0.8],因此我们有足够多的样本获得了共同支持。因篇幅限制,我们删去了具体的检验结果。读者如有兴趣,可向作者索取。

四、估计结果与讨论

（一）估计结果

表 2 给出了新农合对健康、医疗服务利用率以及医疗支出影响的估计结果①。三列分别给出了普通最小二乘法、固定效应模型以及 PSMDD 方法的估计结果。我们主要关心后两种结果。值得注意的是，三种方法得出的结果虽然在数值上略有差异，但结论大体一致，这说明我们的结论是比较稳健的。

表 2 新农合的绩效考察

	OLS			FE			PSMDD		
	系数	rsd	样本量	系数	rsd	样本量	系数	rsd	样本量
A. 健康相关变量									
1. ADL 受损（否 = 0）	-0.054***	0.016	6696	-0.056***	0.020	6722	-0.036**	0.017	2812
2. 自评健康好（不好 = 0）	-0.039*	0.023	5179	-0.031	0.032	5198	0.018	0.029	2578
3. 认知功能	1.067***	0.364	6675	1.043**	0.428	6701	0.69**	0.37	2798
4. 近两年患重病次数	-0.008	0.027	5562	0.011	0.037	5585	0.047	0.034	2810
5. 近两年因病卧床天数	-5.119*	2.899	5540	-7.227**	3.464	5563	-5.38**	3.15	2793
6. 受访时患病数	0.206	0.131	5565	0.281**	0.137	5588	0.143	0.111	2812
B. 医疗服务使用率									
7. 生病时能得到医院救治（否 = 0）	0.040***	0.013	5565	0.060***	0.019	5588	0.079***	0.019	2812
8. 近两年医院确诊的疾病数	0.04	0.059	4436	0.019	0.082	4458	0.025	0.074	1560
9. 近两年医院确诊的疾病比例	0.078	0.057	5421	0.153	0.159	5451	0.038	0.037	980
C. 医疗支出负担									
10. 实际医疗支出	-214.713	138.160	5492	-170.246	156.365	5515	-125.61	139.18	2729
11. 自付比例	-0.051***	0.007	4535	-0.058***	0.009	4558	-0.062***	0.009	1896

注：①rsd 指 cluster 调整的稳健标准差。②控制变量为：性别、第一期调查时年龄、民族、教育年限、职业、婚姻状况、存活子女个数、是否与子女同住、生活资源是否充足、对数收入、"省"哑变量、调查"年"哑变量。

由表 2 可以看出，在健康绩效方面，新农合显著降低了参合者 ADL 受损的概率。与

---

① 由于表 2 涉及了 33 个回归方程，限于篇幅只列出了关键变量的估计系数。感兴趣的读者可向作者索取详细结果。

控制组相比，参合者 ADL 受损的 FE 和 PSMDD 估计分别下降了 5.6% 和 3.6%，且两者均在 1% 的水平上显著。同时参合者的认知功能（MMSE）也有一定提高，评分较非参合者高出 0.69～1.043 分，考虑到 2008 年控制组的 MMSE 均值为 20.71，由此带来的认知功能的改善大致为 3.3%～4.8%。因病卧床天数，参合者则减少了 5～7 天。这两个指标均在 5% 的水平上显著。因此新农合对参合者健康绩效的影响是非常明显的。

有趣的是，参合者的自评健康并未发生显著改善。PSMDD 估计结果显示，参合者自评健康好的概率大致提高了 1.8%，但不显著；FE 估计的符号和预期相反，也不显著。这一结果与 Lei 和 Lin（2009）的发现是类似的。这说明"自评健康"这个主观性指标虽然与个体的客观性健康状况紧密相关，但仍有差异。例如，新农合的推广以及日常性体检的增加，可能使得农民检查出一些以前自己不知道的病症，反而降低了自评健康程度。

在医疗服务利用率方面，参加新农合显著提高了参合者"生病时能得到医院救治"的可能性，获得救治的概率提高了 6%～7.9%，且非常显著。这意味着加入新农合后，很多以前得病只能"自己扛"的病人现在进入了医院，农村居民接受正规医疗服务的可能性大大增加了。同时，参合后"医院确诊的疾病数"有所增加（虽然在统计上不显著），这或许暗示了为什么参合者自评健康会下降，同时印证了参加新农合有利于提高正规医疗服务利用率的结论。

我们同样给出了医疗支出和自付比例的估计结果。参加新农合能够降低实际医疗支出 12%～16%（以 2008 年控制组的均值计算），但并不具有统计显著性。这一结论支持了 Lei 和 Lin（2009）、Wagstaff 等（2009）等的研究。然而，由于大量调查对象的医疗支出为 0，结果可能有偏，因此该结论还需要进一步的验证。尽管实际支出没有显著下降，但对于发生医疗支出的参合者而言，其自付比例比参合前下降了约 5 个百分点，且极为显著，由此我们可以估算出新农合的补偿比例大致为 5%。但对该比例的理解必须谨慎。因为新农合以大病预防为主，所以在给付上主要侧重于由大病引起的住院费用，许多地方的新农合方案中，往往不包括医院外的治疗费用，而这里的 5% 是以赔付额除以总的医疗支出来计算的。

为了更准确地估计新农合的经济绩效，我们进一步使用两部分模型和 Heckman 样本选择模型，重新估计了新农合对实际医疗支出的影响。模型的估计结果如表 3 所示。

表 3　新农合绩效的进一步考察

	实际医疗支出（对数）				大病支出	
	两部分模型		Heckman 模型		Probit 模型	
	第一部分	第二部分	选择方程	支出方程	(20%)	(40%)
参合组	0.068	-0.081	0.06	-0.088	0.015	-0.041
	(0.069)	(0.063)	(0.061)	(0.066)	(0.059)	(0.063)
调查年份	0.014	0.739***	0.012	0.751***	0.474***	0.543***
	(0.118)	(0.106)	(0.107)	(0.108)	(0.103)	(0.111)

续表

	实际医疗支出（对数）				大病支出	
	两部分模型		Heckman 模型		Probit 模型	
	第一部分	第二部分	选择方程	支出方程	(20%)	(40%)
参合组×调查年份	0.257*** (0.092)	-0.076 (0.081)	0.233*** (0.086)	-0.106 (0.129)	-0.07 (0.079)	-0.1 (0.085)
年龄	0.054* (0.030)	0.093*** (0.026)	0.048* (0.026)	0.093*** (0.033)	0.095*** (0.025)	0.078*** (0.027)
年龄平方	-0.000* (0.000)	-0.001*** (0.000)	-0.000* (0.000)	-0.001*** (0.000)	-0.001*** (0.000)	-0.001*** (0.000)
女性（男性=0）	0.164*** (0.050)	0.123*** (0.045)	0.145*** (0.043)	0.112 (0.075)	0.114*** (0.043)	0.103** (0.046)
少数民族（汉族=0）	-0.593*** (0.086)	-0.173** (0.080)	-0.541*** (0.073)	-0.094 (0.272)	-0.335*** (0.078)	0.308*** (0.087)
有配偶（否=0）	0.086 (0.057)	0.182*** (0.052)	0.074 (0.051)	0.185*** (0.058)	0.227*** (0.048)	0.201*** (0.052)
职业	0.199 (0.167)	0.227 (0.150)	0.185 (0.146)	0.193 (0.153)	0.007 (0.136)	-0.041 (0.146)
存活子女个数	0.013 (0.013)	0.039*** (0.011)	0.012 (0.011)	0.037*** (0.011)	0.01 (0.010)	0.021* (0.011)
ADL 受损（否=0）	0.403*** (0.081)	0.776*** (0.062)	0.357*** (0.072)	0.740*** (0.147)	0.707*** (0.062)	0.691*** (0.064)
收入（对数）	0.027 (0.018)	0.015 (0.016)	0.025 (0.016)	0.01 (0.019)	-0.155*** (0.015)	0.187*** (0.016)
经常锻炼（否=0）	-0.091 (0.056)	0.067 (0.050)	-0.075 (0.051)	0.089 (0.058)	-0.038 (0.047)	0.035 (0.050)
与子女同住（否=0）	0.026 (0.073)		0.012 (0.065)			
常数项	-1.244 (1.305)	2.143* (1.163)	-1.08 (1.145)	2.288 (1.664)	-3.253*** (1.103)	-2.709** (1.182)
逆米尔斯比率①				-0.356 (1.141)		
样本量	5500	4511	5500	5500	5573	5573

注：①第一部分、选择方程以及大病支出的两个 Probit 回归给出的是边际效应。②第二部分模型采用了随机效应模型，固定效应模型的结果与其相似，Hausman 检验显示两者结果无显著区别，因此没有列出。③上述方程均控制了 21 个"省"的哑变量，限于篇幅未列出。

---

① 逆米尔斯比率结果显示，"是否发生医疗开支"、"如果发生，支出多少"这两个过程相互独立的假设不能被拒绝，这部分解释了两部分模型和 Heckman 模型结果的一致性。

表 3 第 1 列和第 2 列给出了对实际医疗支出（对数）进行两部分模型估计的结果。其中第 1 列显示了"新农合"对参合者"发生正的医疗支出"概率的影响。可以看出，加入新农合使得参合者发生正的医疗支出的概率提高了 25.7%，且结果非常显著。这说明参加新农合后，极大地改变了参合者有病不医的状况，使得发生医疗支出的概率显著上升。这一结果与我们前面的结论（加入"新农合"导致医疗服务利用率提高）是相一致的。有趣的是，新农合降低医疗支出的效果仍然不显著。表 3 第 2 列给出了在发生正的医疗支出的情况下，新农合对参合者医疗支出的影响。结果显示，在发生医疗支出的条件下，新农合使得参合者的实际医疗支出减少了 7.6%。但这个结果在统计上并不显著，因此没有证据表明新农合能显著降低参合者的实际医疗开支。第 3 列和第 4 列则给出了 Heckman 选择模型估计的结果，它们与两部分模型的结果非常接近。这意味着参合者在医疗支出方面选择性效应并不明显。

然而，新农合对医疗支出的影响不显著，或许是由于"新农合"主要针对大病防治的缘故。因此我们又使用 Probit 模型估计了新农合对大病支出发生率的影响。表 3 第 5 列和第 6 列给出了相关的估计结果。可以发现，按实际医疗支出占年度收入的比重超过 20% 和 40% 的不同标准计算，加入新农合使得参合者的大病支出发生率分别下降了 7% 和 10%，但也都不具有统计显著性。因此，即使就"新农合"的大病保障功能而言，新农合的经济绩效也是较为有限的。

那么，"新农合"是如何提高参合者的健康水平的？上文结果显示，新农合减少了参合者有病不医的状况，促进了参合者医疗服务利用率的提高。在此基础上，我们对新农合影响参合者健康水平的渠道进一步进行了探索。其基本想法是，如果新农合是通过医疗服务利用率这一渠道来影响参合者健康水平的，那么在"新农合"健康绩效的估计方程中，控制住医疗服务利用率的相关变量后，新农合的健康绩效应变小或者不显著①。估计结果见表 4，因篇幅所限，我们只给出了最重要的 ADL 受损和认知功能的 FE 估计结果。表 4 的第（1）~（4）列给出了医疗服务利用率在新农合降低参合者 ADL 受损概率中作用的估计。第（1）列中没有添加任何医疗服务利用率指标；第（2）列则在第（1）列回归方程的基础上增加了"生病时能得到医院救治"这个变量。可以看出，增加这个变量后，参合组估计系数的绝对值从 0.056 下降到 0.054，下降约 4%。这一效应似乎并不很大。考虑到"新农合"主要是减少了因经济原因而无法就医的可能性，因此，我们在第（1）列的基础上加入了"因贫放弃医院救治"这个变量，以求更准确地捕捉到新农合通过医疗服务补贴而对参合者健康水平的影响。结果发现，增加这一变量后，参合组的估计系数有所增大，但统计上不再显著。第（4）列则加入了实际医疗支出变量，结果没有发生大的变化。第（5）~（8）列给出了医疗服务利用率在"新农合"影响参合者 MMSE 得分中作用的估计。第（5）列中没有增加任何的渠道变量。第（6）列则增加了"生病时能得到医院救治"变量，此时参合组的估计系数从 1.043 下降到 0.975，下降约 7%。第（7）列

---

① 此处感谢匿名审稿人提出的宝贵建议。

把这一变量换作"因贫放弃医院救治",参合组估计系数同样变得不再显著,且符号也变得不正确。第(8)列加入了实际医疗支出变量,结果也没有发生大的变化。因此,有证据表明,新农合确实通过医疗服务利用率的提高而改善了参合者的健康水平,而其中减少"因贫放弃医院治疗"的可能性起了很重要的作用①。

表4 "新农合"健康绩效的渠道分析

	日常行为能力（ADL 受损）				认知功能（MMSE 得分）			
	(1)	(2)	(3)	(4)	(5)	(6)	(7)	(8)
参合组	-0.056*** (0.020)	-0.054*** (0.020)	-0.057 (0.065)	-0.082 (0.065)	1.043** (0.427)	0.975** (0.431)	-1.636 (1.347)	-1.604 (1.347)
有配偶（否=0）	-0.031 (0.025)	-0.032 (0.025)	-0.052 (0.066)	-0.060 (0.064)	-0.116 (0.564)	-0.085 (0.563)	1.737 (1.204)	1.793 (1.177)
存活子女个数	-0.002 (0.009)	-0.002 (0.009)	-0.032 (0.025)	-0.045* (0.024)	0.273 (0.184)	0.254 (0.184)	0.171 (0.521)	0.307 (0.547)
与子女同住（否=0）	0.042* (0.022)	0.043* (0.022)	0.083 (0.061)	0.073 (0.061)	0.236 (0.471)	0.205 (0.474)	2.119* (1.274)	2.259* (1.279)
生活资源充足（否=0）	-0.063*** (0.016)	-0.058*** (0.016)	-0.032 (0.059)	-0.016 (0.059)	1.719*** (0.362)	1.556*** (0.368)	1.831 (1.302)	1.317 (1.290)
收入（对数）	0.001 (0.006)	0.002 (0.006)	0.031* (0.018)	0.025 (0.017)	-0.038 (0.120)	-0.056 (0.120)	-0.707** (0.349)	-0.613* (0.353)
调查年份	0.083*** (0.017)	0.083*** (0.017)	0.156*** (0.046)	0.165*** (0.046)	-2.721*** (0.369)	-2.720*** (0.369)	-2.012** (0.930)	-1.980** (0.935)
生病时能得到医院救治（否=0）		-0.033 (0.024)				1.079** (0.499)		
因贫放弃医院救治（否=0）			0.023 (0.055)	0.029 (0.054)			-1.220 (1.129)	-1.453 (1.127)
实际医疗支出（对数）				0.025*** (0.008)				-0.275* (0.150)
常数项	0.135** (0.057)	0.153*** (0.058)	-0.026 (0.181)	-0.051 (0.178)	21.652*** (1.181)	21.063*** (1.219)	24.764*** (3.179)	25.097*** (3.235)
样本数	5588	5588	3273	3253	5571	5571	3268	3248
R^2	0.026	0.027	0.123	0.157	0.065	0.067	0.189	0.196

注:①本表使用了 FE 方法进行估计,因此本表与表 2 的部分估计结果相同,其中固定不变的控制变量,如性别、年龄、民族、教育年限、职业、21 个"省"的哑变量、"年"哑变量被省略。②表中没有放入表 1 中的另外两个反映医疗服务利用率的变量"医院确诊的疾病数"和"医院确诊疾病的比例",原因在于这两个变量本身受到参合者健康状况的影响,如果作为渠道变量放入回归方程会带来较强的内生性。

---

① 需要指出的是,上述检验只是探索性的。由于缺乏更好的医疗服务利用率的代理变量,难以进行更加丰富和深入的分析。现有的分析本质上是一种相关性分析。

根据以上估计结果，我们可以得出这样的结论：加入"新农合"后，参合者的健康水平大概提升了3%~5%；参合者的自付比例大约降低了5%，但是参合者的医疗支出和大病支出发生率并没有显著下降；参合者患病后发生正的医疗支出的概率和得到医院救治的概率分别提高了23%~26%和6%~8%，医疗服务利用率的提高成为新农合影响参合者健康水平的一个重要渠道。

（二）讨论与可能的解释

接下来，我们对上述发现做一些讨论和解释。首先，"新农合"的经济绩效为何不明显？我们给出几个可能的解释。最重要的解释是，参合者的医疗服务需求价格弹性较大。从理论上说，对医疗服务的需求是人们对"良好健康"的需求所带来的引致需求，人们根据医疗服务价格来确定自身合意的健康存量水平（Grossman，1972）。参加新农合降低了参合者所面临的医疗服务价格，这会引起参合者"合意"的健康存量和相应健康投资的增加，从而引起医疗服务需求的上升。于是，新农合经济绩效的大小主要取决于两方面力量的对比：一方面，参加新农合引起医疗服务价格的下降，在医疗服务需求不变的情况下会使得实际医疗开支下降；另一方面，医疗服务价格的下降会刺激参合者对医疗服务需求的增加，使得实际医疗开支增加。究竟哪种力量占主导，主要由医疗服务需求的价格弹性来决定：当价格弹性较大时，医疗服务价格的下降被其需求的快速增加所抵消，就可能出现本文所看到的实际医疗支出下降不明显的情形；当医疗服务需求弹性大于1时，医疗服务的价格下降甚至会引起人们实际医疗支出的上升。

从现实来看，许多农村居民之前生病时无钱诊治，因此医疗支出也较少；新农合实施后，补贴政策导致参合者的自付比例下降（约5%），刺激了参合者对医疗服务的消费，使得医疗总支出可能不减反增。我们的两部分模型和样本选择模型的结果以及许多同类研究（Wagstaff，2009；Lei and Lin，2009）都为此提供了证据。与此同时，"新农合"对不同项目的医疗补贴改变了不同项目之间的相对价格，导致参合者选择更贵更好的被补贴服务，这也带来了医疗支出的增加。如许多原先在村诊所或镇卫生院看病的居民，参合后转而到更好的县（市）级医院甚至地（市）、省级或专业医院就医（Brown and Theoharides，2009），或者倾向于在费用更高的医院治疗（封进、李珍珍，2009）。

可能造成经济绩效不明显的另一个原因是，正如许多文献（Yip and Hsiao，2009；Brown et al.，2009）指出，"新农合"在设计中存在着某些不足。许多地方的实施方案，起付额过高，封顶线过低，报销比例较小，而且保障范围受到诸多限制。多数地方只保障住院医疗支出，而对非住院医疗支出补偿有限。大部分的慢性病（如高血压等）往往不包含在"新农合"的保障范围之内，从而"新农合"在降低实际医疗支出方面作用有限。此外，新农合有时也会导致基层医疗服务供给者的行为发生扭曲，使其倾向于"过度开药"、"过度诊断"，甚至提高报销前的医疗服务定价，从而部分抵消了新农合的经济补助效果（封进等，2010；Sun et al.，2009b）。

然而，为什么"新农合"经济绩效不理想的同时却表现出了明显的健康绩效？我们也给出几个可能的解释。首先,从理论上说,医疗服务价格的下降带来了合意健康资本存量的增加。人们比参合前消费更多的医疗服务(尤其是医疗服务需求弹性较大时),从而健康水平上升。上文的估计结果显示,"新农合"提高了参合者寻求正规医疗的概率,并增加了患者得到医院及时救治的可能性(6%~8%);医疗服务利用率的提高成为"新农合"影响参合者健康水平的一个重要渠道。其次,医疗价格的相对下降也使得参合者有动机寻求更贵、更好的医疗服务。较贵的医疗服务在导致"新农合"经济绩效不显著的同时,也可能改善了医疗服务的质量,提高了参合者的健康水平。最后,正如 Lei 和 Lin (2009) 的研究显示,新农合的推行大大提高了日常性体检等预防性医疗服务,这虽然可能降低了农民的自评健康程度,却减少了突发性病症。在此过程中相伴随的医药保健知识的传播,也有助于健康生活方式的推广,从根本上改善和提高农民的健康水平。

至此,我们可以对这一系列结果提供一个完整的解释。我们认为,参合者的医疗服务支出、医疗服务利用率和健康水平这三者之间存在着密切联系:新农合的医疗补贴降低了参合者大病支出的自付比例,这等于降低了医疗服务的价格,导致人们合意的健康存量水平上升。医疗服务需求弹性较大等原因,一方面使得参合者提高了寻求医院治疗的可能性,或消费更多、更好的医疗服务,从而改善了参合者的健康水平;另一方面,医疗服务价格的下降在很大程度上被医疗服务需求的快速上升所抵消,这导致以实际医疗支出和大病支出发生率为评价指标的"新农合"的经济绩效并不显著。

五、结 论

本文利用中国老年健康影响因素跟踪调查的最新数据,对新农合的绩效进行了全面考察。结果发现,在中国农村老年人这个群体中,"新农合"能够显著改善参合者的健康状况,减少参合者原先"有病不医"的状况,提高参合者对医疗服务的利用率;医疗服务利用率的提高成为新农合影响参合者健康水平的一个重要渠道;参合者的自付比例虽有所下降,但并未显著减少参合者的实际医疗支出和大病支出发生率。据此我们认为,参合者对新农合的政策反应是消费更多、更好的医疗服务,而并非减少实际医疗支出。因此新农合能够显著改善参合者的健康状况,但在减少参合者的实际医疗支出负担和防范疾病经济风险上作用有限。

本文的贡献有两点:第一,本文为全面科学地评估"新农合"的绩效提供了一个新视角。卫生系统的根本目的是提高人们的健康水平,"新农合"降低农民医疗支出负担的作用固然重要,但根本目的还是为了使农民获得医疗救治的权利和抵抗重大疾病风险的能力,维持和改善参合农民的健康水平。因此新农合对参合者健康水平的影响,理应成为其绩效考察的起点和基础。

第二,从上述思路出发,我们发现"新农合"显著提高了参合者的健康水平,因此

"新农合"的成就值得肯定。本文为"新农合"的正向健康影响提供了经验证据。同时我们的研究也发现,"新农合"的补贴政策导致参合者的医疗服务需求上升,以至于新农合并不能显著降低参合者的医疗支出负担和大病支出发生率,经济绩效不理想。这为评估"新农合"的经济绩效提供了进一步的证据,同时说明,以往的政策评估对新农合作用的认识仅停留于防范疾病的经济风险和减少"因病致贫"是有很大局限的。

最后需要指出的是,本文使用的是中国农村老年人的数据。由于老年人的医疗服务需求对医疗价格的敏感性可能较青壮年更高,所以在老年人群体中我们看到了"新农合"显著的健康绩效。虽然我们相信"新农合"对其他年龄段个体的健康状况具有类似的改善作用,但严谨起见,仍需使用所有年龄段的数据对新农合绩效进行更准确的评估。

附录 A

正文中的结果本质上反映的是"新农合"对"存活老年人"健康的改善作用。由于我们使用的老年人样本死亡率较高,有可能会带来样本选择问题。利用我们的样本中2005年已经参与新农合的1069名农村老人(这部分样本在正文分析中没有用到),我们可以比较两个组别老人在2005~2008年的存活率差异。

在表5中,我们尝试用受访老人2008年的存活状态对其2005年是否参合进行了Probit回归。这里被解释变量是dth05_08,即受访老人是否在2008年调查时点前去世,dth05_08=1表示去世,dth05_08=0则表示存活。主要解释变量为ncms05,即2005年受访老人是否参合。ncms05=1,表示该受访人2005年参与了新农合(且未参加其他任何一种保险);ncms05=0,则表示未参与新农合(且未参加其他任何一种保险)。

表5 "新农合"对参合老人死亡率的影响

	被解释变量:dth05_08							
	(1)	(2)	(3)	(4)	(5)	(6)	(7)	(8)
ncms05	-0.019 (0.020)	-0.020 (0.020)	-0.020 (0.020)	-0.046* (0.025)	-0.265*** (0.022)	-0.266*** (0.022)	-0.266*** (0.022)	-0.271*** (0.028)
女性 (男性=0)	-0.068*** (0.013)	-0.070*** (0.015)	-0.081*** (0.015)	-0.081*** (0.016)	-0.056*** (0.016)	-0.045** (0.018)	-0.050*** (0.018)	-0.062*** (0.018)
年龄	0.025*** (0.001)	0.025*** (0.001)	0.024*** (0.001)	0.024*** (0.001)	0.023*** (0.001)	0.023*** (0.001)	0.023*** (0.001)	0.022*** (0.001)
少数民族 (汉族=0)	-0.020 (0.022)	-0.023 (0.022)	-0.027 (0.022)	0.004 (0.026)	0.131*** (0.027)	0.131*** (0.027)	0.131*** (0.028)	0.065* (0.036)
教育年限		0.002 (0.017)	0.001 (0.017)	0.009 (0.017)		0.031 (0.020)	0.032 (0.020)	0.028 (0.020)

续表

	被解释变量：dth05_08							
	(1)	(2)	(3)	(4)	(5)	(6)	(7)	(8)
职业		-0.055 (0.042)	-0.049 (0.043)	-0.049 (0.043)		-0.050 (0.057)	-0.040 (0.057)	-0.027 (0.056)
生活资源充足 （否=0）		-0.015 (0.013)	-0.015 (0.013)	-0.016 (0.013)		-0.011 (0.016)	-0.014 (0.016)	-0.010 (0.016)
有配偶 （否=0）			-0.050*** (0.017)	-0.048*** (0.017)			-0.027 (0.021)	-0.027 (0.021)
存活子女个数			-0.003 (0.003)	-0.004 (0.003)			0.003 (0.004)	0.004 (0.004)
与子女同住 （否=0）			0.032 (0.020)	0.035* (0.020)			0.065*** (0.025)	0.061** (0.025)
"省"哑变量	NO	NO	NO	YES	NO	NO	NO	YES
样本数	7113	7088	7088	7088	4596	4578	4578	4578

注：上述估计采用了 Probit 模型，表中报告的是均值处的边际效应及标准差。

第（1）~（4）列的结果显示，2005年参合者的死亡率降低4.6%，虽然只在边际上显著。然而，这一结果可能低估了"新农合"对参合老年人死亡率的减少作用。因为上述回归的对照组是2005年没有参合的老年人，这其中的一部分人在2005~2008年参与了新农合（这部分人如果2008年依然存活，则我们可以从样本中确认出来；如果死亡，由于死亡老人登记表中没有直接询问死亡老人临终前是否参合，因而无法确认该老年人在2005~2008年的参合情况）。如果"新农合"能降低参合者的死亡率，那么这部分人的存在会低估对照组的死亡率水平，从而低估新农合的效应。为此，我们在第（5）~（8）列中把对照组中2005~2008年参加新农合的个体分离出去（此时的对照组为2005~2008年始终没有参加新农合或者2005年调查时点没有参合且在2008年调查时点前去世的老年人）。结果发现，新农合显著降低了参合者的死亡概率，比率高达27%。这一结果在1%水平上显著，且对模型设定表现得非常稳健。考虑到死亡老年人中可能有部分老人在2005~2008年参加新农合，却无法识别出来，第（5）~（8）列的结果依然可能低估"新农合"对参合老年人死亡率的降低作用，但这只会进一步加强本文的结论。

附录 B

表6结果显示，除了最后一个变量"西部地区"外，表中所列变量两组之间并无显著差异。说明匹配质量总体来说较好，倾向分值函数设定较合理。表中变量均在2005年取值。

表6 倾向分值匹配基础上的差分内差分方法的匹配程度检验

变量	均值		% reduction		t - 检验	
	参合组	控制组	% bias	bias	t 统计量	p > t
70~79 岁	0.31	0.31	1.6	69.8	-1.06	0.288
80~89 岁	0.25	0.25	-0.5	89.3	0.6	0.547
90~99 岁	0.18	0.18	-2.2	34.1	0.29	0.774
100 岁以上	0.07	0.07	0.7	15.4	0.74	0.46
女性	0.56	0.56	0.8	-674.9	0.19	0.852
职业	0.02	0.02	0.3	94.5	1.51	0.132
教育年限	1.52	1.55	-1.4	38.9	-0.71	0.478
自评健康好	0.52	0.54	-2.5	-62.1	-0.77	0.441
有配偶	0.41	0.39	2.2	80.5	-1.56	0.118
近两年因病卧床天数	7.59	6.82	1.8	-10.1	0.16	0.873
受访时患病数	0.99	1.00	-0.7	82.9	1.01	0.313
生病能得到医院救治	0.85	0.87	-3	15.4	-1.68	0.094
生活资源充足	0.69	0.71	-4.6	-324	-1.33	0.182
医疗支出占收入比重	0.52	0.56	-2	-115.9	-0.45	0.655
中部地区	0.29	0.30	-3.2	57.2	-0.22	0.823
西部地区	0.50	0.49	1.5	95.2	-7.14	0

参考文献

[1] 封进,李珍珍. 中国农村医疗保障制度的补偿模式研究 [J]. 经济研究,2009 (4).

[2] 封进,刘芳,陈沁. 新型农村合作医疗对县村两级价格的影响 [J]. 经济研究,2010 (11).

[3] 封进,宋铮. 中国农村医疗保障制度:一项基于异质性个体决策行为的理论研究 [J]. 经济学 (季刊),2007 (3).

[4] 姜向群,万红霞. 老年人口的医疗需求和医疗保险制度改革 [J]. 中国人口科学 (增刊),2004.

[5] 刘国恩,蔡春光,李林. 中国老人医疗保障与医疗服务需求的实证分析 [J]. 经济研究,2011 (3).

[6] 卫生部.2009 年我国卫生事业发展统计公报 [Z]. 中华人民共和国卫生部,www. moh. gov. cn,2010.

[7] Brown, P. H., A. De Brauw and Y. Du, 2009, "Understanding Variation in the Design of China's New Cooperative Medical System", China Quarterly, 198: 304 – 329.

[8] Brown, P. H. and C. Theoharides, 2009, "Health – Seeking Behavior and Hospital Choice in China's New Cooperative Medical System", Health Economics, 18, S2: S47 – S64.

[9] Deb S., Braganza J., 1999, "Comparison of Rating Scales for the Diagnosis of Dementia in Adults

with Down's Syndrome", Journal of Intellectual Disability Research, 43: 400 – 407.

[10] Du, L. and W. Zhang, 2007, The Development on China' Health, No. 3. Beijing, China: Social Science Academic Press.

[11] Duan et al., 1983, "A Comparison of Alternative Models for the Demand for Medical Care", Journal of Business and Economic Statistics, 1 (2): 115 – 126.

[12] Eichler, M. and M. Lechner, 2002, "An Evaluation of Public Employment Programmes in the East German State of Sachsen – Anhalt", Labor Economics – An International Journal, 9: 143 – 186.

[13] Grossman, M., 1972, "On the Concept of Health Capital and the Demand for Health", Journal of Political Economy, 80: 223 – 255.

[14] Heckman, J., 1976, "The Common Structure of Statistical Models of Truncation, Sample Selection and Limited Dependent Variables and a Simple Estimator for Such Models", Annals of Economic and Social Measurement, 5, 475 – 492.

[15] Heckman, J., H. Ichimura and P. Todd, 1997, "Matching as an Econometric Evaluation Estimator", Review of Economic Studies, 65: 261 – 294.

[16] Lei, X. and W. Lin, 2009, "The New Cooperative Medical Scheme in Rural China: Does More Coverage Mean More Service and Better Health?", Health Economics, 18: S25 – S46.

[17] Ringel, J. S., S. D. Hosek, B. A. Vollaard and S. Mahnovski, 2002, "The Elasticity of Demand for Health Care: A Review of the Literature and its Application to the Military Health System", National Defense Research Institute, RAND Health.

[18] Seshamani, M. and A. M. Gray, 2004, "A Longitudinal Study of the Effects of Age and Time to Death on Hospital Costs", Journal of Health Economics, 23 (2): 217 – 235.

[19] Shi, W., V. Chongsuvivatwong, A. Geater, J. Zhang, H. Zhang and D. Brombal, 2010, "The Influence of the Rural Health Security Schemes on Health Utilization and Household Impoverishment in Rural China: Data from a Household Survey of Western and Central China", International Journal for Equity in Health, 9: 7.

[20] Sun, X., S. Jackson, G. A. Carmichael and A. C. Sleigh, 2009a, "Catastrophic Medical Payment and Financial Protection in Rural China: Evidence from the New Cooperative Medical Scheme in Shandong Province", Health Economics, 18: 103 – 119.

[21] Sun, X., S. Jackson, G. A. Carmichael and A. C. Sleigh, 2009b, "Prescribing Behavior of Village Doctors under China's New Cooperative Medical Scheme", Social Science and Medicine, 68, 10: 1775 – 1779.

[22] Sun, X., A. C. Sleigh, G. A. Carmichael and S. Jackson, 2010, "Health Payment – induced Poverty under China's New Cooperative Medical Scheme in Rural Shandong", Health Policy and Planning, 2010: 1 – 8.

[23] Wagstaff, A., M. Lindelow, J. Gao, L. Xu and J. Qian, 2009, "Extending Health Insurance to The Rural Population: An Impact Evaluation of China's New Cooperative Medical Scheme", Journal of Health Economics, 28, 1: 1 – 19.

[24] Wang, H., L. Zhang, W. Yip and W. Hsiao, 2006, "Adverse Selection in a Voluntary Rural Mutual Health Care Health Insurance Scheme in China", Social Science and Medicine, 63 (5): 1236 – 1245.

[25] Wu, M., Z. Zhang, M. He, Y. Ruan, C. Lv, L. Tao and M. Miao, 2006, "Qualitative Study on the Implementation and Determinants of the New Cooperative Medical System in Rural China", Study Report

from WB/MOH NCMS Study.

[26] World Health Organization, 2000, "The World Health Report 2000: Health Systems: Improving Performance", http://www.who.int/whr/2000/en/whr00_en.pdf.

[27] Yip, W. and W. C. Hsiao, 2009, "Non-Evidence-Based Policy: How Effective is China's New Cooperative Medical Scheme in Reducing Medical Impoverishment?", Social Science and Medicine, 68: 201-209.

[28] You, X. and Y. Kobayashi, 2009, "The New Cooperative Medical Scheme in China", Health Policy, 91: 1-9.

[29] Yu, B., Q. Meng, C. Collins, R. Tolhurst, S. Tang, Fei Yan, L. Bogg and X. Liu, 2010, "How Does the New Cooperative Medical Scheme Influence Health Service Utilization? A Study in Two Provinces in Rural China", BMC Health Services Research, 10: 116.

The New Rural Cooperative Medical Scheme: Financial Protection or Health Improvement?

Cheng Lingguo and Zhang Ye

Abstract: Using the sample from the latest two waves of Chinese Longitudinal Healthy and Longevity Survey (CLHLS). This paper investigates the impacts of the New Rural Cooperative Medical Scheme (NRCMS). The result finds NRCMS increases the enrollees' access to the medical service and stimulates their service utilization, and hence improves their health status significantly. Meanwhile, this paper does not find that the enrollees' medical expense burden was alleviated significantly.

Key Words: NRCMS; Policy Evaluation; Medical Care Services; Health Status

江苏省新型农村社会养老保险制度的调查和思考[*]

孙文基 孙骏可

【摘　要】本文在介绍江苏省新型农村社会养老保险制度的基础上，总结了取得的突出成绩，分析了存在的主要问题，从完善制度、正确处理财政压力与进一步加大财政投入的关系、注意相关保障制度之间的衔接、加强经办能力建设、加强基金结余管理、加快立法工作几方面提出了完善的具体对策。

【关键词】新型农村社会养老保险制度；基金筹集；参保对象；江苏省

2009年9月4日，国务院办公厅发布《国务院关于开展新型农村社会养老保险试点的指导意见》，在全国普遍开展新型农村社会养老保险的试点。2009年12月29日，江苏省人民政府发布《江苏省新型农村社会养老保险制度实施办法》（以下简称《办法》），到2010年底，江苏省已普遍实施新型农村社会养老保险制度（以下简称"新农保"）。为了进一步完善江苏省新型农村社会养老保险制度，笔者进行了调研，总结了取得的成绩，分析存在的问题，提出了进一步完善江苏省新型农村社会养老保险制度的对策。

一、江苏省新型农村社会养老保险制度的主要内容

（一）参保对象

参保对象涉及身份和年龄两方面：就身份而言，江苏"新农保"的参保对象可分为两种：一是纯农民，其参保对象为具有本省户籍、年满16周岁未满60周岁、未参加城镇

---

[*] 本文是苏州大学"莙政基金"研修计划"完善江苏省新型农村社会养老保险制度研究"的成果之一。
作者：孙文基、孙骏可，苏州大学东吴商学院。
本文引自《农业经济问题》（月刊）2012年第4期。

职工基本养老保险的农村居民。为了便于管理，对参保对象实行属地管理，对于外地来本县（区）务工、务农的农民，原则上参加其户口所在地的农村社会养老保险。本县外出务工、务农的人员，原则上参加其户口所在地的农村社会养老保险。二是将未参加城镇职工基本养老保险、机关事业单位养老保险的城镇居民纳入"新农保"的参保对象，如泰州、无锡、苏州等地实行这种制度。就年龄而言，江苏分两种：大部分地区按国务院和省相关规定，将参保年龄规定为年满16周岁未满60周岁；少部分地区如苏州、无锡将参保年龄规定为男性年满16周岁至60周岁，女性年满16周岁至55周岁。

（二）基金筹集

1. 基金筹集方式

按照《江苏省人民政府关于印发江苏省新型农村社会养老保险制度实施办法》（以下简称《省办法》），江苏"新农保"实行个人缴费、集体补助和财政补贴相结合。

2. 个人缴费标准

《省办法》规定个人年缴费标准目前设为100元、200元、300元、400元、500元、600元6个档次，有条件的地区也可设定更高档次的缴费标准，参保人员自主选择档次缴费，多缴多得。从实际情况看，有些地区设定了更多的缴费标准，以徐州市为例，其个人缴费标准设定为100元、200元、300元、400元、500元、600元、800元、1000元8个档次；泰州市区规定的缴费标准为100~6000元，2011年将最低标准做了调整，城市居民参保的最低缴费标准为每人每年500元，农村居民参保的最低缴费标准为每人每年300元；个别地区限低不限高，如姜堰市规定的最低缴费标准为每人每年550元，最高不限。

3. 财政补贴

《省办法》规定地方政府对参保人员给予补贴，补贴标准为每人每年30~50元，有条件的地区可提高补贴标准，补贴标准限低不限高。对农村重残疾人等缴费困难群体，地方为其代缴部分或全部最低标准的养老保险费。

江苏大部分地区按照《省办法》的规定制定了相应的补贴标准，有些地区的补贴标准高于省规定的标准，如徐州市规定其补贴标准为每人每年30~70元，无锡市区及所属县（市）的补贴标准为每人每年50~150元，个人选择的缴费档次越高，补贴越多；泗洪县也实行多档缴费补贴，其补贴标准为每人每年30~50元。有些地区为了鼓励计划生育工作，促进农村居民婚育观念的转变，对独生子女家庭给予额外补贴，如泗阳县相关制度规定：独生子女父母参保每人每年增加20元参保补贴。江苏各地对农村重困难群体给予重点关注。如泰州市规定：对正常参保缴费人员给予每人每年30元的补贴，对低保参保人员补贴每人每年100元，一般残疾人参保补贴每人每年200元；对低保残疾人员参保补贴每人每年500元。

4. 缴费办法

从江苏省的情况看，大部分地区实行由参保人到经办机构指定的金融机构凭《农村居民养老保险缴费证》以货币形式按年一次性足额缴费，少数地区实行由村干部代收然后集中缴费。

(三) "新农保"的模式

"新农保"实行个人账户模式。江苏省各地"新农保"经办机构为每位参保人建立终身不变的养老保险个人账户，同时核发缴费凭证。个人账户的金额包括个人的缴费及其利息、财政补贴及其利息。个人账户的储存额利率根据中国人民银行公布的同期城乡居民1年期定期存款利率确定。

(四) "新农保"的养老金待遇

养老金待遇由基础养老金和个人账户养老金组成，支付终身。

《省办法》规定基础养老金标准为每人每月最低60元，地方政府可根据实际情况适当提高标准，已按"原新农保"政策规定领取养老金的人员，待遇高于按新政策计算养老金水平的，继续执行原标准；低于按新政策设计养老金水平的，按新政策标准执行。基础养老金部分由中央、省、地方财政共同负担。个人账户养老金的月计发标准为个人账户全部储存额除以139。从2010年江苏省的情况看，各地基础养老金的标准不一致，从总体来看，苏南基础养老金标准高于苏中和苏北。基础养老金最高标准为无锡市锡山区，其标准为每人每月200元；苏中和苏北地区普遍为每人每月60元。

为了落实多缴多得、长缴多得的原则，江苏省有些地区制定了相应的鼓励政策。例如，泰州相关制度规定：缴费满15年，每超过1年增发2~10元的奖励性基础养老金。泗洪县相关制度规定：缴费满15年，每多缴1年，基础养老金每月增加10%。有些地区如无锡借鉴城镇职工基本养老保险的相关规定，对参保人死亡时发放6个月的基础养老金。

(五) 领取条件

按照《省办法》的规定：年满60周岁、未享受城镇职工基本养老保险待遇的江苏户籍的农村居民，缴费满15年的，可按月领取养老金。《省办法》正式实施后，已年满60周岁、未享受城镇职工基本养老保险待遇的不用缴费，可按月领取基础养老金，但其符合参保条件的子女应参保；距领取年龄不足15年的，可按年缴费，并允许补缴，补缴年限不超过15年。

(六) 发放方式

参保对象的养老金通过经办机构指定的金融机构按月实行社会化发放。

二、取得的突出成绩

江苏省"新农保"制度建设取得了突出成绩,主要表现在以下几个方面:

(一)"新农保"制度普遍建立

到2010年底,全省所有涉农县(市)、区都普遍建立了"新农保"制度,基本实现了应保尽保。根据江苏省《2010年新型农村社会养老保险情况统计表》,2010年,江苏"新农保"应参保人数为1523.3495万人,实际参保人数为1514.5613万人,参保率为99.42%,60岁以上领取基础养老金人数为746.9856万人,领取率为99.76%。

(二)进一步体现了财政的公共性

"新农保"制度的建设是继免缴农业税、义务教育全免费、新型农村合作医疗后的又一项惠农政策,财政发挥了很大作用。2010年,江苏省级及地方财政对基础养老金的补助收入为54.57亿元,地方财政对个人账户的补贴总额为7.68亿元,共补助62.25亿元,占基金总收入140.06亿元的44.45%,体现了财政的公共性,进一步落实了中共十七大报告提出的"发展为了人民、发展依靠人民、发展的成果由人民共享"的执政理念。

(三)得到了广大老年农民的拥护

"新农保"制度的实施得到了广大老年农民的拥护,从调查的情况看,老年农民深有感触地说:政府给我们发养老金是开天辟地以来的第一次。老年农民之所以拥护这一制度,其原因在于他们不需缴一分钱就可以得到一定数量的养老金。这一制度的实施密切了干群关系,提高了党和政府的公信力,有助于农村的稳定,对于江苏和谐社会的建设具有重要意义。

三、存在的主要问题

由于"新农保"是一项新制度,没有成功的经验可供借鉴,再加上其他客观原因,不可避免地存在一些问题,主要表现在:

(一)"新农保"制度不完善

1. 缴费水平低与部分地区缴费办法不规范

从江苏省目前的情况看,参保农民对"新农保"的保险性质认识不足,将其看作一种社会福利,没有认识到其缴费多少与其最终享受待遇之间的正相关关系,再加上各地出台的政策大多数没有采取相应的激励措施鼓励参保对象多缴费,导致大多数参保对象选择低标准缴费以便将来能获取基础养老金。以泰州市为例,2010年,近70%的参保人选择100元最低标准缴费。

从缴费办法看,江苏大多数地区实行由参保人到经办机构指定的金融机构缴费,但由于多种原因,部分地区实行由村干部代收然后集中缴费,其中蕴藏资金流失的风险。

2. 待遇较低

根据2010年江苏的情况,农村居民每月领取的基础养老金标准虽然各地有差异,但大多数为每人每月60元,2011年没有调整。2011年江苏企业职工基本养老保险人均月养老金水平已达到1622元,江苏全省农村低保标准人均每月达到253元。与其他社会保障制度相比,"新农保"保障水平是偏低的,还无法保障农村老年居民最基本的生活。

待遇低的原因在于农村老年人口数量大及财政压力大。从农村老年人口数量看,按目前江苏农村老年人口数量计算,每人每年增加1元基础养老金需要近747万元,如果将基础养老金的标准调整到目前的农村低保标准,按照现行大多数地区"新农保"待遇每人每月为60元进行简单计算,需要财政再投入基础养老金1730052万元,江苏地方财政目前还没有能力承担如此大的支出。从财政压力看,2010年江苏财政对"新农保"的补助合计为62.25亿元,仅占2010年江苏一般预算支出的1.27%。但从目前财政承担的任务看,江苏财政承担经济转型升级与建立和谐社会的任务,财政需要加大对经济结构转型升级、教育、医疗卫生、环境保护、住房保障、新农村建设以及其他社会保障等方面的投入,庞大的地方政府债务需要化解,财政支出任务较重。从江苏目前一般预算支出的结构来看,财政对教育、科学技术、环境保护、医疗卫生等方面的支出还不能满足实际需要,能够调整的仅限于一般公共服务支出,但一般公共服务支出的刚性较大,在政府职能转换没有到位的情况下,调整的难度较大。在这种情况下,如果大幅度提高基础养老金标准,财政将不堪重负。

3. 存在重复参保的问题

由于信息不对称,目前还没有建立覆盖全省乃至全国城乡居民的社会保障信息系统,经办机构还没有相应的手段对参保对象进行资格审查,导致少数人重复参保,影响财政资金使用效率,也带来不良的社会影响。

(二)与其他保障制度衔接迟滞,存在政策盲区

根据《国务院关于开展新型农村社会养老保险试点的指导意见》,目前江苏省各地出台的"新农保"实施办法中规定:"新农保"与企业职工基本养老保险、被征地农民基本生活保障、农村计划生育家庭奖励扶持政策、农村"五保"供养、社会优抚、农村最低

生活保障制度的衔接，按国家有关规定执行。但目前国务院和江苏省相关部门均未出台相关衔接政策，存在政策盲区，导致重复享受待遇，造成财政资金流失。

（三）基金管理不健全

目前，江苏开展新型农村社会养老保险按照国务院《关于开展新型农村社会养老保险试点的指导意见》进行，对保险基金如何保值和增值等都缺乏普遍性的制度规定，影响"新农保"基金的安全。

（1）目前，江苏没有明确专门的机构负责新型农村社会养老保险基金的管理与营运，养老基金管理人才缺乏。

（2）基金保值增值难。目前，"新农保"基金主要是存入银行和购买国债，"新农保"基金缺乏有效的投资与运营渠道，在实际利率为负的情况下，基金保值增值得不到保证。

（3）个人账户存在亏空。按照目前各地的规定，个人账户金额按城乡居民1年期定期存款利率计息，但相关部门没有及时对个人账户进行管理，导致个人账户中的累积额在一定时期内是按活期存款计息的，但要支付1年期定期存款利息，造成个人账户亏空，带来财政风险。以泰州市为例，2010年全市"新农保"基金结余为32.97亿元，增值收益3092万元，增值率为1%左右，远低于1年期定期存款利率。另外，江苏有些地区因财政困难等原因，其基础养老金是从个人缴费中支付的，影响基金安全，给"新农保"制度的可持续发展带来不利影响。

（四）经办机构能力不强

"新农保"涉及面广、参保人数多，虽然是按年一次性缴费，但基础工作量大，经办机构能力明显不足。其原因是人员配备不足且专业素质不高、办公设备不到位、信息系统不完善。以宿迁市为例，全市（县）、区经办机构为5个，多数机构人员老化且专业人员不足，一个乡（镇）仅配置一台电脑，全市111个乡（镇）保障所每个所只配1~2名工作人员，负责所有人力资源和社会保障事务，还要服从乡（镇）政府日常和阶段性的工作安排。另外，金融机构服务能力也较弱，各地指定的金融机构每乡（镇）仅有1家，出于成本的考虑，经办窗口较少，满足不了农民缴费和领取养老金的需要。

四、政策建议

（一）完善制度

1. 基金筹集方面

（1）逐步提高缴费标准。建议江苏省委、省政府出台相关政策，借鉴城镇职工基本养老保险的基金筹集办法,根据江苏农民人均纯收入的一定比例确定缴费标准,以做到享受待遇与缴费标准的同步提高。

(2) 逐步提高财政补贴。随着参保对象缴费标准的逐步提高,财政补贴也应随之增加,以提高参保对象缴费的积极性,可以考虑根据缴费标准提高的幅度逐步提高参保财政补贴标准;也可借鉴徐州、无锡等地的做法,在一定范围内即广大参保农民有缴费能力的范围内对参保补贴实施分档补贴,达到既提高"新农保"制度的吸引力,让更多的参保人员选择较高水平的缴费标准,进而增加个人账户金额,以利于实现保障待遇提高的目标,同时又避免多缴费多补贴进而导致农村贫富差距扩大的不良后果。

(3) 完善缴费办法。实行参保人员到指定的金融机构缴费的办法,完全杜绝由村干部代收然后集中缴费的方式。

2. 逐步提高待遇水平

"新农保"的目标是保障农村老年居民的基本生活,实现由家庭养老向社会养老的转变,但目前的待遇水平低,还不能保障参保人员的基本生活,建议按照农村居民的恩格尔系数确定基础养老金目标水平,根据财力状况逐年提高基础养老金标准,以实现保障参保人员基本生活的目标。

3. 建立资格认证制度

为解决重复参保、重复享受待遇问题,建议省政府出台《"新农保"领取人员资格认证管理办法》,按年度对"新农保"待遇领取人员进行资格认证,规范发放,以防止财政资金流失。

(二) 正确处理财政压力与进一步加大对"新农保"财政投入的关系

要按照以人为本的科学发展观的要求,随着财政收入的增加不断提高基础养老金的标准及对农村居民的参保补贴。财政加大对"新农保"的投入是其应尽的职责,但财政承担巨大的压力,各级财政要按照尽力而为与量力而行相结合的原则正确处理好两者之间的关系,通过增加财政收入和调整财政支出结构两种手段化解财政压力,为"新农保"提供资金支持。

(三) 注意相关保障制度之间的衔接

1. "新农保"制度与城镇企业职工基本养老保险、城镇居民养老保险制度之间的衔接

建议有关部门借鉴无锡的经验制定相关政策,实现"新农保"与城镇职工基本养老保险制度的衔接,并将城镇居民养老保险和"新农保"结合起来,从统筹城乡社保制度的角度,建立居民养老保险制度,由一个"平台"进行管理,以节省人力、物力。

2. "新农保"制度与被征地农民基本生活保障的衔接

被征地农民基本生活保障是农民用土地换来的待遇,应予以保留,考虑到我国农村社会保障体系建设中各项保障制度出台时间有先后,为防止出现"碎片化"的现象,建议

将被征地农民基本生活保障纳入新型农村社会养老保险制度，但保留相关待遇；有条件的地区可纳入城镇企业职工基本养老保险制度。

3. "新农保"制度与农村最低生活保障制度的衔接

"新农保"与农村最低生活保障都是为了保障农民的基本生活，建议将"新农保"制度与最低生活保障制度统筹考虑，在对低保对象进行收入调查时将养老金作为农村低保对象的收入。

4. "新农保"制度与社会优抚、农村计划生育家庭奖励扶持政策的衔接

社会优抚是对社会有贡献的特定群体给予的奖励，农村计划生育家庭奖励扶持政策是对农村家庭执行计划生育政策的奖励，应予以保留。

5. "新农保"制度与农村"五保"制度的衔接

农村"五保"制度是对农村特定对象的帮助政策，目的是保障其基本生活，与"新农保"的目标是一致的，建议将"五保"对象获得的养老金从"五保"供养标准中扣除。

（四）加强"新农保"经办能力建设

1. 健全机构

"新农保"是一项政策性强的长期工作，需要一支懂政策、业务精、责任心强、人员稳的经办队伍。要建立市、县（区）、乡（镇）三级新农保经办机构，实现"人员、机构、经费、网络、场地、制度"六到位，加强"新农保"工作考核奖励力度，以扎实推进"新农保"工作。

2. 提高经办队伍的素质

切实加强"新农保"经办人员的培训，特别要加强政策培训、计算机操作运用、财务和基金等知识的培训，不断提高"新农保"经办人员的整体素质，建立起一支业务精、素质高，能适应新型农村社会养老保险工作需要的专业队伍，为推进新型农村社会养老保险事业的健康发展提供保障。

3. 加快"新农保"工作信息化进程

加快推进"新农保"工作信息化进程，实现"新农保"业务管理的规范化、网络化、系统化，是提高"新农保"工作服务质量和办事效率的基础工作。

4. 增加"新农保"经办机构的人员和经费

"新农保"制度建设的相关工作量很大，现有的人员不足，建议增加相应的编制，并增加相应的人员经费与办公经费及设备购买经费，以提高经办能力。

（五）加强基金结余管理

建议制定全省统一的"新农保"个人账户结余投资管理办法，明确专门的机构对"新农保"个人账户进行管理，在确保基金安全的前提下实现基金结余的保值和增值。另外，要明确专门部门负责对参保对象缴费的管理，使其尽快实现保值和增值，防止出现个人账户的亏空。

（六）加快"新农保"的立法工作

以法律形式明确诸如新型农村养老保险制度应坚持的原则、主要内容、管理体制、资金来源、支付标准、基金运营管理与保值增值及各级政府部门的责任等内容，努力做到新型农村社会养老保险工作规范化和法制化，为新型农村社会养老保险制度的日益完善提供良好的法律保障。

参考文献

［1］邓大松，恭惠元．新型农村养老保险制度推行中的难点分析［J］．经济体制改革，2010．

［2］袁志刚．养老保险经济学［M］．上海：上海人民出版社，2005．

［3］陈骏．新型农村养老保险制度探究［J］．社会保障研究，2009（5）．

［4］徐清照．山东新型农村社会养老保险发展的现状、问题与对策研究［J］．东方论丛，2009（4）．

［5］刘昌平．补贴型新型农村社会养老保险制度研究［J］．东北大学学报，2009（9）．

经济增长、收入差距与农村贫困

罗楚亮

【摘 要】 我国经济转型过程中同时发生的居民收入增长和收入差距扩大对农村贫困减缓具有不同的影响。本文在住户调查数据的基础上,讨论了不同时期经济增长和收入差距对于农村贫困减缓的作用大小,估算了不同年份经济增长和收入差距的贫困减缓弹性,并根据 Shapley 分解讨论了分项收入对贫困程度的影响以及分项收入不均等性的贫困减缓弹性。

【关键词】 经济增长;收入差距;贫困

一、引 言

减少贫困是大多数发展中国家社会经济发展所力图实现的重要目标,尽管并不是所有的国家都能有效地实现。在改革开放以来经济高速发展的 30 年间,中国农村贫困人口数量大幅度下降。根据官方贫困线,农村贫困发生率从 1978 年的 31% 下降到 2007 年的 1.6%;按照人均 1 天 1 美元的国际贫困线标准,Chen 和 Ravaillion(2004)的估计表明农村贫困发生率从 1981 年的 64% 下降到 2001 年的 16.6%。尽管对于农村贫困减缓的评价会受到诸如现有贫困标准设定过低、现有贫困人口的减贫压力可能会进一步增大等因素的影响,但从动态来看,农村贫困减缓的成效仍是值得肯定的。

贫困的变化同时受到两种因素的影响:平均收入水平和收入差距的变化。对于给定的贫困标准,收入水平的普遍增长显然有助于贫困人口数量的下降;而收入差距的扩大则对贫困减缓具有相反的效应。特别是如果经济增长过程中收入差距扩大表现为低收入人群收入的衰退,甚至有可能出现经济增长与贫困程度上升并存的状态。经济高速增长过程既可

---

* 作者:罗楚亮,北京师范大学经济与工商管理学院。作者感谢匿名审稿人的建设性意见,但文责自负。
本文引自《经济研究》2012 年第 2 期。

能缩小收入差距，也可能扩大差距。在我国经济增长过程中，收入差距也在不断扩大。因此，在这一过程中，尽管农村贫困在不断下降，但人们依然期望，如果收入分配状态能够得到有效的改善，农村贫困减缓的绩效将会表现更佳。大量的研究结果也表明，农村贫困的下降主要表现为经济增长的结果，收入差距的恶化阻碍了经济增长减贫效应的发挥（Yao et al.，2004）。

在讨论经济增长、收入分配对贫困减缓的影响的过程中，经济增长的穷人受益性特征越来越受到关注。尽管如此，人们对于经济增长穷人受益性的理解和度量等方面仍存有较大的分歧（Kakwani and Pernia，2000；Ravallion and Chen，2003；Son，2004）。这也在一定程度上影响了人们对于经济增长过程中穷人受益程度的判断。

Dollar 和 Kraay（2000）发现经济增长会给包括穷人在内的所有人都带来好处，政府的干预政策无法影响穷人的收入份额，反贫困政策的中心在于经济增长。因此，减贫的关键在于经济增长。Kakwani 和 Pernia（2000）认为，经济增长虽然是贫困减缓的重要因素，但并不会自发地有利于穷人，伴随经济增长过程的收入分配同时有着非常重要的作用。Son 和 Kakwani（2008）强调只有使得穷人相对受益更多时，才认为经济增长是能使穷人受益的。根据这一判定准则，他们描述了 1984~2001 年 80 个国家在 237 个时段经济增长的穷人受益性，经济增长与负增长的情形分别为 55.3% 和 44.7%，而经济增长过程中出现穷人受益的状态只占 23.2%，其余 32.1% 则意味着是穷人受损的；在经济负增长情形中，穷人受益和受损状态的比例是相同的。

在关于经济增长是否具有穷人受益性的影响因素中，Son 和 Kakwani（2008）特别关注了通货膨胀、农业占 GDP 的比重、开放程度以及法律环境对经济增长穷人受益性的影响。不仅不同国家的经济增长穷人受益性存在差异，即便是在同一个国家内部，经济增长的减贫效果也会有所不同，Ravallion 和 Datt（1999）考察了印度 15 个主要地区 1960~1994 年的数据发现，一些地区的经济增长与贫困减少的相关度是其他地区的 3~4 倍，经济增长的脱贫效果基于初始状况的不同而呈现出差异，在具有较低知识能力、农业生产力和居民生活水平的地区，经济增长对脱贫的贡献比较小。

经济增长和收入差距扩大成为改革开放以来中国农村经济发展的两个基本特征，大量研究讨论了它们对于中国农村贫困变动的影响，较早的如魏众和别雍·古斯塔夫森（1999）基于 Datt 和 Ravallion（1992）所做的分解。大多数的研究结论都是比较一致的：经济增长大幅度减少贫困，收入差距扩大抵消了部分经济增长的减贫效应。

林伯强（2003）根据农村分组收入数据计算了中国农村的穷人受益指数，结果发现在 1985~1990 年、1990~1995 年和 1995~2001 年这三个时期中，所有的穷人受益指数都为正但小于 1，因此农村贫困人口通过扩散效应而从经济增长中获益。Yao 等（2004）发现收入差距扩大阻碍了贫困减缓过程，并且贫困对于收入差距具有较大的弹性；尽管城镇贫困也开始出现，但贫困主要还是发生在农村地区。胡兵等（2005，2007）在一定的收入分布假定下①,根据统计年鉴的分组数据推算各年份的收入差距和贫困指标,讨论经济增长和收入差距变动对于贫困变动的影响,并发现农村穷人在经济增长中的获益少于富人。陈立中(2009)在收入分组数据的基础上重新估计了中国农村的基尼系数和贫困指标,认为农村减贫进程存在着明显的波动性和不一致性。他们发现,1980~2005年,经济增长使得贫困发生率下降39.13个百分点,但其中18.15个百分点被收入分配状况的恶化所抵消。此外,文秋良(2006)根据1993~2004年分省的经济增长和贫困数据,发现经济增长的减贫弹性具有地区差异性。这些研究大多基于总量或收入分组数据。

根据微观层面上的住户数据,陈绍华和王燕(2001)考察了中国20世纪90年代的贫困变动,发现经济增长显著促进了贫困率的下降,不断增长的分配不均又使贫困率上升,穷人在经济增长中的获益少于富人。万广华和张茵(2006)根据CHNS和农研中心固定观察点数据,发现在20世纪90年代前半期,收入增长和不平等的下降导致了农村贫困减缓;而90年代中后期,农村居民收入缓慢增长和收入差距的快速上升导致减贫速度下降,甚至部分年份贫困有所增加。杜凤莲和孙婧芳(2009)利用CHNS数据,发现不同阶段贫困减缓的经济增长效应与收入分配效应存在差异:1991~1993年和1997~2000年贫困总体下降,尽管经济增长的减贫效应部分地被收入分配效应所抵消;1993~1997年贫困程度有所上升,收入分配效应对贫困减缓的不利影响超过了经济增长效应;而2000~2004年经济增长和收入分配都具有减贫效应。这一结果很可能是由于她们所讨论的贫困变动中没有区分城乡所致。

基于住户调查数据,本文旨在讨论不同时期农村居民收入增长、收入差距变化对于贫困变动的影响。在讨论贫困决定中的增长因素和分配因素的同时,本文也尝试根据Shapley分解原则,对影响贫困的分项收入因素及贫困的分项收入弹性做出探讨。对照现有研究,本文一方面将讨论农村贫困的时期延至2002~2007年,另一方面讨论了分项收入与贫困之间的关联性。

本文其余部分的安排如下:第二、第三部分分别描述了本文的基本方法和所使用的数据;第四部分描述了贫困状况及其变动的总体特征;第五部分讨论了收入增长和差距变化对于贫困的影响;第六部分则进一步讨论了分项收入与贫困变动之间的关联性;第七部分是全文的总结。

二、方法说明

设 P 为贫困指数,它将由三个因素确定:平均收入水平 μ、洛伦兹曲线(收入分布)

---

① 他们的研究思路与林伯强(2003)基本上是相同的,并且结论也非常一致,差异主要体现在所考察的时期不同。

$L(p)$①、贫困线 z，即 $P = P(\mu, L(p), z)$，如果贫困线不发生变动，则可直接表示为 $P = P(\mu, L(p))$。时期 1 和时期 2 的贫困指数则可分别表示为：$P_1 = P(\mu_1, L_1(p))$ 和 $P_2 = P(\mu_2, L_2(p))$。因此，平均收入水平和收入分布的变化都可能会导致贫困指数的变动。如果只有收入水平的增长而没有改变收入分布，所导致的贫困指数变动被称为增长效应；相应地，如果只发生了收入分布特征的改变而收入均值没有变动，所导致的贫困指数变动被称为分配效应。Datt 和 Ravallion(1992)首先给出了从时期 1 到时期 2 贫困指数变动的增长效应和分配效应的分解形式：

$$\Delta P = P_2 - P_1 = [P(\mu_2, L_r(p)) - P(\mu_1, L_r(p))] + [P(\mu_r, L_2(p)) - P(\mu_r, L_2(p))] + R \quad (1)$$

下标 r 表示参照组。式（1）右边分别为贫困变动的增长效应、分配效应和残差项。这一分解形式受到两点批评：①增长效应和分配效应的大小依赖于参照组的选择；②分解不具有完全性，存在不可解释的残差项②。根据 Shapley 分解原则，可以将两个时期的贫困变动分解为：

$$\Delta P = P_2 - P_1 = 0.5\{[P(\mu_2, L_1(p)) - P(\mu_1, L_1(p))] + [P(\mu_2, L_2(p)) - P(\mu_1, L_2(p))]\} + 0.5\{[P(\mu_1, L_2(p)) - P(\mu_1, L_1(p))] + [P(\mu_2, L_2(p)) - P(\mu_2, L_1(p))]\} \quad (2)$$

式（2）将所考察的两个时点分别作为参照组并取两者的平均值，因此可以得到完全分解形式，式（2）右边的第一项给出了增长效应，而第二项给出了分配效应。式（2）克服了式（1）分解中所存在的参照组选择问题。在关于我国的贫困分解分析中，这两种形式都被广泛地使用。为了获得关于贫困变动更为丰富的信息，本文更为深入地讨论了贫困变动与经济增长、收入差距变化之间的关系以及分项收入构成对于贫困及其变动的影响。

尽管根据式（1）和式（2）的分解可以得出经济增长和收入分配对于贫困变动的贡献大小，但并不足以反映经济增长方式对于贫困的影响。特别是收入分配的变动可能是由收入分布不同位置所导致的，如基尼系数上升 1 个百分点可能是高收入人群收入的增长，也可能是低收入人群收入的下降，或中等收入组收入水平的变动所致，但不同的变动形式对于贫困状况显然具有不同的影响。这种分配变动则体现了经济增长过程中不同人群的受益特征差异。为此，人们开始讨论经济增长的穷人受益性（pro - poorness of growth）。尽管已有大量研究文献关注经济增长的穷人受益性，或许人们所达成共识的仅在于理念框架层面上，而关于穷人受益型增长的度量等均存在较大分歧。本文同时给出三种穷人受益性指数：Kakwani 和 Pernia（2000）指数、Ravallion 和 Chen（2003）指数以及减贫等值增长率（Poverty Equivalent Growth Rate，PEGR），周华（2008）综述了这三个指数的基本特征、差异性及各自的局限。

---

① $L(p)$ 表示收入最低的 $p\%$ 的人口所获得的收入份额。
② 魏众和别雍·古斯塔夫森（1999）认为这部分残差是人口结构因素造成的。

Kakwani 和 Pernia 将两个时点贫困指标的变动率分解为增长效应与分配效应，记两个时期的贫困变动率为 $\eta = \ln P_2 - \ln P_1$，类似于式（2），贫困指标总体变动率可以分解为：

$\eta = 0.5\{[\ln P(\mu_2, L_1(p)) - \ln P(\mu_1, L_1(p))] + [\ln P(\mu_2, L_2(p)) - \ln P(\mu_1, L_2(p))]\} + 0.5\{[\ln P(\mu_1, L_2(p)) - \ln P(\mu_1, L_1(p))] + [\ln P(\mu_2, L_2(p)) - \ln P(\mu_2, L_1(p))]\} = \eta_G + \eta_I$

Kakwani 和 Pernia 定义 $\phi = \eta/\eta_G$ 为穷人受益指数。在增长率为正的情形下，如果 $\phi > 1$，则表示增长是穷人受益型的；如果 $\phi < 0$，表示增长是贫困恶化型的；如果 $0 < \phi < 1$，穷人从经济增长的扩散效应中获益，但获益程度低于非贫困人口，在 Kakwani 等看来，这种情形不能视为穷人受益型增长。基于穷人受益指数，Kakwani 等（2003）提出了减贫等值增长率（PEGR），通过穷人受益指数对经济增长率进行调整，PEGR 被定义为：$\phi \times$ 经济增长率。提高减贫等值增长率不仅需要有经济的高速增长，同时还需要提高穷人受益指数。只有当减贫等值增长率大于经济增长率时，经济增长才是穷人受益型的。

关于穷人受益程度的另一个度量指标是 Ravallion 和 Chen（2003）基于 Watts 指数导出的，计算公式可以表示为：

$$\frac{1}{\text{FGT}(\alpha = 0, t-1)} \times \int_0^{\text{FGT}(\alpha=0,t-1)} [\ln y(t,p) - \ln y(t-1, p)] dp$$

其含义为，收入最低人口份额（初始期的贫困率）的收入平均增长率，或者说贫困人口的收入增长率。如果贫困人口的收入增长率高于全社会的收入增长率，则经济增长是穷人受益的。

应当注意到，这三个度量穷人受益性的指标是从两条不同的思路出发的。Kakwani 和 Pernia 指数以及 PEGR 更为强调经济增长过程中的收入变动，收入差距的缩小是他们判定经济增长具有穷人受益性的前提。Ravallion 和 Chen 则更为强调低收入组人群收入增长率的相对性，更加偏向于由于低收入人群收入增长导致的收入分布变动的减贫效应。后面的经验结果将表明，这两种判定思路经常是不一致的。

经济增长对于贫困影响的另一种度量方式是贫困变动的增长弹性，即经济增长能够导致多大程度的贫困变动。本文将贫困的增长弹性定义为，基于现有的收入分布特征，如果所有人的收入增长 1%，贫困程度将发生多大的改变。将个人 i 的收入记为 Y_i，收入增长 1%，则有 $Y'_i = Y_i \times (1 + 1\%)$，而此时收入分布的洛伦兹曲线不发生改变，因此贫困的增长弹性为：

$$EG = \frac{P(\mu(Y'_i), L(p)) - P(\mu(Y_i), L(p))}{P(\mu(Y_i), L(p))} \tag{3}$$

类似地，如果每个人的收入记为 Y_i，改变为 $\tilde{Y} = Y_i + 1\% \times (Y_i - \mu(Y_i))$，则平均收入不会发生改变，但基尼系数将上升 1%，所导致的贫困变动即为贫困的分配弹性：

$$EI = \frac{P(\mu, L(\tilde{Y}_i, p)) - P(\mu, L(Y_i, p))}{P(\mu, L(Y_i, p))} \tag{4}$$

为了讨论贫困决定中分项收入的贡献，Duclos 和 Araar（2006）提出通过 Shapley 分解原则将贫困指数按照收入来源分解，分解的初始状态为所有分项收入都为0，此时的贫困指数为1，增加一项分项收入将导致贫困指数的下降；然后按照Shapley分解将各种可能的影响途径汇总取均值。此外，Araar和Duclos（2007）将不平等影响贫困的分配弹性按收入来源进行了分解。与总收入的改变方式类似，如果个人i的第k项收入Y_i改变为$\tilde{Y}_i = Y_i + 1\% \times (Y_i^k - \mu(Y_i^k))$，则会同时影响不均等和贫困。Araar和Duclos把这一改变导致的贫困变动率与不均等指标变动率的比定义为分项收入不均等弹性。

三、数据描述

本文所使用的数据来自"中国居民收入分配课题组"1988年、1995年、2002年和2007年所做的农村住户调查。历次调查样本均来自国家统计局常规调查住户。1988年样本覆盖的省份数量最多，而从住户与个人数量来看，2007年的样本规模最大，所涉及的县（市）数量也是最多的。1988年和1995年的调查情况可参见李思勤和卡恩（1999），Li等（2008）详细地描述了1995年和2002年的样本结构和抽样方法。2007年调查则与前三次基本类似，不同的是，2007年调查没有专门设计家庭收入调查问题，有关家庭收入的数据直接过录自国家统计局的常规住户调查记账数据的汇总。为保持收入口径的一致性，对1988年、1995年和2002年也采用了直接过录的家庭纯收入指标。

尽管一些研究强调，家庭消费比收入能更为精确地度量家庭福利（马丁·瑞沃林，2005），本文仍以农村家庭人均纯收入作为福利度量指标。这不仅是因为人们通常习惯于从收入的角度来讨论贫困，更重要的是本文希望通过对影响贫困的因素从收入分项构成的角度进行分解分析，这也将有助于理解相关政策与行为改变导致的贫困状态变化。对使用家庭人均纯收入作为福利度量的另外两个批评表现在：①卡恩和李思勤（1999）指出纯收入和可支配收入概念并不能够全面反映居民实际所享有的福利，但这种差异主要来自两个方面，一是忽略了隐性的福利补贴，二是没有考虑到住房租金的影响。这两种忽略对于农村居民来说不应该导致严重的偏差，因为农村居民获取隐性福利补贴的机会是微乎其微的，而农村租赁住房的现象也极为罕见。②没有考虑到家庭人口结构和规模的影响。这一批评诚然指出了关于中国贫困和收入差距研究中所普遍存在的缺陷，但目前缺乏可靠的等价成人折算因子（Adult Equivalent Scale）的估计结果[①]，因此难免以某种存有新的偏误的方式来纠正既有的偏误，并且在目前的政策实践中，家庭贫困的识别也并没有根据家庭人口规模与结构而调整贫困标准。此外，本文也没有依据生活费用指数或货币购买力调整不

---

① 国家统计局城调队曾经公布过一个结果（国城调，1997），以三口之家为基准，对1人、2人、4人以及4人以上户分别以1.13、1.01、0.98和0.94的系数进行调整。王有捐（2006）研究城镇贫困时也使用了这一调整标准。但这些系数仍不属于等价成人折算因子，并且按照这些系数调整，对结果也不会有明显的影响。

同地区之间的贫困标准,原因也在于目前的扶贫实践中并没有考虑到这一因素。本文依照农村 CPI 将各年份的名义收入调整至 1988 年的价格水平。

表1根据样本数据给出了各年份的收入水平和收入不均等程度。从中可以看出,在所讨论的期间内,人均收入水平有明显的增长。如果以 1988 年的收入为基准,扣除价格因素后,1995 年人均纯收入增加了 33%,到 2002 年则增长了 1 倍,而到 2007 年则增长了 2 倍以上。在人均收入增长的同时,收入差距也在发生变化。比较突出的变化是,一些衡量收入差距的指标在 1995 年达到最高点,如 1995 年基尼系数达到 0.381[①],而 2007 年则仍为 0.376。收入增长与分配特征的这些变化将会对农村贫困产生影响。

表1 收入水平与收入差距

	1988 年	1995 年	2002 年	2007 年
人均纯收入(元)	534	711	1089	1670
人均纯收入(1988=100)	100	133	204	313
变异系数	0.737	0.847	0.835	0.851
基尼系数	0.332	0.381	0.367	0.376
MLD	0.404	0.292	0.237	0.286
Theil 指数	0.204	0.259	0.243	0.253
十等分组比率(最高/最低)	11.32	14.06	11.16	12.65

四、农村贫困与收入增长的总体特征

本文采用了两条贫困线:一条是国定贫困线,1988 年为 236 元;另一条是人均每天 1 美元的国际贫困标准,1988 年折合为 518 元。贫困状况以 FGT 指数(Foster et al.,1984)来衡量:$FGT(\alpha) = \frac{1}{N} \sum_{i=1}^{q} \left(\frac{z - y_i}{z} \right)^{\alpha}$,其中 N 表示总人口,q 为贫困人口总数,z、y_i 分别表示贫困线以及个人 i 的收入水平,$z - y_i$ 为个人收入水平与贫困线之间的差距;这种加总只限于收入水平低于贫困线以下的人群。参数 α 为贫困回避程度,α 越大,贫困回避程度越高,或对极端贫困人口所赋予的权重将越大,对贫困人口中的收入分布也将更为敏

---

① 根据《中国农村住户调查年鉴》,1995 年农村居民基尼系数在临近的几个年份中也是最高的,为 0.3415,直到 2000 年才超过这一峰值,为 0.3536,此后继续持续上升。Ravallion 和 Chen(2003)计算的 1995 年农村基尼系数为 0.3398,直到 1991 年才回到 0.3391。根据国家统计局的公布结果,本文所讨论的这四个年份对应的基尼系数分别为 0.3、0.3415、0.3646 和 0.3742。尽管本文使用的是直接过录的收入指标,但 1988 年和 1995 年基尼系数仍与官方公开的结果存在某些差异,但 2002 年和 2007 年的结果则是非常接近的。

感。FGT(0)为贫困率,FGT(1)为贫困距,FGT(2)为加权贫困距。

表2给出了相关贫困指标。按照国定贫困线,贫困率从1988年的12.89%下降至1995年的10.71%,7年间下降了2.18个百分点;而在接下来的7年,农村贫困发生率下降了近8个百分点。按照1天1美元的贫困标准,1988年贫困率将近60%,但到1995年下降至45.27%,7年间下降了14.35个百分点;而在1995~2002年,则进一步下降了将近25个百分点,2007年降至9.11%。两条贫困线、三个贫困指标所给出的结果都表明,贫困状况有了明显的缓解,并且依据较高贫困标准,所得到的下降趋势更为明显,当然各年的贫困程度也会加深。在FGT指数中,随着α的增大,即低收入贫困人群权重的上升,历年贫困程度下降的趋势也会减弱。贫困线和FGT指数贫困回避指数的变动特征表明,贫困程度越深的人群,在经济增长过程中所获改善的程度越低。

表2 各年份贫困状况

	1天1美元(1988年518元)			国定贫困线(1988年236元)		
	贫困率	贫困距	加权贫困距	贫困率	贫困距	加权贫困距
1988年	59.62	21.94	11.57	12.89	5.07	3.51
1995年	45.27	16.43	8.57	10.71	3.81	2.04
2002年	20.87	6.11	2.70	2.72	0.82	0.44
2007年	9.11	2.83	1.45	1.48	0.71	0.54

对贫困状况变动的判断在较大程度上会受到贫困标准的影响,这是不同收入组的收入增长存在较大的差异性所致。

图1将各年样本按照收入排序划分为10个等分组,计算了各收入组在不同时期的年均实际收入增长率,这也就是所谓的增长曲线(Growth Incidence Curve),它描述了不同时期经济增长惠及各收入组人群的不同形式。1988~1995年,除了最低5%人群收入增长率非常高外,其他各收入组的增长率都随着收入组的上升而上升,即高收入人群具有更高的增长率,这一趋势性特征与2002~2007年的情形基本类似。当然,在2002~2007年,中等收入组增长率的变化趋势不再像1988~1995年那么强劲,收入增长相对均衡。这两个时期增长率曲线共同的特点是,高收入人群的收入增长率也高。1995~2002年的增长曲线形状则完全不同,低收入人群的收入增长率高于高收入人群,因此在这一期间,农村基尼系数有所下降。

按照不同的贫困标准,表3给出了不同年份贫困户与非贫困户的收入水平及其在不同时期的收入增长速度。比较贫困户与非贫困户的收入水平不难发现,无论是根据哪条贫困线标准,贫困户与非贫困户之间人均收入水平的差距都在不断扩大。按照1天1美元的贫困标准,贫困户人均收入在1988年相当于非贫困户的39.02%,而到2007年降至19.81%,下降了将近20个百分点;按照国定贫困线标准,贫困户人均收入在1988年相当于非贫困户的24.2%,而2007年则降至7.27%,下降了近17个百分点。贫困户相对收

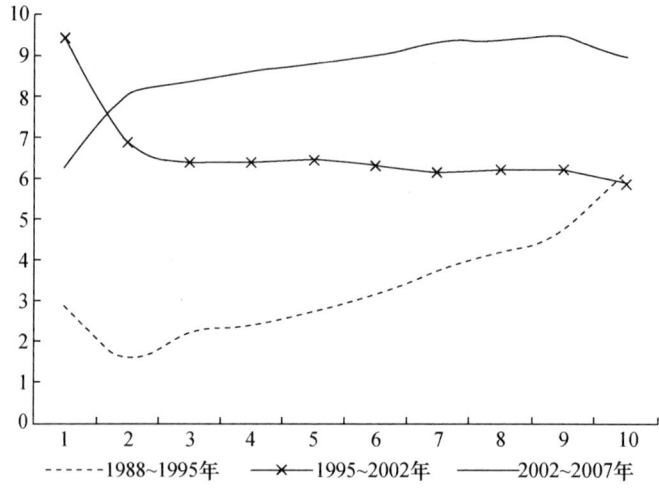

图1 各收入组的年均实际收入增长率

注：横轴为收入十等分组，纵轴为年均实际收入增长率（%）。年均实际增长率的计算方式为 $\sqrt[t]{y_t/y_0}-1$。

入水平的下降源自贫困户具有较低的收入增长率。在所有的时期中，贫困户的收入增长速度都远远低于非贫困户，即便在贫困户收入增长速度最高的1995~2002年也是如此。尤其值得注意的是，在2002~2007年，贫困户的实际收入甚至表现为负增长。

表3 非贫困户与贫困户的收入水平与收入增长

	1天1美元			国定贫困线（1988年236元）			合计
	非贫困户	贫困户	贫困户/非贫困户(%)	非贫困户	贫困户	贫困户/非贫困户(%)	
人均实际收入水平（元）							
1988年	838.97	327.38	39.02	591.79	143.19	24.20	533.98
1995年	1025.62	329.98	32.17	777.70	151.92	19.53	710.69
2002年	1279.03	366.47	28.65	1114.41	164.75	14.78	1088.57
2007年	1801.69	356.95	19.81	1693.31	123.03	7.27	1670.11
年均实际增长速度（%）							
1988~1995年	2.91	0.11		3.98	0.85		4.17
1995~2002年	3.20	1.51		5.27	1.16		6.28
2002~2007年	7.09	-0.52		8.73	-5.67		8.94

注：收入按照消费者价格指数折算为1988年水平。

由此可见，农村贫困变动的两个基本特征是：①经济增长过程中，农村贫困程度有了显著下降；②收入增长并非均衡地发生于各个收入组，贫困户的收入增长相对缓慢，并由此造成农村贫困人口相对收入的持续下降。

五、农村贫困变动的增长因素与分配因素

农村贫困变动的这两个基本特点源自经济增长和收入分配变动对于贫困减缓所具有的不同作用。表4分别根据 Datt – Ravallion 分解（D – R 分解）和 Shapley 分解讨论了增长因素和分配因素对贫困变动的解释作用。在 D – R 分解中总是假定前一年份作为参照组，所讨论的是相对于基准年的经济增长与收入分配的减贫效应。增长因素总是具有积极的减贫效应，因此增长因素对于贫困变动总是具有负的效应。但分配因素对贫困减缓所起的作用则通常是相反的，即不利于贫困减缓。如在1988~1995年，按照1天1美元的贫困标准，如果收入分配状况不发生改变，农村居民收入的普遍增长将导致贫困率下降21.57%或19.37%；而如果没有收入增长，收入差距扩大导致的分配效应则使得贫困发生率上升2.82%或5.02%。如果选择较低的贫困标准，分配效应对于贫困减缓的不利影响表现得更为明显。按照国定贫困线，在1988~1995年，增长因素将导致贫困率下降6.21%或6.98%，而分配效应则导致贫困率上升5.56%或4.8%，收入分配状况的恶化抵消了经济增长所具备的绝大部分贫困减缓作用。基于其他贫困指标的分解结果基本类似，不再赘述。

表4　贫困变动的增长因素与分配因素分解

	1天1美元						国定贫困线（1988年236元）					
	贫困率		贫困距		加权贫困距		贫困率		贫困距		加权贫困距	
	D – R	Shapley	D – R	Shapley	D – R	Shapley	D – R	Shapley	D – R	Shapley	D – R	Shapley
1988~1995年												
增长因素	-21.57	-19.37	-9.02	-9.23	-4.63	-5.11	-6.21	-6.98	-1.51	-2.09	-0.59	-0.97
分配因素	2.82	5.02	3.94	3.73	2.60	2.11	5.56	4.80	1.42	0.84	-0.12	-0.50
残差项	4.41		-0.42		-0.97		1.53		-1.16		-0.77	
1995~2002年												
增长因素	-23.68	-23.48	-8.98	-9.11	-4.68	-4.68	-5.67	-5.98	-2.06	-1.83	-1.04	-0.84
分配因素	-0.72	-0.92	-1.08	-1.22	-1.18	-1.18	-1.69	-2.00	-1.40	-1.17	-0.95	0.76
残差项	-0.40		-0.27		0.00		-0.63		0.47		0.39	
2002~2007年												
增长因素	-13.53	-13.36	-4.10	-4.21	-1.78	-1.91	-1.82	-2.11	-0.44	-0.53	-0.20	-0.23
分配因素	1.42	1.60	1.04	0.93	0.78	0.65	1.15	0.86	0.50	0.42	0.37	0.33
残差项	0.35		-0.22		-0.25		-0.58		-0.18		-0.07	

1995~2002年的情形是比较特殊的。从表4中可以看出，根据本文所使用的样本，这一时期农村同时出现了收入增长和基尼系数下降的状态，这导致了增长和分配都具有减贫的效应，但相对而言，分配因素所起的减贫效应是非常低的。

2002~2007年的情形与1988~1995年基本类似。分配因素继续成为不利于贫困减缓的因素。就绝对数量而言，分配因素对于贫困减缓所起的不利影响已经有了较大程度的下降。但从相对数量看，贫困距和加权贫困距的下降中，分配因素对贫困减缓所产生的不利影响甚至可能超出增长因素降低贫困的绝对幅度。比较三个阶段还可以发现，按照国定贫困线标准，增长因素的贫困减缓作用越来越小。以Shapley分解结果为例，1988~1995年增长因素导致贫困率下降了6.98个百分点，而2002~2007年则只有2.11个百分点。因此，对于极度贫困人口来说，经济增长的减贫效应在下降，而收入分配特征的改变又进一步恶化其贫困减缓进程。

不同时期经济增长对于贫困人口的惠及程度可见按不同方式计算的穷人受益指数。应当注意到，所给出的三个指数对于不同时期经济增长的穷人惠及程度所做出的判断是不同的，尤其是对1995~2002年的经济增长具有不同的评价。根据Ravallion和Chen指数，1988~1995年的经济增长过程具有比较高的穷人受益性。根据国定贫困线和1天1美元贫困线，1988年的贫困人口（收入最低的12.89%或59.62%）在这一期间的平均收入增长率分别为146.2%和42.5%，都要高于这一时期全社会的平均收入增长率。因此按照Ravallion和Chen指数，这一时期的经济增长是穷人受益的（pro-poor）。但Kakwani和Pernia指数以及PEGR指数表明，这一时期的经济增长不具有穷人受益性，贫困人口只是通过扩散效应分享到经济增长的好处，Kakwani和Pernia指数在0到1之间，而PEGR也低于全社会的收入增长率。

这种判断的不一致性在评价1995~2002年的经济增长特征时表现得更为明显。按照Ravallion和Chen指数，收入最低的10.71%（根据国定贫困线计算的1995年贫困率）人群在1995~2002年的收入增长率为68%；而在1988~1995年，收入最低的12.89%（根据国定贫困线计算的1988年贫困率）人群的收入增长率为146.2%，比1995~2002年高出1倍以上。因此，1995~2002年经济增长的穷人受益性要低于1988~1995年。但是，根据Kakwani和Pernia指数，情形则完全相反。按照国定贫困线的贫困率和贫困距以及1天1美元贫困线的贫困率计算得到的穷人受益指数则大于1，其他情形下的Kakwani和Pernia指数也接近1，远高于其他时期的相应指数。Kakwani和Pernia指数显示，1995~2002年的穷人受益程度是最高的，并且是严格意义上的穷人受益型增长。综合考虑经济增长和贫困减缓，1995~2002年的减贫等值增长率（PEGR）也是比较高的。

2002~2007年经济增长的穷人受益特征可能是最令人吃惊的。从表4的描述中可以看出，这一期间贫困人口的人均收入水平表现出了负增长，降低贫困线标准时尤其明显。这导致了这一时期的经济增长具有较低的穷人受益性。按照Ravallion和Chen指数，这一时期经济增长的穷人受益性是最低的。Kakwani和Pernia指数表明这一时期的穷人受益性处在1988~1995年和1995~2002年之间。根据1天1美元贫困线的贫困率的变动，

2002~2007 年的 PEGR 指数是最高的。但如果降低贫困标准或增加贫困回避系数，这一期间的 PEGR 也可能是最低的。在通常情况下，人们对于贫困状况的关注主要集中于贫困率，贫困率的下降固然意味着贫困程度的减缓，但这种变动也可能伴随着贫困人口的贫困程度加深。2002~2007 年的穷人受益指数特征也表明，极度贫困人口的福利改善已经越来越难以受益于经济增长效应。

上述结论都是基于不同时期实际的贫困变动与收入增长、收入分配变化之间的关系。表 5 所给出的贫困变动的增长弹性与分配弹性则是基于当年收入分布特征所做的模拟，具体方式可见式（3）和式（4）的描述。有必要指出的是，无论是增长弹性还是分配弹性，都是基于现有的收入分配特征，因此增长弹性与分配弹性的大小实际上都体现了现有收入分布特征下所模拟的贫困变化。

表 5 中最为明显的变化表现在贫困变动的分配弹性在 2002 年和 2007 年有非常大的跃升，尤其是设定较低的贫困线或较高的贫困回避系数时。对于给定的贫困线，任意年份中分配弹性都随着贫困回避系数的增加而上升，基尼系数上升 1 个百分点，对 1 天 1 美元贫困标准下的贫困率的影响非常小，只会上升 0.04 个百分点，贫困距则会上升 1.08 个百分点，加权贫困距则上升 2.12 个百分点。如果贫困标准降低至国定贫困线，基尼系数上升 1% 导致贫困率、贫困距和加权贫困距分别上升 3.02%、4.21% 和 5.65%。在所考察的四个年份中，贫困变动的分配弹性逐步上升。到 2007 年，按照 1 天 1 美元贫困标准，基尼系数上升 1% 导致贫困率、贫困距和加权贫困距分别上升 4.86%、8.15% 和 10.7%；按照较低的国定贫困线，这三个贫困指标依次上升 13.12%、13.69% 和 17.95%。贫困的分配弹性大大高于增长弹性。

增长弹性的符号总是为负，表明增长总会导致贫困程度的下降，但并没有表现出与分配弹性类似的具有一致性的规律。分配弹性与增长弹性的变动表明，收入分配的不均等性越来越成为贫困减缓的阻碍因素，对于贫困程度较深的人群而言，分配效应的不利影响表现得更为突出。

表 5 贫困变动的增长弹性与分配弹性

	国定贫困线（1988 年 236 元）						1 天 1 美元					
	贫困率		贫困距		加权贫困距		贫困率		贫困距		加权贫困距	
	增长	分配	增长	分配	增长	分配	增长	分配	增长	分配	增长	分配
1988 年	-2.39	3.02	-1.54	4.21	-0.89	5.65	-1.29	0.04	-1.72	1.08	-1.79	2.12
1995 年	-1.90	3.82	-1.81	6.65	-1.75	9.54	-1.39	0.52	-1.75	2.02	-1.84	3.43
2002 年	-2.86	10.33	-2.31	12.97	-1.74	15.51	-2.06	2.27	-2.42	4.77	-2.52	6.98
2007 年	-2.16	13.12	-1.09	13.69	-0.62	17.95	-2.18	4.86	-2.22	8.15	-1.91	10.70

六、分项收入对贫困的影响

1. 分项收入效应的 Shapley 分解

对于贫困及贫困变动的影响因素,人们通常以回归的方法来加以考察,如魏众和别雍·古斯塔夫森(2000)、岳希明和罗楚亮(2008)。本部分我们首先根据 Shapley 分解,对各年份贫困指标根据收入来源①构成进行分解②,以讨论各种分项收入在贫困决定中的相对贡献,具体结果可见表6。

表6 历年分项收入对贫困的贡献(Shapley 分解)   单位:%

	固定贫困线						1天1美元					
	贫困率		贫困距		加权贫困距		贫困率		贫困距		加权贫困距	
	绝对	份额	绝对	份额	绝对	份额	绝对	份额	绝对	份额	绝对	份额
1988年												
外出务工收入	—	—	—	—	—	—	—	—	—	—	—	—
其他工资收入	-3.98	4.57	-6.37	6.71	-397.82	412.39	-3.08	7.62	-4.89	6.27	-86.86	98.25
农业纯收入	-69.86	80.24	-70.24	74.01	449.41	-465.87	-29.06	71.98	-58.78	75.32	41.77	-47.25
非农经营收入	-10.55	12.12	-14.31	15.07	-14.37	14.90	-6.86	16.99	-11.49	14.72	-12.96	14.66
财产收入	-0.04	0.04	-0.01	0.01	0.69	-0.71	-0.03	0.08	-0.02	0.03	0.13	-0.14
转移收入	-2.64	3.03	-3.97	4.19	-134.38	139.30	-1.35	3.33	-2.86	3.66	-30.49	34.49
1995年												
外出务工收入	-3.31	3.71	-4.17	4.33	-4.62	4.72	-2.04	3.73	-3.46	4.14	-3.94	4.31

---

① 本文将收入分解成外出务工收入、其他工资收入、农业纯收入、非农经营收入、财产收入和转移收入6个部分。有两点需要说明:一是本文所使用的总收入直接来自常规住户调查的过录数据,调查问卷中也询问了一些收入细项,由于不同的数据来源,分项收入之和与总收入之间并不完全相等,根据各住户分项收入的权重对总收入进行调整从而得到本文分析所用的分项收入;二是在1988年没有调查农村住户的外出务工收入。

② Duclos 和 Araar(2006)讨论了这种分解的基本方法,同时提供了 DAD 软件,并在 STATA 中提供了 DASP 程序包,本文的结果是根据 DASP 程序包计算得到的。

续表

| | 国定贫困线 | | | | | | 1天1美元 | | | | | |
| | 贫困率 | | 贫困距 | | 加权贫困距 | | 贫困率 | | 贫困距 | | 加权贫困距 | |
	绝对	份额	绝对	份额	绝对	份额	绝对	份额	绝对	份额	绝对	份额
其他工资收入	-11.89	13.32	-12.82	13.33	-13.27	13.55	-9.08	16.59	-11.64	13.92	-12.42	13.58
农业纯收入	-61.03	68.35	-64.93	67.50	-92.73	94.66	-34.25	62.59	-55.80	66.78	-67.10	73.39
非农经营收入	-12.10	13.55	-15.57	16.18	-20.98	21.41	-9.37	17.12	-13.02	15.58	-15.43	16.88
财产收入	-0.29	0.33	-0.57	0.60	-0.79	0.81	-0.22	0.40	-0.39	0.47	-0.52	0.57
转移收入	-0.67	0.75	1.87	-1.94	34.43	-35.15	0.23	-0.42	0.74	-0.89	7.98	-8.73
2002年												
外出务工收入	-12.44	12.79	-12.69	12.79	-12.29	12.35	-10.28	13.00	-12.09	12.88	-12.39	12.74
其他工资收入	-19.66	20.21	-21.41	21.59	-90.68	91.11	-18.05	22.81	-20.18	21.49	-35.20	36.19
农业纯收入	-51.36	52.80	-49.41	49.83	0.92	-0.92	-38.39	48.52	-47.30	50.39	-38.46	39.53
非农经营收入	-9.70	9.97	-9.88	9.96	8.22	-8.26	-8.97	11.34	-9.62	10.25	-6.03	6.19
财产收入	-3.69	3.79	-5.15	5.20	-6.14	6.17	-3.13	3.95	-4.21	4.49	-4.87	5.01
转移收入	-0.42	0.44	-0.62	0.63	0.45	-0.46	-0.30	0.38	-0.48	0.51	-0.33	0.34
2007年												
外出务工收入	-18.08	18.35	-17.36	17.77	-17.78	25.12	-18.69	20.56	-17.95	18.62	-17.73	19.31
其他工资收入	-21.80	22.13	-23.09	23.64	-30.25	42.74	-20.70	22.78	-22.12	22.94	-24.11	26.26
农业纯收入	-43.06	43.71	-38.59	39.50	0.90	-1.27	-37.42	41.17	-39.78	41.25	-31.33	34.13
非农经营收入	-8.72	8.85	-7.62	7.80	-1.86	2.63	-8.53	9.38	-8.22	8.52	-6.76	7.36
财产收入	-2.53	2.56	-3.93	4.02	-12.28	17.35	-1.90	2.09	-2.97	3.08	-5.17	5.64
转移收入	-4.33	4.39	-7.10	7.27	-9.51	13.43	-3.66	4.02	-5.39	5.59	-6.70	7.30

在绝大多数情况下，农业纯收入对贫困指标的贡献份额都是最高的①，但相对贡献份额具有明显的下降趋势。如以贫困率为例，按照国定贫困线，1988年农业纯收入对贫困率的相对贡献份额为80.24%；1995年下降至68.35%，降低了将近12个百分点；2002年和2007年则进一步分别降至52.8%和43.71%。如果将贫困线标准设定为1天1美元，或考虑其他贫困指标，这一趋势性的特征仍基本成立。与此变动趋势相反的是，工资性收入的变化，包括外出务工收入和其他工资收入，在贫困决定中的作用都在逐渐增强。按照国定贫困线，1995年外出务工收入对贫困率的相对贡献只有3.71%；2002年则上升了9.08个百分点，达到12.79%；2007年进一步上升至18.35%；其他工资收入的相对贡献也从1988年的4.57%上升到2007年的22.13%。工资性收入大多来自非农活动，但非农经营收入在贫困决定中的相对贡献份额除了在1988~1995年上升了1个百分点左右外，在其他两个时期，非农经营收入的贡献都有不同程度的下降。

财产收入和转移收入在贫困决定中所起的作用一直都非常低。除1988年外，2007年转移收入对贫困缓解的贡献份额是最高的；并且随着贫困回避系数的上升，对低收入贫困人口赋予更大的权重，转移收入的相对贡献份额也随之上升；使用较低的贫困线标准，也会导致转移收入相对贡献份额的上升。这意味着转移收入对贫困缓解的作用在逐步增强。转移收入对贫困的这种影响也与近些年不断推行惠农政策措施的总体背景相关，尽管我们并没有将转移收入进一步区分为私人转移与公共转移②。

贫困回避系数的增加意味着对低收入贫困人口赋予更高的权重，也就是说，贫困距比贫困率对低收入人群收入更为敏感，而低收入人群的收入变动对加权贫困距的影响又要高于贫困距。根据不同贫困回避系数和贫困标准下分项收入的贡献，我们可以进一步推断它们对于不同贫困深度的人群所具有的影响。从不同年份的比较来看，外出务工收入对贫困的相对贡献在增加，但贫困回避系数的变化以及贫困标准的改变都没有明显改变外出务工收入对相应年份贫困的相对贡献程度。因此外出务工收入具有明显的贫困减缓作用，并且在贫困人群内部或许有较为均等的分布。1995年农业纯收入对贫困的贡献随着贫困回避系数的上升、贫困线的下降而增加；但在其他年份中这一特征并不明显，一般来说，基本特征可能是相反的，如2007年农业纯收入对贫困的相对贡献率大体上随着贫困回避系数的增加而下降。

2. 分项收入的分配弹性

从影响贫困变动的增长因素和分配因素中可以看到，分配弹性在增大，即收入分配的不均等性对于贫困减缓所造成的不利影响在加剧。表7进一步讨论了分项收入的分配弹性。在绝大多数情形下，分项收入分配弹性通常为正，这意味着分项收入不均等程度上升同时会导致贫困程度的上升。如1995年外出务工收入不均等程度增加1%可能导致根据国定贫困线衡量的贫困率、贫困距和加权贫困距上升5.53%、9.51%和

---

① 1988年加权贫困距中，各分项收入的贡献异常。
② 在2007年数据中，没有关于私人转移与公共转移的细项收入构成。

6.6%，导致依据1天1美元衡量的贫困率、贫困距和加权贫困距分别下降0.21%，上升2.29%和2.23%。

表7 贫困变动的分项收入分配弹性

	国定贫困线			1天1美元			国定贫困线			1天1美元		
	贫困率	贫困距	加权贫困距	贫困率	贫困距	加权贫困距	贫困率	贫困距	加权贫困距	贫困率	贫困距	加权贫困距
	1988年						1995年					
外出务工收入	—	—	—	—	—	—	5.53	9.51	6.60	-0.21	2.29	2.23
其他工资收入	2.21	2.61	1.52	0.48	1.07	0.81	3.08	4.78	3.28	0.73	1.38	1.21
农业纯收入	3.31	4.91	3.37	-0.15	1.08	1.16	4.30	8.11	5.94	0.38	1.98	1.91
非农经营收入	2.91	3.69	2.44	0.17	1.11	1.00	3.35	5.83	4.15	0.62	1.56	1.42
财产收入	1.78	0.94	0.51	0.84	1.21	0.54	3.33	5.39	3.78	0.52	1.53	1.36
转移收入	1.83	3.58	2.43	0.33	1.08	0.89	1.13	-0.99	-1.06	2.09	0.21	-0.01
	2002年						2007年					
外出务工收入	11.97	15.34	8.45	2.32	4.02	3.46	16.55	16.88	10.69	6.37	6.88	5.45
其他工资收入	7.96	9.52	5.24	2.23	2.80	2.30	10.80	8.59	3.93	4.47	3.99	2.78
农业纯收入	13.69	15.33	6.84	2.38	4.28	3.54	16.42	31.81	28.97	5.24	9.72	10.07
非农经营收入	7.85	15.73	14.10	2.13	3.53	3.53	9.61	13.60	11.18	3.87	4.80	4.42
财产收入	8.72	10.91	6.53	2.25	3.10	2.63	7.68	-2.13	-7.08	3.74	1.28	-0.54
转移收入	6.05	6.18	3.64	2.05	2.20	1.74	10.18	9.94	6.20	4.07	4.19	3.26

各分项收入分布的不均等性对贫困程度的影响程度总体上呈上升趋势，即分配弹性通常是上升的，意味着分项收入分布不均等性对贫困减缓的不利影响在逐渐上升。如按照国定贫困线，贫困率对农业纯收入的分配弹性为3.31%，但在随后年份中逐年上升，2007年达到16.42%。贫困率对外出务工收入的分配弹性在1988~2007年也上升了10个百分点。这两项收入对贫困率的分配弹性影响是比较大的，特别是农业纯收入，如果考虑贫困距、加权贫困距，分配弹性的增长幅度将越高。从各具体分项收入来看，贫困指标对于农

业纯收入和外出打工收入的分配弹性通常比较高。贫困距和加权贫困距对农业纯收入的分配弹性甚至高达30%（国定贫困线），或10%（1天1美元线）。

七、总结

利用微观住户调查数据，本文不仅根据 Datt–Ravallion 分解和 Shapley 分解，估计了不同年份之间贫困变动的经济增长效应与收入分配效应；同时还根据各年份的收入分配特征计算了收入增长1个百分点对贫困变动率的影响，以及如果基尼系数上升1个百分点对贫困变动的影响，分别定义为增长弹性和分配弹性，结果表明不同年份的贫困减缓的经济增长弹性在逐步下降，分配弹性在逐步上升。从不同时期的穷人受益增长指数来看，2002~2007年的经济增长不具有穷人受益性，根据国定贫困线和加权贫困距，这一时期的经济增长甚至是穷人受损的。这也意味着，这一时期的经济增长不利于极端贫困人口的福利改善。

更进一步地，我们讨论了各年份中分项收入对于贫困发生率的影响。农业纯收入对贫困指标的贡献份额都是最高的，但相对贡献份额具有明显的下降趋势；而外出务工收入和其他工资收入，在贫困决定中的作用都在逐渐增强；财产收入和转移收入在贫困决定中所起的作用一直都非常低。贫困减缓中收入分配弹性的增加意味着收入分配的不均等性对于贫困减缓所造成的不利影响在加剧。各分项收入分布的不均等性对贫困程度的影响程度总体上呈上升趋势，分项收入分布不均等性对贫困减缓的不利影响在逐渐上升，并且贫困标准越低，分项收入分配弹性越高，这意味着分项收入不均等性增强越不利于低收入人群的贫困减缓。

参考文献

[1] 陈立中. 收入增长和分配对我国农村减贫的影响：方法、特征与证据 [J]. 经济学（季刊），2009，8（2）.

[2] 陈绍华，王燕. 中国经济的增长和贫困的减少：1990~1999年的趋势研究 [J]. 财经研究，2001（9）.

[3] 杜凤莲，孙婧芳. 经济增长、收入分配与减贫效应：基于1991~2004年面板数据的分析 [J]. 经济科学，2009（3）.

[4] 胡兵，胡宝娣，赖景生. 经济增长、收入分配对农村贫困变动的影响 [J]. 财经研究，2005（8）.

[5] 胡兵，赖景生，胡宝娣. 经济增长、收入分配与贫困缓解 [J]. 数量经济技术经济研究，2007（5）.

[6] 卡恩，李思勤. 中国的收入和不均等 [A] // 赵人伟，李实，卡尔·李思勤. 中国居民收入分配再研究 [M]. 北京：中国财政经济出版社，1999.

[7] 李实, 赵人伟, 张平. 中国经济改革过程中的收入分配变动 [A] //赵人伟, 李实, 卡尔·李思勤. 中国居民收入分配再研究 [M]. 北京: 中国财政经济出版社, 1999.

[8] 林伯强. 中国的经济增长、贫困减少与政策选择 [J]. 经济研究, 2003 (12).

[9] 苗齐, 钟甫宁. 中国农村贫困的变化与扶贫政策取向 [J]. 中国农村经济, 2006 (12).

[10] 史耀波, 李国平. 劳动力移民对农村地区反贫困作用的评估 [J]. 中国农村经济, 2007.

[11] 世界银行. 从贫困地区到贫困人群: 中国扶贫议程的演进, 中国贫困和不平等问题评估 [Z]. 世界银行报告, 2009.

[12] 万广华, 张茵. 收入增长和不平等对我国贫困的影响 [J]. 经济研究, 2006 (6).

[13] 魏众, 别雍·古斯塔夫森. 中国转型时期的贫困变动分析 [A] //赵人伟, 李实, 卡尔·李思勤. 中国居民收入分配再研究 [M]. 北京: 中国财政经济出版社, 1999.

[14] 魏众, 别雍·古斯塔夫森. 中国农村贫困几率的变动分析 [J]. 中国农村观察, 2002 (2).

[15] 文秋良. 经济增长与缓解贫困: 趋势、差异与作用 [J]. 农业技术经济, 2006 (3).

[16] 周华. 益贫式增长的定义、度量与策略研究——文献回顾 [J]. 管理世界, 2008 (4).

[17] 马丁·瑞沃林. 贫困的比较 [M]. 北京: 北京大学出版社, 2005.

[18] 国城调 (国家统计局城市调查队). 城镇居民贫困的测量 [J]. 中国统计, 1997 (11).

[19] 王有捐. 中国城镇最低生活保障政策的效果评价 [J]. 政策研究报告, 2006.

[20] 岳希明, 罗楚亮. 劳动力流动与农村贫困 [J]. 讨论稿, 2008.

[21] Araar, Abdelkrim, and Jean – Tves, Duclos, 2007, DASP: Distributive Analysis Stata Package, PEP, CIRPEE and World Bank.

[22] Chen, Shaohua, and Martin Ravallion, 2004, "How Have the World's Poorest Fared Since the Early 1980s", Discussion Paper WPS3341, World Bank.

[23] Chen, Shaohua, and Martin Ravallion, 2008, "China is Poorer than We Thought, But No Less Successful in the Fight Against Poverty", Policy Research Working Paper 4621, World Bank.

[24] Datt, G., and M. Ravallion, 1992, "Growth and Redistribution Components of Changes in Poverty Measures: A Decomposition with Applications to Brazil and India in the 1980s", Journal of Development Economics, 38 (2): 275–295.

[25] Dollar, D., and A. Kraay, 2000, "Growth Is Good for the Poor", World Bank Working Paper.

[26] Du, Y., Albert Park, and Sangui Wang, 2005, "Migration and Rural Poverty in China", Journal of Comparative Economics, 33, 688–709.

[27] Duclos, Jean – Yves, and Abdelkrim Araar, 2006, Poverty and Equity: Measurement, Policy, and Estimation with DAD, Springer and IDRC.

[28] Foster, J., J. Greer, and E. Thorbecke, 1984, "A Class of Decomposable Poverty Measures", Econometrica 52, 761–765.

[29] Kakwani, N., and E. Pernia, 2000, "What is Pro – Poor Growth?", Asian Development Review, 18 (1), 1–16.

[30] Kakwani, N., S. Khandker, and HH Son, 2003, "Poverty Equivalent Growth Rate: With Applications to Korea and Thailand", Mimeo.

[31] Karry, Aart, 2004, "When Is Growth Pro – Poor? Cross – Country Evidence", IMF Working Paper WP /04 /47.

[32] Li, Shi, Luo Chuliang, Wei Zhong, and Yue Ximing, 2008, "The 1995 and 2002 Household Surveys: Sampling Methods and Data Description", in Björn Gustafsson, Li Shi and Terry Sicular eds., Inequality and Public Policy, Cambridge University Press.

[33] Ravallion, Martin, and Shaohua Chen, 2003, "Measuring Pro‑poor Growth", Economic Letters, 78, 93–99.

[34] Ravallion, Martin, and Gaurav Datt, 2002, "Why Has Economic Growth Been More Pro‑poor in Some States of Indian than Others", Journal of Development Economics, Vol. 68, 381–400.

[35] Son, H., 2004, "A Note on Pro‑poor Growth", Economics Letters, Vol. 82 (3), 307–314.

[36] Son, Hyun, and Nanak Kakwani, 2008, "Global Estimates of Pro‑poor Growth", World Development, Vol. 36 (6), 1048–1066.

[37] Yao, Shujie, Zongyi Zhang, and Lucia Hanmer, 2004, "Growing Inequality and Poverty in China", China Economic Review, No. 15, 145–163.

Economic Growth, Inequality and Poverty in Rural China

Luo Chuliang

Abstract: Economic growth and inequality increasing are two stylized facts in rural China during economic transition, which play opposite roles in poverty reduction. Based on household surveys conducted by CHIPs in 1988, 1995, 2002, and 2007, this paper discusses the economic growth effect and inequality effect in poverty reduction, estimates the elasticity of economic growth and inequality to poverty reduction. Additionally, by applying Shapley decomposition, the paper also discusses the effects of various income components in poverty reduction determination and the elasticity of inequality to poverty reduction by income components.

Key Words: Economic Growth; Inequality; Poverty

产业组织模式对农产品质量安全的影响：来自奶业的例证*

钟 真 孔祥智

【摘　要】本文从食品质量安全的内涵出发，定义了将质量安全按经济学特征差异划分为"品质"和"安全"两个方面的"全面质量安全观"，并从生产和交易两个维度构建了产业组织模式与农产品质量安全之间的逻辑关系。对奶业抽样数据的实证分析表明，尽管生产模式和交易模式对食品品质和安全都具有显著影响，但是在控制了其他条件的情况下，生产模式更为显著地影响了品质，而交易模式更为显著地影响了安全。这为解释当前农产品质量安全问题产生的深层次原因提供了新的视角，也为有效治理农产品质量安全问题提供了新的理论依据。

【关键词】农产品质量安全；全面质量安全观；产业组织模式；生鲜乳

一、引　言

随着人们生活水平的提高，食品质量安全问题日益成为消费者关注的重要话题。农产品是食品的重要组成部分，也是食品原料的主要来源，而频频发生的食品安全事故也大多来源于食品供应链的前端——农产品的生产与流通环节，因此食品质量安全问题在很多情况下表现为农产品质量安全问题。为了保障消费者的福利，也为了稳定相关农业产业的发展，政府不得不采取很多相应的治理措施，但效果往往不甚理想。在我国，农产品质量安全问题已经成了一个"久治不愈"的"顽疾"：不仅安全事故屡见不鲜，而且即便是符合

---

* 本文为中国人民大学科学研究基金（中央高校基本科研业务费专项资金资助）项目成果（12XNF031）。感谢严瑞珍、乔光华、辛贤、曾寅初等学者的有益评论，但文责自负。

作者：钟真、孔祥智，中国人民大学农业与农村发展学院。孔祥智为本文通讯作者。

本文引自《管理世界》（月刊）2012 年第 1 期。

安全标准的农产品,其营养等价值水平也长期得不到改善。究竟根源何在?

学者们对农产品质量安全问题已经进行了大量的研究,但对近年来国内外文献的综述研究可以发现:①消费品市场上食品质量安全问题的研究吸引了大量学术力量,而对食品原料市场上初级农产品质量安全问题的研究还十分不足;②从生产技术、质量标准、消费者认知等角度来分析农产品质量安全的研究较多,而从产业链的角度来解释农产品质量安全问题的研究总体仍偏少;③大量研究都将质量安全视为一个抽象的概念,而对其内涵却缺乏足够的挖掘和扩展。事实上,尽管质量安全难以直接观察,但它可细化为多种具体的属性,且不同的属性对于消费者而言具有不同的经济或社会意义。如 Caswell 等(1998)将食品质量分成了安全属性、营养属性、价值属性、包装属性和过程属性 5 个部分(见表1)。很明显,安全属性决定了食品是否将直接危害到消费者的身体健康,营养属性决定了食品对于消费者的使用价值,而另外 3 种属性决定了食品是否受消费者欢迎的程度等。但是目前多数研究仅从安全的单一角度,抑或是没有细化的质量角度来做相关分析,很少有学者在研究中将质量安全的概念细化到属性层面,并将不同属性纳入整体分析框架。这无疑对人们认识农产品质量安全问题产生的原因和制定相应的治理措施产生了不利的甚至错误的导向。

表1 食品质量的属性空间

安全属性	营养属性	价值属性	包装属性	过程属性
食源性病原体	脂肪含量	纯度	包装材料	动物福利
重金属	热量	完整度	标签	生物技术应用
农药残留	纤维	大小	其他信息提供	环境影响
食品添加剂	钠	外观		农药使用
自然毒素	维生素	味道		生产者安全
兽药残留	矿物质	制作的简便性		

资料来源:Caswell(1998)。

因此,必须重新认识质量安全的基本内涵,并从相对宏观的产业链视角来研究农产品质量安全问题,方能为改进我国令人担忧的农产品质量安全现状提供更具针对性的有益参考。

二、概念框架

(一)全面质量安全观:对质量安全的重新认识

关于质量安全的定义目前还有很多争议。从字面上看,如果将"质量安全"视为一个"偏正式"的组合词,那么其语意重心则在"安全",其意思应理解为"质量方面的安全"与"数量安全"就可成为一组相对应的概念（如英文中的 safety 和 security）；如果将其视为一个"并列式"的组合词，那么它的含义既包括了"质量"方面的内容又包括了"安全"方面的内容，即相当于"质量与安全"的意思（如英文中的"quality and safety"）。在实际应用中，很多学者都是根据各自研究的需要来对"质量安全"做具体定义的，因此关于"质量安全"概念的这两种理解在国内外的研究中都大量存在，以至于对诸如"食品质量安全"的英文翻译也存在着"food safety"和"food quality and safety"两类表述。但相对而言，后一种理解更为普遍，即"质量安全"不仅包括了质量的问题，还包括了安全的问题。如我国 2006 年颁布的《农产品质量安全法》所定义的"质量安全"就涵盖了质量和安全两个方面①。

然而，这种理解的前提是"质量"和"安全"是并列的。但实际上，在单独应用"质量"和"安全"概念时，两者并不处于同一个层次上。有学者认为，"食品安全"包括了"食品质量"、"食品卫生"等内容。如 2009 年颁布的《食品安全法》就是用食品安全的概念来统筹食品质量、卫生、营养等方面的内容，也避免了目前食品卫生标准、食品质量标准、食品营养标准之间的交叉与重复（任端平等，2006）。但更多的学者认为，"食品质量"的概念要大于"食品安全"的概念，即"食品安全"只是"食品质量"的一个属性。如国际标准组织（ISO）对质量的定义是"某一产品或服务所具有的能够满足既定需要的全部特征"（ISO8402）。国际粮农组织（FAO）食品法典委员会也认为质量是产品或服务所具有的符合其声明或隐含需求的特征和属性，它并非消费者从产品本身获得的效用，而是消费者从产品拥有的属性所获得的效用（Lancaster, 1966）。因此，"食品质量"应指影响食品价值的所有属性的总和，而"食品安全"仅指食品中可能对人体健康造成损害的属性，仅是食品质量的一个组成部分（周应恒等，2008；Das et al., 2007；Herrero et al., 2002）。

本文认同质量的概念大于安全的概念。但由于食品安全问题会对人体健康带来极大危害，且多数与食品质量相关的研究主要集中在对食品安全性方面的分析，故"质量安全"事实上已经逐步成为"指代所有质量属性但又突出安全属性"的一个习惯用语。为此，本文认为，尽管"质量"的概念大于"安全"，也不宜强行挑战"习惯"，而应认可用"质量安全"来作为指代有关质量的各种属性，特别是安全属性的一个统称。本文将这种能够综合性地看待质量安全概念的观点称为"全面的质量安全观"。

但为了能够对安全、营养等重要属性做进一步的研究，也为了能够在相关研究中更为准确地表达和方便地使用，我们认为有必要将"质量安全"进一步细化。本文借鉴 Antel (2000) 对肉类产品质量安全的两分法——安全属性和非安全属性，将食品质量安全直接细化为"安全"和"品质"两个部分②。其中，把食品中可能会危害到人体健康的那些

---

① 该法所称农产品质量安全，是指农产品质量符合保障人的健康、安全的要求。
② 在中文语境中，虽然品质与质量的含义几乎一致，但本文所指"品质"，是一个狭义的"质量"概念，特指食品质量中的营养、价值等方面的非安全属性，其英文翻译仍为"quality"。

安全属性定义为"食品安全"（food safety），把食品中不会直接危害到人体健康的、能构成其使用价值的那些非安全属性定义为"食品品质"（food quality）。那么，体现食品综合价值的质量安全指标可表示为 $Q\subseteq(q, s)$，其中 s 代表安全，q 代表品质。从品质和安全的关系看，安全是品质的前提，如果安全不达标，品质高低就没有意义。因此在数学特征上，s 更体现为一个二分变量，而 q 更体现为一个非负的连续变量。不妨设：当食品安全时，$s=1$，此时食品的综合价值体现为食品品质，有 $Q=q$；而当食品不安全时，$s=0$，此时食品综合价值将丧失，即 $Q=0$。那么，Q、q、s 之间有如下关系：$Q=q\times s$。这意味着，在研究食品质量安全时我们既可以用 Q 来表示综合的食品质量安全，也可以将其拆分为品质和安全两个相对独立的指标。

本文认为，对质量安全的概念做如上定义是十分有必要的。其原因就在于品质和安全具有不同的经济学特征：其中安全更多地具有（准）公共物品的性质，是所有消费者都应享有的基本权利，如果市场机制不能实现食品的安全供给，就必须要采用政府管制；而品质则更多地具有私人物品的性质，在安全基础上的"高品质"理应"价高者得"，即应减少政府干预，充分地发挥价格机制的调节作用。因此，在农产品质量安全出现问题时，如果能够较为准确地辨别出到底是安全的问题还是品质的问题（或哪个更为主要），那么实际的治理过程就更能具有针对性，而诸如"胡子眉毛一把抓"或"一刀切"式的治理现象就会大大减少。

（二）产业组织模式与食品质量安全的逻辑关系

从各国政府对农产品质量安全问题的治理实践看，主要措施包括：提高质量安全准入标准、完善质量安全评价体系、规范标识标签制度、强化抽检力度、建立可追溯体系、加强立法和惩罚力度等（Unnevehr，2003；Chambers，1992；胡定寰，2008；Starbird，2005；Pouliot and Sumner，2008；周德翼等，2002）。显然，这些措施体现的是"堵"的思路，而非"疏"的原则，即解决农产品质量安全问题的驱动来自产业外部的监督压力，而非产业本身内在结构的调整。所以，在"道高一尺、魔高一丈"的食品质量安全领域，这些保障措施常常见效快，失效也快，故并非长久之计。本文认为，要保障农产品质量安全，产业外部压力的存在固然重要，但更为重要的是产业内部的自我调整。只有将产业内部不利于保障质量安全的因素进行调整、消除，方能从根本上缓解食品质量安全问题多发的现状。这就需要进一步分析产业组织模式与农产品质量安全之间的具体关系。

所谓产业组织模式，是指产业链上各主体之间通过某种联结机制组合在一起形成的具有特定产业形态和功能的经营方式（孔祥智等，2010）。这些主体包括农产品生产者（农户）、一级中间商（商贩、经纪人等）、专业合作组织、农产品加工企业、二级中间商（批发商、零售商等）、消费者等。其组织方式可以是同一类主体之间的横向组合，也可以是上下游主体之间的纵向联合，还可以是"横纵结合"。但不管这些主体以什么方式组合，产业组织模式的最基本特征主要体现在横向的生产模式和纵向的交易模式两个维度上（Young and Hobbs，2002；龙方等，2007）。因此，产业组织模式对食品质量安全的影响可以从生产和交易两个维度进行考察。如果 M_1 代表生产模式，M_2 代表交易模式，那么某一特定产业的组织模式可表达为 $M \subseteq (M_1, M_2)$。

大量研究表明，农产品的质量安全水平的确与其产业组织模式有着十分紧密的联系。一方面，生产者的数量、投入规模、技术运用、资金实力等体现生产模式差异的因素对农产品质量安全有着显著的影响（邹传彪等，2004；张云华等，2004；周洁红，2006）；另一方面，交易的紧密程度、次级市场的数量、契约的完整性等体现交易模式差异的因素亦对农产品质量安全具有显著的影响（Hennessy，1996；王瑜等，2008；朱文涛等，2008；赵建欣等，2008；Young and Hobbs，2002）。因此，在质量安全函数中必须要包括有关具体投入要素之外的产业特征变量。但是，简单地将产业特征变量引入质量安全函数也是存在问题的，因为农产品质量安全不仅是生产者（农户）的责任，也与产业链上的其他主体有关。所以，农产品质量安全的函数必须是一个从产业链角度出发的、能体现市场供求关系的综合性函数。据此，我们不妨假定农产品质量安全的抽象函数为：

$$Q = f(S, D, M) \tag{1}$$

其中，S 代表影响农产品供给的外生变量，D 代表影响农产品需求的外生变量，M 代表该产业组织模式的各个维度。但由于质量安全是一个典型的内生变量（Braeutigam and Pauly，1986；Gertler and Waldman，1992），有必要采用联列方式模型来求解。Antle（1998，2000）曾根据 Rosen（1974）的思路，从考虑质量安全的需求和供给函数角度出发获取质量安全函数。若借鉴这种方法，食品的需求函数可设为 $Y^D = F(P, q, s, Z)$，其中 P 为农产品价格，q 为农产品品质，s 为农产品安全，Z 为影响需求的其他变量；而农产品的供给函数可设为 $Y^S = F(P, q, s, W, K)$，其中 W 为可变投入品价格向量，K 为生产者的固定资产投入。

然而，由于农产品一般具有"哑铃型"的市场结构以及上述品质与安全之间的内在联系，本文对 Antle（1998）的供给和需求模型做一定的修改：①为了检验产业组织模式与农产品质量安全的关系，引入生产模式 M_1 和交易模式 M_2，并假定 M_1 与 M_2 是互相独立的，即农户"如何生产农产品"与"如何销售农产品"是两个独立事件——这基本符合当前大多数农产品的产业组织特征。②由于农产品价格往往由下游龙头企业或中间商决定，故在农产品的供给函数 Y^S 中，P 可视为外生的。对于农产品中间商而言，其虽在农产品收购价格上有一定的定价权，但总体上仍受到下游龙头企业的控制。对于农产品加工企业而言，其收购价取决于终端消费市场的均衡价格，而非农产品一级市场上的相关因素，因此本文视 P 在 Y^D 中也是外生的。③用 Q 代表综合的农产品质量安全，这样在表达时可以减少一个内生变量。

如此，农产品的供给和需求函数分别进而简化为：

$$Y^S = F(Q, P, W, K, M_1, M_2) \tag{2}$$

$$Y^D = F(Q, P, Z, M_1, M_2) \tag{3}$$

联列式（2）和式（3），可以得到关于农产品质量安全的简约型方程（reduced form

equation)①：

$$Q = F(P, Z, W, K, M_1, M_2) \tag{4}$$

如果 Q（即 q 和 s）的数据是可观测的和方便得到的，那么式（4）便可以用多元回归的方法进行估计。但如果不能获取这些数据，那么就有必要采用较为复杂的潜变量模型来进行参数估计。

从逻辑上看，由于农产品初始的品质和安全同农产品的产量一起获得于农业生产过程，而后续的流通、交易过程理论上并不具有生产功能，故农产品的品质水平在不掺假等情况下至少不会再增加，而因储运设备差、机会主义行为等问题引起的农产品安全水平却有可能出现显著差异。因此，尽管 M_1 与 M_2 都会影响到农产品质量安全，但生产模式的不同引起的农产品质量安全差异可能更多地集中于品质，而交易模式的不同引起的农产品质量安全差异可能更多地集中于安全。基于此，本文提出如下假说。

H：生产模式和交易模式作为产业组织模式的两个维度对食品安全具有显著的影响，并且在食品品质和食品安全上具有不同的影响侧重点。

进一步地，我们预期验证如下两个分假说。

Ha：在控制了其他条件的情况下，生产模式更为显著地影响了品质。

Hb：在控制了其他条件的情况下，交易模式更为显著地影响了安全。

针对 Ha 和 Hb，我们分别采用"品质模型" $q = F(P, Z, W, K, M_1, M_2)$ 和"安全模型" $s = F(P, Z, W, K, M_1, M_2)$ 来验证，并且我们对 M_1 和 M_2 的估计结果做如下预设：第一，在品质模型中，要么 M_1 的系数统计显著而 M_2 的不显著；要么两个都显著时，M_1 的标准化系数（或边际效应）应大于 M_2 的标准化系数（或边际效应）。第二，在安全模型中，要么 M_2 的系数统计显著而 M_1 的不显著；要么两个都显著时，M_2 的标准化系数（或边际效应）应大于 M_1 的标准化系数（或边际效应）。

三、资料来源与样本描述

（一）奶业概况②

在大量初级农产品中，生鲜乳是一种十分特殊的农产品。它的"生鲜易腐"决定了其不能直接进入终端消费市场，而必须经由乳品企业加工方能成为大众食品，因此奶业产

---

① 质量安全函数的具体形式可以是线性—线性形式，如 Gertler（1988）；也可以是对数—对数形式的，如 Antle（1998，2000）。

② 一般认为"奶业"和"乳业"的含义是一致的。但我们认为，"奶业"一词较为口语化，习惯上多侧重于奶畜养殖和生鲜乳生产等产业链前端部分，而"乳业"一词较为书面化，理解上多侧重于乳制品生产和消费等产业链后端部分。为此，本文统一使用"奶业组织模式"而不是"乳业组织模式"，来指代生鲜乳生产模式和交易模式。

业链总体上可以分为生鲜乳环节和乳制品环节（钟真等，2010）。2008年的"三聚氰胺事件"表明，乳品质量安全的关键在于产业链前端的生鲜乳环节。各地政府在此后的奶源治理上采取了大量诸如"取消小规模散养"、"取缔中间商奶站"等调整奶业组织模式的措施。这为研究产业组织模式对农产品质量安全的影响提供了十分宝贵的经验资料。事实表明，这些措施虽取得了一定的效果，但生鲜乳质量安全水平并没有得到显著的提高，奶业质量安全事故依然频频发生（孔祥智等，2009）。因此，为了验证前述假说，也为了厘清当前奶业治理措施的科学性和有效性，本文以奶业为例对其产业组织模式与生鲜乳质量安全之间的关系进行实证分析；而实证分析之前需要对奶业组织模式和生鲜乳质量安全的概念进行操作化定义。

1. 奶业组织模式

奶业组织模式的操作化定义亦从生产和交易两个维度进行。从实际情况看，当前奶业的生产模式主要有家庭式小规模散养、小区式集中化养殖、牧场式园区化养殖和基地式现代化牧场等方式；交易模式主要有"奶农+市场+企业"模式、"奶农+企业"模式、"奶农+中间商+企业"模式和"奶农+合作社+企业"模式等类型。为了突出家庭式小规模散养和"奶农+中间商+企业"模式在生产模式和交易模式中的重要地位，也为了回应政府所采取的"消灭小规模散养户"和"取缔个体私营奶站"两大措施的合理性问题，本文在统计上将生鲜乳生产模式进一步划分为家庭式小规模散养（以下简称"家庭式散养"）和其他以养殖小区或牧场形式存在的养殖方式（以下简称"园区化养殖"）两大类；将生鲜乳交易类型进一步划分为有个体私营奶站参与的"奶农+中间商+企业"模式（以下简称"中间商模式"）和其他生鲜乳交易方式（以下简称"非中间商模式"）两大类型。

2. 生鲜乳质量安全

根据"全面质量安全观"的定义，本文把生鲜乳中可能会危害到人体健康的那些安全属性定义为"生鲜乳安全"（raw milk safety），如抗生素、体细胞数、总细菌数、致病菌、农药、重金属、霉菌毒素、（亚）硝酸盐和非法添加物等含量；把生鲜乳中不会直接危害到人体健康的、能构成其使用价值的那些非安全属性定义为"生鲜乳品质"（raw milk quality），如乳蛋白、乳脂肪、非脂固形物和功能活性物质等含量。其中，生鲜乳安全是生鲜乳品质实现其价值的基础，若安全存在问题，生鲜乳整体质量就无从谈起；而生鲜乳品质则是生鲜乳安全的依托载体，是奶业生产、管理水平的重要体现，若生鲜乳品质不能改善，奶业的整体竞争力也将难以提高。因此，任何奶业治理措施都必须同等重视生鲜乳的安全和品质。

（二）资料来源

本文的数据资料主要来源于2011年4~5月对内蒙古自治区呼和浩特市、河北省石家庄市、黑龙江省大庆市、辽宁省阜新市、宁夏回族自治区吴忠市的部分奶业重点县（区、旗）的抽样调查。其中，蒙、冀、黑的奶牛存栏量和奶产量都长期位列全国前三，大部分调查区域均是我国传统的奶源基地,且基本覆盖了所有生产模式和交易模式,因此所获样本具有较强的代表性①。经过整理,最终获得生鲜乳生产者的有效样本618户(家),其中家庭式小规模散养户占66.3%,小区式集中化养殖户占22.6%,牧场式园区化养殖场占10.1%,而基地式现代化牧场由于数量极少而没有进入调查范围;各类奶站45家,其中"名义上"属于奶农专业合作社奶站的占71.1%,属于乳品企业奶站的占15.6%,属于奶畜养殖场奶站的占13.3%②。

从样本的总体情况看:①2010年养殖(场)户总体的平均养殖规模在10头左右,而有62.9%的比例集中在10头及10头以下(见图1);②养殖规模虽较"三聚氰胺事件"之前有所下降,但是牛群结构相对稳定,养殖(场)户中产奶牛比例以55%为均值,基本呈正态分布(见图2);③产量分布相对集中,上一个产奶期单头牛平均的日产奶量有80%的比例集中在15~20公斤;④经由奶站的生鲜乳收购和供应基本稳定,样本奶站平均覆盖奶户51户、覆盖牛群数量542头、日供奶量2.9吨,其中奶畜养殖场奶站(牧场)由于养殖规模较大,供奶量平均在4吨以上。

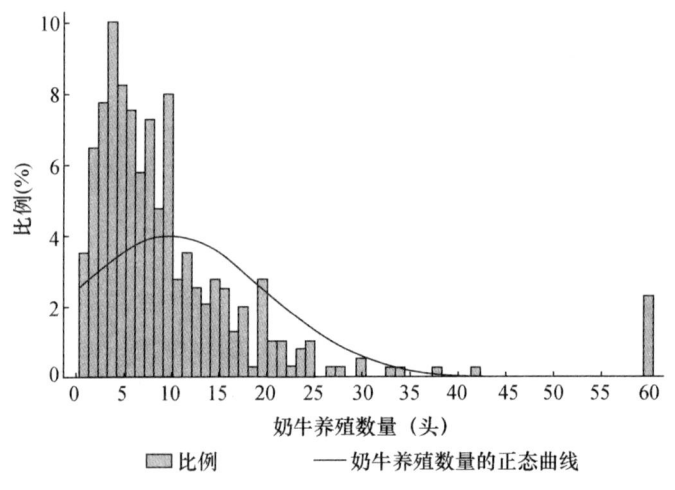

图1 奶牛养殖(场)户养殖规模分布

注:60头以上按60头计。
资料来源:作者调查整理所得。以下若无特殊注明,图表数据均为调查样本数据。

---

① 虽然不同区域的调查时间存在一定差异,但最长间隔不超过45天,因此本文假定调查期间所有奶牛处于相同的生理周期,即奶牛的采食量、泌乳量等各种生物特性总体上没有因季节的变化而发生结构性差异。

② 所谓"形式上",是指形式上符合了政府在《乳品质量安全监督管理条例》等文件中提出的关于收奶主体的要求。此处数字也是根据奶站获颁的生鲜乳收购证上注明的收奶主体进行分类汇总后得到的。但事实上很多获得生鲜乳收购证的奶站相比个体私营奶站,仍然是"换汤不换药"。

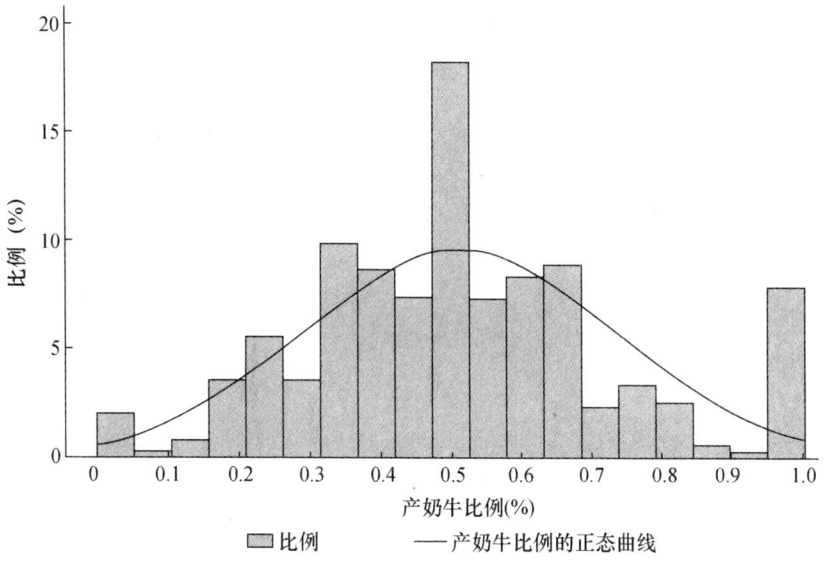

图 2 养殖户产奶牛的比例分布

(三) 样本描述性分析

1. 生产模式：家庭式散养与园区化养殖的差异

从规模看，2010 年家庭式散养的奶牛养殖规模平均在 6.93 头，园区化养殖的规模平均在 26.56 头，两者在统计上具有显著差异。家庭式散养的平均规模虽然较小，但是其统计分布较园区化养殖的规模则要集中得多（见图 3）。从奶价看，两种生产模式下的奶价

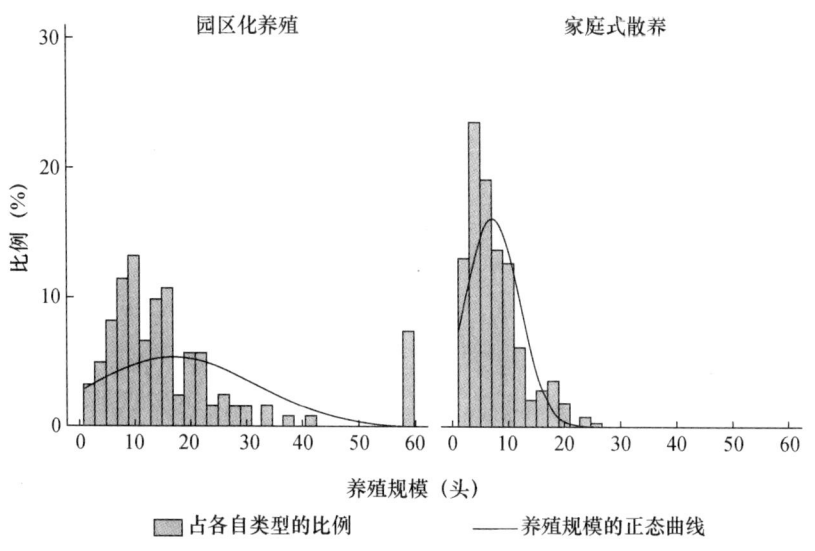

图 3 不同生产模式的奶牛养殖规模差异

也存在着明显的差异,2010 年园区化养殖户获得的平均奶价普遍比家庭式散养户高出 0.1~0.2 元/公斤。从投入看,2010 年家庭式散养和园区化养殖的单头养殖投入分别为 9517.89 元和 12280.01 元,亦存在明显差异。但是,两种生产模式下的单产水平、"有正规的饲喂配方的比例"、"参加过养牛相关培训的比例"以及"签订购销合同的比例"等生产性指标却没有显著差异。尽管园区化养殖中主要养牛者的平均受教育水平显著高于家庭式散养,但作为(某种程度上)能代表养牛经验的"养牛年限",家庭式散养的平均年限反而要显著地大于园区化养殖。这或许可以用"园区化养殖的历史较短,参与园区化养殖的奶户整体比较年轻,而小规模散养的奶户多为'老'养牛户,且多不愿意也无力转变养殖方式"来解释(见表2)。

表2 家庭式散养与园区化养殖在生产性指标上的差异

生产模式 主要指标	家庭式散养 (样本量410) 均值A（标准差）	园区化养殖 (样本量208) 均值B（标准差）	均值差异的T检验 Ho：B-A=0	
			T值	Sig.
养殖规模（头）	6.93 (0.234)	26.56 (5.101)	5.39***	0.000
2010年单头养殖投入（元/年）	9517.89 (544.286)	12280.01 (1672.032)	1.95*	0.051
2010年单头平均日产量（公斤）	17.93 (0.276)	18.20 (0.199)	0.80	0.423
2010年平均奶价（元/公斤）	2.37 (0.005)	2.48 (0.012)	8.88***	0.000
主要养牛者受教育年限	2.77 (0.038)	2.92 (0.062)	2.20**	0.027
主要养牛者养牛年限（年）	13.71 (0.353)	11.44 (0.473)	-3.77***	0.000
签订购销合同的比例（%）	27.3 (0.022)	22.1 (0.029)	-1.40	0.161
有正规饲喂配方的比例（%）	18.8 (0.019)	19.7 (0.027)	0.27	0.781
参加过养牛相关培训的比例（%）	18.7 (0.019)	20.7 (0.028)	0.56	0.574

注:***、**和*分别代表在1%、5%和10%水平上统计显著。

2. 交易模式:中间商模式与非中间商模式的差异

在生鲜乳交易模式的构成中,几乎所有生产者都通过生鲜乳收购站销售牛奶,而生鲜乳收购站中又有69%具有中间商性质，且基本上是由个体私营奶站"转换"而来的奶农专业合作社奶站。而在余下的奶站中，约有20%为乳品企业"直管"或"托管"的奶站，约有10%为奶畜养殖场开办的奶站，极少数为规范的奶农专业合作社开办的奶站。由于规范的奶农专业合作社代表了奶农社员的根本利益，其开办奶站可以实现与企业直接对接，因此从交易的结构层次看，余下的31%的奶站在一定程度上都可视为生鲜乳生产者与乳品企业直接对接的"非中间商模式"。

从规模看，通过中间商模式卖奶的养殖场（户）养殖规模普遍要显著地低于非中间商模式，两者的均值相差2倍以上。单头的养殖投入、日产奶量和奶价均没有明显差异，同时，养牛者的受教育水平和参加过养牛相关培训的比例也没有明显差异。但在"养牛年限"、"签订购销合同的比例"、"有正规饲喂配方的比例"上，非中间商模式下的比例要明显高于中间商模式。可见，交易模式的不同对养殖场（户）生产经营带来的差异与生产模式的不同所造成的差异并不一致，尤其在奶价、签订购销合同、参加养牛培训等方面存在明显区别（见表3）。

表3 中间商模式与非中间商模式在生产性指标上的差异

主要指标 \ 生产模式	中间商模式（样本量427）均值C（标准差）	非中间商模式（样本量191）均值D（标准差）	均值差异的T检验 Ho: D-C=0 T值	Sig.
养殖规模（头）	8.60 (0.515)	24.59 (5.507)	4.25***	0.000
2010年单头养殖投入（元/年）	11064.79 (952.891)	9067.61 (386.033)	-1.37	0.169
2010年单头平均日产量（公斤）	18.05 (0.184)	18.23 (0.320)	0.50	0.616
2010年平均奶价（元/公斤）	2.41 (0.006)	2.42 (0.013)	1.24	0.214
主要养牛者受教育年限	2.79 (0.040)	2.90 (0.059)	1.58	0.114
主要养牛者养牛年限（年）	12.37 (0.326)	14.25 (0.563)	3.05***	0.002
签订购销合同的比例（%）	21.1 (0.020)	35.6 (0.034)	3.86***	0.000
有正规饲喂配方的比例（%）	22.5 (0.020)	11.5 (0.023)	-3.22***	0.001
参加过养牛相关培训的比例（%）	18.3 (0.019)	22.8 (0.030)	1.08	0.280

注：***、**和*分别代表在1%、5%和10%水平上统计显著。

3. 生鲜乳品质：农户层面数据的获取

目前，衡量生鲜乳品质的指标有很多。由于不同乳制品生产的要求存在差异，故不同乳品企业对生鲜乳品质衡量指标的关注重点也略有不同。但总体上讲，乳蛋白、乳脂肪和干物质三项都基本包括在内。从45家奶站2011年3月1日至30日的生鲜乳化验单来看，乳蛋白、乳脂肪和干物质的平均含量在这一时段分别为2.91%、4.27%和11.83%（见表4）。

表4　2011年3月1日至30日样本奶站所售生鲜乳的品质状况

	样本量	均值	标准差	最小值	最大值
乳蛋白（%）	45	2.91	0.068	2.74	3.14
乳脂肪（%）	45	4.27	0.190	3.10	4.91
干物质（%）	45	11.83	0.248	11.19	12.82

注：乳蛋白、乳脂肪和干物质等指标的单位是每100克生鲜乳中所含的比例（g/100g生鲜乳）。

然而，由于乳品企业收奶时仅对进厂的奶罐车所装生鲜乳进行理化检验，因此除了具备自建挤奶厅的养殖场以外，绝大部分奶牛养殖场（户）都不能直接获得自家所售每一个批次牛奶的具体指标，而只能了解在同一奶站交奶的各养殖户的平均品质。换言之，经过化验获得的品质指标只匹配到奶站层面，而无法匹配到养殖场（户）层面。这对进一步了解生鲜乳品质在所有养殖场（户）中的分布带来了数据障碍。要通过专业人员利用化验设备直接对每一户的生鲜乳品质进行测试以获取奶户层面的实际品质数据，显然是不现实的。为了进一步"逼近"各户所产生鲜乳品质的真实水平，我们在研究中做了如下设计：①在奶户调查中，让奶户对自家所产生鲜乳的品质在同一奶站交奶的奶户中所处的位置进行打分评价，评价级别设为1~9九个级别，其中5为中等水平，1为最差，9为最好。②在奶户调查完毕后，集中所有奶户问卷让奶站负责人对各户的生鲜乳品质进行评价，评价级别设置同上。③对奶户"自我评价"和奶站"他人评价"进行同方差假定下的T检验，如果检验结果无法拒绝"两种评价一致"的原假设，那么本文将利用奶站的"他人评价"构建一个品质调节系数①，并与奶站的平均品质指标一起构造出奶户水平上的生鲜乳品质指标；如果检验结果拒绝了原假设，说明两种评价具有明显差异，那么本文对两种评价均不采信，而利用潜变量模型等更为复杂的方法来构造品质指标。幸运的是，T检验的结果表明，两种评价并无显著差异（t值为1.02）。因此，我们选择了奶站的"他人评价"来构建品质调节系数。

品质调节系数的构建过程大致如下：①先将3月1日至30日各奶站化验单上品质指标的数值求平均后匹配到相应的奶户，即在同一奶站交奶的奶户获得相同的一个品质指

---

① 尽管奶站的评价和奶户自己的评价在统计上无差异，但鉴于奶站对所有奶户生产情况的总体把握和长期经验，本文认为奶站对其覆盖范围内奶户生产的生鲜乳品质水平的评价更接近实际情况，因此我们没有采用奶农自身的评价。

标。②对匹配后的品质指标进行奶户层面的排序并找出四分位数，然后结合最大值和最小值找出相邻两个数字之间的"中位数"，这样在最大值和最小值之间就分成了 8 个部分和 9 个分段点。③将 9 个分段点与 9 个评价级别从小到大一一对应，然后用分段点上的数值除以农户品质指标的中位数得到品质调节系数。由于乳蛋白含量和干物质含量是业界最为关注的两个品质指标，因此我们重点以乳成分含量作为衡量生鲜乳品质的关键指标，构建了与奶站"他人评价"相对应的乳蛋白调节系数和干物质调节系数（见表 5），并计算了这两个指标奶户层面含量水平。从奶站层面和奶户层面的品质分布看，经过加权计算后，奶户层面乳蛋白含量的均值从加权时奶站层面的 2.91% 略微上升到 2.97%，干物质含量的均值从 11.83% 上升为 11.93%，两个指标在前后均具有显著的差异，且分布特征也都更加接近理想的正态分布（见图 4 至图 7）。

表 5 奶户层面的生鲜乳品质调节系数与奶站评价对照表

分段级别	乳蛋白调节系数	干物质调节系数	对应的奶站评价
min	0.961938	0.960409	1
P13	0.967128	0.974883	2
P25	0.972318	0.989357	3
P38	0.986159	0.994679	4
P50	1.000000	1.000000	5
P63	1.005190	1.004044	6
P75	1.010381	1.008089	7
P88	1.031142	1.044700	8
max	1.051903	1.081311	9

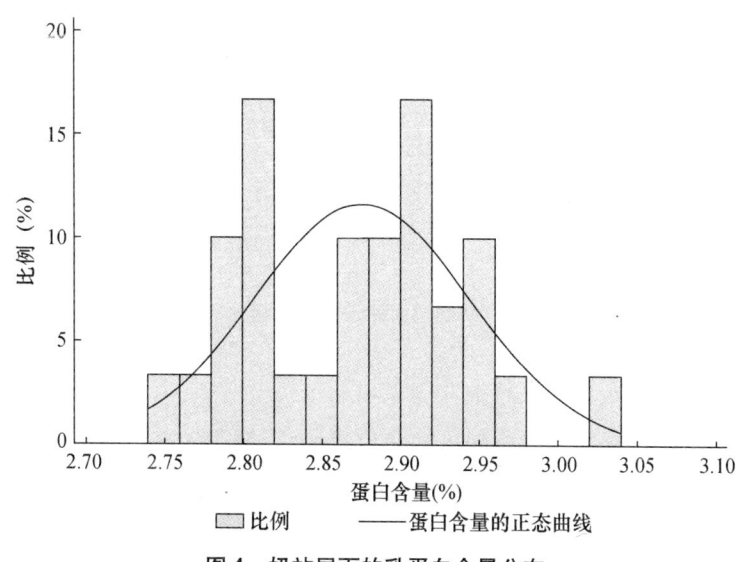

图 4 奶站层面的乳蛋白含量分布

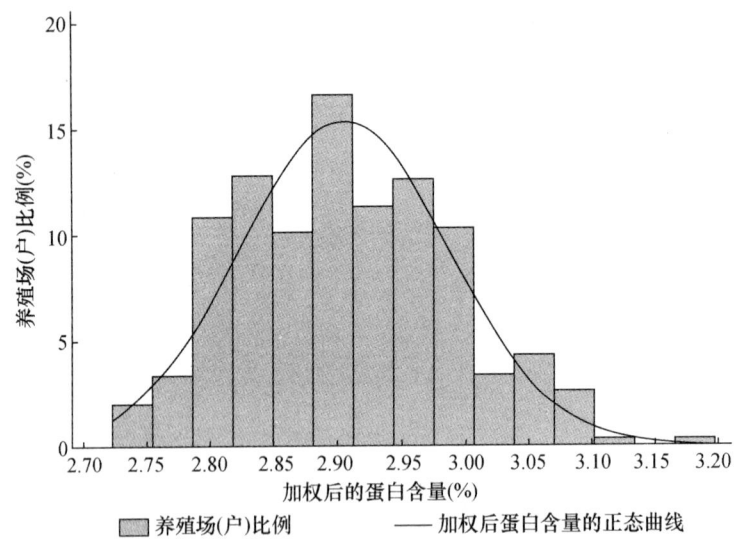

图 5 奶户层面的乳蛋白含量分布

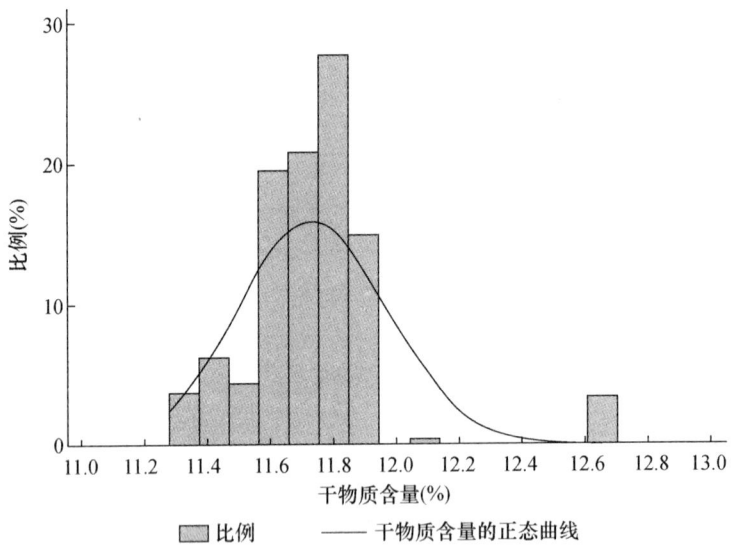

图 6 奶站层面的干物质含量分布

4. 生鲜乳安全：代理指标的选取

根据定义，生鲜乳安全是指那些可能会危害到人体健康的"不良"成分。但是这些指标的化验不仅费时较长，而且成本高昂，因此即便是乳品企业也不会在日常的收购中对所有安全指标进行一一化验。对于层出不穷的非法添加物，乳品企业也往往"防不胜防"。从调研的情况看，由于"三聚氰胺事件"以后掺杂使假的现象得到了有效遏制，目

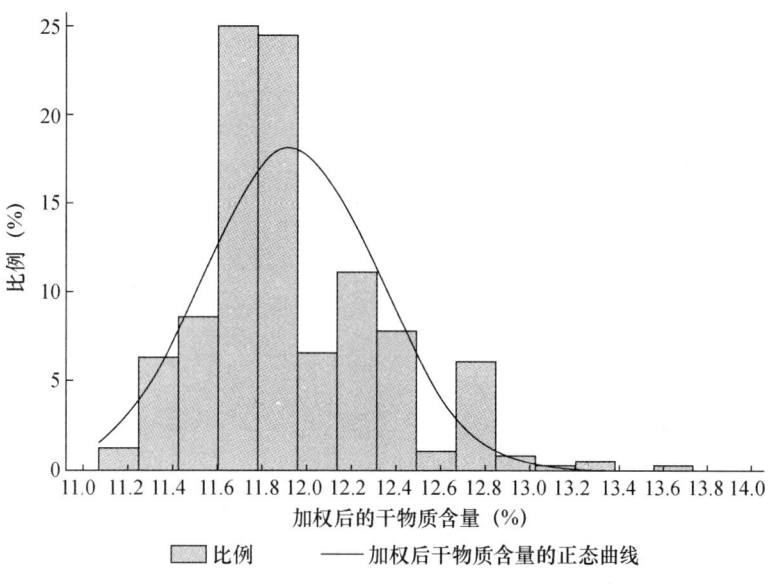

图 7　奶户层面干物质含量分布

前乳品企业对生鲜乳安全的控制主要集中在抗生素、微生物（或体细胞）的检测上。尽管抗生素或微生物在生鲜乳中的含量也存在一个安全区间，但只要其含量超过规定限值，（原则上）乳品企业就应拒收（严重的应当场"着色"或"排地"）。所以在不考虑企业无故拒收或操作人员作弊的情况下，生鲜乳安全与否往往体现在生鲜乳被拒收与否。又由于乳品企业对生鲜乳质量安全的检测仅到奶站层面，因此奶站某一批次被拒收并不意味着该批次的所有奶户都存在着安全问题。为了能在被拒收时找到安全问题的根源，奶站对每一批次的生鲜乳都采取"留样措施"：每一户来奶站挤奶时，都制作一个牛奶样本留置奶站的冷藏设备中，如果该批次牛奶在交售企业过程中被检测出安全问题，奶站便进一步检测每户留样，直至找到问题奶户，如果企业检测合格，则留样就可以作废了①。

调查数据显示，"三聚氰胺事件"之后几乎所有奶站依然每年都会因各种原因出现不合格的现象。从养殖场（户）的角度看，在2010年初至2011年3月从未出现过不合格情况的奶户占到了57.93%，出现过1次的占13.92%，出现过2次的占8.09%，出现过3~9次的各占有一定的比例，而出现过10次及10次以上的也占到了4.05%（见图8）。

然而，"不合格"并不能完全代表生鲜乳存在安全问题而被拒收。事实上，根据出现过"不合格"的奶户对"不合格"原因的回忆，提到因抗生素超标而出现过"不合格"的奶户占到了95.5%，提到因体细胞和微生物超标的合计占到了32.9%，但也有因蛋白过

---

① 当企业检测出奶站某一批次生鲜乳存在抗生素超标等安全问题，如果奶站能找到问题奶户，原则上由问题奶户赔偿其他奶户（实际上能够完全赔偿的也寥寥无几，最多罚款2000~3000元了事）；但由于取样检测过程中的误差，也存在着奶站找不到问题奶户的情况，而这种情况下只能由所有奶户承担损失，当然奶站应得的管理费和相关成本一般由奶站自己承担。

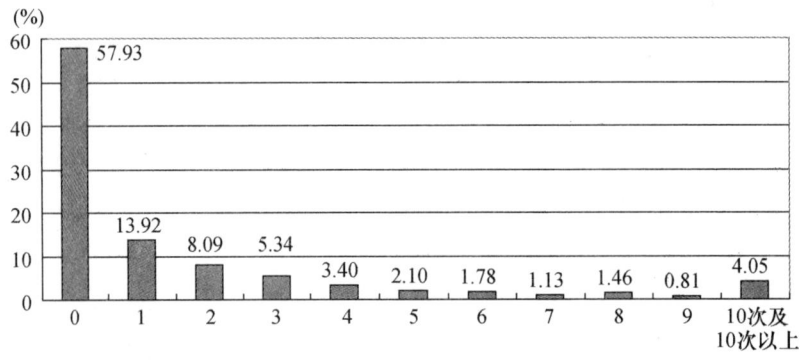

图8 2010年1月至2011年3月养殖场（户）出现不合格次数

低而被拒收成为"不合格"的，其比例占到了10.8%（见图9）。因此，企业定义的"不合格"或"被拒收"理由，并不符合本文所提出的"全面的质量安全观"——只要生鲜乳安全没有问题，蛋白过低不应被视为拒收理由，蛋白过低仅是其作为乳品加工原料的利用价值不高而已，这完全可以利用降低价格的手段来处理。当然，因蛋白过低而"不合格"的情况出现次数较少，且没有奶户将其作为"不合格"的首要原因提出，因此本文认为"不合格次数"的多少仍然可以代表生鲜乳安全水平的高低。

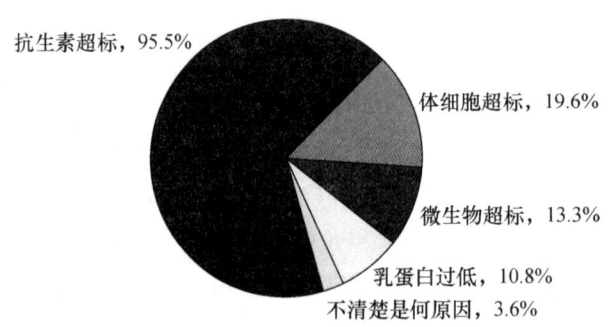

图9 生鲜乳"不合格"被拒的主要原因

注：由于调查问卷中对"不合格"原因的设计是多选题，故所有选项的比例之和大于1。

四、模型构建与变量设置

根据上述生鲜乳品质和安全状况的描述分析，本文认为养殖场（户）层面的"乳蛋白含量"、"干物质含量"和"不合格次数"可作为衡量生鲜乳品质和生鲜乳安全的代理指标，进而对式（4）进行参数估计。这在一定程度上避免了因生鲜乳质量安全数据不可得而需引入较为复杂的潜变量模型。由于生鲜乳和品质都有各自的代理变量，本章进一步将式（3）分解成"品质模型"和"安全模型"：

$q = F(P, Z, W, K, M_1, M_2)$

$s = F(P, Z, W, K, M_1, M_2)$

其中，q 为生鲜乳品质，s 为生鲜乳安全。至于模型的具体形式，还需从因变量和自变量的特征出发来选择合适的模型。

对于因变量，由于乳蛋白仅是乳成分中的一个重要组成部分，并不能完全反映生鲜乳的品质，而干物质则是一个包含了乳蛋白、乳脂、乳糖等诸多成分的指标，相对更能综合体现生鲜乳的品质。因此，本文利用"干物质含量"（DM，"dry matter"）来代表生鲜乳品质（q），用"不合格次数"（refuse）来代表生鲜乳安全（s）；并假定"在正常情况下，干物质含量越高，表明生鲜乳品质水平越高；被检测出不合格的次数越多，代表生鲜乳安全水平越差"。

对于自变量，除了 P、M_1 和 M_2 之外，Z、W 和 K 需要进一步设定具体指标。由于样本数据来自养殖场（户），故本文从生鲜乳生产者角度对影响生鲜乳需求的外生变量 Z 进行设定：①养殖场（户）对接的企业（factory）。如果乳品企业的经营手段和乳制品销售业绩存在差异，对乳制品原料——生鲜乳的需求也会产生差异。目前样本奶户对接的企业主要是蒙牛和伊利，其农户覆盖率分别为49%和51%。②村中奶站数量（stations）。一个村中奶站的数量越多，一般而言奶源供应量就越大，乳品企业对该村的重视程度就会远远高出奶量小的村庄；同时，奶站对奶农的竞争就会越强，这不仅会引起下游对生鲜乳需求的变化，也会推动奶站（或企业）提高对奶农的社会化服务水平，进而促进生鲜乳供给的变动。③养殖场（户）离奶站的距离（distance）。一般情况下，奶户离奶站的距离越远、位置越偏，奶站对奶户养殖情况的掌握程度就会大大降低，因此奶站往往比较愿意接受距离较近的奶户进站挤奶。④是否有亲戚从事奶业相关工作（relation）。从调查情况看，有亲戚朋友在乳品企业或奶站工作（抑或在乳品企业有股份或开办奶站）的养殖场（户），其生鲜乳销售就不成问题。

W 和 K 作为影响生鲜乳供给的因素，完全可以从生鲜乳生产者角度找到大量相应的指标。其中固定资产投入 K 的代理指标较少，一般主要为牛舍、青贮窖和一些机械设备。但这些投入往往因奶户养殖规模的差异而存在巨大差距，为了变量的稳健性，本文将这些固定资产平均到每一头牛，即计算每头牛的固定资产占有量（avstock），来代表奶户固定资产投入水平。相对而言，可变投入品价格 W 的代理指标较多，但为了节省自由度和计算的方便，我们根据生产要素的类型凝练了以下三大主要投入价格指标：①平均的饲料价格（feedp）。由于饲料不仅分精饲料和青粗饲料，而且品种很多，价格差异较大；同时一部分需要直接从市场上购买，投入成本容易计算，但也有相当一部分是利用自家种植的玉米等粮食作物来充当的，其投入成本不易计算。为了相对准确地估算出所有饲料投入的平均价格，我们利用饲料总投入成本来除以饲喂总量。其中，饲料投入成本来自"精饲料购买费用"、"青粗饲料购买费用"和"（自家）饲料耗粮成本"（饲料耗粮×当年粮食价格），饲料饲喂总量包括"精饲料饲喂总量"和"青粗饲料饲喂总量"。②人工价格（laborp）。人工投入包括了雇用劳动力和自家投工，因此人工价格也是由"雇工成本"与"自家人工成本"之和除以"雇工天数"与"自家投工天数"得到。其中，自家投工天数由"全家参与养牛的劳动力个数（可以有小数）"乘以365天得到，而自家投工价格则由奶户自身的"支付意愿"得到，即如果您给自己工资，会给家里养牛的人多少钱一工日？③土地价格（landp）。由于饲料的缺乏，有的养殖（户）会租地种植玉米、饲草等饲料作物，另外还有养殖场（户）会租地建造牛舍。但不管是哪种目的的租赁，本文都算作土地使用成本，并将其除以租赁面积得到每年的土地使用价格。

从前述对奶业发展模式的现状描述看，生鲜乳生产模式和交易模式使得养殖场（户）在生产经营方面存在很多差异，而这些生产经营指标也极有可能影响到生鲜乳的质量安全。为了能更好地衡量生产模式和交易模式对生鲜乳质量安全的影响，本文进一步将这些指标作为外生控制变量纳入模型。主要包括：①养殖场（户）户主的受教育水平（hhedu）。这或许会影响到奶户在生产经营中的市场化反应速度、信息的接受能力和相关现代要素的投入，进而引起产量和质量的差异。②养牛年限（years）。这会影响养殖场（户）的养殖经验，或许其受教育水平并不高，但奶牛养殖和管理水平不一定低，故这也是影响质量安全的重要因素，且与受教育水平互相独立。③是否与奶站或乳品企业签订了购销合同（order）。一个合理的购销合同可以降低奶户的销售压力进而增加投入以提高产出数量和质量。④是否有正规的饲喂配方（recipe）。如果养殖户拥有来自饲料公司、乳品企业或其他相关部门提供的专门的饲喂方法，也可能会相应地提高产出效果。⑤是否参加过养牛相关的培训（train）。这也可能造成参加与未参加过培训的养殖场（户）之间出现产出方面的差异。总之，上述5个控制变量在一定程度上可以缓解因遗漏这些变量而产生高估或低估 M_1 和 M_2 对生鲜乳质量安全的影响。从某种意义上讲，这些控制变量与 M_1、M_2 一起亦可视为影响生鲜乳供给和需求的外生变量。但具体是影响供给还是需求，抑或两者都影响，本文无意深究。

上述所有变量的描述性分析见表6。

表6　相关变量的描述性统计

变量名	变量定义	样本量	样本均值	标准差
DM	含物质含量（g/100g生鲜乳）	618	11.94	0.398
refuse	2009年以来被查处不合格次数（次）	618	1.89	5.974
factory	养殖场（户）对接的企业，1=蒙牛、0=伊利	618	0.49	0.500
stations	村中奶站数量（家）	618	2.43	1.652
distance	养殖场（户）离奶站的距离（公里）	618	0.42	0.790
relation	是否有亲戚从事奶业相关工作，1=有、0=没有	618	0.12	0.329

续表

变量名	变量定义	样本量	样本均值	标准差
P	2010年平均奶价（元/公斤）	618	2.41	0.146
lnavstock	ln［每头牛的固定资产占有量（元/头）+1］	618	6.78	2.041
lnfeedp	ln［平均饲料价格（元/公斤）+1］	618	0.63	0.263
lnlaborp	ln［人工价格（元/人）+1］	618	4.11	0.483
lnlandp	ln［土地价格（元/亩）+1］	618	2.23	2.368
hhedu	户主受教育水平，1=小学、2=中学、3=高中或中专、4=大专及以上	610	2.82	0.823
years	养牛历时（年）	618	12.95	7.125
order	是否签订购销合同，1=有、0=没有	618	0.26	0.437
recipe	是否有正规的饲喂配方，1=有、0=没有	618	0.19	0.393
train	是否参加过养牛相关的培训，1=有、0=没有	618	0.19	0.396
M_1	生产模式，1=家庭式散养、0=园区化养殖	618	0.66	0.473
M_2	交易模式，1=中间商模式、0=非中间商模式	618	0.69	0.462

注：由于 avstock、feedp、laborp、landp 的计算结果有可能为0，因而在取对数时采取了统一加1的措施，如 lnavstock = ln［avstock +1］。

五、实证结果与解释

从因变量的分布特征看，由于干物质含量（DM）是一个在最小值 11.07 和最大值 13.73 之间的连续变量，因此我们用普通的多元回归模型就能估计模型参数；由于2009年以来被查处不合格次数（refuse）是一个包括0在内的最大值为90的自然数，这显然符合计数模型的要求，为此我们采用了泊松回归模型来进行参数估计①。

（一）生鲜乳品质模型

在进行回归分析之前，我们先将进入模型的自变量进行了一个相关分析。结果发现，有部分自变量之间存在明显的相关性，特别是生产模式和交易模式分别与其他多个变量存在显著的相关关系。因此，自变量之间很可能存在共线性问题。然而，利用方差膨胀因子

---

① 由于每一个批次的生鲜乳"被查处不合格"这一事件独立发生，且发生概率不变，因此2010年1月至2011年3月30日发生被查处不合格的次数显然不符合正态分布，而一个较为满意的分布则是泊松分布（Wooldridge, 2000）。因此我们选择泊松回归模型进行参数估计。

和容忍度对多元共线性问题进行检测的结果表明，各个自变量平均的方差膨胀因子为 1.18，最大的也仅为 1.63，其容忍度最低的也达到了 0.613；因此，可以判断多元共线性的问题并不严重，模型仍处于可以接受的范围内（见表 7）。需要强调的是，本文假定 M_1 与 M_2 是互相独立的，即奶农如何养牛与如何卖奶是两个独立事件，但我们不否认两者对生鲜乳质量安全具有联合影响。经过模型调试，M_1 与 M_2 的交互变量在模型中并不显著，且降低了整个模型的拟合效果，为此我们没有将两者的交互变量纳入最后的模型，这也相当于间接假定了 M_1 与 M_2 没有显著地联合影响生鲜乳质量安全。

表 7　自变量方差膨胀因子和容忍度计算结果

自变量	方差膨胀因子（VIF）	容忍度（1/VIF）
stations	1.63	0.613
M_2	1.43	0.701
factory	1.35	0.743
M_1	1.30	0.768
years	1.26	0.794
P	1.19	0.844
recipe	1.10	0.907
lnavstock	1.10	0.907
lnfeedp	1.10	0.911
relation	1.09	0.916
order	1.09	0.920
lnlaborp	1.07	0.937
train	1.06	0.940
hhedu	1.05	0.950
distance	1.05	0.955
lnlandp	1.04	0.962
平均的 VIF	1.18	

品质模型的普通最小二乘估计（OLS）结果见表 8。生产模式和交易模式的系数符号基本符合假说提出的要求，但显著性水平并不理想，而且由于本文需要利用两者的系数做进一步比较分析，必须要确保估计结果的有效性。尽管 OLS 估计结果中稳健标准误与一般化标准误差别并不大，使用稳健 t 统计量也没有改变任何一个自变量的统计显著性，且检验联合显著的 F 值也通过了显著性检验；但不幸的是，Breusch - Pagan 检验表明 OLS 存在着明显的异方差性，故其估计结果很难让人接受。为纠正异方差性，本文对品质模型进行了一个可行的广义最小二乘估计（Feasible Generalized Least Squares Estimate，FGLS）。与 OLS 估计结果相比，FGLS 的估计结果中多了 3 个显著的自变量，其中生产模式和交易

模式的系数估计值也在1%水平上统计显著,而且拟合优度也从0.194上升到了0.282,可见FGLS的结果更令人满意。因此,本文对品质模型的解释主要根据FGLS的估计结果。

表8 生鲜乳品质模型的估计结果(OLS&FGLS)

自变量	OLS			FGLS			
	参数 β	标准误	稳健标准误	参数 β	标准误	t 值	p 值
factory	0.16***	0.030	0.032	0.24***	0.032	7.49	0.000
stations	-0.03***	0.009	0.010	-0.03***	0.011	-3.17	0.002
distance	0.03	0.023	0.018	0.05***	0.018	2.65	0.008
relation	0.06	0.046	0.045	0.04	0.044	0.92	0.359
p	0.29***	0.104	0.141	0.37***	0.103	3.65	0.000
lnavstock	-0.02**	0.007	0.007	-0.01*	0.007	-1.72	0.085
lnfeedp	-0.06	0.054	0.057	-0.06	0.055	-1.12	0.264
lnlaborp	-0.03	0.024	0.033	0.000	0.030	-0.08	0.932
lnlandp	-0.01	0.005	0.006	-0.01	0.006	-1.32	0.187
hhedu	0.07***	0.016	0.018	0.09***	0.017	5.23	0.000
years	0.000	0.002	0.002	0.000	0.002	0.93	0.354
order	-0.01	0.032	0.031	0.05	0.033	1.47	0.141
recipe	0.09**	0.036	0.042	0.08**	0.037	2.06	0.040
train	-0.03	0.040	0.036	0.02	0.036	0.58	0.561
M_1	-0.03	0.035	0.037	-0.13***	0.036	-3.63	0.000
M_2	-0.04	0.038	0.041	-0.09***	0.033	-2.73	0.006
常数项	11.35***	0.278	0.373	10.98***	0.294	37.3	0.000
样本量	610			610			
F 值		14.59 (0.000)	12.29 (0.000)		16.28 (0.000)		
R^2		0.194			0.282		

注:***、**和*分别代表在1%、5%和10%水平上统计显著。

针对假说,我们重点对生产模式(M_1)和交易模式(M_2)的估计结果进行解释:①两个系数均显著为负,说明家庭式散养和中间商模式对生鲜乳品质都明显具有负向影响,即家庭式散养条件下生产的生鲜乳,其品质显著低于园区化养殖所生产的生鲜乳;通过中间商销售的生鲜乳,其品质也显著低于不通过中间商销售的生鲜乳。②生产模式对生鲜乳品质的边际影响大于交易模式对生鲜乳品的边际影响。具体而言,家庭式散养条件下生产的生鲜乳,其干物质含量要比园区化养殖所生产的生鲜乳低0.13(g/100g 生鲜乳);通过个体私营奶站等中间商途径销售的生鲜乳,其干物质含量要比不通过中间商销售的生鲜乳低0.09(g/100g 生鲜乳);而 t 检验又拒绝了两者没有差异的原假设(H_0: b_{M1} - b_{M2} = 0)。因此,本文认为生产模式对生鲜乳品质的影响比交易模式对生鲜乳品质的影响程度更深,从估计结果看前者约为后者的 1.44 倍。由此,假说 Ha 得到验证。

(二) 生鲜乳安全模型

由于计数数据并不符合正态分布,更为接近泊松分布,其估计方法常用最大似然估计 (Maximum Likelihood Estimation, MLE)。但针对样本中"不合格次数"这一计数数据,我们没有十足的把握认定它完全符合泊松分布。此时若继续利用 MLE 对泊松回归模型进行估计,则仍能得到一个渐近正态的估计量,这种方法可称为"准最大似然估计" (Quasi - Maximum Likelihood Estimation, QMLE)。同时,由于计数变量常常表现出异方差性,在对参数估计值进行推断时仍需进行标准误的稳健性调整。样本关于"不合格次数"的泊松回归模型的估计结果见表 9。

表 9 生鲜乳安全模型的估计结果 (POISSON)

自变量	系数 β	一般标准误	稳健标准误	稳健 z 值	$P>z$	$\exp(\beta)$
factory	0.38	0.072***	0.227*	1.66	0.098	1.46
stations	-0.08	0.026***	0.079	-0.97	0.331	0.93
distance	-0.24	0.063***	0.120**	-1.99	0.047	0.79
relation	0.39	0.083***	0.290	1.34	0.181	1.48
p	-1.24	0.218***	1.249	-1.00	0.319	0.29
lnavstock	0.18	0.019***	0.067***	2.62	0.009	1.19
lnfeedp	0.40	0.121***	0.442	0.92	0.360	1.50
lnlaborp	1.02	0.086***	0.327***	3.12	0.002	2.78
lnlandp	0.06	0.013***	0.053	1.12	0.262	1.06
hhedu	0.02	0.038	0.129	0.18	0.855	1.02
years	0.02	0.005***	0.016	0.96	0.335	1.02
order	0.98	0.067***	0.281***	3.50	0.000	2.67
recipe	-0.53	0.085***	0.310*	-1.70	0.089	0.59
train	0.11	0.076	0.204	0.55	0.581	1.12
M_1	-0.60	0.073***	0.217***	-2.77	0.006	0.55
M_2	0.78	0.093***	0.288***	2.72	0.007	2.19
常数项	-3.01	0.685***	2.701	-1.11	0.265	0.05
样本量	610					
对数似然值	-1893.5974					
伪 R^2	0.1594					

注:***、** 和 * 分别代表在 1%、5% 和 10% 水平上统计显著。

一般而言,对泊松回归模型的解释方式取决于研究者感兴趣的是计数变量的期望值还是计数的分布。本文重点对"不合格次数"的期望值感兴趣,对某一自变量一定程度的变化量所带来的计数变量期望值的变化量,既可以用期望值的倍数变化来表达,也可以用百分比变化来表达,还可以用期望值的边际变化来表达(郭志刚等,2006)。具体而言,泊松回归系数 β_j 可以被解释为:在控制其他变量的条件下,x_j 变化 1 个单位,将带来因变量对数均值上的变化量。然而本文并不关心取对数的均值,而是期望计数本身。因此,可以用 $\exp(\beta_j)$ 来反映 x_j 变化 1 个单位时期望计数的倍数变化,而 $\exp(\beta_j)$ 又称为发生率比(IRR)。如果自变量为虚拟变量时,$\exp(\beta_j)$ 则表示在控制其他变量的条件下,某一类别的期望计数为参照类期望计数的相应倍数。

按照上述解释逻辑,由生产模式(M_1)和交易模式(M_2)的系数估计值可以得到如下结论:①两者都对生鲜乳安全具有显著影响。由于异方差的存在,一般性标准误误导了很多变量的显著性检验结果;而经过异方差纠正后,显著水平在 10% 以内的变量减少了 8 个。所幸生产模式和交易模式的系数估计值仍然显著。②两者对生鲜乳安全影响的方向相反,即中间商模式显著增加了生鲜乳被检测出不合格的发生概率,而家庭式散养则降低了这一概率。换言之,中间商模式降低了生鲜乳安全水平,而家庭式散养则反而提高了生鲜乳安全水平。这与我们一般的感性认识或许存在一定的出入,即"家庭式小规模散养生产的生鲜乳安全水平应该比园区化养殖要低"。然而,本文认为这一感性认识并不符合当前奶业发展的现实。其原因有三:一是由于不管家庭式散养还是园区化养殖,绝大多数都需经过挤奶厅的管道化挤奶设备收集生鲜乳并集中入罐,故只要在收集、运输过程不出现掺杂使假的情况,家庭式散养下生产的生鲜乳不会比园区化养殖有更高的安全风险。二是由于园区化养殖一般都是集中式养殖,传染性疾病发生后在牛群中的传播速度也比家庭式散养更快,而在家庭式散养条件下小范围控制疫情的成功率则要比园区化养殖容易得多,故生鲜乳出现安全问题的概率也相对较低。三是由于乳品企业对家庭式散养的生鲜乳具有"价格歧视",园区化养殖的生鲜乳普遍比家庭式散养的生鲜乳高 0.1~0.2 元,这原则上就要求园区化养殖应该具有更高的生鲜乳品质,但是在市场不景气的情况下,园区化养殖的生鲜乳若达不到一定的品质要求,便会因蛋白过低等其他非安全性原因被乳品企业判定为"不合格"。因此,模型估计得到这样的结果,就不足为奇了。③交易模式对生鲜乳安全的影响明显大于生产模式对生鲜乳安全的影响。模型的估计结果表明,中间商模式下养殖场(户)生产的生鲜乳被检测出"不合格次数"的期望值是非中间商模式时的 2.19 倍,即高出了 1.19 倍;家庭式散养条件下生产的生鲜乳"被检测出不合格次数"的期望值是园区化养殖时的 0.55 倍,即低出了 0.45 倍。t 检验的结果也显示,生产模式和交易模式的系数估计值在统计上存在显著差异,即拒绝了两者没有差异的原假设(H_0:$b_{M1} - b_{M2} = 0$)。可见,生产模式和利益联结方式对生鲜乳安全的影响尽管方向相反,但是从影响程度上看,后者明显大于前者。因此,假说 Hb 得到验证。

六、研究结论与政策含义

本文以奶业为例,在理论上构建了产业组织模式与农产品质量安全之间的逻辑关系,并用抽样数据定量分析了生产模式、交易模式对农产品品质和安全的影响程度,很好地验证了本文的假说——生产模式和交易模式作为产业组织模式的两个维度对农产品质量安全具有显著的影响,并且在品质和安全上具有不同的影响侧重点,即在控制了其他条件的情况下,生产模式更为显著地影响了品质,而交易模式更为显著地影响了安全。这为研究和解释当前农产品安全问题产生的深层次原因提供了新的视角,也为有效治理食品安全问题提供了理论依据。

本文的研究结果表明,要有效改善当前农产品质量安全问题频发的现状,除了从改进生产技术、完善质量安全标准、提高消费者认知等方面下功夫外,十分有必要从调整当前农业产业链的组织模式入手来制定相关的治理措施。一般认为,规模化生产和上下游的纵向一体化可以提高农产品质量安全,但是事实并不完全如此。"三聚氰胺事件"发生以来的奶业治理结果表明,盲目地排挤甚至取消小规模散养、"一刀切"地取缔个体私营奶站,并不能很好地解决生鲜乳的质量安全问题(孔祥智等,2011)。本文的计量结果也支持了这一点。因此,治理农产品质量安全问题从调整产业组织模式入手是有一定道理的,但要实现有针对性的治理,则必须要认真审视以"规模化"、"一体化"等取代"小农生产模式"和"中间商交易模式"的治理思路。否则,结果只能是治标不治本,甚至得不偿失,而这往往正是由于没有充分认识和运用"全面质量安全观"的后果。

本文提出的"全面质量安全观"从自然科学的角度将"质量安全"分解成品质和安全两大属性,并从社会科学的角度区分了品质和安全的经济学特征,认为安全具有(准)公共物品性质,而食品品质具有私人物品的性质。那么在不影响消费者身体健康和生命安全的基础上(具备"安全"的基础上),品质的高低可以由市场调节——对于生产者而言意味着"优质优价",对于消费者而言"价高者得"。这对农产品质量安全问题的认识和治理具有十分重要的意义。例如,当下争论较热的乳业"新国标"问题便可以在"全面质量安全观"的框架下得到较为客观的评价。相对于原国标,新国标的乳蛋白标准从每百克含 2.95g 降低到 2.8g,细菌总数标准从每毫升 50 万提高到 200 万。从数字上看,乳业标准的确是"大倒退"。然而,按照"全面质量安全观"的理解,新国标并非完全"失败"。本文认为,细菌数等安全标准的降低的确会大大增加生鲜乳出现安全问题的风险,但是如果生产环节能够将细菌数等安全指标控制在不影响人体健康的安全范围内,那么乳蛋白等品质标准的下降完全可以通过"优质优价"的方式减少生产者到消费者的福利损失并提高市场效率,以满足不同消费阶层的需求。因此,本文对新国标的回应是:基于当前奶业生产的现代化水平,乳蛋白等品质标准的降低具有一定的合理性,但需要辅以科学的按质计价方式;而细菌数等安全标准则不应制定得过低(不管是比以前高了还是低了),否则生鲜乳的安全问题依然是令人担忧的。

参考文献

[1] 郭志刚,巫锡炜. 泊松回归在生育率研究中的应用 [J]. 中国人口科学,2006 (4).

[2] 胡定寰等. 超市对建立农产品质量安全长效机制的影响研究 [EB/OL]. 中国农业科学院网站,2008 - 11 - 25,http://www.iae.org.cn/yanjiudt/xmbg/doc/3/2008YWF3 - 01 胡定寰%20.pdf.

[3] 孔祥智,张利庠,钟真等. 中国奶业经济组织模式研究 [M]. 北京:中国农业科技出版社,2010.

[4] 孔祥智,钟真,谭智心. 奶站管理与奶源发展的问题和对策 [J]. 中国农村通讯,2009 (21).

[5] 孔祥智,钟真,乔光华. 安全不能缺位——对呼和浩特市奶农与奶站的抽样调查 [J]. 中国农村通讯,2011 (21).

[6] 龙方,任木荣. 农业产业化产业组织模式及其形成的动力机制分析 [J]. 农业经济问题,2007 (4).

[7] 任端平,潘思轶. 食品安全、食品卫生与食品质量概念辨析 [J]. 食品科学,2006 (6).

[8] 王瑜,应瑞瑶. 养猪户的药物添加剂使用行为及其影响因素分析——基于垂直协作方式的比较研究 [J]. 南京农业大学学报(社会科学版),2008 (2).

[9] 张云华,马九杰,孔祥智等. 农户采用无公害和绿色农药行为的影响因素分析——对山西、陕西和山东15县(市)的实证分析 [J]. 中国农村经济,2004 (1).

[10] 赵建欣,张晓凤. 交易方式对安全农产品供给影响的实证分析——基于河北定州和浙江临海菜农的调查 [J]. 乡镇经济,2008 (3).

[11] 钟真,孔祥智. 中间商对生鲜乳供应链的影响研究 [J]. 中国软科学,2010 (6).

[12] 周德翼,杨海娟. 食物质量安全管理中的信息不对称与政府监管机制 [J]. 中国农村经济,2002 (6).

[13] 周洁红. 农户蔬菜质量安全控制行为及其影响因素分析——基于浙江省396户菜农的实证分析 [J]. 中国农村经济,2006 (11).

[14] 周应恒等. 现代食品安全与管理 [M]. 北京:经济管理出版社,2008.

[15] 朱文涛,孔祥智. 以宁夏枸杞为例探讨契约及相关因素对中药材质量安全的影响 [J]. 中国药房,2008 (21).

[16] 邹传彪,王秀清. 小规模分散经营情况下的农产品质量信号问题 [J]. 科技和产业,2004 (8).

[17] Antle, J. M. , 2000, "No Such Thing as a Free Safe Lunch: The Cost of Food Safety Regulation in the Meat Industry", American Journal of Agricultural Economics, Vol. 82, No. 2, pp. 310 - 322.

[18] Antle, J. M. , 1998, Economic Analysis of Food Safety in B. Gardner and G. Rausser, Handbook of Agricultural Economics, Amsterdam: North - Holland.

[19] Braeutigam, R. R. and M. V. Pauly, 1986, "Cost Function Estimation and Quality Bias: The Regulated Automo bile Insurance Industry", RAND Journal of Economics, Vol. 17, No. 4, pp. 606 - 617.

[20] Caswell, J. , M. Bredahl and N. Hooker, 1998, "How Quality Management Metasystems Are Af-

fecting the Food Industry", Review of Agricultural Economics, 20 (2): 547 – 557.

[21] Chambers, R. G. and M. D. Weiss, 1992, "Revisiting Minimum – Quality Standards", Economics Letters, Vol. 40, No. 2, pp. 197 – 201.

[22] Das, A., M. Pagell, M. Behm, A. Veltri, 2008, "Toward a Theory of the Linkages Between Safety and Quality", Journal of Operations Management, Vol. 26, pp. 521 – 535.

[23] Gertler, P. J. and D. M. Waldman, 1992, "Quality – adjusted Cost Functions and Policy Evaluation in the Nursing Home Industry", Journal of Political Economy, Vol. 100, No. 6, pp. 1232 – 1256.

[24] Gertler, P. J., 1988, "A Latent – Variable Model of Quality Determination", Journal of Business & Economic Statistics, Vol. 6, No. 1, pp. 97 – 104.

[25] Hennessy, D., 1996, "Information Asymmetry as a Reason for Food Industry Vertical Integration", American Journal of Agricultural Economics, Vol. 78, No. 4, pp. 1034 – 1043.

[26] Herrero, S. G. et al., 2002, "From the Traditional Concept of Safety Management to Safety Integrated with Quality", Journal of Safety Research, Vol. 33, pp. 1 – 20.

[27] Lancaster, K., 1966, "A New Approach to Consumer Theory", Journal of Political Economy, 74 (2): 132 – 157.

[28] Pouliot, S. and D. A. Sumner, 2008, "Traceability, Liability and Incentives for Food Safety and Quality", American Journal of Agricultural Economics, Vol. 90, No. 1, pp. 15 – 27.

[29] Rosen, S., 1974, "Hedonic Prices and Implicit Markets: Product Differentiation in Pure Competition", Journal of Political Economy, Vol. 82, pp. 34 – 55.

[30] Starbird, S. A., 2005, "Moral Hazard, Inspection Policy and Food Safety", American Journal of Agricultural Economics, Vol. 87, No. 1, pp. 15 – 27.

[31] Unnevehr, L., 2003, "Food Safety: Setting and Enforcing Standards", Choices, Vol. 1, pp. 9 – 13.

[32] Young, L. and J. Hobbs, 2002, "Vertical Linkages in Agri – Food Supply Chains: Changing Roles for Producers, Commodity Groups and Government Policy", Review of Agricultural Economics, Vol. 24, No. 2, pp. 428 – 441.

生计资本、生计风险与农户的生计策略

许汉石　乐　章

【摘　要】 农户的生计风险是当今农村社会发展的核心问题，优质高效的生计资本是农户降低生计脆弱性、增强风险抵御能力的基础。本文以全国十省份千户农民调查数据为基础，以生计资本为视角，对农户在生计过程中的风险状况、生计资本对生计风险的影响作用等问题进行实证研究认为，当前我国农户主要面临大病风险、子女受教育风险和养老风险；农户所拥有的生计资本对其生计风险具有极其复杂的影响关系，生计风险的大小还与农户在利用生计资本基础上所选择的资本搭配及生计策略有着密切关系。

【关键词】 可持续生计；生计风险；生计资本；生计策略

一、研究的问题与分析框架

农户是农村社会中最小的生计单位，也是众多农村贫困与发展研究的基本单位。"生计"概念现已被广泛地用于当今关于贫困和农村发展的论述当中，但它的定义由于用在不同地方而显得含混不清，在不同的语境下其内涵和外延是不同的。生计（Livelihood）在英语词典中的解释是"一种生活的手段或方式"，研究贫困和农村发展的学者认为生计概念有丰富的含义，比"工作"、"收入"和"职业"有着更丰富的内涵和更大的外延，更能完整地描绘出穷人生存状态的复杂性，是穷人为了生存安全而采取的策略（李斌等，2004）。因此，生计定义的界定为进一步研究和实践生计途径奠定了基础。目前，被大多数学者采纳的定义是"生计是谋生的方式，该谋生方式建立在能力（Capabilities）、资产（Assets）（包括储备物、资源、要求权和享有权）和活动（Activities）基础之上"

---

* 基金项目：国家社会科学研究基金2011年度一般项目"农村社会管理体制实证研究"（编号：11BSH022）。
作者：许汉石、乐章，中南财经政法大学公共管理学院。
本文引自《农业经济问题》（月刊）2012年第10期。

(Chambers 和 Conway，1992）。这个定义的重要特征就在于它直接关注资源和在实践中所拥有的选择之间的联系，而在此基础上追求创造生存所需的收入水平的不同行动（Ellis，2000）。

随着国内外对生计问题的深入研究，可持续生计方法（Sustainable Livelihoods Approach，SL）作为一种寻找农户生计脆弱性诸多原因并给予多种解决方案的集成分析框架和建设性工具（Martha G. Roberts、杨国安，2003），正逐渐在理论上得到开发和重视，并在世界各地的扶贫开发和农村发展项目中得到了运用和实践。其中英国国际发展部（DFID）开发的可持续性生计分析框架（SL）最为典型，该框架将生计资本划分为人力资本、自然资本、物质资本、金融资本和社会资本五种类型，用一个二维平面图来展示生计构成的核心要素及要素之间的关系（李斌等，2004）。国内学者陈传波和丁士军（2004）利用这一分析框架对中国小农户的风险及风险管理进行了仔细研究，认为目前中国农户在面对传统的农业经营风险的基础上，更多地面临着教育、健康、养老等无保障状况。徐峰（2000）按农户面临的经济困难是否可能预见及可能预见的程度将其分为四大类，其中包括建房与婚嫁等确定型消费投资带来的家庭经济困难，以及大病医疗、自然灾害等意外事件带来的家庭经济困难。

农户生计风险研究以农户为分析单位，以农户生计过程中所面临的风险为研究对象。农户的生产生活是一个周而复始的循环过程，在这一过程的任何环节都存在风险冲击的可能（陈传波和丁士军，2004；Fafchamps，2003）。农户要取得积极的生计成果以维持生活，单靠一种资产是不可能的，必须有不同类型的资产，对那些某种或某些资产有限的人们来说尤其如此（苏芳等，2009）。Chambers 和 Conway（1992）将生计资产划分为有形资产（储备物和资源）和无形资产（要求权和可获得权）两个部分。Moser（1998）认为实现不同生计策略的能力依赖于个人或家庭所拥有的物质资产和社会资产，他将农户生计所需的资产划分为人力资本、社会资本、自然资本和金融资本四类。2000年英国国际发展部（UK's Department for International Development，DID）建立了一个已经被国内外学者和许多组织广泛采纳的可持续生计框架，这一生计分析结构中又将金融资产细分为物质资产和金融资产，即生计资产包括人力资产（Human Capital）、自然资产（Natural Capital）、物质资产（Physical Capital）、金融资产（Financial Capital）和社会资产（Social Capital）五部分（Martha、杨国安，2003）。借助这一研究框架国内很多学者对我国局部地区的农户生计资本问题做了卓有成效的研究（杨云彦等，2009；苏芳等，2009）。

农户的生计风险是当今农村社会建设进程的核心问题，优质高效的生计资本是农户降低生计脆弱性、增强风险抵御能力的基础，农户的生计状况在很大程度上取决于各种生计资本的综合作用。生计资本由此成为考察农户生计风险的一个重要视角：生计资本的禀赋程度影响着生计风险的强弱，不同类型生计资本的缺失可能导致农户遭受不同的风险。近年来随着国家对"三农"问题和农村改革发展问题的重视，一大批学者围绕农户生计问题做了许多卓有成效的研究，但目前对农户生计资本与生计风险之间的关系问题缺乏实证性研究成果。本文将以全国十省份千户农民调查数据为基础，以生计资本为分析视角，对当前农户生计过程中会遇到哪些风险以及生计资本因素对诸类风险将产生何种影响等问题展开实证性研究，相信这一研究对于中国农村经济与社会发展具有积极的理论和实践意义。

二、生计风险、生计资本及变量描述

存在风险是人类社会发展的常态，Beck（1984）将"风险"视为现代社会的一大特征，甚至把"风险社会"作为一种新的社会形态。在有关风险定义的研究中，"遭受损失的不确定性"是风险理论中最为普遍的定义方式。对于现阶段我国广大农民而言，风险首先表现在维持基本生活上的困难，即使在已经实现小康的地区，一旦发生灾害、家庭成员生病甚至子女学费高昂，农民的基本生活就会受到严峻挑战（乐章，2006）。风险测量是一项极其复杂的系统工程，研究者常用的做法是让调查对象根据一些关键因素进行识别和排序。国内学者陈传波和丁士军（2004）在研究农户生计风险时采用开放式访谈的形式，让农户自己描述风险并对这些风险的影响进行适当的排序，发现农户在生计过程中会遇到包括养老难、医疗贵、低收入、子女学费负担重、自然灾害等在内的共13类主要风险。鉴于此，本研究将农户的生计风险具体化为"目前您担心哪些生计问题"以及"目前您最担心的生计问题"，在可供选择的答案中，根据当前农户生计过程中的实际情况共设计了八个方面的风险识别问题：担心自己或家人患重病、担心子女学费困难、担心农产品价格下跌、担心自然灾害、担心自己老来没有保障、担心社会不稳定、担心国家政策发生变化、担心其他问题，这八个方面的风险识别问题对应测量农户的大病风险、子女教育风险、农业收入风险、自然风险、养老风险、社会风险、政策风险及其他风险八类风险（见表1）。本研究所采用的数据来自2009年1月由中南财经政法大学社会政策研究所组织的在全国范围内展开的"劳动与社会保障问题"问卷调查。该调查按照经济发展水平在浙江、江苏、山东、河南、湖北、湖南、安徽、广西、四川、陕西十省份每省抽取3个行政村，在每个村抽取35户左右的居民进行入户问卷访问，有效回收问卷1032份。抽样评估表明样本具有较好的代表性。

表1　农户当前的生计风险状况及分布　　　　　　　　　　　　　单位：%

农户担心的生计问题	目前担心哪些生计问题		最担心的生计问题	识别的风险类型
	担心	不担心		
担心自己或家人患重病	81.1	18.9	47.2	大病风险
担心子女学费困难	34.5	65.5	14.8	子女教育风险
担心农产品价格下跌	37.5	62.5	7.0	农业收入风险

续表

农户担心的生计问题	目前担心哪些生计问题		最担心的生计问题	识别的风险类型
	担心	不担心		
担心自然灾害	40.6	59.4	7.6	自然风险
担心自己老来没有保障	52.8	47.2	14.5	养老风险
担心社会不稳定	27.5	72.5	3.5	社会风险
担心国家政策发生变化	23.3	76.7	4.0	政策风险
担心其他问题	5.0	95.0	1.4	其他风险

从表1中可以看出，目前广大农户对所调查的生计问题都存在不同程度的担心。其中，超过80%的调查对象对患重病的担心程度最高，而且近一半的人（47.2%）表示最担心的生计问题是自己或家里人可能患重病，这从侧面充分反映出当前农村社会所存在的"看病难、看病贵"这一基本民生问题。担心老来无保障问题（52.8%）、人口老龄化的冲击以及传统的家庭养老功能的弱化使得养老风险也成为当前农户所面临的众多生计风险中最主要的风险之一。子女教育支出一直是农民的一项重要经济负担，虽然教育收费制度改革成效显著，但在本次调查中依然有34.5%的农户担心子女的学费问题，而且也是所有农户最担心问题中仅次于患重病问题的一项。虽然在回答"最担心的生计问题"时只有少数人选择了担心农产品价格下跌（7.0%）、担心自然灾害（7.6%）、担心社会不稳定（3.5%）和担心国家政策发生变化（4.0%），但整体上担心这几项生计问题的农户并非占被调查者的少数，相反，近30%的农户都表示了担心，特别是自然灾害问题（40.6%）。农户当前所遇的生计风险从大到小的排列顺序依次是：大病风险、子女教育风险、养老风险、自然风险、农业收入风险、政策风险、社会风险、其他风险。

生计资本是农户抵御风险、降低生计脆弱性的最主要保证。在可持续生计框架中，生计资本涵盖了人力资本、物质资本、金融资本、自然资本和社会资本五大类，这种分析结构能够精确描述农户的生计能力。为了进一步研究农户生计资本对其生计风险的影响作用，可以将上述八大类生计风险分别作为因变量（担心赋值为0，不担心赋值为1），以可持续生计框架中的五大类生计资本作为自变量进行回归分析。表2详细列出了所有自变量及其描述统计。

表2 解释变量的统计描述及其影响方向预测

解释变量及其类型		N	变量值及其分布情况	影响方向预测
人力资本	受教育年限	973	均值=6.6	—
	家庭总劳动力	1013	均值=2.15	—
	健康状况**	1027	1=很好（34.6%）；2=较好（37.6%）；3=一般（20.2%）；4=不太好（7.0%）；5=很不好（0.6%）	—

续表

解释变量及其类型		N	变量值及其分布情况	影响方向预测
自然资本	拥有耕种面积	1032	均值 = 13.67	—
	实种耕地面积	1032	均值 = 20.45	—
物质资本	房屋现值	963	均值 = 7.03	—
	家庭固定资产	1032	均值 = 1.34	—
金融资本	全年总收入	1032	均值 = 3.76	—
	家庭总积蓄	973	均值 = 3.31	—
社会资本	家族人多势众*	1024	0 = 不是；1 = 是	—
	家族有能人*	1022	0 = 不是；1 = 是	—

注：* 为虚拟变量；** 为定序变量，可近似地看为定距变量。

三、生计资本视角下的农户生计风险

本研究中所选择的因变量均为二分变量（虚拟变量）。自变量分别选取了人力资本层面的受教育年限、家庭劳动力总数和健康状况三个变量；自然资本层面有家庭拥有耕地面积和家庭实际耕种面积两个变量；物质资本层面有房屋现值和家庭所有固定资产两个变量；金融资本层面有全年总收入和家庭总积蓄两个变量；社会资本层面有家族是否人多势众和是否有能人两个变量。这些自变量中，家族人多势众和家族有能人是虚拟变量，健康状况虽为定序变量，但是为了统计方便可近似视为定距变量，其他的变量都是连续变量。因变量和解释变量的属性均满足 Logistic 回归分析的基本要求。表 2 中的预测方向可以表示相应研究假设，即生计资本越丰富，农户所要面临和处理的生计风险就越小。根据以上的模型设计，把上述五类共 11 个自变量以强制方式纳入统计模型之中，通过 SPSS11.5 软件考察生计资本对生计风险的影响作用。

表3　生计资本与生计风险的 Logistic 回归模型及参数估计

类别	自变量	大病风险	子女教育风险	农业收入风险	自然风险	养老风险	社会风险	政策风险	其他风险
人力资本	受教育年限	-0.079**	0.090***	0.002	0.021	-0.132***	0.029	0.024	0.052
	劳动力总数	-0.146*	-0.021	0.162**	0.044	0.039	0.143**	0.238***	0.386***
	健康状况	0.170*	-0.081	0.153	0.018	-0.172**	-0.134	0.205**	0.007
自然资本	拥有耕地	-0.024	0.016	-1.158***	-0.051*	-0.004**	0.003*	0.000	-0.090*
	实种耕地	0.022	-0.012	0.172***	0.056**	0.000	0.000	0.000	-0.001

续表

类别	自变量	大病风险	子女教育风险	农业收入风险	自然风险	养老风险	社会风险	政策风险	其他风险
物质资本	房屋现值	-0.003	0.008	-0.038***	-0.052***	-0.012	-0.010	0.000	0.009
	家庭固定资产	-0.077**	0.004	0.026	0.065**	-0.024	0.067**	-0.018	-0.182
金融资本	全年总收入	0.047*	-0.021	-0.008	-0.002	-0.073***	0.054**	0.018	0.016
	家庭总积蓄	-0.020	-0.069***	-0.080***	0.010	-0.015	-0.032**	0.015	-0.026
社会资本	家族人多势众	0.742	0.022	0.576***	0.250	0.192	0.167	0.228	-0.513
	家族有能人	0.115	0.669***	-0.260	0.039	-0.119	-0.021	0.437**	0.223
	Sig.	0.000	0.000	0.000	0.000	0.000	0.000	0.000	0.017
	-2 Log likelihood	798.671	1042.609	1020.274	1102.382	1095.798	961.121	899.934	352.550

注：*代表 $P<0.10$，**代表 $P<0.05$，***代表 $P<0.01$。

从表3中各变量的回归系数及显著性可以看出，人力资本状况对农户大病风险都有不同程度的影响，家庭的收入水平（B=0.047）以及所拥有的固定资产多寡（B=-0.077）对大病风险有较显著的影响。就子女教育风险而言，农户本身的受教育年限（B=0.090）影响非常显著。对农业收入风险的影响变量非常多，拥有耕地面积（B=-1.158）、实种耕地面积（B=0.172）、房屋现值（B=-0.038）、家庭总积蓄（B=-0.080）、家族人多势众（B=0.576）5个变量的显著性程度非常高，家庭所拥有的劳动力总数也有较强的影响。物质资本和自然资本对农户所遭受的自然风险影响比较显著，其中房屋现值变量的显著水平非常高（B=-0.052）。11个解释变量中对养老风险有较显著影响的分别是受教育年限（B=-0.132）、健康状况（B=-0.172）、拥有耕地面积（B=-0.004）和年总收入（B=-0.073）。对农户社会风险有较显著影响的除了金融资本中两个变量外（B值分别是0.054和-0.032），还有劳动力总数（B=0.143）、拥有耕地面积（B=0.003）、家庭固定资产（B=0.067）。劳动力总数对农户面临的政策风险影响十分显著（B=0.238），健康状况（B=0.205）、家族有能人（B=0.437）这两个变量对其影响的显著水平也比较高。

表2中所列出的预测方向与表3的统计结果结合比较可得：①农户受教育年限越长、家里劳动力人数越多、家里所有的固定资产越丰富，其对大病风险的担忧就越小，这三项符合研究假设，而健康状况和全年总收入的计量结果虽与研究假设相反，却恰恰证明了农民如果身体状况越差、家里收入越少，就越会担心自己或家里人患重病。②在影响子女受教育风险的三个变量中，与研究假设相符的是家庭总积蓄，即家庭积蓄越多则子女的受教育风险就越小；而受教育年限与家族有能人两项的模拟结果与假设相反。③农户拥有耕地面积越大、住房现值越大、家庭总积蓄越多，其要应对的农业收入风险就越小。在各生计资本对农业收入风险影响的回归模型中，劳动力总数、实际耕种面积和家族人多势众三个变量对农业收入风险的影响与既定假设相反。④农户拥有耕地面积越大、住房现值越高，

其面临的自然风险越小，这与研究假设相符；但实际耕种面积和家庭固定资产两个变量与研究假设相反。⑤回归结果证明，农户受教育程度越高、健康状况越好、拥有的耕地面积越大、家庭全年的收入越高，其面临的养老风险越小，这些都与研究假设一致。⑥关于社会风险的影响因素中，除了家庭总积蓄与假设方向统一外，其他具有统计意义的四个变量均与研究假设相悖。⑦在关于政策风险的回归中，虽然劳动力总数、健康状况、家族有能人三个变量对其有较高的显著性影响，但是劳动力总数越多、健康状况越好、家族能人越多，其需要面对的政策风险反而越大，这均与研究假设相反。

四、结论及其政策含义

农户的生活环境、工作习惯以及社会交往方式与城市居民有极大的不同，在包括血缘、婚姻、地缘等社会关系基础上自然形成的农村社会网络，自古以来就对农户的各种生计活动有着重要影响，尤其在没有市场网络的自然经济时代更为明显。农户社会网络的规模和质量直接决定其社会资本的丰富程度，同时关系到其他生计资本功能的发挥。本文的研究结论主要有四点：一是当前我国农户生计过程中主要遭受大病风险、子女受教育风险和养老风险三大类风险的威胁；二是农户所拥有的生计资本对其生计风险具有极其复杂的影响关系，并非生计资本越丰富其生计风险就越小，生计风险的大小还与农户在利用生计资本基础上所选择的资本搭配及生计策略有着密切关系；三是缺乏资金和技术是当前农户增加收入的最主要障碍，而生产生活成本的上涨同时增加了其发生经济困难的可能性；四是在农户正规的风险规避机制特别是农村社会保障制度缺失的前提下，农户迫切需要由政府主导的农村养老保险制度和合作医疗制度，降低其在生产生活过程中的脆弱性。

本文的政策含义包括：首先，提高农户的收入水平是规避农户生计风险的核心和关键。经济困难始终是农户面临风险及保障能力的首要问题，也是农户生计呈现困难状态的根源。其次，进一步完善农村社会保障体系，特别是加快农村养老保险制度和新型合作医疗制度的建设步伐。农村社会保障制度建立的责任在于政府，指导思想在于视社会保护为投资的科学发展观，重点强调农户的参与机会和赋权。最后，加快构建现代农村金融体系，促进农村金融市场的繁荣发展。采取多种措施构建农村金融体系、发展农村金融市场，不仅是消除农户生计过程中资金瓶颈的需要，更是农村发展的重要举措。此外，深入推进教育和卫生体制改革，加大对教育和公共卫生领域的投资，促进公共服务的均等化和社会公平。虽然农户子女义务教育负担在很大程度上有所减轻，但是义务教育之外的教育费用（如高等教育）却有增无减。改善农村医疗卫生条件应加强农村基础设施建设、转变农民的生产消费观念，这些都是实现农户可持续生计的重要保证。

参考文献

[1] A Peter Castro Maxwell School of Citizenship and Pubic Affairs Syracuse, 2002, "Sustainable Livelihood Analysis: An Introduction", New York: Cornell University Press.

[2] Beck, Ulrich, 1986, "Risk Society", London: Sage Publications.

[3] Chambers R., Conway G., "Sustainable Rural Livelihoods: Practical Concepts for the 21st Century", IDS Discussion Paper 296, Brighton: Institute of Development Studies.

[4] Dercon, Stefan, 2001, "Assessing Vulnerability to Poverty", Jesus College and CSAE, Department of Economics, Oxford University.

[5] Fafchamps, M., 2003, "Rural Poverty, Risk and Development", Cheltenham, UK: Edward Elger.

[6] Frank Ellis, 2000, "Both Livelihoods and Diversity have Become Popular Topics in Development Studies", Oxford University Press.

[7] Moser, Caroline, 1998, "The Asset-vulnerability Framework: Reassessing Urban Poverty Reduction Strategies", Washington D. C.: World Bank.

[8] Martha, 杨国安. 可持续研究方法国际进展——脆弱性分析方法与可持续生计方法比较 [J]. 地球科学进展, 2003 (1).

[9] 陈传波, 丁士军. 中国小农户的风险及风险管理研究 [M]. 北京: 中国财政经济出版社, 2004.

[10] 乐章. 他们在担心什么: 风险与保障视角中的农民问题 [J]. 农业经济问题, 2006 (2).

[11] 李斌, 李小云, 左停. 农村发展中的生计途径研究与实践 [J]. 农业技术经济, 2004 (4).

[12] 苏芳, 徐中民, 尚海洋. 可持续生计研究综述 [J]. 地球科学进展, 2009 (1).

[13] 杨云彦, 赵锋. 可持续生计分析框架下农户生计资本的调查与分析 [J]. 农业经济问题, 2009 (3).

社会资本是穷人的资本吗？*
——基于中国农户收入的经验证据

周晔馨

【摘　要】 本文使用 CHIPS2002 数据，通过分析社会资本不平等影响收入不平等的两个渠道——资本欠缺和回报欠缺，对"社会资本是穷人的资本"这一假说进行了检验。在完善农户社会资本的测量并构建综合指数的基础上，本文估计了社会资本回报率分布特征，并分析了地区收入水平变化对社会资本作用的影响。结果发现，低收入农户社会资本的拥有量和回报率低于高收入农户，从地区差别来看也是有利于富裕地区农户。总的来看，社会资本是一个拉大农户收入差距的因素。本文结论倾向于证伪"社会资本是穷人的资本"这一假说。

【关键词】 社会资本；农户收入；资本欠缺；回报欠缺

一、引　言

自从 Bourdieu（1983）、Coleman（1990）和 Putnam 等（1993）先后提出并发展了社会资本概念以来，社会资本在经济发展尤其在农村发展中的作用日益得到重视。许多研究发现，社会资本能够在减少贫困或改善收入分布方面发挥作用（Knack and Keefer，1997；Grootaert et al.，2002；Abdul – Hakim et al.，2010），更有研究认为穷人的回报更高、社会资本有利于穷人减轻贫困，因而提出社会资本是"穷人的资本"的假说（Grootaert，1999；Woolcock and Narayan，2000；Grootaert，2001）。不过，也有文献不支持这种说法。

---

* 本文系国家社科基金项目"社会网络影响收入差距的理论、政策与实证研究"（12CJL023）的阶段性成果。作者感谢 Lund University 的 Sonja Opper 教授以及北京大学的叶静怡教授和付明卫、何石军、张义博、尹志锋等博士给本文提出的宝贵修改意见，非常感谢谭藤藤在编程等方面的支持。文责自负。
作者：周晔馨，北京师范大学经济与资源管理研究院。
本文引自《管理世界》（月刊）2012 年第 7 期。

例如，Gertler 等（2006）最早提出质疑，并验证了对遭受意外负向冲击的家庭，社会资本并不能够平滑其消费；赵剑治和陆铭（2010）发现社会网络有扩大农户收入差距的作用；而 Cleaver（2005）则发现社会关系、集体行动和地区组织不断将穷人结构性地排除在外，穷人并不能依靠社会资本来减轻贫困。从内涵上理解，"穷人的资本"强调了社会资本对穷人或贫困地区特别有利。这可以基于穷人和富人之间社会资本的拥有量和功能的比较来检验，而且应该从减少贫困、收入、信贷、保险、就业、可持续发展等多方面进行。不过，核心仍然应该是收入差距的缩小问题，因为以上各方面都是以收入为中心的。如果穷人拥有更多的社会资本或者拥有更大的社会资本回报率，社会资本才能成为减少贫富之间收入差距的一种力量。现有文献对这个问题的检验仍然是缺乏的，而对这一问题的研究有助于理解社会资本的运行机制，也有助于扶贫政策的改进。

本文使用中国家庭收入调查（CHIPS2002）的农村家庭和行政村数据，从社会资本的存量和回报率两个渠道检验了社会资本收入差距的作用。与既有的研究相比，本文的不同之处在于：首先，本文分析了中观村级和微观家庭社会资本的多个维度并构建了综合指数，包含了社会资本的核心要素——信任、网络和合作规范；其次，描述了社会资本在不同收入群体间的分布，在 99 个分位点上进行分位数回归并首次获得了较为完整的社会资本回报率分布特征；最后，首次检验了社会资本的作用是否随着地区收入水平的上升而减弱，并区分了市场化水平和收入水平的提高对社会资本作用变化的不同影响。本文利用分位数回归减轻异常值影响，分析处理了交互项引致的严重多重共线性问题，并使用了不同的分组标准，结论更为稳健。本文的研究几乎没有发现支持该假说的证据，反而倾向于证伪该假说：低收入农户在社会资本的拥有量和回报率两方面都低于高收入农户，从地区差别来看也有利于富裕地区农户，可见社会资本是拉大农户收入差距的因素。本文对这种收入差距来源的进一步分解，有利于更深入理解社会资本的作用机制。

二、文献评述和假设

近年来，不断有文献发现社会资本在贫困地区或人群中起多方面的积极作用。这些文献的分析视角有的来自宏观方面①，但更多来自微观方面。例如，增加穷人收入（Grootaert，1999，2001；Ishise and Sawada，2009；叶静怡、周晔馨，2010）、减少贫困发生率（张爽等，2007）、抵抗自然灾害的负向冲击以平滑消费（Carter and Maluccio，2003）、使穷人更方便地获得信贷并降低信贷成本（Bastelaer，2000）、保护产权（Peng，2004）等。

---

① 例如，Ishise 和 Sawada（2009）基于 MRW 模型（Mankiw et al.，1992），将经典的 Solow 模型进行了再拓展，发现在发展水平低的经济体中，社会资本的经济回报率更高。他们强调的社会资本——共享知识（shared knowledge）——包含在 Durlauf 和 Fafchamps（2005）归纳的被普遍接受的社会资本定义框架内。

这些文献更多的是关注社会资本是否对穷人有用，只有少数文献关注社会资本是否对穷人更有利，或者是否能够缩小收入差距（Grootaert，1999，2001；Grootaert et al.，2002；赵剑治、陆铭，2010）。

由于社会资本对穷人可能特别有利，或者能够在正式制度缺失的情况下发挥作用，在传统农村社会能够缓解贫困，从而被 Grootaert（1999，2001）、Woolcock 和 Narayan（2000）等认为是"穷人的社会资本"，这一说法从内涵上特别强调了社会资本对穷人或贫困地区的特殊作用。世界银行的研究报告认为，穷人的家庭社会资本可以集中粮食、信贷等资源，用来抵抗健康、恶劣天气、政府削减投资等冲击；是否拥有非正式关系，不但使贫困的人们能够创立小型的企业和增加收入，还常常意味着生存与绝望之间的差别①。Grootaert 使用分位数回归（Quantile Regression）分析发现，社会资本的回报率在几个收入分位点上随着分位的提高而降低（Grootaert，1999），在最低收入群体（0.10 分位）中的回报是最高收入群体（0.90 分位）的两倍，Probit 分析发现社会资本的确降低贫困概率，小土地所有者的社会资本回报率也高于大土地所有者（Grootaert，2001），因此，Grootaert 认为社会资本是"穷人的资本"。Grootaert 等（2002）对布基纳法索（Burkina Faso）农村的研究进一步发现，社会资本的分布比其他资本更平均②，因此对穷人相对有利，社会资本回报率对穷人或那些拥有更少土地的人而言更高。从另一方面看，如果社会资本对贫困地区更有利，而且其作用随着地区收入水平的上升而下降，也说明社会资本是有助于减少地区间相对贫困的。

Grootaert 提出了一个非常有趣而且重要的问题，但这个假说也引起了争议。Gertler 等（2006）利用印度尼西亚家庭层面的纵向数据（longitudinal data），估计了未及预料的负向健康冲击下社会资本对家庭消费能力的保险作用，但是没有发现社会资本保证消费水平的证据，从而最早对 Grootaert（1999，2001）提出质疑。陆铭等（2010）也发现，互助、公民参与和信任并不能帮助家庭抵御自然灾害和实现平滑消费，他们的解释是，随着市场化进程的深入，社会资本分担风险的作用下降了。进一步地，他们认为 Grootaert 仅对社会资本的回报在不同收入分位人群中的差别做了比较，而没有计算社会资本对于收入差距指标的影响，因而不能证明社会资本就是"穷人的资本"。赵剑治和陆铭（2010）发现社会"关系"有扩大收入差距的作用，其对收入差距的贡献达到 12.1% ~ 13.4%；在市场化和经济发展水平更高的中国东部地区，社会网络对于家庭收入的回报不但没有减弱，反而得到了明显的增强，使得社会网络对于农村居民收入差距的贡献更高。他们还根据收入进行五等分组，发现高收入组别的社会网络回报率也显著地更高。Grootaert（1999，2001）的研究也表明社会资本在群体中的分布与收入存在正相关关系，说明社会资本对高收入人群可能也很有利，这削弱了他关于"穷人的资本"论点的说服力。

---

① 参见 World Bank website（2010）。
② Grootaert（2001）认为，社会资本分布是相对均匀的，但仍然承认是从穷到富增加的，而且最富的人群比最穷的人群高出 30%。他发现社会资本和受教育年限的分布接近，比土地和物质资本的分布均匀得多。

上述的经验分析存在着分歧,但着眼点在本质上是相通的,需要进一步的检验。Grootaert(1999,2001)主要从回报率上提出该观点,那些不支持其结论的文献则从收入差距和对穷人是否有用上来分析。进一步的分解可知,社会资本能否缩小收入差距,实际上可以从穷人能否通过社会资本得到更多的经济回报,即从资本的拥有量乘以回报率的视角来分析。尽管有不少文献证明社会资本对穷人有正向的收入回报,但如果不进行各种收入水平下的社会资本拥有量和回报率的对比,是难以得出社会资本是"穷人的资本"这一结论的。虽然村庄社会资本对农户家庭收入有很大程度的、可信的正面影响(Narayan and Pritchett,1999),但农户内部也有贫富差别,在社会资本拥有量相等的条件下,如果穷人的回报率比富人更高,那么社会资本的确能够起到缩小收入差距的作用,从而具有"穷人的资本"的特征。社会资本的隐含保险功能也是一种回报,但比较间接。如果它对穷人完全不能起到消费平滑或其他保险功能,则类似于回报率为零。这种对社会资本作用的分解思路正是著名社会学家 Lin(2001)所提出并强调的:社会资本不平等对收入不平等的影响主要通过两个渠道——资本欠缺(capital deficit)和回报欠缺(return deficit)。资本欠缺主要指由于投资和机会的不同导致不同群体拥有不同质量和数量的资本。穷人是否存在社会资本的资本欠缺,其实就是社会资本拥有量在不同收入群体中的分布问题。回报欠缺是指由于群体间动员策略、行动努力或制度性反应的不同,而引起的一定量社会资本对于不同的个体产生不同的回报。穷人是否存在社会资本的回报欠缺,其实就是社会资本回报率在不同收入群体中的分布问题①。

为了检验"社会资本是穷人的资本"这一命题是否成立,我们需要从相关文献中提炼出两对待检验假设。首先,穷人和富人的社会资本孰多孰少?一方面,社会资本产生于相互性社会作用,具有时间密集型的特点。和富人相比,穷人的时间机会成本更低,拥有的金融资产和物质资本更少,因而穷人可能更依赖社会资本,因此可能在某些社会资本的拥有量如社团、组织参与方面具有一定的优势(Collier,2002)。另一方面,穷人在社会资本的积累方面也具有多方面的劣势:第一,社会资本也是需要投资的,如关系、网络社会资本,显然,穷人缺乏相应的投资能力。第二,在社会资本形成的社会性相互作用中,知识外部性的作用机制是模仿和共享。模仿是降低贫困程度的有力武器,但是穷人在模仿高收入者方面存在一定的障碍。共享的作用是互惠的,因此,在富人建立私人信息共享的过程中存在排挤穷人的倾向。第三,社会资本通过重复交易减少机会主义行为,但是重复交易的一个作用是排除新的进入者,这对穷人也不利(Collier,2002)。基于上述正反两方面分析,可归纳出下面的待检验对立假设。

假设 1:H_0:穷人和富人拥有的社会资本数量相等。

H_1:穷人拥有更少的社会资本。

其次,穷人和富人的社会资本回报率孰高孰低?一方面,社会资本作为一种投入要素

---

① 例如,Lin(2001)通过对中国城市居民数据进行分析,发现男性的收入相对女性收入更高,不但是因为男性更容易获得更多的社会资本,而且即便是男性和女性拥有类似的社会资本,男性的社会资本回报率也比女性的高。

或作为一种资本（Narayan and Pritchett，1999），应该也服从边际产出递减这一普遍规律，如果穷人拥有的社会资本更少，那么相对富人而言，穷人的社会资本有可能会有更高的回报率。而且，社会资本通过规则和规范来实现集体行动，这类社会资本可能对穷人更有利，因为穷人投资于其他替代物的能力更低，于是更多地依赖于社会的规则和规范（Collier，2002）。另一方面，按照达高性、异质性和广泛性来测量，穷人缺乏高质量的社会资本（Lin，2001），穷人能够获取和动用的社会资源劣于富人（Lin，1999），因此社会资本对穷人的回报低于富人的回报也是有可能的。两种相反方向的力量叠加后，到底哪方面起主导？以上问题也需要用经验研究来回答，因此本文提出下面的待检验假设。

假设 2：H_0：穷人和富人的社会资本回报率相等。

H_1：穷人的社会资本回报率更低。

现有经验研究可以从两方面加以完善。首先，相关文献对社会资本测量范围较狭窄，一般只考虑了家庭层次，对集体层次的村级社会资本关注较少，综合指标也有待改进。Grootaert（1999，2001）使用农村居民的当地社团身份特征（memberships in local associations）来表征社会资本，Grootaert 等（2002）又增加了一个新的指标①，这些指标均集中考察社团因素的影响。在中国，尤其在中国农村地区，社团是相对缺乏的，如果只研究这个维度，可能有失偏颇。赵剑治和陆铭（2010）的社会资本测量则基于社会网络②。Grootaert（1999，2001）和 Grootaert 等（2002）使用"社团的密度"、"内部异质性"和"决策的实际参与"3 个维度的交叉项来构建社会资本综合指数③，这种构造方法的一个后果是各维度在综合指数中的权重会受其量纲（scale）的影响。其次，相关文献在趋势分析、分组方法和代理变量选取等方面尚欠稳健。Grootaert（1999）和 Grootaert 等（2002）在 5 个分位点，Grootaert（2001）甚至只在 0.10 和 0.90 两个分位点进行分位数回归分析，在存在某些异常值的情况下，仅几个分位还不能稳健地说明趋势确实存在——尽管这些分析突破了以往研究将社会资本的影响平均化的局限，从而有利于深入研究社会资本对异质性人群的不同影响。赵剑治和陆铭（2010）尝试将人群根据其收入分为 5 等分组，但是按收入进行等分分组可能导致各组观测值的个数差异很大④，不如分位数分组合理。Grootaert（1999，2001）以消费量作为收入的替代变量，尽管是常常使用的方法，如 Narayan 和 Pritchett（1999）等，但在边际消费倾向递减的条件下，消费和收入之间并不是线性关系，而且消费本身也有刚性，结论的稳健性还有待商榷。同时，消费还可能受到社会资本的平滑作用影响（Carter and Maluccio，2003），在这种情况下，如果用消费量作为收入的

---

① Grootaert（1999，2001）的指标包括：社团成员的密度、内部异质性、会议参与、实际决策参与、会费支付方式以及社区发起倾向，Grootaert 等（2002）增加的指标是组织形式。

② 选取了两个指标：一是"家庭关系亲密的亲友在政府部门工作"和"家庭在城里经常联系的亲友"的人数总和；二是"去年婚丧嫁娶、生日送礼支出"和"去年春节购买礼品支出"的总和再除以家庭日常支出的比值。

③ 使用相乘得到的指数意味着 3 个维度是相互影响的，如异质性可能依靠农户参与社团的数量来发挥不同的效应。

④ 即使先按分位数分组再进行 OLS 回归，也不如直接做分位数回归更好，因为分位数回归本身能够改善回归中异常值的不良影响。

替代变量，就更难以识别社会资本对收入的回报率。

本文利用 CHIPS2002 数据，以中国农村家庭为研究对象，对提出的两组对立假设进行检验。本文和既有文献的不同之处在于：①同时分析了集体（村级社区）和个体（微观家庭）两个层面的社会资本，并用基于主成分的因子分析方法消除了量纲的影响，得到更合理的社会资本综合指数，在改进了农户社会资本测量的基础上进行检验。②在99个分位点上的社会资本回报率的分位数回归结果基础上更稳健地估计了回报率随收入水平的变化趋势。③检验了社会资本的作用是否随着地区收入水平的上升而减弱，并区分了市场化水平和收入水平的提高对社会资本作用变化的不同影响。本文利用的分位数回归减轻了异常值影响，并采用了不同的分组标准，对交叉项的多重共线性进行了处理，结论具有较强的稳健性。

本文余下部分的结构如下：第三部分简要地对数据进行了描述；第四部分讨论了社会资本在不同收入分位上的分布；第五部分分析了社会资本的收入回报率在不同收入水平上的分布特征；第六部分讨论社会资本作用是否随着地区收入水平而变化；第七部分进行稳健性讨论；第八部分为结论。

三、数据来源和变量描述统计

本文使用中国家庭收入调查（CHIPS2002）的农村家庭和行政村数据，该调查由中国社科院组织，使用的抽样框是国家统计局进行农村住户调查的一个子样本，其中村级问卷由村干部填写。该农村数据覆盖了22个省级行政区（省、自治区、直辖市）①，包括从961个行政村中抽样的9200个家庭，共37969个农民。该数据的一个亮点是对社会资本有着丰富的度量，包含的村级社会资本和家庭社会资本变量特别丰富，非常符合本文的研究目的。另外，该数据涵盖东、中、西部经济和社会发展差异很大的省份，有利于分析随着收入水平提高和市场化的深入，社会资本回报率以及拥有量等研究对象的变化情况。22省（自治区、直辖市）农户纯收入基尼系数达到0.36，接近0.40这个国际"警戒线"，反映出农村内部有较大的收入差距②。

社会资本可以从宏观、中观和微观来划分，按其包含的核心内容又可定义为"社会组织的特征，如信任、规范以及网络"（Putnam et al., 1993）。本文研究的影响农户收入的社会资本因素包含了中观社区（村级）和微观家庭两个层面。村之间一般来往不多，异质性可能比较强，因此，作为中观层面的村级社会资本可能具有重要的意义。村庄层面

---

① 包括北京、河北、山西、辽宁、吉林、江苏、浙江、江西、山东、安徽、河南、湖北、湖南、广东、广西、重庆、四川、贵州、云南、陕西、甘肃和新疆。

② 这个警戒线是针对全体居民的，而我国仅农村内部的基尼系数就达到0.36，说明我国贫富差距问题的确严重。

的社会资本（villsc）使用村级的关系融洽程度表征，这和佐藤宏（2009）的测量是一致的，并接近 Putnam 等（1993）定义的信任。对家庭层面的社会资本，本文使用家庭间的互惠、合作规范和家庭的社会网络来表征。前者包括家庭的亲戚、朋友和邻居的送礼支出（scinvest）、村里亲邻帮工时间（helpfarm），后者包括家庭是否有在城市生活或当干部的亲戚来代表社会网络异质性（citynet），以及农户参加的经济组织种类数量（sc_org）。网络的异质性更能体现网络社会资本的质量（边燕杰，2004），而参加的经济组织对于合作和信息互动可能有良好的作用①。相关变量的含义和描述统计见表1。

表1 变量描述统计和含义

Variable	观测点	均值	标准差	变量含义和单位
收入变量：				
totalinc	9199	10697.820	8588.263	2002年家庭总纯收入（元）
社会资本变量：				
villsc	8533	7.658	1.451	村各小组关系是否融洽+村各家族是否融洽（单个问题取值：很融洽=5；比较融洽=4；一般=3；不太融洽=2；不融洽=1 $)
scinvest	9200	0.219	0.886	家庭年送礼支出（亲友邻礼物）（百元#）
helpfarm	9200	18.007	22.467	全家村里亲邻年帮工时间（天）
citynet	9197	0.778	0.758	关系较好的亲友中，是否有在县城或城市里生活的+是否有在县以上城市当干部的（单个问题取值：是=1，否=0）
sc_org	9174	0.185	0.547	2002年参加过多少种类的经济组织
index	8510	0.000	0.452	农户的村级和家庭社会资本的综合指数
家庭控制变量：				
fixasset	9200	1.229	3.524	家庭物质资本：人均生产性固定资本（千元#）
edulab	8770	7.174	2.042	家庭人力资本：劳动力的平均受教育年限（年）
lnland	9200	0.108	0.974	家庭人均耕地（亩）的对数
lbrnum	8800	2.579	1.087	家庭劳动力人数（人）
labor100	7177	1.138	0.899	2002年家庭非农工作超过100天的人数（人）
cpc	9187	0.234	0.479	家庭中党员人数（人）
suppratio	8800	1.838	0.852	赡养率（家庭中人数/家庭劳动力人数）
村、省控制变量：				
eduvillg	9120	7.240	1.188	村劳动力的平均教育水平（年）
incomvill	9160	2.475	1.502	2002年本村农民人均年纯收入（千元#）
electr1，…，electr5	9200	—	—	虚拟变量*，表示该村通电年代：是=1，否=0 ①1969年以前；②1970~1979年；③1980~1989年；④1990~1998年；⑤1999年以后通电或一直没通电

---

① 国内对社会资本的研究一般都排斥了对经济组织的研究，这可能和数据的可获得性有关。

续表

Variable	观测点	均值	标准差	变量含义和单位
locate1，…，locate3	9180	—	—	虚拟变量*，表示该村的地势：是 =1，否 =0 ①平原；②丘陵；③山区
Prov1，…，Prov22	9200	—	—	虚拟变量*，表示22个省，是 =1，否 =0

注：*本文回归中的基准变量：通电时间虚拟变量组为 electr5（1999年以后通电或一直没通电）、地形虚拟变量组为 locate3（山区）。$ 我们假定对 villsc 指标回答"说不清"的农户和其他样本没系统性差异，因此对回答"说不清"的农户，作为缺失值删除该条观测点数据。# fixasset、incomvill、scinvest 的单位分别取为1000元、1000元和100元：一是为了适应农村情况，如送礼常为50或100的倍数，固定资产以千元为单位、村的平均收入以千元为等级更适合；二是便于回归结果分析，但不会改变结论。

我们对上述多个社会资本维度进行了基于主成分的因子分析，使用 Thomson（1951）回归方法计算因子得分①，按照所有因子的方差贡献率进行加权，得到社会资本综合指数（index），计算公式为：

$$index = \frac{1}{\sum_{i=1}^{n} \lambda_i} \left(\sum_{i=1}^{n} \lambda_i f_i \right)$$

其中，n 为保留的因子个数，λ_i 为第 i 个因子的方差贡献率，f_i 为第 i 个因子的因子得分。

四、穷人拥有更多的社会资本吗

从图1的分布密度来看，社会资本综合指数（index）和家庭的年总纯收入（totalinc）的分布都相当不均匀。综合指数（index）的均值为0，标准差为0.45，主要集中在 ±1 之间，但是也有高达 5.48 或低达 -1.68 的极端值②。年总纯收入（totalinc）均值为10697.820 元，标准差为8588.263，主要集中在 0 到 20000，但也有收入低至 -1133 元③、高达 139458 元的。从图1可以看出，虽然家庭总收入和社会资本指数都有一定程度的集中，但是分布范围非常广，在右边有长长的拖尾，说明社会资本和收入都有相当程度的不平等。按照收入分位进行分组，更适合区分不同收入层次的人群，因此我们用收入的主要分位点划分几个分位区间，然后算出各分位区间的社会资本均值，以分析穷人在各个指标上是否有优势。将相关数据进行二次曲线拟合并标出95%的置信区间，可以更直观地看

---

① Bartlett（1938）方法得到的因子是无偏的，而 Thomson（1951）回归方法得到的因子是有偏的；但 Bartlett 方法计算结果的误差较回归方法大。用回归方法计算的结果，均方误（MSE）最小。

② 在构建过程中，先对各维度都进行了标准化处理，故构建出来的指数以 0 为中心分布，所以出现负值。指数只是表示相对大小，正负本身没有含义。

③ 不同于以获取工资为主要收入的城市家庭，农村家庭更像一个独立经营单位，所以可能因为天气、农业投资失败等原因出现负的家庭年纯收入。

出社会资本在各个区间的变化规律，如图 2 所示①。

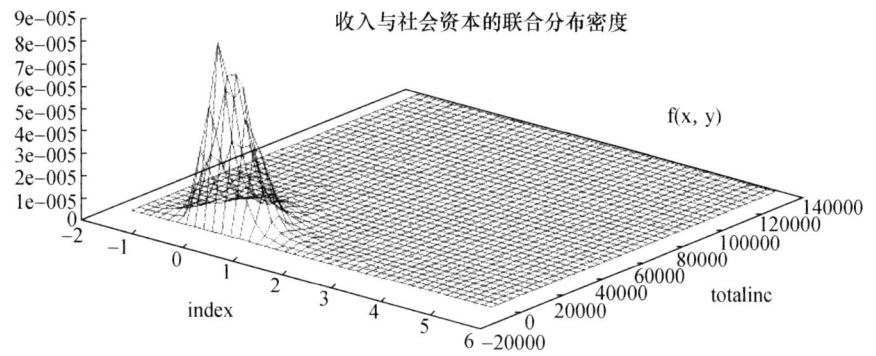

图 1　totalinc 和 index 的联合分布密度图

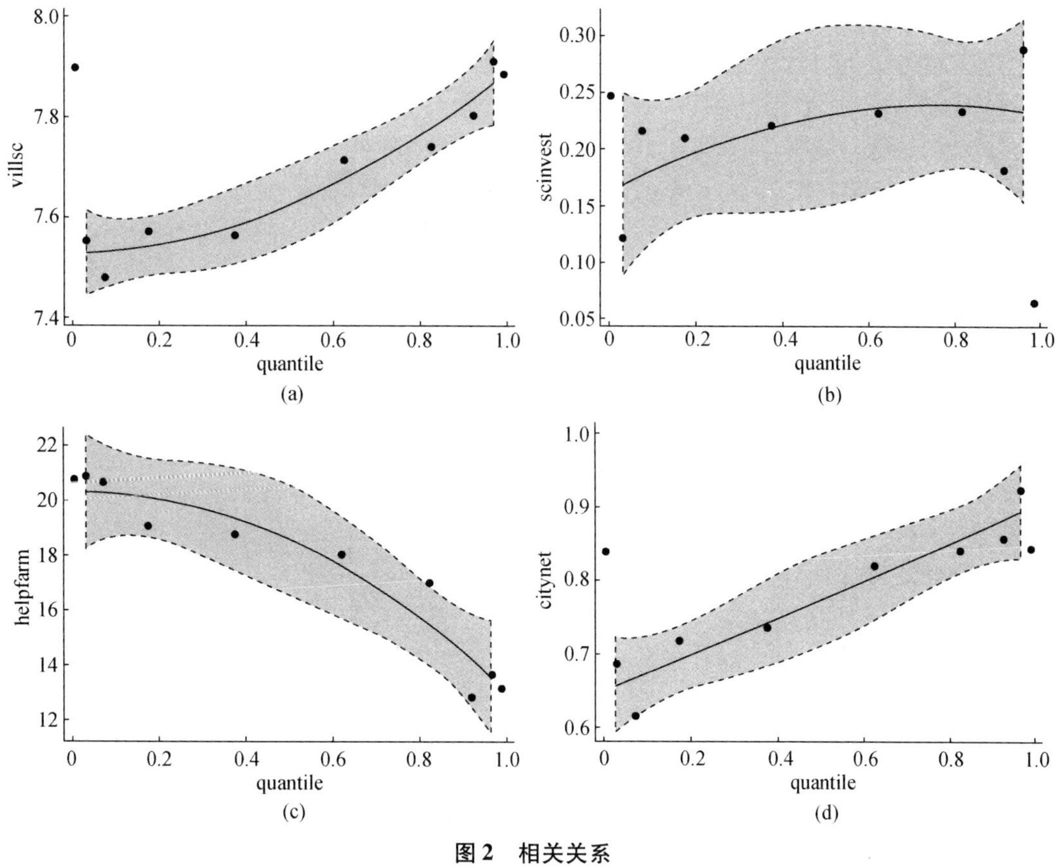

图 2　相关关系

---

①　感兴趣的读者可以联系索取相关表格数据。我们在拟合中排除了 0.01 和 0.99 分位上的点，这是因为：一是 0.01 和 0.99 分位可以认为是极端的收入水平，可能离群太远；二是观测值太少，明显少于其他分位，很可能缺乏代表性；三是在我们取的各分位散点图中，如果不排除 0.01 和 0.99 分位，那么两端的点较为密集，会造成拟合时权重过高（因为两端的分位分别是 0.01、0.05、0.10 和 0.90、0.95、0.99），可能会得到不真实的图形。

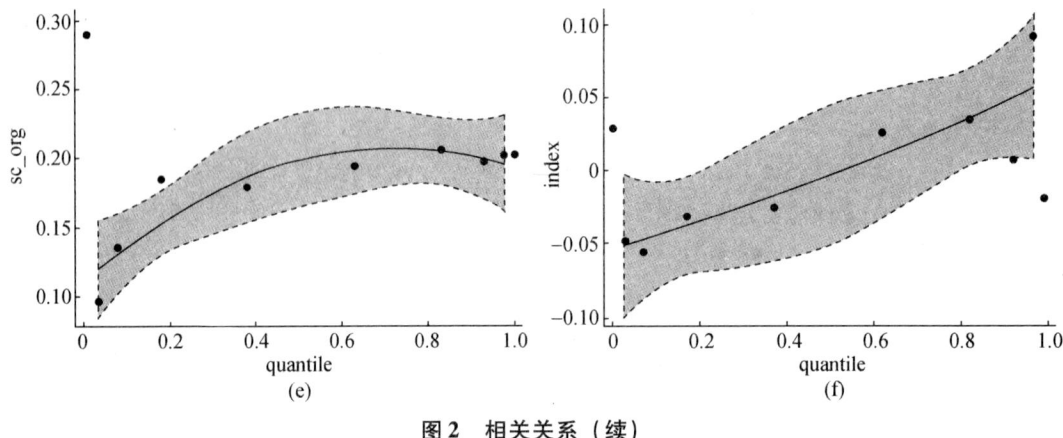

图2 相关关系（续）

注：阴影部分为95%的置信区间。

表2 社会资本和收入以及分位点的相关性

	villsc	scinvest	helpfarm	citynet	sc_org	index
收入的分位值	0.950*** [0.000]	0.626* [0.097]	-0.903*** [0.002]	0.901*** [0.002]	0.650* [0.081]	0.919*** [0.001]
分位区间中点	0.940*** [0.001]	0.541 [0.166]	-0.925*** [0.001]	0.957*** [0.000]	0.836*** [0.009]	0.895*** [0.003]
totalinc	0.052*** [0.000]	-0.002 [0.881]	-0.070*** [0.000]	0.069*** [0.000]	0.027*** [0.009]	0.044*** [0.000]

注：方括号内的数字为相关系数对应的p值。相关系数为配对（pairwise）相关系数。

五、穷人的社会资本回报率更高吗

本文设定的回归模型如方程（1）和方程（2），其中被解释变量是家庭总纯收入（*totalinc*）①，分析的重点是关键变量村级社会资本（*VSC*）、家庭社会资本（*FSC*）以及社会资本指数（*index*）的经济回报率。模型还控制了现有文献中影响中国农村居民收入的重要变量（Morduch and Sicular, 2000, 2002; Andrew G., 2002; Wan, 2004; Wan et al., 2006），包括家庭的物质资本、人力资本、政治资本等家庭特征（*F*），村庄的人力资本水平、人均收入水平、初始条件和地势等村庄特征（*V*），并使用省级虚拟变量（*Z*）

---

① 穷人通常指物质财富存量少并且收入流量低的贫困群体。本文以年总收入这个流量为标准，是基于以下考虑：农村很少有食利者阶层，存量的财富很难计算而且一般得不到真实数据，家庭贫富差别主要体现在收入上。

控制了省级的固定效应。

$$totalinc_i = \beta_0 + \beta_{VSC}VSC_i + \beta_{FSC}FSC_i + \beta_F F_i + \beta_V V_i + \beta_Z Z_i + \varepsilon_i \quad (1)$$

$$totalinc_i = \beta_0 + \beta_{index}ind\ ex + \beta_F F_i + \beta_V V_i + \beta_Z Z_i + \varepsilon_i \quad (2)$$

分位数回归是一种基于因变量的条件分布来拟合 X 线性函数的回归模型，是对 OLS 均值回归的拓展。Bassett 和 Koenker（1978）及 Koenker 和 Bassett（1978）发展了因变量的分位数估计理论，Bloomfield 和 Steiger（1983）将求取最小绝对偏差（Least Absolute Deviations，LAD）之和的问题视为计算回归分位数时的线性规划问题，并对估计过程做了详尽阐述。OLS 回归只能描述自变量 X 对于因变量 y 局部变化的影响，分位数回归更能精确地描述自变量 X 对于因变量 y 的变化范围以及条件分布特征的影响，以及 X 对 y 的每一个局部的影响。它能够捕捉分布的尾部特征，当自变量对不同部分的因变量的分布产生不同影响时，如出现左偏或右偏的情况时，它能更加全面地刻画分布的特征，从而得到全面的分析。qth 分位的回归估计系数通过寻找使得下式最小化的 β_q 得到：

$$\sum_{i=1}^{n} d_q(y_i, \hat{y}_i) = \sum_{i:y_i \geq x'_i \beta_q}^{N} q|y_i - x'_i \beta_q| + \sum_{i:y_t < x_i \beta_q}^{N} (1-q)|y_i - x'_i \beta_q| \quad (3)$$

作为基于因变量的分布进行的回归，分位数回归可以得到更丰富的信息，因此在对收入和劳动力市场的研究中具有特别的优势，这不同于只对因变量的均值进行回归的 OLS 和其他基于 OLS 发展出来的均值回归方法。在本文的研究中，通过在 0.01～0.99 分位上进行 99 次分位数回归，得到在不同收入分位上社会资本各个维度及综合指数回报率的分布，从而可以比较穷人和富人社会资本的经济回报率的特征。我们使用 Efron（1979）提出的 bootstrap 重复抽样技术，这是一种只依赖于给定的观测信息，而不需要其他假设和增加新的观测的统计推断方法。我们在每个分位进行回归时均做 500 次重复抽样，以增强估计、推断的效能。

经检验，社会资本各维度之间相关系数绝对值最大的仅为 0.089，社会资本各维度以及综合指数和各个控制变量之间相关系数绝对值最大的仅为 -0.1421①，而对方程（1）和方程（2）进行 OLS 回归发现社会资本各维度的方差膨胀因子（VIF）都很小，均在 1.10 以下，因此可以排除社会资本变量受到多重共线性影响的可能。值得一提的是，分位数回归在弱随机性下比 OLS 更能保持一致性，回归模型具有很强的稳健性（Cameron and Trivedi，2005）。

图 3 描绘了农户社会资本的各个维度和综合指数在 99 个收入分位上的回报率分布和相应的显著性水平 p 值②。我们对不同分位估计的 99 个回归系数进一步做二次曲线拟合，使趋势更明显。相对于研究少数几个分位回报率的文献，这种分析更为稳健。分析发现，尽管显著性程度不同，社会资本的各个维度和综合指数基本上呈现出随着分位升高而上升的趋势。

---

① 为村邻帮工时间（helpfarm）和本村农民人均年纯收入（incomvill）之间的相关系数。
② 因篇幅太大，这里不列表显示具体的回归结果，感兴趣的读者可以向作者索取。

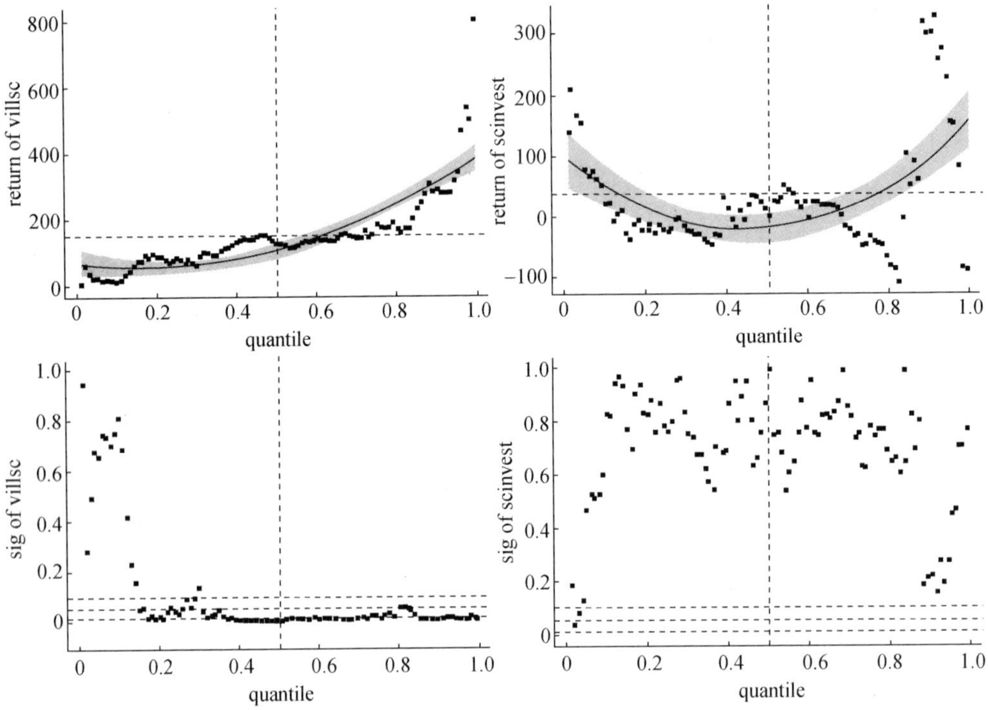

图3（a） villsc、scinvest 的回报率和显著性

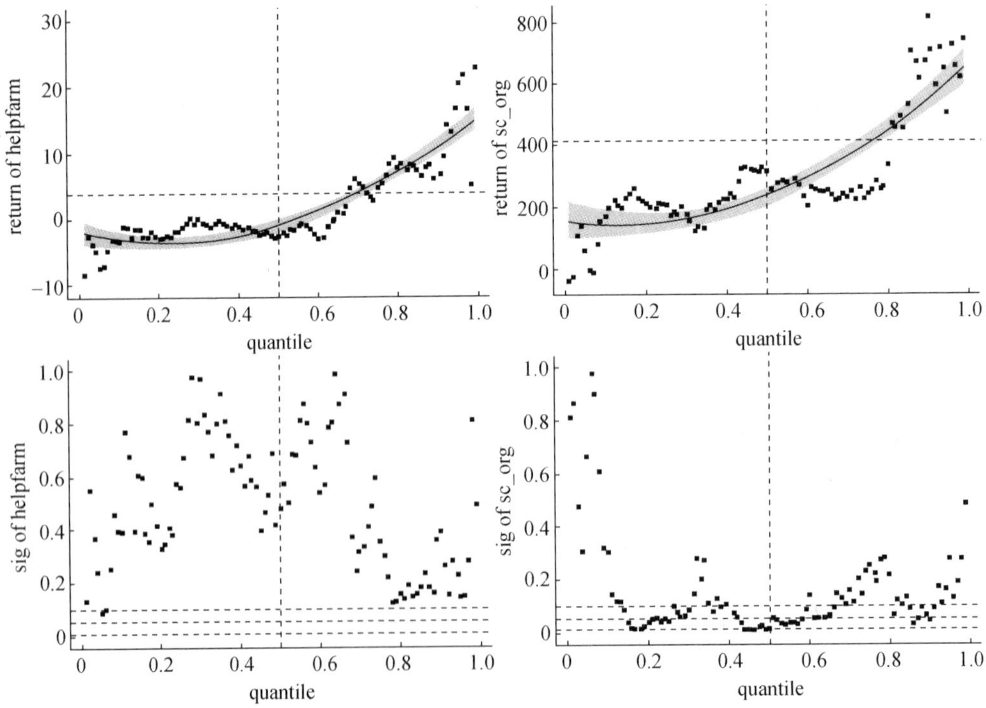

图3（b） helpfarm、sc_org 的回报率和显著性

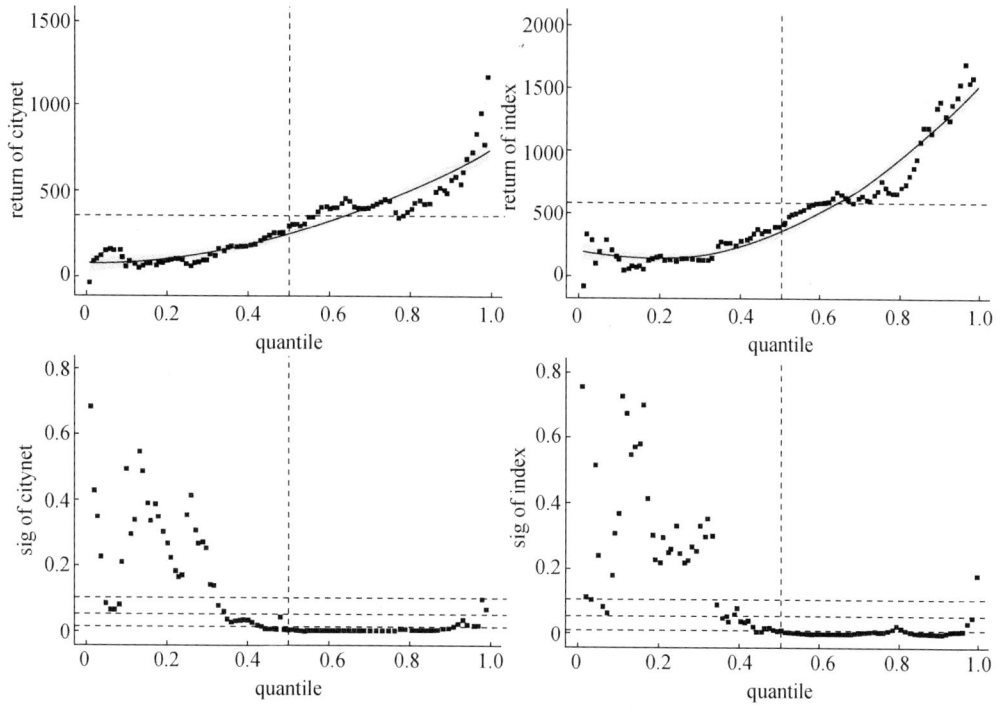

图 3 (c) citynet、index 的回报率和显著性

注：图 3 的 (a) (b) (c) 每组图中，上面两个图是关于回报率的，下面两个图则是对应的显著性。每个回报率图中，散点标注了在 99 个分位点上的回归系数，曲线是散点的二次拟合曲线，阴影部分为 95% 的置信区间，横线标注了作为均值回归的 OLS 不变的回归系数，中间的垂直线表示 0.5 分位，可以据此找到中位数回归的系数。显著性水平图中，散点标注了在 99 个分位点上的回报率对应的显著性水平，三条横线由下而上分别标注了 0.01、0.05 和 0.10 的 p 值显著性水平。抽样方法均为 500 次 bootstrap。

从图 3 可见，村庄社会资本（$villsc$）的回报率是随着收入递增的，在 0.15 分位以后的 82 个分位点上都达到 0.05 的显著性水平，总体上很显著，因此，我们可以确信村庄社会资本的回报率是有利于富人的。村级社会资本对同村穷人和富人基本是相同的，但是回报率却不同，说明富人能够更好地利用集体社会资本，使他们的物质资本和人力资本充分发挥作用。参加经济组织的种类数（sc_org）的显著性达到 0.10 的有 53 个点，达到 0.15 的有 71 个点，可以比较有把握地认为，参加经济组织的回报率随着收入水平呈显著上升趋势。富人参加经济组织，在组织中可能有更大的发言权，而且能够使自己的物质资本和人力资本充分发挥作用，因此，对收入的正向作用比穷人大。城市网络社会资本（$citynet$）的回报率也呈上升趋势，有 71 个分位点的显著性达到 0.10，在 0.30 分位后都很显著，因此可以认为城市网络社会资本的回报率呈显著的上升趋势。这可能是城市网络社会资本可以提供更多的非农就业和创业机会，使得富人的物质资本和人力资本更好地发挥作用，而穷人在这方面不具备优势；也可能是穷人的网络社会资本质量低，提供的非农就业和创业机会少,而且层次较低。

有两个维度的回报率整体上不显著。一个是家庭年礼金支出（scinvest）为代理变量的乡村社会网络,其回报率的分布呈"U"形,而且非常不显著:在低收入中较高,然后减低到0.40分位,0.40~0.60分位基本处于一个平台,而0.80分位后又进一步上升,在最高的几个分位上,回报率要么特别高,要么特别低。如果不分析趋势,只是根据几个主要分位点的回报率而得出"穷人的资本"的结论,则显得比较草率。另一个是家庭的村邻帮工时间（helpfarm）,其回报率呈明显的上升趋势,但只有两个分位点的p值达到0.10。

除了家庭年礼金支出（scinvest）和村邻帮工时间（helpfarm）不显著,其他社会资本维度的回报率随收入水平上升的趋势比较显著,进一步利用综合指数来分析是必要的。从图3（c）可见,社会资本指数的回报率在各个分位上均为正,说明整体而言社会资本对家庭收入有正面的作用。二次曲线拟合进一步发现,社会资本回报率随着收入分位的提高而上升,有67个分位点的显著性达到0.10。因此,对社会资本指数回报率的估计结果倾向于拒绝假设2的H_0而接受H_1,即认为穷人的社会资本回报率更低。尽管总的趋势是上升的,但并非直线上升,在某些收入水平位置可能会相对左右两边的分位都更低一些。因此,如果仅就少数几个分位的回报率来推断某种趋势,则可能像Grootaert（1999,2001）那样得出不稳健的结论。

六、穷人的资本欠缺和回报欠缺是否随地区收入水平而变化

作为一个发展中的大国,中国各地区收入水平的差异较大,但是制度、文化和语言等环境相似,这正好为我们提供了一个难得的研究环境——既可以考察随着农村整体收入水平的提高,农户社会资本的拥有量和回报率是否也随之变化,又可以避免在跨国比较时面临的数据不可比的问题。由于缺乏面板数据,我们不能控制时间不变（time - constant）的不可观测异质性（unobservable heterogeneity）,只能通过省虚拟变量来控制省的固定效应。本文使用《中国统计年鉴（2002）》中省级的2001年农民家庭人均收入来代表地区的农村收入水平,以收入的中位数（2301）为界限,将CHIPS2002涉及的22省份分为高收入组和低收入组①,分析不同收入地区的社会资本平均拥有量和回报率。

（一）不同收入水平地区的社会资本分布

由表3可知,富裕地区农户在社会资本3个维度上的拥有量更有优势,即村庄社会资

---

① 属于高收入的地区有北京、浙江、江苏、广东、山东、河北、辽宁、湖北共8个省市,属于低收入的地区有湖南、江西、吉林、河南、安徽、四川、重庆、山西、广西、新疆、云南、甘肃、陕西、贵州共14个省（市、自治区）。上述地区均按从高到低排序。

本（villsc）、城市网络社会资本（citynet）和家庭年礼金支出（scinvest），对综合指数（index）的拥有量也更大。例外的是，村邻帮工时间（helpfarm）和农户参加的经济组织种类数量（sc_org）在低收入组显著地更高。这可能是贫困地区的农业活动比例较大，所以相互的农业帮工也相对较多。农民家庭人均收入和市场化程度之间为正相关[①]，进一步分析发现农户参加的经济组织种类数量（sc_org）在低市场化地区显著高于高市场化地区，这也可能和市场化过程中合作社规模的扩大和小规模经济组织数量的减少有关。从综合指数来看，本文的上述分析仍然倾向于拒绝假设 1 的 H_0 而接受 H_1，即贫困地区农户的确有社会资本欠缺现象。

表3 社会资本在不同收入水平地区的分布和回报

变量	社会资本的分布			社会资本的回报					
				回报率		未对中处理		对中处理	
	高收入	低收入	p值	高收入组	低收入组	VIF	p值	VIF	p值
villsc	7.727	7.578	0.000	142.28	156.12	33.24	0.045	1.06	0.817
scinvest	0.257	0.175	0.000	96.06	-119.20	4.71	0.407	1.39	0.260
helpfarm	14.795	21.797	1.000	5.87	2.41	2.84	0.299	1.12	0.564
citynet	0.818	0.731	0.000	538.22	95.36	3.48	0.000	1.03	0.012
sc_org	0.145	0.232	1.000	703.87	187.93	2.31	0.002	1.04	0.052
index	0.029	-0.034	0.000	730.04	446.01	2.74	0.089	1.08	0.089

注："社会资本的分布"一栏中，p值为高收入和低收入地区之间t检验的显著性水平。"社会资本的回报"一栏中，p值均为交互项的显著性水平。以上一系列回归所用方法均为OLS，因变量均为totalinc，控制变量均为：lnland，fixasset，edulab，lbrnum，labor100，cpc，supratio，electr1，…，electr4，locate1，locate2，eduvillg，incomvill，prov1，…，prov21，不同之处在于加入分组的虚拟变量和社会资本的各个维度（villsc，scinvest，helpfarm，sc_org，citynet）或者社会资本综合变量（index）。使用OLS是为了方便检查由交叉项带来多重共线性是否严重，相应的VIF（方差膨胀因子）是否合理。

（二）不同收入水平地区的社会资本回报率

下面检验社会资本回报率在不同收入水平的地区之间是否有所不同。如果仅根据收入水平定义虚拟变量，然后按照虚拟变量分组分别进行回归，再比较得到的两组回归系数，并不能说明在不同分组之间的回报是否有显著的区别。只有进一步将分组虚拟变量和社会资本相关维度的交互项带入回归模型，看交互项的回归系数是否显著，这样才能够说明社会资本的回归系数在不同的哑变量分组间是否存在统计上的显著差异。结果见表3。

交叉项显著的维度有城市网络社会资本（citynet）、农户参加的经济组织种类数量（sc_org）和社会资本指数（index），且都是在高收入地区的回报率更高。这说明随着收入水

[①] 相关度达到0.8842，显著性水平达到0.001。有关市场化水平测量，请参见本节第（三）部分。

的提高，农户的城市异质性网络和社会组织参与的收入回报率会更高，这些维度将成为拉开收入差距的一股力量，难以扮演"穷人资本"的角色。村庄社会资本（villsc）、家庭年礼金支出（scinvest）和村邻帮工时间（helpfarm）的交叉项都不显著。尽管在未进行对中处理前，村庄社会资本的回报率随着地区收入的提高而显著下降，似乎在一定程度上扮演了穷人资本的角色，但是经过对中（Centering）处理后，大大降低了交叉项带来的方差膨胀因子，却非常不显著（关于对中处理，下一节将专门讨论）。家庭年礼金支出（scinvest）和村邻帮工时间（helpfarm）的回报率尽管也不显著，但随着地区收入的上升而上升，仍然不利于穷人。一系列证据基本上不利于穷人，因此，我们的分析倾向于拒绝假设2的H_0而接受H_1，即贫困地区农户的社会资本的确有回报欠缺的现象，并没有表现出"穷人资本"的特征。

（三）地区市场化水平和收入水平变化的不同影响

尽管中国市场化水平和农民家庭人均收入呈显著的正相关，也就是说，市场化低的地区往往是贫困地区，但是两者也不能等同，更不一定呈线性关系，所以，分开考察也是必要的。有的文献使用东西部地区，而不是用收入水平和市场化水平来划分不同地区，有可能会模糊两者的区别。为了更清楚地考察在转型期的中国社会资本是否随着市场化进程而变化，本文使用省级市场化指数来对地区进行划分，并估计在不同市场化地区农户社会资本的拥有量和回报率①。本文度量市场化程度的数据来自《中国市场化指数——各地区市场化相对进程报告（2004年）》（樊纲、王小鲁，2004）中的2001年指数②，并使用滞后CHIPS2002数据一年的指标，即2001年的各省份市场化指数，目的是为了减轻市场化指数和收入水平之间可能存在的联立内生性。我们按照市场化指数大小，以均值（5.6）为界将22省份分为高低两组。本文还采用了其他分组标准，结论仍然稳健③。

就社会资本的拥有量看，村邻帮工时间（helpfarm）、城市网络社会资本（citynet）和经济组织种类数量（sc_org）在低市场化地区显著地更大，这部分也验证了Stiglitz（2000）的思想，即随着市场不断发展和深化，社会网络会遭受冲击和破坏并最终被某种

---

① 关于市场化水平变化对社会资本的拥有和回报的影响，感兴趣的读者可以联系我们索取详细的分析过程和报告。

② 该报告首先从五个主要方面对市场化程度进行了度量，包括政府与市场的关系、非国有经济的发展、产品市场的发育程度、要素市场的发育程度、市场中介组织的发育和法律制度环境。然后用以上五方面指数合成市场化进程相对指数，该指数反映了各省份在市场化进程中的相对水平，而非绝对水平。各省份市场化进程相对指数度量范围由1~10增加，指数越高表示市场化程度越高。2001年全国各省（自治区、直辖市）指数的均值为5.60，标准差为1.67，最小值为1.57，最大值为9.19。

③ 市场化不是本文讨论的重点，因此为节省篇幅，本文就不再对分析结果列表，感兴趣的读者可以索取。在第一种分组方法下，属于高市场化的地区按从高到低排序有广东省、浙江省、江苏省、北京市、山东省、辽宁省、重庆市、河北省、安徽省、四川省，属于低市场化程度的地区按从高到低排序有河南省、广西、湖北省、云南省、吉林省、江西省、湖南省、山西省、甘肃省、陕西省、新疆、贵州省。上述地区均按从高到低排序。另一种分组方法为：按照市场化指数大小，将22省份分为高中低3组，删去中间组，比较高低两组的平均社会资本存量和回报率。划分标准为大于6的归入高端组，低于5的归入低端组，介于5~6（含5、6）的归入中间组。

"社会共识"(tacit knowledge)取代。但村庄社会资本(villsc)、家庭年礼金支出(scinvest)都是高市场化地区的农户拥有更多,而综合指数(index)则显示对高市场化地区的农户更有利。就回报率来看,村庄社会资本的系数在低市场化地区更高,说明随着市场化进程的发展,村级社会资本的收入回报作用可能在减弱,从而可能成为缩小贫富差距的一种力量。从其他维度和综合指数来看,社会资本的回报在高市场化地区基本上是更高的,说明随着市场化进程的发展,社会资本在总体上不仅不能减轻贫困,还可能拉大贫富差距。尽管研究的因变量不同,但我们与张爽等(2007)、赵剑治和陆铭(2010)的结论含义是一致的。对比地区收入水平和市场化水平变化下社会资本的作用变化,本文发现两者对社会资本的影响并不相同,因此不能模糊收入水平和市场化水平的界限,这种区分是有必要的。

七、稳健性讨论

在前面的回归中,我们已排除了社会资本各个维度和综合指数存在严重的多重共线性的可能,但交叉项和构建交叉项的变量之间往往有极高的相关系数[1]。处理多重共线性可以采取设法去掉不太重要的相关性变量的方法,或者在保留相关变量的要求下,可以使用岭回归、主成分(PCA)回归、一阶差分回归或"对中"(Centering)等方法。这些方法各有其缺点和适用情况[2]。本文关注交叉项的显著性,使用对中的方法来降低多重共线性比较适合。对中就是在创建交叉项之前先将相关变量减去均值。减去均值导致创建的新变量以0为中心分布,并且相关变量与交叉项的相关性会大大减弱。对中处理减小多重共线性,随后的拟合优度与未进行对中处理的拟合优度是一样的,常常(但并不总是)会得到更精确的系数估计值(Hamilton,2006)。经过对中处理,本文相关变量的VIF均缩小到了可接受的范围。表3和表4都列出了经过对中处理的VIF和显著性,尽管大部分交叉项经过对中处理前后并没有变化[3],但是某些交叉项的显著性的确有了很大的改变,如表3中村庄社会资本(villsc)的交叉项,这说明如果不进行对中处理,也很可能得出不稳健的结论。

---

[1] 当然,高度相关也不一定就会对结果造成不稳健的影响,如对人力资本的明赛(Mincer)方程回归时,受教育年限(或工作经验)及其平方项之间的相关系数往往达到0.95以上,但是一般来说并没有造成严重的多重共线性问题。

[2] 岭回归通过牺牲估计的无偏性来换取估计方差的大幅减小,以修正最小二乘法在多重共线性情况下的估计效果;PCR通过降维处理而克服多重共线性的影响,不过提取X的主成分是独立于因变量Y而进行的,没有考虑到X对Y的解释作用,这就增加了所建模型的不可靠性;一阶差分适用于时间序列数据;对中(Centering)方法适用于回归中出现二次项和交叉项的情况。

[3] 有趣的是,对中处理前后,表4中交叉项的显著性水平没有变化,可能是因为表4分析的是高低两端分组的观测值。

如果采用相近的分组标准却得出不同的结论,那么结论是不够稳健的。前面我们采用的是以中位数为界分为两组的方法,下面我们采用另一种分组标准,即将观测值分为3组,只对比高端组和低端组之间是否有显著差异,以进一步检验前面结论的稳健性。按照《中国统计年鉴(2002)》的省级2001年农民家庭人均收入,以0.25和0.75分位为界(收入分别是2097.58和2751.34),将22省份分为高中低3组,删去中间组,比较高低两组的平均社会资本存量和回报率。结果见表4。

社会资本的拥有情况在贫富之间的分布,在表3和表4中是一致的。结果仍然拒绝假设1的H_0而接受H_1。社会资本的回报率估计中,综合指数在表3中显著,在表4中变得不显著,但仍然是有利于高收入组的。其余变量没有根本性的变化,和本文前面的结论基本一致。除了村级社会资本仍然有利于贫穷地区但并不显著外,其余维度在0.25分位以下最穷地区的回报均低于0.75分位以上的最富地区,而且有两个维度即城市网络社会资本(citynet)和参加的经济组织种类数(sc_org)的交叉项是很显著的。证据再一次拒绝假设2的H_0而接受H_1。

表4 社会资本在不同收入水平地区的分布和回报:稳健性检验

变量	社会资本的拥有			社会资本的回报					
				回报率		未对中处理		对中处理	
	高收入	低收入	p值	高收入组	低收入组	VIF	p值	VIF	p值
rillsc	7.847	7.565	0.000	115.81	283.38	35.69	0.557	1.09	0.557
sinvest	0.287	0.153	0.000	38.32	-7.67	4.48	0.809	1.31	0.809
helpfarm	14.187	25.825	1.000	5.00	-8.54	3.24	0.213	1.17	0.213
citynet	0.786	0.729	0.004	646.56	151.91	3.54	0.023	1.05	0.023
sc_org	0.149	0.261	1.000	922.30	-176.46	3.02	0.023	1.11	0.023
index	0.042	-0.033	0.000	622.05	560.66	3.04	0.316	1.11	0.316

注:同表3。

八、结论

本文从资本欠缺和回报欠缺两方面对"社会资本是穷人的资本"这一假说进行了检验,并仔细讨论了结论的稳健性,结果没有发现支持该假说的证据,反而发现社会资本会拉大收入差距:①低收入的农户普遍存在社会资本的资本欠缺和回报欠缺问题。穷人仅在个别维度拥有更多的社会资本,如与农业相关的传统互助规范,在其他维度以及在社会资本综合指数上都占劣势。尽管社会资本对农户收入有显著的正向回报,但回报率呈现随收入上升而上升的趋势。②低收入水平地区的农户存在社会资本的资本欠缺和回报欠缺问题。从总体上看,贫困地区农户的社会资本确有资本欠缺的倾向,尽管他们在个别维度上拥有更多的社会资本。从收入回报率来看,社会资本的各个维度和综合指数是随着地区收入上升而上升的,说明有利于富裕地区。

本文的发现和 Grootaert 的观点不同。分歧的原因可能在于:一是变量选取的不同。本文选取的维度更全面,而且综合指数也去除了量纲的影响,Grootaert 只是局限于农户参加组织的各种特征,而且没有去除量纲的影响。二是本文基于 99 个分位点的分位数回归结果并由此得出的趋势,比仅基于 5 个甚至 2 个分位点的分位数回归结果进行分析要稳健得多。三是 Grootaert 以消费作为收入的代理变量,而本文直接研究其对收入的影响。

由于资本欠缺和回报欠缺对穷人同时存在,从而社会资本成为拉大农村贫富间收入差距的一个因素,可见它至少在中国农户的经验证据中并非"穷人的资本",而是"富人的资本"。这与研究收入差距文献的结论是一致的,但本文对这种差距来源进行的进一步分解有利于深入地理解社会资本的作用机制。缺乏物质资本和人力资本的贫困群体,不仅缺乏社会资本,而且社会资本的回报率也不如富裕的群体。如果说物质资本和人力资本主要是通过市场力量影响收入,那么社会资本这种非市场的力量对贫富差距的加剧更值得重视。这是本文在微观层面发现,而在宏观管理上需要解决的一个重大问题。从人力资本和社会资本的关系来看,许多文献显示教育能增加社会资本的存量和质量(Huang et al., 2009),那么增加贫困人口的教育投入将如何影响他们的社会资本拥有量和经济回报率? 对于改进长远的收入分配政策,这一问题也是非常值得关注的。

本文的一个不足之处在于存在社会资本内生性的可能。基于中国数据的研究大多未能很好地考虑社会网络的潜在内生性可能导致的估计偏误,这也是研究社会网络作用的许多文献存在的一个共同问题(章元、陆铭,2009)。本文最可能的内生性来源是联立性。除了历史形成之外,微观个体社会资本主要由个体的投资形成(Glaeser et al., 2002)。在社会资本具有正的经济回报的条件下,作为理性人的农户应该会进行社会资本投资,因此送礼支出和参加的经济组织等指标与收入之间就有可能存在内生性问题。而且,如果某个社会资本的测量指标是内生的,那么它与其他变量的交互项也是内生的。这样一来,在本文社会资本变量及其交互项都较多的情况下,要找到数量足够且良好的工具变量,在既有的数据中难以实现。本文的综合指数在一定程度上减轻了内生性影响,基本结论是可以接受的。未来的研究可以只专注于某一种社会资本如社会网络对农户收入的影响机制,这样可以更深入地分析社会资本影响农户收入的过程,也便于解决内生性问题。

参考文献

[1] Abdul - Hakim, R., N. A. Abdul - Razak and R. Ismail, 2010, "Does Social Capital Reduce Poverty? A Case Study of Rural Households in Terengganu, Malaysia", European Journal of Social Science, Vol. 3 - 4 (14).

[2] Andrew G., W., 2002 Income Determination and Market Opportunity in Rural China, 1978 ~ 1996", Journal of Comparative Economics, Vol. 30 (2), pp. 354 - 375.

[3] Bartlett, M. S., 1938, "Methods of Estimating Mental Factors", Nature, Vol. 141, pp. 609 – 610.

[4] Bassett, G. and R. Koenker, 1978, "Asymptotic Theory of Least Absolute Error Regression", Journal of the American Statistical Association, Vol. 73 (363), pp. 618 – 622.

[5] Bastelaer, V. T., 2000, "Does Social Capital Facilitate the Poor's Access to Credit? A Review of the Microeconomic Literature", in Social Capital Initiative No. 8, Washington DC: World Bank.

[6] Bloomfield, P. and W. L. Steiger, 1983, Least Absolute Deviations: Theory, Applications, and Algorithms, Boston: Birkhauser.

[7] Bourdieu, P., 1983, "Forms of Capital", in Richardson, J. G., Handbook of Theory and Research for the Sociology of Education, New York: Greenwood Press.

[8] Cameron, A. C. and P. K. Trivedi, 2005, Microeconometrics: Methods and Applications: A. Colin Cameron, Pravin K. Trivedi, Cambridge University Press.

[9] Carter, M. R. and J. A. Maluccio, 2003, "Social Capital and Coping with Economic Shocks: An Analysis of Stunting of South African Children", World Development, Vol. 31 (7), pp. 1147 – 1163.

[10] Cleaver, F., 2005, "The Inequality of Social Capital and the Reproduction of Chronic Poverty", World Development, Vol. 33 (6), pp. 893 – 906.

[11] Coleman, J. S., 1990, Foundations of Social Theory, Cambridge: Belknap.

[12] Collier, P., 2002, "Social Capital and Poverty: A Microeconomic Perspective", in Grootaert, C. and T. van Bastelaer, The Role of Social Capital in Development, Cambridge Press.

[13] Durlauf, S. N. and M. Fafchamps, 2005, "Social Capital", in Philippe, A. and S. Durlauf, Handbook of Economic Growth, Vol. 1B, Amsterdam: North – Holland, pp. 1639 – 1699.

[14] Efron, B., 1979, "Bootstrap Methods: Another Look at the Jackknife", The Annals of Statistics, Vol. 7 (1), pp. 1 – 26.

[15] Gertler, P., D. I. Levine and E. Moretti, 2006, "Is Social Capital the Capital of the Poor? The Role of Family and Community in Helping Insure Living Standards against Health Shocks", CESifo Economic Studies, Vol. 52 (3), pp. 455 – 499.

[16] Glaeser, E. L., D. Laibson and B. Sacerdote, 2002, "An Economic Approach to Social Capital", The Economic Journal, Vol. 112 (483), pp. F437 – F458.

[17] Grootaert, C., 2001, "Does Social Capital Help the Poor: A Synthesis Findings from the Local Level Institutions Studies in Bolivia, Burkina Faso and Indonesia", in Local Level Institutions Working Paper, No. 10, Washington DC: World Bank.

[18] Grootaert, C., 1999, "Social Capital, Household Welfare and Poverty in Indonesia", in Local Level Institutions Working Paper, No. 6, Washington, DC: World Bank.

[19] Grootaert, C., G. Oh and A. V. Swamy, 2002, "Social Capital, Household Welfare and Poverty in Burkina Faso", Journal of African Economies, Vol. 11 (1), pp. 4 – 38.

[20] Hamilton, L. C., 2006, "Chapter 7: Regression Diagnostics", in Statistics with Stata: Updated for Version 9, Publisher: Cengage Learning.

[21] Huang, J., H. Maassen Van Den Brink and W. Groot, 2009, "A Meta – analysis of the Effect of Education on Social Capital", Economics of Education Review, Vol. 28 (4), pp. 454 – 464.

[22] Ishise, H. and Y. Sawada, 2009, "Aggregate Returns to Social Capital: Estimates Based on the

Augmented Augmented – Solow Model", Journal of Macroeconomics, Vol. 31 (3), pp. 376 – 393.

[23] Knack, S. and P. Keefer, 1997, "Does Social Capital Have an Economic Payoff? A Cross – Country Investigation", The Quarterly Journal of Economics, Vol. 112 (4), pp. 1251 – 1288.

[24] Koenker, R. and G. Bassett, 1978, "Regression Quantiles", Econometrica, Vol. 46 (1), pp. 33 – 50.

[25] Lin, N., 2001, Social Capital: A Theory of Social Structure and Action, New York: Cambridge UniversityPress.

[26] Lin, N., 1999, "Social Networks and Status Attainment", Annual Review of Sociology, Vol. (25), pp. 467 – 487.

[27] Mankiw, N. G., D. Romer and D. N. Weil, 1992, "A Contribution to the Empirics of Economic Growth", The Quarterly Journal of Economics, Vol. 107 (2), pp. 407 – 437.

[28] Morduch, J. and T. Sicular, 2002, "Rethinking Inequality Decomposition, With Evidence from Rural China", The Economic Journal, Vol. 112 (476), pp. 93 – 106.

[29] Morduch, J. and T. Sicular, 2000, "Politics, Growth and Inequality in Rural China: Does it Pay to Join the Party?", Journal of Public Economics, Vol. 77 (3), pp. 331 – 356.

[30] Narayan, D. and L. Pritchett, 1999, "Cents and Sociability: Household Income and Social Capital in Rural Tanzania", Economic Development and Cultural Change, Vol. 47 (4), pp. 871 – 897.

[31] Peng, Y., 2004, "Kinship Networks and Entrepreneurs in China's Transitional Economy", American Journal of Sociology, Vol. 109 (5), pp. 1045 – 1074.

[32] Putnam, R. D., R. Leonardi and R. Y. Nanetti, 1993, Making Democracy Work: Civic Traditions in Modern Italy, Princeton, NJ: Princeton University Press.

[33] Stiglitz, J., 2000, "Formal and Informal Institution", in Dasgupta, P. and I. Serageldin, Social Capital: A multi – faceted Perspective, Washington DC: World Bank.

[34] Thomson, G. H., 1951, The Factorial Analysis of Human Ability, London: London University Press.

[35] Wan, G., 2004, "Accounting for Income Inequality in Rural China: A Regression – based Approach", Journal of Comparative Economics, Vol. 32 (2), pp. 348 – 363.

[36] Wan, G., M. Lu and Z. Chen, 2006, "The Inequality – growth Nexus in the Short and Long Run: Empirical Evidence from China", Journal of Comparative Economics, Vol. 34 (4), pp. 654 – 667.

[37] Woolcock, M. and D. Narayan, 2000, "Social Capital: Implications for Development Theory, Research and Policy", The World Bank Research Observer, Vol. 15 (2), pp. 225 – 249.

[38] 边燕杰. 城市居民社会资本的来源及作用: 网络观点与调查发现 [J]. 中国社会科学, 2004 (3).

[39] 樊纲, 王小鲁. 中国市场化指数——各地区市场化相对进程报告 (2004) [M]. 北京: 经济科学出版社, 2004.

[40] 陆铭, 张爽, 佐藤宏. 市场化进程中社会资本还能够充当保险机制吗?——中国农村家庭灾后消费的经验研究 [J]. 世界经济文汇, 2010 (1).

[41] 叶静怡, 周晔馨. 社会资本转换与农民工收入——来自北京农民工调查的证据 [J]. 管理世界, 2010 (10).

[42] 张爽, 陆铭, 章元. 社会资本的作用随市场化进程减弱还是加强?——来自中国农村贫困的

实证研究 [J]. 经济学（季刊），2007（2）.

[43] 章元，陆铭. 社会网络是否有助于提高农民工的工资水平？[J]. 管理世界，2009（3）.

[44] 赵剑治，陆铭. 关系对农村收入差距的贡献及其地区差异——一项基于回归的分解分析 [J]. 经济学（季刊），2010（1）.

[45] 佐藤宏. 中国农村收入增长：1990~2002年 [J]. 世界经济文汇，2009（4）.

新时期国家粮食安全战略和政策的思考*

黄季焜　杨　军　仇焕广

【摘　要】 近期全球农产品价格在大幅度波动中上涨和我国食品价格的持续上涨再次引发了国内外对食物和粮食安全的高度关注。本文在对我国当前粮食安全状况进行整体分析和对我国未来粮食安全判断的基础上，对新时期国家粮食安全的目标、战略及政策进行了分析，并提出了提高农业生产和保障我国粮食安全的战略与政策建议。

【关键词】 新时期；粮食安全；中长期预测；战略思考；政策建议

2006年以来，全球农产品价格快速上涨并经历了两次大幅度的波动，国内主要农产品价格也呈现持续稳定增长态势，这些现象引起了国内外对食物安全或粮食安全的高度关注。国际社会使用的是食物安全（Food Security），在我国常翻译为"粮食安全"或广义上的粮食安全，它包括粮食和其他所有能够满足人体营养需要的食物（FAO，1996）。我国的粮食安全概念与国际通常使用的食物安全概念有一定差别，也可以称为狭义的粮食安全，主要是指大米、小麦、玉米、大豆和薯类的国内自给率。2007年至2008年初全球食物价格大幅度上涨，被认为是20世纪70年代以来一次最大的全球食物危机（Von Braun，2007；FAO，2008；World Bank，2008）。虽然全球食物危机并未明显传递到中国，但由于近几年我国农产品价格持续上涨并成为引发CPI上涨的主要因素，国内对粮食安全的关注不亚于其他国家（Huang等，2008；国家统计局，2011）。本文的目的是在对我国现在和未来粮食安全判断的基础上，对新时期国家粮食安全的目标、战略及政策进行梳理，并提出提高农业生产和保障我国粮食安全的战略与政策建议。

---

* 作者：黄季焜、杨军、仇焕广，中国科学院地理科学与资源研究所农业政策研究中心。
本文引自《农业经济问题》（月刊）2012年第3期。

一、对当前我国粮食安全的判断

(一) 广义的粮食安全基本上得到了保障

从个体、区域和国家三个不同尺度上,过去三十年我国食物安全水平都得到了不断提高。首先,从个人和家庭的微观食物安全来看,温饱问题已基本解决,消费多样化、食物营养不断改善。其次,从区域来看,区域间的市场一体化和流通条件不断改善(Huang 和 Rozelle,2006),区域间贸易量显著增加,不但有效地解决了资源空间分布不均带来的区域食物安全问题,而且能够很快缓解局部地区自然灾害对当地农产品供需平衡的冲击,区域食物安全水平显著提高。最后,从国家层面来看,食物安全总体水平得到高度保障,"十一五"期间,我国食物和饲料总体保持净出口。虽然 2009 年以来食物和饲料为净进口,2010 年农牧渔业净进口为 1535 亿元(扣除棉花进口),自给率也达到 97.6%(根据国家统计局数据计算)。随着全球经济一体化进程的加快和我国经济开放程度的不断提高,农产品进出口贸易结构变化越来越朝着有利于发挥比较优势的方向发展。耕地密集型农产品(如粮食和油料等作物)的进口额不断提高,而高附加值劳动和技术密集型农产品(如蔬菜水果、加工食品)的出口也增长较快(黄季焜,2010)。

(二) 狭义的粮食安全已经突破了95%自给率的国家既定目标

如果按照目前我国粮食的定义范围(包括大米、小麦、玉米、豆类和薯类),2008 年我国的粮食自给率已经下降到 95% 以下,2009 年下降到 92.5%,2010 年更下降到 90.6%。饲料粮需求和食用植物油需求的刚性增长是我国粮食自给率下降的主要原因。

(1) 大豆供给安全已从国内生产转向依靠国际市场进口。从加入 WTO 以来,大豆进口快速增长,2010 年进口量达到 5400 万吨,占我国大豆需求总量的近 80%;同时,我国还进口了 200 万吨的大豆油,相当于 1000 多万吨大豆。大豆需求增长和国内生产资源与技术约束是大豆进口快速增长的根本原因。我国养殖业饲料和植物油需求快速增长还将继续延续一段相当长的时期,资源和技术约束也日趋明显。例如,1996 年美国和巴西采用转基因大豆后,两国大豆的种植面积和单产快速增长,2009 年美国和巴西的大豆单产分别达到 2.7 吨/公顷和 2.8 吨/公顷,比我国大豆单产(1.6 吨/公顷)高 70% 左右。

(2) 玉米供给安全正逐渐从国内生产向国际市场进口转变。2010 年是我国玉米从净出口国转变为净进口国的转折点。20 世纪 90 年代,我国玉米年均出口 550 多万吨,2003 年出口曾达到 1600 万吨。之后,由于国内需求增长高于生产增长,2004~2009 年玉米出口量年均下降 260 万吨左右,2010 年成为玉米净进口国,进口 157 万吨,同时还进口了 316 万吨的玉米干酒糟用以部分替代国内的豆粕和玉米等饲料粮需求(海关总署,2010)。

随着我国未来畜禽和水产品需求的进一步增长,即使国内玉米产量继续保持年均2%~3%的增长速度,进口量以每年200万吨左右递增的局面仍将难以改变。

(3)口粮安全水平在不断提高的同时达到高度保障。真正能威胁国家政治社会稳定的核心粮食(口粮)安全完全能够得到保障,大米和小麦这两种主要口粮作物在"十一五"期间都保持了100%的自给率,主要原因是我国居民消费结构的变化所致。随着居民收入水平提高和城市化的推进,畜产品、水产品和蔬菜水果占食物消费的比例逐渐增加,人均大米和小麦消费已呈现长期的下降趋势。1990年我国人均大米消费量达到88公斤,之后逐渐下降到2000年的75公斤和2009年的60公斤,年均下降约1.5公斤;人均小麦消费量也从1990年的73公斤下降到2000年的65公斤和2009年的50公斤,年均下降约1.2公斤(国家统计局,1991,2001,2010;实地调查;中国科学院农业政策研究中心的数据库)。预计这种需求的刚性下降还将继续。

(三)新时期粮食安全面临的挑战和机遇

新时期我国粮食安全面临一系列新的挑战。从粮食生产来看,耕地减少,资源环境压力增大,劳动力成本上升,农业技术进步速度减缓。从需求方面看,随着收入水平的提高,人均肉类消费及其对饲料粮的需求将大幅度增加。从国际市场来看,粮食等农产品价格将会在不断波动中上升,国际市场价格将显著影响国内市场的稳定。

新时期,我国粮食安全也面临新的有利因素和发展机遇。首先,我国人口规模增长速度明显减缓,大米和小麦等口粮的人均消费和总量需求均呈下降趋势。2000~2009年,我国大米总需求年均下降0.7%,小麦总需求年均下降0.3%,未来大米和小麦的消费需求还将继续下降。其次,经过三十年的改革和发展,无论是政府财力还是居民收入水平都得到大幅度提高,外汇储备水平更是从20世纪90年代末的1600亿美元提升到2010年的2.8万亿美元(国家统计局,2011),增强了我国通过进口提高农产品供给的能力。最后,我国国际政治和贸易谈判条件明显改善。我国与北美、欧洲和俄罗斯等发达国家以及巴西、阿根廷等南美发展中国家的粮食出口大国都建立了良好的合作关系;WTO机制的建立也显著改善了国际贸易环境,世界市场上的玉米、大豆等农产品国际贸易量出现持续和稳定的增长。

二、中长期我国粮食供需平衡和粮食安全水平预测

采用全球贸易分析模型(GTAP)和中国农业政策分析与预测模型(CAPSiM)对2020年我国粮食供需变化和粮食安全水平进行了预测分析。笔者设置了3套模拟方案:①基准方案。即最有可能发生的方案,在这种方案下,假定2010~2020年我国GDP年均增长率为8%,人口年均增长率为0.5%。②高经济增长方案。该方案假设国内经济增长

速度相对于基准方案提高10%，即GDP年均增长为8.8%，其他假设与基准方案一致。③高技术进步方案。假设国内种植业技术进步年均增长率比基准方案的技术进步速度提高10%，其他假设与基准方案一致。

（1）基准方案模拟结果。我国粮食需求增长在未来10年将显著高于供给增加，粮食自给率不断降低。在现有农业生产资源、政策、技术增长和需求变化的条件下，我国粮食产量在2020年将达到5.75亿吨，年均增长幅度约0.52%。然而粮食需求在2020年将达到6.63亿吨，年均增长幅度约为1.1%。由于需求增长速度显著高于生产，我国粮食自给率将不断下降，我国粮食总体自给率将从2009年的92.5%下降到2020年的87%，每年下降接近0.5个百分点。

然而，不同粮食作物的供需状况和自给率变化存在显著差异。未来10年我国大米不仅保持完全自给，而且还略有出口。模拟结果显示，2020年我国大米净出口量将达到315万吨，自给率将保持在102%左右。小麦自给率虽然将有所下降，但依然保持较高水平，2020年我国小麦净进口量预计为275万吨，小麦自给率将保持在98%左右。但我国玉米自给率将显著下降，玉米产量在2020年将达到2.1亿吨，虽然产量增长显著高于水稻和小麦，但玉米总需求在2020年将达到2.3亿吨，预计2020年我国玉米供需缺口在2000万吨左右，自给率将下降到91%。大豆供需缺口将进一步加大，预计在2020年我国大豆进口量将达到7200万吨，自给率降到18%。

（2）高经济增长方案模拟结果。在高经济增长方案下，由于粮食需求进一步提高，我国粮食的自给率将进一步下降。根据预测，在高经济增长方案下，2020年我国粮食自给率将下降到86%；但大米自给率将保持101%，小麦自给率也将保持96%，而玉米自给率将下降到89%，大豆自给率将下降为17%。

（3）高技术进步方案模拟结果。在该模拟方案下，由于技术进步加快，我国粮食单产和总产量将高于基准方案，国内粮食自给率明显提高。根据预测，2020年，我国粮食自给率将为89%；大米、小麦、玉米和大豆的自给率将分别为103%、99%、93%和19%。

三、对我国未来食物和粮食安全问题的几点思考

（一）食物安全的国际经验和对我国的启示

国际发展经验表明，一国对食物安全的关注重点和政策目标会随着本国经济发展和国际环境的变化而不断进行调整。发达国家一般更强调食物的营养和价格的稳定。人均农业生产资源丰富的国家一般不存在突出的食物数量或供给安全问题，对食物安全的关注重点主要是食物价格稳定和贫困人口的食物安全。人均农业生产资源稀缺的发达国家，除了对

本国消费中关键的农产品（如大米和土豆等）实行高度保护以维持较高的自给率外，对其他农产品更注重通过国际贸易为本国居民提供充足和多样的食物供给。人均农业生产资源稀缺的发展中国家，食物安全问题普遍较突出。由于国家财力有限，这些国家都非常重视通过提高生产力和贸易保护等措施尽量维持本国食物较高的自给率。然而，这种政策以扭曲本国资源配置效率为代价，国家财政为此付出了巨大成本，同时牺牲了消费者通过多样化食物组合提高消费福利的选择。但是，随着国际贸易自由化的推进，无论是人均农业生产资源稀缺的发展中国家还是发达国家，对食物安全的关注都从多数农产品逐渐转向本国居民主要消费的核心农产品上。

随着国际政治经济环境的变化和国内社会经济的发展，也需要从更广阔的视野审视我国的粮食安全问题。首先，随着我国居民收入水平的提高，消费者对食物多样性和营养的要求越来越高，因此应注重从食物整体的角度为消费者提供丰富多样和富有营养的食物消费选择。其次，我国所面临的国际政治环境和贸易环境与20纪90年代相比明显改善。再次，综合国力的大幅度提升也为我国利用国内外两个市场为消费者供给充足的食物提供了资金保障。最后，受WTO规则的制约，我国通过贸易保护来维护本国粮食安全的政策选择空间有限，同时受到国内日益稀缺的土地和水资源等因素的制约，继续实施95%的粮食自给率目标的经济和环境成本将大幅度提高。总之，在新的历史条件下，我国是否依然需要保持95%的粮食自给率目标值得深入探讨。

（二）畜禽产品进口与饲料进口

我国未来农产品进口的压力主要来源于消费者对动物产品需求的增长。2009年，我国年人均畜禽产品消费量约为53公斤（包括肉、蛋、奶），估计到2020年将上升到70公斤左右。我国畜禽产品贸易已经从20世纪末期的净出口转变为净进口，净进口额从2000年的0.6亿美元迅速提高到2010年的49.1亿美元，这种增长还将延续。畜禽产品中净进口增长比较快的是猪肉和奶类产品，2010年我国猪肉净进口数量约为70万吨，奶粉的净进口数量也达到41万吨（农业部，2011）。

虽然我国可以选择直接进口畜禽产品来满足国内消费需求的增长，但是通过进口饲料粮增加国内畜禽产品供给的方式可能更可行和有效。首先，肉类产品的国际贸易潜力有限。由于担心畜禽疾病传播和产品质量安全，各国对畜禽产品的进口都制定了非常严格的检疫标准，肉类产品的贸易成本较高。2009年全球肉类产品的国际贸易量只有4100万吨左右（UN，2011）。其次，肉类产品国际贸易市场风险较大。过去20年的国际贸易数据显示，肉类产品的国际贸易量在年度间波动很大，畜禽疾病的爆发可以导致肉类产品的国际贸易量急剧下降。因此，不宜过于依赖国际市场。最后，选择进口饲料增加国内畜禽产品供给，可以将养殖环节的增值部分保留在国内，有利于促进国内就业和提高农民收入。从欧盟、日本和韩国等发达国家的经验来看，这些国家在进口畜禽产品与饲料的政策选择上，无一不采取优先进口饲料粮的战略，这是所有人口大国保障国内畜禽产品供给安全的普遍选择。

（三）资源进口与国内生产

从我国耕地和水资源供给潜力来看，进口部分饲料粮不仅符合我国经济利益，而且也是保障农业可持续发展和农业资源安全的要求。

进口大豆为我国节省了大量的耕地和水资源。2010年我国进口大豆5400万吨，按国内大豆单产1.6吨/公顷计算，相当于进口了3400万公顷的耕地资源，相当于我国耕地面积的28%。按照大豆生产每公顷用水4000吨计算，2010年，大豆进口也为我国节省了1360亿吨水，约占2009年我国农业用水总量的37%，基本上相当于我国所有的工业和城乡居民的用水量（水利部，2010）。如果加上大豆油等植物油的进口，对我国土地和水资源的节省数量将更可观。如果完全依靠国内生产来满足大豆需求，必然要大幅度压缩其他粮食作物和经济作物的种植面积，严重阻碍农业生产结构调整和农业比较优势的发展。

本文的模型分析表明，2020年我国大豆和玉米的产需缺口可能将分别达到7200万吨和2000万吨左右，从现有耕地资源和水资源的供给潜力来看，完全靠增加国内生产几乎是不可能的。假设2020年我国每公顷大豆产量达到1.8吨/公顷，用水量保持在4000吨/公顷，进口7200万吨大豆相当于进口了4000万公顷耕地和1600亿吨水。假设2020年我国玉米单产为6.8吨/公顷，用水量为4800吨/公顷，进口2000万吨玉米相当于进口了294万公顷耕地和141亿吨水。进口大豆和玉米两者合计相当于为我国节省了4294万公顷耕地和1741亿吨水，相当于2009年我国耕地的35%、农业用水的47%。

四、提高农业生产和保障我国粮食安全的战略与政策建议

（一）建立适合我国新时期国情的国家粮食发展新战略

根据对我国粮食等农产品市场的预测和趋势判断，未来我国农产品需求结构将发生显著变化，在受到自然资源限制和生产结构变化约束的情况下，建议中央根据新时期我国的国情重新审视我国粮食安全面临的机遇和挑战，在新时期对国家粮食安全的目标和战略做适当的调整。

实施国家食物安全新战略有：三个转变、四个目标。三个转变是：从"粮食安全"观念向"食物安全"观念转变，为保障国家粮食（食物）安全提供更大的发展空间和供给渠道；从"粮食安全"向"口粮安全"转变，把中心任务转向口粮安全，切实保障在危机时可能影响国家安全的大米和小麦的国内供给能力；从"进口畜禽产品"向"进口饲料粮"转变，隐性进口"土地和水资源"，提升畜禽产品国内生产能力，增加国内农业就业和农民收入。四个目标（到2020年）是：使我国食物总体自给率保持在95%以上；大米和小麦自给率基本达到100%；作为饲料粮的玉米自给率保持在85%以上；肉蛋奶保

持基本自给。

（二）夯实粮食生产基础，提高粮食综合生产能力

（1）实施国家农业科技创新工程。农业科技进步是提高粮食和食物安全的技术保障。根据国家中长期和"十二五"农业科技发展规划，在加大对农业科技投入的同时，切实推进农业科研和推广体系的改革，加速包括转基因技术在内的现代生物技术的产业化速度，创造优越市场条件吸引大型企业参与农业科技创新，并使其成为未来科技创新的重要主体，使农业科技进步成为粮食和其他主要农产品增长的驱动力。

（2）实施国家农业基础设施更新和完善工程。农业基础设施是保障粮食和其他农产品安全的物质基础。加大对农业生产和市场的基础设施投入，提高农产品的供给能力、抵御自然灾害能力和农产品市场的稳定。在加大农田水利基本建设和中低产田改造投入的同时，提高对市场物流和食品安全监管等基础设施的投入。

（三）改善国际粮食贸易环境，构建全球与区域食物安全治理机制

新时期，我国与国际市场的联系日趋紧密，为了有效利用国内外两个市场来保障国家食物安全，我国应该积极参与并改善国际粮食贸易环境和治理机制。

（1）积极参加全球和区域的食物安全治理机制建设。积极参与和推动联合国粮农组织、G20和亚太经合组织（APEC）等倡议的建立全球和区域粮食储备体系、粮食安全治理机制和禁止粮食禁运等行动计划，这些计划要求粮食主要生产国和消费国应建立一定水平的粮食储备，在全球出现粮食价格大幅度上涨时，按各国承诺的比例释放粮食库存；同时禁止粮价上涨期间粮食出口限制措施。

（2）促进国家间的技术转让。推动发达国家通过无偿或有偿形式向发展中国家转让农业生产技术，提高我国在内的发展中国家的粮食生产能力。

（3）建立和完善同北美和南美国家的玉米和大豆贸易伙伴关系。美国、巴西、阿根廷等国是我国大豆和玉米等粮食进口的主要来源地，可以考虑在平等互利的基础上，与这些国家签订中长期的粮食贸易协议。

（4）积极促进非洲粮食生产发展。促进非洲粮食生产有利于缓解国际粮食市场的供需矛盾和减少我国进口粮食的国际政策压力。我国应加大对非洲粮食生产的技术和基础设施建设援助，提高非洲国家的粮食生产不但能提高非洲粮食安全，而且对我国自身的粮食安全保障也将会起到积极的作用。

参考文献

[1] FAO, 2008, "Food and Agricultural Organization of the United Nations, Soaring Food Prices Swell Political Unrest", http://km.fao.org/fsn/news_events0/fsn_detail.html.

[2] Huang, J. and S. Rozelle, 2006, "The Emergence of Agricultural Commodity Markets in China", China Economic Review, 17: 266–280.

［3］Huang J. , Qiu, H. , Scott, R. , 2008, "More Pain Ahead for China's Food Prices", Far Eastern Economic Review, 171 (5) .

［4］von Braun, J, 2007, "The World Food Situation: New Driving Forces and Required Actions", Food Policy Report, International Food Policy Research Institute, Washington DC.

［5］World Bank, 2008, "Double Jeopardy: Responding to High Food and Fuel Prices", http://www.worldbank.org/html/extdr/foodprices.

［6］黄季焜. 六十年中国农业的发展和三十年改革奇迹——制度创新、技术进步和市场改革［J］. 农业技术经济, 2010（1）.

［7］农业部. 中国农产品贸易发展报告［M］. 北京: 中国农业出版社, 2011.

［8］水利部. 中国水资源公报2010［M］. 北京: 水利水电出版社, 2011.

消费者对含有不同质量安全信息可追溯猪肉的消费偏好分析

吴林海　卜　凡　朱　淀

【摘　要】 基于现有的研究文献，本文在对可追溯猪肉不同质量安全信息做出设定的基础上，通过有序 Logistic 回归模型，研究了山东省潍坊市 765 位消费者对含有不同质量安全信息的可追溯猪肉的偏好。研究结果显示，消费者对食品质量安全的关注度、对可追溯食品的认知、关注"猪肉可追溯标签"信息、自身收入与家中是否有孕妇、受双汇"瘦肉精事件"影响等变量显著影响其对含有不同质量安全信息可追溯猪肉的偏好。对变量边际效应的进一步分析表明，偏好可追溯猪肉的消费者更偏好含有养殖与屠宰信息的可追溯猪肉，高收入消费者则偏好同时含有养殖、屠宰、加工三种信息的可追溯猪肉，收入水平是影响消费者选择含有不同层次可追溯信息猪肉的主要因素。

【关键词】 可追溯猪肉；消费偏好；有序 Logistic 回归模型；边际效应

一、引　言

食品安全是一个全球性的难题。在世界范围内每年均有大量的消费者面临着不同的食品安全风险（Sarig et al., 2003）。为此，国际社会尤其是欧盟、美国、日本、澳大利亚等国家和地区自 20 世纪 90 年代中后期开始相继实施食品可追溯体系，不具有可追溯功能的食品已被禁止进入欧美市场（Hobbs, 2003；Regattieri et al., 2007）。食品可追溯体系

---

* 本文受到国家自然科学基金项目"食品可追溯体系建设中多信息源的动态决策模型研究"（编号：71073069）和"基于消费者偏好的可追溯食品消费政策的多重模拟实验研究：猪肉的案例"（编号：71273117）、教育部人文社科青年项目"消费者对不同可追溯属性的食品偏好与影响因素研究"（编号：12YJC630326）的资助。文责自负。
作者：吴林海，江南大学江苏省食品安全研究基地、江南大学商学院；卜凡，江南大学商学院；朱淀，苏州大学东吴商学院、江南大学食品科学与工程博士后流动站。
本文引自《中国农村经济》2012 年第 10 期。

通过在供应链上形成可靠且连续的信息流,为消费者提供诸如原产地和加工流程等方面的质量安全信息(Regattieri et al.,2007),又具有监控食品生产过程与食品流向、识别食品安全问题和实施问题食品召回等功能,成为食品供应链体系中各个主体信息交流的重要工具(van Rijswijk et al.,2008),由此被认为是从根本上预防食品安全风险的主要工具之一(van Rijswijk et al.,2008)。

中国自2000年起就开始探索性地建立食品可追溯体系,但食品可追溯体系目前主要出现在少数大城市,局限于少数食品,且主要由政府推动企业自愿性地实施,尚未取得明显成效(吴林海等,2010)。但是,2008年9月的三鹿奶粉"三聚氰胺事件"、2011年3月的双汇"瘦肉精事件"、2011年4月上海超市的"染色馒头事件"等一系列食品质量安全事故的接连出现,凸显了食品质量安全在正处于深度转型期的中国更具复杂性,再次引发了人们的思考:实施食品可追溯体系既可以降低生产者因食品质量安全引发的风险成本,激励生产者提供更安全的食品,又能提升消费者安全消费的信心(Pouliot and Sumner,2008),但为什么食品可追溯体系在中国步履艰难?这是一个需要思考的重大现实问题。

与生产普通食品相比,生产具有质量安全信息的可追溯食品必然要增加成本(Tonsor and Schroeder,2006),可追溯体系的宽度越大、深度越深、精确度越高,其所记录和提供的可追溯食品的质量安全信息就越全面,消费者就越容易识别和防范食品安全风险(Golan et al.,2004),但生产可追溯食品相应增加的成本及其市场价格也随之越高。受认知与态度以及自身学历、收入和年龄等影响(Castro,2002;Angulo and Gil,2007;吴林海等,2010),不同的消费者对含有不同质量安全信息的可追溯食品的需求并不相同。因此,并不是含有质量安全信息越全面的可追溯食品,市场需求就越大。可追溯食品的普及面最终依赖于不同层次的消费需求。如何从中国的实际出发,研究不同消费群体对含有不同质量安全信息的可追溯食品的不同需求,由此在中国寻求发展与普及可追溯食品的路径,以防范食品安全风险,这是本文研究的主要意义所在。

二、文献回顾

肉类制品一直是全球消费量最大的食品之一。2008年,全球肉类制品销售额超过3500亿美元,居世界食品消费额的首位(FAO,2008),但肉类制品也是食品质量安全事故频发的食品之一。震惊世界的疯牛病和二噁英污染均是肉类制品所发生的食品质量安全事故。正因如此,对肉类制品可追溯相关问题的研究一直是国际学术界关注的重点。自20世纪90年代以来,学者们进行了大量的先驱性研究。

（一）对美国消费者的研究

Dickinson 和 Bailey（2002）研究了美国犹他州消费者对含有可追溯、质量安全担保和动物福利等不同质量安全信息的牛肉和猪肉的支付意愿。结果表明，具有支付意愿的消费者对同时含有可追溯、动物福利、质量安全担保三类信息的牛肉、猪肉愿意支付的平均额外价格分别为 1.06 美元、1.14 美元，而对仅具备其中一类信息的牛肉、猪肉愿意支付的平均额外价格依次分别为 0.23 美元、0.50 美元、0.63 美元和 0.50 美元、0.53 美元、0.59 美元。

Umberger 等（2003）研究了美国芝加哥市和丹佛市消费者对可追溯牛肉的支付意愿及其影响因素。结果表明，约有 73% 的受访者愿意为带有原产地信息的可追溯牛肉支付 11%～24% 的额外价格，消费者对牛肉质量安全的关注度、对美国牛肉生产者强烈的支持愿望以及有关可追溯牛肉的原产地、新鲜度与肉质保证、养殖等方面的质量安全信息是影响其消费偏好的主要因素。Umberger 等（2003）发现，美国消费者对含有原产地信息的可追溯牛肉具有更高的支付意愿。进一步研究发现，年龄在 45 岁以下、家中没有小孩、在家居住、收入较高且日常生活费用支出较低、关注动物福利、对注射荷尔蒙及抗生素的牛肉表示担忧、有支持当地农业发展愿望的消费者，对含有原产地信息的可追溯牛肉具有更高的支付意愿（Umberger et al.，2009）。

（二）对加拿大和西班牙消费者的研究

与 Dickinson 和 Bailey（2002）的研究类似，Hobbs（2002）研究了加拿大消费者对含有原产地和质量安全担保信息的可追溯牛肉与猪肉三明治的支付意愿。结果表明，大多数消费者不愿意为仅含有原产地信息的可追溯牛肉与猪肉三明治支付额外价格，而更倾向于购买同时具有原产地和质量安全担保信息的可追溯牛肉与猪肉三明治。研究表明，具有支付意愿的消费者对同时具有可追溯、动物福利、质量安全担保三类信息的牛肉和猪肉三明治愿意支付的平均额外价格分别为 1.12 加拿大元和 0.93 加拿大元，而对仅含有其中一类信息的牛肉和猪肉三明治愿意支付的平均额外价格分别为 0.2 加拿大元、0.50 加拿大元、0.56 加拿大元和 0.28 加拿大元、0.44 加拿大元、0.47 加拿大元。

Sànchez 等（2001）在西班牙的研究发现，消费者仅对含有原产地信息的可追溯羔羊肉（lamb）具有额外支付意愿，而对含有其他质量安全信息的可追溯羔羊肉并没有额外支付意愿。Angulo 等（2005）在西班牙的研究发现，尽管已意识到牛肉的质量安全问题，但只有 27.5% 的受访者愿意为可追溯牛肉支付额外价格，对牛肉安全风险的恐慌、有关环境污染对牛肉质量产生负面影响的感知和对自身健康的关注则是影响消费者支付意愿的主要因素。Angulo 和 Gil（2007）进一步研究发现，每周牛肉消费量、牛肉购买频率、对牛肉质量安全的感知、收入水平等是显著影响西班牙消费者对可追溯牛肉额外支付意愿的主要因素。

(三) 对其他国家消费者的研究

Dickinson 和 Bailey (2003) 通过比较发现,美国、加拿大、英国和日本四国的消费者对可追溯猪肉和牛肉的支付意愿差异较大,但对猪肉和牛肉质量安全的关注、动物福利信息是影响消费者支付意愿的共同因素。同样地,Lusk 等 (2003) 对美国、德国、英国和法国四国消费者的研究发现,欧洲三国消费者对肉类制品在生产环节使用的基因技术、生物技术和激素可能导致的安全风险的关注度高于美国。Bolliger 和 Réviron (2008) 在瑞士法语区的调查发现,90% 的受访者偏好本国生产的可追溯禽肉类产品,且平均愿意支付每公斤 3 欧元的额外价格。Enneking (2004) 在德国的研究发现,消费者对含有质量安全和质量安全保证信息(贴有 Q&S 标签)的肉类制品具有额外支付意愿,对肉类制品安全风险的关注度与是否含有原产地信息是影响消费者支付意愿的重要因素。Meuwissen 等 (2007) 在荷兰的研究发现,对肉类制品质量安全的关注度与是否含有原产地、饲养过程和动物福利等方面信息是影响消费者对含有质量安全保证信息的肉类制品支付额外价格的主要因素。

(四) 小结

学者们就主要发达国家消费者对含有不同质量安全信息的可追溯肉类制品的消费偏好等问题进行了大量研究,从中不难发现,虽然不同国家的消费者有不同的消费习惯,但对含有不同质量安全信息的可追溯肉类制品的消费偏好有相似性:对肉类制品安全风险、原产地及其生产过程中动物福利的关注度等影响消费者的消费偏好,对含有多层次质量安全信息的可追溯肉类制品具有更高的支付意愿。当然,受不同消费文化的影响,不同消费者对含有不同质量安全信息的可追溯肉类制品的消费偏好及其影响因素存在着差异性。美国和加拿大消费者在关注肉类制品安全风险的同时,更加关注动物福利信息;而西班牙消费者则关注环境污染对牛肉质量安全的影响等。由此可见,国外学者展开的大量研究主要专注于消费者对含有原产地、动物福利、质量安全担保等方面质量安全信息的可追溯肉类制品的消费偏好,并未更多地研究消费者对含有原产地饲养、生产加工、流通消费等方面不同质量安全信息的可追溯肉类制品的消费偏好,且研究局限于几个发达国家,对中国消费者相关问题的研究完全是空白。国内仅有的关于消费者对含有质量安全信息的可追溯食品支付意愿的研究(吴林海等,2010;王怀明等,2011),也主要停留在对泛指化的可追溯食品消费偏好的描述性分析上,而没有深入研究消费者对含有不同质量安全信息的可追溯食品的消费偏好。因此,本文以可追溯猪肉为例,细化质量安全信息的内涵,研究消费者对可追溯食品的偏好,这对深化此领域的研究无疑是有价值的。

三、研究设计

(一) 猪肉品种的选择

2010年，中国肉类制品产量达到7925万吨，约占世界肉类制品总产量的29%，居世界各国之首。其中，猪肉产量为5070万吨，分别占中国肉类和世界猪肉总产量的64%和49%，而猪肉消费量占国内肉类制品消费总量的50%以上①。因此，研究中国消费者对含有不同质量安全信息的可追溯猪肉的消费偏好具有普遍意义。研究消费者对同一个猪肉品种的消费偏好，可有效排除非本质因素对研究结论的影响。由于猪后腿肉在国内有普遍消费（王怀明等，2011），且本文研究的预调查显示，相同类型的猪后腿肉在同一地区的市场价格基本相近，因此，为避免猪肉不同部位对其价格的影响，本文统一选取猪后腿肉作为研究消费者消费偏好的猪肉品种。

(二) 调查地区

本文以山东省潍坊市区为调查地区。潍坊市地处胶东半岛中心位置，经济社会发展在山东居于中等水平，近年来市民收入持续攀升，改善食品质量的愿望日趋强烈。以潍坊市区消费者为样本展开分析可以大体刻画山东乃至全国消费者对含有不同质量安全信息的可追溯猪肉的消费偏好。与国内其他大中城市相类似，在潍坊市区可追溯猪肉的销售终端主要集中在超市和食品专卖店。因此，本文研究选择了潍坊市中心城区客流量大的佳乐家、沃尔玛等超市与双汇、金锣等品牌猪肉专卖店作为调查地点。

(三) 可追溯猪肉不同质量安全信息的设定

完整的猪肉制品可追溯体系所包含的质量安全信息不仅是原产地、动物福利、质量安全担保等方面的信息，还应涵盖生产、加工、流通等主要环节的信息，对此国外学者并未展开充分的研究，国内在此方面的研究也极少。马从国等（2008）研究认为，生猪饲料来源信息、屠宰场信息、产品贮藏信息应列入可追溯猪肉制品的信息体系之中；张可等（2010）则认为，可追溯猪肉制品的质量安全信息应包含生猪养殖场、屠宰场以及猪肉制品生产、加工、储藏、运输等方面的信息，但他们并未对可追溯猪肉制品的质量安全信息做出明确的界定。同时，国内外学者对可追溯肉类制品的原产地与动物福利方面信息的理解不尽相同。从广义上分析，动物原产地信息包含从养殖、加工到最后销售的整个供应链

---

① 中国肉类协会. 2010年中国畜禽养殖和肉类禽蛋生产的概述 [EB/OL]. 中国肉类协会网站（http://www.chinameat.org），2011 - 07 - 29.

过程的信息（Sparling et al.，2006）；而从狭义上分析，动物原产地信息仅指动物养殖环节的信息（Hobbs，1996）。动物福利的改善有助于减少动物疫病发生的概率，提高肉类制品的安全性，动物福利信息强调的是动物在养殖、运输、屠宰等一系列过程中的福利待遇。由于发展阶段上的差异，国外消费者在消费动物制品时非常关注原产地与动物福利方面的信息，但目前在中国，动物福利信息尚未被消费者广泛关注。因此，本文对可追溯猪肉制品所包含的质量安全信息设定为以下一种或多种信息：生猪养殖信息、屠宰信息、加工信息、猪肉制品贮存及运输销售信息。这四种信息从生猪养殖、屠宰、加工与运输等不同侧面反映了猪肉制品的安全性（对应于表1中的B、C、D、E）。较高水平的可追溯猪肉制品至少应完整地包含上述四种质量安全信息。

表1 包含不同质量安全信息的可追溯猪后腿肉的市场估算价格

代号	可追溯猪后腿肉所包含的质量安全信息	市场价格（元/公斤）
A	无	20
B	养殖信息	21
C	养殖与屠宰信息	22
D	养殖、屠宰、加工信息	23
E	养殖、屠宰、加工、冷藏及运输销售信息	24

（四）问卷设计

笔者于2011年4月实地调查了山东省潍坊市中心城区的佳乐家、沃尔玛等大型超市，对市场上普通猪后腿肉的价格进行观察，发现其零售价格在19.6~20.4元/公斤波动。同时，笔者走访了潍坊市畜牧局和生猪养殖、屠宰、加工与销售环节的相关人员，在借鉴相关资料的基础上①，请专业人员共同测算本文设定的四类含有不同可追溯质量安全信息的猪后腿肉的市场价格。考虑到每增加一种质量安全信息可能产生溢价1元与实际估算结果基本相近，本文以20元/公斤作为普通猪后腿肉的市场价格，设计了四类含有不同质量安全信息的可追溯猪后腿肉的市场价格（如表1所示）。

问卷中设置的含有消费者性别、年龄、年收入、学历与家庭人口等个体与家庭特征信息的问题由消费者直接回答，问卷同时设计了消费者对食品质量安全以及市场上猪肉制品质量安全的总体评价、对可追溯食品的认知与态度等若干问题。另外，考虑到调查前不久爆发的双汇"瘦肉精事件"可能会直接影响消费者的消费偏好，为此设计了双汇"瘦肉精事件"是否影响消费者对可追溯猪后腿肉的消费意愿等问题，请消费者回答。考虑到

---

① 假如建立完整的、最经济的可追溯猪肉体系，含有完整的质量安全信息的可追溯猪肉价格比相应的普通猪肉价格估计每公斤要高出4元。参见现有猪肉流通环节如何实现可追溯［EB/OL］．中国肉业网（www.chinameat.cn），2011-04-25.

面对面的调查方式能有效避免受访者对所调查问题回答的偏误且问卷反馈率较高（Boccaletti and Nardella，2000；吴林海等，2010），本文研究由经过训练的调查员随机选择消费者，以面对面直接访谈的方式完成调查。本次问卷调查共获得有效问卷 765 份，问卷有效率为 95.63%。调查于 2011 年 5 月完成。

四、调查样本的统计性分析

（一）受访者特征

在受访者性别构成上，女性比例略高，占比为 51.8%；26~40 岁年龄段、高中与职高及以下文化程度及年收入水平低于 6 万元者为最大的受访者群体；在家庭构成上，家中无 16 岁以下小孩、无 60 岁以上老人和无孕妇的受访者占比分别为 62%、71.8% 和 85.9%（见表 2）。

表 2 样本的基本特征

统计类别	分类指标	人数（人）	有效比例（%）
性别	男	369	48.2
	女	396	51.8
年龄	25 岁及以下	219	28.6
	26~40 岁	231	30.2
	41~55 岁	150	19.6
	56 岁及以上	165	21.6
学历状况	高中与职高及以下	294	38.4
	大专	264	34.5
	本科	123	16.1
	研究生及以上	84	11.0
家中是否有 16 岁以下小孩	是	291	38.0
	否	474	62.0
家中是否有 60 岁以上老人	是	216	28.2
	否	549	71.8
家中是否有孕妇	是	108	14.1
	否	657	85.9
年收入水平	3 万元及以下	345	45.1
	3 万~6 万元	303	39.6
	6 万元以上	117	15.3

(二)消费者对可追溯食品的认知

分别有18%、40%和42%的受访者表示对可追溯食品"十分了解"、"了解"和"不了解";有97.3%的受访者对食品质量安全表示"很关注"或"关注"(见表3)。

表3 消费者对食品质量安全的关注度与对可追溯食品的认知

统计类别	分类指标	人数(人)	有效比例(%)
消费者对食品质量安全的关注程度	很关注	636	83.2
	关注	108	14.1
	不关注	21	2.7
消费者对可追溯食品的认知	十分了解	138	18.0
	了解	306	40.0
	不了解	321	42.0

(三)消费者对可追溯猪肉的偏好

有32.5%的受访者认为,双汇"瘦肉精事件"提高了自己对可追溯猪肉的购买愿意,只有4.3%的受访者不愿意购买可追溯猪肉。在愿意购买可追溯猪肉的受访者中,分别有32.6%、27.8%、19.6%和15.7%的人选择购买B、C、D和E类型的可追溯猪肉。同时,调查显示,仅有36.9%的受访者会关注猪肉可追溯标签(见表4)。

表4 消费者对可追溯猪肉的偏好

统计类别	分类指标	人数(人)	有效比例(%)
猪肉偏好	A类	33	4.3
	B类	249	32.6
	C类	213	27.8
	D类	150	19.6
	E类	120	15.7
是否受双汇"瘦肉精事件"影响	影响	249	32.5
	不影响	516	67.5
是否关注猪肉可追溯标签信息	是	282	36.9
	否	483	63.1

五、消费者对可追溯猪肉消费偏好影响因素的回归分析

由于信息不对称,消费者并不能直接观测到可追溯猪肉的内在安全属性,判断与识别其质量安全水平的主要途径是可追溯信息。对消费者而言,只要外观相同,那么,质量安全信息层次的差异就是不同种类可追溯猪肉的唯一差异。因此,可追溯猪肉质量安全信息的差异将体现为垂直差异(vertical differentiatio)(Tirole,1988)。假设有 $J+1$ 个层次质量安全信息,第 j 层次的质量安全信息 q_j 满足:$q_0 < \cdots < q_j < \cdots < q_J$,在给定含有每一种质量安全信息的可追溯猪肉价格水平的情形下,依据 Shaked 和 Sutton(1983),本文假设存在无差异点使得消费者感觉层次相邻(j 与 $j-1$)的猪肉无差异,满足 $t_1 < \cdots < t_j < \cdots < t_J$,$t_j$ 为无差异点。无差异点无法直接观测,但可以通过消费者的选择间接观测到。令第 i 个消费者消费猪肉的效用为:

$$U_i = \beta' X_i + \varepsilon_i$$

$$\begin{cases} y_i = 0 & \text{如果 } U_i < t_1 \\ y_i = 1 & \text{如果 } t_1 < U_i < t_2 \\ \vdots \\ y_i = J & \text{如果 } U_i > t_j \end{cases} \quad (1)$$

式(1)中,β 为 k 维待估参数向量,满足 $\beta' = (\beta_0, \beta_1, \cdots, \beta_{k-1})$;$X_i$ 为影响第 i 个消费者效用的个体特征向量,满足 $X_i = (x_{i0}, x_{i1}, \cdots, x_{ik-1})$,其中,$x_{i0} = 1$;$y_i$ 则为第 i 个消费者选择具有第 j 个层次质量安全信息的猪后腿肉;ε_i 为误差项。

(一)变量定义与赋值

本文将消费者对可追溯猪后腿肉的选择(继续购买普通猪后腿肉为 0,购买含有不同层次质量安全信息的可追溯猪后腿肉为 1~4)定义为因变量(y_i),模型所设置的自变量如表 5 所示。

表 5 变量定义与赋值

变量	定义	均值
消费者偏好(y_i)	不愿意支付 购买 A 类普通猪后腿肉,$y_i = 0$ 愿意支付 购买 B 类可追溯猪后腿肉,$y_i = 1$ 购买 C 类可追溯猪后腿肉,$y_i = 2$ 购买 D 类可追溯猪后腿肉,$y_i = 3$ 购买 E 类可追溯猪后腿肉,$y_i = 4$	2.10

续表

变量	定义	均值
对食品质量安全的关注程度（CO）	虚拟变量："关注"、"很关注"为1，"不关注"为0	0.97
对可追溯食品的认知（AT）	虚拟变量："了解"、"十分了解"=1；"不了解"=0	0.58
26~40岁年龄段（YAG）	虚拟变量：是=1；否=0	0.30
41~55岁年龄段（MAG）	虚拟变量：是=1；否=0	0.20
56岁及以上年龄（HAG）	虚拟变量：是=1；否=0	0.22
家中是否有16岁以下孩子（KID）	虚拟变量：是=1；否=0	0.38
家中是否有60岁以上老人（OLD）	虚拟变量：是=1；否=0	0.28
家中是否有孕妇（PGT）	虚拟变量：是=1；否=0	0.14
性别（GE）	虚拟变量：男=1；女=0	0.48
年收入3万~6万元（MIN）	虚拟变量：是=1；否=0	0.40
年收入6万元及以上（HIN）	虚拟变量：是=1；否=0	0.15
大专学历（JC）	虚拟变量：是=1；否=0	0.35
本科学历（MED）	虚拟变量：是=1；否=0	0.16
研究生以上学历（HED）	虚拟变量：是=1；否=0	0.11
是否关注猪肉可追溯标签信息（LAB）	虚拟变量：是=1；否=0	0.37
是否受双汇"瘦肉精事件"影响（INF）	虚拟变量：是=1；否=0	0.33

（二）模型选择与研究结论

表5显示，消费者偏好的结构是离散型的。对此，本文假设 ε_i 满足Logistic分布。由于消费者偏好的变量定义与赋值具有等级次序的性质，故有序Logistic（ordinal Logistic）模型（Greene，2003）更能反映出不同层次的可追溯猪肉垂直差异的性质。令：

$$\begin{aligned} Prob(y_i > 0) &= F(U_i - t_1 > 0) = F(\varepsilon_i > t_1 - \beta' X_i) \\ &= 1 - F(\varepsilon_i < t_1 - \beta' X_i) \\ &= \frac{\exp(\beta' X_i - t_1)}{1 + \exp(\beta' X_i - t_1)} \end{aligned} \quad (2)$$

本文利用SPSS17.0软件对式（2）进行最大似然估计（maximum likelihood estimators），结果见表6。表6列出的模型拟合检验、拟合优度检验与平行检验结果显示，模型总体拟合良好，同时平行性成立，可以采用有序Logistic回归。

表6 有序Logistic模型估计结果

自变量	估计系数	Wald值	标准误	显著性水平	自变量	估计系数	Wald值	标准误	显著性水平
CO	0.6582**	7.1291	0.2465	0.0076	INF	0.8379**	11.2423	0.2499	0.0008

续表

自变量	估计系数	Wald 值	标准误	显著性水平	自变量	估计系数	Wald 值	标准误	显著性水平
AT	0.8761**	13.1994	0.2412	0.0003	临界点				
YAG	0.1480	1.1585	0.1376	0.2818	临界点1	-0.5713**	6.6404	0.2217	0.0099
MAG	0.4567	1.3402	0.3945	0.2470	临界点2	0.0420	0.0783	0.1501	0.6923
HAG	-0.0716	0.0907	0.2377	0.7633	临界点3	1.9760**	27.9523	0.3737	<0.0001
KID	0.2426	3.1851	0.1359	0.0743	临界点4	3.2192**	33.6975	0.5546	<0.0001
OLD	-0.0903	0.1670	0.2210	0.6828	检验结果				
PGT	0.5062*	6.4386	0.1995	0.0112	-2LL	512.28			
GE	-0.0655	0.0421	0.3193	0.8374	χ^2 检验	234.483（p=0.000<0.001）			
MIN	0.5664*	6.6178	0.2202	0.0101	Pearson 检验	大于 0.05			
HIN	1.3678**	26.1033	0.2677	0.0000	Deviance 检验	大于 0.05			
JC	-0.0951	0.3409	0.1629	0.5593	Cox&Snell R^2	0.600			
MED	0.1980	2.4737	0.1259	0.1158	Nagelkerke R^2	0.634			
HED	0.3972	3.3212	0.2180	0.0684	McFadden R^2	0.312			
LAB	0.4353*	4.9164	0.1963	0.0266	平行检验	0.933>0.05			

注：*表示在5%水平上显著，**表示在1%水平上显著。

由表6可知，消费者对食品质量安全的关注程度（CO）、对可追溯食品的认知（AT）的估计系数为正，即关注食品质量安全与了解可追溯食品的消费者更愿意购买可追溯猪肉。这与Dickinson和Bailey（2003）、Umberger等（2003）、吴林海等（2010）的研究结果类似。其原因在于，消费者对可追溯猪肉的偏好是建立在对食品质量安全风险认知以及对可追溯猪肉了解的基础上的。相似的理由也可以解释关注猪肉可追溯标签信息（LAB）的估计参数为正的原因。Umberger等（2003）、Enneking（2004）也有相同的发现。同时，年收入3万~6万元（MIN）与年收入6万元及以上（HIN）的估计系数为正，说明收入水平高的消费者更偏好含有可追溯信息的猪肉，这与Castro（2002）、吴林海等（2010）的研究结果吻合。其理由是，购买可追溯猪后猪肉需要增加额外支付，而高收入消费者更有可能具有额外支付的意愿。此外，模型估计结果还证实，家中有孕妇的消费者（PGT）更偏好购买含有质量安全信息的可追溯猪肉。根据当时实际的猪肉消费环境，本文设计了消费者购买可追溯猪肉意愿是否受双汇"瘦肉精事件"影响的自变量（INF），结果显示，该变量对消费者的影响十分显著，该事件促使消费者更愿意选择可追溯猪肉。

表6中的系数估计结果仅反映了消费者对可追溯猪后腿肉的偏好，还不能全面和准确地反映消费者对含有不同质量安全信息的可追溯猪后腿肉的偏好。为此，本文在表6估计结果的基础上，利用临界点与相关估计系数计算出边际效应（marginal effects）以做进一步分析。一般而言，常规的连续变量边际效应的计算方法并不适合于计算虚拟变量的边际效应（Greene，1998）。因此，本文在计算单个虚拟变量的边际效应时把该变量以外的其

他变量均假设为零,并按照下面的公式(参见 Anderson and Newell, 2003)计算:

$$E[Y|x_{ik}=1] - E[Y|x_{ik}=0] = F(c_n + x_{ik}) - F(c_n) \qquad (3)$$

式(3)中, c_n 为临界点, $n=1,2,3,4$。依据式(3),自变量对于消费者偏好的边际效应计算结果如表7所示。

表7 自变量对于消费者偏好的边际效应(其他条件不变)

自变量	prob ($y_i=0$)	prob ($y_i=1$)	prob ($y_i=2$)	prob ($y_i=3$)	prob ($y_i=4$)
CO	-0.1347	-0.0252	0.0704	0.0564	0.0331
AT	-0.1705	-0.0435	0.0859	0.0791	0.0490
YAG	-0.0334	-0.0010	0.0177	0.0109	0.0058
MAG	-0.0975	-0.0121	0.0517	0.0370	0.0208
HAG	0.0167	-0.0005	-0.0087	-0.0049	-0.0026
KID	-0.0539	-0.0032	0.0286	0.0184	0.0100
OLD	0.0211	-0.0008	-0.0109	-0.0061	-0.0032
PGT	-0.1070	-0.0150	0.0567	0.0416	0.0237
GE	0.0152	-0.0005	-0.0079	-0.0045	-0.0023
MIN	-0.1182	-0.0188	0.0623	0.0474	0.0272
HIN	-0.2352	-0.0937	0.0980	0.1340	0.0969
JC	0.0222	-0.0009	-0.0115	-0.0065	-0.0034
MED	-0.0443	-0.0020	0.0235	0.0148	0.0080
HED	-0.0858	-0.0091	0.0456	0.0316	0.0176
LAB	-0.0933	-0.0110	0.0496	0.0351	0.0197
INF	-0.1646	-0.0400	0.0836	0.0750	0.0460

分析表7中变量的边际效应,可以发现:

第一,当 $y_i=0$ 时,消费者对食品质量安全的关注程度(CO)、对可追溯食品的认知(AT)、家中是否有孕妇(PGT)、年收入3万~6万元和6万元及以上(MIN 和 HIN)、关注猪肉可追溯标签信息(LAB)、受双汇"瘦肉精事件"影响(INF)的边际效应均为负,表明关注食品质量安全、对可追溯食品有认知、年收入在3万元以上、关注猪肉可追溯标签信息的消费者,购买无质量安全信息的不可追溯猪肉的概率相对较低,这与表6中的结论完全一致。

第二,消费者对食品质量安全的关注程度(CO)、对可追溯食品的认知(AT)、家中是否有孕妇(PGT)、年收入3万~6万元(MIN)、关注猪肉可追溯标签信息(LAB)、受双汇"瘦肉精事件"影响(INF)的边际效应在 $y_i=2$ 时最高。这说明,关注食品质量安全、对可追溯食品有认知、年收入在3万~6万元、关注猪肉可追溯标签信息的消费者更偏好B类可追溯猪肉,即他们更偏好含有养殖与屠宰信息的可追溯猪肉,这可能与近年来猪肉制品的质量安全事故大多发生在养殖与屠宰环节相关。值得关注的是，年收入6万元及以上（HIN）的边际效应在 $y_i=3$ 时最高，表明相对于年收入3万元以下的消费者，年收入6万元及以上的消费者更偏好D类可追溯猪肉，可能的原因是，这类较高收入者更偏好于已经加工好的猪肉成品，以满足较快的生活节奏。

六、结论分析与政策含义

综合以上的模型估计结果和前人的相关文献，本文研究的主要结论是：

第一，消费者对食品质量安全的关注度、可追溯食品的认知等显著影响其对含有不同质量安全信息的可追溯猪肉的偏好。高达97.3%的受访者关注食品质量安全，同时有42%的受访者不了解可追溯食品。这一方面表明，消费者甚为担忧目前的食品质量安全状况；另一方面也说明，在中国可追溯食品仍处于起步阶段。此外，有32.5%的受访者受双汇"瘦肉精事件"的影响而更愿意购买可追溯猪肉，可见，不断出现的食品质量安全事故持续影响消费者的信心。

第二，收入水平是影响消费者对含有不同质量安全信息的可追溯猪肉偏好的主要因素。年收入3万元以下的消费者，可能由于对可追溯猪肉认知不足和收入水平较低，更偏好于无质量安全信息的不可追溯猪肉。对可追溯猪肉有较高购买意愿的消费者更偏好于含有养殖与屠宰信息的可追溯猪肉，其中，年收入6万元以上的消费者则更偏好于含有养殖、屠宰与加工信息的可追溯猪肉。可见，收入水平是影响消费者选择含有不同质量安全信息的可追溯猪肉的主要因素。

第三，家中是否有孕妇也影响消费者对可追溯猪肉的偏好。从根本上讲，这仍可归结于消费者对食品质量安全的担忧，以及消费者为确保下一代的健康而选择更安全的可追溯猪肉。关注猪肉可追溯标签信息也影响消费者的选择，这在本质上与消费者的受教育程度密切相关。

本文的研究结论所蕴含的政策含义是，从实际出发，尤其是基于消费者对食品质量安全极高的关注程度和对可追溯食品认知的不足，需加大对可追溯食品的宣传力度，并循序渐进，关注最大消费者群体对可追溯食品的需求，推出市场接受度最大的可追溯食品，建立含有不同层次质量安全信息的可追溯食品市场，以满足不同消费者群体的需求。

参考文献

[1] Anderson, S. and Newell, R. G., 2003, "Simplified Marginal Effects in Discrete Choice Models", Economics Letters, 81 (3): 321–326.

[2] Angulo, A. M., Gil, J. M. and Tamburo, L., 2005, "Food Safety and Consumers' Willingness to Pay for Labelled Beef in Spain", Journal of Food Products Marketing, 11 (3): 89–105.

[3] Angulo, A. M. and Gil, J. M. , 2007, " Risk Perception and Consumers' Willingness to Pay for Certified Beef in Spain", Food Quality and Preference, 18 (8): 1106 – 1117.

[4] Boccaletti, S. and Nardella, M. , 2000, "Consumers' Willingness to Pay for Pesticide – free Fresh Fruit and Vegetables in Italy", The International Food and Agribusiness Management Review, 3 (3): 297 – 310.

[5] Bolliger, C. and Réviron, S. , 2008, " Consumers' Willingness to Pay for Swiss Chicken Meat: An In – store Survey to Link Stated and Revealed Buying Behaviour", paper submitted to the 12th Congress of the European Association of Agricultural Economists – EAAE.

[6] Castro, P. D. , 2002, "Mechanization and Traceability of Agricultural Products: A Challenge for the Future, Agricultural Engineering International: The CIGR Journal of Scientific Research and Development", invited overview paper.

[7] Dickinson, D. L. and Bailey, D. V. , 2002, " Meat Traceability: Are U. S. Consumers Willing to Pay for It?", Journal of Agricultural and Resource Economics, 27 (2): 348 – 364.

[8] Dickinson, D. L. and Bailey, D. V. , 2003, "Willingness – to – pay for Information: Experimental Evidence on Product Traceability from the USA, Canada, the UK and Japan", working papers from Utah State University, Department of Economics.

[9] Enneking, U. , 2004, " Willingness – to – pay for Safety Improvements in the German Meat Sector: The Case of the Q&S Label", European Review of Agricultural Economics, 31 (2): 205 – 223.

[10] FAO (Food and Agriculture Organization) , 2008, "Top Production – 2008", http: //faostat. fao. org.

[11] Tonsor, G. T. and Schroeder, T. C. , 2006, "Livestock Identification: Lessons for the U. S. Beef Industry from the Australian System", Journal of International Food & Agribusiness Marketing, 18 (3 – 4): 103 – 118.

[12] Golan, E. , Krissoff, B. , Kuchler, F. , Calvin, L. , Nelson, K. and Price, G. , 2004, "Traceability in the U. S. Food Supply: Economic Theory and Industry Studies, Agricultural Economic Report No. 830", Economic Research Service, U. S. Department of Agriculture.

[13] Greene, W. H. , 2003, " Econometric Analysis", New Jersey: Prentice Hall.

[14] Hobbs, J. E. , 1996, "A Transaction Cost Analysis of Quality, Traceability and Animal Welfare Issues in UK Beef Retailing", British Food Journal, 98 (6): 16 – 26.

[15] Hobbs, J. E. , 2003, " Traceability and Country of Origin Labelling", paper presented at the Policy Dispute Information Consortium 9th Agricultural and Food Policy Information Workshop, Montreal, April 25.

[16] Hobbs, J. E. , 2003, "Consumer Demand for Traceability", paper presented at the International Agricultural Trade Research Consortium Annual Meeting, Monterey, California, December 15 – 17.

[17] Lusk, J. L. , Roosen, J. and Fox, J. A. , 2003, " Demand for Beef from Cattle Administered Growth Hormones or Fed Genetically Modified Corn: A Comparison of Consumers in France, Germany, the United Kingdom and the United States, American", Journal of Agricultural Economics, 85 (1): 16 – 29.

[18] Meuwissen, M. P. M. , van der Lans, I. A. and Huirne, R. B. M. , 2007, "Consumer Preferences for Pork Supply Chain Attributes", NJAS – Wageningen Journal of Life Sciences, 54 (3): 293 – 312.

[19] Pouliot, S. and Sumner, D. A. , 2008, " Traceability, Liability and Incentives for Food Safety and Quality", American Journal of Agricultural Economics, 90 (1): 15 – 27.

[20] Regattieri, A. , Gamberi, M. and Manzini, R. , 2007, " Traceability of Food Products: General

Framework and Experimental Evidence", Journal of Food Engineering, 81 (2): 347 – 356.

[21] Sánchez, M., Sanjuán, A. I. and Akl, G., 2001, "The Influence of Personal Attitudes and Experience in Consumption on the Preferences for Lamb and Veal", paper presented at the 71th European Agricultural Economics Seminar, Zaragoza (España), April, 19 – 20.

[22] Sarig, Y., Baerdemaker, J. D., Marchal, P., Auernhammer, H., Bodria, L., Nääs, I. and Centrangolo, H., 2003, "Traceability of Food Products, Agricultural Engineering International", The CIGR Journal of Scientific Research and Development, invited overview paper.

[23] Shaked, A. and Sutton, J., 1983, "Natural Oligopolies", Econometrica, 51 (5): 1469 – 1484.

[24] Sparling, D., Henson, S.; Dessureault, S. and Herath, D., 2006, "Costs and Benefits of Traceability in the Canadian Dairyprocessing Sector", Journal of Food Distribution Research, 37 (1): 160 – 166.

[25] Tirole, J., 1988, "The Theory of Industrial Organization", MIT Press.

[26] Umberger, W. J., Feuz, D. M., Calkins, C. R. and Sitz, B. M., 2003, "Country – of – origin Labeling of Beef Products: U. S. Consumers' Perceptions", Journal of Food Distribution Research, 34 (3): 103 – 116.

[27] Umberger, W. J., McFadden, D. D. T. and Smith, A. R., 2009, "Does Altruism Play a Role in Determining U. S. Consumers' Preferences and Willingness to Pay for Natural and Regionally Produced Beef?", Agribusiness, 25 (2): 268 – 285.

[28] van Rijswijk, W., Frewer, L. J., Menozzi, D. and Faioli, G., 2008, "Consumers' Perceptions of Traceability: A Cross – national Comparison of the Associated Benefits", Food Quality and Preference, 19 (5): 452 – 464.

[29] 王怀明, 尼楚君, 徐锐钊. 消费者对食品质量安全标识支付意愿实证研究——以南京市猪肉消费为例 [J]. 南京农业大学学报 (社会科学版), 2011 (1).

[30] 吴林海, 徐玲玲, 王晓莉. 影响消费者对可追溯食品额外价格支付意愿与支付水平的主要因素——基于 Logistic、IntervalCensored 的回归分析 [J]. 中国农村经济, 2010 (4).

[31] 张可, 柴毅, 翁道磊, 翟茹玲. 猪肉生产加工信息追溯系统的分析和设计 [J]. 农业工程学报, 2010 (4).

基于收入分层 QUAIDS 模型的广东省城镇居民家庭食品消费行为分析*

吴蓓蓓　陈永福　于法稳

【摘　要】 基于 2007~2009 年广东省城镇居民家庭 7 类食品的消费数据，本文运用 QUAIDS 模型对不同收入家庭食品消费结构及其消费行为进行了分析。结果表明：首先，按照全部样本估算的城镇居民家庭乳品、油脂类和肉类等动物性食品的支出弹性大于 1，与中等和高收入家庭相比，低收入家庭这三类食品的消费支出弹性也相对敏感。其次，在不同收入分层中，低收入家庭油脂类食品的消费价格弹性相对敏感。最后，当收入和价格同比例变化时，城镇居民家庭更愿意增加对肉类、蛋类和乳品的消费。因此，稳定食品价格、提高最低生活保障标准和最低工资标准等措施，是确保城镇居民家庭食品消费需求、营养摄入水平及生活质量的前提条件。

【关键词】 城镇居民；收入分层；食品消费；QUAIDS 模型

一、引　言

近年来，中国城镇居民家庭收入水平不断提高，其家庭收入差距和消费差距不断扩大（尹世杰，2003），城镇居民家庭恩格尔系数不断下降，从 2000 年的 39.4% 下降到 2010 年的 35.7%。在此背景下，收入增长对不同收入水平城镇居民家庭食品消费需求的影响存在显著差异（Zheng，2008）；同时，我国食品价格剧烈波动，这不仅对城镇居民家庭食品消费需求产生了一定的影响（董国新、陆文聪，2009），而且对不同收入水平城镇居

---

* 本文得到国家科技支撑资助项目"畜产品消费需求量预测系统示范"（项目编号：2009BADA9B00）和日本国际农业科学研究中心合作项目"农产品供求展望与单产等的预测"的资助。
作者：吴蓓蓓、陈永福，中国农业大学经济管理学院；于法稳，中国社会科学院农村发展研究所。
本文引自《中国农村观察》2012 年第 4 期。

民家庭食品消费需求的影响程度又存在较大的差别。因而，研究不同收入水平城镇居民家庭的食品消费行为，探讨不同收入水平城镇居民家庭食品消费与食品价格、家庭收入等影响因素之间的关系，对确保满足不同收入水平城镇居民家庭食品消费需求和全面提高膳食营养水平具有重要的政策意义。

从以往研究来看，中国居民食品消费的研究表明，居民收入水平及食品价格是影响食品需求最重要的因素（蒋乃华等，2003；Dong，2006）。也有研究认为，户主年龄和受教育程度、消费习惯、家庭规模等人口特征因素对居民食品消费的影响也不容忽视（Guo et al.，2000；Fuller et al.，2006）。但较多的研究忽视了不同收入水平家庭食品消费的多样性及差别（尹世杰，2003）。从研究方法上看，以往的定量分析一般采用线性支出系统模型或其扩展形式、近似理想需求系统模型（AIDS）来分析居民的食品消费行为，但这些模型很难反映消费品消费支出的非线性趋势，也很难反映不同收入层面家庭消费需求的差别特征。相比而言，二次型曲线的恩格尔曲线更加符合经济规律，从而可以更好地区分必需品和奢侈品（赵伟，2007；Poi，2008）。可见，作为 AIDS 模型扩展的 QUAIDS 模型，可以更好地拟合真实的数据，这是其他线性需求系统模型很难实现的（Xi et al.，2004；Lambert et al.，2006；Zheng，2008；Obayelu et al.，2009）。因此，本文采用二次型近似理想需求系统模型（Quadratic Almost Ideal Demand System，QUAIDS），对广东省2007～2009年城镇居民家庭按收入层次分类开展食品消费行为的实证分析，以期为未来确保城镇居民家庭食品消费需求、营养摄入水平及生活质量提出有针对性的政策启示。

二、理论方法和模型设定

（一）需求函数理论

消费者需求理论主要研究消费者行为，即一个理性消费者或消费群体（如家庭）在一定的价格、收入水平、个体特征（如年龄、职业、受教育程度等）以及地理环境（城市或农村）等条件下，所消费商品服务的种类和数量（黄益平、宋立刚，2001）。

假定一个家庭的效用函数是 $u(Q, z)$，其中，Q 为向量，表示家庭所选择的 n 种商品数量；z 为影响家庭购买行为决定的其他因素，如个体特征、所在地区特征等。该家庭总收入为 y，则其预算约束为 $P \times Q = y$，P 表示商品价格，为 n 阶行向量。即有：

$$\max \quad u(Q, z)$$
$$\text{s. t.} \quad y - P \times Q = 0 \tag{1}$$

家庭是效用最大化的追求者，即家庭所追求的目标是在满足预算约束的前提下，选择适当的 Q，从而满足效用最大化。因此，由式（1）的效用函数和约束条件，引入拉格朗日乘子 λ，可构造出拉格朗日函数：

$$\max_{Q,\lambda} u(Q, z) + \lambda(y - P \times Q) \max_{Q,\lambda} \tag{2}$$

这一最大化问题的解是 n 个需求方程,为:

$$Q_i = Q_i(P, y, z); \quad i = 1, 2, \cdots, n \tag{3}$$

式(3)导出的家庭消费需求函数可以很好地描述影响消费行为的主要因素。从目前对消费行为的研究来看,通常采用总量分析或典型个体分析模式,并没有考虑收入分配因素,也没有考虑个体异质性特征,造成分析结果产生偏差。

Pinstrup – Andersen 和 Caicedo(1978)在 20 世纪 70 年代末指出,居民消费行为会随着家庭总收入水平的不同而变化。Jones 和 Mustiful(1996)通过对不同收入阶层早餐食品消费的分析,发现低收入群体的食品消费具有较高的消费支出弹性。他们指出,消费行为的不同,可以通过收入的不同和购买食品的不同等个体或家庭特征表现出来,这就是分组的基本原则。这些理论为分析不同收入阶层消费者的消费行为奠定了基础。

(二) QUAIDS 模型

在上述理论框架之下,不同效应函数可以推导出不同的需求函数,那么,研究不同收入阶层的消费者在各种商品不同价格水平下的需求系统模型就有很多种,如存量调整模型、状态调整模型、线性支出系统及其扩展形式、Rotterdam 模型、超越对数函数的间接效用函数等(张凡永、周红燕,2007)。但是,这些模型在估计过程中无法反映商品价格指数变动对消费者购买商品需求支出的影响,即如果商品价格快速变化,这些模型就更不合适。

QUAIDS 模型是 AIDS 模型的扩展形式(Banks et al.,1997),即该模型允许支出份额与总支出之间的关系不再是简单的线性关系,而是更灵活、更具普遍性的二次型非线性模型形式,符合经济规律,从而可以更好地区分必需品和奢侈品。本文针对广东省城镇居民家庭食品消费而建立的 QUAIDS 模型形式为:

$$w_i = \alpha_i + \sum_{j=1}^{k} \gamma_{ij} \ln p_j + \beta_i \ln\left[\frac{m}{P(p)}\right] + \frac{\lambda_i}{b(p)}\left\{\ln\left[\frac{m}{P(p)}\right]\right\} \tag{4}$$

式(4)中,w_i 是广东省城镇居民家庭食品 i 的消费支出在食品消费总支出中所占的比例,满足 $\sum_i w_i = 1$;p_j 是食品 j 的价格;m 是家庭食品消费总支出;$P(p)$ 为综合价格指数,可表示为:$\ln P(p) = \alpha_0 + \sum_{i=1}^{k} \alpha_i \ln p_i + \frac{1}{2}\sum_{i=1}^{k}\sum_{j=1}^{k} \gamma_{ij} \ln p_i \ln p_j$,$p_i$ 是食品 i 的价格;$b(p)$ 为 C—D 型价格集合指数,其被定义为:$b(p) = \prod_{i=1}^{k} p_i^{\beta_i}$;$\alpha_i$、$\gamma_{ij}$、$\beta_i$ 和 λ_i 为待估计系数。

为满足预算约束下效用最大化,QUAIDS 模型需符合以下三个约束条件:

加总性:

$$\sum_{i=1}^{k} \alpha_i = 1, \sum_{i=1}^{k} \beta_i = 0, \sum_{i=1}^{k} \lambda_i = 0, \sum_{i=1}^{k} \gamma_{ij} = 0 \tag{5}$$

齐次性：
$$\sum_{j=1}^{k} \gamma_{ij} = 0 \tag{6}$$

对称性：
$$\gamma_{ij} = \gamma_{ji} \tag{7}$$

加总性限制意味着在任何时期对于不同商品的所有支出之和须等于总支出；齐次性表明所有的价格和收入都乘以一个正的常数，需求量须保持不变；对称性保证了补偿的需求曲线对价格而言是齐次的。根据 QUAIDS 模型各参数的估计结果，按照式（8）至式（10）可分别测算家庭各类食品消费支出弹性（或称预算弹性）、非补偿需求价格弹性（马歇尔价格弹性）和补偿性需求价格弹性（希克斯价格弹性），即：

支出弹性：
$$e_i = \mu_i / w_i + 1 \tag{8}$$

马歇尔价格弹性：
$$e_{ij}^u = \mu_{ij} / w_i - \delta_{ij} \tag{9}$$

希克斯价格弹性：
$$e_{ij}^c = e_{ij}^u + e_i w_j \tag{10}$$

式（8）至式（10）中：
$$\mu_i = \frac{\partial w_i}{\partial \ln m} = \beta_i + \frac{2\lambda_i}{b(p)} \left\{ \ln\left[\frac{m}{P(p)}\right] \right\} \tag{11}$$

$$\mu_{ij} = \frac{\partial w_i}{\partial \ln p_j} = \gamma_{ij} - \mu_i \left(\alpha_j + \sum_k \gamma_{jk} \ln p_k \right) - \frac{\lambda_i \beta_j}{b(p)} \left\{ \ln\left[\frac{m}{P(p)}\right] \right\}^2 \tag{12}$$

式（9）中，δ_{ij} 表示克罗内克（Kronecker）函数。当 $i=j$ 时，$\delta_{ij}=1$；当 $i \neq j$ 时，$\delta_{ij}=0$。

三、数据来源

选择广东省城镇居民家庭的食品消费行为作为研究对象，原因如下：首先，广东省人口异质性较强，便于分析不同阶层群体的食品消费行为。其次，广东省作为中国有较强消费能力和购买能力的地区，可帮助本文准确解析城镇居民家庭的食品消费行为。

本文所用数据来自中国国家统计局城调队 2007~2009 年对广东省的住户抽样调查数据。该调查采用分层随机抽样方法，覆盖广东省 15 个市 8040 个城镇居民家庭样本。这些样本主要分布在广州市（895）、深圳市（1337）、东莞市（550）、佛山市（770）、珠海市（517）、鹤山市（255）、惠州市（495）、肇庆市（328）、汕头市（490）、揭阳市

(255)、湛江市（657）、茂名市（151）、韶关市（530）、连州市（158）以及梅州市（652）①。调查内容涉及个人（家庭）基本人口信息、家庭规模、居民受教育程度、家庭各类食品消费量、食品消费支出和家庭总收入等。食品主要分为粮食、油脂类、肉类、蛋类、蔬果类、乳品以及酒类七类。广东省城镇居民食品消费属性的统计描述如表1所示。

表1　广东省城镇居民食品消费属性的统计描述

项目	统计指标	单位	全部样本	按收入阶层分		
				低收入家庭（20%）	中等收入家庭（60%）	高收入家庭（20%）
支出额总计	均值	千元	8.460	5.250	8.680	10.990
	标准差	千元	3.920	2.330	3.350	4.600
粮食	均值	千元	1.220	0.800	1.250	1.530
	标准差	千元	0.600	0.390	0.530	0.730
油脂类	均值	千元	0.490	0.370	0.510	0.540
	标准差	千元	0.310	0.250	0.300	0.340
肉类	均值	千元	3.160	2.190	3.290	3.750
	标准差	千元	1.530	1.070	1.430	1.750
蛋类	均值	千元	0.230	0.150	0.240	0.300
	标准差	千元	0.130	0.080	0.120	0.160
蔬果类	均值	千元	2.620	1.440	2.660	3.690
	标准差	千元	1.380	0.690	1.130	1.620
乳品	均值	千元	0.540	0.210	0.540	0.900
	标准差	千元	0.620	0.210	0.560	0.850
酒类	均值	千元	0.200	0.100	0.200	0.290
	标准差	千元	0.260	0.130	0.250	0.330
年收入	均值	千元	58.13	18.38	50.07	122.12
	标准差	千元	40.48	5.91	15.86	39.21
样本量	—	个	8040	1609	4824	1607

首先，在不同收入水平的家庭之间，家庭收入差距明显，其中，高收入家庭收入是低收入家庭的6.64倍，说明广东省城镇居民家庭存在显著的收入差距。在各收入水平家庭同类食品消费支出方面，家庭可支配收入越高，其消费支出越多。其中，高收入家庭酒类和蔬果类消费支出是低收入家庭的2.50~3.00倍；在乳品消费方面，高收入家庭消费支出是低收入家庭的4.29倍，说明家庭收入水平越高，城镇居民对乳品这种具有较高营养价值的食品的消费意识越强，其消费支出也就越多。从家庭食品消费总支出来看，它也随

---

① 括号内为调查地区的住户样本数。

收入的增加呈现增加态势，其中，高收入家庭消费支出高出低收入家庭消费支出1.09倍。通过以上分析可以看出，不同收入水平家庭在各类食品消费支出上存在显著差别。在全部样本中，油脂类和乳品的支出份额较低，最低的为蛋类和酒类，反映出广东省城镇居民食品消费构成亟待优化。

其次，无论是全部样本还是不同收入水平分层样本，其家庭肉类支出占食品消费总支出的比例都最大，之后是蔬果类和粮食，表明这三类食品在广东省城镇居民家庭食品消费中的地位比较重要，且城镇居民在这三类食品消费方面持有相似的态度。这可能是由于肉类、蔬果类和粮食类对不同收入水平的家庭来说，都属于生活必需品。

最后，随着家庭收入水平的提升，粮食、油脂类和肉类三类食品的支出份额呈现逐渐下降的趋势；蛋类支出份额也随家庭收入水平的上升呈持续轻微下降的趋势，但高收入家庭蛋类消费支出仍是低收入家庭的2倍。随着家庭收入水平的提升，城镇居民蔬果类、乳品和酒类的支出份额也在增加，说明城镇居民在收入水平提高的同时，也注重其生活质量的改善。

根据上述分析发现，不同收入水平家庭在消费水平和消费结构上存在明显差异，需要应用回归模型对家庭异质性加以控制，以较准确地分析不同收入水平城镇居民家庭的食品消费行为，以期为缩小不同收入家庭的福利差距和扩大食品消费需求采取相应的政策措施。

四、估计结果分析

（一）总体估计结果

运用QUAIDS模型，通过迭代收敛得到的回归结果如表2所示。在各类食品支出二次项系数联合等于零的原假设下，联合检验结果的卡方值（χ^2）为41.87（自由度为6），其统计显著性水平为1%，表明拒绝原假设，模型中应该包含各类食品支出的二次项。因此，在模型选择上应该采用QUAIDS模型，而不是选择各类食品支出二次项系数联合等于零的线性AIDS模型，且对于简单线性的必需品，模型只需要二次型系数为0即可。这表明，QUAIDS模型具有全局性特点，更适用于一般化的消费需求系统研究。

从表3中食品的7项消费支出弹性的估计结果来看，首先，广东省城镇居民乳品、肉类和油脂类的支出弹性最高，均大于1。可见，随着广东省城镇居民收入水平的提高，他们将花费更多的收入用于动物性食品的消费。其次，在其他因素保持不变的情况下，对于食品消费支出的变动，反应较敏感的依次是蔬果类、酒类和蛋类。粮食消费支出弹性最小，为0.731，即食品消费总支出增加1%会引起粮食消费支出增加0.731%，表明粮食消费需求对收入变化不敏感。

表2 广东省城镇居民食品消费QUAIDS模型回归结果

	粮食	油脂类	肉类	蛋类	蔬果类	乳品	酒类
LP_{1k}	0.020***	—	—	—	—	—	—
LP_{2k}	-0.019***	0.005***	—	—	—	—	—
LP_{3k}	-0.028***	0.032***	0.156***	—	—	—	—
LP_{4k}	0.003***	-0.007***	-0.003***	0.012***	—	—	—
LP_{5k}	0.015***	-0.007***	-0.113***	-0.005***	0.105***	—	—
LP_{6k}	0.015***	-0.003***	-0.035***	-0.001***	0.003**	0.017***	—
LP_{7k}	-0.007***	-0.001***	-0.008***	0.001	0.001	0.004***	0.011***
$\ln x$	0.003**	0.001	0.004*	0.001	-0.011***	0.003**	-0.001
$(\ln x)^2$	-0.002***	0.001	0.001	-0.001	0.001	0.001	-0.001

注：①$LP_{1k} \sim LP_{7k}$ 分别表示粮食、油脂类、肉类、蛋类、蔬果类、乳品和酒类价格，$\ln x$ 表示 $\ln[m/P(p)]$，$(\ln x)^2$ 表示 $\{\ln[m/P(p)]\}^2$；② ***、** 和 * 分别表示1%、5%和10%的统计显著性水平。

表3 广东省城镇居民食品消费的支出弹性和价格弹性

食品类别		粮食	油脂类	肉类	蛋类	蔬果类	乳品	酒类
支出弹性	e_i	0.731***	1.026***	1.060***	0.767***	0.992***	1.454***	0.864***
马歇尔价格弹性	e_{i1}^u	-0.821***	-0.324***	-0.085***	0.159***	0.049***	0.184***	-0.267***
	e_{i2}^u	-0.111***	-0.921***	0.081***	-0.224***	-0.024***	-0.079***	-0.034**
	e_{i3}^u	-0.090***	0.540***	-0.610***	-0.026	-0.363***	-0.760***	-0.317***
	e_{i4}^u	0.031***	-0.114***	-0.010***	-0.567***	-0.014***	-0.032***	0.014**
	e_{i5}^u	0.176***	-0.135***	-0.318***	-0.098***	-0.655***	-0.077*	0.099
	e_{i6}^u	0.124***	-0.055***	-0.097***	-0.025*	0.010*	-0.740***	0.168***
	e_{i7}^u	-0.039***	-0.017***	-0.023***	0.013***	0.005***	0.050***	-0.527***
希克斯价格弹性	e_{i1}^c	-0.714***	-0.174***	0.070***	0.271***	0.194***	0.397***	-0.140***
	e_{i2}^c	-0.068***	-0.861***	0.143***	-0.179***	0.034***	0.005	0.016
	e_{i3}^c	0.185***	0.927***	-0.210***	0.263	0.012	-0.212***	0.009
	e_{i4}^c	0.051***	-0.085***	0.019***	-0.546***	0.013***	0.009	0.038***
	e_{i5}^c	0.401***	0.181***	0.009	0.138***	-0.350***	0.371***	0.365***
	e_{i6}^c	0.167***	0.007	-0.034***	0.021***	0.070***	-0.653***	0.219***
	e_{i7}^c	-0.023***	0.006***	0.001	0.030***	0.027***	0.083***	-0.507***

注：***、** 和 * 分别表示1%、5%和10%的统计显著性水平。

马歇尔自价格弹性表明某类食品价格变动所引起的对自身需求量的变化。从各类食品自价格弹性的估算结果可以看出（见表3），广东省城镇居民家庭油脂类和粮食这两类食品的消费需求对其自身价格变动有着较大的弹性，即油脂类和粮食价格每提高1%，其需求量将分别减少 0.921% 和 0.821%。城镇居民乳品、蔬果类和肉类等食品的消费需求对其价格变动反应相对敏感。蛋类和酒类消费需求对其价格的变化弹性绝对值最小，介于 0.500~0.600。

在 QUAIDS 模型中，希克斯交叉价格弹性主要反映各类食品相互间的互补或替代关系。即交叉价格弹性为负数时，相互间是代替关系；反之，交叉价格弹性为正数，相互间是互补关系。从 7 类食品支出的希克斯交叉价格弹性来看，它们相互之间支出的互补或代替关系较弱（见表 3）。

（二）收入分层估计结果

依据不同收入水平家庭食品消费 QUAIDS 模型的回归结果，可以计算出不同收入水平家庭各类食品消费支出弹性和价格弹性。

1. 消费支出弹性分析

从表 4 中 7 类食品消费支出弹性的估计结果来看，随着家庭收入的增加，广东省城镇居民家庭粮食、蔬果类以及酒类食品消费支出弹性呈上升趋势，说明三类食品的消费增长势头仍然较强；而油脂类、肉类及乳品消费支出弹性基本呈现下降的趋势，说明收入变动对收入水平较低家庭的食品消费影响较大；蛋类价格对低收入家庭来说影响最大，其次是高收入家庭和中等收入家庭，说明当收入增加时，低收入家庭更愿意增加这方面支出以获得更多效用。

表 4 不同收入水平家庭各类食品消费支出弹性

食品类别	按收入阶层分		
	低收入家庭（20%）	中等收入家庭（60%）	高收入家庭（20%）
粮食	0.373**	0.904***	1.305***
油脂类	1.496***	1.275***	0.648
肉类	1.388***	1.155***	0.918***
蛋类	0.927***	0.718***	0.880**
蔬果类	0.572***	0.885***	1.011***
乳品	2.100***	0.851***	0.653
酒类	-0.164	0.632**	2.145

注：***、**和*分别表示 1%、5% 和 10% 的统计显著性水平。

对于低收入家庭来说，乳品、油脂类和肉类消费富有支出弹性，分别为 2.100、1.496 和 1.388，表明随着收入水平的提高，这类家庭更愿意增加动物性食品的消费支出，且这些食品消费能够给家庭带来更多的效用。此外，蛋类消费支出弹性略小于 1，表明低收入家庭对蛋类消费支出的反应也较敏感。粮食和蔬果类食品消费支出弹性介于 0.300~0.600，对于低收入家庭来说，它们属于正常商品。唯一例外的是酒类消费支出弹性为负值，但在统计上并不显著。

对于中等收入家庭来说，油脂类和肉类消费富有支出弹性，当家庭收入上升时，中等收入家庭更愿意增加这些食品上的支出，以得到更大效用。其他五类食品消费支出弹性均小于1，表明在其他因素不变的情况下，对于消费支出的变动，中等收入城镇居民对这五类食品的消费支出反应相对不太敏感。

对于高收入家庭来说，酒类、粮食和蔬果类消费富有支出弹性，除肉类消费支出弹性接近1以外，其他三类食品消费支出弹性在0.600~0.900范围内波动。可能的原因，一是居民消费观念发生了变化，对粮食、蔬果类食品的营养价值有了更深刻的认识，故选择消费这些食品；二是高收入家庭具有较强的购买支付能力，对蔬菜、水果品质的要求也越来越高，近年来一些反季节或是进口的高端蔬果涌入市场，满足了高收入家庭的消费需求，但对价格并不敏感。此外，高收入家庭对油脂类的消费需求较低，说明随着家庭收入的增加，高收入家庭在摄取食物时，不再只注重味道，对食物营养的要求也越来越高。

2. 消费价格弹性分析

从马歇尔的自价格弹性来看（见表5至表7），仅有低收入家庭的油脂类消费富有价格弹性，可能是由于近年来通货膨胀等不利因素影响，食用油等食品价格上涨，它给消费者特别是城镇中低收入家庭带来了较大的负面影响，从而减少了对油脂类的消费需求。各收入水平家庭的其他类食品消费基本都缺乏价格弹性，说明大多数城镇居民对食品价格反应不敏感。

表5　低收入家庭各类食品消费需求价格弹性

食品类别		粮食	油脂类	肉类	蛋类	蔬果类	乳品	酒类
马歇尔价格弹性	e_{i1}^u	-0.790***	-0.297***	-0.206***	0.343***	0.180***	0.392***	-0.105
	e_{i2}^u	-0.031	-1.068***	0.028*	-0.449***	0.023	0.001	0.215***
	e_{i3}^u	-0.101	0.194	-0.677***	-0.160	-0.226***	-1.504***	-0.187
	e_{i4}^u	0.079***	-0.203***	-0.024***	-0.452***	-0.009	-0.064**	0.057**
	e_{i5}^u	0.329***	-0.196**	-0.363***	-0.178**	-0.600***	-0.132	0.680**
	e_{i6}^u	0.175***	0.049*	-0.114**	-0.046	0.031***	-0.871***	0.229***
	e_{i7}^u	-0.037***	0.025***	-0.033***	0.018***	0.031***	0.088***	-0.732***
希克斯价格弹性	e_{i1}^c	-0.732***	-0.069	0.006	0.484***	0.267***	0.711***	-0.129*
	e_{i2}^c	-0.005	-0.965***	0.125***	-0.385***	0.063	0.146***	0.204***
	e_{i3}^c	0.055	0.812***	-0.104**	0.221***	0.009	-0.641***	-0.252***
	e_{i4}^c	0.090***	-0.160***	0.016***	-0.425***	0.008	-0.004	0.053***
	e_{i5}^c	0.433***	0.218***	0.022	0.078	-0.442***	0.446***	0.636***
	e_{i6}^c	0.190***	0.110	-0.058**	-0.009	0.054***	-0.786***	0.223***
	e_{i7}^c	-0.030***	0.054***	-0.007	0.036***	0.042***	0.128***	-0.735***

注：***、**和*分别表示1％、5％和10％的统计显著性水平。

表6 中等收入家庭对各类食品的价格弹性

食品类别		粮食	油脂类	肉类	蛋类	蔬果类	乳品	酒类
马歇尔价格弹性	e_{i1}^u	-0.818***	-0.348***	-0.101***	0.151***	0.072***	0.199***	-0.290***
	e_{i2}^u	-0.115***	-0.926***	0.057***	-0.196***	0.004	-0.072***	-0.017
	e_{i3}^u	-0.158***	0.316***	-0.683***	-0.028	-0.284***	-0.393***	-0.126
	e_{i4}^u	0.023***	-0.110***	-0.016***	-0.583***	-0.006**	-0.017**	0.014*
	e_{i5}^u	0.137***	-0.087*	-0.322***	-0.038	-0.693***	0.078	0.172***
	e_{i6}^u	0.078***	-0.101***	-0.082***	-0.031*	0.015**	-0.693***	0.133
	e_{i7}^u	-0.052***	-0.021***	-0.020***	0.008***	0.008***	0.045***	-0.520***
希克斯价格弹性	e_{i1}^c	-0.686***	-0.161	0.068	0.256	0.201	0.324	-0.198
	e_{i2}^c	-0.062***	-0.852***	0.123	-0.155***	0.055	-0.023	0.020***
	e_{i3}^c	0.183***	0.798***	-0.247***	0.242	0.049	-0.071*	0.114
	e_{i4}^c	0.048***	-0.075***	0.016	-0.563***	0.018	0.006	0.032
	e_{i5}^c	0.416***	0.307	0.034	0.183	-0.420***	0.341***	0.368***
	e_{i6}^c	0.132***	-0.024	-0.012*	0.012	0.068	-0.642***	0.171
	e_{i7}^c	-0.032***	0.008***	0.006***	0.024***	0.028***	0.064***	-0.506***

注：***、**和*分别表示1%、5%和10%的统计显著性水平。

表7 高收入家庭对各类食品的价格弹性

食品类别		粮食	油脂类	肉类	蛋类	蔬果类	乳品	酒类
马歇尔价格弹性	e_{i1}^u	-0.800***	-0.205***	-0.060***	0.075	-0.006	0.072	-0.137
	e_{i2}^u	-0.108***	-0.754***	0.064***	-0.119**	-0.028	-0.010	-0.192
	e_{i3}^u	-0.294**	0.545**	-0.664***	0.078	-0.224***	-0.075	-0.773
	e_{i4}^u	0.003	-0.062**	0.005	-0.675***	-0.021**	-0.001	0.032
	e_{i5}^u	-0.099	-0.091	-0.178***	-0.221*	-0.669***	0.076	-0.616
	e_{i6}^u	-0.010	-0.025	-0.040	-0.018	0.041*	-0.579***	-0.118
	e_{i7}^u	-0.001	-0.047***	-0.018***	0.007	-0.019***	0.005	-0.447***
希克斯价格弹性	e_{i1}^c	-0.617***	-0.116**	0.067***	0.198***	0.135***	0.166***	0.187**
	e_{i2}^c	-0.045**	-0.723***	0.107	-0.077	0.021	0.022	-0.081
	e_{i3}^c	0.152***	0.763***	-0.355***	0.376***	0.120***	0.151*	0.016
	e_{i4}^c	0.038***	-0.045*	0.029	-0.652***	0.007	0.017	0.030*
	e_{i5}^c	0.344***	0.125*	0.128***	0.075	-0.329***	0.149***	0.167
	e_{i6}^c	0.095***	0.026	0.033**	0.051	0.040**	-0.526***	0.067
	e_{i7}^c	0.034***	-0.030*	0.005	0.029*	0.007	0.022	-0.388***

注：***、**和*分别表示1%、5%和10%的统计显著性水平。

随着家庭收入水平的提升，城镇居民油脂类、乳品和酒类消费的马歇尔自价格弹性呈下降的趋势，说明价格变动对收入较低家庭这三类食品消费影响较大，而家庭对这三类食品的支出能够在一定程度上被看作生活水平的评价标准。这在一定程度上反映出稳定主要食品价格的重要性，政府应努力提高最低生活保障标准和最低工资标准，以保证低收入家庭食品消费不受影响。

在 QUAIDS 模型中，希克斯交叉价格弹性主要反映各类食品相互间的互补或替代关系。通过考察希克斯交叉价格弹性可知，不同收入水平家庭各类食品消费支出的补充或代替关系均较弱。

通过比较各类食品的消费支出弹性和马歇尔自价格弹性，本文发现，各收入水平家庭肉类、蛋类和乳品的消费支出弹性均大于马歇尔自价格弹性，表明当收入和价格同比例变化时，城镇居民对肉类、蛋类和乳品的消费将增加。对于粮食、蔬果类和酒类食品，低收入家庭消费支出弹性低于马歇尔自价格弹性，而高收入家庭消费支出弹性大于马歇尔自价格弹性，说明当收入和价格同时变化时，低收入家庭的消费支出将减少，高收入家庭的消费支出将增加。对于油脂类食品，当收入和价格同时变化时，低收入家庭的消费支出将增加，高收入家庭的消费支出将减少。

五、结论与政策启示

基于 2007~2009 年广东省城镇居民七类食品的消费数据，本文运用 QUAIDS 模型对全部样本及不同收入水平家庭食品消费结构及消费行为进行了实证分析。结果表明，广东省城镇居民家庭存在收入不均等导致的消费不均等现象，且不同收入水平家庭的消费结构和消费行为存在明显的差异。因此，本文的总体结论是：在城镇居民的食品消费需求分析中，由于不同的政策措施通常作用于不同收入的水平群体，有必要考虑不同收入阶层的消费差距。具体的结论如下：

（1）从支出份额来看，无论是全部样本还是不同收入水平的分层样本，其家庭肉类、蔬果类和粮食消费支出占食品消费总支出的比例最大，将成为今后一段时间城镇居民家庭消费的热点。

（2）随着家庭收入水平的提高，对于较低收入家庭来说，乳品、油脂类和肉类的消费富有支出弹性，且相对敏感，这些家庭更愿意增加乳品、肉类等动物性食品的消费支出，说明家庭收入变动对较低收入家庭食品消费影响较大。

（3）除低收入家庭的油脂类消费富有价格弹性以外，各收入水平家庭的其他食品消费都缺乏价格弹性。随着收入水平的提高，城镇居民油脂类、乳品和酒类消费的马歇尔自价格弹性呈下降的趋势，说明价格变动对低收入家庭食品消费影响较大。此外，当家庭收入和食品价格同比例变化时，各收入水平家庭肉类、蛋类和乳品的消费支出弹性均大于价格弹性,表明城镇居民更愿意增加对肉类、蛋类和乳品的消费。

基于上述研究结论,可以得到如下政策启示:

首先,食品价格的稳定对于较低收入家庭维持生计至关重要,因此,确保食品价格稳定,是保护弱势群体的重要政策选择。其次,政府应进一步扩大城镇低保群体的范围,加大对城镇低收入家庭的食品价格补贴,缓解物价上涨给社会稳定带来的影响。最后,政府应努力提高最低生活保障标准和最低工资标准,因为增加收入有利于促进居民对肉类、蛋类和乳品等营养性食物的消费需求,这对优化居民食品消费结构、保障城镇居民膳食营养水平等具有重要意义。

参考文献

[1] Banks, J., Blundell, R. and Lewbel, A., 1997, "Quadratic Engel Curves and Consumer Demand", The Review of Economics and Statistics, 79 (4): 527 – 539.

[2] Dong, F., 2006, "The Outlook for Asian Dairy Markets: The Role of Demographics, Incomes, and Prices", Food Policy, 31 (3): 260 – 271.

[3] Fuller, F., John, B. and Scott, R., 2007, "Consumption of Dairy Products in Urban China: Results from Beijing, Shanghai, and Guangzhou", The Australian Journal of Agricultural and Resource economics, 51: 459 – 474.

[4] Guo, X., Mroz, T. and Popkin, B., 2000, "Structural Change in the Impact of Income on Food Consumption in China, 1989 – 1993", Economic Development and Cultural Change, 48: 737 – 760.

[5] Jones, E. and Mustiful, B., 1996, "Purchasing Behaviour of Higher and Lower Income Shoppers: A Look at Breakfast cereals", Applied Economics, 28: 131 – 137.

[6] Lambert, R., Larue, B., Yelou, C. and Criner, G., 2006, "Fish and Meat Demand in Cannada: Regional Differences and Weak Separability", Agribusiness, 22 (2): 175 – 199.

[7] Obayelu, A. E., Okoruwa, V. O. and Ajani, O. I. Y., 2009, "Cross - sectional Analysis of Food Demand in the North Central, Nigeria", China Agricultural Economic Review, 1 (2): 173 – 193.

[8] Poi, B., 2008, "Demand – System Estimation: Update", The Stata Journal, 8 (4): 554 – 556.

[9] Pinstrup - Andersen, P. and Caicedo, E., 1978, "The Potential Impact of Changes in Income Distribution on Food Demand and Human Nutrition", American Journal of Agricultural Economics, 60 (3): 402 – 415.

[10] Xi, J., Mittelhammer, R. and Heckelei, T., 2004, "A QUAIDS Model of Japanese Meat Demand", American Agricultural Economics Association, Denver, Colorado, U. S. A.

[11] Zheng, Z. H., 2008, "Food Demand in Urban China", The Oklahoma State University: Doctor's Thesis.

[12] 董国新,陆文聪. 中国居民食品消费的 AIDS 模型分析——以西部城镇地区为例 [J]. 统计与信息论坛, 2009 (9).

[13] 蒋乃华,辛贤,尹坚. 中国畜产品供给需求与贸易行为研究 [M]. 北京:中国农业出版社, 2003.

[14] 黄益平,宋立刚. 应用数量经济学 [M]. 上海:上海人民出版社, 2001.

[15] 尹世杰. 中国消费结构合理化研究 [M]. 长沙:湖南大学出版社, 2001.

[16] 张世伟, 郝东阳. 城镇居民不同收入群体消费行为分析 [J]. 宏观经济, 2010 (9).

[17] 张凡永, 周红燕. 江西农村居民消费行为特征动态分析 [J]. 江西农业大学学报（社会科学版）, 2007 (1).

[18] 赵伟. 中国城镇居民家庭消费结构升级研究 [D]. 首都经济贸易大学博士学位论文, 2007.

A QUAIDS Analysis of Food Consumer Behavior of Income Groups in Urban Guangdong, China

Wu Beibei, Chen Yongfu and Yu Fawen

Abstract: The objective of this study is to employ the consumption structure and behavior of the urban residents from three income groups. The study adopted a quadratic almost ideal demand system (QUAIDS) to analyze seven food consumptions using the 8040 household sample data in Guangdong province from 2007 to 2009. Major findings show that, first, the QUAIDS model can hold globally for any demand system. Second, in total sample, the expenditure elasticity of demand for dairy, oils and fats as well as meats are greater than 1. Compared to the middle and high income households, the expenditure elasticity of the three food groups in low income households are 2.100, 1.496 and 1.388, respectively, indicating that their expenditure is very sensitive to income changes. Third, except for the oil and fat demand for low income households, the demands for all food in other income groups are price inelastic. The results also show that households prefer to raise the consumptions of meat, eggs, and dairy under the same rising proportions to income and food price. Therefore, in order to effectively stimulate the food consumption of urban residents, improve the nutrition intake and living standard, the policy makers should take the measures of stabilizing food prices, improving the minimum living standards, and raising the income of low income households.

复杂产权论和有效产权论[*]
——中国地权变迁的一个分析框架

张曙光 程 炼

【摘　要】本文将中国近60年的地权变迁过程分为合作化、家庭联产承包和土地规模流转三个阶段加以回顾，考察了其中发生的产权权能细分、主体身份变化、市场范围扩展和经济绩效变动等几个特征性事实，并以一个基于 Spence – Dixit – Stigliz 框架的模型刻画了从传统自给性农业向现代商业化农业转型过程中的地权细分和流转交易，从而为复杂产权理论提供了一个经验证据，并揭示出产权细分是复杂产权实际实施的一个重要途径，因而不存在绝对有效的产权安排，只能在状态依存的互动过程中寻求相对有效的产权结构。

【关键词】地权细分；复杂产权；产权有效实施

一、引　言

60年来，中国农村以土地产权为中心的社会经济结构发生了巨大的变迁，如果不是身临其境地长期观察，也许有"不知今岁何年"之感。这种变迁是如何发生和如何进行的？其制度环境和外部条件怎样？变迁的各个部分是如何互动和如何匹配适应的？中国学界虽然不乏这方面的研究和著述，也有不少力作，然而至今尚未有被广泛接受的理论假设和研究框架对这一变化过程做出充分的解释和有效的分析。

---

[*] 作者：张曙光，中国社会科学院经济研究所、中山大学高等研究院；程炼，中国社会科学院金融研究所。作者感谢两位匿名审稿人中肯而精彩的评审意见。张曙光曾就本文的部分思想在中国人民大学、中山大学、华南农大、兰州大学、北京大学国家发展研究院讲习班、华人哈耶克学会年会、长安论坛等做过讲演，得到很多精彩的评论和帮助，特此致谢。文责自负。

本文引自《经济学（季刊）》2012年第4期。

中国农村土地制度的变迁是在一种特殊的历史环境中进行的。政府深深地卷入了这一变迁过程，甚至主导了这一变迁。但是，政府行为在这一过程中的作用并非完全积极的，相反，有许多脱离客观实际和违背农民意愿的政策措施最终归于失败。实际上，中国农村土地制度的改革是在政府、集体和农户的反复博弈中吸取教训、顺势而为、不断改进的结果。因此，与其他国家的同类事物或者本国的其他方面相比，中国60年的地权变迁有着自己的特点。只有深入变迁实践中去进行长期观察和冷静思考，才有可能认识、理解和把握这一过程。

1993年起，笔者主持了北京天则经济研究所的《中国制度变迁的案例研究》项目，现在已经完成了6集，共70多个案例，几乎每一集中都有一两个案例以此为考察对象，即将完成的第8集是土地卷，专门集中讨论这一问题。特别是从2005年开始，笔者主笔完成了三个关于中国土地制度问题的研究报告，它们分别是："城市化背景下土地产权的实施和保护"（2007）、"集体建设用地地权的实施和保护——兼及'小产权'房问题"（2009）、"土地流转与农业现代化"（2010），这三个报告结集成《博弈：地权的细分、实施和保护》（2011）一书，为进一步的分析研究奠定了坚实的基础。本文就是对这些研究的一个理论上的提炼和概括。

本文的理论出发点是产权的复杂性和实际可实施性。由于这两个基本性质，在经济分析上有意义的产权与名义上（法律规定上）的产权可能存在很大区别甚至截然不同。正如哈特等的不完全合同理论（Har and Moore，1990，1999）所指出的，由于自然状态的不确定性和人类知识的有限性，法律或政策条文不可能将与产权相关的所有条件或事项完全阐明，实际可实施的产权存在相当大的"剩余"空间，而如何分配这种剩余权利则构成了诸多经济制度存在的逻辑基础。值得注意的是，这种剩余权利对于相关各方的收益和可获得性并非静态的，它随着周边环境而变化，也与正式制度决定的初始条件密切相关。如果条件发生改变，如新的生产技术或市场条件的出现使得对资产的某种未在正式产权中得到明确规定的使用方式变得有利可图，那么就会导致相关各方围绕这种新的资产使用方式的控制和收益权的争夺，并且在博弈的均衡状态下最终决定上述权利及附带收益的归属或分配。在很多情况下，为了避免这种剩余权利争取所产生的交易成本，或者是作为这种博弈的一个战略步骤，上述新的权利及其归属会以正式的法律法规加以确认。这种潜在权利的"显性化"或者说正式产权的"细分"是产权制度演化的一种重要方式。

上述理论能够有效地对中国的农地产权制度及其变迁做出解释。地权是一个复杂的结构，除了地面、地上和地下以及种植和通过等自然的权利划分以外，其社会功能包括所有权、占有权、处分权、使用权、经营权和收益权等多项权能，它们之间也有交叉和重叠，通常主要分为所有权、处分权和经营权。三种权能既可以合在一起，也可以适当分离，其产权安排的现实有效性视具体情况而定。在中国60年的地权变迁中，无论是上述产权的界定和调整，还是产权的实施和保护以及侵权行为，中央与地方政府、法律和农民各方都扮演了不可或缺的角色。我们之后的讨论将要说明，在中国的制度条件下，它们是如何具体行动以及如何在实际上起作用的。在总体上，本文试图通过中国农地产权变迁的实际过程，不仅为产权结构复杂性提供一个证据，而且揭示出产权细分是复杂产权实际实施的一个重要途径，因而没有绝对有效的产权安排，只能在状态依存的互动过程中寻求相对有效的产权结构。

基于不完全产权以及巴泽尔（1997）的产权博弈观念对中国农地制度进行分析并非本文的首创，这方面已经有相当多的文献存在，如姚洋（2000）、张曙光和赵农（2002）、陈剑波（2006）、冀县卿和钱忠好（2009）、柯华庆（2010），同时也有一些研究通过正式的模型对中国农地产权制度的变迁进行了刻画，如姚洋（2003）、孙圣民（2007）。不过在本文中，我们的讨论将更为集中地围绕产权细分与农业生产方式的演化而展开，并且试图给出一个具有概括性的形式化分析框架。

本文模型的故事背景是农业从 Ranis（1988）意义上的"非商业化部门"（Noncommercialised）到"商业化部门"（Commercialised）的转变（在本文中我们分别称为"传统生产方式"与"现代生产方式"）。这两者的差异在于，与"现代生产方式"相比，"传统生产方式"更倾向于"非商业化"和"自给自足"，这不仅表现在其中的生产者只要依靠自己的产品就可以维持生存，更表现在它几乎不需要其他部门的合作就可以完成生产。与此相对应，"现代生产方式"则是"商业化的"、开放的，它必须依赖不同专业部门的分工合作才能够维持运转。例如，一个古老山村里的农民可以毫不困难地独立种出一亩水稻，但对一个现代化农场里的工人来说，种植一亩玉米则是无数人直接或间接合作的结果。显然，作为更为庞大的社会分工网络的一个组成部分，农业的"现代生产方式"只有在外部环境足以为其提供技术与市场支撑时才可能有效率地开展，与此同时，它对于生产要素的重组必然带来对其可交易性，尤其是土地产权流转的要求。这时，政府在农村土地产权安排上就面临着土地经济功能与（据认为存在的）社会职能之间的两难抉择。我们用一个基于劳动分工理论中标准的 Spence（1976）–Dixit–Stigliz（1977）分析框架的模型描述了上述过程。

本文的结构安排如下，第二部分从产权细分、主体身份、多种收入和市场扩展等几个方面，描述和分析中国 60 年农地制度变迁过程；第三部分建立了一个简单的模型，对产权细分、市场演化与制度变迁之间的关系进行刻画；第四部分就模型中未能涵盖的一些思考做进一步的阐释；第五部分为结论。

二、中国 60 年的农地产权制度变迁

（一）地权变迁过程概述

60 年来，中国土地产权的变迁大致经历了三个阶段，走过了一个后退和前进相互交错的"之"字形过程。

1. 土地公有和集体经营

20世纪50年代初以前，中国农村社会是建立在土地私有制基础上的，大量的自耕农和佃农加上少量地主富农经济成为当时农村的基本经济形态。土地改革虽然消灭了地主经济，但仍然保留了土地的私人所有制。随之而来的合作化运动则逐步消灭了土地的私有制，建立了土地的集体所有制。如果说从互助组到初级社，社员入社的土地还可以分红，大型农具还可以折价补偿，那么，从初级社转到高级社，入社的生产资料则无偿归并，社员的土地权益被完全剥夺了。到了人民公社，实现了政权和产权的合一，排他性的公有产权也升格为无限制的公有产权（一大二公和一平二调），使得政府的控制一直深入农村的最基层，甚至控制了社员的个人生活决策（如公共食堂）。如果说"大跃进"和公社化导致的三年经济困难，使得集体经济的产权结构不得不退回到"三级所有，队为基础"，那么，1962年制定和实施的《农村人民公社工作条例草案》（即人们通常说的60条）则把社员的自留地、宅基地和坟地也变成了公有财产。到此为止，农村的全部土地都集体化了。

由于普遍的公有产权为机会主义的"搭便车"行为创造了条件，为外部性的相互施加提供了激励，在取消了退出权的情况下，偷懒和磨洋工就成为社员最优的行为方式，再加上团队生产中的计量难题和"人七劳三"的平均主义分配，人民公社普遍陷入了低效率陷阱，农村经济也出现了长期低迷和徘徊不前的状态（张曙光和赵农，2003）。本来，农业集体化的目的是要为国家工业化进行原始积累，而基于公有产权的公共决策和工农业产品的"剪刀差"是国家剥夺农业剩余最方便、最省事的方式，但是，效率低下减少了农业剩余，"竭泽而渔"缩小了工业品的市场。

2. 按人均分的集体土地使用权和家庭联产承包

农业生产的缓慢增长和农民生活的极端贫困动摇了国家政权的合法性基础，变革成为不可避免的事情。事实上，农民对经济自由和生活富裕的追求从未停止，"三自一包"、"四大自由"此起彼伏，恰似"野火烧不尽，春风吹又生"。于是，当"文革"的破坏使决策者开始把工作的重心从阶级斗争转向经济发展的时候，安徽小岗村18户农民按下血手印实施土地承包的行为，就成为土地制度变革的先声。在有了公社化和20世纪60年代初灾荒的沉痛教训以后，那些务实的地方官员一方面默认和支持农民的变革行为，一方面要求中央改变政策，承认农民行为的合法性（周其仁，1995）。在1981年的中央工作会议上，面对各省大员的一致要求，中央承认了各地出现的各种承包责任制的合法性，家庭联产承包经营很快就代替了生产队集体经营，成为农业生产的主要经营方式。

家庭联产承包责任制并未改变土地所有权的集体性质，其基本格局是，"集体地权＋按人均分"的土地使用权，但是却使农户在给定土地的使用和产出之间建立了较为明确和相对稳定的关系，也使农民关于农业生产的决策开始变为真正意义上的私人决策。"交够国家的，留足集体的，剩下全是自己的"，就成为这种经营制度的最好概括。它不仅体现了国家、集体和农民个人三者博弈的一种均衡，而且标志着农民成为集体土地的承租人和农业剩余的索取者。这样一来，农民的生产积极性得到了巨大的激励，再加上农产品提价,造成了我国农业在 20 世纪 80 年代初期的高速增长,一举解决了多年没有解决的吃饭问题,以致在 1984 年前后出现了农产品收购的"仓容危机"。基于此,政府把以家庭承包为主的责任制和统分结合的双层经营体制作为我国的一项基本制度,并且采取了一系列措施使之长期稳定和不断完善。其中最重要的是延长承包期限,1993 年,政府决定在第一轮承包到期以后再延长 30 年,到 2008 年又提出了长久不变。这样,承包制就变成了永佃制。

3. 土地流转和规模经营

随着农业生产效率的提高、非农产业的发展和城市改革的推进,一大批农民进入非农产业和进城做工,不愿继续耕种承包地,于是自发地将承包地转交给他人耕种,有的后来甚至抛荒。在这种情况下,1984 年政府提出两种解决办法,一是农户将承包地交还给集体,由集体统一安排;二是经集体同意,由农户之间协商转包。1993 年正式决定,在土地集体所有和不改变土地用途的前提下,经发包方同意,允许土地使用权依法转让;少数二、三产业比较发达且大部分劳动力转向非农产业并有稳定收入的地方,可以从实际出发,尊重农民意愿,对土地做必要的调整,实行适度的规模经营。土地流转也从自发实施进入试验探索阶段。这一时期,土地流转的地区差异相当明显,在中西部地区,由于"三提五统"① 等农业负担的存在,土地流转主要有两种形式,其合约形式也有差异:一是农民自发流转,其合约形式为,租出户不收取任何地租而将承包地交由租入户使用,租入户上缴土地负担;或是租出户不收任何地租将承包地交由租入户使用,并替租入户承担部分土地负担。二是村集体组织将那些抛荒的土地收回(或者跟原承包户打招呼,大多不打招呼),再转包给其他承租人,承租方直接交纳地租给村集体组织。在沿海经济发达地区和城市郊区,由于高速的工业化和城市化,土地收益大幅度增值,很多土地被转用于工业和城市建设,农民和集体也利用自己的土地盖厂房或者住房出租,农地面积、农业产值和就业份额也大大下降,农业已成为副业。剩下的一部分农地一般由农户或村集体承租给外地人经营,规模经营户逐步形成,且以种植高价值的经济作物和服务城市的作物为主;土地流转和规模经营的速度也比较快。在这一时期,尽管中央政府三令五申,不提倡甚至反对"两田制"和"反租倒包",但"两田制"和"反租倒包"相当普遍,甚至成为土地流转的主要方式。到 1993 年,无锡县、常熟市和吴县劳平均经营土地面积 1 公顷以上的土地规模经营单位已发展到 2816 个,经营面积 15 千公顷,占责任田总面积的比重从 1988 年的 1.1% 提高到 22.4%②。

面对实践中出现的土地规模经营现象,2001 年《关于土地承包经营权流转的规定》的 18 号文件和 2002 年颁布的《农村土地承包法》,对土地流转做出了明确规定,"通过家庭承包取得的土地承包经营权可以依法采取转包、出租、互换、转让或者其他方式流

---

① 指村级三项提留(公积金、公益金和管理费)和乡级五项统筹(农村教育事业费附加、计划生育、优抚、民兵训练、修建乡村道路等民办公助事业的款项)。

② 中华人民共和国农业部. 中国农业发展报告(白皮书)[M]. 北京:中国农业出版社,1998.

转"；土地承包经营权流转应当遵循"平等协商、自愿、有偿"的原则，"任何组织和个人不得强迫或者阻碍承包方进行土地承包经营权流转"；强调"土地承包经营权流转的主体是承包方，承包方有权依法自主决定土地承包经营权是否流转和流转的方式"。于是，土地流转进入了规范发展的阶段。

在这一阶段，对地权性质和土地流转影响最大的事情有两件：一是《物权法》的颁布实施，明确界定了土地承包权的物权性质，实现了承包权从债权到物权的转变；二是农村税费改革的推进，特别是2003年国家宣布取消农业税。从此以后，承包农户不再交纳农业税，更为重要的是，县、乡两级搭车收费也失去了依托，种地的制度条件和成本收益发生了重大变化。在大多数传统农区，承包地流转仍以农户之间的自发流转为主，但与前一阶段相比，租出户一般除获得种粮补贴外，还从承租户收取一定量的土地租金。与此同时，也出现了一些由农村能人牵头的农民合作组织。

这一阶段的另一个重要现象是，尽管政府不提倡企业到农村大规模包地，但在劳动力流出较多的农区以及在沿海发达农村和大城市郊区，很多涉农企业进入农村，大面积承包土地，少则几百亩，多则几千亩，成为土地流转的主要方式。企业到农村大面积承包土地，其获得土地的途径除少数是直接和一家一户农民签订流转合同外，大多数是村集体组织在中间扮演重要角色，有的村组织提供土地信息平台，作为农户和企业之间的桥梁，收取一定的中介服务费，更多的村组织以行政力量，加上说服示范，先将承包给农户的土地集中，再由企业与村组织签订土地流转合同，把地租给企业使用。这些企业一般将地租交给村集体组织，村里再将一部分地租发放到各承包农户，村组织自身还留部分作为公共使用。据有关方面提供的资料，目前全国土地流转的规模大约占全部承包地的12%，有的发达地区和城市郊区占40%左右①。土地流转和规模经营推动了农业现代化的发展。

（二）地权变迁过程中的特征事实

对于上一节描述的中国土地产权60年的变迁过程，我们可以通过下面的特征事实来加以总结。

1. 产权细分：从权能合一到三权分离

产权是一个复杂的结构，其权能包括所有权、占有权、处分权、使用权、经营权和收益权等多项权能，它们之间也有交叉和重叠，通常主要分为所有权、处分权和经营权。

在1949年以前，除了租佃关系以外，在自耕农和地主富农经济中，土地的所有权、处分权和经营权是合在一起的，全部权能归属于它的所有者。这是产权结构的古典形态。在合作化的过程中，除了初级社发生了土地所有权和经营权短暂而不完全的分离以外，在高级社和人民公社中，土地产权的几种权能又重新合一，基本上都归生产队集体。生产队及其代理人既是土地的实际所有者，也是真正的农业经营者，农户只是集体中的一员，扮演着劳动力提供者的角色，既不是土地的实际所有者，也丧失了经营农地的权利。可见，

---

① 农业部农研中心固定观察点，"土地流转专项调查"，2009年。

这一变革只是从外延上做大了产权的边界和规模,却没有改变产权形态的古典性质,实际上是一种扩大了的古典产权形态。它不可能改变农业经营方式的传统性质,为农业生产的发展开拓出更为广阔的空间,相反却为机会主义行为提供了巨大的激励,终于陷入了"贫困陷阱"而难以为继。

1978 年以来实施的家庭联产承包责任制,是农地产权的一次分割,其核心是所有权和经营权的分离,土地所有权仍归村集体经济组织所有,而将承包经营权转交给了农户。一家一户成为一个经营单位,经营者和劳动者基本合一,不仅独立进行经营决策,而且承担经营的全部后果。这种变革形成的制度安排虽然促进了农业生产的发展,但其局限性也很明显,一方面,出现了很多集体组织及其代理人随意撕毁承包合同,所有权侵犯经营权的现象;另一方面,也出现了集体经济空壳化的问题。更为重要的是,由于农业生产技术条件尚未改变,经营规模有限,也束缚了农业生产的进一步发展,中国农村陷入了"温饱陷阱"。

从 20 世纪 80 年代中后期自发发生到 21 世纪初加以规范而迅速发展的土地流转和规模经营,开启了土地产权的又一次分割,虽然所有权没有变化,仍归村集体经济组织,但承包经营权发生了分离,承包权仍归承包农户所有,而经营权却转移给了相应的经营主体,包括种植大户、土地合作组织和外部涉农企业。经营权的这种转移,既有农户个人的自主转移,更有在农户同意和参与下由村集体集中组织的大规模的转移。到此为止,农村的地权结构形成了所有权、承包权和经营权三权分立的形态。这不仅为农地产权的有效实施奠定了基础,也为农业的规模化和产业化经营创造了条件。

2. **主体身份:从多重复合到单一身份**

随着产权的细分和变革,农村中以农户为中心的各个参与主体的身份地位也发生了变化。

在人民公社体制下,除了国家的外部干预以外,农业经济的参与主体包括生产队等集体经济组织和农户,他们的身份在一定程度上也是多重的和复合的。生产队既是实际的所有者,也是真正的经营者和收入的索取者。农户在表面上也是如此,既是名义上的所有者,也可以参与经营决策,但实际上只是一个劳动力的供给者,即劳动者。在这一阶段,国家对农村经济的态度和做法是直接索取和强力干预,主要是支持并通过集体经济组织对农户实行管制和剥夺。

实行联产承包责任制以后,村集体经济组织放弃了经营者的权利和责任,只剩下了充当所有者的角色,而农户则成为真正的经营者,当然,名义上仍然保留着一份平等的无差异的所有权。在这种制度安排下,农户仍然是劳动力的供给者,也就是说,经营者和劳动者的角色在农户中是结合在一起的。这时的农户就是历史上曾经出现过的佃农,虽然村集体凭借权力可以干预农户的行为,但农户经营的独立性有了很大的增强。在这一阶段,国家对农村经济的态度和政策除了直接干预以外,逐步增加了政策引导的内容,干预的主要方向是限制集体代理人对农户权益的侵占。

从联产承包到土地规模流转,村集体经济组织仍然是土地的所有者,农户虽然继续保留了土地承包人的身份，除种植大户以外，一般也不再是农业生产的经营者；经营者由种植大户、合作社和外部企业充当。在土地流转决策中，村集体往往充当中间人的角色，既与它在农村结构中的地位有关，也是所有权实现方式的一种表现。即所有权和处分权一定意义上的结合和一致，是土地规模流转顺利进行的重要条件。在这一时期，政府的直接干预大大减少，农户的决策权有了法律的保障，而政策引导的方向也主要是保证农户决策权的实施。

3. 收入多样：从单一劳动收入变为多种收入

随着产权细分和主体身份地位的变化，农户的收入结构也发生了重要变化。

在公社制度下，农村集体经济组织既是所有者和经营者，自然也就取得和占有了财产收入和经营收入，至于这种收入的多少则是另一个问题。农户虽然名义上是土地的所有者，但却没有财产收入和经营收入，实际上，由于农户只是一个劳动力的供给者，其收入也只有单一的劳动收入。评工记分，人七劳三，是收入分配的基本方法和格局。由于劳动效率低下，工分的分值很低，有的甚至是负值。

在家庭承包责任制度下，由于农户是劳动力的供给主体和经营主体，因此，农户的收入既包括劳动收入，也包括经营收入，而且二者是合在一起的，农户既不需要区分，也区分不开。村集体经济组织凭借所有权主体，取得构成"三提五统"的承包费收入和其他收费收入，随着承包期的延长和农业税的取消，集体经济组织的收入来源也出现了问题，因此，很多村集体经济陷入困境。

实行土地规模流转以后，农户的收入也多样化了。由于承包权物权化了，农户凭借承包权可以取得土地租金，有了财产收入。由于承包权和经营权的分离，农户作为劳动力的供给主体，也在很大程度上取得了择业权，有了参与劳动力市场的自由，既可以向土地经营者提供劳动服务，取得劳动收入，也可以参与其他劳动力市场，向外进行劳务输出，取得工资收入。如果农户以土地承包权入股，组织起土地股份合作社，还可以取得分红收入。目前，土地租金为500~1000元/亩，农业劳动收入大致为每人每月800元，分红收入视盈利多少而定，高的甚至可达1000元/亩①。由于集体经济组织参与土地流转，村集体的收入也增加了。其收入来源主要有三个部分：一是规模流转前的土地整理，由于填平沟坎渠道，都会多出一部分土地，这部分土地就成为集体直接掌握的资产；二是农地上的机井之类的设施也归村集体所有；三是村集体提供的服务。可见，随着收入结构的多样化，收入的数量也大大地增加了，这预示着农民增收和农村富裕的可行途径。

4. 市场扩展：规模扩展和体系深化

如果前面的讨论主要是从农村经济的内部来分析，那么，这一节的讨论则是从内外结合上来考察。因为，农村经济结构的内部变化是在与外部市场变化的密切互动中发生的。

在公社体制下，由于实行农产品计划收购制度，生产队生产的农产品只能卖给国家，虽然传统社会主义经济理论将此定义为商品生产，但实际上也只是个商品外壳而已。数量

---

① 这是笔者在调查中得到的，参见张曙光主笔的《博弈：地权的细分、实施和保护》第155、159、162-164页。

和价格都是国家制定的,生产队没有任何讨价还价的权利,甚至也没有不卖的权利,因而这是一个国家买方垄断的市场。退一步讲,如果将此看作市场,那也只是商品市场,出售的只是农产品,买回的是一部分生产资料,而无要素市场,土地和劳动力都归集体掌握。农户自留地上的农产品和家庭副业的产品,一部分自己消费,一部分拿到自由市场出售,交易的数量有限,常常还被当作"资本主义尾巴"而受到打击和摧残。总之,交易的规模和市场的范围也是相当狭小的,产品市场也是残缺的。

实行联产承包责任制以后,虽然交易的对象主要还是农产品,但是产品市场形成了,交易主体从生产队变成家庭,市场主体的数量也大大地增加了。随着从计划收购改成合同定购,农产品自由交易市场得以形成和扩展,农产品的买方除了政府和国有粮食企业以外,大量民营企业也参与其中。由于经济激励的增强,农业生产的增加,交易的规模和市场的范围也不断扩大。不仅如此,随着农业生产效率的提高和非农产业的发展,要素市场也开始出现,特别是农民工进城务工,形成了大规模的人口流动和农业以外的劳动力市场。

在土地规模流转发展起来以后,农村的商品市场扩大了,要素市场也形成和扩展了。首先是土地市场发育起来了,土地价格形成了,土地租金显性化了。其次是劳动力市场扩展了。如果说在农户承包经营的情况下,只有农业的剩余劳动力才进入市场,从事非农产业和进城做工,那么,在土地规模流转的情况下,农业内部的劳动力市场也形成了,农户既可以选择在当地的农业企业中就业,也可以选择到外面的企业中就业。不仅如此,农产品市场也随着城市和工业的发展而丰富和扩大了,交易的品种不只是粮食、蔬菜等传统农产品,苗木、花卉、果蔬、奶类等农产品市场也大规模地发展起来,交易的范围也不局限于国内市场,而是进入和扩展到了国际市场。在国际和国内市场上,一些大规模和专业化的农业企业有了自己的产品品牌和销售渠道。

土地的大规模流转,大大扩展了农业生产的经营规模,也需要大规模的集中投资,这就需要比较稳定的预期,与此相适应,就需要有较大的市场半径和市场规模。如果是一种狭小的地区市场,分散投资不会形成太大的冲击,而大规模的投资必然带来对市场的冲击,形成预期价格和实际价格的巨大波动,最终必然造成投资的失败。只有形成全国性市场和世界市场,东方不亮西方亮,黑了南方有北方,才有可能保证农业生产的稳定发展。所以农业合作组织也许应当以农业的服务合作而非生产合作为主。这也是原来的农业集体化之所以失败,今天的农业合作之所以成功的重要原因。

总之,农产品外部市场的扩展引发了农业内部市场的发育,促进了要素市场的形成和市场规模的扩大。

5. 变迁绩效:规模经营和现代农业的发展

随着土地规模流转的发展,中国农业的经营方式也发生了重大变化,大规模的现代化农业经营开始出现。根据我们调查的大量案例,凡进行了大规模土地流转的农业企业,都先后和多少出现了以下的一些现象:

一是突破了农户承包经营时一家一户家庭内分工和土地细碎的限制,发展了社会分工和专业化生产,形成了成百上千甚至数千亩的专业化生产基地。有的甚至出现了专业化的农机服务组织和劳务服务组织,提供从种到收的产前、产中和产后服务。

二是增加了科技投入,发展了科学种田。不仅对当地农民工进行了技术培训,提高了他们的文化素质和技术能力,培养出了自己的技术人员和管理人员,而且引进了农业技术和管理专家,发展了地膜覆盖技术、机质栽培技术、细胞培育技术、生物防治病虫害技术以及设施农业和工厂化生产。

三是农业的生产经营走上了标准化和产业化的道路。虽然在不同的农业生产中,具体的技术标准不同,发展的先后和水平也有差别,但是标准化生产开始推广和普及,标准化蔬菜基地、标准化果品基地不断涌现。

四是生态农业和循环经济的发展。如复合肥料、微生物肥料、生物柴油、有机蔬菜以及观光、采摘、休闲农业等。

五是商品性农业和市场化农业的发展。有的建立了农产品物流配送中心和展销中心,有的实施了订单农业,有的发展了农超(市)对接和直销,有的建立农产品销售专业合作社,还有的创造了自己的品牌,注册了自己的商标。

这一切不仅优化了农业的生产结构,而且改变了农业生产的经营方式,使之走上了集约化、产业化和标准化的发展道路。

三、产权细分、市场演化与制度变迁:一个形式化分析框架

(一)模型基本架构

考虑这样一个经济体,其中劳动者的人口规模为1,每个劳动者可以提供1单位劳动,并且拥有1单位的土地。有两种方式可以生产最终产品,一种是传统生产方式,技术为:

$$Y_T = \min[H_T, L_T]$$

其中,H_T 和 L_T 分别为投入传统生产方式的土地和劳动。

另一种是生产最终产品的方式,采用如下现代技术:

$$Y_M = \xi \cdot \left(\int_1^n x_i^\sigma \cdot d_i\right)^{\frac{1}{\sigma}}, 0 < \sigma < 1$$

其中,x_i 是中间产品,它包括 n 个种类,其类别由下标 i 来加以表示。为了数学处理上的便利,我们假设中间产品的种类是连续的,即 n 是一个正实数。某个类别的中间产品 x_i 由一种平均成本递减的技术生产:它首先要求 f_H 单位的土地作为固定投入,之后每生产 1 单位的 x_i 需要投入 1 单位的劳动。ξ 是现代生产技术的效率系数。

上面的两种生产方式可以看作分别对应着传统农业和现代化的农业生产。从生产函数

的形式可以看到,现代农业具有因为劳动分工而导致的规模报酬递增。这种递增报酬的现实对应包括两个方面:一是市场分工细化带来的生产效率提升;二是随着采用现代生产技术的农户数量增多,相关的基础设施和信息也会发挥出规模效益。生产效率系数 ξ 则对应着现实中的外部市场规模或信息与资金来源对于产出的促进作用,它可以看作一种"外生"的技术效率,因而区别于由于递增报酬带来的生产效率提升。

值得注意的是,在传统生产方式中,劳动者只使用自己拥有(承包权)的土地,而在现代生产方式中,劳动者则将自己的土地转让给厂商使用,同时自己成为工人。在后一种情况下,土地经营权与承包权分离并发生了相应权利的流转,但是这种产权交易的合法性并不一定得到政府的承认。

(二) 中间产品的需求与定价

设最终产品价格为 1,令 p_i 为第 i 类中间产品的价格,利用利润最大化的一阶条件有:

$$\frac{\partial Y_M}{\partial x_i} = \xi \cdot \left(\int_1^n x_i^\sigma \cdot d_i \right)^{\frac{1}{\sigma}} \cdot x_i^{\sigma-1} = p_i \tag{1}$$

由于单个中间产品厂商对总体市场的影响可以忽略,$\left(\int_1^n x_i^\sigma \cdot d_i \right)^{\frac{1}{\sigma}}$ 可以被看作给定的,从而对第 i 类中间产品的需求弹性即为 $\frac{1}{\sigma - 1}$。

令经济中的工资和地租水平分别为 w 和 z,则第 i 类中间产品厂商的利润为:

$$\pi_i = x_i \cdot (\theta \cdot p_i - w) - z \cdot f_H, \quad 0 < \theta < 1$$

其中的参数 θ 反映的是现代生产方式由于政府对土地产权流转行为的干预而被中止的可能性。如果政府不允许土地产权流转,那么 $1-\theta$ 的概率上述产权交易会被政府查获并制止,从而导致中间产品厂商无法进行生产而失去收入,并且损失它预付的工资和地租。并且我们假设这种干预的概率和土地流转的规模正相关,即:

$$1 - \theta = (n \cdot f_H)^\rho, \quad \rho > 1 \tag{2}$$

它的现实背景是,如果某个区域土地流转的规模很大,就很容易引起政府的注意和干预。

中间产品厂商利润最大化的一阶条件为:

$$p_i = \frac{w}{\theta \cdot \left(1 + \frac{1}{\varepsilon}\right)}$$

其中,ε 为第 i 类中间产品的需求弹性,将 $\varepsilon = \frac{1}{\sigma - 1}$ 代入上式即得:

$$p_i = \frac{w}{\theta \cdot \sigma} \tag{3}$$

将式(3)代入式(1),并利用中间产品的对称性,就得到:

$$\xi \cdot n^{\frac{1-\sigma}{\sigma}} = \frac{w}{\theta \cdot \sigma} \tag{4}$$

(三)市场均衡

在均衡状态下,要素市场有:
$$H_T + n \cdot f_H = 1 \tag{5}$$
$$L_T + n \cdot x_i = 1 \tag{6}$$

并且传统生产技术决定了:
$$H_T = L_T \tag{7}$$

因此有:
$$x_i = f_H \tag{8}$$

同时其中的要素报酬为:
$$z + w = 1 \tag{9}$$

厂商对中间产品部门的不断进入将使利润为0,从而有:
$$\frac{x_i}{f_H} \cdot \frac{1-\sigma}{\sigma} = \frac{z}{w} \tag{10}$$

代入式(8)和式(9)有:
$$w = \sigma \tag{11}$$

于是式(4)可转化为:
$$\xi \cdot n^{\frac{1-\sigma}{\sigma}} = \frac{1}{\theta} \tag{12}$$

代入式(2)就得到:
$$\xi \cdot n^{\frac{1-\sigma}{\sigma}} \cdot [1 - (n \cdot f_H)^\rho] = 1 \tag{13}$$

令:
$$F(n) = \xi \cdot n^{\frac{1-\sigma}{\sigma}} \cdot [1 - (n \cdot f_H)^\rho] - 1$$

则有:
$$F(0) = F\left(\frac{1}{f_H}\right) = -1$$

求 $F(n)$ 的导数:
$$\frac{\mathrm{d}F(n)}{\mathrm{d}n} = \xi \cdot n^{\frac{1-2\sigma}{\sigma}} \cdot \left[\frac{1-\sigma}{\sigma} - \left(\rho + \frac{1-\sigma}{\sigma}\right) \cdot (n \cdot f_H)^\rho\right]$$

可以看到,存在:
$$\bar{n} = \frac{1}{f_H \cdot \left(1 + \rho \cdot \frac{\sigma}{1+\sigma}\right)^{\frac{1}{\rho}}}$$

使得对于 $n < \bar{n}$, $\frac{\mathrm{d}F(n)}{\mathrm{d}n} > 0$,对于 $n > \bar{n}$, $\frac{\mathrm{d}F(n)}{\mathrm{d}n} < 0$。因此,根据函数连续性,当:

$$F(\bar{n}) = \xi \cdot \frac{\left(1 + \rho \cdot \frac{\sigma}{1-\sigma}\right)^{\frac{\sigma-1}{\sigma \cdot \rho}}}{f_H^{\frac{1-\sigma}{\sigma}}} \cdot \frac{\rho}{\rho + \frac{1-\sigma}{\sigma}} - 1 > 0 \quad (14)$$

则存在两个均衡解 $n_1 < \bar{n} < n_2$。

上述两个均衡点具有不同的性质。为了说明这一点，我们考虑给定 n 时的中间产品厂商利润为：

$$\pi_i = x_i \cdot (\theta \cdot p_i - w) - z \cdot f_H$$

代入式（3）、式（4）和式（8）得到：

$$\pi_i = f_H \cdot \{\xi \cdot n^{\frac{1-\sigma}{\sigma}} \cdot [1 - (n \cdot f_H)^\rho] - 1\}$$

注意到大括号内的式子即为 $F(n) - 1$，因此 $\frac{\mathrm{d}\pi_i}{\mathrm{d}n}$ 与 $\frac{\mathrm{d}F(n)}{\mathrm{d}n}$ 有着相同的数值，即在 $\bar{n}$ 的左侧大于零，在其右侧小于零。这意味着在 n_1 处，中间产品厂商的利润随着采用现代生产方式的劳动者数量增加而上升；在 n_2 处，利润则随着进入的厂商数量增加而下降。所以 n_2 是一个稳定的均衡解，而 n_1 则是不稳定均衡解，它构成了现代生产方式发展过程中的一个门槛值：在中间产品数量低于 n_1 时，现代生产方式是不可自我维持的，而在越过这个值之后，其发展则会自发进行下去。在后面的讨论中，除非特别说明，我们默认选取的均衡解为 $n = n_2$。

同时由式（13）得到 n 对 ξ 的导数：

$$\frac{\mathrm{d}n}{\partial \xi} = \frac{n^{\frac{1-\sigma}{\sigma}} \cdot [1 - (n \cdot f_H)^\rho]}{\xi \cdot n^{\frac{1-2\sigma}{\sigma}} \cdot \left[\frac{1-\sigma}{\sigma} - \left(\rho + \frac{1-\sigma}{\sigma}\right) \cdot (n \cdot f_H)^\rho\right]} > 0$$

因此有：

引理 1 给定土地产权交易收益的不确定性，现代生产方式产出效率的提高将会导致分工扩大和选择这种生产方式的农户数量增加。

这显然是一个非常符合直觉的结论。同时观察当存在现代生产方式时的总产出：

$$Y_T + Y_M = 1 - n \cdot f_H + \xi \cdot n^{\frac{1}{\sigma}} \cdot f_H$$

代入式（13）得到：

$$Y_T + Y_M = 1 + \frac{(n \cdot f_H)^{\rho+1}}{1 - (n \cdot f_H)^\rho}$$

我们可以看到 ξ 的提高对于总产出的贡献表现在两个方面：①直接带来现代生产方式部门产出的提高；②推动现代生产方式部门的扩张。

（四）政府决策与产权制度的演变

我们假设存在中央和地方两级政府。中央政府决定关于土地产权流转的政策，而地方政府加以实施。由于在两级政府之间的信息不对称，中央政府并不能完全了解地方政府的实际行动，而只能以一定概率对其进行监察。

中央政府决定土地产权流转政策的决策因素为总产量和土地流转的数量，其效用函数为：

$$U_c = \max\{1, Y_T + Y_M - a \cdot (nf_H)^\varphi\}, a > 0, \varphi > 1$$

即中央政府不愿意看到土地流转的发生，这可能是出于意识形态因素，也可能是出于社会稳定的考虑，但是如果土地产权流转能够带来很大的产量提高，那么它也愿意接受这一现实。

地方政府对于土地流转本身没有好恶，它只关心由此带来的产量提升和行政收益：

$$U_L = \max\{1, Y_T + Y_M - (1-\theta) \cdot B\}, B > 0$$

其中，B 是当地方政府不执行中央政府的土地产权政策时，被中央政府发现而受到的惩罚。

基于上述效用函数，中央与地方政府决定在不同条件下对土地经营权流转的态度。

（1）即使不存在政府干预的风险，农户也没有土地经营权流转的意愿。

设 $\theta = 1$，则 $\xi \cdot n^{\frac{1-\sigma}{\sigma}} = 1$，$n = \xi^{\frac{\sigma}{\sigma-1}}$，不过注意到：

$$\pi_i = f_H \cdot (\xi \cdot n^{\frac{1-\sigma}{\sigma}} - 1), \frac{d\pi_i}{dn} = \frac{1-\sigma}{\sigma} \cdot f_H \cdot n^{\frac{1-2\sigma}{\sigma}} > 0$$

因此上述均衡是不稳定的，从而 n 会继续上升，直至 $n = \frac{1}{f_H}$。此时中间产品投入的边际产出为 $\xi \cdot n^{\frac{1-\sigma}{\sigma}}$，如果 $\xi \cdot f_H^{\frac{1-\sigma}{\sigma}} < 1$，那么现代生产方式的效率将低于传统方式，因而即使政府对于土地流转不加干预，农户也不会有采用现代生产方式的意愿。

（2）农户有土地经营权流转的意愿，但由于产权交易被中央和地方政府禁止而无法实现。这种均衡下首先有 $\xi \cdot f_H^{\frac{1-\sigma}{\sigma}} > 1$，同时对于中央政府，允许土地流转的效用低于完全采用传统生产方式的效用，即：

$$\xi \cdot f_H^{\frac{1-\sigma}{\sigma}} - a < 1 \tag{15}$$

对于地方政府有：

$$1 - n \cdot f_H + \xi \cdot n^{\frac{1}{\sigma}} \cdot f_H - (n \cdot f_H)^\rho \cdot B < 1 \tag{16}$$

利用式（13），可以将式（16）简化得到：

$$\frac{n \cdot f_H}{1 - (n \cdot f_H)^\rho} - (n \cdot f_H)^\rho \cdot B - 1 < 0 \tag{17}$$

（3）农户有土地经营权流转的意愿，产权交易被中央政府所禁止，但地方政府默许交易的进行。

这种均衡下首先有式（14）成立，即：

$$\xi \cdot \frac{\left(1 + \rho \cdot \frac{\sigma}{1-\sigma}\right)}{f_H^{\frac{1-\sigma}{\sigma}}} \cdot \frac{\rho}{\rho + \frac{1-\sigma}{\sigma}} - 1 > 0$$

同时对于中央政府，允许土地流转的效用低于完全采用传统生产方式的效用，即满足式（15），但对于地方政府默许土地流转的效用要大于完全采用传统生产方式，即：

$$\frac{n \cdot f_H}{1-(n \cdot f_H)^\rho} - (n \cdot f_H)^\rho \cdot B - 1 > 0 \tag{18}$$

（4）农户有采用现代生产方式的意愿，并且产权交易得到中央政府的允许。这种均衡状态实际上也就对应着土地经营权流转的合法化，这时不存在政府对土地流转进行干预的风险，从而 $\theta=1$，所有农户都采用现代生产方式。并且对于中央政府，允许土地流转的效用高于完全采用传统生产方式的效用，即：

$$\xi \cdot f_H^{\frac{\sigma-1}{\sigma}} - a > 1 \tag{19}$$

综合上述情境中的条件，令：

$$\xi_0 = f_H^{\frac{\sigma-1}{\sigma}}$$

$$\xi_1 = \left(1 + \frac{1-\sigma}{\rho \cdot \sigma}\right) \cdot \left(1 + \rho \cdot \frac{\sigma}{1-\sigma}\right)^{\frac{1-\sigma}{\sigma \cdot \rho}} \cdot f_H^{\frac{1-\sigma}{\sigma}}$$

$$\frac{n(\xi_2) \cdot f_H}{1-[n(\xi_2) \cdot f_H]^\rho} - [n(\xi_2) \cdot f_H]^\rho \cdot B - 1 = 0$$

$$\xi_3 = (1+a) \cdot f_H^{\frac{1-\sigma}{\sigma}}$$

对于 ξ_2，令：

$$G(\xi) = \frac{n(\xi) \cdot f_H}{1-[n(\xi) \cdot f_H]^\rho} - [n(\xi) \cdot f_H]^\rho \cdot B - 1$$

则：

$$\frac{dG(\xi)}{d\xi} = \left(\frac{\rho \cdot [n(\xi) \cdot f_H]^\rho}{\{1-[n(\xi) \cdot f_H]^\rho\}^2} + \frac{1}{1-[n(\xi) \cdot f_H]^\rho} - \rho \cdot [n(\xi) \cdot f_H]^{\rho-1} \cdot B\right) \cdot \frac{dn}{d\xi} \tag{20}$$

根据引理 1：

$$\text{sign}\left[\frac{dG(\xi)}{d\xi}\right] = \text{sign}\left(\frac{\rho \cdot [n(\xi) \cdot f_H]^\rho}{\{1-[n(\xi) \cdot f_H]^\rho\}^2} + \frac{1}{1-[n(\xi) \cdot f_H]^\rho} - \rho \cdot [n(\xi) \cdot f_H]^{\rho-1} \cdot B\right)$$

同时：

$$\frac{d}{d(n \cdot f_H)}\left(\frac{\rho \cdot [n \cdot f_H]^\rho}{\{1-[n \cdot f_H]^\rho\}^2} + \frac{1}{1-[n \cdot f_H]^\rho} - \rho \cdot [n \cdot f_H]^{\rho-1} \cdot B\right) =$$

$$\rho \cdot [n \cdot f_H]^{\rho-2} \cdot \left(\frac{2\rho \cdot [n \cdot f_H]^{\rho+1}}{\{1-[n \cdot f_H]^\rho\}^3} + \frac{\rho \cdot (1+\rho) \cdot [n \cdot f_H]}{\{1-[n \cdot f_H]^\rho\}^2} - \rho \cdot B\right) \tag{21}$$

将 ξ_1 代入式（20）和式（21），令 B_1 和 B_2 分别为两式等于零的解，取适当的 $B < \min\{B_1, B_2\}$ 和 a，我们可以有：

假设 1 $\left(1 + \frac{1-\sigma}{\rho \cdot \sigma}\right) \cdot \left(1 + \rho \cdot \frac{\sigma}{1-\sigma}\right)^{\frac{1-\sigma}{\sigma \cdot \rho}} \cdot f_H^{\frac{1-\sigma}{\sigma}} < \xi_2 < (1+a) \cdot f_H^{\frac{1-\sigma}{\sigma}}$

从而得到：

命题1 随着现代生产方式的外生技术效率的逐步提高，经济中的生产方式与产权状况将会依次出现四种均衡：①农户没有采用现代生产方式的意愿，土地经营权流转被中央政府所禁止，也没有实际产权交易发生；②农户有采用现代生产方式与进行土地经营权流转的意愿，但土地经营权流转被中央政府所禁止，也没有实际产权交易发生；③农户有采用现代生产方式与进行土地经营权流转的意愿和行动，并且实际产权交易得到地方政府的默许，但是中央政府不承认上述交易的合法性；④农户有采用现代生产方式与进行土地经营权流转的意愿和行动，并且土地产权交易的合法性得到官方承认。

这一命题的现实背景是，在农业生产中，随着市场机会的增大或资金、信息等的增加，现代生产方式的收益越来越高，与之相适应的产权细分与交易也会由民间自发进行发展到获得地方政府的认可，并且最终得到中央政府的承认而成为正式的产权制度。

四、进一步的阐释

中国农地产权的变迁过程说明，随着经济发展与技术进步，土地流转的出现是一种必然。这种土地流转往往伴随着农业生产方式本身的结构变化（有时这种变化会使得农业与其他产业领域之间的界限变得模糊）及相应的土地使用方式调整。但是众所周知，中国农村土地流转的核心障碍在于农民土地产权的残缺，这使得土地难以在个人或集体层次上像一般资源那样进行交易。因此，如何在既有集体土地产权制度的框架下实现土地相关权利的转移，往往就成为了能否成功实现农业生产经营方式现代化的关键。在许多案例中，农户是通过土地集体租赁的方式来绕过这一障碍的。当然，在现有土地制度之下，这种土地权利转移安排的合法性仍然是存疑的。如果要细究这些土地流转机制的具体细节，多少都能找到合法性上的"灰色"甚至"黑色"区域。正如我们在前面所阐释的，这种现象是实际产权结构复杂性与可实施性的一种表现。

不过除了产权问题之外，中国的土地流转还有其他的障碍，其中最突出的就是土地市场的发育不全、交易费用高昂。这在很大程度上可以认为是缺乏合理产权制度的一个必然结果，但土地作为生产与生活要素的特殊性质也是其中不可忽视的一个重要因素。这种特殊性有许多具体表现：土地转用意味着农民生活方式的转变；农民缺乏市场信息，不愿承担市场风险；土地的运用有一定的外部性，需要在合理规划下进行。显然，简单地将所有问题归咎于当前的产权制度并不足以使我们走出困境。一方面，即使拥有了较为完善的产权制度基础，由于市场发育的路径依赖性质，上述许多问题也仍将长期存在；另一方面，产权制度设计与改革具有一定的复杂性，而对于不同交易方式与制度的探索本身常常就是其中的必要过程，因为通过具体的交易机制可以更清晰地了解对产权制度的实际需求。在这种语境下，产权不是抽象概念，而是各种具体权利的集合，每项权利之间没有明确的界限，并且相互之间具有一定的可替代性。主体选择实施哪一项具体产权取决于名义产权、信息、技术与市场状况，或者说，取决于相应的交易成本和收益。在不同的环境中，各项具体权利的相对重要性也是不同的。因此尽管法律上的产权界定能够大大降低产权博弈的可能和相关的交易成本，但是却并不足以消除上述博弈的可能性。

值得注意的是，在农村土地产权的演变与实施过程中，地方政府、村集体等"旧制度"常常发挥着重要的作用。在我们的模型中，地方政府只是一个消极的执法者，但在现实中，它们的角色则要活跃得多。在很多土地流转案例中，村委会等基层政府实际上担任了土地（使用权）所有者的代表与交易方进行谈判，从而大大降低了在村民个人层次上参与土地市场可能产生的交易费用。这种集体性的交易安排不仅是为了规避产权制度障碍的需要，也在很大程度上克服了由于市场信息不对称和市场风险带来的问题。与现代意义上的自由市场交易模式相比，这种土地流转机制肯定存在着相当多的不规范之处，但是我们不得不承认，在一个发育不完全的市场中，传统体制与外部市场的类似"对接机制"对于促进交易的达成是极为必要的。制度变迁通常是渐进的。可以想象，如果在改革开放之初就实行完全土地私有并进行土地集中经营，其结果很可能与实施者的初衷大相径庭。因为当时并不存在目前的外部市场与制度支持，农民也不具备足够的市场知识。外部市场入口（模型中的 ξ）在某种程度上与产权安排同等重要，而无法实施（不能带来收益）的产权是无意义的。

在理论层面上，关于中国农地产权的分析还能够带来一些更深的思考。其中之一就是，不存在抽象的市场与产权，这两者都是与具体的交易状况紧密结合在一起的。即使是在总体的私有产权安排之下，由于交易成本的存在，不同主体之间的权利分配也是重要的，并且可能需要不断调整。实际上，我国清朝中期以后和民国时期，地权细分和交易是相当发达的（王景新等，2011）。既然私有地权可以细分，公有地权同样也可以细分；既然产权是一个复杂的结构，由于产权的细分，虽然尚未改变土地集体所有的名分，但却大大扩展和提高了农户的产权实施能力，不同的权利主体各自拥有有限的产权，并按照各自的方式实施自己的权能，促进了权利的交易和重新配置，推动了农业生产的发展。虽然这还不是经典意义上的私有化，但从产权实施的意义上来看，将其看作私有化也没有什么不合理之处。从这个角度出发，哈耶克关于市场功能的经典论文（Hayek，1945）还可以做进一步的解读，即市场的重要性不仅在于探索交易的可能性，并且也在探索着相应的产权安排。由于信息与其他成本（契约的不完全性），不存在着一步到位的产权安排，因此需要不断地根据现实交易的需求来考虑各种具体权利的界定与保护。法律建设的重要性就在于降低市场探索过程中的法律风险，并且及时对空白进行补充和调整。

五、结　论

在这篇论文中，我们从一个新的角度考察了中国农村土地制度的变迁。我们看到，由于产权的结构复杂性以及实际可实施性与名义权利之间的差异，生产技术与环境的改变经常会导致相关各方对未能明确加以规定或难以实际实施的剩余权利的争夺，并因此导致产权制度安排的相应改变。在这一过程中，潜在权利的"显性化"或者说正式产权的"细分"是产权制度演化的一种重要方式。因此没有绝对有效的产权安排，只能在状态依存的互动过程中寻求相对有效的产权结构。

对中国农地产权变迁的上述解释不仅具有高度的现实相关性，而且也蕴含着更为普遍的理论意义。尽管本文讨论的是中国总体制度变迁过程中的一个侧面，但是它仍然能够带来一些对经济学一般原理的思考，其中之一就是："市场的功能究竟是什么？"正如哈耶克所指出的，现实中的市场总是在各个非均衡点之间动荡不定，而企业家的价值就在于寻找并发现因此产生的获利机会从而增进社会的福利。这里的获利机会不仅来自信息和新的技术，而且还来自交易机制与产权等市场"底层"制度的变迁。中国农地产权制度变迁的经验恰好为之提供了说明。

参考文献

[1] 巴泽尔. 产权的经济分析 [M]. 费方域译. 上海：上海三联书店，1997.

[2] 陈剑波. 农地制度：所有权问题还是委托—代理问题 [J]. 经济研究，2006（7）：83-91.

[3] Dixit, A., and J. Stiglitz, 1997, "Monopolistic Competition and Optimum Product Diversity", American Economic Review, 67 (3): 297-308.

[4] Hart, O., and John M., 1990, "Property Rights and Nature of the Firm", Journal of Political Economy, 98, 1119-1158.

[5] Hart, O., and John M., 1999, "Foundations of the Incomplete Contracts", Review of Economic Studies, 66, 115-138.

[6] Hayek, F., 1945, "The Use of Knowledge in Society", American Economic Review, 35, 519-530.

[7] 何晓星. 双重合约下的农地使用制度——论中国农地的"确权确地"和"确权不确地"制度 [J]. 管理世界，2009（18）.

[8] 冀县卿，钱忠好. 剩余索取权、剩余控制权与中国农业阶段性增长 [J]. 江海学刊，2009（1）.

[9] 柯华庆. 法律经济学视野下的农村土地产权 [J]. 法学杂志，2010（9）.

[10] Ranis, G., 1988, "Analytics of Development: Dualism", in Chenery, H., and T. Srinivasan, Handbook of Development Economics, vol. 1, Amsterdam: North-Holand.

[11] Spence, M., 1976, "Product Selection, Fixed Costs and Monopolistic Competition", Review of Economic Studies, 43, 217-235.

[12] 孙圣民. 游说、权力分配与制度变迁——以1978年中国农村产权制度变迁为例 [J]. 南开经济研究，2007（6）.

[13] 王景新，麻勇爱，詹静. 江南村落土地的产权分化和制度安排 [A] // 张曙光，刘守英. 中国制度变迁的案例研究（土地卷），第8集 [M]. 北京：中国财政经济出版社，2011.

[14] 姚洋. 中国农地制度：一个分析框架 [J]. 中国社会科学，2000（2）.

[15] 姚洋. 集体决策中的理性模型和政治模型——关于中国农地制度的案例研究 [J]. 经济学 (季刊), 2003, 2 (3).

[16] 张曙光, 赵农. 决策权的配置与决策方式的变迁——关于中国农村问题的思考 [J]. 中国社会科学评论, 2002, 1 (1).

[17] 张曙光 (主笔). 博弈: 地权的细分、实施和保护 [M]. 北京: 社会科学文献出版社, 2011.

[18] 周其仁. 中国农村改革: 国家和所有权关系的变化——一个经济制度变迁史的回顾 [J]. 中国社会科学 (季刊), 1993, 3 (8).

The Complexity of Property Rights and the Theory of Implementable Rights
—An Explanation for the Evolution of Rural Land Property Rights in China

Zhang Shuguang   Cheng Lian

Abstract: This article reviews the evolution of rural land property rights in China since 1949 and divides it into three stages: colectivization, household contracting, and large scale land transactions. Using a Spence – Dixit – Stigliz type model, the paper summarizes the process with several stylized facts and describes land property rights division and transactions in the transition from traditional autarky agriculture to modern commercialized agriculture. The article provides empirical support for the theory of property rights complexity. It argues that the division of property rights is an important approach to their implementation and an effective property rights system can only be achieved in the interaction between formal institutional arrangements and demands for specific rights stemming from real transactions.

经济管理学科前沿研究报告

交易费用、农户认知与农地流转*
——来自广东省的农户问卷调查

罗必良 汪 沙 李尚蒲

【摘 要】本文基于对广东省农户的问卷调查,比较分析了农户的交易费用认知对农地流转(转出)的影响。分析表明:农户的农地转出与农户禀赋具有状态依赖性;未转出农地农户对交易费用的事前认知明显高于有转出行为农户的经验认知;农户在流转流程、外部环境和第三方组织三个角度的交易费用认知,不利于农地的流转,而对合约安排产生的交易费用认知则有利于改善农地的转出行为。从鼓励农地流转的层面来说,讨论尚未转出农地农户的交易费用认知,以揭示农地流转难以发生的内在约束,更具政策意义与现实价值。

【关键词】交易费用;农户认知;土地流转

一、问题的提出

20世纪70年代末到80年代初,为了调动农民生产积极性以解决农产品供给严重不足的问题,我国普遍实行了家庭承包制。在体制约束构成农业发展瓶颈时,制度变革极大地促进了农业发展。家庭承包经营制度成为1978~1984年我国农业粮食增产和农业绩效提高的主要原因(林毅夫,1988,1994,2000;周其仁,1988)。

以农地均分为特征的家庭承包制取得了举世瞩目的政策效果,但同时也留下了严重的后遗症。第一,均田承包在封闭的小农经济背景下是相对有效率的,一旦存在人口的流动

---

* 本文为教育部创新团队发展计划"中国农村基本经营制度"(编号:IRT1062)、教育部哲学社会科学研究重大课题攻关项目(编号:09JZD0022)、广东省重大攻关项目(编号:10ZGXM63003)的阶段性成果。
作者:罗必良、汪沙、李尚蒲,华南农业大学经济管理学院。
本文引自《农业技术经济》2012年第1期。

与变化，则表现出天然缺陷。由于农村土地集体所有制赋予村庄内部每个合法成员平等地拥有村属土地的权利，从而社区农民因其天然身份拥有平等的承包权。其结果自然是土地分配随人口的变化而变化，由此，不稳定性与分散性成为其必然的制度缺陷（Nguyen，1996；姚洋，2004）。第二，随着农村非农产业的发展，普遍出现了半自给性小规模土地经营基础上的农户兼业化、劳动力的老龄化乃至农业边缘化。农户的抛荒、土地的细碎化、经营规模的狭小在资源配置上造成了巨大的效率损失（Fleisher et al., 1992; Wan & Cheng, 2001；许庆等，2008），并威胁国家的粮食安全与食品质量安全。第三，小规模分散化的农户经营，不仅妨碍甚至抛弃了许多科技进步成果的应用（何秀荣，2009），引发农田水利设施等"公地的悲剧"，更值得忧虑的是，本已极其细小的农场规模随工业化、城镇化和人口增长还在不断细小化。

现实的情况一方面是农业的副业化（农户纯收入中来自农业的比重由1985年的75.02%下降到2007年的42.1%）和农业劳动力的老龄化与妇女化［51岁以上的农业劳动力占总数的32.5%（2006年第二次人口普查数据）；妇女占农业从业人员的比重，1990年为52.4%，2000年为61.6%，2008年上升为73.4%（全国妇联，2010）］；另一方面却是农地流转的低发生率，1999年只有2.53%的耕地进行了流转，2006年为4.57%，2008年为8%，2010年依然只有12%。

为什么没有发生农地的有效流转？

从政策层面来讲，早在1984年的中央"一号文件"就开始鼓励农地向种田能手集中。2008年中共十七届三中全会通过的《中共中央关于推进农村改革发展若干重大问题的决定》进一步强调"加强土地承包经营权流转管理和服务，建立健全土地承包经营权流转市场，允许农民以转包、出租、互换、转让、股份合作等形势流转土地承包经营权，发展多种形式的适度规模经营"。

从理论层面而言，农地流转无论在宏观上对转变农业增长方式，推进农业的规模化、集约化、现代化经营，还是在微观上改善农户的资源配置效率，增加农民收入，都具有重要的意义。特别是对农户来说，农地流转对农户不仅具有边际产出拉平效应，还具有交易收益效应（姚洋，1998）。

从农户层面来说，流转农地已经成为农户重要的行为取向。乐章（2010）对全国10省份30个行政村1032户农民进行的问卷调查表明，有38.1%的农户具有农地转出意愿，19.8%的农户具有农地的转入意愿。

可以认为，无论是在政策与理论上，还是从农户的角度，农地流转都具有可能性与必要性。但是，农地流转的实际发生率却如此之低。那么，约束农地流转实际发生的关键在哪里？

农民是农地流转的主体，特别是农地转出的主体。推动农地承包经营权流转不仅需要政府的推动，最终仍取决于农户的决策。农户作为农地流转市场的参与主体，其做出农地流转决策，是在成本收益衡量后理性选择的结果。

因此，本文试图从交易费用的角度来阐明农户农地流转的决策机理，以期基于农户对交易费用的认知来弄清农地流转的主要制约因素。

二、交易费用认知与农地流转：基本的分析维度

（一）分析视角：农户认知

现代经济学已经证明，在一个竞争的市场环境中，农户的行为是具有理性的，农户仍然是在一定的经济环境约束下追求利润最大化的个体。因此，无论是对于农地的转入者或是转出者，其做出农地流转决策都是为了获取最大化净收益。

然而，农户的决策受到理性程度（认知能力）以及所处环境（与交易费用关联）的影响。

已有文献讨论了农地流转的各种影响因素。其中，农地的初始制度安排、社会经济发展水平、农户资源禀赋（生产资源、人力资源、社会资源等）以及政策保障等，受到了学者的广泛重视（谢小蓉、傅晨，2008），但大多数忽视了农民认知对农地制度改革的影响（徐美银等，2009）。

从认知的角度讨论农地制度问题，已经受到学界的关注（徐旭等，2002；洪名勇等，2007；陈胜祥，2009），但主要集中于制度安排、赋权、征地及其权益方面的研究，较少重视农地流转，且几乎没有关注对农地流转交易费用的认知问题。

即使从交易费用经济学的角度讨论农地流转问题，也仅是近些年来才开始的尝试（李孔岳，2009；罗必良等，2008，2010；刘克春等，2008；伍振军等，2011），而且主要是考察农户禀赋、资产专用性和不确定性对实际流转发生的交易费用所产生的影响。可以说，分析已经发生土地流转的交易费用与考察尚未发生流转的交易费用，并不是一回事。从鼓励农地流转的层面来说，讨论尚未转出农地农户的交易费用认知，以揭示农地流转之所以发生率过低的内在约束，或许更具政策意义与现实价值。

农地流转的交易费用可以分为事前交易费用（搜寻、谈判与签约）和事后交易费用（合约执行与维护等）。但是，对于尚未发生合约交易的情形来说，分析其事前交易费用只能依赖于行为主体的心理认知。事实上，在新制度经济学领域，心理认知一直受到学者们的关注。Arthur 和 North（1993）建立了一个关于制度变迁的认知模型（共享心智模型），从认知的视角探讨个体决策行为的内在机制，认为个体改善经济绩效的能力依赖于其信念和心智模型，并由此推断，制度是拥有心智模型的人们在互动中创造的、对环境进行建构或建立秩序的机制。青木昌彦（2001）建立了基于个体学习和认知调整的主观博弈模型，他甚至将制度定义为关于博弈重复进行的主要方式的共有信念的自我维系系统。因此，从心理认知的角度讨论农地流转的交易费用，或者说，基于农户对交易费用的认知来解析农地流转行为，是一个值得尝试的新视角。

因此，本文的研究维度是：①为了保证研究的一致性，本文仅讨论农户的农地转出问题；②将农户分为两种类型，一是已经发生农地转出行为的农户，二是尚未发生转出行为的农户；③关注农户对农地流转交易费用的心理认知；④侧重于两个方面的对比研究，一是农户对不同交易费用维度的认知，二是不同农户对交易费用的认知。

为便于表述，本文分别将已经发生农地转出的农户与尚未发生农地转出的农户简称为"经验农户"和"事前农户"，其对交易费用的认知分别简称为"经验认知"和"事前认知"。

（二）分析依据：行为机理

在不考虑交易费用的环境下，农地流入方和流出方的行为主要依据的是农地流转的价格，但实际流转中，交易费用的存在通过影响转入方流转的成本和转出方流转的收益影响双方的农地流转选择。如果交易费用过高将可能使原本对交易双方都有利可图的交易由于成本原因被搁置，造成经济效率的损失。对农地流转中交易费用认知产生的心理交易成本同样直接以成本的形式影响了流转双方的决策行为。由于初始心理交易成本的存在，不仅转入农地的一方因为增加额外的成本而减少了对农地流入的意愿，而且转出土地的农户也会因为心理交易成本的存在而减少预期转出收益，降低农地转出的意愿。

假定一个竞争性的农地流转市场的单位农地流转的均衡价格为 P_0。当存在对交易费用认知 C 的时候，农地转入方预期的交易价格将从 P_0 上升为 $P_1 = P_0 + P_c$。此时，理性的转入方所愿意租入的农地面积将从 D_1 减少到 D_2（见图1）。

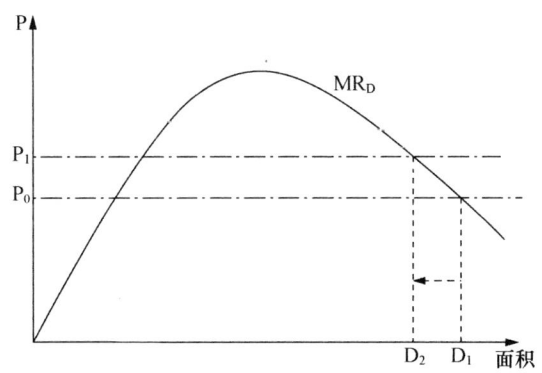

图1 农地转入面积的确定

对于农地的转出方而言，假定不存在交易费用，农户转出农地所获得的边际收益为土地价格 P_0，一旦存在转出的交易成本，农户的预期收益将会降低，农地流转面积将从 S_1 减少到 S_2（见图2）。本文的目的是要说明农户对交易费用的认知是如何影响其农地转出行为的。

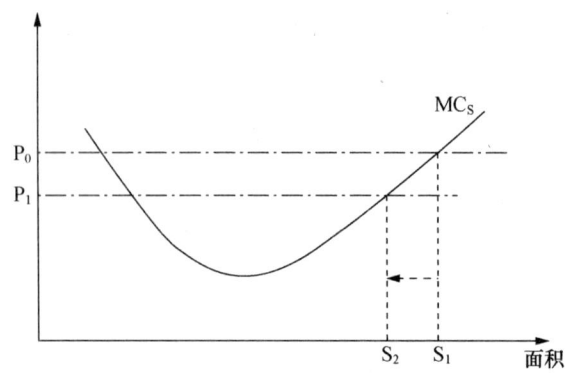

图2　农地流出面积的确定

(三) 分析工具: 交易费用比较

威廉姆森（1985）从不同的企业契约类型比较出发，认为交易费用的高低与企业的契约类型具有依存关系。由于企业所营运的资产专用性不同，就会产生不同的市场交易费用。企业与外部的契约关系从完全一体化到完全的市场交易，存在一个很宽的过渡带，每种契约关系均反映了不同的交易费用，越倾向于完全一体化的交易费用就越高，反之则低。交易费用有了相对比较的基础，但这种相对比较方式只在"序数"的基础上，不具备绝对数上的可测性。

威廉姆森强调，只有通过制度的比较，也就是将一种合同与另一种合同进行比较，才能估计出它们各自的交易成本。因此，交易费用的测量问题，其难度并没有想象得那么大，因为只要比较出大小即可，并不一定非要计算出具体的数据。即使要分析实际例子中的交易费用，也几乎没有人想要直接计算出其大小来。相反，研究实际例子的目的，只不过是想弄清楚这些组织内部的关系（签订合同的实践及治理结构）与交易费用理论所预言的、交易中各种属性的要求是否一致而已。

张五常（1998）肯定了交易费用的比较方法。他认为，交易费用常常很难度量，但是如果能够指出这些成本在不同的可观察到的条件下是怎样变化的，就可以避开度量问题，而且从边际变化的观点看，也可以区分它们的不同类型。在其他条件相同的情况下，某种特定类型的交易费用在状况A下高于状况B，并能够说无论什么时候观察到这两种状况，不同的个人都能始终如一地确定同一排列，那么就可以说，交易费用至少在边际上是可以度量的。

尽管测量交易费用还面临诸多争议（罗必良，2006），但本文依然遵循交易费用比较分析的方法论传统。

三、交易费用认知与农地转出：数据采集与统计分析

（一）测度指标

对交易费用认知的度量主要以农地流转交易过程的三个阶段（搜寻、缔约、维护）为背景，并考虑到外部环境产生的交易费用、第三方组织参与产生的交易费用的影响，将农户对交易费用的认知划分为4类测度、15个观察项。流转流程测度（5个观察项）：寻找流转对方花费的时间、进行流转谈判花费的时间、对流转对方的了解程度、农地流转后的用途、农地流转后可能发生的纠纷；合约安排测度（4个观察项）：农地流转中签订的合约形式、农地流转的合约期限、农地流转租金的高低、农地流转租金的稳定性；外部环境测度（3个观察项）：当地交通便利程度、当地通信和网络便利程度、流转前对农地将进行的投资；第三方组织参与测度（3个观察项）：村委会的推动、村委会的干预、中介组织的介绍。

此外，本文还增加了农户禀赋作为控制变量。其中有表达农业禀赋特征的家庭务农人口数和被调查者的年龄以及承包地面积，表达非农禀赋特征的家庭外出务工人口数和非农收入占农户家庭收入的比例。

（二）数据采集与整理

为获取本文的分析数据，笔者于2011年初对分别代表广东较高经济发展水平的增城市（位于珠江三角洲地区）和代表广东较低经济发展水平的梅州市（位于粤北山区），进行农户的抽样问卷调查。其中，在增城市发放问卷500份，有效问卷487份；在梅州市发放问卷280份，有效问卷266份。有效问卷共753份。其中，已经发生农地转出的农户为420户，未发生农地转出的农户为333户。表1是基于样本农户对农地流转（转出）交易费用认知的分类统计。

表1 样本农户对农地流转交易费用认知的分类统计 单位：户，%

测度	观察项	样本农户合计 数量	样本农户合计 比例	实际转出土地的样本户 数量	实际转出土地的样本户 比例	没有转出土地的样本户 数量	没有转出土地的样本户 比例
流转流程	寻找流转对方花费的时间	208	27.62	92	21.90	116	34.83
流转流程	进行农地流转谈判花费的时间	212	28.15	108	25.71	104	31.23
流转流程	对流转对方的了解程度	388	51.53	197	46.90	191	57.36
流转流程	农地流转后的用途	442	58.70	260	61.90	182	54.65
流转流程	农地流转后可能的纠纷	363	48.21	196	46.67	167	50.15

续表

测度	观察项	样本农户合计		实际转出土地的样本户		没有转出土地的样本户	
		数量	比例	数量	比例	数量	比例
合约安排	农地流转签订书面合约	448	59.50	251	59.76	197	59.16
	农地流转的合约期限	526	69.85	285	67.86	241	72.37
	农地流转租金的高低	644	85.52	363	86.43	281	84.38
	农地流转租金收益的稳定性	582	77.29	328	78.10	254	76.28
外部环境	当地的交通便利程度	385	51.13	202	48.10	183	54.95
	当地的网络和通信便利程度	218	28.95	120	28.57	98	29.43
	流转前对农业经营进行的投资	272	36.12	136	32.38	136	40.84
组织参与	村委会对农地流转的推动	361	47.94	187	44.52	174	52.25
	村委会对农地流转的干预	289	38.38	144	34.29	145	43.54
	中介组织的介绍作用	162	21.51	85	20.24	77	23.12

(三) 对交易费用不同测度的认知感受

(1) 在流转流程方面，样本农户对搜寻和谈判费用给予了较低的认知评价，对事后交易成本则给予相对高的认知评价。其中：①58.7%的农户对"农地流转后的用途"是否改变给予了关注。这意味着多数农户的农地转出并不是长期的行为选择，而是一种权宜之计：因为他们今后仍然可能会收回土地，而是否改变土地用途将对其流转预期产生重要影响。②48.21%的农户表现出对"农地流转后可能的纠纷"表示担心，预期不稳定是普遍的问题。③值得注意的是，51.53%的农户表达了"对流转对方的了解程度"的重视，这意味着农户在土地转出时对交易主体存在普遍的身份选择性行为。可见，对交易对方的了解程度是为达成流转合约需要考虑的重要的信息成本。因为，对交易对手越了解，信息对称的程度相应就越高，在谈判过程中的摩擦就可能越小，越有可能达成流转合约并使其得到顺利的执行。④问卷表明，人们通常认为的农户土地流转往往会面临较高的搜寻和谈判成本的判断，与"真实世界"存在较大的偏差。

(2) 在合约安排方面，农户对各观察值均给予了较高的认知评价。可以发现：能否达成农地流转的交易合约，其合约期限、合约租金的高低及其稳定性，是其主要的影响因素。与之相比，农户对"农地流转签订书面合约"则给予了较低的认知评价。这说明，农户关注农地流转的权益保护，但保护的策略不是通过"契约化"，而是通过"熟人社会"来维护（如前所述的"对流转对方的了解程度"的重视）。这多少说明了农民在社会转型中面临的困境。

(3) 在外部环境方面，交通便利程度成为影响农地流转的重要因素。显然，交通条件越好，农地的价值越高，农户寻找到交易对象的机会也就越大，从而转出农地的可能性也就越高。可以认为，交通的不便利或许是约束农地流转的重要障碍。

(4) 在组织参与方面，农户的农地流转依然依托于正规组织，对各类中介组织给予了较低的认知评价。值得注意的是，农户对村委会在农地流转方面的评价是"毁誉参半"的。

(四) 不同行为主体的认知感受

从表 1 可以发现，未转出农地农户的事前认知与有转出行为农户的经验认知存在一定的差异，前者明显高于后者，这在一定程度上表达了农业劳动力快速转移而农地流转一直停滞不前的问题所在。

(1) 交易流程产生的交易费用认知的比较。①对于流转的寻找与谈判成本，事前认知（分别为 34.83% 和 31.23%）均高于经验认知（分别为 21.9% 和 25.71%）。产生差异的原因可能是：一是没有发生流转的农户可能的确经历了相应的困难；二是没有发生流转的农户可能没有付诸于行动，存在夸大其成本的"虚幻认知"。但必须承认，缺乏合适的转入主体或者说农地买方的进入不足，是制约农地流转的主要原因之一。②农地用途的改变在一定程度上具有不可逆性。如果土地是永久性流转，转出农户应该不太关注其用途是否改变。然而两类农户均给予了较高的认知评价。因为一旦农户重新收回转出的农地，可能面临较高的交易费用。特别是经验认知比事前认知要高 7.25 个百分点。这意味着，第一，农户的土地转出行为仅是一种策略性行为（进而农地的流转缺乏稳定性）；第二，流转后改变农地用途的行为的确存在。可以认为，维护农地用途的稳定将对农户土地流转的预期产生重要影响。③合约纠纷是反映合约签订后监督执行阶段交易费用的重要变量。尽管样本户中实际发生纠纷的比例仅为 3.96%，但农户依然对此高度重视。事前认知更是表现出高估的"虚幻认知"。

(2) 合约安排产生的交易费用认知的比较。①无论是经验认知还是事前认知，均对书面合约表现出同样的认知评价。相比口头合约，书面合约使农地流转中的合约行为更规范，更有利于法律保障。同时，也说明大部分农户都有亟待规范农地合约的需求。②67.86% 的经验认知对合约期限给予了重视，而事前认知则高达 72.37%。不难看出，恰当合约期限的选择是激励农户做出农地流转决策的重要因素。赋予农户更加稳定的土地承包权将有助于降低承包期不稳定对合约期限的影响。③合约租金的高低无疑是所有样本户最关心的影响因素，认为该因素对农地流转行为有影响的比例高达 80% 以上。农村土地流转市场的发育离不开一个有效的市场价格体系运行，农户对租金的高度认知，表达了其对土地财产权益保障及其稳定预期的诉求。④从统计来看，样本农户普遍表达了对农地租金收益稳定性的关注。农地流转租金的稳定性是反映合约执行成本的重要变量，租金越稳定，说明农地流转合约执行得越好，合约的稳定性也就越强，农户转出农地的可能性就会增加。

(3) 外部环境产生的交易费用认知的比较。①一般来说，交通条件越好，农户寻找到交易对象的机会也就越大，从而转出农地的可能性也就越高。事前农户对其的评价要比经验农户高 6.85 个百分点。可以认为，交通的不便利或许是约束农地流转的重要因素。

②同样，网络和通信越便利，接触外界的机会就越多，获取市场交易信息也就越多，从而既有利于减少搜寻费用（交易对象、价格），又有利于在信息相对充分和对称的条件下降低达成合约的谈判费用。值得注意的问题是，与对交通便利程度的高度评价相比，样本户对信息的便利程度的评价相对降低，这或许说明了大多数农户在分享信息并获得信息收益的空间尤为不足。③32.38%的经验农户认为流转前对农业经营的投资对农地流转有影响，而40.84%的事前农户对此给予了关注（高出前者超过8个百分点）。可见，专用性投资不仅引发了谈判成本，还影响合约执行的稳定性。因此，如何激励农户进行农地投资，同时又能推进农地的流转，是需要关注的重要问题。

(4) 第三方组织参与所产生的交易费用认知的比较。①44.52%的经验农户和52.25%的事前农户均表达了村委会在农地流转中的推动作用。一方面说明村委会对农地流转的推动作用在村民中得到了广泛的认同，成为影响农地流转交易费用进而影响农地流转行为的主要因素；另一方面也说明对于没有转出农地的样本户，他们更希望得到村委会提供的帮助。②34.29%的经验认知和43.54%的事前认知反映了村委会对农地流转的阻碍与干预。可见村委会扮演的角色是双重的。因此，规范村委会的职能与角色是必须关注的问题。③中介组织是市场交易中为节约市场搜寻成本和谈判成本而形成的组织形式。农地流转中介组织的存在能够有效地降低流转市场高昂的信息成本和谈判成本，目前在江苏、浙江和四川等省份广泛兴起的"土地信托服务中心"、"乡镇土地交易所"等土地中介机构正成为推动当地土地流转的重要力量。从对样本地的调研来看，无论是经验认知还是事前认知均对中介组织的作用给予了较低的评价。这一方面表达了样本农户对中介组织的认识不足，另一方面更表明了样本地区农地流转的中介组织发育不足。

四、计量分析

为了验证农户交易费用认知对农地流转行为的影响，本文做进一步的计量模型分析。

(一) 模型选择

由于本文关注农户的农地转出行为，并将农户划分为已经发生转出和尚未转出两种情形，因此是典型的二元选择问题，适合采用二元 Logistic 模型。

在设计模型时，将农地流转行为设置成因变量，转出农地的行为定义为1，没有转出的行为定义为0。其模型构建理论如下：

设 P 为某事件发生的概率，这里指农户进行农地流转的概率，取值范围为 [0, 1]，$1-P$ 为该事件不发生的概率，将 $P/(1-P)$ 取自然对数得 $\ln P/(1-P)$，即对 P 做 logit 转换，记为 logitP，其取值范围为 $(-\infty, +\infty)$，并以该值为因变量，建立线性回归方程：

$$\text{logit}P = \alpha + \beta_1 x_1 + \cdots + \beta_m x_m$$

$$P = 1/[1 + \exp(\alpha + \beta_1 x_1 + \cdots + \beta_m x_m)]$$

其中，m 代表影响概率 P 的因素的个数；x 是自变量，代表决定农户土地流转行为的因素。

（二）KOM 和 Bartlett 检验

在提取主因子前，对农户禀赋各观察值进行 KMO 和 Bartlett 检验，结果表明 KOM 值为 0.514。尽管根据通常的标准，KOM 值小于 0.6 时不太适合做因子分析，但 Bartlett 球形检验的近似卡方值为 459.512，其相伴概率为 0.000，小于显著性水平 0.05，因此拒绝 Bartlett 球形检验的零假设，表明各项指标适合做因子分析（见表 2）。

表 2　农户禀赋因子的 KMO 和 Bartlett 的检验

检验类别	参数名称	参数值
取样足够度的 Kaiser – Meyer – Olkin 度量 Bartlett 的球形度检验	KOM	0.514
	近似卡方	459.512
	df	36
	Sig.	0.000

对交易费用认知各观察项进行 KMO 和 Bartlett 的检验，其 KOM 值为 0.791，大于 0.7 的适用标准，表示各项指标适于进行因子分析。Bartlett 球形检验的结果显示，其近似卡方值为 1986.381，其相伴概率为 0.000，也表明各项认知情况适合做因子分析（见表 3）。

表 3　交易费用认知因子的 KMO 和 Bartlett 的检验

检验类别	参数名称	参数值
取样足够度的 Kaiser – Meyer – Olkin 度量 Bartlett 的球形度检验	KOM 参数	0.791
	近似卡方	1986.381
	df	105
	Sig.	0.000

（三）主因子的提取

农户禀赋的各观察值通过因子分析提取的 3 个主因子分别命名为非农禀赋、农业劳动力禀赋以及农地禀赋。其中，非农禀赋因子包含两个观察值家庭外出务工人数和非农收入占总收入的比例；农业劳动力禀赋因子包括两个观察值家庭务农人口数和被调查者的年龄；农地禀赋因子是测度农业禀赋中农地经营的面积，仅包含承包地面积一个观察值。

上述 3 个因子的累计贡献率达到 73.688%，其中非农禀赋解释力最强，农地禀赋解释能力最弱。本文采取豪特森 T^2 重复度量方差分析和伴随概率对因子进行信度检验。一般而言,T^2 值和 F 值越大,伴随概率越小,主因子代表效果越好,从结果来看 4 个主因子的分析结果都具有一致性和可信度(见表 4),仅包含一个观察值的因子无须检验。

表 4 农户禀赋的因子分析及其检验

观测项	因子载荷	因子命名	特征根	T^2, F, Prob
家庭外出务工人数	0.7960	非农禀赋	$R_1 = 1.406$(28.126%)	$T^2 = 2647.178$ F = 2647.178 Prob = 0.000
非农收入占总收入比例	0.7590			
家庭务农人口数	0.7800	农业劳动力禀赋	$R_2 = 1.250$(24.995%)	$T^2 = 16197.586$ F = 16197.586 Prob = 0.000
被调查者年龄	0.7520			
承包地面积	0.9720	农地禀赋	$R_3 = 1.028$(20.568%)	

交易费用认知的 15 个观察项通过因子分析提取 4 个主因子,将 4 个主因子分别命名为流转流程产生的交易费用、合约产生的交易费用、外部环境交易费用、第三方组织产生的交易费用。上述 4 个因子的累计贡献率达 51.32%,其中流转流程产生的交易费用的认知解释力最强,第三方组织产生的交易费用的认知解释能力最弱(见表 5)。从豪特森 T^2 重复度量方差分析和伴随概率对因子进行信度检验结果来看,4 个主因子的分析结果都具有一致性和可信度。

表 5 交易费用认知的因子分析及其检验

测度	观测项	因子载荷	因子命名	特征根	T^2, F, Prob
流转流程	寻找流转对方花费的时间	0.699	流转流程产生的交易费用	$R_1 = 3.713$(24.754%)	$T^2 = 303.341$ F = 75.528 Prob = 0.000
	进行流转谈判花费的时间	0.728			
	对流转对方的了解程度	0.377			
	农地流转后的用途	0.460			
	农地流转后可能发生的纠纷	0.665			
合约安排	农地流转中签订的合约形式	0.496	合约安排产生的交易费用	$R_2 = 1.416$(9.440%)	$T^2 = 205.786$ F = 68.409 Prob = 0.000
	农地流转的合约期限	0.374			
	农地流转租金的高低	0.807			
	农地流转租金的稳定性	0.787			
外部环境	当地交通便利程度	0.777	外部环境产生的交易费用	$R_3 = 1.366$(9.109%)	$T^2 = 160.867$ F = 80.325 Prob = 0.000
	当地通信、网络便利程度	0.800			
	流转前对农地将进行的投资	0.605			

续表

测度	观测项	因子载荷	因子命名	特征根	T^2, F, Prob
组织参与	村委会对农地的推动	0.806	第三方组织产生的交易费用	$R_4 = 1.203$ (8.020%)	$T^2 = 168.024$
	村委会对农地的干预	0.839			F = 83.898
	中介组织的介绍	0.501			Prob = 0.000

(四) 计量分析结果

基于因子分析所得的农户禀赋和交易费用的主因子,借助 Stata10 软件将农户是否转出土地 0、1 变量与各影响因子进行 Logit 模型估计,所得结果如表 6 所示。

表 6 农户禀赋、交易费用认知对农地流转行为影响的 **Logit** 模型估计

农户的土地流转行为	Coef.	Robust Std. Err.	z	P > |z|	95% Conf.
非农禀赋	0.343***	0.079	4.36	0	0.189
农业劳动力禀赋	-0.037	0.079	-0.47	0.636	-0.192
农地禀赋	-0.021	0.064	-0.32	0.746	-0.146
流转流程产生的交易费用	-0.155**	0.078	-2	0.045	-0.307
合约安排产生的交易费用	0.141*	0.078	1.8	0.072	-0.013
外部环境产生的交易费用	-0.133*	0.077	-1.73	0.084	-0.285
第三方组织产生的交易费用	-0.155**	0.077	-2.02	0.044	-0.306
常数项	0.220	0.077	2.84	0.004	0.068

Loglikelihood = -472.72397 Wald chi2 (7) = 32.43 Prob > chi2 = 0.0000

从模型估计的结果来看,尽管农户禀赋和交易费用认知之间存在一定的多重共线性,造成了农业劳动力禀赋、农地禀赋对土地流转行为的影响不显著,但从其他因子对农地流转行为影响来看都通过了显著性检验。非农禀赋对农地流转行为的影响为正,说明非农禀赋的增长有利于让农户转出土地。农业劳动力禀赋和农地禀赋对农户土地流转行为的影响系数为负,尽管农业劳动力禀赋没有通过显著性检验,但其对土地流转的影响关系显示出农业劳动力禀赋较高的农户转出农地的可能性不大,这可能是由于劳动力禀赋较高的农户具有从事农业生产的比较优势。

基于交易费用认知对农地流转行为的影响,从交易费用认知的观察项提取的 4 个主因子中:①流转流程产生的交易费用对农户土地流转行为的影响为负,显著性水平较高,说明对流转流程交易费用的认知程度越高,造成的预期交易成本越大,不利于农户转出土地。②合约安排产生的交易费用对农户土地流转行为的影响为正,通过 0.1 的显著性检

验,对于这一结果可能的解释是对合约安排产生的交易费用认知程度越高的农户,对合约条款、合约形式以及如何保障合约稳定性与认知相对较低的农户相比更了解,对合约签订后可能发生的问题更可控,使他们与流入方签订的合约更有保障,有利于促进这类农户转出土地。③外部环境产生的交易费用对农户的土地流转行为的影响为负,也通过了0.1的显著性检验,说明农户对外部交易环境产生的交易费用认知水平越高,预期的约束越大,对转出农地的意愿就越小。④第三方组织产生的交易费用对农户土地流转的影响为负,且显著水平较高,说明组织化程度发育不足,使农户对农地交易的预期不足,从而对土地流转行为构成约束。

五、结论与讨论

(1) 农户的土地流转行为与资源禀赋具有状态依赖性。那些具有较多农业劳动力、承包较多土地的农户对土地具有更高的依赖性,而那些外出务工劳动力或者非农收入较多的农户对土地的依赖性相对较小。只有"人动"才会有"地动",没有农业劳动力的有效转移,就难以有效推进农地的有效流转。现实的问题是,在农村劳动力非农化流动的同时,并未产生有效的"市民化"与人口迁徙:一方面是农民工"离农",但却没有"弃地";一方面是农民工"进城",但却没有"迁徙";还有一方面是土地的"弃耕",但却没有发生有效的农地流转。因此,在人口流动与土地流转过程中,必须建立行为主体有效的"退出机制"与"进入机制",特别是小农的"土地退出机制"。

(2) 多重因素制约农地的有效流转。农地转入主体的进入不足,农地流转的谈判费用及由此可能导致的纠纷预期,农地所处的环境状态及资产特性,均在不同的环节上影响土地的有效流转。推进农地流转尤其要关注尚未转出农地的农户对交易费用的心理认知。值得注意的是,组织发育不足,特别是村委会等正规组织的不当参与,在一定程度上影响农地流转。鼓励不同类型的经营主体进入农业、改善农地流转的信息状况与交易环境,特别是规范第三方规制组织的行为,并进一步推进农地流转的组织化与契约化,应该是改善农地流转效率的重点。

(3) 必须加快农地流转市场的发育。农地经营权流转市场的构建,是农业经营方式与农业增长方式转变的制度保障。土地流转且流转市场的价格生成,一是有利于节约和集约利用农地;二是有利于土地的适度集中,改善规模效率;三是有利于农业的专业化经营,改善分工效率;四是有利于提升农业的技术与装备水平,改善农业的"迂回"经济性;五是有利于提高管理水平,改善农业经营的组织化、标准化与农产品质量安全。更重要的是,农地的流转一方面可以使农民获得流转租金等财产性收入的同时,进一步激活农业剩余劳动力的转移,加快劳动力市场的发育;另一方面有利于在提高务农收入的同时保证国家的粮食安全。

(4) 土地是农民的重要财产,但农民因此获得的收入很有限。中国农村改革的经验是推进了市场化。土地不仅是一种生产性要素,更是一种财产性要素。但农村土地市场与资本市场严重滞后,无论是出于公平的角度缩小城乡差距,还是出于效率的角度增加农民的购买力,让农民获得财产性收入都是必然的选择。

未来农地流转政策调整的关键是:第一,强化赋权。必须赋予农民更加充分而有保障的土地承包经营权,土地承包关系要保持稳定并长久不变,不断提升农户土地产权的稳定性与可预期性。第二,推进分离。在促进农业劳动力与农村人口有效转移的同时,鼓励农户承包权与经营权的分离,在稳定土地承包权的基础上,建立合理的农户经营权"退出机制",不断提升农地流转交易的规模与稳定。第三,发育市场。充分发挥市场的信号生成与传递功能,降低农地流转的交易成本。与此同时,通过建立健全农地经营权流转市场,不断提升农户土地产权的可交易性及其产权强度。第四,保障权益。充分保障农民对承包土地的占有、使用、收益等合法权益,不断提升农户土地产权的保障强度与可预期性。第五,政策扶持。稳定承包权,流转经营权,推进农业经营的规模化与组织化,应该成为农地流转的基本取向。因此,必须把握方向、明确目标,不断强化农地政策的指向性与稳定性。

参考文献

[1] Arthur T. Denzau and Douglass C. North, 1993, "Shared Mental Models: Ideologies and Institutions", Working papers for the Center of the Study of Political, Economy Washington University.

[2] Fleisher B. M. and Yunhua, Liu, 1992, "Economies of scale, plot size, humancapital and productivity in Chinese agriculture", Quarterly Review of Economics and Finance, 32 (3): 112 – 123.

[3] Nguyen Tin, Cheng, E. J. and Findlay Christopher, 1996, "Land Fragmentation and Farm Productivity in China in the 1990s", China Economic Review, 7 (2): 169 – 180.

[4] Wan G. H. and Cheng, E. J., 2001, "Effects of land fragmentation and returns to scale in the Chinese farming secto", Applied Economics, 33: 183 – 194.

[5] Willianmson. O., 1985, "The Economic Institutions of Capitalism: firm, Markets, Relational Contracting", Free Press.

[6] 洪名勇,施国庆. 欠发达地区农地重要性与农地产权:农民的认知 [J]. 农业经济问题,2007 (5).

[7] 乐章. 农民土地流转意愿及解释 [J]. 农业经济问题,2010 (2).

[8] 李孔岳. 农地专用性资产与交易的不确定性对农地流转交易费用的影响 [J]. 管理世界,2009 (3).

[9] 林毅夫. 制度、技术与中国农业发展 [M]. 上海:上海人民出版社,1995.

[10] 刘克春,朱红根. 农户要素禀赋、交易费用与农户农地供给行为关系研究——基于江西省农户调查 [J]. 江西农业大学学报,2008 (1).

[11] 罗必良,李尚蒲. 农地流转的交易费用:威廉姆森分析范式及广东的证据 [J]. 农业经济问题,2010 (12).

[12] 罗必良,吴晨. 交易效率:农地承包经营权流转的新视角——基于广东个案研究 [J]. 农业

技术经济, 2008 (2).

[13] 罗必良. 交易费用的测量: 困难、进展与方向 [J]. 学术研究, 2006 (9).

[14] 青木昌彦. 比较制度分析 [M]. 上海: 上海远东出版社, 2001.

[15] 史清华, 贾生华. 农户家庭农地要素流动趋势及其根源比较 [J]. 管理世界, 2002 (1).

[16] 伍振军, 张云华, 孔祥智. 交易费用、政府行为和模式比较: 中国土地承包经营权流转实证研究 [J]. 中国软科学, 2011 (4).

[17] 谢小蓉, 傅晨. 2000~2007: 中国农村土地使用权流转研究综述 [J]. 财贸研究, 2008 (5).

[18] 徐美银, 钱忠好. 农民认知视角下的中国农地制度变迁——基于拓扑模型的分析 [J]. 农业经济问题, 2008 (5).

[19] 徐美银, 钱忠好. 农民认知与我国农地制度变迁研究 [J]. 社会科学, 2009 (5).

[20] 许庆, 田士超, 徐志刚, 邵挺. 农地制度、土地细碎化与农民收入不平等 [J]. 经济研究, 2008 (2).

[21] 姚洋. 土地、制度和农业发展 [M]. 北京: 北京大学出版社, 2004.

[22] 张五常. 交易成本的范式 [J]. 社会科学战线, 1999 (1).

[23] 周其仁. 产权与制度变迁: 中国改革的经验研究 [M]. 北京: 社会科学文献出版社, 2002.

气候变化是否影响了我国过去两千年间的农业社会稳定?*

——一个基于气候变化重建数据及经济发展历史数据的实证研究

赵红军

【摘　要】 本文运用古气候重建数据,中国历史上的米价、自然灾害、人口等具有一定间隔的时间序列数据,实证检验了气候变化与过去两千年间的农业经济社会不稳定之间的关系。研究发现,温度的升高(降低)倾向于减少(增加)社会不稳定程度,降雪异常对社会不稳定的作用是结构性的,且二者对社会不稳定均具有较长期的影响;尽管仍有其他因素影响农业社会的不稳定,但即便控制它们以后,仍系统地发现气候变化对农业社会不稳定的深层次影响,证明了本文有关历史气候变化与中国农业社会不稳定关联关系的基本分析框架,对当下的气候变暖也具有重要的启示意义。

【关键词】 气候变化;社会稳定;米价;自然灾害;人祸;经济变迁

---

* 作者:赵红军,上海对外贸易学院经贸学院。
本文是赵红军主持的上海对外贸易学院 2011 年国家社科预研究项目"历史气候变化与北宋后经济发展关联度研究:一个基于数据重建的数量经济史视角"的阶段性研究成果,得到 2011~2015 上海市高校"085 工程"项目,赵红军主持的第 41 批中国博士后科学基金、上海财经大学理论经济学博士后流动站研究课题"小农经济、惯性治理与中国经济的长期变迁",上海市曙光学者计划(编号:08SG54),2009 年上海市回国留学人员"浦江人才计划"(编号:PJ [2009] 00889)的资助。
感谢 2010 年 10 月 22~24 日第九届全国国际贸易学科协作年会期间中南财经政法大学李小平教授,厦门大学彭水军教授,东南大学经济管理学院冯伟,南京大学经济学系皮建才副教授,上海大学经济学系詹宇波副教授,上海对外贸易学院石士钧教授、张永安教授、孙楚仁副教授的评论。本文亦是 2011 年复旦大学"发展经济学:历史、转型与未来"会议的研讨论文之一,感谢复旦大学陆铭教授、陈钊教授、李丹副教授,武汉大学代谦教授,香港中文大学陈硕,香港科技大学马驰骋博士,上海对外贸易学院章韬博士等的详细评论。另外,本文的英文版也受到美国 University of Conneticut 数量历史系 Peter Turchin 教授、美国加州大学河边分校 Chris Chase-Dunn 教授、美国康州三一学院经济学系文贯中教授的详细评论,在此一并表示感谢。

一、引　言

近年来，研究气候变化与经济发展包括社会不稳定的关联关系已成了当下国际经济学界、政治学界、社会学界以及各国政府讨论的热点问题，原因在于20世纪20年代以来工业化所带来的日益广泛的气候变暖已严重地影响了人类社会的工农业生产，土壤、植被和水文的变化，生物多样性乃至沿海国家的生存（如IPCC, 2007; Del et al., 2008; 吉登斯，2009；等等）。然而，这些讨论以及国际社会所给出的政策建议大多建立在工业化和后工业化国家的经济结构和发展模式之上。事实上，我们面前的世界不仅是一个文化多元的世界，而且在很大程度上仍是一个经济多元的世界。例如，一些亚洲、拉丁美洲和大多数非洲的发展中国家离工业化国家的距离仍相当遥远，到目前为止这些国家只为全球变暖贡献了微不足道的碳排放[①]。即使是对已经相当工业化的中国而言，虽然它的中、东部地区已深深地卷入了以全球化为代表的工业生产和贸易体系当中，但其背后的广阔腹地和广大的中、西部地区仍然有着相当数量的农业部门和农业人口。不但如此，很多与农业、农产品相关的粮油经济、食品加工业、农副产品加工业乃至轻工制造业等对全球的变暖也没有造成多大的影响。因此，盲目地套用工业化和后工业化条件下的气候变化经济学成果并对全世界来个"一刀切"式的政策动议，很可能在某种程度上是对这些国家和部门的一种不公；不仅如此，在当今的国际气候谈判中，盲目套用工业革命以来的气候变化经济学成果，也很可能不利于为我国经济和社会的长远发展争取到一个有利的国际政治环境。

还好，我国不仅是一个历史悠久的古国，也是一个拥有非常完整历史记录的文明古国。在过去的两千年间，我们的主要经济形式一直是农业经济（李银蟠，1998；黄宗智，2000），而且在这一历史进程中也的确发生了多次的气候冷暖交替现象（竺可桢，1979；牟重行，1996），如图1所示。特别是，从11世纪开始，我国乃至世界的气候总体上开始变冷，这不仅使农业生产受到很大影响，而且也使我国周边游牧民族的生产和生活受到沉重打击，他们与汉族的关系也因此而不断恶化，同时，人口由北向南的迁移导致国家的经济和政治重心也发生了重大变迁，不少的朝代更因此而灰飞烟灭，如宋朝灭亡、元朝取而代之就是如此（赵红军，2010a，2010b，2010c）。毫无疑问，这些史籍向我们提供了一个考察历史气候变化与农业经济社会不稳定关联关系的历史实验场。

我们的研究发现，中国历史上的气候变冷不太有利于农业经济社会的稳定，相反，当时的气候变暖则在某种程度上有利于农业经济社会的稳定，这与当今气候变暖的影响在很大程度上是相反的，这是一个让人意外的结论[②]，但它却能为中国今后的国际气候谈判提

[①] ［英］安东尼·吉登斯. 气候变化的政治［M］. 曹荣湘译. 北京：社会科学文献出版社，2009.
[②] 满志敏所著的《中国历史时期气候变化研究》（山东教育出版社2009年版）中也有很多类似的论述。

供一个坚实的历史经验支持。此外，本文的实证分析也证明，经济史学家有关历史气候变化及其经济社会稳定性关联关系的理论和实证工作，也会非常不同于他们对气候变暖的政治经济学分析①，这就表明，有关气候变化的经济学绝不应该只有一个版本，相反很可能有两个版本。

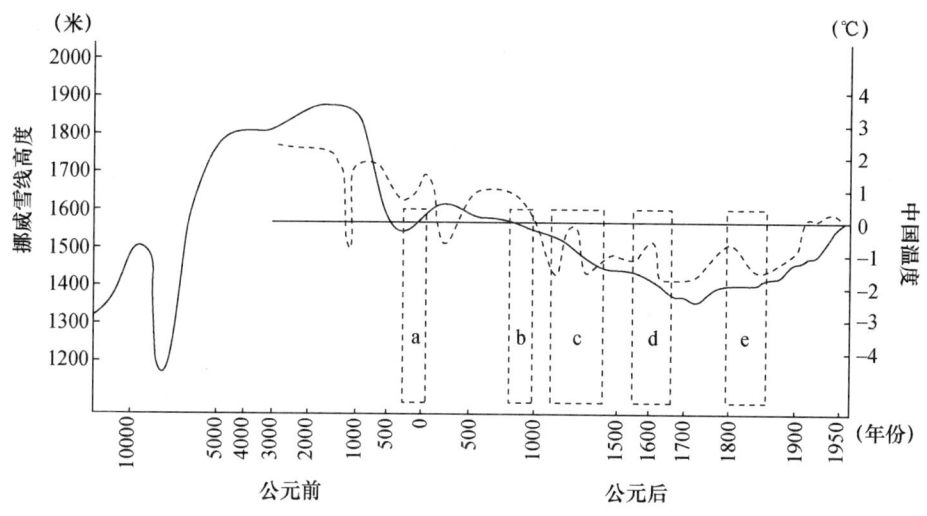

图1　我国五千年来温度变化情况

注：①图中的实线表示挪威雪线高度，中国五千年来的温度变化用虚线表示。
②图中的a、b、c、d、e五个时期代表着我国历史上的五个低温期，虽然b、c、d、e四个时期从总体上看都属于较冷期。
资料来源：竺可桢．中国近五千年来气候变迁的初步研究［A］//竺可桢文集［M］．北京：科学出版社，1979．

本文其余部分的安排如下：第二部分是一个有关历史气候变化与农业经济社会不稳定关联关系的文献综述；第三部分是本文的理论分析框架；第四部分是实证分析中可获得的变量以及理论假说；第五部分是过去两千年来历史气候变化、米价、自然灾害、人口、社会不稳定程度之间关联关系的实证分析；第六部分是全文的结论及其对当代的政策启示。

二、文献综述

与本文探讨的主题——气候变化与社会不稳定相关性较大的文献大致分为两类：

---

① 可参见 Gotinger, H., 1998, "A Simple Endogenous Model of Economic Activity and Climate Change", Metroeconomica, 49 (2): 139–168.

第一类是直接针对中国历史气候变化与经济、社会发展关系的研究,这类研究始于20世纪80年代经济史学家和历史学家的探索性工作,如张家诚(1982)的研究发现,我国历史气温每升高(降低)1℃,农作物的产量就增加(减少)10%。倪根金(1988)也发现,宋金的寒冷期时,小麦的产量减少了8.3%,同样,年平均气温若下降2℃,农作物的分布区位就会南移2~4个纬度。萧楚辉(1981)、Hinsch(1988)讨论了中国历史上人口迁移的原因以及经济发展中心在地理空间上的演变与王朝更迭问题。胡焕庸和张善余(1983)、赵文林(1985)等则专门从人口流动和人口地理的角度,探讨了伴随着经济发展的人口流动和经济发展空间地理结构的变化问题。由于长期经济发展的进程不仅可能伴随着经济总量的变化,而且还关涉到经济发展在空间结构上的变化,所以这些早期的研究为人们理解气候变化及其对中国经济社会发展的影响问题奠定了文献基础。

进入20世纪90年代以后,这类研究逐渐增多,研究的内容也更加细致。如Fang和Liu(1992)、Chu和Le(1994)、王铮等(1996)、郑学檬(2003)等分别讨论了我国历史气候变化下发生的饥荒、内乱以及人口迁移、经济重心转变、疆域变迁乃至朝代兴衰等问题。满志敏(2000)讨论了我国历史上的气候变化对农牧过渡带、动植物分布带的影响。值得注意的是,自然科学家对这一问题的关注也到了一个新的高度,如Fang, J.和王铮等很多人都是自然科学家甚至院士。

近年来,随着气候变化在国际上重要性的增加,越来越多的科学家、历史学家、经济史学家日益发现,综合运用自然科学方法和古代历史记录来重建古气候时间序列的重要性,并在这方面进行了有益的探索。如Birafa等(1995)、王玉玺等(1982)分别利用来自乌拉尔山区的树轮记录和祁连山圆柏年轮,重建了我国公元1000~2000年温度的时间序列数据。一些历史学家,如Zhang等(1989)则试图通过中国各朝的历史记录来复原过去1000年气候变化的数据序列。

在此基础上,近年来学界在结合自然科学有关古气候重建数据以及中国历史记载量化研究二者关联度方面也取得了进展,如Zhang等(2007,2010)在气候变化量化研究的基础上,讨论了气候变迁与我国历史上的战争次数以及王朝更迭之间的统计关联关系;Zhang等(2010)讨论了中国历史上的气候变化与自然灾害、战争频率之间的关联关系。不足之处是,这些研究仍非常少见,并且较多地运用自然科学和统计学的平稳自助法(Boot – strap Method)和交叉相关函数法(Cros – corelation Functions),讨论了时间序列变量之间的相关程度,而没有运用计量经济学方法分析变量之间的因果互动关系。

第二类文献主要是西方社会学家、经济学家等有关气候变化与经济、社会、政治发展关系的一般性讨论。如孟德斯鸠(1750)曾经指出:"在北部的气候条件下,那里的人们拥有较少的恶习,更多的美德、诚心和真诚,而越往南走,人们的美德就越少,情欲就越旺盛,并且就越容易犯罪……温度是如此的炽烈,以至于人们的身体被炙烤得有气无力……会导致人们毫无好奇心,更无力进行有意义的事业。"① 著名的经济学家Alfred

---

① http://www.geocities.com/ru00ru00/racismhistory/18thcent.html.

Marshall 在《经济学原理》中也谈到,在早期文明的发展阶段,气候、自然等因素发挥了很大作用。他认为"如果气候对人的体质不利,则这些东西(种族的品质)是不能有所作为的。自然的恩赐,它的土地、河流和气候决定着种族的性质,从而给予社会政治制度以一定的特征"①。美国地理学家 E. Huntington 在《亚洲的脉动》一书中认为,13 世纪蒙古人的大规模向外扩张主要是他们居住地气候干旱、牧场条件变坏所致。他在 1915 年出版的《文明与气候》一书中更进一步提出人类文明只有在刺激性的气候条件下才能发展的学说。这些有关气候与经济发展关系的经典论述存在着合理的因素,但如果说气候对人类文明或者经济发展的影响是决定性的有些言过其实,本文后面的实证分析也表明,气候对经济社会发展的确具有影响作用,但言过其实不符合科学探索的精神。

近年来,随着气候变暖趋势的加剧,西方政治经济学界、社会学界出现了越来越多研究气候变暖与社会不稳定关系的文献,如美国暴乱监控委员会 1968 年的报告②,并且 Carlsmith 和 Anderson(1979)、Boyanowsky(1999)等都通过实证研究发现,较高的温度会增加动乱或者暴乱的发生频率。Dell、Jones 和 Olken(2008)则通过 Polity IV 数据库以及 Archigos 数据库的数据实证检验了温度对社会不稳定的影响,结果发现,穷国的气温上升 1℃,政治发生变迁的概率就会上升 2.3 个百分点。Miguel 等(2004)运用美国 1981~1999 年的数据研究发现,较多的降雨与较低的冲突发生概率存在着一定关联关系。还有,Curriero 等(2002)讨论了近年来美国东部 11 个城市的气候变暖与人口死亡率上升之间的关联关系。Deschenes 和 Moretti(2007)讨论了极端天气与死亡率和人口迁移之间的关系。虽然这类文献与本文所研究的中国历史气候变化与社会不稳定的关系较远,但对于本文的研究而言也具有重要的参考意义。

相对现有文献而言,本文主要是利用自然科学家、社会科学家有关中国历史气候变化的重建数据,以及中国经济史学家、历史学家有关影响古代中国经济社会不稳定的其他因素的历史记录,更多地运用经济社会学、计量经济学分析方法来研讨这一主题;并且本文有关中国历史气候变化与社会不稳定的一些新的发现,与当代有关气候变化的经济学认识以及现代的气候变化经济学存在着一定程度上的差异,这也能给予当代的国际气候谈判有益的启示。

三、理论分析框架

根据《大百科全书》的记载,气候(Climate)主要是指某个地区所处的特定地理区

---

① 马歇尔. 经济学原理(下卷)[M]. 朱志泰译. 北京:商务印书馆,1997.
② U.S. Riot Commission, 1968, "Report of the National Advisory Commission on Civil Disorders", New York: Bantam Books.

域内长期所形成的温度、降水、季风、干湿度等相对稳定的天气特征。由于温度、降水、季风、干湿度等是影响生活于这一地理区域上的人类以及生物生存所必需的基本条件之一,因此,气候变化必然会成为影响中国古代人类经济活动长期发展及稳定与否的重要因素之一。

根据我们的文献涉猎,目前经济学界尚不存在一个有关历史气候变化与社会不稳定的正规理论模型,本文试图通过以上文献综述归纳出我国古代农业经济时代气候变化与社会不稳定的一个初步理论分析框架:

首先,气候的变化必然会影响古代最为主要的农业生产活动所赖以进行的生产要素的效率,如土地的生产力会由于降水的增加、温度的提高而提高,但当温度太高,降雨、降雪太多时,农业生产率可能会因此而下降;而作为生产要素投入的劳动力以及管理者的体力、精神状况也会受到气温、降雨、降雪、季风等气候变化的影响。由于农业是我国古代经济发展赖以存在的最重要的支柱产业,因此我们判断,当农业生产受到的打击较大并且已经影响到农民的生存与生产时,粮食的价格很可能就会上升。更加严重的是,若国家的赈灾活动难以应付,大面积的饥荒就可能发生,这样,整个农业经济社会的发展与社会稳定就会在很大程度上受到影响。

其次,在中国历史上,除了农业以外,还有一个重要的产业就是少数民族所从事的游牧业,它是一个完全靠天吃饭的行业,因此,气候变化必将影响到这些民族的游牧生产活动。考察一下中国历史上主要游牧民族的活动区域就会知道,这些游牧民族大多生活在中国西北部的广阔地区。当气候变得更加恶劣时,这些游牧民族的游牧生产活动必然受到更加严重的影响,原因是他们不像定居农业民族那样,由于有了定居农业的支持而在客观上降低了对气候等自然条件的依赖,相反他们历来靠天吃饭,因此,气候的恶化就会迫使游牧民族的游牧活动区域在空间上发生迁移。可以想象,当气候变好时,他们的游牧活动区域会保持相对稳定;相反,当气候变化不利于他们时,从事牧业的少数民族应对气候变化的理性反应通常是向南、向东迁移,这样便必然与定居于东面、南面的农业民族遭遇,于是,双方之间的冲突和战争就难以避免,甚至汉民族国家的经济和社会稳定会受到严重威胁。图2给出了过去两千年中国历史上主要外患发生的频率图。从该图中可见,300～630年、1100～1280年、1400～1653年分别是我国外患发生次数较多的时期,而这些时期也基本上对应着图1中的a、b、c、d、e五个气温较冷期。笔者认为,这可能不单单是一种巧合,而是隐含着一种内在的关联关系。

最后,由于气候关涉一个地区、特定地理条件下较长时期的平均温度、降雨、降雪、舒适度、季风特征的变化,因此,在温度、降水、降雪发生异常变化的条件下,除了它对农业和牧业生产所造成的打击之外,各种对温度、降水等比较敏感的自然灾害,如旱灾、水灾、雪灾、冰雹等的发生频率就很容易增加。事实上,中国历史上就有着非常丰富的有关气候变化引起的自然灾害的详细记录。图3给出了陈高傭统计的中国从公元前246年至1893年的水灾、旱灾和其他自然灾害的发生频率数。从该图的信息中至少可以发现以下两点:第一,在古代农业经济条件下,气候必定是人类经济活动之外影响各类自然灾害的一个重要因素；第二，在气候变化影响自然灾害的情况下，当时朝代要实现统治稳定的成本就必然会大大增加，国家的社会稳定就会在一定程度上受到挑战。

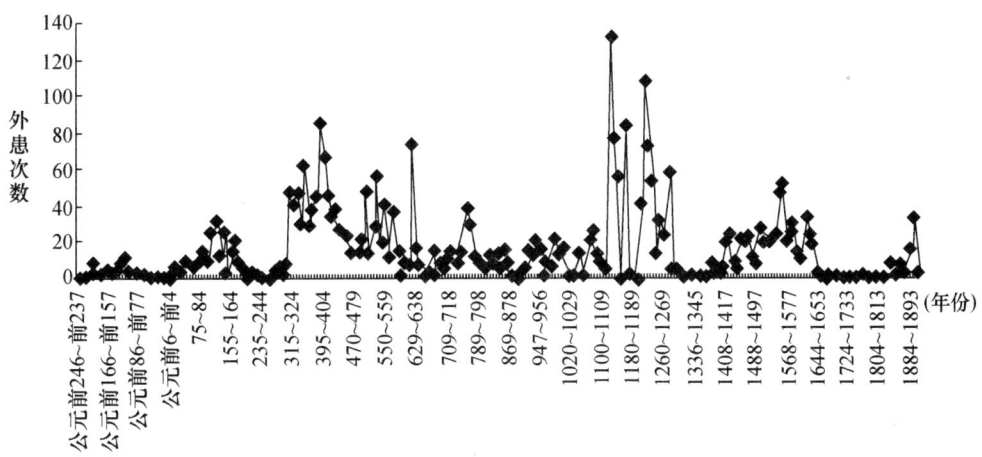

图 2　我国外患发生频率
资料来源：陈高傭. 中国历代天灾人祸表［M］. 北京：北京图书馆出版社，2007.

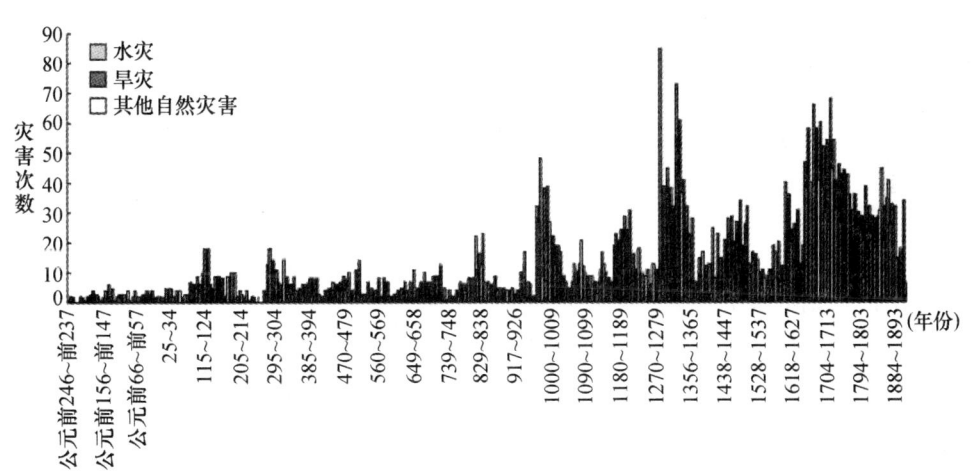

图 3　我国自然灾害发生频率
资料来源：陈高傭. 中国历代天灾人祸表［M］. 北京：北京图书馆出版社，2007.

综上所述，本文归纳的一个初步的气候变化影响农业社会不稳定的理论分析框架为：①气候变化包括温度、降雨、降雪等自然条件变化，构成了农业经济时代国家社会不稳定的深层次影响因素；②影响途径之一为，通过作用于农业生产要素投入或者劳动力的生产效率而影响农业生产，进而影响到国家的社会稳定，包括内乱的发生；③影响途径之二为，通过影响游牧民族的游牧生产活动，而影响游牧民族的活动区域，进而影响游牧民族与汉族的关系,也就是外患的发生频率;④影响途径之三为,通过直接影响自然灾害的发生频率,而影响国家的社会稳定性。

与现有气候变化的经济学分析框架相比,本文所归纳的气候变化与农业经济社会不稳定的分析框架将至少存在三点不同:

第一,古代的气候变化更多是外生于农业经济和社会系统的,更多的是世界大气循环的一部分,而当今的气候变暖在很大程度上是工业革命以后人类生产能力、制造能力提升的负面效应,因而气候变化对于前者而言是一种外生的气候冲击,而对于后者而言则是内生决定的。

第二,我国古代的经济形式是农业经济,而工业革命之后的经济形式是工业和制造业经济。相对于环境而言,农业经济是一个环境相对友好型的经济模式,而工业、制造业经济则不可避免地产生出更多的碳排放。因此,对于前者而言,农业不是产生碳排放的部门,而制造业和工业则是产生碳排放的部门。

第三,古代的气候变化已是过去,对人类经济活动、社会不稳定的影响已成为历史,而当今的气候变暖正如火如荼地上演着,人类对于此未知未来的探索尚在进行之中,因此,探讨古今气候变化与经济社会稳定性之间的关联与共同之处,对于当今的气候变暖无疑也具有非常重要的理论意义和现实借鉴意义。

四、实证假说与变量选择

(一)实证假说

在以上的理论分析框架下,本文的实证理论假说可具体化为:

假说:由于气候变化可能影响国内的农业生产、牧业生产,还可能影响自然灾害的发生频率,因此,很可能是造成中国历史上农业经济社会变迁乃至社会不稳定程度的深层次原因。为此,有必要在控制自然灾害、农业生产、人口等影响社会不稳定程度因素的基础上,考察气候变化对社会不稳定的影响。

用以表征农业社会不稳定的指标可能有很多,如农民起义的次数、政治的剧烈变迁或者改朝换代等。但本文更愿意将历史上内乱、外患和总的人祸次数作为对社会不稳定的一个度量,因为这一统计的时间跨度更长、统计范围更广,并且这一变量维度更多。例如,内乱在很大程度上反映了一国国内的社会不稳定程度,外患反映了该国外部势力对该国社会不稳定程度的影响,而总的人祸次数则反映了内乱、外患和二者之外的其他人祸等。为此,有必要建立如下的回归方程:

$$\{INWAR_t, OUTWAR_t, TOTALWAR_t\} = \beta_1 + \beta_2 \times \Delta TEMP_t + \beta_3 \times PRECI + \beta_4 \times SNOW +$$

$$\beta_i \times \sum_{i=1}^{n} \gamma_{it} + \sigma_t \tag{1}$$

其中，总括号中的被解释变量为三者选一，目的是分别考察这些以不同指标度量的社会不稳定对气候变化的反映程度。用来表征气候变化的因素，我们选用了历史时期的温度异常、降水以及降雪异常三个因素，γ_{it} 表示其他影响社会不稳定的控制因素，如自然灾害、农业生产情况、人口等。

（二）可获得的变量

假说常常是建立在完美的理论推理的基础之上的，要使之具体化，还必须有赖于相关可获变量的支撑，本文可获得的变量有：

（1）气候变化的变量，我们采用三个变量作为代表，分别为气温异常变化（ΔTEMP）（也就是气温相对平均值的异常变化程度）、降水量（PRECI）和降雪异常（SNOW），因为这些气候变量与农作物的生长、自然灾害甚至农业生产乃至社会不稳定的关系最为密切。

从数据来看，气温异常变量时间跨度最长，从公元前264年至1913年，时间间隔为10年，共220个样本。该变量是在九个重建的气温代理变量序列的基础上综合而成的，其中四个序列来自青藏高原的冰核和树轮记录的古温度重建，五个序列来自中国东部和日本，包括金川、中国东部地区的档案记录、日本的树轮记录和中国台湾的湖泊沉积物的科学测定，因此基本上能够比较客观地反映中国气温在过去2000年的变化情况①。

降水变量（PRECI）是根据 Yi（2010）② 获得的过去400年的中国华北地区重建的降水时间序列数据，由于其他变量的时间间隔均为10年，所以，经过如此处理的降水变量就只有32个观测值。为了防止将这一变量纳入分析对整个回归分析产生很大的数据偏误，我们只能剔除此变量。

降雪异常变量（SNOW）来自 Chu 等（2008）的研究成果③，是作者根据中国历史上有关降雪异常的历史记录，结合世界大气循环等科学研究而重建的一个降雪异常指数。该数据的覆盖区域为北纬25°~46°、东经100°~130°的中国东部地区，时间跨度为公元1~1900年，数据间隔为10年，共190个观测值。

（2）用以表征社会不稳定程度的变量，我们采用陈高傭《中国历代天灾人祸表》中人祸次数，其子统计项目包括内乱次数，也即在中国境内发生的，或者接受中国文化、传

---

① 参见 Yang, B., A. Braeuning, K. Johnson, and S. Yafeng, 2002 "General Characteristics of Temperature Variation in China During the Last Two Milennia", Geophysical Research Letters, 10.1029/2001GL014485, 57.

② Yi, L., H. Yu, X. Xu, J. Yao, Q. Su, and J. Ge, 2010, "Exploratory Precipitation in North – Central China during the Past Four Centuries", Acta Geologica Sinica – English Edition, 84 (1): 223 – 229.

③ Chu, G., Q. Sun, X. Wang and J. Sun, 2008, "Snow Anomaly Events from Historical Documents in Eastern China During the Past Two Millennia and Implicati for Low – frequency Variability of AO/NAO and PDO", Geophys. Res. Lett., 35, L14806, doi: 10.1029.

统、文字治理的国家内部发生的叛乱次数①（INTERWAR）、外患次数（OUTWAR），也即中国境外异族之叛乱，或者他们在边疆地区或侵入中原所造成的叛乱②和内乱、外患以及二者之外的其他人祸次数的总人祸次数③（TOTALWAR）等。通常情况下，一个朝代的内乱、外患和总的人祸次数越多，就意味着当时的社会越不稳定，因此我们使用这三个变量来反映中国历史上社会不稳定程度。同理，该变量的时间间隔为10年，跨度从公元前246年至1913年，共220个样本。

（3）其他控制变量：中国历史上的自然灾害变化情况，我们用两个代理变量来衡量，它们分别是水灾次数（FLD）、旱灾次数（DRGT）④。另外一个也能表征自然灾害的指标为其他自然灾害，意指那些既不属于水灾，也不属于旱灾，或者记述不清楚属于哪一类的自然灾害。由于这一指标所隐含的统计模糊性，我们剔除了这一指标。文中所用两个代理变量的时间跨度从公元前246年开始，到1913年结束，共220个样本，时间间隔同样为10年，原始数据来源于陈高傭的《中国历代天灾人祸表》。由于作者给出的天灾人祸的时间跨度与每10年间隔的温度、降雪异常存在不匹配现象，所以我们对这些序列按照时间进行了重新调整，原则上要使温度的数据正好位于天灾人祸的时间区间之内，否则就会影响到后面分析的客观性。

农业生产的好坏也是影响古代经济社会不稳定的重要因素。最理想的情形是运用经过统一核算的农业亩产量数据，但由于我们可获数据的时间跨度有限，所以只好放弃。可喜的是，我们可以历代米价（RICEP）的高低作为农业生产变化情况的一个初步的代理变量，原因在于当农业受到气候变化和自然灾害的较大负面影响时，米价通常就会倾向于上涨；反之，米价会倾向于下降。有关米价的数据来自彭信威的《中国货币史》。数据的起始点为960年，终点为1910年，时间间隔为10年，其中1261~1360年和1411~1420年

---

① 陈高傭本人认为，可以用三个标准来衡量内乱还是外患：①凡是外族反复无常的叛乱，都是外患。原因是这些外族虽然一度被中国征服，但他们与汉民族并没有化为一个整体，所以不能以内乱看待。②凡外族侵入中原，建国称帝者，虽然取法汉制，但如果其政权未曾统一中国，仅是割据一方的，由此发生的叛乱也划分为外患。这样一来，如五胡乱华时期的前赵、北凉、夏（匈奴系）、前燕、后燕、南燕、西秦、南凉（鲜卑系）、后赵（羯系）、成汉、前秦、后凉（氐系）、后秦（羌系），南北朝时期的元魏、北周、北齐（鲜卑系）、宋代之辽（契丹）、金（女真）、西夏（党项）等祸乱都归入外患。③如五代之后唐、后晋、后汉（沙陀族）虽然未能统一中国，然而其政权都是取前朝而代之的，这样就将这些朝代发生的叛乱归入内乱。到后来，蒙古族对于宋朝而言，满洲对于明朝而言，满洲对于清朝而言，起初都是外患，后来统一中国，将前朝取而代之，这样，从此时起的叛乱就归入内乱，详见陈高傭《中国历代天灾人祸表》。

② 至于本国境内的少数民族，如蛮、夷、苗等族，有时因政治压迫或者生计之困难所起的叛乱应该算作内乱。详见陈高傭《中国历代天灾人祸表》。

③ 还有一部分既非内乱也非外患，且当时的人民也受到了较大的影响，则归入其他人祸当中，如外族并没有对中国侵略，而中国为了扩充领土，发扬国威，而劳师远征；还有专制暴政，滥用刑罚甚至一时杀人数百数千；党派之争、文字之狱，有时也牵连多人牺牲，诸如此类，也算作其他人祸，本文沿用陈高傭的做法，将内乱、外患、其他人祸次数的加总看作总的人祸次数。详见陈高傭《中国历代天灾人祸表》。

④ 有人认为，应该采用水灾或者旱灾的影响程度而不是发生次数作为衡量自然灾害的代理变量，但问题是中国历史上有关自然灾害的记载大多是模糊而不准确的，如灾害影响数县，或者浙、皖两省等。此外还有很多记载根本就没有影响范围的描述，而只记载到伤者数千，因此，我们就很难用一个客观而统一的数据来度量灾害的程度。

的数据缺乏,并且其中宋代的米价是彭本人报告的银两数,Liu（2005）按照每两银子重约 37.68 克统一转化,本研究采用了这一转化后的数据作为米价的代理变量。

在气候变化影响社会稳定的分析框架下,还有必要控制人口变量（POP）的影响。原因有二:一是前面我们用米价高低作为农业生产变化情况的一个代理变量的隐含假设是,在人口总量也即对粮食的需求变化不大的情况下,米价的高低才能作为农业生产情况的一个代理变量,否则,这一代理变量就失去了意义。二是在古代农业经济条件下,若人口总量较大、增长太过迅速,它本身就会构成对农业生产和社会稳定的更大压力,事实上,这正是马尔萨斯人口论所反映的基本规律（Turchin, 2003; Turchin and Korotayev, 2003）；还有,在人口规模较大、资源稀缺的条件下,人们出于生存的考虑也会加大对自然的开发,而这必然会形成对自然的巨大破坏,甚至成为气候变化和各种自然灾害发生的重要原因。如侯家驹（2008）曾经指出,"就是由于（人们对土地的）过度利用,使气候大变,原来丰腴的关中一带农田,早已成为瘠地"①。在此基础上,本文所用的人口变量原始数据来自梁方仲（1980）、Durand（1960）以及 Lee（1921）、赵红军（2010）对此进行的系统的重新整理和汇总。本文按照气候变量的时间对人口变量进行了时间调整,总共有 92 个观测值,覆盖了中国历史上公元 2~1910 年的时间范围。

此外,中国历史上的社会不稳定在一定程度上还会由于有关朝代的不良治理所引起。例如,孔子在《论语·为政》中记述道,"为政以德,譬如北辰,居其所而众星共（拱）之"；而《孟子·梁惠王下》中则提到,"君行仁政,斯民亲其上,死其长也"。但由于历史学家、经济学家对中国历史上相关朝代不良治理或者良好治理的评价见仁见智,尚存在着很大的分歧,所以很难建构一个大家公认的不良治理或者良好治理的虚拟变量,故我们暂时舍弃掉这一变量。

综上所述,可以得到如表 1 所示的本文分析中所用的各变量及其定义。

表 1 变量名称、代表性及其定义

变量名称	代表性	定义
气温异常变化	气候变化	气温相对于平均值的偏离程度
降雪异常指数		根据中国历史记录和世界大气循环重建的一个降雪异常指数
内乱频率	社会不稳定	在中国境内发生的,或者接受中国文化、传统、文字来治理的国家内部发生的叛乱次数
外患频率		中国境外异族之叛乱,或者他们在边疆地区或者侵入中原所造成的叛乱和人祸次数总和
总的人祸次数		指内乱、外患和其他难以归入内乱和外患的人祸次数总和

---

① 参见侯家驹. 中国经济史［M］. 北京:新星出版社,2008. 非常感谢匿名审稿人对这一文献的提示,笔者重新查证了这一文献,并在后面的实证分析中考虑了人口对社会不稳定的影响。

续表

变量名称	代表性	定义
旱灾频数	自然灾害	中国历史上记录的旱灾次数,而不是旱灾的严重程度或者波及面
水灾频率		中国历史上记录的水灾次数,而不是水灾的严重程度或者波及面
米价	农业生产	中国历史上有关米价的记载,并经过统一的单位换算
人口	人口规模	中国历史上有关历朝历代人口的记载

相应地,后面回归中用到的准确回归模型将为:

$$\{INWAR_t, OUTWAR_t, TOTALWAR_t\} = \beta_1 + \beta_2 \times \Delta TEMP_t + \beta_3 \times SNOW_t + \beta_i \times \sum_{i=1}^{n} \gamma_{it} + \sigma_t \quad (2)$$

由于气温、降雪等气候变化的长期性,因此必要时,还将考虑气温或者降雪的滞后分布模型形式,也就是式(3):

$$\{INWAR_t, OUTWAR_t, TOTALWAR_t\} = \beta_1 + \beta_2 \times \Delta TEMP_t + \beta_{2i} \cdot \sum_{i=1}^{n} \Delta TEMP_{i-n} + \beta_3 \times SNOW_t + \beta_{3i} \cdot \sum_{i=1}^{n} SNOW_{i-n} + \beta_i \times \sum_{i=1}^{n} \gamma_{it} + \sigma_t \quad (3)$$

五、历史气候变化与社会不稳定关系的实证研究

(一)回归前的预分析

表2给出了计量分析中所涉及的9个变量的统计量信息。

在这些变量中,由于我们所用的温度异常为距离平均值的异常值,降雪异常是一个规格介于0~1的指数,中国历史上的旱灾、水灾、内乱、外患以及总的人祸次数等变量都是整数计数变量,所以无须对它们进行任何处理。米价(RICEP)和人口(POP)变量数值较大,因此,为了保证回归系数的可解释性,对二者进行了自然对数变换,分别用LRICEP和LPOP来代表。表3给出了除被解释变量以外的其他解释变量之间的相关系数矩阵。从中可见,除了人口和米价之间的相关系数大于0.88以外,绝大多数变量之间的相关系数较小,因而不会对后面的回归产生大的偏差。

表2 气温与经济社会不稳定相关变量的统计量信息

变量	均值	中位数	最大值	最小值	标准差	偏度	峰度	观察值
TEMP	−0.009	−0.03	1.188	−1.015	0.44	0.29	2.88	192
SNOW	0.47	0.50	0.82	0.17	0.16	0.08	2.21	190
RICEP	44.07	34.05	265.42	9.63	41.60	3.33	16.78	84
POP	79089560	48317005	4.28e+08	7672881	1.04e+08	2.23	6.65	92
DRGT	12.05	7	68	0	14.13	1.93	6.38	218
FLD	12.93	7	85	0	14.78	1.67	6.17	219
INTWAR	21.47	11	250	0	31.77	3.34	18.09	219
OUTWAR	15.36	8	132	0	19.98	2.43	10.74	219
TOTWAR	40.25	31	251	0	38.35	2.18	9.40	219

表3 相关解释变量相关系数矩阵

变量名称	DRGT	FLOOD	TEMP	SNOW	LGRICEP	LPOP
DRGT	1					
FLOOD	0.24	1				
TEMP	−0.15	0.05	1			
SNOW	−0.48	−0.22	0.35	1		
LGRICEP	−0.64	−0.32	0.59	0.53	1	
LPOP	−0.74	−0.48	0.51	0.50	0.88	1

由于所有变量均为具有一定时间间隔的时间序列变量,因此有必要检验这些变量的平稳性和单位根,通过图形以及表4中给出的各变量的 ADF 检验结果可发现,绝大多数变量在1%水平上不存在单位根,旱灾、米价和人口对数值在5%水平上不存在单位根,因此,变量基本平稳。这符合我们的理论预期,因为我们所选取的社会不稳定变量为10年间隔的加总变量,而温度、降雪异常等变量为10年间隔的变量,因而变量之间的时间趋势可能不太明显,故可不进行差分处理。

表4 所有解释变量与被解释变量的单位根检验结果

变量名称	原假设	ADF统计量	1%水平的门槛值	5%水平的门槛值	结论
TEMP	带常数项单位根	−4.10	−3.46	−2.87	1%水平上拒绝单位根
SNOW	带常数项单位根	−9.88	−3.46	−2.87	1%水平上拒绝单位根
DRGT	带常数项单位根	−3.05	−3.46	−2.87	5%水平上拒绝单位根
FLD	常数、时间趋势单位根	−3.63	−4.00	−3.43	1%水平上拒绝单位根

续表

变量名称	原假设	ADF统计量	1%水平的门槛值	5%水平的门槛值	结论
LRICEP	带常数项单位根	-2.93	-3.51	-2.89	5%水平上拒绝单位根
INTERWAR	带常数项单位根	-8.01	-3.46	-2.87	1%水平上拒绝单位根
OUTWAR	带常数项单位根	-3.94	-3.46	-2.87	1%水平上拒绝单位根
TOTWAR	带常数项单位根	-8.74	-3.46	-2.87	1%水平上拒绝单位根
LPOP	带常数项单位根	-3.89	-3.73	-2.99	5%水平上拒绝单位根

图4给出了气温、降雪异常两个气候变化的主要代理变量与社会不稳定各代理指标——内乱、外患和总的人祸次数等之间的六幅散点图。由这些散点图可见，气温与内乱、外患与总的人祸次数之间存在着比较明显的线性关系，而降雪异常与内乱、外患和总的人祸次数之间的线性关系相对较弱。

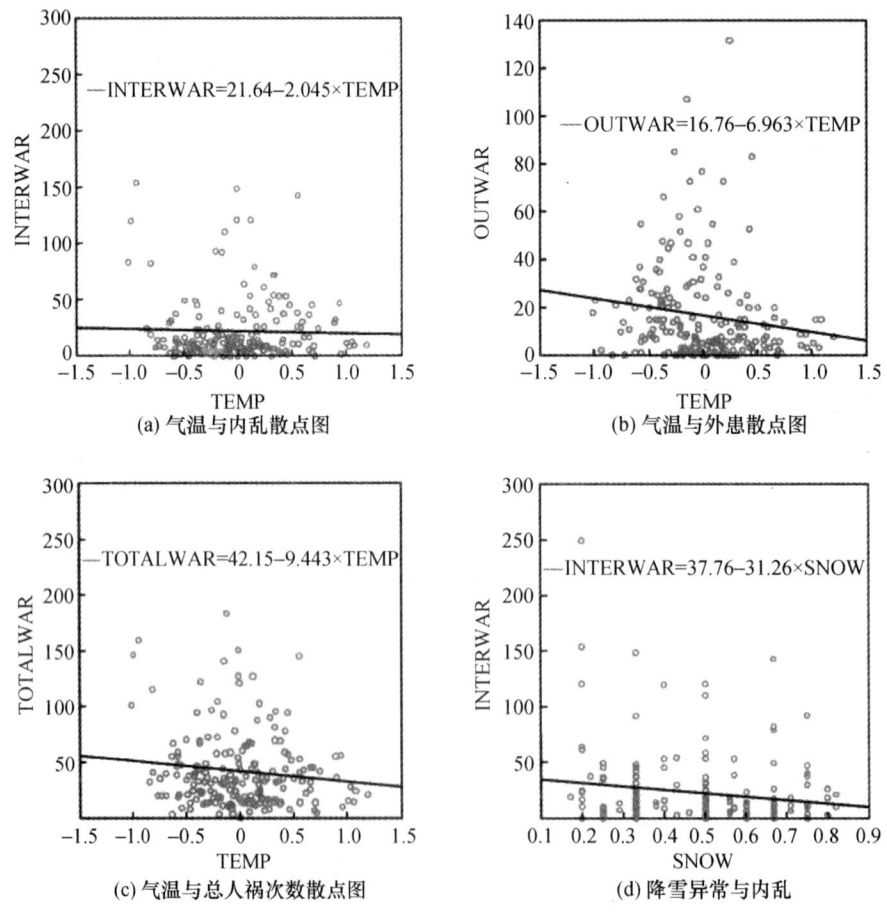

图4 气候异常变化与社会不稳定

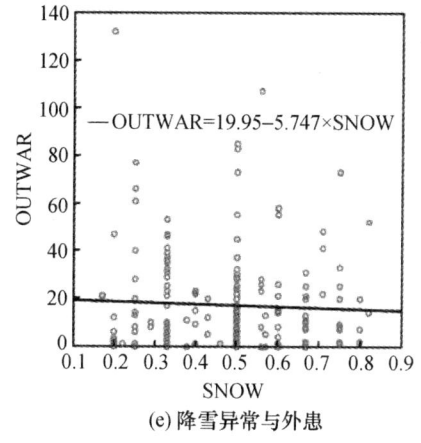
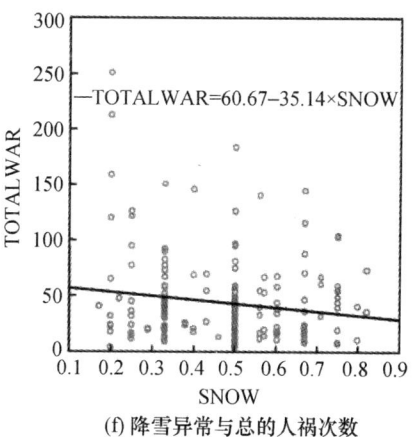

(e) 降雪异常与外患　　　　　　　(f) 降雪异常与总的人祸次数

图 4　气候异常变化与社会不稳定（续）

（二）气候变化对以内乱衡量的社会不稳定程度的影响

由于我们所用的社会不稳定变量是以内乱、外患和总的人祸次数等来衡量的，所以后面的回归要选取整数计数模型（Integer Count Model）而不是普通的 OLS 模型，原因是当被解释变量以某一事件的发生次数等作为衡量时，如果使用普通的 OLS 回归就会对结果造成偏差，相反采用整数计数模型，就可以通过泊松分布正确地刻画这种没有时间记忆的随机数据的回归分析①。

表 5 给出了我们同时控制米价、人口、水灾、旱灾之后，气候变化对以内乱衡量的社会不稳定的影响情况。由于我们所选取的两个控制变量——米价和人口之间的相关系数（0.88）较高，所以模型 1~3 采取了分别纳入、同时纳入这两个变量且气候变化各变量无滞后情况下的回归结果。模型 4~8 采取了米价、人口同时纳入，而气候变化代理变量之一的温度存在一阶到五阶滞后情况下的回归结果。类似的是，模型 9~10 采取了米价和人口同时纳入，气候变化另一代理变量——降雪异常滞后一阶到三阶情况下的回归结果。由这些模型之间的比较可以清楚地发现以下几点：

（1）从气温异常对内乱的即期影响来看，无论我们是单独纳入米价、人口，还是同时控制米价和人口，抑或是同时纳入温度滞后、降雪异常滞后变量，气温异常对内乱的即期影响均在 1% 统计水平上显著为负，只是系数存在着一些差别。例如，在单独控制米价或者人口变量时（模型 1 和模型 2），气温异常的即期影响系数在 -0.80~-1.01，可是当我们同时控制二者时，气温异常的即期影响系数显著增大为 -1.59；当我们考虑气温滞后（模型 4~8）和降雪异常滞后影响（模型 9~11）时，气温异常对内乱的影响系数介于

---

① 感谢上海对外贸易学院副教授孙楚仁博士对这一点的友情提示。

表 5 气候变化对内乱程度的短期和长期影响

INTERWAR（ML/QML-Poisson Count）

被解释变量	1	2	3	4	5	6	7	8	9	10	11
模型		无滞后		温度一阶	温度二阶	温度三阶	温度四阶	温度五阶	降雪一阶	降雪二阶	降雪三阶
滞后程度											
常数项	3.47*** (24.03)	4.81*** (9.02)	5.69*** (8.24)	5.43*** (7.67)	5.12*** (7.06)	5.28*** (7.08)	4.63*** (6.10)	4.62*** (6.10)	0.52 (0.64)	0.80 (0.94)	1.14 (1.26)
TEMP	-1.01*** (-16.12)	-0.80*** (-12.12)	-1.59*** (-16.82)	-1.28*** (-5.94)	-1.30*** (-6.02)	-1.45*** (-6.41)	-1.61*** (-6.80)	-1.60*** (-6.80)	-0.95*** (-8.72)	-1.07*** (-8.89)	-1.17*** (-9.11)
SNOW	-1.28*** (-9.15)	-1.19*** (-6.96)	-1.13*** (-5.65)	-1.14*** (-5.65)	-1.33*** (-6.28)	-1.22*** (-5.16)	-1.29*** (-5.22)	-1.30*** (-5.25)	-0.55** (-2.55)	-0.33 (-1.43)	-0.19 (-0.81)
DRGT	-0.01*** (-7.76)	-0.01*** (-7.30)	-0.02*** (-8.35)	-0.02*** (-8.40)	-0.02*** (-8.93)	-0.02*** (-8.38)	-0.03*** (-9.01)	-0.03*** (-9.06)	-0.01*** (-3.11)	-0.01*** (-3.34)	-0.008** (-2.12)
FLD	0.02*** (7.96)	0.02*** (7.83)	0.02*** (5.98)	0.02*** (6.16)	0.02*** (6.35)	0.02*** (6.02)	0.02*** (5.81)	0.02*** (5.86)	0.007** (2.02)	0.007* (1.82)	0.007** (1.97)
LRICEP	-0.001 (-0.03)		0.11* (1.81)	0.10* (1.69)	0.10* (1.69)	0.18*** (2.80)	0.20*** (2.82)	0.20*** (2.86)	-0.30*** (-3.79)	-0.22*** (-2.58)	-0.16* (-1.79)
LPOP		-0.09*** (-2.91)	-0.16*** (-3.91)	-0.15*** (-3.44)	-0.12*** (-2.76)	-0.15*** (-3.33)	-0.11** (-2.47)	-0.11** (-2.47)	0.17*** (3.39)	0.15*** (2.76)	0.09* (1.70)
Adj R^2	0.17	0.17	0.45	0.45	0.45	0.46	0.57	0.56	0.17	0.18	0.21
调整观察	81	90	63	63	63	62	61	61	62	60	58
温度累积影响	-1.01*** (-16.12)	-0.80*** (-12.12)	-1.59*** (-16.82)	-1.62*** (-16.82)	-1.68*** (-17.16)	-1.83*** (-16.95)	-2.01*** (-17.79)	-2.00*** (-17.60)			
降雪累积影响	-1.28*** (-9.15)	-1.19*** (-6.96)	-1.13*** (-5.65)						-0.20 (-0.68)	-0.36 (-0.99)	0.17 (0.43)

注：在模型 4 中，温度一阶滞后纳入模型，模型 5 中，温度一阶滞后，二阶滞后纳入模型，模型 6~11 以此类推。

-0.95~-1.61，且均在1%水平上显著。这说明，气温异常对以内乱衡量的社会不稳定具有非常稳健的负面影响，这意味着，在中国历史上，气温的升高对于农业经济社会的稳定而言是好事，相反，气温的降低则是促使农业社会不稳定的因素。

（2）从气温异常对内乱的长期影响来看，我们考察了气温一阶到五阶滞后的情形，并将这些变量同时纳入对内乱的解释当中，结果发现，气温滞后对内乱的累积影响逐步增大，在第四期达到最大，系数为-2.01，第五期后开始缩小，且均在1%水平上显著。这说明，气温异常对内乱的影响在气温变化后的10~50年时间内仍可能持续，这与人们惯常所持的"冰冻三尺，非一日之寒"的有关气候变化的观点基本上是一致的。

（3）从降雪异常变量对内乱的影响来看，情形几乎是类似的。短期内，无论我们单独纳入米价、人口还是同时纳入二者，降雪异常对内乱的影响均显著为负，系数在-1.13~-1.28（模型1~3）；在同时考虑气温的各阶滞后影响下，降雪异常的即期影响仍然非常稳健，系数在-1.14~-1.33（模型4~8）。这说明短期内降雪异常对当期的内乱程度有着显著的负面影响，意味着降雪异常增加，当期国内发生内乱的可能性就减少，反之就增加；在考虑降雪异常滞后变量也就是降雪异常的长期影响后，降雪异常的即期影响时而不显著，但符号仍然为负（模型9~11），这再次印证了前面的说法。

（4）从降雪异常的长期累积效应来看，滞后一阶、二阶和三阶的累积影响均为负，但均不显著，这说明，降雪异常对内乱的影响在很大程度上是短期的，在长期内，这种影响则不显著。

图5清楚地表明了，气温滞后和降雪滞后的累积影响，从图中可以清楚地看出，气温对内乱的长期影响在10~50年内存在，而降雪对内乱的影响只见于短期，在长期会很快消失。

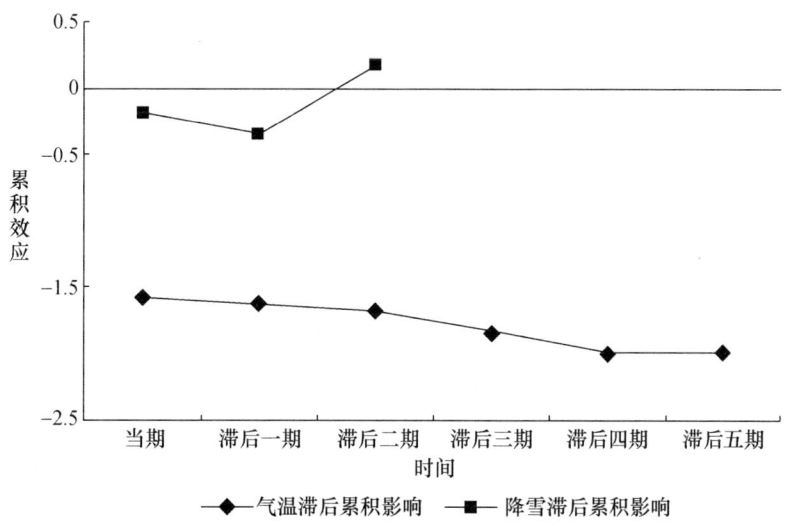

图5 气候滞后和降雪滞后对内乱的累积影响分布

(三) 气候变化对以外患衡量的社会不稳定的影响

对以外患衡量的社会不稳定而言，表6给出了气候变化相关代理变量、控制变量以及气温和降雪滞后变量滞后的回归结果。类似的是，模型12~14为没有任何滞后项，而只考虑米价、人口以及二者同时纳入的回归结果。模型15~19考察了气温滞后变量的影响，模型20~22考察了降雪滞后变量的影响。从表6可见，尽管绝大多数结果与内乱的情形类似，但仍然存在以下不同之处：

（1）从气温对外患的短期影响看，在没有加入气温滞后变量（模型12~14）和仅加入降雪滞后变量时（模型20~22），气温对外患的影响仍然显著为负，这是与内乱情形类似的地方，但是当我们同时加入气温的滞后项以后（模型15~19），气温的即期影响变得不再显著。这说明，气温异常对外患的即期影响没有对内乱的影响那么稳健，其中气温滞后变量会对此短期影响产生一定作用。

（2）从气温滞后的累积效应来看，气温对外患的影响主要是中短期，气温滞后一期的累积效应达到最大，为-0.99，二期缩小，三期有所增大，之后逐步减退，且均在1%统计水平上显著。这说明，相对于内乱而言，气温变量对外患的长期影响有所波动，在滞后一期和滞后三期之间摇摆，此后持续衰退。

（3）从降雪异常的即期影响来看，情形是类似的，即无论我们是控制米价、人口还是同时控制它们，抑或是同时控制气温滞后、降雪滞后项，降雪异常对外患的即期影响都相当稳健，结果显著为正。这说明，在短期看，降雪异常是促使外患增加的重要因素，这颇为符合本文的理论假说，冬季的降雪异常会在更大程度上影响到位于北方的游牧民族，因而就成为迫使他们向南进行迁移和掠夺的重要气候诱因。

（4）从长期影响看，降雪异常对外患的滞后二期累积影响达到最大，系数为3.82，且在1%统计水平上显著，此后衰退。此外，降雪异常的即期和滞后一阶、二阶项的符号均为正，而只是在滞后三阶时，符号才变负，这说明，降雪异常是影响外患发生与否的重要外生因素，并且这一影响会在降雪异常发生后的二三十年内继续存在。

图6清楚地显示了这一点，降雪异常的滞后累积影响是正向的，在滞后二期达到最大，之后衰减，而气温异常滞后的累积影响在10~50年内持续存在。

(四) 气候变化对以总的人祸次数衡量的社会不稳定的影响

表7给出了类似于表5和表6的分析，从中可以发现基本类似的结果：

（1）气温异常对以总的人祸次数衡量的社会不稳定具有显著为负的即期影响，并且这一结果非常稳健，不会因为我们是否加入气温、降雪滞后变量以及是否同时纳入米价和人口而发生大的变化，这一点充分地表现在模型23~34当中。

表6 气候变化对外患程度的短期和长期影响

被解释变量		OUTWAR（ML/QML-Poisson Count）									
模型	12	13	14	15	16	17	18	19	20	21	22
滞后程度		无滞后		温度一阶	温度二阶	温度三阶	温度四阶	温度五阶	降雪一阶	降雪二阶	降雪三阶
常数项	3.18*** (19.35)	0.29*** (8.07)	11.31*** (9.50)	10.74*** (9.20)	10.61*** (9.08)	10.73*** (9.10)	9.66*** (8.16)	9.58*** (8.09)	11.97*** (9.54)	11.59*** (8.69)	11.18*** (8.14)
TEMP	-0.82*** (-10.76)	-0.59*** (-7.93)	-0.89*** (-7.80)	-0.15 (-0.73)	-0.12 (-0.55)	0.29 (1.30)	0.30 (1.35)	0.27 (1.20)	-0.91*** (-7.41)	-0.81*** (-6.34)	-0.75*** (-5.75)
SNOW	-0.29** (-1.94)	1.55*** (7.64)	2.16*** (8.33)	1.39*** (7.23)	1.98*** (7.38)	1.61*** (5.68)	1.66*** (5.56)	1.65*** (5.50)	2.10*** (8.06)	1.38*** (5.14)	1.23*** (4.42)
DRGT	-0.03*** (-8.96)	-0.02*** (-5.61)	-0.03*** (-8.21)	-0.03*** (-8.70)	-0.03*** (-7.68)	-0.03*** (-8.16)	-0.03*** (-7.13)	-0.03*** (-7.14)	-0.03*** (-7.84)	-0.02*** (-5.58)	-0.02*** (-5.39)
FLD	-0.04*** (-12.49)	-0.01*** (-3.91)	-0.01*** (-3.33)	-0.01*** (-3.02)	-0.01*** (-3.27)	-0.01*** (-2.92)	-0.02*** (-4.12)	-0.01*** (-4.03)	-0.01*** (-2.93)	-0.01*** (-3.44)	-0.01*** (-3.66)
LRICEP	0.29*** (8.07)		-0.11 (-1.60)	-0.09 (-1.35)	-0.11 (-1.57)	-0.16** (-2.15)	-0.21*** (-2.73)	-0.20*** (-2.63)	-0.10 (-1.44)	-0.13* (-1.77)	-0.20** (-2.57)
LPOP		-0.18*** (-4.63)	-0.49*** (-6.82)	-0.45*** (-6.41)	-0.44*** (-6.31)	-0.43*** (-5.98)	-0.36*** (-4.89)	-0.36*** (-4.85)	-0.54*** (-7.07)	-0.56*** (-6.97)	-0.51*** (-6.04)
Adj R^2	0.26	0.08	0.25	0.25	0.26	0.30	0.26	0.25	0.23	0.31	0.29
调整观察	81	90	63	63	63	62	61	61	62	60	58
温度累积影响	-0.82*** (-10.76)	-0.59*** (-7.93)	-0.89*** (-7.80)	-0.99*** (-8.51)	-0.94*** (-7.82)	-0.96*** (-7.77)	-0.83*** (-6.50)	-0.83*** (-6.53)			
降雪累积影响	-0.29** (-1.94)	1.55*** (7.64)	2.16*** (8.33)						2.36*** (6.49)	3.82*** (9.44)	3.32*** (7.91)

注：在模型15中，温度一阶纳入模型，模型16中，温度一阶滞后，二阶滞后纳入模型，模型17~22以此类推。

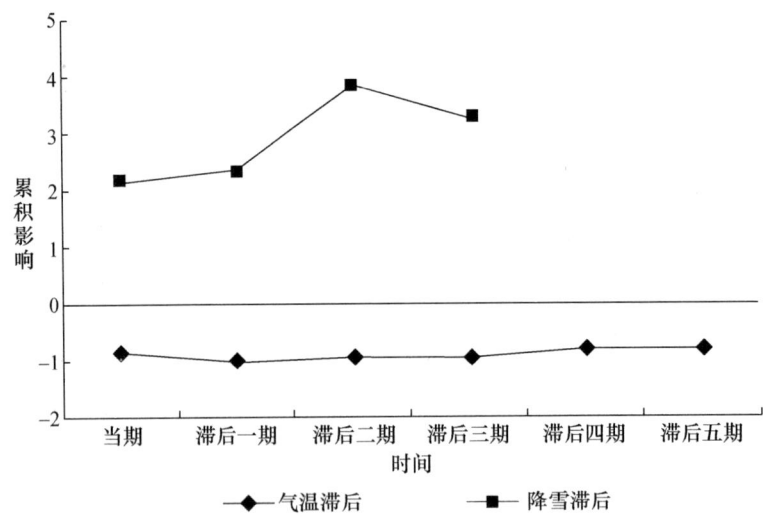

图6 气温滞后和降雪滞后对外患的累积影响

（2）从气温对总的人祸次数的长期影响看，气温的滞后累积影响在滞后四期达到最大，为-1.29，之前影响显著提升，之后影响显著递减（模型26~30），说明气温对总的人祸次数的影响绝不仅是短期内的，而是影响农业经济社会长期稳定程度的重要因素。

（3）在控制米价、人口以及同时控制二者时（模型23~25），降雪异常的即期变量只有在米价纳入的情形下显著为正。在考虑降雪滞后变量后（模型31~34），降雪异常的即期影响仍然显著为正，但在控制人口和同时控制米价、人口时（模型24、25），降雪异常的即期影响不显著。这说明，降雪异常对外患的短期影响会随着国内人口的多寡而不同。这意味着，降雪异常会成为促使外患增加的原因，但国内人口的多寡却很可能会成为外患增加与否的震慑力量。这非常符合我国很多朝代的历史事实，如我国历史上人口较多的朝代通常处于社会稳定、生产有序、国力强盛的时期，人口较少的朝代通常处于兵荒马乱、生产荒废、国力衰败之时，因而，人口很可能就是震慑外敌入侵的重要因素。

图7清楚地显示了气温滞后和降雪滞后对于外患的累积影响情况。从图中可见，气温滞后的负面影响在第四期达到最大，之后开始衰退。降雪异常的累积影响在滞后三期达到最大，这再次证明了气候变化对于社会不稳定的长期动态影响。

（五）其他控制变量的影响

控制变量的主要目的是考察在控制影响古代农业社会不稳定的诸多因素后，气候变化是否仍然具有稳健的影响力。上述（二）、（三）、（四）部分的内容其实已经证明了这一点，因为上述所有的回归是已经控制了影响农业社会不稳定的其他因素之后的结果。于是，一个自然的问题就是，相对于气候变化而言，这些因素的相对重要性到底有多大？

表7 气候变化对总的人祸次数的短期和长期影响

被解释变量		INTERWAR (ML/QML – Poisson Count)										
模型	23	24	25	26	27	28	29	30	31	32	33	34
滞后程度		无滞后		温度一阶	温度二阶	温度三阶	温度四阶	温度五阶	降雪一阶	降雪二阶	降雪三阶	降雪四阶
常数项	3.98*** (40.14)	6.38*** (16.52)	9.13*** (18.10)	8.72*** (17.17)	8.66*** (16.96)	9.00*** (17.17)	8.97*** (16.99)	8.89*** (16.91)	6.45*** (11.63)	6.21*** (10.76)	6.28*** (10.46)	5.80*** (9.28)
TEMP	−0.71*** (−16.19)	−0.58*** (−12.70)	−1.09*** (−17.23)	−0.49*** (−3.61)	−0.51*** (−3.73)	−0.43*** (−3.04)	−0.42*** (−2.98)	−0.44*** (−3.14)	−0.76*** (−10.73)	−0.74*** (−9.99)	−0.75*** (−9.69)	−0.70*** (−8.80)
SNOW	−0.86*** (−9.23)	0.17 (1.42)	0.20 (1.44)	0.15 (1.11)	0.10 (0.69)	−0.03 (−0.21)	−0.06 (−0.37)	−0.07 (−0.45)	0.51*** (3.39)	0.44*** (2.80)	0.43*** (2.69)	0.56*** (3.47)
DRGT	−0.01*** (−8.78)	−0.01*** (−6.33)	−0.02*** (−9.81)	−0.02*** (−10.75)	−0.02*** (−10.76)	−0.02*** (−11.21)	−0.02*** (−11.36)	−0.02*** (−11.51)	−0.01*** (−6.28)	−0.01*** (−4.89)	−0.00*** (−4.01)	−0.01*** (−5.82)
FLD	−0.007*** (−4.05)	0.008*** (3.71)	0.003 (1.50)	0.005** (2.24)	0.006** (2.41)	0.006** (2.43)	0.006** (2.56)	0.007*** (2.88)	−0.003 (−1.15)	−0.003 (−1.26)	−0.00 (−1.45)	−0.001 (−0.39)
LRICEP	0.18*** (7.52)		0.16*** (4.08)	0.16*** (4.08)	0.17*** (4.16)	0.19*** (4.66)	0.20*** (4.56)	0.20*** (4.68)	−0.005 (−0.12)	−0.006 (−0.12)	−0.001 (−0.02)	−0.05 (−1.09)
LPOP		−0.16*** (−7.22)	−0.34*** (−10.89)	−0.31*** (−10.03)	−0.31*** (−9.77)	−0.33*** (−10.07)	−0.32*** (−9.77)	−0.32*** (−9.71)	−0.17*** (−4.83)	−0.17*** (−4.90)	−0.18*** (−4.93)	−0.14*** (−3.68)
Adj R^2	0.13	0.06	0.29	0.51	0.30	0.30	0.30	0.31	0.20	0.20	0.19	0.20
调整观察	81	90	63	63	63	62	61	61	62	60	58	57
温度累积影响	−0.71*** (−16.19)	−0.58*** (−12.70)	−1.09*** (−17.23)	−1.15*** (−17.91)	−1.18*** (−17.95)	−1.27*** (−18.36)	−1.29*** (−18.38)	−1.28*** (−18.23)				
降雪累积影响			0.20 (1.44)						0.68*** (3.35)	1.31*** (5036)	1.44*** (5.46)	1.29*** (4.71)

注：在模型26中，温度一阶滞后纳入模型，模型27中，温度一阶滞后、二阶滞后纳入模型，模型28~34 以此类推。

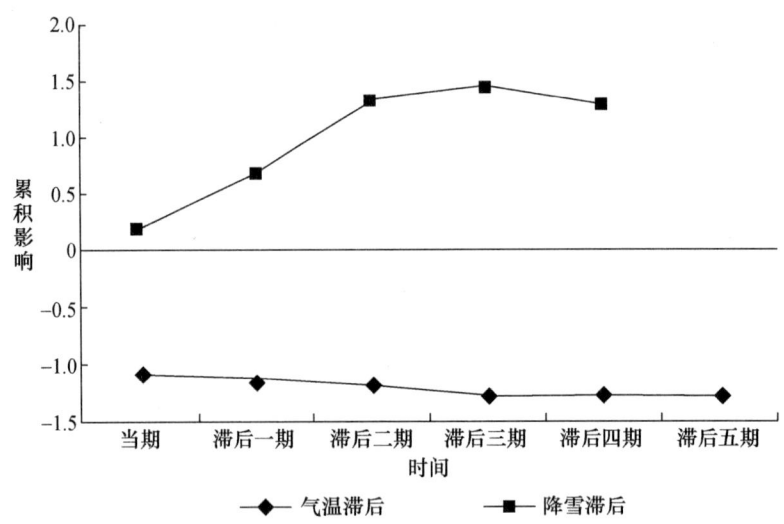

图7 气温异常滞后与降雪异常滞后对总的人祸次数的累积影响

要回答这一点其实非常简单,因为在表5~表7绝大多数模型中,气候变化系数的绝对值在绝大多数情形下都大于自然灾害、人口和米价的系数,这就表明,对于古代的农业经济体而言,气候变化恐怕是影响社会不稳定的更深层次因素,其余因素固然重要,但它们相对于气候变化的重要性而言还是小了许多。

例如,就旱灾而言,人们通常认为,它会不利于社会稳定,但我们的研究却发现,它对内乱、外患以及总的人祸次数等均具有显著的负面影响,系数均在 -0.01~-0.03。我们认为,造成这种现象的原因是,中国历史上的旱灾在一定程度上恐怕是天气或气候原因造成的,所以,当我们在模型中纳入气温和降雪异常等气候变化因素后,旱灾对社会不稳定的正向影响就被削弱了。事实上,如果我们仅运用气温异常和降雪异常对旱灾进行一个简单的回归就会发现,二者的解释率可达6%,并且二者均在1%或者5%的水平上显著,这就充分地证明了我们的说法。

水灾对社会稳定的负面作用虽然比较明显,比较符合人们传统上对自然灾害负面影响的一般认识,如水灾对内乱的影响在所有模型中均显著为正,这意味着,国内水灾的发生造成了对农业生产和老百姓生活的负面影响,因而会成为国内发生叛乱的诱因,但其影响系数远小于气候变化的影响系数。对外患而言,水灾有着显著的负面影响,这说明,国内水灾的发生会成为阻碍外患发生或外敌入侵的因素,这也比较符合我国历史上江河自西向东的流向以及历史上水灾的发生常常会阻断北方游牧民族从北向南入侵的历史事实,但同样,其影响系数的绝对值总体上非常小,其对社会不稳定的影响远小于气候变化本身。

人口变量对社会稳定的作用总体上是正面的。对外患和总的人祸次数而言(见表6和表7),无论我们是否考察气温滞后、降雪滞后等气候长期影响,其系数均显著为负。

对内乱而言（见表5），在纳入气温滞后变量后，结果仍然是稳健的，符号显著为负，但是纳入降雪滞后变量后，人口对内乱的影响变成显著为正。这说明，中国历史上大的人口规模通常是国富民强的一个象征，也是阻碍外患发生的重要震慑力量，而不是像传统假说所设想的那样是构成社会不稳定的重要因素。但是这一说法也是有条件的，那就是，在风调雨顺的条件下，较多的人口当然是有利于生产发展和社会稳定的好事；但是，在恶劣的气候条件下，中国历史上较多的人口也可能成为内乱发生的一个诱因。原因在于，我们文中所用的两个气候变化代理变量代表着完全不同的气候变化维度。对于前者而言，气温高于平均值的变化既可能意味着夏季的降水增加，也可能意味着冬季降雪的减少，因而，当我们控制气温异常这一变量时，它并没有影响到人口对社会稳定的正面作用；但降雪异常增加则必然意味着冬季的降雪太少对北方农业生产的巨大负面冲击，这样，降雪的异常就会使一个大的人口规模成为导致国内社会不稳定的重要原因。

米价对社会不稳定的作用相对复杂，与是否纳入人口（米价上升与否的需求因素）和气候变量（米价上升与否的供给条件）相关。

在不考虑人口因素时，米价对内乱的影响不显著（模型1），当考虑人口因素时（模型3），它的影响显著为正，并且这一结果在考虑气温滞后变量时（模型4～8）也是比较稳健的。但在同时控制降雪异常滞后对内乱的影响时（模型9～11），米价对内乱的正面影响变为显著的负面影响，这充分地显示了人口这一米价上升与否的需求力量和气候变化这一米价上升与否的供给条件的综合作用：一方面，人口是粮食的需求方，当人口规模较大时，对粮食的需求就会增加，因而米价的上升就成为促使内乱发生的因素；另一方面，气温、降雪等气候条件很可能是影响米价高低的重要供给条件，当气候变化对农业生产不利时，如降雪异常通常会造成对北方越冬作物如小麦的很大负面影响，我们加入降雪异常等滞后变量后（模型9～10），米价的正面影响变为显著的负面影响。

值得注意的是，我们所使用的两个气候变化的代理变量具有完全不同的含义，即气温异常高既可能意味着降雨的同时增加，也可能意味着降雨异常少，因而气温异常对米价的影响可能是中性的，所以在我们考虑气温滞后变量后，并没有影响到米价对社会不稳定的正面影响。但降雪异常，无论是异常多还是异常少，都必定意味着对越冬作物生长过程的负面影响，于是，当我们同时考虑其滞后影响时，米价对社会不稳定的影响变为完全相反。

对外患而言，在不考虑人口的影响时，米价对外患的影响显著为正（模型12），但是当我们考虑人口影响后，米价对外患的正面影响变为负面影响，时而显著，时而不显著（模型14～22）。这说明，米价上升对外患的影响并不稳健，在很大程度上受到国内人口多寡的影响，这主要是因为，对外患而言，人口在很大程度上是阻碍外敌入侵的重要震慑力量，因为我国人口越多，外敌入侵遇到的阻力就会越大，于是当我们不考虑人口的影响时，米价就会促使外患发生，但在考虑人口因素时，米价并不一定是外患产生的因素。

对总的人祸次数而言，是否加入人口和气温异常滞后变量并没有影响到米价对社会不稳定的负面影响，但是加入降雪异常则影响了米价对社会不稳定的作用，这与前面针对内乱部分的分析结果是类似的，也就是说，米价对社会不稳定的影响依赖于人口这一需求条件和气候变化这一供给条件。

（六）稳健性检验

表5至表7所给出的绝大多数回归，基本上都同时考察了米价和人口同时发挥作用情形下，气温、降雪对社会不稳定的即期和长期影响问题。然而，正如上面针对相关控制变量部分的分析所表明的那样，米价上升是否影响社会不稳定，在很大程度上不仅依赖于气候这一供给条件，而且还依赖于人口多寡这一需求条件。另外，前面米价和人口之间高达0.88的相关系数也表明，同时将人口和米价纳入社会不稳定的回归方程中，可能存在着一定的回归偏差。为此，我们还特别剔除掉人口因素，并重新考察以上结果的稳健性。表8至表10分别是剔除了人口因素以后，其余滞后形式均未发生变化的回归结果。由这些表格可见：

（1）气温异常对内乱、外患和总的人祸次数衡量的社会不稳定的即期影响完全类似，均显著为负，其长期累计影响也将在气温变化后的20~50年内存在；降雪异常对内乱、外患和总的人祸次数的即期影响也基本类似，其长期影响将持续10~20年。

（2）在其他控制变量中，旱灾对内乱、外患和总的人祸次数的影响均在1%水平上显著为负，与同时纳入人口时的表5至表7中的情形完全类似；水灾对内乱的影响显著为正，对外患的影响显著为负，与没有纳入人口变量时的情形完全相同。对总的人祸次数的影响显著为负，与没有纳入人口时的情形（见表7）稍有差别。

（3）差别较大的情形出现在米价上，没有纳入人口变量时，米价对内乱的影响因为是否纳入气温滞后、降雪滞后而不同，时而显著，时而不显著（见表8）。对外患和总的人祸次数而言，米价的影响全部显著为正（见表9和表10），这说明，在不考虑人口时，米价在大多数情形下不利于社会稳定，是促使社会不稳定的因素；但在考虑人口以后，米价的影响并不系统地显著为正或者为负（见表5至表7），这充分说明了我们前面的基本判断，也就是是否将人口加入回归方程中，在很大程度上只是影响与之密切相关的米价对社会不稳定的显著性，而并不影响气候变化与社会不稳定之间的关系。

综合起来看，即使我们放弃了对社会不稳定具有重要影响的一个控制变量——人口，我们仍然发现，气候变化包括气温与降雪对社会不稳定的影响，并没有受到系统的影响，而是否纳入人口只会影响相关控制变量内部的结构变化以及相关的显著性，而不会对气温、降雪等的显著性和符号造成影响。这充分地证明了本文实证分析部分所得到的结论，即无论从长期还是短期看，以气温和降雪为代理变量的气候变化都是影响农业经济社会不稳定的重要因素，并且它们的影响将在10~50年内存在。

表8 没有人口影响时的气候变化对内乱的短期和长期影响

模型	35	36	37	38	39	40	41	42	43	44
滞后程度	无滞后	温度一阶	温度二阶	温度三阶	温度四阶	温度五阶	温度六阶	降雪一阶	降雪二阶	降雪三阶
常数项	3.47*** (24.03)	3.43*** (23.60)	3.34*** (22.05)	3.13*** (19.28)	3.16*** (18.58)	3.16*** (18.50)	3.11*** (17.61)	3.28*** (20.22)	3.40*** (19.41)	2.99*** (15.63)
TEMP	-1.01*** (-16.12)	-1.92*** (-13.24)	-1.89*** (-13.00)	-1.94*** (-13.07)	-2.24*** (-14.10)	-2.24*** (-13.89)	-2.48*** (-15.47)	-1.06*** (-15.05)	-1.21*** (-16.51)	-1.10*** (-14.78)
SNOW	-1.28*** (-9.15)	-1.20*** (-8.72)	-1.66*** (-11.44)	-1.70*** (-11.11)	-1.87*** (-11.97)	-1.87*** (-11.83)	-1.70*** (-10.63)	-1.25*** (-7.87)	-1.28*** (-7.80)	-1.24*** (-7.29)
DRGT	-0.01*** (-7.76)	-0.01*** (-4.24)	-0.01*** (-7.17)	-0.01*** (-6.48)	-0.02*** (-8.31)	-0.02*** (-8.23)	-0.02*** (-7.43)	-0.01*** (-7.27)	-0.02*** (-7.23)	-0.01*** (-3.82)
FLD	0.02*** (7.96)	0.01*** (6.06)	0.02*** (7.52)	0.01*** (5.83)	0.01*** (6.18)	0.01*** (5.78)	0.02*** (6.52)	0.01*** (5.31)	0.01*** (4.27)	0.01*** (3.81)
LRICEP	-0.001 (-0.03)	-0.02 (-0.54)	0.06 (1.61)	0.13*** (3.27)	0.16*** (3.91)	0.16*** (3.88)	0.12*** (2.91)	0.06 (1.63)	0.15*** (3.82)	0.09** (2.05)
Adj R²	0.17	0.17	0.27	0.29	0.36	0.35	0.41	0.07	0.13	0.14
调整观察	81	81	79	77	75	74	72	78	75	72
温度的累积影响	-1.01*** (-16.12)	-0.90*** (-14.24)	-1.21*** (-17.42)	-1.33*** (-17.45)	-1.56*** (-19.14)	-1.57*** (-17.92)	-1.39*** (-15.10)			
降雪的累积影响	-1.28*** (-9.15)							-1.27*** (-6.47)	-2.10*** (-8.90)	-1.16*** (-4.24)

注：在模型36中，温度一阶滞后纳入模型，模型37中，温度一阶滞后，二阶滞后纳入模型，模型38～44以此类推。

表 9 没有纳入人口变量时气候变化对外患的短期和长期影响

模型	45	46	47	48	49	50	51	52	53
滞后程度	无滞后	温度一阶	温度二阶	温度三阶	温度四阶	温度五阶	降雪一阶	降雪二阶	降雪三阶
常数项	3.18*** (19.35)	3.16*** (19.10)	3.17*** (19.10)	3.33*** (19.64)	3.52*** (19.82)	3.75*** (20.56)	3.27*** (18.50)	2.98*** (15.45)	3.09*** (14.59)
TEMP	-0.82*** (-10.76)	-1.03*** (-6.37)	-1.02*** (-6.17)	-0.86*** (-4.98)	-0.75*** (-4.32)	-0.68*** (-4.00)	-0.87*** (-11.02)	-0.86*** (-10.67)	-0.84*** (-10.15)
SNOW	-0.29** (-1.94)	-0.22 (-1.45)	-0.25 (-1.59)	-0.41** (-2.57)	-0.51*** (-3.09)	-0.54*** (-3.21)	-0.28* (-1.79)	-0.50*** (-3.09)	-0.62*** (-3.82)
DRGT	-0.03*** (-8.96)	-0.03*** (-8.75)	-0.03*** (-8.68)	-0.03*** (-9.01)	-0.03*** (-8.16)	-0.03*** (-7.67)	-0.03*** (-9.08)	-0.02*** (-7.54)	-0.02*** (-6.38)
FLD	-0.04*** (-12.49)	-0.04*** (-12.63)	-0.04*** (-12.93)	-0.04*** (-12.50)	-0.04*** (-13.52)	-0.05*** (-12.70)	-0.04*** (-12.18)	-0.04*** (-12.76)	-0.04*** (-13.47)
LRICEP	0.29*** (8.07)	0.29*** (7.98)	0.30*** (8.01)	0.28*** (7.52)	0.25*** (6.53)	0.17*** (4.39)	0.30*** (8.07)	0.26*** (6.98)	0.22*** (5.64)
Adj R²	0.26	0.25	0.25	0.25	0.23	0.28	0.25	0.23	0.24
调整观察	81	81	79	77	75	74	78	75	72
温度的累积影响	-0.82*** (-10.76)	-0.87*** (-11.02)	-0.86*** (-10.67)	-0.84*** (-10.15)	-0.84*** (-9.98)	-0.83*** (-9.53)			
降雪的累积影响							-0.43** (-2.19)	0.25 (1.03)	0.32 (1.13)

注:在模型 46 中,温度一阶滞后纳入模型,模型 47 中,温度一阶滞后、二阶滞后纳入模型,模型 48~53 以此类推。

表 10 没有纳入人口变量时的气候变化对总的人祸次数的短期和长期影响

模型	54	55	56	57	58	59	60	61	62
滞后程度	无滞后	温度一阶	温度二阶	温度三阶	温度四阶	温度五阶	降雪一阶	降雪二阶	降雪三阶
常数项	3.98*** (40.14)	3.96*** (39.79)	3.92*** (38.55)	3.91*** (36.70)	3.98*** (35.83)	4.04*** (36.17)	3.90*** (35.48)	3.89*** (32.49)	3.72*** (28.56)
TEMP	−0.71*** (−16.19)	−1.13*** (−11.55)	−1.11*** (−11.30)	−1.05*** (−10.43)	−1.07*** (−10.40)	−1.01*** (−9.77)	−0.75*** (−15.76)	−0.82*** (−16.80)	−0.76*** (−15.01)
SNOW	−0.86*** (−9.23)	−0.79*** (−8.44)	−1.02*** (−10.62)	−1.14*** (−11.57)	−1.33*** (−13.15)	−1.35*** (−13.36)	−0.77*** (−7.47)	−0.87*** (−8.24)	−0.92*** (−8.66)
DRGT	−0.01*** (−8.78)	−0.01*** (−6.91)	−0.01*** (−8.62)	−0.01*** (−8.53)	−0.01*** (−9.70)	−0.01*** (−9.88)	−0.01*** (−8.73)	−0.01*** (−7.67)	−0.01*** (−5.16)
FLD	−0.007*** (−4.05)	−0.009*** (−4.90)	−0.008*** (−4.17)	−0.01*** (−5.21)	−0.01*** (−4.91)	−0.008*** (−3.85)	−0.01*** (−6.02)	−0.01*** (−7.34)	−0.01*** (−7.85)
LRICEP	0.18*** (7.52)	0.17*** (7.12)	0.21*** (8.73)	0.24*** (9.70)	0.26*** (10.06)	0.24*** (9.02)	0.21*** (8.71)	0.24*** (9.49)	0.20*** (7.67)
Adj R^2	0.13	0.13	0.17	0.17	0.20	0.22	0.16	0.17	0.19
调整观察	81	81	79	77	75	74	78	75	72
温度的累积影响	−0.71*** (−16.19)	−0.75*** (−15.76)	−0.82*** (−16.80)	−0.76*** (−15.01)	−0.74*** (−14.38)	−0.73*** (−13.69)			
降雪的累积影响							−0.83*** (−6.50)	−0.97*** (−6.25)	−0.49*** (−2.76)

注：在模型 55 中，温度一阶滞后纳入模型，模型 56 中，温度一阶滞后，二阶滞后纳入模型，模型 57~62 以此类推。

六、结论及其政策启示

（一）结论

总结起来看，尽管我们所获得的相关数据信息仍比较有限，但通过这些分析，还是获得了一些非常宝贵的有关中国历史气候变化对社会不稳定程度的有意义的结论：

（1）气候变化的确是影响中国过去千年间社会不稳定程度的重要变量。研究发现，在短期内，气温的升高（降低）降低（提高）了以内乱、外患、总的人祸次数衡量的社会不稳定程度；在长期内，气温对社会不稳定的影响将持续 10～50 年。在短期内，降雪异常会成为减少内乱、增加外患的因素，虽然它对总的人祸次数的影响并不显著；在长期内，降雪异常对内乱的影响不显著，对外患的影响在滞后二期达到最大，对总的人祸次数而言，降雪异常的累积效应在滞后四期达到最大。这说明，以此二者衡量的气候变化的确是影响历史上社会不稳定的重要因素。

（2）在控制气候变化对经济社会不稳定的影响之后，旱灾的作用是负面的，这说明，我们惯常所持的旱灾会增加自然灾害的说法，在控制气候变化因素以后，可能并不如此。水灾对社会不稳定程度的影响是复杂的，它增加了内乱频率，这基本上符合人们惯常所持的自然灾害增加社会不稳定的说法，但值得注意的是，它却在某种程度上阻碍了外患发生的可能。这说明，我们惯常所持的自然灾害增加社会不稳定的说法可能是非常笼统的，当我们用外患衡量社会不稳定时，情形可能恰恰是相反的。尽管如此，这个发现却非常符合中国历史上的黄河泛滥多次阻碍外敌入侵的历史事实。

（3）以米价为代理变量的农业生产情况也是影响社会不稳定程度的一个重要因素。在考虑人口规模乃至气温滞后影响以后，米价上升仍然是促使国内动乱和总的人祸次数增加的因素，这基本上证明了中国历史上的一个朴实的道理——"民以食为天"，如果这一基本的条件得不到满足，一个国家的社会稳定就难以得到保证。但是，它对外患的影响却随着人口、气温滞后、降雪异常滞后项的加入而变得不显著，并且符号完全相反。这可能意味着，人口对经济发展的复杂作用机制可能通过多条途径发挥了作用：一方面，当我们考虑人口变量也就是对米价的需求因素，以及气候变化的长期影响这一可能对米价造成影响的供给因素后，米价成为内生变量；另一方面，人口还可能是震慑外患发生的重要力量，因而，米价对外患的影响并不显著。

（4）人口对社会不稳定的作用与我们惯常所持的"马尔萨斯假说"存在着较大的偏差。从中国历史上看，一个较大的人口规模，往往是降低内乱、外患和总的人祸次数的因素。这和我国历史上人口较多的时期常常是国泰民安、国富民强、政治安定的时期是对应的。这意味着，传统上所认为的较大的人口规模通常不利于社会稳定的说法，可能在一定程度上依赖于气候、降水等自然条件，当这些条件变得不利时，传统的说法才能够成立。

（5）从总的情况看，气候变化对中国古代农业经济社会的变迁具有决定性作用的所谓"气候或者地理决定论"的观点没有得到可获经验证据的支持。我们所选择的回归模型对内乱的解释率在17%～57%，对外患的解释率在8%～31%，对总的人祸次数的解释率在6%～31%。这说明，对于像中国这样历史长达两千多年的农业经济体而言，气候、地理、资源等自然条件的影响是一个不可忽视的解释变量。此外，本文有关气候变化影响农业生产、自然灾害，进而影响社会不稳定的理论假说还是得到了很大程度的验证。

（二）对当今气候变暖的政策启示

尽管造成中国历史上的气候变化与当今全球性变暖的原因可能存在着较大不同，如历史上的气候变化更多的是一种自然性的气候循环，而如今的气候变化在很大程度上是工业革命后人类生产能力提升的负面作用等①，但通过这一分析所获得的政策启示却是清楚的：

（1）气候变化对以农业为主的经济体和以工业为主的经济体的影响可能是非常不同的。在中国历史上，气温的升高在很大程度上有利于农业经济，反而是气候的变冷常常对中国历史上的经济长期发展造成很大负面影响。从这一点看，在某种程度上，是否可以说当今的气候变暖对以农业经济为主的国家是一件好事？如果是这样，那么，以工业化国家过去多年对地球环境影响的恶果来压制这些发展中国家的经济发展是否公正？

（2）对中国而言，历史上更多的是气候变冷形成了对其经济、人口乃至社会发展的巨大负面影响，其背后的影响机制是复杂的、多途径的，而如今的气候变暖是否会对中国的经济和社会发展形成与历史上完全相反的影响？这仍需要我们进行更多的研究。

（3）如果我们承认全球变暖对人类社会、生产和生活的不利影响，并实行低碳发展这样的政策动议，那作为"世界工厂"并以廉价资源、劳动力供养了世界的中国是否有权利在出口贸易的基础上收取一定的"碳污染税"，因为这才可能是真正意义上的一种应对气候变暖的现实倡议，不知道中国实施这样的政策是否会得到国际社会的认同？

本文的不足之处是，由于我们无法获得有关降雨的足够的时间序列数据，所以本文对与农业经济相关性较大的降雨变量和社会不稳定的关系未能进行详细分析；此外，本文也没有建构一个清晰的经济学理论模型。这些工作还需假以时日才能完成。

参考文献

[1] 阿尔弗雷德·马歇尔. 经济学原理（下卷）[M]. 朱志泰译. 北京：商务印书馆，1997.

[2] Adams, R., C. Rosenzweig, R. Peart, J. Ritchie, B. McCarl, J. Glyer, R. Curry, J. Jones, K. Boote, and L. Allen Jr., 1990, "Global Climate Change and US Agriculture", Nature, 345: 219 – 224.

---

① 参见赵红军. 公元11世纪后的气候变冷及其对北宋后经济发展的动态影响[Z]. 2010年第九届全国国际贸易学科协作组年会"低碳经济与国际贸易"专题入选论文，上海对外贸易学院，2010.

［3］安东尼·吉登斯. 气候变化的政治［M］. 曹荣湘译. 北京：社会科学文献出版社，2009.

［4］安格斯·麦迪森. 中国经济的长期表现［M］. 伍晓鹰等译. 上海：上海人民出版社，2008.

［5］Briffa, K., P. Jones, F. Schweingruber, and T. Osborn, 1998, "Influence of Volcanic Eruptions on Northern Hemisphere Summer Temperature over the Past 600 Years", Nature, 393: 450 – 455.

［6］Boyanowsky, E., 1999, "Violence and Aggression in the Heat of Passion and in Cold Blood: The Ecs – TC Syndrome", International Journal of Law and Psychiatry, 22 (3): 257 – 271.

［7］布莱恩·费根. 洪水、饥馑与帝王：厄尔尼诺与文明兴衰［M］. 董更生译. 杭州：浙江大学出版社，2009.

［8］Carlsmith, M., and C. Anderson, 1979, "Ambient Temperature and the Ocurrence of Collective Vio – lence: A New Analysis", Journal of Personality and Social Psychology, 37 (3): 337 – 344.

［9］陈高佣. 中国历代天灾人祸表［M］. 北京：北京图书馆出版社，2007.

［10］Chu, C. Y. Cyrus, and R. Lee, 1994, "Famine, Revolt and the Dynastic Cycle: Population Dynamics in Historic China", Journal of Population Economics, 7 (4): 351 – 378.

［11］Chu, G., Q. Sun, X. Wang, and J. Sun, 2008, "Snow Anomaly Events from Historical Documents in Eastern China during the Past Two Millennia and Implication for Low – frequency Variability of AO/NAO and PDO", Geophysical Research Letters, 35 (14): L14806.

［12］Curriero, F., K. Heiner, J. Samet, S. Zeger, L. Strug, and J. Patz., 2002, "Temperature and Mortality in 11 Cities of the Eastern United States", American Journal of Epidemiology, 155 (1): 80 – 87.

［13］Dell, M., B. Jones, and B. Olken, 2008, "Climate Change and Economic Growth: Evidence from the Last Half Century", NBER Working Paper, No. 14132.

［14］Deschenes, O., and E. Moretti, 2007, "Extreme Weather Events, Mortality, and Migration", NBER Working Paper, No. 13227.

［15］Deschenes, O., and M. Greenstone, 2007, "The Economic Impacts of Climate Change: Evidence from Agricultural Output and Random Fluctuations in Weather", American Economic Review, 97 (1): 354 – 385.

［16］Elvin, M., 1973, "The Pattern of Chinese Past", London: Methon.

［17］Fang, J., and G. Liu, 1992, "Relationship between Climatic Change and the Nomadic Southward Migration in Eastern Asia during Historic Times", Climate Change, 22 (2): 151 – 168.

［18］Field, S., 1992, "The Effect of Temperature on Crime", British Journal of Criminology, 32 (3): 340 – 351.

［19］葛全胜，郑景云，满志敏，方修琦，张丕远. 过去2000年中国东部冬半年温度变化序列重建及初步分析［J］. 地学前缘，2002（1）：169 – 182.

［20］Gottinger, H., 1998, "A Simple Endogenous Model of Economic Activity and Climate Change", Metro – economica, 49 (2): 139 – 168.

［21］Guiteras, R., 2007, "The Impact of Climate Change on Indian Agriculture", Mimeo, Department of Economics, MIT.

［22］Hinsch, B., 1998, "Climate Change and History in China", Journal of Asia History, 22 (2): 131 – 159.

［23］侯家驹. 中国经济史［M］. 北京：新星出版社，2008.

［24］胡焕庸，张善余. 中国人口地理（上册）［M］. 上海：华东师范大学出版社，1983.

［25］黄宗智．华北的小农经济与社会变迁［M］．北京：中华书局，2000．

［26］Intergovernmental Panel on Climate Change，2007，"IPCC Fourth Assessment Report，Working Groups Ⅰ，Ⅱ，and Ⅲ"（http：//www.ipc.ch/）．

［27］Jacob，B．，L. Lefgren，and E. Moretti，2007，"The Dynamics of Criminal Behavior：Evidence from Weather Shocks"，Journal of Human Resources，42（3）：489－527．

［28］李根蟠．中国小农经济的起源及其早期形态［J］．中国经济史研究，1998（1）：69－86．

［29］Liu，G．，2005，"Wrestling for Power：The State and Economy in Later Imperial China，1000－1770"，Ph. D Dissertation，East Language and Culture Department，Harvard University．

［30］Madison，A．，2003，"The World Economy：Historical Statistics"，Paris：OECD．

［31］满志敏．中国历史时期气候变化研究［M］．济南：山东教育出版社，2009．

［32］McNeill，W．，1979，"A History of the World，3rd ed"，New York：Oxford University Press．

［33］Mendelsohn，R．，A. Dinar，and A. Sanghi，2001，"The Effect of Development on the Climate Sensitivity of Agriculture"，Environmental and Development Economics，6（1）：85－101．

［34］Miguel，E．，S. Satyanath，and E. Sergenti，2004，"Economic Shocks and Civil Conflict：An Instrumental Variables Approach"，Journal of Political Economy，112（4）：725－753．

［35］牟重行．中国五千年气候变迁的再考证［M］．北京：气象出版社，1996．

［36］倪根金．试论气候变迁对我国古代北方农业经济的影响［J］．农业考古，1988（1）：292－299．

［37］钱穆．中国历代政治得失［M］．北京：生活·读书·新知三联书店，2001．

［38］Turchin，P．，2003，"Complex Population Dynamics：A Theoretical/Empirical Synthesis. Princeton"，NJ：Princeton University Press．

［39］Turchin，P．，and A. Korotayev，2003，"Relationship between Population Density and Internal Warfare in Prestate Societies"，Unpublished Manuscript．

［40］U. S. Riot Commission，1968，"Report of the National Advisory Commission on Civil Disorders"，New York：Bantam Books．

［41］王玉玺，刘光远，张先恭，李存法．祁连山园柏年轮与我国近千年气候变化和冰川进退的关系［J］．科学通报，1982，27（21）：1316－1319．

［42］王铮，张丕远，周清波．历史气候变化对中国社会发展的影响——兼论人地关系［J］．地理学报，1996，51（4）：329－339．

［43］Yang，B．，A. Braeuning，K. Johnson，and Y. Shi，2002，"General Characteristics of Temperature Variation in China During the Last Two Millennia"，Geophysical Research Letters，29（9）：1324－1327．

［44］Yi，L．，H. Yu，X. Xu，J. Yao，Q. Su，and J. Ge，2010，"Exploratory Precipitation in North－Central China during the Past Four Centuries"，Acta Geologica Sinica—English Edition，84（1）：223－229．

［45］Zhang，Z．，H. Tian，B. Cazelles，K. Kausrud，F. Guo，and N. Stenseth，2010，"Periodic Climate Cooling Enhanced Natural Disasters and Wars in China during AD 10－1900"，Proceedings of the Royal Society Biological Sciences，277（1701）：3745－3753．

［46］Zhang，D．，J. Zhang，H. Lee，and Y. He，2007，"Climate Change and War Frequency in Eastern China Over the last Millennium"，Human Ecology，35（4）：403－414．

［47］张家城．气候变化对中国农业生产的影响初探［J］．地理研究，1982，1（2）：8－15．

［48］张全明．论北宋开封地区的气候变迁及其特点［J］．史学月刊，2007（1）：98－108．

[49] 赵冈. 农业经济史论集 [M]. 北京: 中国农业出版社, 2001.

[50] 赵红军. 农民家庭行为、产量选择与中国经济史上的谜题——一个考察中国未能发生工业革命的微观视角 [J]. 社会科学, 2010 (1): 40 – 51.

[51] 赵红军. 小农经济、惯性治理与中国经济的长期变迁 [M]. 上海: 格致出版社, 上海人民出版社, 2010.

[52] 赵红军. 公元 11 世纪后的气候变冷及其对北宋后经济发展的动态影响 [C]. 第九届全国国际贸易学科协作组年会《低碳经济与国际贸易》专题入选论文, 上海对外贸易学院, 2010.

[53] 赵文林. 从中国人口史看人口压力流动律 [J]. 人口与经济, 1985 (1): 38 – 43.

[54] 郑学檬. 中国古代经济重心的南移和唐宋江南经济研究 [M]. 长沙: 岳麓出版社, 2003.

[55] 竺可桢. 中国近五千年来气候变迁的初步研究 [A] //竺可桢文集 [M]. 北京: 科学出版社, 1979.

[56] 邹逸麟. 论长江三角洲地区人地关系的历史过程及今后发展 [J]. 学术月刊, 2003 (6): 83 – 89.

Did Climate Change Affect the Social Stability of Chinese Agrarian Economy in the Past 2000 Years?

—A Positive Analysis Based on Paleo – climatic Reconstruction Data and Historic Data

Zhao Hongjun

Abstract: Based on time series data of paleo – climate reconstruction data on temperature, historical data on natural disaster, rice price, and social instability in China over the past 2000 years, this paper tests the corelation between climate change and social instability in the short and long run. It finds that climate change is an important variable that impacts Chines esocial stability, namely, a higher (lower) temperature over (to) the mean, reduces (raises) social instability, while the impact of snow anomaly is structural. Furthermore, they both have long run impact on social instability. Though other factors also exert their impact on social instability, their impacts are less important than that of climate change. This verifies our basic analytic framework on climate change and long run instability of Chinese agrarian economy, and will become a valuable historical experience for combating nowadays global warming.

"老龄健康"的经济学研究

王 俊 龚 强 王 威

【摘 要】"老龄健康"问题是社会发展进程中面临的重大议题,其相关领域的研究已构成各国国家战略的重要组成部分。经济学和其他学科参与研究"老龄健康"问题之前,"老龄健康"问题更多地被作为医学概念,但是,随着经济学和其他学科的交叉与融合,决策者和研究者逐渐认识到跨学科研究的价值,越来越多的学者开始从经济学视角对"老龄健康"问题展开新的探索。关于社会经济、行为、环境、遗传因素及其交互作用与老龄健康关系的跨学科研究,逐渐成为近20年来这一研究领域的主要内容。本文将从宏观和微观两个层面,说明经济学家对"老龄健康"相关领域研究的逻辑、方法、内容、贡献和重点,通过对"老龄健康"经济学研究的讨论,希望为中国经济学科研究领域的拓展和老龄化问题的解决提供有价值的参考。

【关键词】老龄健康;经济分析;跨学科

一、引 言

对老年人健康状况及变化趋势的认识是各国应对老龄化挑战、制定相关政策的前提,对"老龄健康"问题的研究已经成为国家战略的重要组成部分。美国国立卫生研究院

---

* 本文为2009年度国家自然科学基金项目(项目批准号:70903079)与2010年度国家自然科学基金项目(项目批准号:71040007)的阶段性成果之一,同时,本文还获得2008年度教育部新世纪优秀人才支持计划(项目批准号:NCET-08-0857)的支持,以及中央财经大学青年科研创新团队科研启动基金的研究资助。

作者:王俊,中央财经大学,邮政编码:100081,电子信箱:wangjking1888@ gmail.com;龚强,北京大学,邮政编码:100871,电子信箱:gongqpku@ gmail.com;王威,中央财经大学,邮政编码:100081,电子信箱:wangw519@ gmail.com。作者感谢北京大学曾毅教授、清华大学胡鞍钢教授等给予的意见。非常感谢匿名审稿人的有益评论。文责自负。

本文引自《经济研究》2012年第1期。

(NIH)每年与"老龄健康"有关的科研经费将近 100 亿美元,占 NIH 总经费的 35% 左右。其中下属国家老龄研究院(NIA)每年用于"老龄健康"的科研经费为 10 亿美元左右。欧盟 2004 年启动了包括 12 个国家①的"欧洲研究领域老龄化主题"(ERA – AGE),用于欧洲相关政策制定、研究实践和产品开发。英国政府在 2007 年 12 月宣布将投入 13 亿英镑对包括"老龄健康"在内的四大关键领域(其他三大领域分别为气候变化、能源和全球安全)进行研究,英国国务秘书及创新、大学和技术部大臣约翰·德纳姆(John Denham)更是将"老龄健康"研究列于四大关键研究领域之首。日本早在 1995 年就成立了"日本国立长寿科学研究所"(NILS),专门研究老年医学以及相关社会福利政策。

在经济学和其他学科参与研究"老龄健康"问题之前,健康更多地被作为医学问题来研究,这使得"老龄健康"领域的研究大部分集中在医学和老年学②学科。近年来决策者和研究者开始逐渐认识到跨学科研究的价值,越来越多的学者开始从经济学视角对"老龄健康"问题展开新的探索,"他们开始发现:社会经济、行为、环境、遗传因素及其交互作用对健康的影响必须有社会和自然科学家联合攻关的重大战略意义"③,近 20 年来,"老龄健康"的跨学科研究日益成为重要的研究趋势。例如,美国科学院于 2004 年底专门成立了由相关著名社会和自然科学家组成的"社会经济、行为和遗传因素的交互作用对健康的影响评估委员会",并于 2006 年通过美国科学院正式向学界、社会和国会发布了专题报告,建议切实加强这一领域的社会和自然学科交叉研究。

时至今日,我国关于"老龄健康"领域的跨社会科学和自然科学的研究仍落后于国际水平。生物学家们的实验室研究方法忽略了社会经济、行为、环境与遗传因素的交互作用;社会科学家们则较少参与国家科学技术攻关重大项目,因此也就缺乏对这一领域研究的动力。这不利于我国科技兴国、赶超世界先进水平战略目标的实现。另外,在国际学术杂志上发表的本领域相关论文中,绝大部分是基于发达国家的研究,很少有关于发展中国家的研究。然而,中国作为世界上最大的发展中国家,其人口老龄化速度相当于发达国家的两倍。因此,社会科学家,特别是经济学家们更加应该关注这一领域的研究,其不但可以拓宽中国"健康老龄化"问题研究,也能够丰富现有的经济学理论。

在众多人文学科领域的研究中,从经济学角度研究"老龄健康"具有重要的意义:

(1)经济学在研究如何配置"老龄健康"资源方面,具有其他学科不可比拟的优势。现代经济学研究经济现象、人类行为以及人们如何做出权衡取舍选择,即用有限的资源最大限度地满足人们的欲望。正是由于资源稀缺性与人的欲望的无止境性这一对基本矛盾,才产生了经济学。老龄化社会中资源局限性和矛盾性更为突出,由于健康资本的折旧随年龄增加,老龄个体健康资本供给日趋下降,需要的健康投资日益增加(Grossman,1972),老龄化要求个体、家庭、政府调整资源配置。个体、家庭和政府为获得这些资源将表现出

---

① 包括奥地利、保加利亚、芬兰、法国、以色列、意大利、拉脱维亚、卢森堡、罗马尼亚、西班牙、瑞典、英国。
② SCI(1899 年至今)收录"老龄健康"为主题的文献中包含老年学 723 篇,医学 623 篇,远高于其他学科。
③ 这个观点是曾毅教授在 2010 年国家自然科学基金重大项目评审会上提出的。

各自的行为，那么，上述相关资源如何配置，如何规范这些行为呢？与其他学科相比，没有比经济学在讨论这些问题方面更具有效率了。

（2）多数学科对老龄问题的研究，忽略了老龄化的正面意义①，"老龄健康"的经济学研究在发挥老龄人口的积极作用方面不可替代。在传统观念上，老年人是需要社会赡养的对象，老龄化被看作是"人口红利"的对立面，研究者多看到的是养老保障支出和社会服务人员配备压力，但从现实生活中我们常常看到老年人在家庭和社会中的重要作用。世界卫生组织的有关报告显示，在家庭中，有很高比例的老年人定期照顾孙辈，或者是其他的亲戚和朋友，这本身是对家庭的支持；在社会里，一些老年人以获取报酬或者不获取报酬的方式工作，在组织和协会做些退休后的工作，他们将经验传授给年青一代，帮助其提高能力。因而，简单沿用"老年人被照顾"的理念会造成人力资源的浪费，随着人口素质的提升，目前60~80岁的老人大多处于健康状态，特别是70岁之前的10年里，大多精力充沛，而且有相当丰富的职业经验和工作技能，如果完全处于退出就业领域的空闲状态，这不能不说是一种社会人力资源的浪费。

（3）经济学视角下对于"老龄健康"的研究，能够与其他学科形成有效的互补。一个重要的例证是，Rana等（2008）研究了健康知识教育对老年人关节病的发生及治疗支出的影响，发现正确的相关知识，能够有效缓解老年人发病后的不适现象，同时降低治疗的成本。同样是探讨老年健康相关知识影响的经济学者，Lim（2007）研究了医生与老年病人之间在获取医疗信息时，信息不对称现象对患者的影响。从中我们可以看出，教育学注重的是知识本身对老年健康的直接影响，而经济学则是以知识缺失程度来衡量信息不对称的程度，并探讨其对老年健康的影响。两个视角既相互独立，又相互补充。

本文需要特别指出的是，"老龄健康的经济学研究"与卫生经济学针对"老龄健康"的研究既有联系又有区别。一方面，卫生经济学中有大量针对"老龄人群"进行分析的内容，因此，卫生经济学为"老龄健康的经济学研究"贡献了很多有价值的文献；另一方面，现有针对"老龄健康的经济学研究"的一些重要内容并不是卫生经济学所关注的重点问题，如"老龄健康"服务市场、"老龄健康"福利、养老保障政策等。此外，从跨学科的角度看，卫生经济学更多与卫生、医疗等学科相关，但"老龄健康"的经济学研究可能不仅局限于此，心理学、管理学、社会学、政治学甚至生物学都是经济学家在研究"老龄健康"时可能涉足的一些学科领域。

因此，"老龄健康"的经济学研究应该说是一个非常新兴的研究领域，它对现实和理论的价值都是重大的。

---

① 例如，从人口学、生物学、心理学等的视角来看，老年期是健康丧失最严重的时期，老龄化过程是个体生命的一个不可逆转的衰退和弱势化的过程；从社会学的视角来看，老龄化过程也是个体在社会中的角色和关系发生变化，经历各种资源丧失的过程，举例来说就是：经济收入的减少、与主流社会接触频率和机会的减少、社会适应能力的降低、家庭和社会地位的削弱等。

二、从经济学角度研究"老龄健康"

如果说自然科学是从分子角度探讨"老龄健康"问题,那么经济学则是从微观和宏观两个层面来进行研究。通过检索近百年来两大数据库的相关研究成果①可以看到,经济学家们主要在主流经济学的分析框架中,运用经验分析和经济计量方法讨论"老龄健康"问题。这主要表现在两个层面:在微观层面,经济学从消费需求、投资收益等方面入手,不仅分析影响"老龄健康"资本的各种因素,还讨论了相关的经济行为、福利、劳动力与"老龄健康"服务市场;而在宏观层面,经济学主要分析了与"老龄健康"有关的养老政策、保障制度、医疗制度改革、准公共产品的提供以及护理系统效率等。经济学家们的研究视野分布在微观经济学、宏观经济学、公共经济学、金融(养老保险)、产业经济以及信息经济等经济学分支领域。以下分析是近年来国际上有关"老龄健康"的经济学研究成果。

(一) 基于微观层面的分析

1. 影响"老龄健康"的微观因素

健康作为一种资本,对其投资可以有效地产出健康时间,进而带来收益(Grossman,1972),但"老龄健康"是一种特殊的资本,它的折旧率要远远大于一般的健康资本②。同时,将个体健康水平看作健康生产函数中的因变量时,"老龄健康"生产函数的自变量通常与一般健康生产模型中的因素有些不同,如婚姻、家庭、护理、养老和居住模式因素就是影响"老龄健康"的非常重要的变量,而在一般的健康生产模型中,更多考虑的是收入、教育、营养摄入和环境条件等。

就婚姻因素的影响而言,研究者发现,婚姻能够使夫妻双方相互照顾,从而对老年人的健康状况有积极的作用(Gliksman et al., 1995;Goldman et al., 1995;Fuhrer & Stansfeld, 2002;陈华帅和魏强,2009)。针对家庭对"老龄健康"的研究,将家庭作为调查样本单位,分析家庭生活与老年人健康的关系,探究在家庭中多种因素的因果链与健康提升的关系,来研究提高他们的独立能力并改善其生活质量的可能途径。例如,通过对住家老人的调查,分析受帮助的老人的健康、疗养及生活质量。Hellström 和 Hallberg(2001)发现帮助主要来自非正式的护老者(84.1%),53.1% 的帮助是家务助理服务和家居护理服务。对护理因素的研究,除了讨论护理本身对"老龄健康"水平的影响,最近的研究

---

① SCI(1899 年至今)文献库中,"老龄健康"相关文献数为 2215 篇;SSCI(1983 年至今)文献库中,"老龄健康"相关文献数为 1991 篇。
② 主要是健康的青年和中年人。

开始探讨影响老年人健康投资行为的新型护理因素，如信息技术。一项重要的研究是：Torp 等（2008）研究了信息技术是否会影响护理配偶的老年人的健康，通过研究发现介入沟通方法增强了与护理者之外的家人和朋友的联系，信息和通信技术能够促进照顾配偶的老年人的健康。

在众多影响老年人健康的变量中，经济学家们特别关注一个因素：老年人的养老模式。这是因为，经济学家们逐渐发现，与其说婚姻决定了老年人的健康状况，不如认为与婚姻相联系的其他要素影响了老年人的健康水平。由于老年人中相当一部分丧偶、离异或单身，他们通过与生活伙伴、子女、兄妹或他人共同生活，获得类似正式婚姻所带来的生活照料、社会支持和精神慰藉，而这些正是决定老年人健康的关键要素。因此由这些要素所构成的养老模式，开始成为经济学家关注的重点（Joung et al.，1994；Ross，1995）。一方面，该因素对提高老年人健康水平具有重要意义；另一方面，政策制定者需要通过评估不同养老模式对个人健康水平的影响，制定有效的社会养老保障政策。可见，对老龄个体而言，健康本身是一种人力资本，日常生活方式和居住方式是对这一人力资本的投资。有关"养老模式"的研究一般都会与"居住模式"紧密相联，进而研究不同居住模式对老年人健康的影响。近期一项研究（Bansod，2009）中对居住模式、自我感知的健康及二者之间的关系等问题的讨论，显示了目前相关研究的程度：他以 600 位老人为信息收集的对象，使用随机抽样及采访的方式，从实证角度说明了居住模式对老年人的健康有重要的影响。目前，针对中国养老模式与健康关系的规范研究主要有四项：一是 Gu 等（2007）利用中国高龄老人（80 岁以上）健康长寿调查数据，对养老院养老的健康影响进行了实证分析，他们发现，居住于养老院的高龄老人的死亡率，是其他高龄老人的 1.35 倍。二是 Chen 和 Short（2008）根据同样的数据样本，分析了不同居住模式对于高龄老人精神健康状况的影响，他们发现，在所有的高龄老人中，与女儿居住的老人精神状况最好，独居的老人精神状况最差。三是 Li 等（2009）研究发现，与配偶居住的高龄老人健康状况最好，而与子女居住的高龄老人自评健康较好。四是刘宏等（2011）把养老模式选择对健康的影响引入了二维性，发现养老模式是影响中国老年人健康的一个关键因素，不同的经济来源和居住模式会带来不同的健康状况和生活幸福度。他们研究发现，经济与居住均独立的老年夫妻有最明显的健康优势和主观幸福度优势，而依靠子女供养或政府补助的独居养老模式是最差的。以上这些研究的结论与医学中关于生活方式对健康有决定作用①的研究结论是一致的。

2. "老龄健康"对劳动力市场的影响

健康是影响老年人继续从事劳动工作、参与社会的重要个体因素，一项重要的证据是，Kalwij 和 Vermeulen（2005）发现劳动参与率随年龄的下降，很大程度上可以由健康状况随年龄的恶化来解释，他们对欧洲（11 个国家）的实证分析表明，健康的影响是多

---

① 据世界卫生组织报告，健康有四大决定因素：一是内因，即父母的遗传因素，占 15%；二是外界环境因素，其中社会环境占 10%，自然环境占 7%，共占 17%；三是医疗条件，占 8%；四是个人生活方式，占 60%。

维的，在不同国家影响明显不同[1]，健康状况的改进能获得超过10%的劳动参与率的提升。经济学家普遍认同人口健康是人力资本的重要组成部分，在当今老龄化社会中，老年健康人口在劳动力市场上活跃的身影比较常见。一般来说，70岁前的老人大多身体健康、精力充沛，而且有相当丰富的职业经验和工作技能，因此如何对退休年龄进行合理选择，成为了政策设计者和年长劳动者非常关注的问题。尽管人们相信，劳动者健康是这个选择的最重要影响因素之一，然而许多关于退休选择和老年人健康关系的研究，都仅限于证明了个人面临退休选择时，健康因素要比收入因素更重要。这是由于研究者在度量健康状况[2]时遇到困难，他们很少能够对健康影响个人退休选择的程度做出合理估计。不过，McGarry（2004）的工作改变了这一个局面，他在一定程度上讨论了自评健康对退休的影响程度[3]，他的估计显示了被健康状况变化所驱动的退休预期变动的水平。另外，Au 等（2005）运用加拿大国民健康调查的纵向数据，研究了年长劳动者健康与就业之间的关系，得出的结论是，健康状况在经济上对就业率有明显的影响，但仅是简单地基于自评健康状况的回归评价二者的关系，将低估这种影响。最近的一项研究在"老龄健康"与就业选择的关系上有了更大突破，Iskhakov（2010）基于一个动态结构模型（Structure Form），克服了简约式（Reduced Form）回归中健康的内生性问题。除了讨论健康状况对老年退休选择的影响，在分析"老龄健康"对劳动力市场的影响时，现有研究还关注老年人劳动参与的行为解释：一种解释认为，经济压力是老年人继续劳动的重要原因。如Green（2006）认为由于老年人经常面对各种健康支出，他们不得不寻求更多工作，这主要是为了享受到公司提供的医疗保险，从而健康状况不良好的老人工作时间更长。另一种解释是马斯洛的自我实现需求层次，即老年人工作是为了自我充实，保持年轻的生活方式和精神状态，从而赢得社会对自身价值的认可，这是使其与年轻人群并肩工作的重要目标。举例而言，"日本老龄人口的劳动参与率处于高水平，而且从实际退休年龄来看，日本的男性达到69岁以上，日本的经验表明，让健康的老人发挥余热不仅可以减轻社会压力，而且有助于老年人自身的身心健康"[4]。两种劳动动机的解释在老年人群中同时得到证实，经济压力和社会参与提供老年人可能的劳动参与动机，但劳动意愿转换为行动还需要其他因素，如退休政策[5]、社会保障制度。不少学者和政府的决策者开始对政策和制度进行反思。这些针对老龄就业和退休行为的研究也深化了关于"老龄健康"对劳动力市场影响的认识。

"老龄健康"还会间接影响家庭成员参与劳动力市场的状况，因为老年人的照顾者，一般为老年人的孩子或直系亲属，他们的照顾精力和时间构成了其参与劳动力市场的机会

---

[1] 在奥地利、德国、西班牙是指男性的劳动参与率变化，而在荷兰和瑞典是指女性的劳动参与率变化。
[2] 人们普遍认为，使用个人自评健康状况的估计会导致结果有差异。
[3] 近期有一些文献用工具变量（IV）或断点回归（RD）的办法解决内生性问题。
[4] 根据JSTAR（Japanese Study of Aging and Retirement）的第一次调查报告。
[5] 一些学者认为，劳动力市场上老年人口的劳动参与率低的一个可能原因是，为缓解就业压力而推出鼓励退休的政策。

成本。这是独立于老年人健康却影响老年人健康的外部因素，因为恰当的照料有利于改善老年健康。如何照料可以既不影响年轻人的正常生活，又对老年人产生积极的成效？经济学家们将被照顾的老年人与照顾方置于一个市场，分析参与劳动与照顾行为之间的平衡关系，并在照顾时间分配和照顾压力上寻找平衡点，同时为实现这一平衡提供建议（White – Means，1992）。他们认为应该为护老者的照顾提供便利，同时发现照顾者数量和责任承担类型会影响分配在照顾上的时间，休闲和就业的决定主要取决于照顾者的财务状况及照顾者与老人双方的健康，而照顾老人的人数、方式和照顾老人的时间有很大关系（Gaymu et al.，2007）。此外，蒋承、赵晓军（2009）利用2005年"中国老年人口健康长寿跟踪调查"以及"老年父母—子女配对数据"，对中国老年照料的机会成本也进行了实证研究，他们发现：照料老人的负担将会显著降低子女的周工作时间和劳动参与率，这个影响对于与老人合住的女性照料者来说更为显著。

上述研究从不同侧面反映出，社会发展将更多地依赖于老年人的积极参与，老年人在参与社会经济活动方面的愿望和能力也在增强，因而应实现对健康老年人继续就业和多种形式社会参与的权利保护。

3. 健康对个人经济行为和福利的影响

从经济学角度看，健康表现为一种耐用消费品，每个人都继承了一个初始健康存量。个人健康存量随着年龄的增长，存在着折旧或损耗，维持健康需要相应的支出。一般而言，人们在老龄时期的健康支出水平远远超过了其他的年龄阶段，健康对老龄人口经济行为的影响主要反映在他们的健康支出上。早期研究者比较关注老年人群健康状况本身对相关支出的影响，但最近的研究更多地把重点放在讨论"老龄健康"支出的用途、支出方式，以及其他因素对健康支出的影响上。例如，就支出用途和方式而言，Davidoff（2010）分析了家庭资产以何种方式取代长期护理保险（LTCI）。老人使用保险方式作为支出方式的抉择问题，说明家庭资产对老年护理支出的影响。在其他影响因素方面，经济学家更重视收入水平对老年健康支出的影响，他们认为不同收入水平的老年人在医疗费用支出选择方面存在着机会成本。对于收入水平较高的老年人，其医疗支出的支付能力更高，机会成本也较低；而对于收入水平较低的老年人，医疗支出会在一定程度上影响必需型消费支出，机会成本也会比较高。研究者发现，影响机会成本的因子有公共交通，甚至还有童年时接受教育程度所折射出的社会经济条件。有两项重要研究值得一提：一是 Rittner 和 Kirk（1995）调查1083位低收入老年人（平均年龄78.9岁），分析社会文化和生活质量等变量对老年人使用医疗保健和交通服务的影响，研究显示多数贫困老人与家庭或者邻居存在沟通困难，使用公共交通去接受医疗服务，而公共交通本身对于老人来说就是一个障碍，影响老人使用医疗服务和支出的水平；多元回归分析表明：性别、受伤得病时的恐惧、友谊支持系统、与亲友的联系以及交通的便利性影响着紧急医疗服务的使用效果。二是 Grimard 等（2010）利用墨西哥"卫生和老龄化调查"中50岁及以上个体构成的面板数据，同时考虑教育及收入状况，研究墨西哥人童年时期的社会经济等条件对年老后健康支出的长期效应。

健康对老龄个体本身福利的影响主要表现为财富效应，分为长期效应和短期效应（Lee & Kim，2008）。健康对财富的影响在社会生活中体现为"健康—财富梯度"现象，即个体社会经济地位（SES）和健康之间的正向关系，在许多工业化国家中重复出现。健康引致财富（健康原因论）和财富引致健康（财富或社会原因论）是对这个现象的竞争性解释。针对"老龄健康"和财富的关系，重要的经验讨论是 Michaud 和 Soest（2008）根据美国"健康与退休研究"面板数据进行的一个因果关系检验，尽管并没有找到"财富引致健康"的证据，但他们发现，夫妻双方的健康对家庭财富有因果性效应，此外，一个丈夫的健康会对他妻子的心理健康发挥作用。

老龄个体健康水平的福利效应还包括对他人健康水平的影响，这样的影响主要是对家庭其他个体健康的效应。老年人的健康能大大地缓解家庭的照顾压力，同时有益于改善老年人子女的健康（Coe & Houtven，2009），而且这些效应表现为短期效应、长期效应及性别差异性。Jin 和 Christakis（2009）通过数据模型分析丧偶与死亡率之间的关系，对这些效应进行了总结。可以说，上述研究从不同角度力证了健康对个人经济行为的积极影响和对福利的正向作用。

4. 老年人健康服务市场的供求

老年人健康服务市场的供求研究也是"老龄健康"研究中的重要问题。服务市场的供求问题不仅是市场均衡与发展问题，而且直接关系到老龄人口健康水平的提升。老年人对健康服务的需求是一种引致需求（Induced Demand），是由健康需求派生而来的。

从供给方面看，研究主要集中在供给的主体或供给的成本（Roberts，2001；Kessler & Geppert，2005；Chung et al.，2007）。他们发现，由于老年人在接受社会服务和健康服务时存在的角色差异，不同的供给主体与老年人会形成不同的服务关系，因此，具有针对性的医疗计划和综合社会服务，对老年健康服务市场的供给而言至关重要；此外，这些研究也评估了竞争的存在对医院支出以及老年护理质量的影响，说明了服务机构的供应、竞争机制对市场的作用，讨论了服务供应市场中应采取的有效管理方式，为服务的供应给出了相关的启示。

从需求方面看，经济学家首先关注影响"老龄健康"服务需求的因素。例如，Spence（1993）分析了老年人医疗服务、疫苗注射、家庭协助等需求的影响因素；Lee（2007）探讨了接受家庭护理的老年糖尿病患者未满足的需求，其中包括社会工作服务、家庭健康照顾、家政服务、医疗器械的需求等，发现预支付系统（PPS）对病人需求的影响。此外，他们还探讨了老龄化和长期护理（LTC）市场发展之间的关系，例如，Lakdawalla 和 Philipson（2002）发现由于老龄人口中无行为能力人口比重在下降，长期护理需求的增长率并没有人口老龄化的速度快，"老龄健康"状况的改善使得护理市场的单位产出呈现先增后减的规律，这一规律在一些包括美国在内的 OECD 国家和发展中国家都有表现，因为家庭护理形成了对市场护理的部分替代，健康老龄化意味着需求和供给的同时增加。值得一提的是，人均寿命的提高引起长期护理需求（特别是家庭护理）的增加，经济学家对它的关注形成近期的热点。在社会普遍认为家庭护理①有助于提高老人在家独立生活的能力之际，Olivius 等（1996）认为，家庭护理应该考虑被照顾人的独处和功能性健康的状况，老人在家疗养的需求、疗养的策划和疗养的提供方式，应与老年人的诊断情况、自理能力及身体机能相符，被照顾人的独处和功能性健康状况，是评估家庭护理的必要性和规划补充护理、非正式护理时应考虑的重要变量。非正式的成年子女照顾是一种常见的长期照顾老年人的形式，如果它能成为正式照顾的替代品，就会有效降低医疗费用，子女的非正式照顾如何影响正式照顾，这个问题是极其重要的。Bolin 等（2008）基于"欧洲卫生，老龄化，退休调查"数据库的截面数据分析发现，正式和非正式的家庭护理是相互替代的，而非正式的护理是医生和医院探访的补充，在欧洲国家两者之间的关系不同，在某些情况下存在南北梯度。此后，Bonsang（2009）使用相同的数据库，通过建立两部模型分析正式护理使用的决策与数量，他们发现，老年人子女的非正式照顾可替代专业的家庭护理，然而，随着老人残疾程度的增加，这种替代效应趋于消失。

上述这些研究为了解老年人多方面的需求和合理设置服务供应主体提供了理论指导，研究成果有助于社会政策的制定，例如，社会供应机构应多样化、社会应重视老年人情感因素和非正式护理的作用，采取措施促进老年人与医生间的沟通和为照顾老年人者提供支持等。

（二）基于宏观层面的研究

1. 宏观支持政策与"老龄健康"

各国政府往往通过宏观政策的制定，配置健康资源，引导老年人行为并承担支出份额，以此影响老人使用服务的数量和接受服务的方式，达到改善老年健康状况的目标。为此，经济学家们利用参照试验、政策评估等方法，分析宏观支持政策与"老龄健康"的关系，为有关决策者提供制定政策的依据。

影响老年人健康的政策研究集中在老年社会保险（养老保险、医疗保险和长期护理保险）、生育计划政策、健康护理等方面。

（1）养老保险。养老保险与医疗保险是老龄化问题研究的传统题目，早期的研究文献中不乏经典之作，而新近不少文献拓展出更多有意义的研究方向。例如，讨论如何利用养老保险去降低老龄人使用服务和保持健康的成本（Case & Menendez，2007）；讨论老龄健康程度与养老保险费率的关系（Echevarria & Iza，2006）；讨论退休年龄、预期寿命与养老保险的关系（Queisser，2005）。关注养老保险制度安排与老龄群体健康程度间关系的研究，体现出从较为单纯的养老保险概念到养老保障体系理念的研究方向的转变。

（2）医疗保险。医疗保险政策的有效性一直是经济学者们优先关注的重要问题。例如，Pagán 等（2007）分析墨西哥医疗保险和预防保健服务利用率之间的关系，发现就多种慢性病并发率很高的高龄成年人预防性健康护理的使用而言，医疗保险覆盖不足可能是

---

① 正式家庭护理指专业正规护理，非正式家庭护理指子女或孙辈提供的非正规护理。

一个重要的潜在障碍；Chen 等（2007）采取双重差分方法估计中国台湾"全民医保"①计划的因果效应，结果显示这些影响在低收入或中等收入群体中更加突出；Chang（2009）的研究则从提供经济诱因角度显示了医疗保险的效应：老人有病时将更多地去看医生，而不是咨询药剂师买药；此外，就政策效应的差异性，研究者也给出了结果，黄枫、甘犁（2010）估计了医疗保险对我国城镇老年人总医疗支出，以及老年人死亡风险的影响，他们认为，享受医疗保险的老人，按生存概率加权的平均总医疗支出比无医疗保险的老人高，预期寿命也要长，医疗支出对健康的边际效应较高。

同时，经济学家还关注医疗保险政策对老年群体健康的间接效应，如对老年劳动者的退休决定所起的作用：Rogowski 和 Karoly（2000）使用 1992～1996 年"健康和退休调查"数据发现，退休后医疗保险的获得对退休决策有很大的影响，在老年男性劳动者中，退休后有医疗福利的人，其退休倾向比他们没有保险的同行高出了 68%；Blau and Gilleskie（2008）利用健康与退休调查的数据，估计了年长男性就业及医疗决策的偏好、预期参数结构模型，以期明确健康保险的作用。模拟结果显示，健康保险的改变，包括退休者健康保险与医疗的可得性与限制，对年长男性的就业行为有微小的影响，而对健康很糟糕的男性则有极大的影响。

上述有关医疗保险政策效应的研究，顺应了不少国家和地区不断进行医疗改革的现实实践。

（3）长期护理保险。医疗保障的目标是使老年人口更加健康，为身体虚弱或有残疾的老年人提供照顾是一个重要手段。长期照护是由非正规提供照护者（家庭、朋友或邻居）或专业人员（卫生、社会和其他）开展的系统活动，以保持一定的生活质量，并享有最大可能的独立、自主、参与、个人充实和人格尊严②。长期照护通常周期较长③，并不是以完全康复为目标，其重点在于维持和增进身体功能，提高生存质量，而个体从健康状态向失能状态转变的过程中，必然会对自身产生一定的财务影响，很多老人经济能力有限，仅凭养老金等自有资金根本不足以支付护理需要的费用，因此护理费用的支付是长期照护政策设计的关键。一些国家已实施对老年人或其家庭提供照顾的全面长期照顾政策，包括通过社会护理保险制度，或通过私人商业保险和社会保险结合建立的护理保障制度。德国和日本等国采取强制性社会保险的体制④，由法律强制实施，保险出资责任由政府、企业、个人分担或者由政府、个人分担，这对其他国家有一定的参考和经验借鉴意义（Geraedts, 2000；Campbell & Ikegami, 2003）。在这些制度设计中，长期护理保险（LT-

---

① 中国台湾全民医保起始于"1995 年的全民健康保险计划"。
② 来自世界卫生组织老龄与健康规划对长期照顾的定义。
③ 一般可长达半年、数年甚至十几年。
④ 德国于 1995 年、日本于 2000 年都实施了长期护理保险制度。

CI)① 是重要组成,该险种 20 世纪 70 年代最早出现在美国,随后进入法国、德国、英国、爱尔兰等欧洲国家,南非以及亚洲,因为长期护理保险针对老年财务风险发挥重要保障作用,也受到一些文献研究的重点关注,这些研究成果为制度设计提供了依据。例如,Pestiean 和 Sato (2008) 发现,中等收入儿女的父母倾向于利用公共护理机构和商业性长期护理保险,低收入儿女偏好于亲自照料父母,高收入儿女偏好于在资金上帮助不能自理的父母;Engelhardt 和 Greenhalgh – Stanley (2010) 用实证的方法检验家庭护理在多大程度上影响老人的居住和生活模式,尤其是在该护理支出的方式发生变化之后,由后支付变为预支付所带来的结果。这些研究反映出长期照护政策设计上的复杂性,多元化的筹资和多方力量的供给是目前的趋势。

(4) 其他政策方面。在促进老年群体健康的宏观支持政策上,研究者们还关注生育政策、健康教育、预防护理等,旨在研究有效促进全民终身健康教育和终生保健的措施,延长进入高龄后老人的平均预期健康期和平均预期生活自理期。例如,Chaudhuri (2009) 通过孟加拉国乡村比较试验,检验生育计划对老年女性健康的促进效应,发现生育计划对老年女性健康有促进作用。可见,健康"政策"的影响可能是深远的,政策因素是研究中不应忽视的促进群体健康的重要积极因素。

2. 健康服务的混合提供

在现代公共经济学的分析框架下,老龄人口的群体健康状况是准公共产品,外部效益明显,对其提供的最佳方式是混合提供,即保障老年人的健康是政府、社会和私人(家庭)的共同责任和义务。广义的健康服务是指保障老年群体健康水平不断提高、公共卫生环境不断改善的健康支持系统。健康服务的非正式支持系统是解决老人日常生活照顾问题的传统机制,其主要由家庭、朋友和邻居组成,其中家庭成员扮演更重要的角色,相应地也面临着很大的生理、心理和经济压力,而且现代家庭的小型化使得非正式渠道的空间减小。现代社会中家庭照顾系统照顾能力弱化的同时,社会的正式系统照顾能力愈加强化来为老年人提供服务。该系统主要由政府和非政府机构组成,供给专业和非专业的医疗保健和护理服务。因此,保障老年人健康不仅需要家庭的支持,政府或者社区作为社会的重要主体,也发挥了必不可少的作用。在服务效果上,志愿服务的贡献,尤其是对老年人等弱势群体的保障和服务,对于社区保障政策和实践有启发意义 (Knapp et al., 1996)。在保障低收入老年人获取健康服务方面,政府则发挥了主要作用 (LaGrange & Yung, 2001)。

提升健康服务混合提供的有效性是相关文献的研究目标,沿着这一方向,研究者探讨供给主体之间的激励相容,发现其中的低效和缺陷问题。LaGrange 和 Yung (2001) 认为中国香港的市场经济通过不同的方式弥补公共供给不足,但社区方面并没有提供有效的支

---

① 长期护理保险(Long – tem Care Insurance)是为因年老、疾病或伤残而需要长期照顾的被保险人提供护理服务费用补偿的健康保险。这是一种主要负担老年人的专业护理、家庭护理及其他相关服务项目费用的适应人口老龄化趋势的保险产品。

持。Boris 和 Klein（2006）对加州和俄勒冈州案例的分析发现私人护理者的居住地以及其他健康护理，导致了老年人护理组织的变革和政策创新。家庭护理的发展历史表明，社会保障与医疗政策始终和劳动力政策密不可分，因此在考虑健康服务提供时，应当通过政府支出，提供和发展家庭护理，从而使老年人获得全面的健康服务。Howes（2009）发现大量的长期护理服务来自家庭成员的免费提供，尤其是家庭中的女性，而接受服务的老年人，半数以上也偏爱家庭或是社区基础上的服务，为了保证充足的服务供应者，建议在美国联邦和州两级实施一系列政策，来招聘和保留提供服务的工作者。Holian（2009）则着手建立城市提供服务的公共选择模式，并用实证分析检验模型的一些关键假设。

随着社会分工的深化，老年人口不断增加，提供老人健康保健服务的正式和非正式的支持系统面临着越来越艰巨的任务。在老人健康服务需求日益增长的形势下，多数研究表明，应积极促进非正式和正式支持系统之间在老龄人口健康保障方面的有效合作。

3. 健康与护理服务系统的效率

健康与护理服务系统的效率目标与老龄群体健康的帕累托改进密切相关，护理程度对健康的影响显著，老龄人口享受的护理程度越高，与健康相关的生命质量越高。尽管存在健康与护理系统的跨国差异，各国都面临大致相同的挑战，其中包括分散的服务、不连贯护理、低于最优的质量、系统效率低下和失控的成本，而集成或全系统战略对解决健康和社会服务中的问题有越来越重要的作用。

健康服务系统包含各种服务项目、医疗项目、健康水平检测和项目传递体系。服务项目内容是否足够、项目传递是否顺通、检测结果是否可信、服务项目是否有效等问题都关系到整个服务体系能否有效地运行。研究者通过对实施情况展开量化的经济学分析，发现各环节的相互关系及提高效率的途径。关于服务内容，Rock 等（1996）研究了老年人无须看病时仍然选择住院接受疗养的原因，发现身体机能受限的老人倾向于住院疗养，建议医疗中心应发展老人护理单元，该单元可以和私人医院合作开展工作。MacIntyre 等（1999）发现了享受志愿者探访和不享受该探访之间的差异，志愿者访问计划结合家务和护理会使社区老年人的生活很不一样，志愿探访计划中，志愿者给予老人定期的护理和家政服务能使老年人的生活得到改善。关于服务的传递，Ritner 和 Kirk（1995）发现了可能阻碍积极效应的负面因素——服务传递障碍，如交通因素等。有关健康检测方法，Bath 等（2000）通过比较检测结果与实际发生的健康事件，认为 EASY – Care 评估方法是有效的，说明了检测方法的有效性问题。关于现有的健康服务项目，因北美是适合检验结构导向的全系统模型的基地，Kodner（2006）总结了北美全面护理项目 PACE、SIPA、PRISMA 的结构、特色和结果，审查这些服务项目对解决健康和社会服务中的问题所发挥的作用，指出各种医疗计划在服务准入、效用、成本、医疗供给、健康程度和客户满意度方面都有较乐观的效应；Chong（2007）分析服务及政策如何影响精神健康指数的失真（有高生活满意度时也有高自杀率），以及老人得到的社会支持逐渐变少的问题，检验了社会支持对老年健康的促进功效，提出了新增服务内容——社会支持服务；Manthorpe 等（2008）则列出了一系列的服务标准，以提高质量和应对服务使用的变化，提高健康和社会服务的成效。

这些学者的研究殊途同归，致力于实现服务系统的公平和有效运行。他们提出了相关的建议：鼓励将民间疗法、志愿者计划、预防措施计划、家庭护理指导添加到服务内容中；根据老年人的功能性健康水平提供个性化服务，实现服务系统效率的提高。他们还鉴别了服务传输的主要障碍，为促进社会服务的使用提供了理论支持。政策上，他们建议完善社区提供的社会服务，重视非正式护理方案或计划，采取措施提高老年人预防风险的意识和充分发挥志愿者的作用等。

（三）基于方法论的简析

1. 研究方法的特点

表1列示了在研究老年健康问题时，经济学者们使用的方法的特点。从表1中可以看出，运用经济学的量化分析方法，通过微观计量，进行相关性分析和检验是研究者较常使用的方法。此外，通过建立模型，利用指数化设置分析工具，或进行理论模拟、政策实验以及随机实验，都是"老龄健康"问题分析中，学者们比较擅长的方法。值得注意的是，这些研究方法在同类问题研究中常被综合地加以运用。

表1　经济学研究"老龄健康问题"的主要方法及重要文献

研究方法列示	相关文献举例
微观计量：问卷调查收集资料，对收集到的数据进行描述性统计，简化形式回归模型，多元线性回归分析，非线性回归，分层回归等	Chaudhuri（2009）；Kang 等（2009）；Jin 和 Christakis（2009）；Pagán 等（2007）；Bath 等（2000）；Michaud 和 Soest（2008）；Hellström 和 Hallberg（2001）；Tran 和 Khatutsky（2000）；Rock 等（1996）；Knapp 等（1996）；Rittner 和 Kirk（1995）；Ralston（1993）；Ranhoff 和 Laake（1995）
理论模拟：建立模型，推理分析，逻辑分析	Stoian 和 Fishback（2010）；Orsini（2010）；Bonsang（2009）；Yang 和 Zhou（2009）；Araña 等（2008）；Jayadevappa（2006）；Mete（2005）；Assous（2001）；Choi（1996）；White – Means（1992）
政策实验：跟踪收集数据，使用系统随机抽样方法，半结构化方式访谈，收集实证资料分析	Bansod（2009）；Torp 等（2008）；Manthorpe 等（2008）；Lee（2007）；Roberts（2001）
随机实验：随机对照实验（RCT），跟踪，个案分析	Macintyre 等（1999）；Biegel 等（1998）；Olivius 等（1996）；Spence（1993）

2. 经济学关注的特点和重点

经济学围绕着稀缺资源的有效配置问题，研究影响老年健康状况的因素，既有从个体行为选择出发的分析，又有对服务政策和健康支出的探讨，目标往往在于控制成本和增加收益，对"老龄健康"问题的分析中，一部分文献主要对这些方面进行了考量。例如，

Jayadevappa（2006）通过比较接受急性病治疗的老人与接受一般治疗的老人，在使用健康资源及重返治疗概率、医疗支出等方面的差异，从效益的视角分析了这一治疗方式的作用。可见，与支出或者花费以及收入相关的问题是经济学领域所研究的重要内容。

传统上，经济学分析供给和需求问题，从而说明资源配置方式的影响因素和结果，这些在"老龄健康"问题的分析中也有一定的体现。例如，Lim（2007）说明了医生与老年病人之间在获取医疗信息时存在信息不对称的现象，从供应的角度阐述了应该如何避免此类问题；Bonsang（2009）使用工具变量用来控制正规和非正规照顾潜在的内生性，从而解析了非正式的服务机构存在的必要性；Assous（2001）结合医疗保健和社会保障制度的发展状况，介绍了工业化国家如何采取措施满足老人的需求；Lee（2007）探讨了接受家庭护理的老年糖尿病患者未被满足的需求。还有不少研究讨论健康提供者的特征因素对"老龄健康"的影响及其保障机制。

由于经济学的分析方法在讨论因果变动的方向中具有明显的优势，因果关系识别也是一个重要内容：经济学家们对个人特征中的经济因素进行具体讨论，在控制遗传基因因素以及其他宏观、微观因素对"老龄健康"影响的基础上，研究老龄人口的家庭收入、家庭财产、经济来源、养老保险水平、医疗保险水平、住宅条件、工作状况等经济因素对他们健康的影响机制和影响程度。此外，还有一些研究者对医疗机构、公共卫生机构、养老服务提供机构、"老龄健康"服务机构、"老龄健康"管理机构、保险机构等与老年人健康最密切的健康提供者进行具体分析，分别研究它们与老龄人群和个体健康的相互关系。总之，这些研究的主旨在于分析促进和改善"老龄健康"提供的机制与手段，包括投入保障机制、人力资源保障机制、有效监管机制、绩效评价与考核机制、信息提供管理机制等；研究如何使老年人从"弱势"、"受照料"的被动角色转化为积极参与社会活动与力所能及的工作劳动，并充分发挥其所长，进行"积极老龄化"。

三、对如何开展"老龄健康"经济学研究的思考

（一）关注自然科学研究成果

每个单独的学科领域在"老龄健康"问题的研究中都发挥着不可替代的作用，生物学从基因和遗传的角度发现老龄人口中可能患有的疾病，以发挥指导老人行为的作用；社会学阐述了社会范围内老年人的行为情况，发现当今老龄人口中现存的问题；教育学不仅探索老人的知识掌握程度，也挖掘智力障碍对老龄人口的影响；管理学发现老年人健康管理方法方式中的缺陷；而经济学为解决由此引起的各种问题补充了更为准确的新方法和方式的建议。

社会科学是以社会现象为研究对象的科学，它的任务是研究与阐述各种社会现象及其

发展规律。自然科学是研究自然界物质形态、结构、性质和运动规律的科学。事实已经证明，自然科学越发展，哲学社会科学越重要。根本的原因在于，自然科学和技术发展所引发的问题超出了自然科学的范围，绝大部分是社会问题。

老年健康研究归根结底是对人的研究，这大大不同于一般由物和生物所组成的研究对象，人不仅具有自然属性也具有社会属性，所以对老年健康的研究要兼顾两方面。从研究层面角度讲，自然科学研究的老年健康的影响因素集中在分子层面及身体机能层面，具体而言，它主要研究的是某种分子或某种对身体的直接作用会对老年人体本身产生怎样的影响，且从基本原理分析为什么会产生这样的影响。简而言之，它探讨的是与人身体有直接接触或作用的事件（我们可称之为直接事件）的影响及其作用机理。社会科学则不然，如将其高度抽象地概括并将其与自然科学对比，它探讨的是这些直接事件的发生与否或发生的概率等问题分别会由哪些外界条件产生或决定，如图1所示。

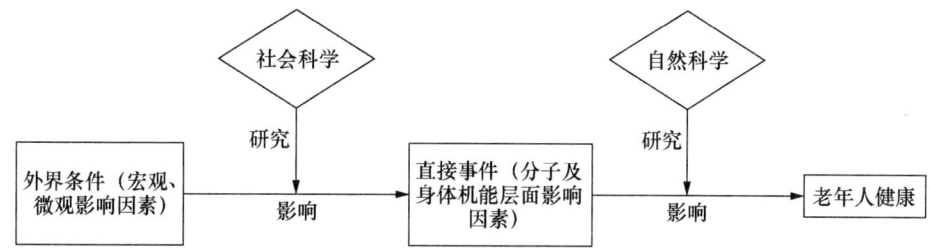

图1 老龄健康的跨学科研究关系

从事老龄健康的经济学研究，同时应密切关注自然科学相关研究成果。经济学研究是在偏好既定的假设下寻找最优化的分配，有效的分配虽然能够提升资源的实际利用价值，但其本身并不创造资源。自然科学研究一方面可以促进个人偏好科学化，通过偏好的改变来促进老龄健康状况的提升，如采用更科学的锻炼方式、饮食习惯、睡眠时间改善老年人的生活作息习惯；另一方面，自然科学创造资源，老龄健康资源的创造，很大程度上正是依靠自然科学的研究。

（二）注重基础数据库的构建

高质量的基础数据将有助于反映个体的真实需求，进而有助于政策的有效实施。世界上很多国家和地区都展开了相应的健康调查，建立了全面的数据库，以美国的 Health and Retirement Study（HRS）（1992年至今）、英国的 English Longitudinal Study of Ageing（ELSA）（2002年至今）、欧洲的 Survey of Health, Ageing and Retirement in Europe（SHARE）（2004年至今）和日本的 Japanese Study of Aging and Retirement（JSTAR）（2005年至今）为代表。印度也完成了先期调查[①]。中国在老龄健康研究方面也积累了一些重要数据，例如，"全国老年人口健康状况调查"在22个省、市、自治区进行，内容包括老人个人及

---

① Farahani 等（2010）利用第二次印度家庭健康状况调查数据估计，印度在健康方面的公共支出每增加10%，平均死亡率就会降低2%。

家庭基本状况、社会经济背景及家庭结构、对本人健康状况与生活质量状况的自我评价、性格心理特征、认知功能、生活方式、日常活动能力、经济来源、经济状况、生活照料、生病时的照料者、能否得到及时治疗与医疗费支付者等 90 多个问题共 180 多个子项。此外"中国健康与养老追踪调查"(CHARLS)由北京大学国家发展研究院中心开展,在中国每两年追踪一次,目的是收集能够代表年龄在 45 岁以上(包括 45 岁)的中国居民的数据,样本规模大约为 10000 户,共 17000 人。

收集数据资料是开展研究的一项重要的基础性工作,也是运用经济学方法进行经验分析的关键。如日本学者清家和山田(2004)在研究中强调,劳动率下降趋向由劳动力结构或个人就业行为的变化(如自营业的比例降低)所导致,根据这一假定,在就业机会方面,退休年龄制度非常阻碍老年人的劳动。作为结论,他们提议废除退休年龄制度,但是,由于没有关于每个人退休状况和职场状况、详细的健康状态和家属等数据,所以对于退休年龄制度是否阻碍老年人的劳动无法进行准确的分析,这也是这项研究的一个重要不足之处。近期的关于老龄健康问题研究的前沿文献多出自于欧美国家研究者之中,这与这些国家数据库建设完备密不可分。这些充分体现出建立大规模、跨时期、多地区微观个人数据库的重要性。

(三) 拓展研究和把握机遇期

同国际上关于老龄健康与经济关系的研究相比,我国研究者在这方面起步较晚,研究主题和内容比较集中。中国学者的关注点显然与国际上存在差异,将服务市场、障碍、老年人的认知、政策等作为主题的研究相对较少。以中国知网文献库收录的养老类文献为例,以保险为主题的文献所占比重为 74.78%,远远高于其他主题(见表 2)。

表 2 中国经济学学科"养老"文献中保险类所占比重

		2001 年	2002 年	2003 年	2004 年	2005 年	2006 年	2007 年	2008 年	2009 年
文献数	养老类(篇)	446	526	643	698	1002	1951	2767	2805	3147
	保险/养老(关键词)①(%)	2.29	3.30	3.63	6.12	8.55	11.78	14.13	18.44	19.18
	保险/养老(主题)(%)	3.06	3.65	4.32	4.40	6.07	10.68	15.53	17.02	19.12
	保险/养老(题名)(%)	3.11	3.69	4.25	4.28	5.84	10.56	15.38	17.16	19.15

资料来源:中国知网经济与管理科学。

实际上,中国"未富先老"的特殊社会环境为研究者提供了丰富的研究主题。与发达国家不同,中国是在还不富裕的情况下迎来了人口老龄化的浪潮。发达国家在进入老龄化社会时,人均 GDP 基本上在 5000~10000 美元,而中国 2006 年人均 GDP 仅为 2000 美元左右。西方发达国家的人口老龄化是在经济比较发达,人们的生活方式和价值观念发生

---

① 此项意为以养老为题名的文献中,含"保险"关键词这类文献所占的比重,以下各项意义类似。

改变,从而生育率自然下降的情况下开始的。我国尚处于经济不发达(西方发达国家大多是在人均 GDP 20000 美元的富裕条件下进入老龄化社会的,而我国在人均 GDP 不到 1000 美元时就进入了老龄化国家行列)、社会保障体系不很健全、社会福利事业缺少相应配套设施的阶段。人口老龄化远远超前于经济发展水平,对于还处于发展中的中国来说,未富先老的人口压力不仅使我国养老任务十分艰巨,也对养老保障体系的效率和可持续性提出了很高的要求。

老龄健康这一领域的研究方兴未艾,尚有很多工作需要我们去加紧完成。相关的很多问题已成为关乎中国养老与社会保障改革成败与绩效的关键。但是,就国内现有研究而言,关注该领域的基础研究十分缺乏。考虑到中华民族"养老敬老"的传统文化与中国政府"老有所养"的和谐社会目标不谋而合,现阶段如何通过建立健全的、符合中国国情的养老与社会保障制度体系,以有限资源保障和改善广大老龄人口的健康福利水平,优化与老龄健康问题密切相关的政策和制度设计,探讨财政、金融、保险等多部门合作,提高老龄人群健康水平和生活满意程度,促进多龄社会的和谐发展,实现健康老龄化、积极老龄化目标,成为老龄化背景下党和政府亟须解决的重大问题。

参考文献

[1] 陈华帅,魏强. 婚姻对老年健康与存活影响的经济学理论研究 [J]. 中国卫生经济,2009 (10).

[2] 黄枫,甘犁. 过度需求还是有效需求?——城镇老人健康与医疗保险的实证分析 [J]. 经济研究,2010 (6)。

[3] 蒋承,赵晓军. 中国老年照料的机会成本研究 [J]. 管理世界,2009 (10).

[4] 刘宏,高松,王俊. 养老模式对健康的影响——基于中国老年人的实证研究 [J]. 经济研究,2011 (4).

[5] 清家篤,山田篤裕. 高齢者就業の経済学 [M]. 日本経済新聞社,2004.

[6] 阎竣,陈玉萍. 农村老年人多占用医疗资源了吗?——农村医疗费用年龄分布的政策含义 [J]. 管理世界,2010 (5).

[7] Anell, A., 2005, "Swedish Healthcare under Pressure", Heath Economics, 14, 237 – 254.

[8] Araña, J. E., C. J. Leon and M. W. Hanemann, 2008, "Emotions and Decision Rules in Discrete Choice Experiments for Valuing Health Care Programmers for the Elderly", Journal of Health Economics, 753 – 769.

[9] Assous, LaGrange, 2001, "Long – term Health and Social Care for the Elderly: An International Perspective", Geneva Papers, Vol. 26, Number 4, 667 – 683 (17).

[10] Au, D. W. H., T. F. Crossley and M. Schellhorn, 2005, "The Effect of Health Changes and Long – term Health on the Work Activity of Older Canadians", Health Economics, Vol. 14, Issue 10, 999 – 1018.

[11] Bansod, D. W., 2009, "Living Arrangement and Its Effect on Health of Elderly in Rural Maharashtra", Indian Journal of Social Work, Vol. 70 (1), Mumbai.

[12] Bath, P., Philp Boydell, McCormick, Bray, Roberts, 2000, "Standardized Health Check Data from Community – Dwelling Elderly People: The Potential for Comparing Populations And Estimating Need",

Health and Social Care in the Community, Vol. 8, Issue 1, 17 – 21.

[13] Biegel, D. E., K. J. Farkas and L. Y. Song, 1998, "Barriers to The Use of Mental Health Services by African—American and Hispanic Elderly Persons", Journal of Deontological Social Work, Vol. 29, Issue 1, 23 – 44.

[14] Binstock, R., L. Cluff and O. Von Mering, 1996, The Future of Long – term Care: Social and Policy Issues, MD: The Johns Hopkins University Press, 238.

[15] Blau, D. M., LaGrange Assous and D. B. Gilleskie, 2008, "The Role of Retiree Health Insurance in the Employment Behavior of Older Men", International Economic Review, Vol. 49, Issue 2, 475 – 514.

[16] Bolin, K., B. Lindgrenand P. Lundborg, 2008, "Informal and Formal Care among Single – Living Elderly in Europe", Health Economics, Vol. 17, 393 – 409.

[17] Bonsang, E., 2009, "Does Informal Care from Children to Their Elderly Parents Substitute for Formal Care in Europe?", Journal of Health Economics, Vol. 28, 143 – 154.

[18] Boris, E. and J. Klein, 2006, "Organizing Home Care: Low – waged Workers in the Welfare State", Politics and Society, Vol. 34, 81 – 108.

[19] Case, A. and A. Menendez, 2007, "Does Money Empower the Elderly? Evidence from the Agincourt Demographic Surveillance Site, South Africa", Public Health, Vol. 35, 157 – 164.

[20] Campbell and Ikegami, 2003, "Japan's Radical Reform of Long – term Care", Social Policy and Administration, 37, 21 – 34.

[21] Chaudhuri, A., 2009, "Spillover Impacts of a Reproductive Health Program on Elderly Women in Rural Bangladesh", Journal of Family and Economic Issues, Vol. 30, 113 – 125.

[22] Chen, F. and S. E. Short, 2008, "Household Context and Subjective Well – Being among the Oldest Old in China", Journal of Family Issues, 29 (10), 1379 – 1403.

[23] Chen, L. W., W. Yip, M. C. Chang, H. S. Lin, S. D. Lee, W. L. Chui and Y. H. Lin, 2007, "The Effects of Taiwan's National Health Insurance on Access and Health Status of the Elderly", Health Economics, Vol. 16, 223 – 242.

[24] Choi, N. G., 1996, "The Never – Married and Divorced Elderly: Comparison of Economic and Health Status, Social Support and Living Arrangement", Journal of Gerontological Social Work, Vol. 26, Issue1&2, 3 – 25.

[25] Chong, 2007, "Promoting The Psychosocial Health of The Elderly – The Role of Social Workers", Social Work in Health Care, Vol. 44, Issue1&2, 91 – 109.

[26] Chung, K., D. Yang and J. Lee, 2007, "Minority Elderly and Timely Hospice Care: Caregiver Status", International Journal of Public Policy, Vol. 2, 169 – 85.

[27] Chang, K. H., 2009, "The Healer or the Druggist: Effects of Two Health Care Policies in Taiwan on Elderly Patients' Choice between Physician and Pharmacist Services", International Journal of Health Care Finance and Economics, Vol. 9, Number 2, 137 – 152.

[28] Coe, N. B. and C. H. V. Houtven, 2009, "Caring for Mom and Neglecting Yourself? The Health Effects of Caring for an Elderly Parent", Health Economics, Vol. 16, 991 – 1010.

[29] Davidoff, T., 2010, "Home Equity Commitment and Long – Term Care Insurance Demand", Journal of Public Economics, Vol. 94, 44 – 49.

［30］Echevarria, Cruz A. and Amaia Iza, 2006, "Life Expectancy, Human Capital, Social Security and Growth", Journal of Public Economics, 90, 2323 – 2349.

［31］Engelhardt, G. V. and N. Greenhalgh – Stanley, 2010, "Home Health Care and the Housing and Living Arrangements of the Elderly", Journal of Urban Economics, Vol. 67, 226 – 238.

［32］Fuhrer, R. and S. A. Stansfeld, 2002, "How Gender Affects Patterns of Social Relations and Their Impact on Health: A Comparison of One or Multiple Sources of Support from Close Persons", Social Science and Medicine, Vol. 54, Issue 5, 811 – 825.

［33］Gaymu, J., P. Ekamper and J. Beets, 2007, "Who Will Be Caring for Europe's Dependent Elders in 2030?", Population, Vol. 62, 675 – 706.

［34］Geraedts, Heller and Harrington, 2000, "Germany's Long – Term – Care Insurance: Putting a Social Insurance Model into Practice", Milbank Quarterly, 78, 375 – 401.

［35］Gliksman, M. D., R. Lazarus, A. Wilsonand S. R. Leeder, 1995, "Social Support, Marital Status and Living Arrangement Correlates of Cardiovascular Disease Risk Factors in the Elderly", Social Science and Medicine, Vol. 40, Issue 6, 811 – 814.

［36］Goldman, N., S. Korenman and R. Weinstein, 1995, "Marital Status and Health among the Elderly", Social Science and Medicine, Vol. 40, Issue 12, 1717 – 1730.

［37］Gu, D., M. E. Dupre and G. Liu, 2007, "Characteristics of the Institutionalized and Community – Residing Oldest – Old in China", Social Science and Medicine, 64, 871 – 883.

［38］Green, C. A., 2006, "Unexpected Impact of Health on the Labor Supply of the Oldest Americans", Journal of Labor Research, Vol. 27, 361 – 379.

［39］Greβ, S., A. Focke, F. Hessel and J. Wasem, 2006, "Financial Incentives for Disease Management Programmes and Integrated Care in German Social Health Insurance", Health Policy, Vol. 78, 295 – 305.

［40］Grimard, F., S. Laszlo and W. Lim, 2010, "Health, Aging and Childhood Socio – economic Conditions in Mexico", Journal of Health Economics, Vol. 29, Issue 5, 630 – 640.

［41］Grossman, M., 1972, "On the Concept of Health Capital and the Demand for Health", Journal of Political Economy, Vol. 80, 223 – 255.

［42］Hartmann, H., 2009, "Women, the Recession, and the Stimulus Package", Dissent, Vol. 56, Number 4, 42 – 47.

［43］Heinrich, S., M. Luppa, H. Matschinger, M. Angermeyer, G. Steffi and H. H. König, 2008, "Service Utilization And Health – Care Costs In The Advanced Elderly", Value in Health, Vol. 11, Issue 4, 611 – 620.

［44］Hellström, Y. and I. R. Hallberg, 2001, "Perspectives of Elderly People Receiving Home Help on Health, Care and Quality of Life", Health and Social Care in the Community, Vol. 9, 61 – 71.

［45］Hideki Ito, 2008, "Population Ageing and New Challenges in Health Care Systems for the Elderly in Japan", European View, 7, 217 – 223.

［46］Holian, M. J., 2009, "Outsourcing in US Cities, Ambulances and Elderly Voters", Public Choice, Vol. 141, Numbers 3 – 4, 421 – 445.

［47］Howes, C., 2009, "Who Will Care for the Women?", Journal of Women, Politics and Policy, Volume 30, 248 – 271.

[48] Iskhakov, F., 2010, "Structural Dynamic Model of Retirement with Latent Health Indicator", Econometrics Journal, Vol. 13, Issue 3, 126 – 161.

[49] Jayadevappa, R., S. Chhatre, M. Weiner and D. B. Raziano, 2006, "Health Resource Utilization and Medical Care Cost of Acute Care Elderly Unit Patients", Value in Health, Vol. 9, Issue 3, 186 – 192.

[50] Jin, L. and N. A. Christakis, 2009, "Investigating the Mechanism of Marital Mortality Reduction: The Transition to Widowhood and Quality of Health Care", Demography, Vol. 46, 605 – 625.

[51] Joung, I. M., K. Stronks, H. Mheen and J. P. Mackenbach, 1994, "Differences in Self – Reported Morbidity by Marital Status and by Living Arrangement", International Journal of Epidemiology, Vol. 49, 482 – 488.

[52] Kalwij, A. S. and F. Vermeulen, 2005, "Labour Force Participation of the Elderly in Europe: The Importance of Being Healthy", IZA Discussion Paper No. 1887.

[53] Kang, H. Y., S. E. Park, D. R. Kang, J. Y. Kim, Y. H. Jang, W. J. Choi, S. H. Moon, K. H. Yang, J. Y. Park and S. Y. Kwon, 2009, "Estimating Medical Expenditure Associated with Osteoporotic Hip Fracture in Elderly Korean Women Based on the National Health Insurance Claims Database 2002 – 2004", Value in Health, Vol. 12, 93 – 96.

[54] Kessler, D. P. and J. J. Geppert, 2005, "The Effects of Competition on Variation in the Quality and Cost of Medical Care", Journal of Economics and Management Strategy, Vol. 14, Issue 3, 575 – 589.

[55] Knapp, M., V. Koutsogeorgopoulou and J. D. Smith, 1996, "Volunteer Participation in Community Care", Policy and Politics, Vol. 24, Number 2, 171 – 192 (22).

[56] Kodner, D. L., 2006, "Whole – System Approaches to Health and Social Care Partnerships for the Frail Elderly: An Exploration of North American Models and Lessons", Health and Social Care in the Community, Vol. 14, Issue 5, 384 – 390.

[57] LaGrange, A. and B. Yung, 2001, "Aging in a Tiger Welfare Regime: The Single Elderly in Hong Kong", Journal of Cross – Cultural Gerontology, 16, 257 – 281.

[58] Lakdawalla and Philipson, 2002, "The Rise in Old – Age Longevity and the Market for Long – Term Care", American Economic Review, Vol. 92, NO. 295 – 306.

[59] Lee, J. and H. Kim, 2008, "A Longitudinal Analysis of the Impact of Health Shocks on the Wealth of Elders", Journal of Population Economics, Vol. 21, 217 – 230.

[60] Lee, J. S., 2007, "The Unmet Needs of the Elderly with Diabetes in Home Health Care", Social Work in Health Care, Vol. 45, Issue 3, 1 – 17.

[61] Li, L. W., J. Zhang and J. Liang, 2009, "Health among the Oldest – Old in China: Which Living Arrangements Make a Difference?", Social Science and Medicine, 68, 220 – 227.

[62] Lim, J. Y., 2007, "The Effect of Patient's Asymmetric Information Problem on Elderly Use of Medical Care", Applied Economics, Vol. 39, Issue 16, 2133 – 2142.

[63] Machnes, Y., 2006, "The Demand for Private Health Care under National Health Insurance: The Case of the Self – employed", European Journal of Health Economics, Vol. 7, Number 4, 265 – 269.

[64] MacIntyre, I., P. Corradetti, J. Roberts, G. Browne, S. Watt and A. Lane, 1999, "Pilot Study of a Visitor Volunteer Programme for Community Elderly People Receiving Home Health Care", Health and Social Care in the Community, Vol. 7, Issue 3, 225 – 232.

[65] Manthorpe, J., S. Iliffe, R. Clough, M. Cornes, L. Bright and J. Moriarty, 2008, "Elderly People's Perspectives on Health and Well-Being in Rural Communities in England: Findings from the Evaluation of the National Service Framework for Older People", Health and Social Care in the Community, Vol. 16, Issue 5, 460 – 468.

[66] Mete, C., 2005, "Predictors Of Elderly Mortality: Health Status, Socioeconomic Characteristics and Social Determinants of Health", Health Economics, Vol. 14, Issue 2, 135 – 148.

[67] McGarry, K., 2004, "Health and Retirement: Do Changes in Health Affect Retirement Expectations?", Journal of Human Resources, 39 (3), 624 – 648.

[68] Michaud, P. C. and A. Soest, 2008, "Health and Wealth of Elderly Couples: Causality Tests Using Dynamic Panel Data Models", Journal of Health Economics, Vol. 27, Issue 5, 1312 – 1325.

[69] Mercier, J. M. and M. C. Shelley, 1997, "Access to Health Care among Three Cohorts of Older Americans Residing in a Rural State", Policy Studies Journal, Vol. 25, Issue 1, 140 – 156.

[70] Meethan, K. and C. Thompson, 1993, "In Their Own Homes Incorporating Carers' and Users' Views in Care Management", Social Policy Research, http://hdl.handle.net/10068/492581.

[71] Munkin, M. K. and P. K. Trivedi, 2010, "Disentangling Incentives Effects of Insurance Coverage from Adverse Selection in the Case of Drug Expenditure: A Finite Mixture Approach", Health Economics, Vol. 19, Issue 9, 1093 – 1108.

[72] Olivius, G., Ir. Hallberg and R. N. Olsson, 1996, "Elderly Care Recipients in A Swedish Municipality Living in Their Own Homes: Their Diseases, Functional Health Status and Care Provided as Reported by Formal Careers", Health and Social Care in the Community, Vol. 4, Issue 3, 133 – 141.

[73] Orsini, C., 2010, "Changing The Way the Elderly Live: Evidence from the Home Health Care Market in the United States", Journal of Public Economics, Vol. 94, Issues 1 – 2, 142 – 152.

[74] Pagán, J. A., A. Puig and B. J. Soldo, 2007, "Health Insurance Coverage and the Use of Preventive Services by Mexican Adults", Health Economics, Vol. 16, Issue 12, 1359 – 1369.

[75] Pestoeau, P. and M. Sato, 2008, "Long – term Care: The Market and the Family", Economica, 75, 435 – 454.

[76] Price, V., L. Feldman, D. Freres, J. Cappella and W. Y. Zhang, 2006, "Informing Public Opinion about Health Care Reform through Online Deliberation", paper presented at the annual meeting of the International Communication Association, Dresden International Congress Centre, Dresden, 1 – 57.

[77] Queisser, Monika, 2005, "Pension Puzzle", OECD Observer, March, 24, 19 – 20.

[78] Ralston, Pa., 1993, "Health Promotion for Rural Black Elderly—A Comprehensive Review", Journal of Gerontological Social Work, Vol. 20, Issue1&2, 53 – 78.

[79] Rana, A. K. M. M., C. Lundborg, A. S. Wahlin, S. M. Ahmed and Z. N. Kabir, 2008, "The Impact of Health Education in Managing Self – reported Arthritis – related Illness among Elderly Persons in Rural Bangladesh", Health Education Research, Vol 23, Issue 1, 94 – 105.

[80] Ranhoff, A. H. and K. Laake, 1995, "Health and Functioning among Elderly Recipients of Home Help in Norway", Health and Social Care in the Community, Vol. 3, Issue 2, 115 – 123.

[81] Rittner, B. and A. Kirk, 1995, "Health – Care and Public Transportation Use by Poor and Frail Elderly People", Natl Assoc Social Workers, Social Work, Vol. 40 (3), 365 – 373.

[82] Roberts, K., 2001, "Across The Health – Social Care Divide: Elderly People as Active Users of Health Care and Social Care", Health and Social Care in the Community, Vol. 9, Issue 2, 100 – 107.

[83] Rock, B. D., M. Goldstein, M. Harris, P. Kaminsky, E. Quitkin, C. Auerbach and N. Beckerman, 1996, "Research Changes a Health Care Delivery System: A Biopsychosocial Approach to Predicting Resource Utilization in Hospital Care of the Frail Elderly", Soc Work Health Care, 22 (3), 21 – 37.

[84] Rogowski, J. and L. Karoly, 2000, "Health Insurance and Retirement Behavior: Evidence from the Health and Retirement Survey", Journal of Heath Economics, Vol. 19, 529 – 539.

[85] Smeeding, T. M. and L. Straub, 1987, "Health Care Financing among the Elderly: Who Really Pays the Bills?", Journal of Health Politics, Policy and Law, 12 (1), 35 – 52.

[86] Spence, S. A., 1993, "Rural Elderly African—Americans and Service Delivery—A Study of Health and Social – Service Needs and Service Accessibility", Journal of Gerontological Social Work, Vol. 20, Issue 3&4, 187 – 202.

[87] Stoian, A. and P. Fishback, 2010, "Welfare Spending and Mortality Rates for the Elderly before the Social Security Era", Explorations in Economic History, Vol. 47, Issue 1, 1 – 27.

[88] Torp, S., E. Hanson, R. N. Hauge and L. Magnusson, 2008, "A Pilot Study of How Information and Communication Technology May Contribute to Health Promotion Among Elderly Spousal Carers in Norway", Health and Social Care in the Community, Vol. 16, 75 – 85.

[89] Tran, T. V. and G. Khatutsky, 2000, "Living Arrangements, Depression and Health Status among Elderly Russian – Speaking Immigrants", Journal of Gerontological Social Work, Vol. 33, Issue 2, 63 – 77.

[90] White – Means, S. I., 1992, "Allocation of Labor to Informal Home Health Production: Health Care for Frail Elderly, if Time Permits", Journal of Consumer Affairs, Vol. 26, Issue 1, 69 – 89.

[91] Zhou, Zl., Jm. Gao, Qx. Xue, Xw Yang and J. Yan, 2009, "Effects of Rural Mutual Health Care on Outpatient Service Utilization in Chinese Village Medical Institutions: Evidence from Panel Data", Health Economics, Vol. 18, 129 – 136.

A Review of Economics Analysis on the Elderly Health

Wang Jun　Gong Qiang　Wang Wei

Abstract: The elderly health is the strategic issues in the process of aging society. Before economics and other disciplines involved in the study, the elderly health issue was as more as medical concepts. But with the economics and other disciplines being cross and integration, policy makers and researchers have come to realize that value of interdisciplinary research. A growing number of scholars from an economic perspective began a new exploration on the "elderly health" issues. From the socio-economic, behavioral, environmental, genetic factors and their interactions on the health effects of aging, interdisciplinary research is the main trends in this field of study since nearly 20 years. This article will review existing economic researches in "elderly health" from both macro-perspective and micro-perspective, indicating the economists related research in the field of logic, methodology, content, contribution and focus. Based on these studies, this article will provide valuable reference to the development of China's economic research in aging issues.

Key Words: Elderly Health; Economic Analysis; Interdisciplinary Research

健康人力资本、经济增长和贫困陷阱*

王弟海

【摘 要】本文在一个扩展的 Ramsey 模型中,通过考虑食物消费和营养对健康人力资本的作用,探讨了健康人力资本、物质资本和消费之间的关系,研究了健康对长期经济增长的影响。本文研究有两个重要的含义:第一,研究表明,来源于食物消费和营养的福格尔型健康人力资本不能产生内生经济增长机制;但是,如果有外生技术进步,这种福格尔型的健康人力资本可以扩大经济增长率。这一结论从理论上说明了福格尔关于来自食物消费和营养的健康人力资本对经济增长具有重大作用的经验结论。第二,通过考虑最低消费和营养水平限制对健康人力资本的作用,本文证明了福格尔型健康人力资本会导致经济中存在多重均衡,这有助于解释世界经济发展过程中的以下现实,即富国具有高资本、高健康和高消费水平,而穷国正好相反。

【关键词】健康人力资本;消费;经济增长;贫困陷阱

一、引 言

健康和经济增长之间的关系一直是经济学、社会学、生理学等众多学科研究者最感兴趣的议题之一。在众多关于健康与经济增长和经济发展的研究文献中,有一类文献主要从食物消费和营养水平提高对健康人力资本的影响这一角度来研究健康和长期经济增长之间

---

* 本文受到国家社科基金重大项目(项目编号:11&ZD073)、复旦大学"985 工程"三期整体推进社会科学研究项目(项目编号:2011SHKXZD004)和上海市重点学科建设项目(项目编号:B101)的资助,作者表示感谢。

作者:王弟海,复旦大学经济学院,邮政编码:200433,电子信箱:wangdihai@fudan.edu.cn。作者感谢龚六堂教授和邹恒甫教授在本文写作中所给予的帮助,感谢复旦大学陈钊教授、陆铭教授、寇宗来副教授、王永钦副教授、章元副教授、吴建峰博士等在现代经济学系列讲座上针对本文所提出的宝贵意见。感谢两位匿名审稿人对本文所提出的宝贵建议和意见。作者文责自负。

本文引自《经济研究》2012 年第 6 期。

的关系。这类研究文献认为：首先，从长期来看，食物供给的提高，以及食物消费和营养水平的提高，是整个社会中健康人力资本提高的主要因素。这种健康人力资本的提高主要表现为整个社会中死亡率的持续下降和人均寿命的提高、生病率的下降、社会平均身高和平均体重的增加，以及社会平均体重—身高比的提高。根据福格尔等的研究，食物消费和营养水平的提高至少从以下几个方面提高了人类社会的健康水平：第一，食物供给的增长能够缓解饥荒危机，这会降低死亡率和提高人均寿命，从而直接导致人口的持续增长（Lee，1981；Richards，1984；Fogel，1992；等等）。第二，食物消费和营养水平的提高能够使得个人避免由于长期营养不良而导致的各种疾病，降低生病概率，提高个人参加劳动的时间（Fogel，1991；Fogel and Flout，1994）。第三，也是福格尔认为最重要的，食物消费和营养水平的提高改善了整个人类的体魄和身体结构，如提高平均身高和体重以及改善身高体重比等；人类体魄和身体结构的提高则增强了人类的抗病能力，降低了死亡率，提高了个人所能从事的劳动强度（Fogel，1994a，1994b）。其次，这类研究还认为，食物消费和营养水平提高所带来的健康人力资本（以下称这种健康人力资本为"福格尔型健康人力资本"，以区别于其他类型的健康人力资本）的提高能够大大提高劳动生产力；在长期经济增长过程中，这种福格尔型健康人力资本的提高是经济增长的主要原因之一，它能解释全要素生产力的提高（即索罗剩余）的绝大部分（Fogel，1994a，1994b）。福格尔通过研究认为，从能量动力学的角度来看，福格尔型健康人力资本对经济增长的贡献主要体现在两个方面：一方面，由于食物消费和营养水平的提高，以及人们衣食住行条件的改善所带来的健康人力资本的提高，能够提高总人口中参与劳动人数的比率，同时也能够增加个人参与劳动的时间。在这两个方面的作用下，人们食物消费所含有的总能量中能够被用于劳动的能量所占的比率会提高。另一方面，从长期来看，食物供给和营养水平的提高改善了整个人类的体魄和身体结构，劳动者的劳动强度和生产效率都得到提高，这就提高了单位能量在劳动中的产出效率。例如，根据福格尔的估计：英国在1790～1980年，由于健康水平的提高，劳动参与率提高了25%，同时，每个人用于劳动的能量占个人食物消费总能量的比率提高了56%。由此，人们消费的总能量中能够用于进行劳动的能量所占的比率提高了95%（$1.25 \times 1.56 - 1 = 0.95$）。同时，健康水平提高还使得单位能量的产出效率，即劳动生产率提高了53%。综合以上两种效应，健康人力资本的提高共使得总产出提高了198%（$1.95 \times 1.53 - 1 = 1.98$），年平均增长率提高了0.58%（$2.98^{1/190} - 1 = 0.0058$）。因此，福格尔认为，1790～1980年近200年的时间里，福格尔型健康人力资本所带来的生产力水平的提高，能解释英国人均收入水平年增长率的50%（Fogel，1987，1994a）。韩国学者Sohn（2000）采取与福格尔同样的方法，研究了福格尔型健康人力资本对韩国长期经济增长的贡献。他的研究认为，1962～1995年，由于食物消费和营养水平的提高，从而福格尔型健康人力资本的提高所带来的劳动力的提高，使得韩国年经济增长率增加了1%。

以上这些研究都表明，食物消费和营养水平的提高在长期内能提高人们的健康人力资本，而且这种福格尔型健康人力资本是长期经济增长的主要原因之一。如果食物消费和营养水平的提高在长期内能够提高人们的健康人力资本,那么,这种来自食物消费和营养水平的福格尔型健康人力资本,能否同教育人力资本一样,在长期内成为经济持续增长的内在动力呢?即福格尔型健康人力资本是否能产生内生经济增长呢?如果能,这种福格尔型健康人力资本产生内生经济增长的机制是什么呢?如果不能,我们又如何解释福格尔等关于福格尔型健康人力资本能提高长期经济增长率的研究结论呢?对以上这些问题的回答是本文研究的主要目的之一。此外,在以往对健康和收入相互作用的研究文献中,健康总是被视作另一种同教育人力资本相似的人力资本形式。因此,人们总是认为,可以通过健康投资来提高人力资本从而提高经济增长和收入水平。但是,健康人力资本实际上在很多方面都同教育人力资本不同,因而健康人力资本对经济增长的作用也显然不同于其他形式的人力资本①。例如,Baumol(1967)以及 van Zon 和 Muysken(2001)的研究都认为,由于健康不但能提高个人生产力,也能增加个人的效用水平,因此,从长期来看,通过健康投资所获得的健康人力资本,不可能成为长期经济增长的动力,它只是经济增长的某种副产品。这一结论似乎同以上福格尔等人的结论相冲突。那么,如何解释 Boumal(1967)以及 van Zon 和 Muyskey(2001)的结论同福格尔等人研究结论之间的矛盾?本文的研究也对此做出了解答。本文的分析表明:首先,来自食物消费和营养的福格尔型健康人力资本,同来自健康投资的格罗斯曼型健康人力资本一样②,不能产生内生经济增长机制。福格尔型健康人力资本同样也是其他经济增长机制下的副产品。其次,虽然福格尔型健康人力资本不能成为长期内生经济的原动力,但如果存在其他外生经济增长的动力,福格尔型健康人力资本能够扩大经济增长的速度。本文还得出了福格尔型健康人力资本扩大外生经济增长的计算公式,利用这一计算公式,并通过对一些参数进行合理的赋值,本文证实了福格尔等人的实证研究结论。

除了以上关于健康与经济增长方面的问题外,本文也研究了健康人力资本对经济发展和贫困性陷阱的影响。在世界经济的发展图景中,各国的发展呈现出巨大的差异性。表 1 是 1995~2000 年世界上处于不同发展阶段的国家其人均收入和健康状态的数据。从表 1 中可以看出:各国人均收入水平和健康水平存在着巨大差距,那些具有高收入的国家也具有良好的人均健康水平,各国的人均产出和健康水平之间呈现出显著的正相关性。为什么发达国家会具有高收入、高消费、高健康水平和高经济增长率,而一些不发达国家只能在低收入、低消费和低健康状态下循环往复?为什么有的国家能够发展起来,而有的国家却一直停留在极度贫困阶段呢?这是本文所要回答的第二个问题。

---

① Strauss 和 Thomas(1998)认为,从微观层面上讲,健康人力资本至少在三个方面同教育等其他形式的人力资本存在区别:首先,健康在人的一生中是不断变化的,而教育人力资本一旦完成之后,它在其后的生命时间内基本上保持不变;其次,健康状态是多维度的,在不同的维度上,健康的差别非常大;最后,健康的测度非常困难,在很多情况下,度量误差可能同观测者所关心的结果有关。

② Grossman(1972)首先研究了个人通过健康投资获得健康水平的经济机制,以下称这种来自健康投资的健康人力资本为格罗斯曼型健康人力资本,以区别于福格尔型健康人力资本。

表1 处于不同发展阶段国家的预期寿命和死亡率（1995~2000年）

发展阶段	年人均收入（美元）	预期寿命（年）	每1000个1岁以前婴儿的死亡人数	每1000个5岁以前儿童的死亡人数
最不发达国家	296	51	100	159
其他收入国家	538	59	80	120
低中等收入国家	1200	70	35	39
高中等收入国家	4900	71	26	35
高收入国家	25730	78	6	6
撒哈拉以南非洲国家	500	51	92	151

资料来源：Sachs（2001）。

为了解释以上这一现象，已有文献从多重均衡角度来对贫困性陷阱进行了解释。如 Chakraborty（2004）以及 Bunzel 和 Qiao（2005）曾经把内生死亡率引入两期的 OLG 模型中，研究了以死亡率衡量的健康人力资本对经济增长的作用，并证明这一经济中存在多重均衡。通过研究预防性储蓄动机同退休工人健康保障基金融资之间的关系，Hemmi 等（2006）认为，在一个低收入水平阶段上，个人不会选择通过储蓄来保障退休后的健康；但是，如果个人的收入水平足够高，那么他们会选择为退休后的健康保障进行个人储蓄。因此，个人为保障退休后的健康而进行的储蓄行为可能会使经济中出现多重均衡和贫困性陷阱。以上这些文献通过经济中的多重均衡对各国经济发展过程中所存在的差异性进行了解释，但是，这些文献没有办法解释穷国和富国之间差距越来越大的现实。通过考虑健康人力资本具有最低营养水平和消费水平限制这一事实，本文也对世界经济发展中两级分化的现象进行了解释。本文的研究发现，福格尔型健康人力资本的存在可能会使得经济中存在多重均衡和贫困性陷阱，而且不同均衡之间的差距会由于技术进步不断扩大。这一结论不但能解释各国经济发展过程中出现的两极分化现象以及贫困性陷阱的存在，而且还可以解释穷国和富国之间的差距持续扩大的现象。本文的研究还发现，由于健康人力资本对消费水平和营养摄入量具有最低要求限制，对陷入贫困性陷阱的国家仅进行一次性的经济援助无助于解决这些国家的发展问题。要想通过援助使得陷入贫困性陷阱的国家走出发展困境，要么进行持续的经济援助，一直到这些国家的物质资本水平和消费及健康状况都走出贫困性陷阱为止；要么同时对这些国家进行物质资本和消费及健康人力资本这两方面的经济援助。这一结论对各国政府制定援助发展中国家的经济计划具有直接现实意义。

二、基本假设和理论模型

本文主要分析来自食物消费和营养的福格尔型健康人力资本对收入和经济增长的影

响,特别是,本文主要研究福格尔型健康人力资本是否能够产生内生经济增长机制,以及福格尔型健康人力资本如何影响经济增长。为此,本文主要考虑外生技术进步的经济。模型的具体假设如下:假设经济中存在一个无限生命的代表性个人,它的瞬时效用函数为 $u(\cdot)$,主观贴现率为 $\beta \in (0, 1)$。由此,个人一生的效用水平为:

$$\int_{t=0}^{\infty} u(c(t)e)^{-\beta t}dt \tag{1}$$

不失一般性,假设 $u'(\cdot) > 0$ 和 $u''(\cdot) < 0$。

由于健康人力资本会影响单位劳动的有效生产力,健康人力资本影响经济增长的主要途径之一就是生产函数。由此,假设生产函数为:

$$y = f(k, hl) \tag{2}$$

其中,y 表示个人产出水平;k 表示个人物质资本存量;h 表示个人健康人力资本水平;l 表示个人投入的劳动量,为了简化分析,以下把 l 单位化为 1;$f(\cdot)$ 表示一种产出关系。

同新古典生产函数相比,生产函数式(2)引入了健康人力资本对个人有效劳动投入量的影响。实际上,现有文献已经提出了多种健康影响有效劳动投入量和产出水平的途径。最直接的影响途径就是,越健康的工人可能精力会越旺盛,因而能更长时间地有效工作,或承担强度更大的工作。越健康的人生病的概率也会越小,因而他停工和旷工的时间也越少。实际上,健康能够影响个人生产能力和产出水平这一结论,已经被大量微观和宏观方面的实证研究所证实(Strauss & Thomas,1998;Bloom et al.,2004)。此外,还存在其他一些健康能够影响个人生产能力的间接途径。例如,越健康的人由于寿命越长,他的工作年限可能会越长;健康水平的提高还能够提高个人的认知努力,从而能够提高个人的学习能力和教育的回报,由此,健康人力资本能够提高教育人力资本(Howitt,2005;Kalemli - Ozcan et al.,2000;Weil,2007)。以上所有这些因素,都会导致具有更高健康人力资本的人会有更高的生产能力,或者说,其单位劳动时间的有效劳动量会更大。因此,在考虑健康人力资本时,一个非常自然的做法就是直接把健康人力资本放入生产函数。如 Barro(1996)、van Zon 和 Muysken(2001,2003)、Weil(2007)等,他们都把健康人力资本直接放入生产函数。另外,福格尔(Fogel,2002)通过观察也指出,营养和健康对经济增长的作用基本上相当于一种劳动扩展型的技术变化。由此可见,假设健康人力资本以式(2)的形式进入生产函数应该是合理的。不失一般性,进一步假设生产函数满足以下性质:

$$f_h > 0,\ f_k > 0,\ f_{hh} < 0,\ f_{kk} < 0,\ f_{kk}f_{hh} > f_{hk}^2 \tag{3}$$

这一假设意味着物质资本和健康人力资本都有递减的正的边际生产力,而且生产函数是关于 h 和 k 的凸函数。

在本文中,健康和经济增长相互作用的另一种途径是,收入通过影响食物消费和营养水平对健康人力资本产生影响。一般来说,个人健康人力资本至少受到以下三个方面因素的影响:如本文引言中所说,体现在食物消费中的营养水平肯定是影响健康人力资本的最主要的因素之一。Fogel（1994a，1994b）以及 Strauss 和 Thomas（1998）的研究都表明，从长期来看，在很多国家中，包括早期的英国、法国、美国和现在的越南等国家，如果用预期寿命或者体重—身高比重来度量健康水平，食物消费和营养水平的提高是这些国家居民健康水平提高的最主要因素。由此可见，在发达国家的不发达时期和很多现在仍处于中低收入阶段的发展中国家，食物消费和营养水平的提高都是提高居民健康水平的主要途径。影响健康人力资本的第二种因素是健康投资。根据 Grossman（1972）的研究，健康投资包括增加消费者的休息时间、购买医疗保健和医药治疗等方面的服务和商品、加强身体锻炼、提高饮食的质量水平，以及改善住宿条件等。第三种影响健康人力资本的因素同个人对健康保健和生活习惯的认知有关。如果个人对健康保健以及生活习惯对健康的影响方面的知识了解得越多，个人就越有可能形成良好的生活习惯，并注意避免那些会影响个人健康的行为和事件。由此，个人生病的可能性也会越小，其身体健康状况也就会越好。不过，在经济发展的不同阶段，以上三种途径对提高健康人力资本所起的作用并不相同。Fogel（1994a，1994b）以及 Strauss 和 Thomas（1998）的研究表明，从长期来看，人们健康水平的提高主要归功于食物消费和营养水平的提高。所以，从长期来看，收入和总消费水平的提高是健康水平提高的主要原因。由于本文的目的是研究健康和长期经济增长之间的关系，下面将主要考察来自消费和营养的福格尔型健康人力资本。为此，本文假设健康水平主要由个人的消费水平决定①，即假设健康生产函数为：

$$h = h(c) \tag{4}$$

不失一般性，还假设消费对健康人力资本的边际影响是正且非递增的，即：

$$h'(c) \geqslant 0, \quad h''(c) \leqslant 0 \tag{5}$$

注意，这里只假设消费水平增加时，健康人力资本至少不会降低，但也有可能会保持不变。例如，这一假设并不排除这样的健康生产函数，即存在一个最低的消费水平 $\bar{c} > 0$，当消费大于 $\bar{c}$ 时，$h(c)$ 是 c 的递增函数；当消费小于 $\bar{c}$ 时，健康人力资本 $h(c)$ 会保持不变。也就是说，可以假设当 $c > \bar{c}$，$h'(c) > 0$；当 $c \leqslant \bar{c}$，$h'(c) = 0$。后文讨论了存在最低消费水平限制的健康生产函数对经济的影响。

个人的物质资本积累方程为：

$$\dot{k} = f(k, h(c)) - \delta k - c \tag{6}$$

其中，δ 表示物质资本折旧率。字母上面带一点表示该字母所代表的变量对时间的导数。式（6）表示个人的净产出（$f(k, h(c)) - \delta k$）除了用于消费（c）外，其余的都用于物质资本投资（k）。

根据以上假设，个人的优化行为可以表示为：

$$\max_{c,k} \int_{t=0}^{\infty} u(c(t)) e^{-\beta t} \mathrm{d}t, \text{ s. t. } \dot{k} = f(k, h(c)) - c - \delta k, k_0 \text{ 给定}$$

---

① 由于本文以下主要分析福格尔型健康人力资本，在没有特别说明的情况下，以下健康人力资本都指福格尔型健康人力资本。

为了求解优化问题,设定汉密尔顿函数为:

$$H = u(c) + \lambda[f(k, h(c)) - c - \delta k] \tag{7}$$

其中,λ 表示物质资本的共态变量,它也表示以个人效用水平衡量的物质资本的影子价格。根据庞德里亚金原理,可以得到最优性一阶条件为:

$$\lambda = u'(c) + \lambda f_h(k, h(c))h'(c) \tag{8}$$

$$\dot{\lambda} = \lambda[\beta + \delta - f_k(k, h(c))] \tag{9}$$

以及横截性条件 $\lim_{t \to \infty} \lambda k e^{-\beta t} = 0$。

性质1:在式(1)所假设的效用函数,式(2)和式(3)所假设的生产函数,以及式(4)和式(5)所假设的健康生产函数下,当且仅当 $(c(t), k(t))$ 满足:

$$1 < f_h(k, h(c))h'(c) \tag{10}$$

时,满足式(6)、式(8)和式(9)以及横截性条件的 $(c(t), k(t))$ 是个人优化问题的最优解[①]。

式(8)表明,物质资本的影子价格应该等于消费的边际价值。不过,同标准 Ramsey 模型不同的是,本模型中消费的边际价值等于消费的边际效用所产生的直接价值,再加上消费由于提高健康人力资本而提高边际产出所产生的间接价值。根据式(8),可以很容易地把 λ 表示为消费水平和物质资本存量的函数 $\lambda(c, k)$,即:

$$\lambda = u'(c)/[1 - f_h(k, h(c))h'(c)] \tag{11}$$

在式(11)中,$f_h(k, h(c))h'(c)$ 表示多增加一单位消费后,由于健康人力资本增加($h'(c)$)而增加的产出,它代表消费的间接边际产出。$1 - f_h(k, h(c))h'(c)$ 则体现了以消费品衡量的一单位消费实际所花费的成本。由此,式(11)的右边表示以边际效用衡量的单位消费的边际收益,或者说是单位投资的边际成本。式(11)左边的 λ 表示单位资本的影子价格,或者是以效用衡量的单位资本的边际收益。所以,式(11)其实就是表示在最优决策路径上,产出在消费和投资之间的分配应该使得投资(或消费)的边际收益等于其边际成本。

根据式(11)可以很容易理解,在最优条件下,为什么一定会有式(10)成立。从式(11)可以看出,给定任意正的投资水平,如果 $1 \geq f_h(k, h(c))h'(c)$,那么,以效用水平度量的投资的边际收益将是一个非正数。但是,消费的边际效用或者投资的边际成本 $u'(c)$ 永远是一个正数。因此,如果式(10)不成立,则投资的边际成本永远大于边际收益,因而减少投资、增加消费总是能提高个人效用水平的。因此,如果 $1 \geq f_h(k, h(c))h'(c)$,个人的最优决策就是使投资水平为0,这就意味着未来的资本存量和消费都是0,然而这肯定不是最优解。在这种情况下,由庞德里亚金原理的一阶条件求解出的一阶条件就不是最优解。以下为了使得一阶条件总是优化问题的最优解,我们假设式(10)总成立。

---

① 由于篇幅的限制,本文中一些性质和定理的证明,因为技术性比较强,都被省略。如果读者感兴趣,可通过电子邮件向本文作者索取。

通过对式（11）进行微分可得：

$$\lambda_c = \frac{u_{cc}[1-f_h(k, h(c))h'(c)] + u_c[f_{hh}(k, h(c))(h'(c))^2 + f_h(k, h(c))h''(c)]}{[1-f_h(k, h(c))h'(c)]^2} < 0 \qquad (12)$$

$$\lambda_k = u_c f_{hk}(k, h(c))h'(c)/[1-f_h(k, h(c))h'(c)]^2 > 0 \qquad (13)$$

根据式（6）、式（8）、式（9）和式（11），可以得到消费的动态方程为：

$$\dot{c} = -(\lambda/\lambda_c)[f_k(k, h(c)) - \delta - \beta] - (\lambda_k/\lambda_c)[f(k, h(c)) - c - \delta k] \qquad (14)$$

式（6）和式（14）决定了整个经济中消费和物质资本的动态路径。在接下来的部分，本文将借助式（6）和式（14）来讨论物质资本、消费水平和健康人力资本的动态行为。

三、经济动态：物质资本、消费水平和健康人力资本

根据式（6）和式（14），当 $\dot{c} = \dot{k} = 0$ 时，整个经济达到均衡状态，这时消费水平和物质资本存量水平由以下两个方程决定：

$$f(k, h(c)) - c - \delta k = 0 \qquad (15)$$

$$f_k(k, h(c)) - \delta - \beta = 0 \qquad (16)$$

在以上关于生产函数的假设下，由式（15）和式（16）所决定的均衡状态的存在性是显然的，但无法保证均衡状态的唯一性。本文后面将通过对生产函数做进一步的假设，来分别讨论模型具有唯一均衡解和多重均衡的情况。关于均衡状态的稳定性问题，有：

定理1：当且仅当由式（15）和式（16）所决定的均衡状态的 (c^*, k^*) 满足以下条件：

$$\beta h'(c^*) f_{kh}(k^*, h(c^*)) + [1 - f_h(k^*, h(c^*))h'(c^*)] f_{kk}(k^*, h(c^*)) < 0 \qquad (17)$$

均衡状态 (c^*, k^*) 是鞍点稳定的。否则，均衡状态是不稳定的。

尽管有了定理1，但我们仍无法确定这一经济均衡状态的稳定性和唯一性问题。为了分析这一经济的动态行为，本文需要对生产函数和健康生产函数做进一步的假设。不失一般性，假设生产函数是规模报酬不变的哈罗德中性技术进步的生产函数，即假设：

$$y = f(k, h) \equiv G(k, A^\alpha h) \qquad (2')$$

其中，A 代表外生技术水平。假设经济中存在外生技术进步，外生技术进步率为 θ（即 $\dot{A}/A = \theta$）。由于生产函数的一次齐次性，函数 $G(k, A^\alpha h)$ 满足以下形式：

$$G(\omega k, \omega A^\alpha h) = \omega G(k, A^\alpha h), \forall \omega > 0 \qquad (18)$$

根据假设条件式（3），生产函数式（2'）具有以下形式：

$$G_k > 0, G_h > 0, G_{kk} < 0, G_{hh} < 0, G_{kk} G_{hh} > G_{hk}^2 \qquad (3')$$

$$G(0, h) = G(k, 0) = 0, \lim_{x_i \to 0} G_i(x_1, x_2) = +\infty, \lim_{x_i \to +\infty} G_i(x_1, x_2) = 0, i = 1, 2 \qquad (3'')$$

根据生产函数一次齐次的假设，可以把生产函数改写成以下形式：
$$\hat{y} = y/A^{\alpha}h = G(k/A^{\alpha}h, 1) \equiv g(\hat{k}) \tag{19}$$

其中，字母上面加一个尖号表示该字母所对应的人均有效形式，即它表示该字母除以 $A^{\alpha}h$（例如，$\hat{k} \equiv k/(A^{\alpha}h)$）。显然，函数 $g(\hat{k})$ 满足：
$$g(0) = 0, \lim_{x \to \infty} g(x) = +\infty, g'(0) = +\infty, \lim_{x \to \infty} g'(x) = 0 \tag{3'''}$$

由此，可以把式（15）和式（16）重写如下：
$$g(\hat{k}) - \hat{c} - \delta\hat{k} = 0 \tag{20}$$
$$g_k(\hat{k}) = \delta + \beta \tag{21}$$

根据假设条件式（2'）、式（3'）和式（3''），有：

定理 2：在假设条件式（2'）、式（3'）和式（3''）下，方程组式（20）和式（21）存在唯一均衡解 $(\hat{k}^*, \hat{c}^*)$。

性质 2：在假设条件式（2'）、式（3'）和式（3''）下，当且仅当由式（20）和式（21）决定的均衡状态 $(\hat{k}^*, \hat{c}^*, \hat{h}^*)$ 满足：
$$h'(c^*) < h(c^*)/c^* \Leftrightarrow \varepsilon_{hc} \equiv c^*h'(c^*)/h(c^*) < 1 \tag{22}$$

均衡状态 $(\hat{k}^*, \hat{c}^*, \hat{h}^*)$ 是鞍点稳定的。否则均衡状态 $(\hat{k}^*, \hat{c}^*, \hat{h}^*)$ 是不稳定的。

根据定理 2 和性质 2 可知，在规模报酬不变生产函数下，均衡状态的唯一性和稳定性由健康产出函数决定。下面分别在两种不同形式的健康生产函数下来讨论经济的动态行为。

1. 唯一的均衡状态：健康对经济增长的作用

这一小节假设健康生产函数是一种新古典形式的函数，并且是 σ 次齐次的，即它满足：
$$h(\omega c) = \omega^{\sigma}h(c), h(0) = 0, h'(c) \geq 0, h''(c) \leq 0, \lim_{c \to 0^+} h'(c) = +\infty, \lim_{c \to +\infty} h'(c) = 0 \tag{5'}$$

为分析均衡的唯一性，令经过调整后的人均有效形式的资本、消费和健康水平分别为：
$$\tilde{k} \equiv k/A^{\frac{\alpha}{1-\sigma}}, \tilde{c} \equiv c/A^{\frac{\alpha}{1-\sigma}}, \tilde{h} \equiv h/A^{\frac{\alpha\sigma}{1-\sigma}}$$

由此有 $\tilde{k}/\tilde{h} = \hat{k}, \tilde{c}/\tilde{h} = \hat{c}, \tilde{h} = h(c)/A^{\frac{\alpha\sigma}{1-\sigma}} = h(c/A^{\frac{\alpha}{1-\sigma}}) = h(\tilde{c})$。

根据以上有关健康生产函数的假设条件式（5'），有：

定理 3：在假设条件式（2'）、式（3'）、式（3''）和式（5'）下，只要 $h'(c)$ 不是常数，经济中存在唯一的鞍点稳定均衡状态 $(\tilde{k}^*, \tilde{h}^*, \tilde{c}^*)$，它满足式（20）和式（21）。

定理 3 的经济学含义可以通过图 1 得到直观的解释。在图 1 中，直线 OE 表示经过调整后的人均有效消费同人均有效健康人力资本之比 $(\tilde{c}/\tilde{h})$ 在均衡状态下等于常数 $\hat{c}^*$；曲线 OEB 表示经过调整后的健康生产函数 $\tilde{h} = h(\tilde{c})$。根据定理 2，在均衡状态时，调整后的人均有效消费同人均有效健康人力资本之比 $(\tilde{c}/\tilde{h})$ 等于 $\hat{c}^*$。因此，均衡状态 $(\tilde{h}^*, \tilde{c}^*)$ 一定会位于直线 OE 上。同时，均衡的 $(\tilde{h}^*, \tilde{c}^*)$ 也一定位于健康生产函数曲线

OEB 上。图1表明，只存在唯一的均衡状态 $(\tilde{k}^*, \tilde{h}^*, \tilde{c}^*)$，它满足方程式（15）和式（16）。此外，图1也表明，由于均衡状态时经过调整后的人均有效消费的平均健康产出一定大于其边际健康产出，所以均衡点也是稳定的。

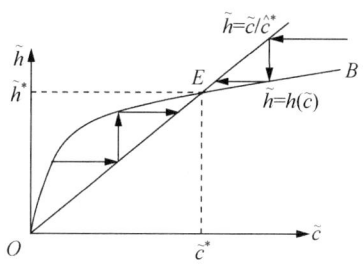

图1　唯一均衡状态的情况

由定理3可知，在稳定均衡状态 $(\tilde{k}^*, \tilde{h}^*, \tilde{c}^*)$ 下，由于 $\tilde{k}^*$、$\tilde{h}^*$ 和 $\tilde{c}^*$ 都保持不变，所以有：

$$\frac{\dot{k}}{k} = \frac{\dot{\tilde{k}}}{\tilde{k}} + \frac{\alpha}{1-\sigma}\frac{\dot{A}}{A} = \frac{\alpha\sigma}{1-\sigma}, \quad \frac{\dot{c}}{c} = \frac{\dot{\tilde{c}}}{\tilde{c}} + \frac{\alpha}{1-\sigma}\frac{\dot{A}}{A} = \frac{\alpha\sigma}{1-\sigma}, \quad \frac{\dot{h}}{h} = \frac{\dot{\tilde{h}}}{\tilde{h}} + \frac{\alpha\sigma}{1-\sigma}\frac{\dot{A}}{A} = \frac{\alpha\sigma\theta}{1-\sigma}$$

这就表明，长期来看，人均资本、人均消费和健康人力资本的增长率都取决于外生的技术进步率 θ。此外，根据生产函数式（2'），通过简单计算可得均衡状态时人均产出的增长率为：

$$x_y = \dot{y}/y = \alpha\varepsilon_{yh}(\dot{A}/A) + \varepsilon_{yh}(\dot{h}/h) + \varepsilon_{yk}(\dot{k}/k) = \alpha\theta/(1-\sigma) \tag{23}$$

其中，ε_{yh} 和 ε_{yk} 分别表示劳动产出弹性和资本产出弹性，并且 $\varepsilon_{yh} + \varepsilon_{yk} = 1$。由式（23）可以看出，如果没有外生技术进步，长期的经济增长率为0。因此，定理3就表明，来自消费和营养的福格尔型健康人力资本虽然可以提高劳动生产力，但是，它同van Zon 和 Muysken（2001）所分析的健康投资所带来的格罗斯曼型健康人力资本一样，不能产生内生经济增长机制。如果不存在其他外生技术经济，这种福格尔型健康人力资本同样无法带来长期的经济增长。不过，方程式（23）还表明，如果存在外生技术进步，这种福格尔型健康人力资本能够扩大外生技术进步对长期经济增长的作用。

以上分析结果可以很好地解释福格尔关于健康与长期经济的研究结论。引言中已经说明，福格尔（Fogel，1994a，1994b）的研究结论认为，综合考虑食物中所含有能量的增加对劳动力供给和工人产出效率的影响，食物消费水平提高所带来营养水平的提高能解释英国1790～1980年这近200年经济增长率的50%；而且他还进一步认为，营养水平对长期经济增长的影响能够解释英国全要素生产力提高（索罗剩余）的绝大部分。根据以上分析可知，虽然来自消费和营养水平的健康人力资本不能成为长期经济增长的原动力，但是，一旦存在外生技术进步（即 $\theta > 0$），那么，这种福格尔型健康人力资本能够扩大外生技术进步对经济增长的作用。根据式（23）不难算出，在存在外生技术进步的情况下，福格尔型健康人力资本对长期经济增长的贡献率为：

$$x_{hy} = \varepsilon_{yh}(\dot{h}/h)/(\dot{y}/y) = \varepsilon_{yh}\sigma \qquad (24)$$

这表明，福格尔型健康人力资本对经济增长的贡献率等于劳动产出弹性和消费的健康产出弹性的乘积。劳动产出弹性和消费的健康产出弹性越大，则福格尔型健康人力资本对经济增长的贡献也就越大。人均物质资本增长率对经济增长的贡献率为：

$$x_{ky} = \varepsilon_{yk}(\dot{k}/k)/(\dot{y}/y) = \varepsilon_{yk} \qquad (25)$$

全要素生产力的提高（索罗剩余）所占的比率为：

$$x_{solow} = [\alpha\varepsilon_{yh}(\dot{A}/A) + \varepsilon_{yh}(\dot{h}/h)]/(\dot{y}/y) = \varepsilon_{yh} \qquad (26)$$

健康人力资本对经济增长的贡献占经济增长中索罗剩余的比率为：

$$x_{hs} = \varepsilon_{yh}(\dot{h}/h)/[\alpha\varepsilon_{yh}(\dot{A}/A) + \varepsilon_{yh}(\dot{h}/h)] = \sigma \qquad (27)$$

由于以上计算公式中的参数 σ 很难找到对应的数据来估计其数值，我们很难得到以上各种比例的确切数值。不过，西方国家的资本产出弹性 ε_{yk} 一般认为在 1/3 左右，劳动产出弹性在 2/3 左右。所以只要消费的健康产出弹性 σ 不小于 3/4，则福格尔型健康人力资本对经济增长的贡献率就不小于 50%①。如果按照福格尔的计算结果，假设 x_{hy} 等于 1/2，则 σ 等于 3/4。那么，健康人力资本对经济增长贡献占经济增长中索罗剩余的比例 x_{hs} 等于 3/4，超过一半。这正好验证了福格尔关于"营养水平对长期经济增长的影响能够解释英国全要素生产力提高的绝大部分"的结论。

2. 多重均衡的存在性：健康人力资本和贫困性陷阱

前面假设健康生产函数是新古典形式的函数，即假设个人在任何消费水平下都能形成具有劳动能力的健康人力资本。但实际上，只有当个人消费的食物和营养水平达到一定水平，个人才具有劳动能力。福格尔（Fogel，1994b）就曾指出，个人获取的能量只有达到一个最低的能量水平之后，才能维持他/她的基本新陈代谢功能，如保持正常体温和维持心脏跳动、肺部呼吸、大脑运动以及其他器官正常活动。例如，为了维持其正常的基本新陈代谢率（BMR），一个 20～39 岁的成年男子每天需要 1350～2000 卡路里的能量。也就是说，即使不吃不喝，也不进行任何的卫生保健活动，仅仅是为了能让他的生命得以延续，这个成年男子每天从食物中摄取的能量都不能低于这个基本新陈代谢率。否则，维持生命的各个器官就无法正常运行。福格尔通过研究还认为，个人存活下来所需要的饮食能量大约是 1.27 个 BMR，这个营养水平还只是维持个人基本生命所需要的短期最低水平，它不能保持个人的长期健康水平（Fogel，1994b）。由此可见，只有当个人从食物消费中摄取的营养水平超过了一定水平，也就是说，只有当消费在一定的水平之上，个人才可能维持具有生产能力的健康人力资本。因此，在健康生产函数中，可能存在一个最低消费限

---

① 请注意，如果考虑到经济从非平衡增长路径向平衡增长路径过渡的阶段，那么资本产出弹性可能更小，劳动产出弹性可能更大。这时，为了解释福格尔的结论我们所需要的 σ 可能会更小。例如，如果根据 Solow（1957）的估计，1907～1949 年，人均资本对人均产出增长率的贡献率为 1/8，则 ε_{yk} 的平均值应该为 1/8，因而 ε_{yh} 平均取 7/8，这时，为了解释福格尔的结论，σ 只需要取 4/7。

制,在这个最低消费水平之下,个人不具有生产能力,这时的健康人力资本实际上为0。由此,假设健康生产函数为:

当 $c > \underline{c}$, $h = h(c)$, 否则 $h = 0$; $h'(c) \geq 0$, $h''(c) \leq 0$, $\lim_{c \to \underline{c}^+} h'(c) = +\infty$, $\lim_{c \to +\infty} h'(c) = 0$

(5″)

其中,$\underline{c}$ 表示为了获得具有生产能力的健康人力资本所需要的最低消费水平。

在满足式(5″)的健康生产函数下,有:

定理4:在满足假设条件式(2′)、式(3′)和式(3″)的生产函数和满足式(5″)的健康生产函数下,当且仅当:

$$h(h'^{-1}(1/\hat{c}^*)) > h'^{-1}(1/\hat{c}^*)/\hat{c}^*$$ (28)

经济中存在两个大于0的均衡状态。其中 $h'^{-1}(\cdot)$ 表示健康生产函数导函数的逆函数,$\hat{c}^*$ 由方程式(20)和式(21)决定。此外,低水平的均衡状态是不稳定的;高水平的均衡状态是稳定的,它具有前述均衡点的一切性质。

证明:可以利用图2来简单证明定理4。

在图2中,直线 E_1E_2 表示经过调整的人均有效消费同人均有效健康人力资本之比 $(\tilde{c}/\tilde{h})$ 在均衡状态下等于常数 $\hat{c}^*$,曲线 E_1BE_2 表示经过调整后的健康生产函数 $\tilde{h} = h(\tilde{c})$。在曲线 E_1BE_2 上的B点,健康生产函数的斜率正好等于直线 E_1E_2 的斜率,假设B点上经过调整后的人均消费为 $\tilde{c}_1$,则 $h'(\tilde{c}_1) = 1/\hat{c}^*$,或者说 $\tilde{c}_1 = h'^{-1}(1/\hat{c}^*)$。

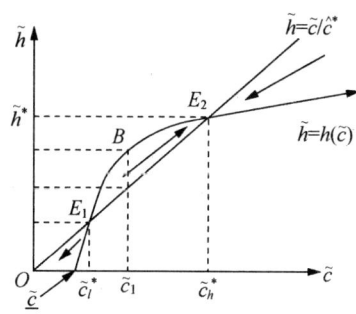

图2 经济中的多重均衡:健康人力资本具有最低消费限制

根据定理2,在均衡状态时,经过调整的人均有效消费同人均有效健康人力资本之比 $(\tilde{c}/\tilde{h})$ 等于常数 $\hat{c}^*$。因此,$(\tilde{c}^*, \tilde{h}^*)$ 一定位于直线 E_1E_2 上。又根据健康生产函数,均衡时 $(\tilde{c}^*, \tilde{h}^*)$ 也一定位于曲线 E_1BE_2 上。由图2可知,当且仅当 $h(\tilde{c}_1) > \tilde{c}_1/\hat{c}^*$,即 $h(h'^{-1}(1/\hat{c}^*)) > h'^{-1}(1/\hat{c}^*)/\hat{c}^*$ 时,曲线 E_1BE_2 和直线 E_1E_2 有两个交点。这就表明经济有两个均衡点。此外,由图2可知,在低水平的均衡点 E_1 处(此时经过调整后的人均消费水平为 $\tilde{c}_l^*$),健康生产函数的斜率比直线 E_1E_2 大($h'(\tilde{c}_l^*) < h(\tilde{c}_l^*)/\tilde{c}_l^*$),而在高水平的均衡点 E_2 处(此时经过调整后的人均消费水平为 $\tilde{c}_h^*$)正好相反($h'(\tilde{c}_h^*) < h(\tilde{c}_h^*)/$

$\tilde{c}_h^*$)。所以，根据性质2，低水平的均衡状态是不稳定的，高水平的均衡状态是稳定的。另外，通过简单的分析不难知道，高水平的均衡点 E_2 具有前面均衡点的一切性质。

定理4对理解现实经济具有重要意义。首先，从定理4可以看出，当经济位于低水平的均衡状态之上时（位于 $\tilde{c}_l^*$ 的右边），经济会收敛到高水平的均衡状态。此时，如果存在外生的技术进步，经济将会持续发展下去。但是，当经济位于低水平的均衡状态之下时（位于 $\tilde{c}_l^*$ 的左边），它会收敛到0，这一状态对应着现实经济中的极度贫困状态。当初始状态位于低水平均衡点 E_1 之下时（位于 $\tilde{c}_l^*$ 的左边），即便存在外生的技术进步，经济也永远难逃贫困状态。因此，低水平的均衡状态 E_1 成为一个分水岭。位于 E_1 两边的不同经济，即使它们开始相差很小，随着时间的推移，两个经济中的人均产出、人均消费和人均健康状态的差距也会越来越大。位于 E_1 之下的经济会陷入贫困性陷阱，它会在"低产出—低消费—低健康人力资本—低劳动生产力"这种恶性循环中重复。位于 E_1 之上的经济则会进入长期的发展阶段。

其次，定理4还表明，由于低水平均衡状态下的消费水平要高于最低消费（$\tilde{c}_l^* > \tilde{c}$），所以，并不是说，一个在现有技术水平下已经解决温饱问题的经济①，就会摆脱贫困性陷阱而进入向发达经济发展的经济起飞阶段。只有当经济位于 $\tilde{c}_l^*$ 之上，即只有当人们的消费水平达到一定的水平之后，经济才有可能起飞。更重要地，由于低水平均衡状态的实际消费水平为：

$$c_l^* = \tilde{c}_l^* A^{\frac{\alpha}{1-\sigma}} = \tilde{c}_l^* A_0 e^{\left(\frac{\alpha}{1-\sigma}\right)gt}$$

其中，A_0 表示0时刻的技术水平。所以，用实际消费水平或者实际健康人力资本水平衡量的贫困性陷阱范围在不断地扩大。这就是说，如果一个国家或地区长期没有实现经济增长或者长期经济增长太慢，那么，即使这个国家或地区原来位于贫困性陷阱之上，它也有可能会重新落入贫困性陷阱②。由于贫困性陷阱是随着技术进步不断扩大的，所以，一个国家只有长期保持不低于外生技术进步的经济增长率，才可能长期维持在高水平的发展阶段。当然，由于模型中的技术进步仍然是外生的，本文无法讨论如何才能长期保持高经济增长。而且，在本模型中，经济一旦逃脱贫困性陷阱之后，在外生技术进步推动的经济增长率下，也不可能重新落入贫困性陷阱。不过，正如内生经济增长理论所认为的那样，实际经济增长是由现实经济中的多种因素决定的，它其实并不独立于经济体之外（Romer，1986，1990；Lucas，1988）。所以，一旦其他因素使得一国的经济长期落后于外生的技术进步，它就有可能重新落入贫困性陷阱。因此，长期维持一个高于一定水平的经济增长率是极为重要的，因为一旦经济长期处在一个低水平的经济增长率上，它就会陷入贫困性陷阱，之后想要恢复经济增长就很难了，除非有外在的其他因素推动。

---

① 这里把解决温饱水平的经济定义为消费水平已经超过最低消费限制的经济。因为在这样的经济中，每个人都可以达到一个具有生产能力的健康水平。

② 其实很容易证明，在本模型所描述的经济中，即使是已经逃脱贫困性陷阱的经济，只要它的长期经济增长速度低于外生技术进步率，最终也必定会落入贫困性陷阱。

那么，如果要想帮助贫困国家和地区走出贫困性陷阱，只对陷入贫困性陷阱的国家进行一次性的经济援助，使得该国的消费水平达到 $\tilde{c}_1^*$ 之上，这样的政策能够成功吗？就本文模型而言，定理4已经表明，这样的政策不会成功。因为在现实经济中，消费水平、健康人力资本水平和物质资本是同时内生决定的，而下一期的生产水平又同时取决于健康人力资本状态和物质资本状态。如果只是使得消费以及健康人力资本位于 E_1 点之上，而下一期不再进行经济援助，那么，下一期的产生水平有可能仍然很低，其消费水平和健康人力资本水平有可能仍然会位于 E_1 点之下，从而仍然无法逃脱贫困性陷阱。因此，一个位于 E_1 点之下的国家，要逃脱贫困性陷阱，不但要提高物质资本，而且要同时提高消费水平和健康人力资本。只提高物质资本或消费水平（健康人力资本），可能都无法摆脱贫困性陷阱。由此可见，要想通过对贫穷国家进行经济援助使其摆脱贫困性陷阱，要么在进行一次性的经济援助时，同时把该国物质资本水平和消费水平以及健康人力资本水平都提高到 E_1 点之上，这样下一期的产出水平可以使得其逃脱贫困性陷阱；要么就对该国进行多期的经济援助，从而使得该国自己能够逐步积累物质资本，以逃脱贫困性陷阱。

最后，需要说明的是，根据定理4，所讨论的均衡点其实就是此处的高水平均衡点 E_2。所以，在福格尔型健康人力资本具有最低消费限制的情况下，所分析的结论依然成立。

四、结论及模型可能的扩展

（一）本文的主要结论

本文以福格尔（1994a，1994b，2002）的研究结论为基础，假设消费不仅能给个人带来效用，而且还能通过影响个人营养的摄取量而影响个人的健康人力资本。在这一基本前提下，本文分析了这种来自食物消费和营养水平的福格尔型健康人力资本水平同物质资本积累之间的关系。在此基础上，本文研究了这种福格尔型健康人力资本对长期经济增长的影响。本文的研究结论表明，来自消费和营养的福格尔型人力资本不能成为内生经济增长的动力，因此，这种健康人力资本同来自健康投资的格罗斯曼型健康人力资本一样，自身并不能产生长期经济增长机制。这一结论同 Baumol（1967）以及 van Zon 和 Muysken（2001，2003）等的研究结论相同。不过，本文的研究也表明，这种来自营养和消费的福格尔型健康人力资本虽然不能产生内生经济增长的动力，但是，如果经济中存在外生的技术进步，福格尔型健康人力资本可以扩大外生技术进步对经济的作用，加快经济增长率。这一结论合理地解释了福格尔（Fogel，1994a，1994b）的研究结论，并化解了福格尔的研究结论同 Baumol（1967）以及 van Zon 和 Muysken（2001，2003）研究结论之间的矛盾。通过对参数在合理范围内取值，本文还通过理论证实了福格尔关于来自营养和消费的健康人力资本对长期经济增长的贡献的估计值。

健康人力资本生产过程中，本文还分析了福格尔型健康人力资本具有最低消费限制这一事实对经济发展的影响。论文的分析表明，如果健康人力资本生产存在最低消费限制，那么，经济中存在两个大于0的均衡状态，且高水平的均衡状态是稳定的，而低水平的均衡状态是不稳定的。因此，初始状态低于低水平均衡状态的经济将会长期陷入贫困性陷阱，而且在外生技术进步的作用下，陷入贫困性陷阱的国家同位于高水平均衡状态的国家之间的差距会越来越大。这一结论有助于解释现实经济中以下经济现象，即在世界经济增长过程中，有些国家长期处于"低消费—低健康—低生产能力—低产出"的恶性循环状态，而另一些国家却长期位于"高增长—高产出—高消费—高健康—高生产能力"的良好经济增长态势。此外，本文的分析还表明，要想通过援助使得陷入贫困性陷阱的国家走出发展困境，要么进行持续的经济援助，直到这些国家的物质资本状况和消费及健康状况都同时走出贫困性陷阱为止；要么同时对这些国家进行物质资本和消费及健康人力资本这两方面的经济援助。任何暂时性的单方面的经济援助，都无法帮助被援助国家走出贫困性陷阱。

（二）本文研究的不足及其模型可能的扩展

当然，本文研究也存在一些不足和缺陷，主要表现在以下方面：首先，由于本文主要是为了研究福格尔型健康人力资本能否带来内生经济增长机制，同时，也为了能够解释福格尔型健康人力资本对经济增长的作用，所以，并没有引入内生经济机制，而只是在一个外生技术进步的经济中研究了福格尔型健康人力资本的作用。但是，在有教育人力资本等其他内生经济增长机制的经济中，福格尔型健康人力资本对经济增长的作用如何，它是否也会同格罗斯曼健康人力资本一样，耗尽教育人力资本等所产生的内生增长机制（van Zon & Muysken，2001），这一点本文没有分析清楚。不过，通过在模型中加入教育人力资本，或者考虑资本外溢型的 Arrow – Romer 型生产函数，我们可以分别考察福格尔型健康人力资本对教育人力资本内生经济增长机制和 Arrow – Romer 内生增长机制的影响。其次，本文只考虑福格尔型健康人力资本，而没有分析来自健康投资的格罗斯曼型健康人力资本。虽然这两种人力资本都不能带来内生经济增长机制，但是，这两种人力资本会如何相互作用，以及它们的相互作用如何影响物质资本积累、消费行为和经济增长率，本文都没有进行分析。通过在本模型的物质资本积累方程和健康生产函数中考虑健康投资的因素，我们也可以讨论福格尔型健康人力资本和格罗斯曼型健康人力资本的相互作用对消费、物质资本积累和长期经济增长的影响。最后，本文假设所有的消费都影响福格尔型健康人力资本，实际上只有食物消费及其所含有的营养水平才是影响福格尔型健康人力资本的主要因素。在现实经济中，特别是在发达国家，消费并不只包括食物消费，还有大量的其他非食物型消费存在。因此，假设福格尔型健康人力资本由总消费决定可能不符合发达国家的现实。为了分析福格尔型健康人力资本对发展中国家长期经济增长的影响，本文的假设可能不会离现实太远。但是，如果要分析福格尔型健康人力资本对发达国家长期经济增长的影响，本文的假设可能不太合理。不过，在本文模型基础上，通过引入两类不同类型的消费品——影响健康的消费品和对健康无影响的消费品，我们也可以考虑福格尔型健康人力资本对发达国家长期经济增长的影响。以上这些不足都可以通过本文模型的扩展得到解决，它们将是我们未来进一步研究的内容。

参考文献

［1］Baumol, W. J., 1967, "Macroeconomics of Unbalanced Growth: the Anatomy of Urban Crisis", American Economic Review, 57: 415 – 442.

［2］Barro, R. J., 1996, "Health and Economic Growth", Paper Presented at the Senior Policy Seminar on Health, human Capital and Economic Growth: Theory, Evidence and Policies", Pan American Health Organization and Inter – American Development Bank, Washington, DC.

［3］Bloom, D. E., D. Canning, and J. Sevilla, 2004, "The Effect of Health on Economic Growth: A production Function Approach", World Development, 32, 1 – 13.

［4］Bunzel, H., and X. Qiao, 2005, "Endogenous Lifetime and Economic Growth Revisited", Economics Bulletin, 5, 1 – 8.

［5］Chakraborty, S., 2004, "Endogenous Lifetime and Economic Growth", Journal of Economic Theory, 116 (1), 119 – 137.

［6］Fogel, R. W., 1987, Biomedical Approaches to the Estimation and Interpretation of Secular Trends in Equity, Morbidity, Mortality, and Labor Productivity in Europe, 1750 – 1980, Unpublished manuscript, University of Chicago.

［7］Fogel, R. W., 1992, "Second Thoughts on the European Escape from Hunger: Famines, Chronic Malnutrition, and Mortality", in S. R. Osmani, ed., Nutrition and poverty, Oxford: Clarendon, 243 – 286.

［8］Fogel, R. W., 1994a, "Economic Growth, Population Theory, and Physiology: The Bearing of Long – term Processes on the Making of Economic Policy", American Economic Review, 84 (3), 369 – 395.

［9］Fogel, R. W., 1994b, "The Relevance of Malthus for the Study of Mortality Today: Long – run Influences on Health, Mortality, Labor Force Participation, and Population Growth", NBER working paper h0054.

［10］Fogel, R. W., 2002, "Nutrition, Physiological Capital, and Economic Growth", paper presented at the Senior Policy Seminar on Health, human Capital and Economic Growth: Theory, Evidence and Policies, Pan American Health Organization and Inter – American Development Bank, Washington, DC.

［11］Fogel, R. W., and R. Floud, 1994, "Nutrition and Mortality in France, Britain, and the United States", Unpublished manuscript, University of Chicago.

［12］Grossman, M., 1972, "The Demand for Health: A Theoretical and Empirical Investigation", NBER, Occasional Paper 119, Columbia University Press.

［13］Hemmi, N., K. Tabata, and K. Futagami, 2006, "The Long – term Care Problem, Precautionary Saving, and Economic Growth", Journal of Macroeconomics, In Press, Corrected Proof, Available online 22 December 2006.

［14］Howitt, P., 2005, "Health, Human Capital, and Economic Growth", In Health and Economic Growth: Findings and Policy Implications, edited by G. Lopez – Casasnovas, B. Rivera and L. Currais. Cambridge, MA: MIT Press, 2005, 19 – 40.

[15] Kalemli-Ozcan, S., H. E. Ryder, and D. N. Weil, 2000, "Mortality Decline, Human Capital Investment, and Economic Growth", Journal of Development Economics, 62 (1), 1–23.

[16] Lucas, R. E., 1988, "On the Mechanics of Economic Development", Journal of Monetary Economics, 22, 3–42.

[17] Richards, T., 1984, "Weather, Nutrition and the Economy: The Analysis of Short Run Fluctuations in Births, Deaths and Marriages, France 1740–1909", in T. Bengtsson, G. Fridlizius, and R. Ohlsson, eds., Pre-industrial Population Change, Stockholm: Almquist and Wiksell, 357–389.

[18] Romer, P. M., 1986, "Increasing Returns and Long-Run Growth", Journal of Political Economy, 94 (5), 1002–1037.

[19] Romer, P. M., 1990, "Endogenous Technological Change", Journal of Political Economy, 98 (5), Part II, S71–S102.

[20] Sachs, J. D., 2001, "Macroeconomics and Health Investing in Health for Economic Development", Report of the Commission on Macroeconomics and Health, Presented to Gro Harlem Brundtland, Director-General of the World Health Organization, on 20 December 2001.

[21] Sohn, B., 2000, "Health, Nutrition, and Economic Growth", Ph. D. dissertation, Brown University.

[22] Solow, R. M., "Technical Change and the Aggregate Production Function", Review of Economics and Statistics, 39 (3), 312–320.

[23] Strauss, J., and D. Thomas, 1998, "Health, Nutrition and Economic Development", Journal of Economic Literature, 36, 766–817.

[24] van Zon, A. H., and J. Muysken, 2001, "Health and Endogenous Growth", Journal of Health Economics, 20, 169–185.

[25] van Zon, A. H., and J. Muysken, 2003, "Health as a Principal Determinant of Economic Growth", Working paper, MERIT-Infonomics Research Memorandum.

[26] Weil, D. N., 2007, "Accounting for the Effect of Health on Economic Growth", Quarterly Journal of Economics, 122, 1265–1306.

Health Human Capital, Economic Growth and Poverty Trap

Wang Dihai

Abstract: Based on Fogel's research, this paper studies the relationship between capital accumulation and consumption and discusses the effect of health on economic growth in an extended Ramsey model with assumption that consumption not only bringing agents' utility but increasing agents' health. The paper has two important features: 1) treading health as a simple function of consumption, which allows us to study health and growth in an aggregate macroeconomic model; 2) the existence of multiple equilibria of capital stock, health, and consumption, which is highly relevant to the reality – rich countries may end up with higher capital, better health, and higher consumption than poor countries.

Key Words: Health Human Capital; Consumption; Economic Growth; Poverty Trap

城镇化对粮食需求的影响
——基于热量消费视角的分析

钟甫宁 向晶

【摘　要】 城镇化从两方面影响粮食的需求：一方面，城镇化提高居民食品消费结构中动物产品的比重，增加粮食需求总量；另一方面，城镇化降低劳动强度并减少热量需求，从而降低粮食需求总量。本文对比城乡过去近15年的食品消费，得出如下结论：①无论是城市还是农村，食品消费结构中动物产品的增长是我国粮食需求增长的主要原因；②农村居民最终粮食消费总量低于城市居民，如果按照城市居民的食品消费结构和2007年热量摄入水平计算，农村居民的粮食需求量将增加22.34公斤/年。

【关键词】 城镇化；食品消费结构；粮食安全

一、引　言

改革开放至今，国民经济和居民收入的高速增长导致食品消费的快速增长；与此同时，迅速的工业化、城镇化又从另一方面改变了居民的食品消费结构，在粮食需求总量快速增长的同时，粮食品种结构的供应安全问题也日益凸显。中国的粮食可以分为食物用粮和非食物用粮，其中食物用粮又可以分为口粮和饲料粮两种用途。由于食物用粮关乎人们基本健康生活，且占我国粮食消费总量的85%以上，因此，本文主要针对食物用粮的消费进行分析。

食物用粮总量是全社会所有人消费行为的加总，而个人食品消费需求的基础是生理需要，即由年龄、性别和工作强度决定的热量摄入需要。在此基础上，收入水平、消费习惯和市场可获性共同决定了食品消费结构，从而决定了食物用粮（包括直接消费的口粮和

---

* 本文得到国家社科基金重大项目资助（编号：08&ZD015）。
作者：钟甫宁、向晶，南京农业大学经济管理学院。
本文引自《农业技术经济》2012年第1期。

间接消费的饲料粮等）的总需求量。在可能的情况下，热量摄入的需求和食品消费结构应尽量分别进行分析，以便得到更精确的预测值。

对未来粮食消费需求的已有分析大致可以分为两类：一是通过分析收入水平与人均消费水平来预测未来人均粮食总需求水平，通过模拟未来的人口总量，进而获得一个国家或地区总的粮食需求；二是区分粮食的消费类型（口粮、饲料粮、工业加工等消费、存储消费以及损耗），用不同类型消费的数量变化趋势来模拟未来的粮食需求（马晓河，1997）。虽然两种方法的思路有异，但是在考虑人口消费的粮食总量部分却又不谋而合，即预测粮食消费总量的变化趋势必须考虑食品消费结构的调整。

由于城乡居民食品消费结构的差异，城镇化进程必然影响进城农民的消费结构，从而影响粮食的总需求量。从理论上来看，收入水平的提高，会提高人们的粮食获取能力。对于处于要解决温饱问题的国家和地区，收入会提高其基础粮食需求；然而，解决温饱后，收入的进一步提高会极大地促进人们食品消费结构的调整，其中口粮（基础粮食）部分的消费会有所下降，但是畜产品消费会大大增加，这会导致饲料粮消费的快速增长。因此，粮食消费总量依然可能大幅度增加。

在过去的30年里，无论是城镇还是农村，居民的食品消费结构都有了很大的调整。相比较农村居民而言，城镇居民食品结构中动物食品的消费量高很多。据统计，2009年城乡居民的猪肉、牛羊肉、家禽消费量之差分别达每人每年6.57公斤、2.33公斤、6.22公斤。作为城镇化最显著的结果之一，食品消费结构的调整对粮食总需求具有长期的显著影响，因此有必要针对食品消费结构与粮食总消费量之间的关系做进一步的细致研究。

年龄、性别和工作强度决定个体最基本的热量摄入生理需要，在这一基础上的是由收入水平、消费习惯和市场可获得性共同决定的食品消费结构。因此，除了总人口的变化趋势外，生理需求和食品消费结构是影响粮食最终需求的两大因素。笔者已经开始对热量摄入量的生理需求进行了初步研究并取得一些成果，本文在既定热量需求的基础上，寻找不同食品消费结构与粮食总需求之间的关系，试图对目前关于粮食总需求的研究做一点补充。

二、分析框架及计算方法

正如前面所提到的，食品消费的基本目的是满足人体生理活动对热量的需求。因此，无论消费结构如何受收入及其他经济因素的影响，结构变化可能对热量摄入总量本身没有多大影响，但却可能对粮食消费总量产生重大影响。换句话说，不同的消费结构可以提供相同的热量摄入，而这种相同的热量摄入量却可能对应完全不同的粮食需求总量。如果以热量摄入量为标准研究不同消费结构下的粮食总需求量，就可以厘清食品消费结构对粮食总需求的影响，有助于进一步合理预测未来的粮食消费总量。

从已有的食品消费结构研究中可以看到：经济发展过程通常伴随从以谷物（碳水化

合物产品）为主要营养来源向以畜产品（蛋白质产品）为主的消费结构调整。谷物消费的增长或下降会导致粮食消费同数量的增长或下降，而畜产品消费的增加或减少则导致对粮食需求成倍的增加或减少（取决于饲料转化率），故而在谷物和畜产品按不同比例向人体提供相同的热量时，粮食的总需求会有差异。因此，可以通过比较最终粮食消费量同人体摄取的热量之间的关系，对不同食品消费结构下粮食的最终需求做出判断。

食品结构的历史数据可以从《中国统计年鉴》等中获取，可以利用城乡居民的食品消费变化趋势与食物偏好变化进行分析。本文拟通过城乡居民的食用粮食热量转化率来进行分析。人们日常生活所需用的能量是来自粮食产品和非粮食产品的消化：

$$EI = EI_f + EI_u = \sum \alpha_i X_i$$

其中，EI 表示日人均热量摄入量，EI_f 表示粮食产品提供的热量（如谷物、猪肉、牛羊肉、禽、蛋以及水产品等），而 EI_u 表示非粮食产品提供的热量（如水果、蔬菜等），α_i 表示食物 i 的热量值，X_i 则对应食物 i 的日消费量。

影响粮食消费的是人们对谷物以及畜产品等的消费，其对应的总粮食需求水平可以表示为：$M_{food} = \sum \beta_i f_i$，其中，$\beta_i$ 表示食物 i 的粮食折算率，而 f_i 表示食物 i 的日消费数量。

为了方便对比不同食品结构条件下热量同粮食需求之间的关系，上面的公式可以进一步表示为：

$$RI = \frac{M_{food}}{EI_f} \times 1000 = \frac{\sum \beta_i f_i}{\sum \alpha_i f_i} \times 1000$$

其中，RI 表示每 1000 个单位的热量所需粮食的数量。

中国居民消费的食物品种自改革开放后日益多样化，但是主要食物种类则是相对稳定的。人们消费的食物中除蔬菜、水果、果汁饮料、糖蜜食品和干果外均直接或间接与粮食（谷物、豆类和薯类）有关。本文参照《畜牧通论》、《农业技术经济手册》、《全国农产品成本收益资料汇编》，确定了各项食物消费的粮食折算系数，将我国城镇和农村的食物消费折算成原粮当量（见表1）。其中，肉类均以无骨鲜肉折算，家禽按鸡肉折算，蛋制品按鲜蛋折算。各类食品的热量含量来自《中国食物成分表2002》以及许世卫（2001）的研究。

随着经济发展，城镇居民在外就餐的比重不断增加，给城镇居民的粮食以及营养消费的研究造成了不小的障碍。参照一些学者估计在外就餐的方法（封志明，2007；梁书、孙庆珍，2006），本文主要根据《中国统计年鉴》中城镇居民的消费支出结构中在外就餐的部分占家庭食品支出（扣除烟酒、调味品以及饮料）的比重进行修正。

表1 分城乡食品的粮食折算率以及食品对应的热量含量

品种	粮食折算率		热量含量（千卡/公斤）
粮食		粮食	3553
城市	1/0.80	薯类	810

续表

品种	粮食折算率		热量含量（千卡/公斤）
农村	1	蔬菜	180
淀粉及薯类	1	植物油	9000
猪肉	4.6	食糖	3776
牛羊肉	3.6	肉类	3915
家禽	3.2	蛋类	1468
鲜蛋	3.6	奶类	690
水产品	2	水产品	782

注：由于统计数据中农村居民的口粮消费以原粮计算，而城镇居民的口粮消费以贸易粮计算，因此城镇居民的口粮消费是按80%的折算率转化成原粮的。

资料来源：《农产品成本收益资料汇编（2009）》、《技术经济手册（农业卷）》、中国食物成分表（2002），以及许世卫. 中国食物发展与区域比较研究 [M]. 北京：中国农业出版社, 2001.

三、城乡食物用粮分析

（一）食物用粮需求特征

（1）无论是城市还是农村，口粮消费占总食物用粮的比重呈下降趋势。改革开放以来，随着人们收入水平的提高，膳食结构改善，中国城乡居民的口粮消费下降明显。城镇居民年人均购买粮食数量（贸易粮）已经由1978年的134公斤下降到2009年的81.3公斤，降幅为39.33%；从原粮消费来看，日口粮消费从1995年的366.32克下降到2009年的347.55克，降幅为5.12%，年均下降0.37%。相比之下，农村居民口粮的下降幅度要远远大于城镇居民。农村居民的年人均购买的口粮从1979年的256.7公斤下降到2009年的189.26公斤，降幅为26.27%。实际上，农村居民的口粮消费调整最快的阶段为过去的15年，农村的日人均口粮消费从1995年的701.64克下降到2009年的518.52克，降幅为26.1%，年均下降1.86%（见表2）。

（2）由于畜产品消费的增加，城乡居民的食物用粮中饲料粮的比重呈上升趋势。城镇居民的饲料用粮从1995年的日消费502.09克上升到2009年的641.28克，增幅为27.72%，年均增幅为1.98%。随着经济发展水平的提高，农村居民的肉、蛋、奶的增加幅度很快，因此农村居民的饲料用粮增长速度也很快，从1995年的日消费217.66克上升到2009年的402.48克，增幅为84.9%，年均增幅为6.06%。虽然农村居民的饲料粮消费增长的速度很快，但是其消费结构仍然低于城镇居民。从表2可以看到，1995年城镇居民饲料粮消费的比重占总食用粮食的比重达到57.82%,而农村居民直到2009年才只有43.7%。

表2 1995~2009年中国城乡居民粮食消费结构变化

年份	城市				农村			
	口粮(克/日)	饲料粮(克/日)	口粮占食用粮食的比重(%)	饲料粮占食用粮食的比重(%)	口粮(克/日)	饲料粮(克/日)	口粮占食用粮食的比重(%)	饲料粮占食用粮食的比重(%)
1995	366.32	502.09	42.18	57.82	701.64	217.66	76.32	23.68
1996	360.11	511.79	41.30	58.70	701.92	242.51	74.32	25.68
1997	339.54	520.39	39.48	60.52	686.85	263.28	72.29	27.71
1998	338.26	522.47	39.30	60.70	681.92	278.58	71.00	29.00
1999	333.76	556.49	37.49	62.51	678.08	284.40	70.45	29.55
2000	329.61	583.94	36.08	63.92	685.48	315.61	68.47	31.53
2001	321.08	551.59	36.79	63.21	653.70	328.80	66.53	33.47
2002	324.71	645.84	33.46	66.54	647.95	351.83	64.81	35.19
2003	327.77	696.57	32.00	68.00	609.32	352.67	63.34	36.66
2004	327.57	645.90	33.65	66.35	598.08	341.75	63.64	36.36
2005	325.95	706.00	31.59	68.41	572.33	396.93	59.05	40.95
2006	325.95	706.85	31.56	68.44	563.29	417.11	57.46	42.54
2007	329.25	691.26	32.26	67.74	546.58	386.61	58.57	41.43
2008	—	—	—	—	545.48	377.58	59.09	40.91
2009	347.55	641.28	35.15	64.85	518.52	402.48	56.30	43.70

注:《中国城市(镇)生活与价格年鉴》和《中国统计年鉴》均未汇报2008年城镇居民的口粮消费数据。

资料来源:《中国农村住户调查统计年鉴》(历年)、《中国统计年鉴》(2010)。

(二)城镇化对食物用粮需求分析

无论是城镇还是农村,虽然口粮消费下降,但是由于畜产品导致的饲料粮消费增长很快,因此从人均日粮食消费总量来看基本呈上升趋势(见表3)。1995年城镇、农村居民的日食用粮食消费量分别为846.87克、919.31克,至2009年分别为968.39克、921.00克,增幅分别为13.87%、0.18%。

虽然农村居民的人均日粮食消费量增长的幅度很小,但是农村居民的热量消费并没有对应地小幅度上升,反而有所下降。1995~2009年,农村居民的日热量消费从2482.20千卡下降到2266.0千卡,降幅为8.7%。由于热量消费水平是由人体的性别、年龄、劳动强度等生理因素决定的,因此农村居民日热量消费的下降很可能与农村更快的老龄化和劳动强度下降有关。过去二三十年农村青壮年劳动力大量外出，剩余人口中老年人和儿童的比例大幅度上升，人均热量需求和实际摄入量必然相应下降。

对比农村居民的热量和粮食消费可以看到，热量消费的下降并不意味粮食消费的下降。根据表1，单位重量的畜产品提供的热量只略高于谷物，而由于畜产品的饲料转化率决定了粮食需求的水平，因此若要摄取相同的热量，畜产品对应的最终粮食消费远大于谷物。因此，在过去的10多年，农村居民的猪牛羊肉消费量从1995年的11.3公斤上升到2009年的15.3公斤，上涨幅度为35.40%，加上禽蛋等的消费，农村居民的饲料粮需求比重上升了10.02个百分点，取代了因食品消费结构调整导致的口粮消费的下降，对应地，1995~2009年每年农村人均口粮消费下降了67.44公斤，但是最终的粮食消费总量基本保持不变。

同农村居民不一样的是，城镇居民的最终粮食消费总量呈上升趋势，且年均增幅接近1%。根据农村居民的粮食消费情况分析，最终粮食消费数量的增长是由城镇居民畜产品消费增加导致的。城镇居民的热量消费在过去的15年也呈上升趋势，而热量的提供源中，影响粮食需求的食品比重在下降，从1995年的81.33%下降到2009年的75.67%。由此可以推测，城镇居民的热量来源更多是非粮食产品。

对比各类非粮食食品的热量源中，油脂提供的热量水平是谷物或肉类的2.5倍。事实上，城镇居民的植物油消费在1990年就已经达到6.4公斤，而农村居民在2009年才达到6.3公斤。城镇居民在外就餐的比重越来越大，2009年城镇居民的油脂实际消费量远高于9.7公斤的统计数据。

食物中可产生热量的营养素有三大类：蛋白质、脂肪和碳水化合物。城乡居民的热量来源在经济发展过程中的差异也越来越大。目前，我国城镇居民的热量来源已经开始依靠蛋白质和脂肪（畜产品和油类等）的摄入，而谷物（碳水化合物）供应的比重下降很快（见表2和表3）。农村居民的热量源仍主要源自碳水化合物，虽然其畜产品和脂肪的摄入也在增长，正如前面分析到的，城镇居民的消费结构是远超农村居民的。从非粮食产品供应的热量的比重来看，城镇居民从1995年的18.67%上升到2009年的24.33%，而农村从7.04%上升到11.16%。

通过前面的分析，可以基本确定的是：随着收入水平的提高，虽然人们的口粮消费有所下降，但由于畜产品消费的增加，粮食消费的总量无论在农村还是城市均呈上升趋势。然而，同大多数人理解不一致的地方是——农村总的粮食消费水平在2002年以前是要高于城市的。换句话说：如果畜产品消费的增长是导致我国2002年以前食用粮食需求增长的主要原因，则农村显示出比城市更强的贡献率。在此之后，则主要是由城镇居民消费的增长所导致的。

城镇化的过程不仅是农村人口简单地从农村迁移到城市，而是逐渐融入城市，包括改变他们的生活习惯和饮食习惯的过程。如果以 2007 年的水平为例①，一个农村居民从农村来到城市，保持其原有的热量消费水平不变，并按照城市居民的食品消费结构，则其消费的粮食总量为 994.39 克/日，比原有水平增加了 61.2 克/日，约 22.34 公斤/年，但是如果农村居民是根据其原有的消费结构，并达到城市居民的热量水平，则对应地，粮食消费量为 858.29 克/日，比原有的水平减少了 74.9 克/日，约 27.34 公斤/年。

表3　1995～2009 年城乡居民的食物用粮总量及日热量消费情况

年份	城市				农村			
	人均日热量摄入（千卡/日）(1)	人均日最终粮食消费量（克/日）(2)	粮食产品供应热量占总热量的百分比(%)(3)	日粮食热量比(RI)(4)=(2)×1000/[(1)×(3)/100]	人均日热量摄入（千卡/日）(1)	人均日最终粮食消费量（克/日）(2)	粮食产品供应热量占总热量的百分比(%)(3)	日粮食热量比(RI)(4)=(2)×1000/[(1)×(3)/100]
1995	2039.35	846.87	81.33	523.56	2482.20	919.31	92.96	370.36
1996	2058.37	850.71	80.98	523.10	2510.40	944.43	92.71	376.21
1997	2023.92	839.96	79.88	531.89	2509.50	950.13	92.33	378.61
1998	2071.40	840.83	78.85	526.99	2528.30	960.49	92.33	379.90
1999	2140.03	870.61	78.39	530.69	2506.60	962.48	92.34	383.98
2000	2249.58	894.16	77.29	525.44	2605.10	1001.09	91.61	384.28
2001	2113.59	853.79	76.33	540.91	2542.80	982.49	91.04	386.38
2002	2213.70	951.44	77.46	565.99	2591.40	999.77	90.42	385.80
2003	2370.81	1005.06	75.85	569.64	2440.80	961.98	90.68	394.13
2004	2321.87	954.20	74.79	560.59	2365.50	939.83	91.65	397.31
2005	2399.49	1012.78	75.52	569.46	2382.50	969.26	90.59	406.82
2006	2451.58	1013.63	74.85	562.80	2403.70	980.40	90.26	407.87
2007	2393.57	1001.15	74.89	569.33	2332.30	933.19	89.62	400.11
2008	—	—	—	—	2312.60	923.06	89.42	399.15
2009	2456.64	968.39	75.67	531.97	2266.00	921.00	88.84	406.44

资料来源：《中国农村住户调查统计年鉴》（历年）、《中国统计年鉴》（2010）。

---

① 这里用 2007 年的数据而不用 2009 年的数据，主要是由于 2007 年以后的数据不连贯。根据统一口径，2009 年的热量值有很大的增加，但是粮食消费比 2007 年却有所下降，中间 2008 年的部分数据缺失，使得很难找出短短两年内变化的原因。因此，在考察城镇化对粮食消费的影响时，利用了 2007 年的水平进行估计。

四、城镇化对粮食总需求及结构影响的分析与预测

城镇化进程中居民的食品消费结构的调整会影响未来的食用粮食的消费,尤其是对饲料粮的增长有很大的影响。2007年城镇和农村居民的日热量消费水平接近,但粮食消费量却相差近67克/日,约24.46公斤/年,这么大的差异完全是由于食品消费结构导致的。因此,本文以2007年城乡居民的食品以及热量消费水平为基期,对未来的粮食结构需求做简单的分析和预测。

假定中国人口总量在2015年和2020年分别达到14亿人和14.5亿人,而城镇化水平分别达到52.59%和57.59%。那么中国食用粮食总量将达到58767.74万吨和61154.73万吨。其中口粮消费量在2015年为22063.88万吨,占食物用粮的44.17%;饲料粮消费量为27888.69万吨。2020年口粮消费量为22281.25万吨,占食物用粮的比重下降到42.86%;饲料粮增加到29700.27万吨,占食物用粮的57.14%(见表4)。

表4 粮食需求用途结构预测　　　　　　　　　单位:万吨,%

年份	口粮		饲料粮		食物用粮	总粮食需求(假定食物用粮占总粮食消费的比重保持在85%)
	数值	比重	数值	比重	数值	
2015	22063.88	44.17	27888.69	55.83	49952.58	58767.74
2020	22281.25	42.86	29700.27	57.14	51981.52	61154.73

五、结　论

本文从热量需求的角度分析城镇化进程对粮食总需求的影响。通过对比城乡过去近15年的食品消费情况可以得到如下结论:

(1)过去的10多年,我国食物用粮总量的增长主要表现为畜产品需求增长导致的饲料粮需求增长。无论是城市还是农村,随着收入水平的提高,人们肉蛋奶的消费量不断增加,在改善营养摄入源的同时增加了食物用粮的总量并改变了结构。

(2)与城市居民相比,农村居民的食物消费结构相对落后,其热量摄入源主要依赖于碳水化合物。消费结构的差异导致城乡的粮食热量转化率的差异。每摄入1000千卡的热量,城镇居民需要523.56~569.64克的粮食,而农村居民只需要370.36~406.82克。如果城镇化以后的农村居民按照城镇居民的食品消费结构改变自己的饮食习惯,同时大体

保持自己原有的热量摄入水平,则其人均食用粮食将增加22.34公斤/年。

(3) 2020年中国粮食需求总量可能达到6.1亿吨,其中饲料用粮约为2.97亿吨,在粮食用途中排在第一位。

参考文献

[1] 马晓河. 我国中长期粮食供求状况分析及对策思路[J]. 管理世界,1997(3).

[2] 杨月欣,王光亚,潘兴昌. 中国食物成分表2002[M]. 北京:北京大学医学出版社,2002.

[3] 封志明,史登峰. 近20年来中国食物消费变化与膳食营养状况评价[J]. 资源科学,2006(1).

[4] 梁书民,孙庆珍. 中国食物消费与供给中长期预测[J]. 中国食物与营养,2006(2).

[5] 封志明. 中国未来人口发展的粮食安全与耕地保障[J]. 人口研究,2007(3).

[6] 许世卫. 中国食物发展与区域比较研究[M]. 北京:中国农业出版社,2001.

中国与金砖国家农产品贸易：
比较优势与合作潜力*

汤 碧

【摘 要】 近年来，中国与其他金砖国家农产品贸易迅速增长，金砖国家是中国开拓农产品市场、实现出口多元化战略意图的重要对象，也是中国资源性农产品的主要进口来源地。本文利用显示性比较优势指数、贸易结合度指数、产品相似度指数及贸易互补性指数测算了中国与其他金砖国家农产品贸易的竞争性和互补性。研究发现，巴西、印度、俄罗斯和南非是近年来中国农产品贸易逆差的主要来源，中国与巴西、印度、俄罗斯和南非农产品贸易的竞争性并不十分突出且趋于缓和，中国与其他金砖国家的农产品贸易存在互补性并具有较大贸易潜力。

【关键词】 中国；金砖国家；农产品贸易；竞争性；互补性

一、引 言

2008年金融危机后，世界经济发展渐缓，以金砖国家为主的新兴经济体在世界经济中的地位越来越重要，中国作为金砖国家的一员，与其他金砖国家之间的贸易联系越来越紧密。然而，金砖国家都是出口导向型国家，在全球贸易中亦存在一定竞争性。已有许多专家就中国与其他金砖国家的贸易关系进行研究。对于中国与金砖国家的贸易互补性与竞争性文献大多数从整体产业的角度进行分析，如蔡春林（2008）、桑百川和李计广

---

* 本文受国家自然科学基金（编号：70703004）、国家自然科学基金（编号：71241001）、国家社科重大项目（编号：11&ZD007）、教育部人文社会研究青年项目（编号：12YJC790170）、对外经济贸易大学学术创新团队资助项目和对外经济贸易大学"211工程"三期建设项目资助。
作者：汤碧，对外经济贸易大学国际经济研究院。
本文引自《农业经济问题》（月刊）2012年第10期。

(2011)、吕宏芬（2012）、武敬云（2012）。多数文献都认为，中国与其他金砖国家仍存在激烈的贸易竞争性，这是因为金砖国家多为出口导向型的发展中国家，在制造业进出口贸易中，也多数处于全球价值链的下游，竞争比较激烈。赖平耀和武敬云（2012）认为金砖国家之间互补性关系占主导地位，但具有非对称性特点，但是这些国家之间，尤其是中国与印度之间的贸易竞争不仅产业数量多，而且竞争程度激烈，金砖国家应该巩固各自的优势，充分发挥贸易互补性。以上研究多采用 Balassa（1965，1989）提出的 RCA 指数以及布朗（1947）提出后经日本学者小岛清（1958）等进一步研究与完善的贸易结合度指数来研究比较优势与合作密切度，采用 Finger 和 Kreinin（1979）提出的出口相似度指数考察竞争性，采用于津平（2003）构建的综合性互补指数计算贸易互补程度。

中国与其他金砖国家都是世界上重要的农业大国，农产品贸易是金砖国家对外贸易中极其重要的一部分，而且金砖国家在农产品生产上各具特色，具有明显的比较优势。一些学者对中国与单个金砖国家的农产品贸易进行研究，如朱晶（2006）分析了中印农产品贸易互补性及贸易潜力，刘林青和周潞（2010）对非洲农产品的国际竞争力及与中国贸易互补性进行了分析，但是到目前为止没有关注金砖国家整体农产品贸易的文献，随着金砖国家整体实力的提高和国际地位的上升，金砖国家之间农产品贸易的优势和潜在合作空间日趋重要。本文从中国与其他金砖国家的农产品贸易角度切入，分析金砖国家农产品贸易的比较优势和潜在合作空间，并对扩大中国与其他金砖国家的农产品贸易提出建议。

二、中国与其他金砖国家农产品贸易现状

（一）中国与其他金砖国家农产品贸易增长迅速且中国处于逆差地位

从图 1 可以看出，中国与其他金砖国家的农产品贸易基本呈增长趋势，2011 年，中国与其他金砖国家农产品贸易额达到 263.63 亿美元，占中国农产品对外贸易的 15%。同时，中国与其他金砖国家的贸易多年来以逆差为主，2011 年中国的农产品贸易逆差为 164.9 亿美元，而中国与其他金砖国家的农产品贸易逆差就高达 173.39 亿美元。由此可见，中国与其他金砖国家的农产品贸易逆差是中国农产品对外贸易逆差的主要来源，金砖国家在中国农产品贸易中占重要地位。

根据表 1 可以发现，2001 年中国与巴西、俄罗斯的农产品贸易额相近，与印度贸易额次之，中国与这三国农产品贸易均为逆差，中国与南非贸易额较少且为顺差。经过 10 年的发展，2011 年中国与巴西的农产品贸易额最大，为 166.22 亿美元，占中国与其他金砖国家农产品贸易的 63.05%；中国与印度的农产品贸易额次之，为 53.37 亿美元，占中国与其他金砖国家农产品贸易的 20.25%；中国与俄罗斯、南非的农产品贸易额增速相对较慢，2011 年分别为 37.36 亿美元、6.67 亿美元，占中国与其他金砖国家农产品贸易的

比重分别为14.17%、2.53%。值得注意的是,中国与巴西、印度的农产品贸易逆差不断扩大;与俄罗斯的农产品贸易逆差呈现不断缩小的趋势,近两年开始出现顺差;中国与南非的农产品贸易则一直保持较稳定的顺差,但金额不大。

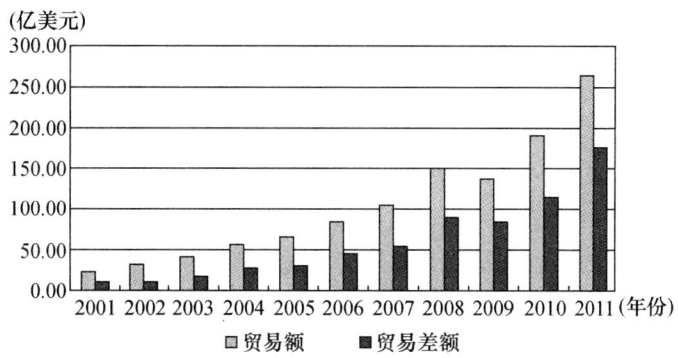

图1 2001~2011年中国与其他金砖国家农产品贸易额、贸易差额

资料来源:根据UNcomtrade数据库整理。

表1 2001~2011年中国与其他金砖国家农产品贸易基本情况 单位:亿美元,%

年份	巴西			俄罗斯			印度			南非		
	贸易额	增长率	贸易差额	贸易额	增长率	贸易差额	贸易额	增长率	贸易差额	贸易额	增长率	贸易差额
2001	8.12		-7.53	8.14		-2.92	5.59		-0.66	0.97		0.19
2002	11.93	46.94	-11.04	11.41	40.22	-2.11	5.75	2.95	1.05	1.25	28.84	0.63
2003	21.60	81.04	-20.78	13.18	15.53	-1.10	6.32	9.82	1.26	1.97	57.49	1.40
2004	29.11	34.73	-27.97	14.74	11.85	-2.28	9.86	56.05	1.08	1.59	-19.29	0.93
2005	31.29	7.49	-29.24	18.91	28.26	-4.02	11.91	20.74	1.55	2.17	36.14	0.81
2006	39.85	27.36	-36.63	22.61	19.62	-3.11	19.84	66.61	-6.07	2.73	26.06	1.28
2007	50.08	25.70	-46.81	27.22	20.36	-1.58	22.22	12.00	-6.51	3.59	31.54	1.17
2008	92.86	85.40	-83.23	27.69	1.72	1.23	25.41	14.37	-10.03	3.80	5.61	1.24
2009	87.52	-5.75	-81.44	24.74	-10.66	-1.00	20.40	-19.71	-2.57	4.48	18.01	1.23
2010	115.29	31.73	-99.38	29.68	19.97	1.94	40.71	99.51	-19.20	5.32	18.74	1.02
2011	166.22	44.18	-145.81	37.36	25.90	3.52	53.37	31.11	-32.31	6.67	25.48	1.22

资料来源:根据UNcomtrade数据库计算。下同。

(二)中国与金砖国家农产品贸易主要出口劳动密集型农产品

根据UNcomtrade数据库,商品标准分类为HS两位码的数据,对2011年中国与其他4个金砖国家的农产品贸易额进行分析,可得:

中国与巴西在52章(棉花)、23章(食品工业残渣及废料,配制饲料)、20章(蔬菜、水果或植物其他部分的制品)上双边贸易密切,这三类产品在中巴农产品双边贸易中占有非常重要的位置。中国从巴西进口的农产品多为土地资源密集型农产品,如 12 章(油籽,子仁,工业药用植物,饲料)、17 章(糖及糖食)与 24 章(烟草、烟草及烟草代用品制品)等土地资源密集型农产品;中国对巴西的出口则多为劳动密集型农产品,符合我国劳动力比较优势,如 03 章(鱼及其他水生无脊椎动物)、07 章(食用蔬菜、根及块茎)、50 章(蚕丝)、11 章(制粉产品,麦芽,淀粉等,面筋)等均为中国对巴西出口的重要农产品。

中国与俄罗斯农产品贸易的前 10 位中有 5 个行业相同,主要为劳动密集型农产品,分别为 03 章(鱼及其他水生无脊椎动物)、08 章(食用水果及坚果,甜瓜等水果的果皮)、12 章(油籽,子仁,工业药用植物,饲料)、07 章(食用蔬菜、根及块茎)、16 章(肉、鱼及其他水生无脊椎动物制品),这 5 个行业中既有劳动密集型农产品,又有土地资源密集型农产品。在与俄罗斯的农产品贸易中,中国在土地资源密集型农产品上更具优势,如 52 章(棉花)是中俄农产品贸易中的重要部分;而俄罗斯自然环境因素使其更趋于发展林业与畜牧业。

中国与印度的农产品贸易与中俄农产品贸易有一定的相似性,中印在 52 章(棉花)、07 章(食用蔬菜、根及块茎)、53 章(其他植物纤维)、09 章(咖啡、茶、马黛茶及调味香料)、13 章(虫胶,树胶,脂及其他植物液、汁)上互为主要贸易伙伴,这些多数是劳动密集型农产品。中国出口印度以劳动密集型农产品为主,土地资源密集型农产品具有一定地位,如 52 章(棉花)与 17 章(糖及糖食),而印度出口则绝大多数为劳动密集型农产品,土地资源密集型农产品较少。因此,中国与印度的农产品贸易以劳动密集型农产品为主,中国在土地资源密集型农产品上更具有比较优势。

中国与南非农产品贸易中产业内贸易较少,中国与南非农产品贸易的前 10 位中仅 03 章(鱼及其他水生无脊椎动物)、52 章(棉花)、20 章(蔬菜、水果或植物其他部分的制品)相同,既有劳动密集型农产品,又有土地资源密集型农产品。尽管中国与南非的农产品贸易发展较晚,增长率低于中国与其他金砖国家的农产品贸易,但具有较大的潜力。

根据上述分析,可以看出中国对其他金砖国家的出口主要集中在劳动密集型农产品行业。巴西与南非出口中国的农产品主要为土地密集型农产品,印度与俄罗斯对中国的农产品出口主要为劳动密集型农产品。中国与巴西、南非的农产品贸易互补性较大,与俄罗斯、印度的农产品贸易则具有一定的竞争性。

三、中国与其他金砖国家农产品贸易的比较优势和密切程度

(一)显示性比较优势分析

比较优势是贸易双方交易产生的重要基础,在农产品领域尤其如此。中国和其他金砖

国家由于地理位置、气候条件、人力资源、文化传承等禀赋的差异,在不同类别的产品上会各有比较优势或劣势,从而会产生对双方都有利的互惠贸易。显示性比较优势(RCA)指数由美国经济学家 Balassa(1965,1989)提出并得到了广泛应用。显示性比较优势指数是指一个国家某种商品出口额占其出口总值的份额与世界出口总额中该类商品出口额所占份额的比率,用公式表示为:$RCA_{ij} = \dfrac{X_{iw}^k / X_{iw}^t}{X_{ww}^k / X_{ww}^t}$,其中,$X_{iw}^k$ 表示国家 i 产品 k 的出口额,X_{iw}^t 表示国家 i 的出口总额,X_{ww}^k 表示产品 k 的世界出口额,X_{ww}^t 表示世界出口总额。一般认为,如果 $RCA > 2.5$,则表明 i 国在 k 产品上具有极强的竞争优势;如果 $1.25 < RCA \leqslant 2.5$,则具有较强的竞争优势;如果 $0.8 \leqslant RCA \leqslant 1.25$,则具有中等竞争优势;如果 $RCA < 0.8$,表明竞争力较弱。

表2 2010年中国与其他金砖国家农产品的显示性比较优势分析

HS 编码		中国	俄罗斯	巴西	印度	南非
第01章	活动物	0.25	0.01	3.07	0.05	0.38
第02章	肉及食用杂碎	0.10	0.01	9.66	1.29	0.30
第03章	鱼及其他水生无脊椎动物	1.11	1.07	0.20	1.95	1.26
第04章	乳、蛋、蜂蜜,其他食用动物产品	0.06	0.09	0.33	0.24	0.25
第05章	其他动物产品	1.92	0.12	5.03	0.74	0.50
第06章	活植物,茎、根,插花、簇叶	0.11	0.00	0.12	0.24	0.75
第07章	食用蔬菜、根及块茎	1.30	0.05	0.02	1.20	0.24
第08章	食用水果及坚果,甜瓜等水果的果皮	0.35	0.01	0.90	1.01	6.06
第09章	咖啡、茶、马黛茶及调味香料	0.45	0.09	11.73	3.90	0.26
第10章	谷物	0.06	1.11	2.43	2.44	0.85
第11章	制粉产品,麦芽、淀粉等,面筋	0.38	0.25	0.26	0.38	1.79
第12章	油籽,子仁,工业药用植物,饲料	0.30	0.05	12.96	1.13	0.54
第13章	虫胶,树胶、脂及其他植物液、汁	1.13	0.01	1.06	8.20	0.16
第14章	编结用植物材料,其他植物产品	0.71	0.27	1.19	5.31	0.17
第15章	动植物油脂、蜡,精制食用油脂	0.04	0.35	1.60	0.62	0.47
第16章	肉、鱼及其他水生无脊椎动物制品	1.55	0.12	3.10	0.54	0.29
第17章	糖及糖食	0.24	0.10	23.06	1.66	1.40
第18章	可可及可可制品	0.05	0.29	0.85	0.05	0.51
第19章	谷物粉、淀粉等或乳的制品,糕饼	0.24	0.20	0.27	0.36	0.39
第20章	蔬菜、水果或植物其他部分的制品	1.14	0.06	3.26	0.40	2.15
第21章	杂项食品	0.32	0.25	1.85	0.46	1.09

续表

HS 编码		中国	俄罗斯	巴西	印度	南非
第 22 章	饮料、酒及醋	0.11	0.14	1.00	0.13	2.74
第 23 章	食品工业残渣及废料，配制饲料	0.34	0.22	7.02	2.58	0.46
第 24 章	烟草、烟草及烟草代用品制品	0.29	0.42	6.23	1.77	1.51
第 50 章	蚕丝	4.86	0.00	0.83	7.10	0.01
第 51 章	羊毛等动物毛	1.86	0.05	0.22	0.80	4.79
第 52 章	棉花	2.29	0.03	1.39	8.63	0.09
第 53 章	其他植物纤维	2.80	0.21	1.04	8.04	0.09

根据表 2 列出的金砖五国 28 类农产品显示性比较优势指数可以看出，在金砖五国中，巴西农产品出口的整体比较优势最强，绝大部分农产品都具有较强的比较优势，其中还不乏一些极具竞争优势的农产品；俄罗斯在农产品出口上的比较优势最弱，只有鱼及其他水生无脊椎动物和谷物这两类农产品的 RCA 指数大于 1。这与两国地理位置不同有关：巴西土地广阔、温度适宜、水源充足，具有得天独厚的自然资源优势；俄罗斯气候寒冷，森林资源丰富，但是总体农业发展水平落后，食品基本依赖进口。

中国具有比较优势的农产品是 03 章（鱼及其他水生无脊椎动物）、05 章（其他动物产品）、07 章（食用蔬菜、根及块茎）、13 章（虫胶，树胶、脂及其他植物液、汁）、16 章（肉、鱼及其他水生无脊椎动物制品）、20 章（蔬菜、水果或植物其他部分的制品）、50 章（蚕丝）、51 章（羊毛等动物毛）、52 章（棉花）、53 章（其他植物纤维）。

俄罗斯具有比较优势的农产品是 03 章（鱼及其他水生无脊椎动物）和 10 章（谷物）。

巴西除了 03 章（鱼及其他水生无脊椎动物）、04 章（乳，蛋，蜂蜜，其他食用动物产品）、07 章（食用蔬菜、根及块茎）等类型农产品上不具比较优势外，其他大部分农产品都具有较强竞争力，尤其是在 09 章（咖啡、茶、马黛茶及调味香料）、12 章（油籽，子仁，工业药用植物，饲料）和 17 章（糖及糖食）上，RCA 指数都在 10 以上。

印度具有比较优势的农产品是 02 章（肉及食用杂碎）、03 章（鱼及其他水生无脊椎动物）、07 章（食用蔬菜、根及块茎）、08 章（食用水果及坚果，甜瓜等水果的果皮）、09 章（咖啡、茶、马黛茶及调味香料）、10 章（谷物）、12 章（油籽，子仁，工业药用植物，饲料）、13 章（虫胶，树胶、脂及其他植物液、汁）、14 章（编结用植物材料，其他植物产品）、17 章（糖及糖食）、23 章（食品工业残渣及废料，配制饲料）、24 章（烟草、烟草及烟草代用品制品）、50 章（蚕丝）、52 章（棉花）和 53 章（其他植物纤维）。

南非具有比较优势的农产品是 03 章（鱼及其他水生无脊椎动物）、08 章（食用水果及坚果，甜瓜等水果的果皮）、11 章（制粉产品，麦芽，淀粉等，面筋）、17 章（糖及糖食）、20 章（蔬菜、水果或植物其他部分的制品）、21 章（杂项制品）、22 章（饮料、酒及醋）、24 章（烟草、烟草及烟草代用品制品）和 51 章（羊毛等动物毛）。

中国与其他金砖国家农产品 RCA 指数的差异，体现出中国在劳动密集型农产品上具有比较优势，其他金砖国家除了在劳动密集型农产品上有比较优势外，还在资本和土地密集型农产品上也具有较强的国际竞争力，这为中国与其他金砖国家发展农产品贸易奠定了坚实的基础。

（二）贸易结合度分析

双边贸易结合度是指一个国家对某一贸易伙伴国的出口占该国出口总额的比重，与该贸易伙伴国进口总额占世界进口总额的比重之比，它最早由经济学家布朗（1947）提出，之后经过日本学者小岛清（1958）等进一步研究与完善，明确了双边贸易结合度在统计学和经济学上的某种意义。本文用它反映了中国与其他金砖国家在农产品贸易方面的互相依存的程度，数值越大，表明这两国在贸易方面的联系越紧密。

贸易结合度指数是用来衡量两国在贸易方面相互依存度的一个比较综合性的指标，用公式表示为：$TII_{ab} = \dfrac{X_{ab}/X_a}{M_b/M_w}$，其中，$TII_{ab}$ 表示 a 国对 b 国的农产品贸易结合度，X_{ab} 表示 a 国对 b 国出口的农产品贸易额，X_a 表示 a 国出口农产品总额，M_b 表示 b 国农产品进口总额，M_w 表示世界农产品进口总额。$TII_{ab} > 1$，表明两国农产品贸易联系紧密，TII_{ab} 值越大，表明两国农产品贸易关系越紧密；$TII_{ab} < 1$，则表明两国农产品贸易联系不紧密。

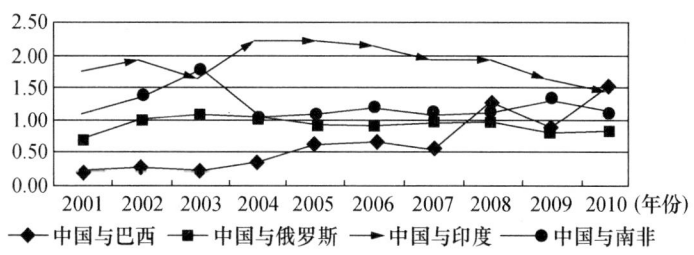

图 2　中国与其他金砖国家的贸易结合度指数的变化

从图 2 中贸易结合度指数的变化可以看出，中国与巴西的贸易结合度指数上升最快，从 2001 年的 0.09 迅速增加到 2010 年的 1.53，增长了 16 倍，说明在过去 10 年，中国与巴西之间的农产品贸易有了很大发展。中国与印度农产品的贸易结合度指数则经历了一个先上升后下降的过程，2001 年中国与印度农产品的贸易结合度指数为 1.74，是同期与其他金砖国家中贸易关系最紧密的，到 2010 年，中国与印度的农产品贸易结合度指数下降到 1.41，巴西取代印度成为金砖国家中与中国农产品贸易最紧密的国家。中国与南非和俄罗斯在农产品方面的贸易关系相对稳定。2010 年中国与巴西、印度和南非的贸易结合度指数大于 1，与俄罗斯的贸易结合度指数小于 1，说明中国农产品贸易与巴西、印度和南非联系相对紧密，与俄罗斯联系则相对较弱。

四、中国与其他金砖国家农产品贸易竞争性分析

金砖国家作为世界上重要的农业大国，农产品贸易是金砖国家对外贸易中极其重要的一部分，中国与其他金砖国家的农产品出口贸易可能存在很大的相似性。对此，本文对金砖国家农产品的出口产品相似度指数和市场出口结构进行分析，以考察中国与金砖国家在农产品结构和出口市场上的竞争程度。

(一) 中国与其他金砖国家农产品出口相似度分析

由于出口的产品结构存在差异，出口国之间贸易总量的比较并不能全面反映出口国之间的竞争程度。本文采用 Finger 和 Kreinin（1979）提出的出口产品相似度指数（Export Similarity Index）来衡量任意两个金砖国家在第三市场或世界市场上出口农产品的相似程度和直接竞争程度。出口相似度指数的定义为：$S^P(ij, w) = [\sum M_{in}(X_{iw}^k / X_{iw}^t), (X_{jw}^k / X_{jw}^t)] \times 100$，其中，$S^P(ij, w)$ 表示 i 国和 j 国出口到 w 市场的产品出口相似度指数，X_{iw}^k 和 X_{jw}^k 分别表示国家 i 和国家 j 产品 k 的出口额，X_{iw}^t 和 X_{jw}^t 分别表示国家 i 和国家 j 的出口总额。该指数的变动范围在 0~100。为了调整国家规模相差过大带来的问题，Glick 和 Rose（1998）对这个指数进行了修正，修正后的产品相似性指数为：

$$S^P(ij, k) = \left\{ \sum_k \left[\frac{(X_{iw}^k / X_{iw}^t) + (X_{jw}^k / X_{jw}^t)}{2} \right] \times \left(1 - \left| \frac{(X_{iw}^k / X_{iw}^t) - (X_{jw}^k / X_{jw}^t)}{(X_{iw}^k / X_{iw}^t) + (X_{jw}^k / X_{jw}^t)} \right| \right) \right\} \times 100$$

一般认为，$S^P(ij, k)$ 指数为 100 时，表明两国的出口商品结构完全相同；相反，指数为 0 时，则两国对第三市场或者世界市场的商品结构完全不同。同时，如果这个指数随着时间上升，则表明两国的出口结构趋于收敛，意味着这两个国家在第三市场上的竞争会更加激烈；如果出口相似度指数下降，则意味着两国在第三市场上的专业化分工程度正在上升，表明两国在第三国或者世界市场上的竞争趋于缓和。

根据表 3 计算的中国与其他金砖国家农产品出口相似度指数可以看出，中国与其他金砖国家出口到世界的农产品相似度指数是比较高的，但是随着时间的推移有下降趋势，说明中国与其他金砖国家出口的农产品竞争性降低了。分国别看，中国与印度农产品在国际市场上的竞争最激烈，产品相似度指数下降幅度也最小，这主要由于在金砖国家中，中国与印度农产品生产的资源禀赋差异性最小；中国与巴西农产品出口相似度指数十年来一直较低，中巴在农产品的出口种类上差异较大，两国农产品结构互补性较强；中国与俄罗斯和南非农产品的出口结构没有出现明显的收敛趋势，中俄产品出口相似度指数虽然在 2001 年较高，超过中国与南非，但是却下降得很快，到 2010 年，中俄农产品出口相似度指数在金砖国家中仅高于中巴，说明中俄农产品贸易有较大的发展潜力。

表3 中国与其他金砖国家农产品出口相似度指数

年份	中国—巴西	中国—俄罗斯	中国—印度	中国—南非
2001	36.88	54.26	63.27	49.26
2002	35.09	46.44	65.44	50.62
2003	34.00	49.05	69.22	48.00
2004	33.89	46.67	62.86	46.01
2005	32.06	42.96	65.50	44.08
2006	32.51	40.37	62.58	44.75
2007	36.70	32.41	60.07	43.00
2008	34.26	31.41	57.45	43.05
2009	32.54	36.86	60.95	41.92
2010	29.60	35.65	60.79	42.36

（二）中国与其他金砖国家农产品出口市场竞争性分析

中国与其他金砖国家农产品贸易增长较快，除产品结构外，金砖国家出口的农产品在第三国市场上也会存在竞争。从中国和其他金砖国家农产品主要出口市场和贸易伙伴来看，欧盟、美国、日本、东盟是中国和其他金砖国家农产品主要的出口市场，中国与其他金砖国家农产品出口市场有很强的相似性。表4显示，中国是其他金砖国家的重要农产品出口市场，中国农产品主要出口东亚国家和地区，如东盟、日本、中国香港、韩国，此外，欧盟和美国也是中国农产品的主要出口市场；巴西农产品主要出口中国、东盟、日本等东亚市场，欧盟、俄罗斯和美国也是巴西农产品的重要出口市场；俄罗斯农产品出口市场主要集中在其周边的欧盟、中国、乌克兰、韩国、哈萨克斯坦；印度农产品的主要出口市场有东盟、欧盟、中国、孟加拉国、阿联酋及美国；南非农产品的主要出口市场除欧盟、东盟、美国和日本外，还有其周边的津巴布韦和莫桑比克。

表4 金砖国家农产品出口市场比较　　　　　　单位：%

中国出口	占比	巴西出口	占比	俄罗斯出口	占比	印度出口	占比	南非出口	占比
东盟	16.11	欧盟	24.78	欧盟	12.38	东盟	13.95	欧盟	36.40
日本	14.78	中国	14.69	中国	11.85	欧盟	13.84	津巴布韦	7.30
欧盟	13.03	俄罗斯	6.35	埃及	11.07	中国	11.35	莫桑比克	4.94
中国香港	12.18	东盟	5.49	韩国	10.51	孟加拉国	6.40	东盟	4.14
美国	9.45	美国	4.75	乌克兰	7.43	阿联酋	6.37	美国	3.55
韩国	6.93	日本	3.31	哈萨克斯坦	6.34	美国	6.15	日本	3.24

金砖五国农产品出口除了各自具有地缘优势的市场外，基本都在欧盟、东盟、美国和日本4个市场上存在竞争关系，中国对这4个市场农产品出口占中国农产品出口总额的53.37%，巴西对这4个市场的农产品出口占巴西农产品出口总额的38.33%，印度与南非的比例分别为33.94%和47.33%。

虽然中国与其他金砖国家在农产品出口市场上存在较大范围的重叠，但从5国出口4大市场的产品来看，却存在很大的差异性。具体来说，中国与其他金砖国家出口到欧盟市场的农产品并不相同，仅在03章（鱼及其他水生无脊椎动物）、08章（食用水果及坚果，甜瓜等水果的果皮）、12章（油籽，子仁，工业药用植物，饲料）与其他金砖国家在欧盟市场上存在竞争。中国与其他金砖国家在东盟市场的竞争性则较在欧盟市场明显一些，在03章（鱼及其他水生无脊椎动物）、07章（食用蔬菜、根及块茎）、12章（油籽，子仁，工业药用植物，饲料）、24章（烟草、烟草及烟草代用品制品）和52章（棉花）上都存在竞争。中国与其他金砖国家在美国市场的出口产品结构差异较大，只有在03章（鱼及其他水生无脊椎动物）、09章（咖啡、茶、马黛茶及调味香料）、20章（蔬菜、水果或植物其他部分的制品）、21章（杂项食品）存在竞争性。相比较而言，中国与其他金砖国家在日本市场上的竞争性最小，仅在03章（鱼及其他水生无脊椎动物）、12章（油籽，子仁，工业药用植物，饲料）、23章（食品工业残渣及废料，配制饲料）存在一定竞争，这可能是由于中国较其他金砖国家在地理上与日本具有"天然的贸易伙伴"关系。

五、中国与其他金砖国家农产品贸易合作空间分析

贸易产品的竞争和互补主要取决于贸易双方的经济发展水平和资源禀赋所影响的产业结构。尽管中国与其他金砖国家在农产品贸易方面有一定的竞争性，但由于资源禀赋的不同，其产品结构也存在较大差异，而产品的差异性在一定程度上会使金砖国家在农产品贸易上是互补的。中国与其他金砖国家农产品贸易存在的互补性将为其进一步开展双边合作提供基础。

（一）中国与其他金砖国家农产品贸易互补性

反映两个贸易伙伴之间一方的出口结构与另一方的进口结构在多大程度上相配，常使用贸易互补性指数，本文采用于津平（2003）构建的综合性互补指数来分析中国和其他金砖国家农产品贸易的互补性，该互补性指数用公式表示为：$C_{ij} = \sum_k [C_{ij}^k \times (W_k/W)]$，其中，$C_{ij}$ 表示国家 i 出口与国家 j 进口之间的贸易互补性指数，单个产品的贸易互补性指数为 $C_{ij}^k = RCA_{xik} \times RCA_{mjk}$，$RCA_{xik}$ 表示用出口来衡量的国家 i 在产品 k 上的比较优势，RCA_{mjk} 表示用进口来衡量的国家 j 在产品 k 上的比较劣势。$RCA_{xik} = (X_{ik}/X_i)/(W_k/W)$，$RCA_{mjk} =$

$(M_{jk}/M_j)/(W_k/W)$，X_{ik} 为 i 国 k 类产品的出口额，X_i 为 i 国所有产品的出口总额，M_{jk} 为 j 国 k 类产品的进口额，M_j 为 j 国所有产品的进口总额。RCA_{mjk} 越大表示国家 j 在产品 k 上的进口比例越大，说明该国在此产品生产上处于比较劣势。如果国家 i 在产品 k 上的比较优势明显（RCA_{xik} 大），而国家 j 在产品 k 上比较劣势明显（RCA_{mjk} 大），则在产品 k 的贸易上 i 国的出口与 j 国的进口呈互补性。在多种产品（行业）存在的情况下，两国贸易的综合性互补指数可用各产品（行业）所呈现的互补性指数的加权平均来计算，加权系数为世界贸易中各类产品的贸易比重（W_{kj}/W）。$C_{ij}>1$，就表示 i 国产品的相对出口份额和 j 国的相对进口份额匹配程度较高，存在互补性。C_{ij} 越大，两国的贸易互补性越强；反之，C_{ij} 越小，两国的贸易互补性越弱。

表5 中国与其他金砖国家农产品的贸易互补性指数

年份	中国出口与其他金砖国家进口互补性指数				中国进口与其他金砖国家出口互补性指数			
	中—巴	中—俄	中—印	中—南非	巴—中	俄—中	印—中	南非—中
2001	0.78	2.75	0.84	0.64	2.73	0.16	1.91	0.98
2002	0.82	2.52	0.79	0.66	2.37	0.18	1.52	1.00
2003	0.78	2.08	0.70	0.59	2.45	0.18	1.33	0.92
2004	0.50	1.64	0.51	0.54	2.83	0.14	1.44	0.94
2005	0.45	1.61	0.41	0.48	2.54	0.16	1.20	0.89
2006	0.46	1.40	0.33	0.45	2.52	0.16	1.17	0.74
2007	0.40	1.06	0.30	0.44	2.56	0.22	1.20	0.67
2008	0.33	0.87	0.19	0.38	2.90	0.18	1.30	0.81
2009	0.34	0.99	0.25	0.41	2.69	0.23	0.79	0.83
2010	0.35	0.92	0.26	0.42	2.77	0.18	1.05	0.82

根据表5可以看出，中国农产品出口与巴西、印度和南非农产品进口的贸易互补性指数一直都小于1，说明中国出口到这三个金砖国家的农产品互补性总体低于世界水平。中国农产品出口与俄罗斯农产品进口的贸易互补性指数在2008年以前均大于1，2008年以后则都小于1，但是与其他金砖国家相比，互补性指数相对较高，说明中国与俄罗斯农产品贸易存在较大的发展空间，俄罗斯是中国可以实施农业"走出去"战略的潜在目的地，尤其是俄罗斯加入WTO后，其农产品关税的下降为中国农产品出口俄罗斯市场创造了有利的条件。2001~2010年，中国出口与其他金砖国家进口的贸易互补性一路下滑，这主要是中国的农产品出口比较优势逐渐下降造成的。中国社会科学院发布的《农村经济绿皮书2010》指出，加入WTO以来，中国农产品出口增长较快，已经成为世界第五大农产品出口国，但是农产品的竞争力并没有显著增强，某些农产品的国际竞争力甚至出现下降。这主要是中国资源禀赋的变化使制造业产品的比较优势显著提高，农产品的比较优势相对削弱。

其他金砖国家农产品出口与中国农产品进口的贸易互补性指数则相对大得多（俄罗斯除外），尤其是巴西农产品出口相对中国农产品进口的贸易互补性指数在各个年份均大于2，说明巴西出口到中国的农产品贸易互补性很强。印度农产品出口相对于中国农产品进口的贸易互补性指数除2009年以外均大于1，说明印度对中国农产品出口存在较大的互补性。中国农产品出口与南非农产品进口的贸易互补性指数和南非农产品出口与中国农产品进口的贸易互补性指数都小于1，说明中国与南非农产品总体贸易互补性不强。

（二）中国与其他金砖国家农产品贸易分类别互补性

（1）中国与巴西农产品分类别贸易互补性。从各个类别的农产品贸易互补性来看，中国出口与巴西进口存在互补性的农产品类别主要有8类，分别是：03章（鱼及其他水生无脊椎动物）、05章（其他动物产品）、07章（食用蔬菜、根及块茎）、11章（制粉产品，麦芽，淀粉等，面筋）、13章（虫胶、树胶、脂及其他植物液、汁）、50章（蚕丝）、52章（棉花）和53章（其他植物纤维）。巴西出口与中国进口存在互补性的农产品类别主要有10类，分别是：02章（肉及食用杂碎）、05章（其他动物产品）、12章（油籽，子仁，工业药用植物，饲料）、14章（编结用植物材料，其他植物产品）、15章（动植物油脂、蜡，精制食用油脂）、17章（糖及糖食）、23章（食品工业残渣及废料，配制饲料）、24章（烟草、烟草及烟草代用品制品）、52章（棉花）和53章（其他植物纤维）。

（2）中国与俄罗斯农产品分类别贸易互补性。中国出口与俄罗斯进口存在互补性的农产品类别主要有8类，分别是：03章（鱼及其他水生无脊椎动物）、05章（其他动物产品）、07章（食用蔬菜、根及块茎）、08章（食用水果及坚果，甜瓜等水果的果皮）、13章（虫胶，树胶、脂及其他植物液、汁）、20章（蔬菜、水果或植物其他部分的制品）、52章（棉花）、53章（其他植物纤维）。俄罗斯出口与中国进口存在互补性的农产品类别只有03章（鱼及其他水生无脊椎动物）。

（3）中国与印度农产品分类别贸易互补性。中国出口与印度进口存在互补性的农产品类别主要有7类，分别为：03章（鱼及其他水生无脊椎动物）、09章（咖啡、茶、马黛茶及调味香料）、13章（虫胶，树胶、脂及其他植物液、汁）、14章（编结用植物材料，其他植物产品）、50章（蚕丝）、52章（棉花）和53章（其他植物纤维）。印度出口与中国进口存在互补性的农产品主要有9类，分别为：03章（鱼及其他水生无脊椎动物）、12章（油籽，子仁，工业药用植物，饲料）、13章（虫胶，树胶、脂及其他植物液、汁）、14章（编结用植物材料，其他植物产品）、23章（食品工业残渣及废料，配制饲料）、50章（蚕丝）、51章（羊毛等动物毛）、52章（棉花）和53章（其他植物纤维）。

（4）中国与南非农产品分类别贸易互补性。中国出口与南非进口存在互补性的农产品类别主要有4类，分别为：03章（鱼及其他水生无脊椎动物）、08章（食用水果及坚果，甜瓜等水果的果皮）、20章（蔬菜、水果或植物其他部分的制品）和51章（羊毛等动物毛）。南非出口与中国进口存在互补性的农产品主要有3类，分别为：08章（食用水果及坚果,甜瓜等水果的果皮)、12章(油籽,子仁,工业药用植物,饲料)和51章(羊毛等动物毛)。

综上所述,中国出口与其他金砖国家进口存在互补性的农产品主要是劳动密集型和资本技术密集型农产品,中国进口与其他金砖国家出口存在互补性的农产品则主要是资源密集型和土地密集型农产品(印度除外,为劳动密集型农产品)。此外,在中国出口金砖国家和金砖国家出口中国的农产品中,有些是一致的,说明中国与其他金砖国家农产品的产业内贸易有了较大的发展,中国与其他金砖国家之间的农产品贸易存在较大的合作与发展空间。

六、政策建议

综合以上分析,中国与其他金砖国家在农产品出口上虽然存在一定的竞争性,但这种竞争性却随着产品出口相似度指数的下降和出口产品的结构差异而出现缓和的态势;同时,对互补性的研究还发现,金砖国家之间的农产品贸易在某些产品上互补性较强,中国应充分利用这一优势,发展有竞争优势的农产品,深入拓展与其他金砖国家农产品贸易的合作空间。

第一,应加强中国对农业的科技投入、劳动力培训与机器设备支持,并结合政策鼓励来推动本国农业的发展,提高中国农产品在世界市场上的竞争力,改变中国农产品的既定印象,使中国农产品贸易保质保量地稳步发展。随着中国农产品竞争力的提升,中国将在与其他金砖国家的农产品贸易中更具优势。

第二,加大与金砖国家在互补性较强的产业上的贸易。金砖国家在农产品生产上各具优势,如巴西的生态农业和中国的种植业、养殖业就有明显的互补性;根据各国资源禀赋的差异,南非与巴西在土地资源密集型农产品的生产上具有比较优势,那么中国应加大对这些产品的进口;而中国在劳动密集型农产品生产上具有比较优势,那么中国应扩大对南非、巴西出口劳动力密集型农产品。

第三,在WTO框架下,加强农产品贸易。中国与金砖国家都已成为WTO成员,其中南非于2010年加入WTO,俄罗斯于2011年加入WTO,因此中国应积极利用WTO已有条例,如最惠国待遇与反倾销、反补贴相关条例,并随着南非与俄罗斯开放程度的扩大,加深与其他金砖国家农产品的贸易。

第四,应积极发展利用双边合作。如果金砖五国在农产品贸易方面做出双边合作安排,则各国现有的比较优势和竞争优势将会发生变化,其竞争性和互补性也将有所不同。因此,金砖国家应积极开展农业部门的双边合作,中国在可能的情况下应通过与其他金砖国家商签双边自由贸易协定建成自由贸易区,消除农产品关税壁垒与非关税壁垒,深化中国与其他金砖国家的农产品贸易。

参考文献

［1］ Balassa Bela, 1965, "Trade Liberalization and Revealed Comparative Advantage", Manchester School of Economics and Social Studies, 33.

［2］ Balassa Bela, 1989, "Comparative Advantage, Trade Policy and Economic Development", New York: Harvester Wheatsheaf.

［3］ Finger, J. M. & M. E. Kreinin, 1979, "A Measure of Export Similarity and Its Possible Uses", The Economics Journal, 89.

［4］ 赖平耀, 武敬云. "金砖国家"经贸合作面临的机遇和挑战［J］. 统计研究, 2012（2）.

［5］ 蔡春林. 中俄、中印、中巴经贸合作——基于竞争性与互补性分析［J］. 国际经济合作, 2008（3）.

［6］ 桑百川, 李计广. 拓展我国与主要新兴市场国家的贸易关系——基于贸易竞争性与互补性的分析［J］. 财贸经济, 2011（10）.

［7］ 吕宏芬, 俞涔. 中国与巴西双边贸易的竞争性与互补性研究［J］. 国际贸易问题, 2012（2）.

［8］ 武敬云. 中国与南非的经贸关系及发展前景——基于贸易互补性和竞争性的实证分析［J］. 非洲经贸研究, 2011（10）.

［9］ 于津平. 中国与东亚主要国家和地区间的比较优势和贸易互补性［J］. 世界经济, 2003（5）.

［10］ 朱晶, 陈晓艳. 中印农产品贸易互补性及贸易潜力分析［J］. 国际贸易问题, 2006（1）.

［11］ 吴学君. 中国和俄罗斯农产品贸易: 动态及展望［J］. 经济经纬, 2010（2）.

［12］ 刘林青, 周潞. 非洲农产品的国际竞争力及中国贸易互补性分析［J］. 国际贸易问题, 2010（4）.

中国农业对外开放：
影响、启示与战略选择*

程国强

【摘　要】加入世界贸易组织10年来，中国严格履行加入承诺，农业全面对外开放的格局基本形成。农业对外开放对中国农业产生了深刻而积极的影响：不仅农业持续稳定发展，综合生产能力不断提高，而且农民收入快速增长，农村市场贡献明显提升。与此同时，中国农产品进出口贸易大幅增长，中国农业与世界市场的关联度日益增强。但是，在中国农业对外开放中，也存在一些需要给予高度关注的问题，这些问题包括：对统筹利用国际国内两个市场、两种资源战略的认识还有待深化；缺乏对农业国际化战略的总体规划和统筹管理；农产品国际市场风险管理机制不完善等。今后随着中国经济国际化、市场化程度的明显提高，国内经济与世界经济的关联度日益增强，中国农业发展的国内外环境将发生重大变化，农业对外开放将面临更加复杂的形势和挑战。本文提出，要以中国加入世界贸易组织10年为推进农业对外开放的新起点，从全球视野、战略高度，进一步提高对扩大农业对外开放战略的认识，以更加积极主动的姿态，进一步扩大开放领域，优化开放结构，提高开放质量，稳步提升农业对外开放的广度和深度，为促进中国农业持续稳定协调发展、加快建设中国特色农业现代化提供基础支撑和良好环境。

【关键词】农业；对外开放；世界贸易组织；农产品贸易

农业曾经是中国加入世界贸易组织（以下简称"世贸组织"）谈判的难点之一，也是受对外开放影响预期最悲观的产业之一。近10年来，有关市场开放、贸易自由化对中国农业的影响，国内外学者已做了大量研究（张晓山、崔红志，2002；黄季焜等，2002；钟甫宁，2003；柯炳生，2005；程国强，2005；Anderson et al.，2010；牛盾，2011）。如何评价加入世贸组织10年对中国农业的影响，是目前国内外学界和决策部门高度关注的

---

* 本文是中国发展研究基金会课题"加入世贸组织与中国农业改革发展"的最终研究成果。本文研究还得到湖北农村发展研究中心开放基金项目（项目编号：ZBA1101）的资助。

作者：程国强，国务院发展研究中心。

本文引自《中国农村经济》2012年第3期。

问题。本文在回顾与评估加入世贸组织 10 年来中国农业增长与结构变化的基础上，分析和辨识中国农业对外开放的基本经验以及需要重视的问题，提出新形势下扩大农业对外开放的战略取向与政策选择。

一、中国农业：开放、增长与结构变化

加入世贸组织、扩大农业对外开放，对中国农业产生了深刻而积极的影响。总体来看，10 年来，中国农业不断拓展对外开放的广度和深度，积极提高统筹利用国际国内两个市场、两种资源的能力，着力提升农业的整体素质、经营效益和市场竞争力，为维护国家粮食安全、保障主要农产品供给，保持经济平稳较快发展与社会和谐稳定大局提供了有力支撑和保障。主要表现在以下几个方面：

第一，严格履行加入承诺，农业对外开放格局基本形成。加入世贸组织 10 年来，中国严格履行承诺，逐步削减农产品关税，目前关税税率已降至 15%，不到世界农产品关税税率平均水平 62% 的 1/4，成为世界上农产品关税水平最低的国家之一①（程国强，2005）；对粮棉等重点农产品以及化肥等农资产品，按照关税配额管理承诺，合理实施进口管理及国内市场措施②；严守取消农产品出口补贴的承诺，将国内支持中的黄箱补贴③上限约束在农业生产总值的 8.5%。

与此同时，中国积极鼓励农业引进和利用外资，开展农业综合开发、农产品加工和流通、农业科技研发等，对推动现代农业发展、促进农产品加工业结构升级、提高农产品质量安全水平发挥了积极作用；加大农业对外合作工作的力度，构建更加开放、公平、合理的国际与双边农业合作框架。中国还探索实施农业"走出去"战略，包括民营企业在内的农业企业积极开展对外投资，在东南亚、非洲、南美等地区进行农业开发、合作经营，正在建立和形成持续、稳定、合理的全球资源性农产品进口供应链。中国积极参与并推动贸易谈判，进一步改善国际农业贸易环境。中国根据自身农业资源禀赋与比较优势特征，促进与东盟、新西兰等的双边农产品贸易自由化；全面参与世贸组织多哈回合谈判，推动建立公平合理的国际农业贸易规则。10 年的开放历程，使中国农业基本融入世界贸易体系，对外开放的广度和深度不断得到拓展，农业全面对外开放的格局基本形成。

---

① 目前，农产品约束关税税率比中国低的国家有：捷克 12.2%，美国 11.9%，新西兰 7.3%，澳大利亚 3.9%。
② 中国承诺对粮食、植物油、棉花、食糖、羊毛进口实行关税配额管理，2004 年，进口关税配额数量达到最高点，除小麦继续保持 90% 的国营贸易比例外，其他农产品的国营贸易比例逐步缩小。2005 年，中国取消了羊毛和毛条的进口指定经营制度。2006 年，中国取消了豆油、棕榈油、菜籽油的进口关税配额管理，实行税率为 9% 的单一关税管理。中国对棉花配额外进口实行滑准税制度。2005 年，中国对外资开放农药、农膜的零售和批发业务，从 2007 年起，开放化肥的零售和批发业务。
③ 黄箱补贴是世贸组织《农业协定》限制的各种价格支持与补贴措施，主要指那些容易引起农产品贸易扭曲的政策措施。黄箱补贴不能超过规定的微量允许水平，世贸组织要求各成员国做出削减承诺。

第二，农业持续稳定发展，综合生产能力不断提高。加入世贸组织10年来，中国农业积极应对国际市场激烈竞争、贸易摩擦频发多发以及国际金融危机和国际农产品市场剧烈波动的冲击，战胜了农业生产成本上升、比较利益下降以及自然灾害多发重发等多种困难的挑战，实现了持续稳定增长。2002~2010年，中国农业增加值年均增长率达11.8%，比加入世贸组织前1998~2001年10.8%的年均增长率高出1个百分点（见表1）。

表1 中国经济结构的变化（1978~2010年） 单位：%

	1978年	1980年	1985年	1990年	1995年	2000年	2001年	2005年	2010年
GDP结构									
第一产业	28.2	30.2	28.4	27.1	19.9	15.1	14.4	12.1	10.1
第二产业	47.9	48.2	42.9	41.3	47.2	45.9	45.1	47.4	46.9
第三产业	23.9	21.6	28.7	31.6	32.9	39.0	40.5	40.5	43.0
就业结构									
农业	70.5	68.7	62.4	60.1	52.2	50	50	44.8	36.8
贸易结构									
农产品出口	—	26.7	24.5	17.2	9.4	6.3	6.1	3.6	3.1
农产品进口		33.8	12.1	16.1	9.3	5.0	4.9	4.3	5.2
农村人口比重	82.1	80.6	76.3	73.6	71.0	63.8	62.2	57.0	50.3

资料来源：《中国统计年鉴》（1978~2010）。

特别是10年来，中国坚持立足国内实现粮食基本自给的方针不动摇，始终注重抓好粮食生产，粮食产量从2001年的45260万吨增加到2010年的54645万吨，增长了20.7%，年均增速达2.1%。尤其是从2004年开始，中国连续8年粮食丰收，粮食产量保持在50000万吨以上水平，打破了延续多年的粮食产量三年一减的不稳定周期，粮食安全基础得到进一步强化（见表2）。其他主要农产品如油料、棉花、食糖、肉禽蛋奶和水产品以及水果蔬菜等的产量也实现了新的突破，农业综合生产能力进一步提升，农业结构进一步优化（见表3）。中国农业持续稳定发展，不仅满足了工业化、城镇化加速发展进程中人民群众不断提高生活质量的要求，而且为中国克服各种突发自然灾害的困难、应对国际粮价剧烈波动的冲击、保持经济持续稳定发展与社会和谐稳定提供了基础支撑。

表2 中国主要农产品产量（1978~2010年） 单位：万吨

	1978年	1995年	2000年	2001年	2005年	2010年
粮食	30475	46660	46220	45260	48400	54645
其中：谷物	—	41610	40520	39645	42775	49635
稻谷	13690	18520	18790	17755	18055	19565

续表

	1978 年	1995 年	2000 年	2001 年	2005 年	2010 年
小麦	5380	10220	9965	9385	9740	11520
玉米	5595	11195	10600	11405	13935	17725
豆类	—	1785	2010	2050	2155	1895
棉花	216	477	442	532	571	596
蔬菜	—	25727	44468	48422	56451	65099
水果	657	4215	6225	6658	16120	21401
肉类	1062	4076	6125	6334	7743	7926
水产品	465	2517	4278	4381	5107	5373

表3　中国农业结构的变化（1978～2010年）　　　　　　单位：%

	1978 年	1990 年	2000 年	2001 年	2010 年
种植业	80.0	64.7	55.7	55.2	53.3
畜牧业	15.0	25.6	29.6	30.4	33.7
水产品	1.6	5.4	10.9	10.8	9.3
林业	3.4	4.3	3.8	3.6	3.7

第三，农民收入快速增长，农村市场贡献明显提升。加入世贸组织10年来，在多种因素的共同作用下，中国农民人均纯收入由2001年的2366元增加到2010年的5919元，增加了3553元，年均增长10.7%（见表4）。特别是近几年来，虽然受到国际金融危机和国内农产品价格波动的影响，中国农民人均纯收入年实际增速仍保持在8%以上，2010年达到10.9%，不仅高于GDP的增长速度，而且也高于城市居民人均可支配收入的增幅。

表4　中国城乡居民收入（1978～2010年）

	1978 年	1980 年	1985 年	1990 年	1995 年	2000 年	2001 年	2005 年	2010 年
城市居民人均可支配收入（元）	343	477	739	1510	4283	6280	6859	10493	19109
农村居民人均纯收入（元）	133	191	397	686	1577	2253	2366	3254	5919
城乡居民收入比	2.57	2.50	1.86	2.20	2.71	2.79	2.90	3.22	3.23

农民收入增加，促进其生活消费水平不断提高，农村消费市场日益扩大。2010年，中国乡村消费品零售总额达20875亿元，比2001年的10425亿元增长了100.3%，年均增长8%（见表5）。农村消费市场扩张，对中国扩大内需、转变经济发展方式、实现经济持续快速健康发展意义深远。

表 5　中国社会消费品零售总额（1978～2010 年）　　　　　　　单位：亿元

	1978 年	1980 年	1985 年	1990 年	1995 年	2000 年	2001 年	2005 年	2010 年
社会消费品零售总额	1559	2140	4305	8300	23614	39106	43055	67177	156998
其中：市	505	734	1875	3889	12979	24555	27379	45094	136123
县	380	399	737	1337	3366	4831	5251	7485	—
县以下	673	1007	1693	3074	7268	9719	10425	14597	20875

注：2010 年社会消费品零售总额数据市、县两级未分开统计。

第四，农产品进出口贸易大幅增长，中国农业与世界市场的关联程度日益增强。一方面，中国充分发挥自身比较优势，积极扩大优势农产品出口。如表 6 所示，2010 年，中国农产品出口总额达 489 亿美元，与 2001 年加入世贸组织时相比，增长了 203.6%，年均增长 13.1%。由此促进建立了一批标准化、规模化的农产品出口基地，培育了一批具有带动和示范作用的农业产业化龙头企业，初步形成了特色、优质、安全、高效的农业产业体系，促进了农业结构调整和农民收入增加。另一方面，中国从人多地少的基本国情出发，在坚持立足国内实现粮食基本自给的同时，适度增加资源性农产品的进口。表 6 显示，农产品进口总额从 2001 年的 118 亿美元增加到 2010 年的 719 亿美元，年均增幅达 22.2%。中国农产品进口弥补了国内农产品供需缺口，缓解了国内农业资源紧张的压力，为确保主要农产品有效供给发挥了积极作用。

表 6　中国农产品ª 贸易（1992～2010 年）

	1992 年	1995 年	2000 年	2001 年	2005 年	2010 年
农业增加值ᵇ（现价）（10 亿美元）	105.3	143.6	176.7	186.1	281.6	611.7
农产品出口（10 亿美元）	11.3	14.4	15.6	16.1	27.6	48.9
农产品进口（10 亿美元）	5.3	12.2	11.2	11.8	28.7	71.9
农产品净出口（10 亿美元）	6.0	2.2	4.4	4.3	-1.1	-23.0
农产品出口依存度（%）	10.8	10.0	8.8	8.7	9.8	8.0
农产品进口依存度（%）	5.0	8.5	6.3	6.4	10.2	11.8
农业贸易依存度ᶜ（%）	15.8	18.5	15.2	15.0	20.0	19.7

注：a "农产品"按"世贸组织定义 + 水产品"（即食品 + 农业原料）统计；b 按人民币兑美元官方汇率计算；c 农产品进出口贸易额相对农业增加值的比例。

资料来源：笔者根据以下资料中相关数据整理计算：①《中国海关统计年鉴》（1992～2010）；②《中国统计年鉴》（1992～2010）。

与此同时，中国农业与世界市场的关联度日益增强。表 6 进一步显示，中国农业贸易依存度由 2001 年的 15% 提高到 2010 年的 19.7%。虽然目前中国农产品出口依存度只有 8%①，但农产品进口依存度日益提高，由 2001 年的 6.4% 上升到 2010 年的 11.8%。其中，油籽、棉花等资源性农产品进口大幅增长，对国际市场的依存度明显提高。例如，为

---

① 美国农产品出口依存度为 41.1%，欧盟为 34%，俄罗斯为 36%。农产品出口占主导地位的加拿大、澳大利亚、巴西和泰国等，农业贸易依存度则高达 99% 以上。

满足国内不断增长的植物油以及饲料需求，中国大豆进口从2001年的1038.5万吨增加到2010年的5480万吨，年均增长20.3%，占国内大豆消费总量的84.1%，相当于世界大豆进口总量的61.4%，中国成为世界上最大的大豆进口国（见表7）。

表7 中国大豆进口（1995～2010年）

	1995年	2000年	2001年	2005年	2010年
中国大豆进口量（万吨）	79.5	1324.5	1038.5	2831.7	5480.0
占全球进口总量（%）	2.0	25.0	19.1	44.2	61.4
占国内消费总量（%）	5.6	55.3	37.2	64.8	84.1

注：中国自1996年起取消大豆进口配额管理措施，实行税率为3%的单一进口关税。
资料来源：①《中国海关统计年鉴》（1995～2010）；②《中国统计年鉴》（1995～2010）；③联合国粮农组织网站（www.fao.org）。

二、中国应对农业开放风险的主要经验

加入世贸组织之初，中国由于农业经营规模小、组织化程度低、科技实力弱，在农业国际竞争中处于不利地位，因此，许多人对开放条件下中国农业发展充满疑虑和担心。10年来，中国农业如何打破种种悲观预言，实现了持续稳定发展？总的来说，主要有如下应对农业开放风险的经验和启示：

第一，始终坚持把解决好"三农"问题作为全部工作的"重中之重"。加入世贸组织以来，根据中国农业参与国际合作和竞争所面临的新形势、新挑战，按照中国特色社会主义事业的总体布局和全面建设小康社会战略全局的新要求，党中央、国务院高度重视农业农村问题，提出了一系列"三农"工作的战略理念和大政方针：从统筹城乡经济社会发展的基本方略，到把解决好"三农"问题作为全党全国全部工作"重中之重"的战略思想；从明确中国特色农业现代化道路的基本方向，到推进社会主义新农村建设的战略任务；从加快形成城乡经济社会发展一体化新格局的重要目标，到在工业化、城镇化深入发展中同步推进农业现代化重大决策。所有这些都为新时期中国扩大农业对外开放、应对农业国际化竞争的挑战指明了方向，明确了重点，提供了强大的政策支撑和制度保障。

第二，不断深化农业改革，加大对农业的支持保护力度。加入世贸组织以来，中国坚持并不断完善农村基本经营制度，深化粮食流通体制改革，全面放开粮食购销市场，建立和完善农产品和农村生产要素市场；实行农村税费改革，全面取消了农业税、牧业税、特产税、屠宰税；连续发出八个以"三农"问题为主题的"一号文件"，对农民实行直接补贴（见表8），建立健全农产品价格保护制度（见表9），初步建立起以价格支持为基础、

直接补贴为主体的农业支持政策体系,基本形成了农业投入稳定增长的机制,实现了农业从"负保护"向"正保护"的政策转型,不仅有效保护和提高了农民种粮务农的积极性,也极大地提高了农业综合生产能力、抗风险能力和市场竞争能力。

表8 中国农业补贴支出   单位:亿元

	2004年	2005年	2006年	2007年	2008年	2009年	2010年
粮食直接补贴	116	132	142	151	151	151	151
农资综合补贴	—	—	120	276	716	795	835
农机具购置补贴	0.7	3	6	20	40	130	154.9
良种补贴	28.5	37.52	40.2	66.6	120.7	198.5	204
合计	145.2	172.52	308.2	513.6	1027.7	1274.5	1344.9

注:2002年、2003年良种补贴分别只有1亿元和3亿元。
资料来源:根据中华人民共和国财政部网站(www.mof.gov.cn)的公开资料整理。其中,2010年的数据来自财政部.2009年中央和地方预算执行情况和2010年中央和地方预算草案的报告[EB/OL]。中国政府网,http//:www.gov.cn。

表9 中国粮食最低收购价格与临时收储价格   单位:元/公斤

	品种	执行范围	2005年	2006年	2007年	2008年	2009年	2010年	2011年
最低收购价格	小麦 白小麦	河南、河北、江苏、安徽、山东、湖北	—	1.44	1.44	1.54	1.74	1.80	1.90
	小麦 红小麦		—	1.38	1.38	1.44	1.66	1.72	1.86
	小麦 混合麦		—	1.38	1.38	1.44	1.66	1.72	1.86
	稻谷 早籼稻	湖南、湖北、江西、安徽、广西	1.40	1.40	1.40	1.54	1.80	1.86	2.04
	稻谷 中晚籼稻	吉林、安徽、江西、湖北、湖南、四川、黑龙江、辽宁、江苏、广西、河南	1.44	1.44	1.44	1.58	1.84	1.94	2.14
	稻谷 粳稻		1.50	1.50	1.50	1.64	1.90	2.10	2.56
临时收储价格	稻谷 中晚籼稻	南方稻谷产区	—	—	—	1.88	未启动	未启动	—
	稻谷 粳稻	东北稻谷产区	—	—	—	1.84	未启动	未启动	—
	玉米	东北产区	—	—	—	1.50	1.50	未启动	—
	油料 大豆	东北产区	—	—	—	3.70	3.74	3.80	—
	油料 油菜籽	油菜产区	—	—	—	4.40	3.70	3.90	—

注:①实行最低收购价格和临时收储价格的粮食等级标准为国家质量标准三等品,每个等级之间的差价为0.04元/公斤;②2008年小麦和稻谷最低收购价格是国家两次提价后的价格,第一次提价后,白小麦、红小麦、混合麦最低收购价格分别为每公斤1.50元、1.40元和1.40元,早籼稻、中晚籼稻、粳稻最低收购价格分别为每公斤1.50元、1.52元和1.58元;③早籼稻最低收购价格的执行范围从2008年开始包括广西,中晚籼稻和粳稻最低收购价格的执行范围从2008年开始包括辽宁、江苏、广西、河南;④东北产区包括黑龙江、辽宁、吉林和内蒙古;⑤不同产区的玉米临时收储价格有差异,其中,内蒙古和辽宁为1.52元/公斤,吉林为1.50元/公斤,黑龙江为1.48元/公斤。
资料来源:根据国家发展和改革委员会网站(www.sdpc.gov.cn)公开的政策文件资料整理。

采用国际通行的经合组织(OECD)生产者支持估计值(PSE)指标评价方法来衡量

中国的农业支持政策，结果表明，加入世贸组织以来，中国不仅实现了农业政策的全面转型，而且农业支持保护水平大幅度提高。中国农业支持总量水平①从2001年的2415亿元增加到2010年的11286亿元，创历史最高水平，年均增长18.7%（程国强，2011）。

从国际比较看，2007～2009年，中国农业支持总量年均为6204亿元（按当年汇率折算为878亿美元），仅次于欧盟（1478亿美元）、美国（1092亿美元），高于日本（519亿美元）、韩国（224亿美元）的支持水平。相对而言，中国农业总支持率②平均为2.05%，低于土耳其（3.5%）和韩国（2.4%），但高于美国（0.7%）、欧盟（0.9%）、日本（1.1%）等发达国家和地区。

2001～2010年，中国农业生产者补贴③（生产者支持估计值，PSE）从2001年的1360亿元增加到2010年的9239亿元，年均增长23.7%；农业补贴率（%PSE）④从5.9%提高到16.1%。其中，2007～2009年，农业补贴率平均为9.1%，即农业总收入的9.1%来源于农业补贴政策措施的作用（程国强，2011）。当然，相对于发达国家和地区而言，中国农业生产者补贴水平仍然较低。例如，2007～2009年，OECD国家农业补贴率平均为21.7%，挪威为61.1%，韩国为52.1%，日本为47.3%，欧盟为23.3%。即使是发展中国家，土耳其和墨西哥的农业补贴率分别为34.2%和12.5%⑤，也远远高于中国的水平（OECD，2010）。

第三，积极实施服务于国家粮食安全大局的农产品贸易战略。一方面，中国优化和调整农产品出口结构，积极扩大优势农产品出口，建立以劳动密集型产品为基础的优势农产品出口体系。10年来，中国园艺、水产、畜禽等优势农产品出口额占农产品出口总额的比重，从2001年的60%上升到2010年的70%；粮食等土地密集型农产品出口额占农产品出口总额的比重，从2001年的20%下降至2010年的不足10%。另一方面，中国适度进口资源密集型农产品，探索建立统筹利用国际国内两个市场、两种资源的战略机制。2010年，中国进口植物油与油籽折油共2035万吨，按目前国内大豆亩产118公斤、大豆出油率18%的生产技术水平测算，相当于利用了国外9.6亿亩的种植面积（相当于国内水稻与玉米种植面积之和）。这些进口大豆若全部由国内生产来替代，意味着要以减少68%的粮食总产量为代价。因此，适度进口国外资源性农产品，能够在一定程度上缓解国内农业资源短缺的压力，对中国立足国内实现粮食基本自给、确保国家粮食安全和主要农产品供给具有重要意义。

第四，着力提升农产品进出口管理能力与市场调控水平。中国按照加入世贸组织的承

---

① 包括政府对农业的财政预算支出和价格支持形成的补贴。
② 即农业支持总量与国内生产总值（GDP）之比。
③ 即实施农业支持政策措施后农业生产者获得的补贴，包括价格支持形成的补贴以及政府提供的财政预算直接补贴。
④ 农业补贴率（%PSE）指农业生产者补贴占农业总收入（即农产品产值加上对生产者的财政预算补贴）的比率。
⑤ 资料来源于经济合作与发展组织（OECD）中文、英文网站（www.oecdchina.org；www.oecd.org），中国数据系笔者计算。

诺，采取关税配额管理等进口管理措施，有效把握粮食等重要农产品进口的时间、节奏与规模，防范部分品种过度进口对国内生产和市场形成冲击；积极应用世贸组织规则，应对和化解日益严峻的贸易摩擦与纠纷，为中国扩大优势农产品出口、保持农业稳定发展营造公平、合理的国际竞争环境。特别是2008年以来，随着国际金融危机的爆发，农产品能源化、金融化趋势加快，全球农产品价格波动更加频繁，中国进一步强化农产品进出口管理，着力提高驾驭复杂国际市场环境的能力和水平，健全并完善国内农产品调控体系，通过实施最低价收购、临时收储、竞价销售，把握重要农产品储备吞吐、进出口的节奏与时机，不断提高农产品市场调控的针对性和有效性，确保国内粮食等主要农产品有效供给和市场稳定，成功化解了国际粮食危机的严峻挑战，为国家应对国际金融危机的冲击奠定了坚实的物质基础。

三、农业对外开放中需要重视的几个问题

10年来，对中国农业对外开放的争议也一直没有停息。例如，有人认为，大豆等个别农产品进口过度，对国内生产冲击严重，导致大豆行业集体"沦陷"①；也有人认为，国内种业、大豆加工行业面临外资垄断，农业产业安全存在严重隐患等。虽然这些争议还需做进一步的讨论，但客观看，在中国农业对外开放中，的确存在一些需要给予高度关注的问题。

第一，对统筹利用国际国内两个市场、两种资源战略的认识还有待深化。对农业对外开放的不同认识，有的来自对中国农业的强烈忧患意识，担心中国农业在不利的国际竞争中会受到严重影响；有的则强调农产品消费需求增长所带来的经济发展机会，应该由本国农业、农民来分享，因此对农产品进口心存疑虑。究其本质，上述观点的持有者对中国基本国情的认识还有待进一步深化，对农业对外开放战略还缺乏深入的把握，对立足国内实现粮食基本自给与利用国际农业资源的依存关系还缺乏战略认识。

日本、韩国以及中国台湾地区经济增长的经验表明，农业资源相对紧缺的国家和地区，经济发展到一定阶段后，农产品进口都快速增长，农业贸易依存度逐步上升，出现巨额农产品贸易逆差。工业化完成后，农产品消费进入稳定增长阶段，这些国家和地区农产品进口便趋于稳定②。中国正处于工业化、城镇化快速发展阶段，在今后相当长的时期内，粮食需求刚性增长、水土资源约束不断加大的双重压力将越来越大，进口国外农产

---

① 从2004年开始，国内对大豆行业给予了高度关注，媒体进行了密集的报道。一些媒体引用行业人士以及部分学者的观点，似乎形成了一个"共识"——大豆行业是中国农产品市场开放的一个深刻教训。

② 例如，1952~1969年，中国台湾地区农产品贸易顺差为29.3亿美元，占外汇收入的50%以上，为中国台湾经济起飞奠定了基础，做出了重要贡献。但是，从1970年经济起飞开始，中国台湾第一次出现了6.6万美元的农产品贸易逆差，此后随着农产品进口大幅度增长，再也没有出现过顺差。

品、利用国外农业资源不可避免。

与此相反的是,由于战略缺失,目前中国的农产品贸易格局令人担忧,一方面,虽然中国农产品进口规模逐年扩大、农业贸易依存度日益提高,但仍然没有建立起有效利用国际农业资源和国际农产品市场的战略机制,大宗资源密集型农产品进口既没有稳定的渠道,也没有形成全球供应链,难以规避日益频繁出现的国际风险;另一方面,虽然中国已经是世界上重要的农产品贸易大国,但仍然没有掌握必要的国际农产品市场与价格话语权,国内市场和企业不得不为国际农产品价格剧烈波动付出巨额代价。

第二,缺乏对农业国际化战略的总体规划和统筹管理。加入世贸组织10年,中国农业已经从加入之初的过渡期管理阶段,进入全面参与农业国际化竞争阶段。但是,目前中国对新形势下的农业国际化战略尚缺乏顶层设计和总体规划,特别是还没有制定符合今后中国经济发展需要的农业对外开放战略目标和重点。与此相反的是,农业部门分割、管理多头、职能错位、层级复杂等问题十分严重,还没有建立对农业国际化战略进行统一协调管理的体制机制。在某些领域,部门利益影响全局决策,行业利益左右社会舆论,地区利益挑战中央政策等现象越来越严重。

需要重视的是,目前中国较多注重农产品进口限制、贸易保护,没有统筹管理农业产前、产中与产后相关产业开放可能带来的风险,农业对外开放政策体系还不完善,利用外资管理制度还不健全,农业产业安全存在一定隐患。对于各方面都关注的外资在中国油脂加工行业大举扩张的问题,笔者的调研表明,其中既有部分外资企业违规直接或变相扩大对油脂加工行业投资的问题,如以棉籽压榨、棕榈油加工等不受限制项目的名义申报,项目建成后,实际上可用于压榨大豆、菜籽或油脂加工;也有个别外资企业利用某些地方政府"GDP崇拜"的心理,采用多种方式规避国家油脂加工产业政策,如针对总投资不超过5000万美元的项目直接由地方政府审批,一些外资企业将油脂加工项目投资设在限额以下,或将总投资超过5000万美元的项目"化大为小",以避开国务院投资主管部门的审批。与此同时,少数外国粮商利用其全球供应链优势,在国内市场运用低价等策略冲击国内中小粮食企业,不断提高市场占有率,正在形成快速扩张之势。在缺乏对农产品贸易和外商投资统筹管理的形势下,这将危及国内农产品市场稳定和国家粮食安全,事关国家经济安全全局。

第三,农产品国际市场风险管理机制亟待加强。开放条件下,国内外农产品市场融合不断加快、相互影响日益加深,国际农产品价格波动对国内市场的传导影响越来越复杂,因此,对市场风险管理的要求越来越高。然而,与此不相适应的是,一方面,国内企业的市场风险管理意识还有待进一步加强;另一方面,国内期货市场、远期合同等市场风险管理工具也不健全,市场发育还不够成熟,尚未形成有效防范和控制国际市场风险的机制。例如,近几年社会普遍关注的大豆问题,表象是近10年来大豆进口激增,因此,有人质疑中国大豆市场开放程度过大,大豆是受加入世贸组织冲击最大的产品。但实际情况是,

2004年、2008年国际市场大豆价格两次剧烈波动①,导致国内部分缺乏风险管理意识的压榨企业亏损严重甚至停产关闭,引发两次行业兼并重组浪潮,而部分跨国粮商在这两次危机中都幸免于难,并趁机扩张,到目前已经掌握了国内70%~80%的压榨产能。这或许是中国农业对外开放10年来真正需要吸取的深刻教训。

四、农业对外开放面临的新形势与新挑战

同过去10年相比,今后随着中国经济国际化、市场化程度的明显提高,国内经济与世界经济的关联度日益增强,中国农业发展的国内外环境将发生重大变化,农业对外开放将面临更加复杂的形势和更加严峻的挑战,主要表现在以下几个方面:

从国内看,一方面,今后主要农产品供需矛盾日益突出,资源环境压力越来越大,维护国家粮食安全的任务更加艰巨。从中国的基本国情出发,坚持立足国内实现粮食基本自给,就需要适度进口大豆、植物油、棉花、橡胶等资源密集型农产品,利用国外农业资源,弥补国内农业资源的不足。如何进一步提高统筹利用国际国内两个市场、两种资源的能力,建立持续、稳定、合理的全球资源密集型农产品进口供应链,既十分重要,也尤为紧迫。

另一方面,农业比较利益呈持续下降趋势,提高农业竞争力难度加大,农民增收困难日益严重。近年来,由于土地等农业资源成本、人工成本、物质与服务费用等大幅上涨,中国农业生产成本已进入快速上升通道。特别是,由于农业小规模分散经营,农业的兼业化、副业化趋势日趋显著,现代农业产业体系仍需进一步健全,农业科技创新与推广能力亟待加强,农业标准也未完全与国际接轨。因此,今后提高中国农业国际竞争力的难度将更大,面临的挑战也将更加严峻,对加快完善和强化农业支持保护制度的要求更加紧迫。

从国际看,首先,影响国际农产品市场的不确定因素日益增多,保持国内市场稳定所面临的挑战越来越大。一是全球气候变化的影响将继续深化,进一步加剧全球农产品供给波动。二是农产品"能源化"的趋势有可能更加凸显。国际石油价格持续攀升,将进一步推动生物质能源快速发展,大幅增加对玉米、糖料、油菜籽及大豆等原料的需求,全球粮食供求格局将更不稳定。三是农产品"金融化"的趋势难以逆转,投机资本炒作的影响更加突出,国际农产品价格波动将更趋剧烈。

其次,农业国际竞争环境日益复杂,扩大农业对外开放将面临更加严峻的挑战。发达国家继续对农业实行高补贴、高保护政策,农业贸易保护主义甚嚣尘上。世贸组织多哈回合谈判几近无果而终,建立农产品国际贸易新规则和新秩序步履维艰,不公平的农业国际

---

① 21世纪以来美国芝加哥商品交易所大豆价格发生过两次剧烈波动:2004年,大豆期货价格一路上涨,4月达到每蒲式耳1050美分,然后快速下跌,11月跌到506美分,7个月内下跌了51.8%;2008年,大豆期货价格一路上涨,7月达到每蒲式耳1639美分,然后下跌到12月的787美分,5个月内下跌了52%。

竞争环境难以得到根本改变。

最后，全球农业经营集中度进一步提高，利用国际市场和国际资源的难度将越来越大。全球农业跨国公司利用资金、品牌、管理等方面的优势，进一步加快垂直整合与联盟，强化全球粮源、物流、贸易、加工、销售"全产业链"布局，已经控制全球80%的粮食贸易、70%的油籽贸易，对掌控全球农业资源与竞争制高点的争夺将更趋激烈。因此，今后中国农业"走出去"所面对的外部环境将日益复杂，利用国外农业资源的难度会越来越大。

五、今后中国农业对外开放的战略取向与政策选择

在中国工业化、城镇化快速发展过程中，稳步推进农业对外开放，是国家实行更加积极主动开放战略部署的重要组成部分，必须始终坚持，毫不动摇。

笔者认为，从现在起到今后的5~10年，推进农业对外开放的基本思路是，从中国的基本国情和改革开放全局出发，以服务于保障国家粮食安全和主要农产品供给大局为核心，以全面提高统筹利用国际国内两个市场、两种资源的能力为目标，以深入拓展农业对外开放的广度和深度为路径，以加快实施农业"走出去"战略、建立主要农产品的全球供应链为重点，以建立健全农业对外开放支持政策体系为支撑，以强化农业对外开放风险防控与产业安全管理为关键，为促进中国农业持续稳定协调发展、加快建设中国特色的现代农业提供基础支撑和良好环境。

因此，要以加入世贸组织10年为推进中国农业对外开放的新起点，从全球视野、战略高度，进一步提高对推进农业对外开放战略的认识，以更加积极主动的姿态，进一步扩大开放领域，优化开放结构，提高开放质量，稳步提升农业对外开放的广度和深度。今后几年需要重点实施的政策措施如下：

第一，抓紧制定扩大农业对外开放的总体规划。要根据中国农业资源禀赋的特征和经济发展的阶段性特征，全面研究和评估主要农产品供需的中长期趋势、农产品加工产业结构的变化规律，建立基于全球视野的国家粮食安全保障机制，提出新形势下重要农产品及其加工品国际贸易的国家战略，构建统筹利用国际国内两个市场、两种资源的农业国际化战略框架。

第二，着力深化农业管理体制改革，强化和完善农业对外开放支持政策体系。要积极推进农业管理体制改革，从根本上消除部门分割、管理多头与缺位并存的体制性矛盾，建立健全统筹管理农业对外开放的体制机制；要将稻谷等关系国家粮食安全根本利益的主粮产品，作为国家粮食安全战略保障的重点产品，在现有最低收购价格、直接补贴等政策支持的基础上，探索实行差价补贴等措施；进一步完善和强化国内农业政策支持、进出口贸易与投资保护制度；建立和完善服务于国家粮食安全战略的农产品进出口支持政策体系，扩大优势农产品出口，强化农产品进口管理；建立健全外资准入及其安全管理制度，建立

外资并购境内涉农企业报告和安全审查机制。为中国扩大农业对外开放、维护农业产业安全提供强有力的体制支撑和制度保障。

第三,重点实施农业"走出去"战略,加快建设持续、稳定、安全的农产品全球供应链。要把实施农业"走出去"战略作为新一轮农业对外开放的重点领域,采取财政、税收、金融等方面的支持政策措施,鼓励各类企业在境外投资农产品加工、仓储物流、市场营销、国际贸易,构建持续、稳定、安全的农产品进口渠道,建立农产品全球供应链;大力扶持基础较好的国内粮农企业发展,培育农业跨国经营企业,支持中国企业通过参股、并购等方式,参与农业跨国公司全球供应链建设。

第四,探索建立全球大宗商品交易中心。抓紧谋划在现有商品交易所的基础上,筹建与纽约、芝加哥和伦敦等交易中心竞争的全球大宗商品交易中心。其关键是,要充分发挥中国国内巨大市场需求的战略资源作用,逐步形成中国在全球大宗农产品定价中的话语权,使之成为中国统筹利用国际国内两个市场、两种资源的战略平台,从根本上维护中国国际贸易权益乃至国家经济安全。

第五,建立健全农产品进出口调控机制。根据国际国内农产品供求和价格变化趋势,探索建立农产品国内生产与进口稳定衔接机制,有效调控进口,避免进口农产品对国内生产和市场形成冲击;建立农产品进口监测与产业损害预警系统和快速反应机制,充分运用反倾销、反补贴、保障措施等贸易救济措施,建立应对国外农业高额补贴的应急机制。

第六,积极参与国际农产品贸易规则、农业标准的制定,以及动植物疫病防控、生物安全、生物质能源、气候变化等方面的涉农国际谈判与协作,进一步开展区域和双边贸易谈判,促进建立更加公平合理的国际贸易规则,进一步改善中国农业发展的国际环境。

参考文献

[1] Anderson Kym, Krueger Schiff and Valdés Revisited, 2010, "Agricultural Price and Trade Policy Reform in Developing Countries since 1960", Applied Economic Perspectives and Policy, 32 (2).

[2] Woolverton Andrea E., Regmi Anita, Tutwiler, M. Ann, 2010, "The Political Economy of Trade and Food Security", Geneva ICTSD Publishing.

[3] OECD, 2010, "Agricultural Policies in OECD Countries: Monitoring and Evaluation" Paris OECD Publications Service.

[4] 程国强.世界贸易体系中的中国农业[J].管理世界,2005 (5).

[5] 程国强.中国农业补贴:制度设计与政策选择[M].北京:中国发展出版社,2011.

[6] 黄季焜, Scott Rozelle,解玉平,张敏.从农产品价格保护程度和市场整合看入世对中国农业的影响[J].管理世界,2002 (9).

[7] 柯炳生.入世三年来我国农业发展的分析与前景展望[J].农业经济问题,2005 (5).

[8] 牛盾.入世十周年与中国农业[J].农村工作通讯,2011 (18).

[9] 张晓山,崔红志.入世对农业和农村经济的影响以及转变政府职能[J].理论视野,2002 (4).

[10] 钟甫宁.进攻还是防御?略论农业支持政策重点的战略选择[J].农业经济问题,2003 (1).

农户正规借贷需求及其正规贷款可获性的影响因素分析*

易小兰

【摘　要】 本文以江苏、河南和甘肃三省农村正规金融机构的农户贷款为例，根据2010年8月的调查数据考察了农户正规借贷需求及其正规贷款可获性的影响因素。研究结果表明：①农户对正规金融机构借贷政策的认知程度、家庭生产经营总支出和家庭房产与耐用消费品总折价对农户正规借贷需求有正向影响，而家庭总收入对农户正规借贷需求则有负向影响。②家庭生产性固定资产总折价和家庭总收入对农户正规贷款可获性有正向影响，而贷款规模对农户正规贷款可获性有负向影响。③不同地区的农户，其正规借贷需求不同。要提高农户正规贷款的可获性，首先，政府部门与相关农村金融机构应对具有不同正规借贷需求情况的地区提供不同的农村金融产品和政策；其次，应创新农户贷款担保方式，发展多元化的农户贷款担保体系，并完善农户信用评估与贷款担保机制。

【关键词】 正规借贷；需求；可获性；影响因素

一、引　言

2004～2011年连续八年，中央"一号文件"都对发展农村金融做出了明确批示：推

＊ 本文研究得到江苏省高校哲学社会科学重点研究基地重大项目"我国粮食安全国家决策支持体系的构建"（项目编号：CFSSS2011-10）、国家软科学研究计划项目"促进我国粮食流通产业现代化的技术政策研究"（项目编号：2009GXS5 B092）、国家软科学研究计划项目"国外粮油技术装备对我国粮食安全冲击及自主创新战略研究"（项目编号：2010GXS 5B151）、教育部人文社会科学研究青年基金项目"外资进入、市场结构冲击与粮食产业安全研究"（项目编号：12YJ790292）、教育部人文社会科学研究青年基金项目"外资进入对我国粮食产业安全的实证研究"（项目编号：09YJC790138）、国家自然科学基金项目"政策性农业保险的可持续性发展研究——基于福利角度"（项目编号：20090131）的资助。

作者：易小兰，南京财经大学粮食安全与战略研究中心。

本文引自《中国农村经济》2012年第2期。

进、加快农村金融体制改革与创新,增强农村金融的服务能力,提高农村金融的服务质量和水平。然而,从各地向农村正规金融机构申请过贷款的农户贷款可获程度来看,仍存在着一定比例的农户,其资金需求无法得到完全满足,这种状态的持续存在将有可能影响到整个农村经济的发展。因此,为了增强农村金融的服务水平,以提高农户正规贷款的可获性,有必要切实了解农户正规借贷需求及其正规贷款可获性的影响因素。

对于农户借贷需求的研究,在已有相关文献中,部分研究人员采用意愿调查法来获取农户的借贷需求信息,例如,潘海英等(2011)通过调查农户的未来资金借贷意愿来考察其借贷需求的影响因素,这种方法没有考察农户的还款能力,因而所获得的借贷需求信息并不准确;还有部分研究人员通过考察农户实际的借贷情况来推论其借贷需求,例如,贺莎莎(2008)以农户的最终借贷情况来衡量农户的借贷行为和借贷需求,这种方法没有区分"没有借贷需求的农户"和"有借贷需求但没有获得贷款的农户",这与现实不符。现有部分相关文献没有区分农户的正规借贷需求和非正规借贷(民间借贷)需求,而实际上这两者的区别很大,将其混为一体进行研究,其结果必然有偏。

对于农户借贷需求影响因素的研究,绝大多数已有文献从农户的户主个体特征、家庭基本特征、家庭消费和生产支出以及家庭经营规模等方面考察了农户借贷需求的差异。例如,黎翠梅、陈巧玲(2007)基于湖南省华容县和安乡县农户借贷行为的调查分析结果显示,农户非劳动力人数占家庭总人口的比例、对借贷政策的认知程度、耕地面积、农业生产收入、生产性支出、生活性支出等因素对其借贷行为影响较为显著;周宗安(2010)以山东省为例进行的调查结果表明,家庭人口规模、家庭资产总值、负债水平等因素对农户的信贷需求产生了显著影响。虽然关于农户借贷需求影响因素的探讨已经很全面了,但现有文献对地区差别关注不够,不同地区经济发展水平和农业生产方式不同,因此,农户借贷需求也有差别,不能一概而论。

对于农户贷款可获性的研究,在已有文献中,颜志杰等(2005)通过询问农户"是否获得了贷款"以及"获得贷款的金额"来考察影响农户获得信贷资金的因素;冯旭芳(2007)将农户的信贷行为分为"同时有正规借款和非正规借款"、"只有非正规借款"、"只有正规借款"和"没有任何借款"四种,并定量分析农户获得信贷支持的决定性因素;褚保金等(2008)将农户的借贷类型分为"同时有正规借贷和非正规借贷"、"只有非正规借贷"、"只有正规借贷"和"没有任何借贷"四种,并分析农户获得借贷支持的主要因素。这些研究都是通过考察农户实际获得贷款的情况来分析农户获得贷款支持的影响因素,但是,它们都存在将"有借贷需求但没有获得贷款的农户"等同于"没有借贷需求的农户"的问题;另外,已有研究对农户获得贷款情况的分析也过于简单,实际上每个农户获得的贷款总量占其申请贷款总量的比例是不同的。

对于农户贷款可获性影响因素的研究,颜志杰等(2005)通过对2001年全国范围内农户抽样调查数据的分析,发现户主年龄、老人数量、耕地面积、房屋价值、耐用消费品价值等因素显著影响农户正规贷款的可获性,而户主受教育水平、耕地面积、房屋价值等因素则显著影响农户获得正规贷款的规模;冯旭芳(2007)以世界银行某贫困项目监测区为例，对贫困农户的借贷特征及其影响因素进行了分析，结果显示，户主个体特征、家庭基本特征、农户耕地面积、年末住房价值、年末生产性固定资产原值和年末金融资产价值等因素是影响农户获得借贷支持的决定性因素。现有大多数相关文献通常从户主个体特征、家庭基本特征、家庭偿债能力和家庭经营土地面积等方面来考察农户正规贷款的可获性，但实际上农户的贷款规模也有可能会影响到其贷款可获性。

本文在已有研究的基础上，以江苏、河南和甘肃三省农户的正规借贷为例，具体考察如下问题：①农户正规借贷需求及其主要影响因素；②具有正规借贷需求农户的贷款可获性及其主要制约因素。与已有研究相比，本文在因变量的设置上存在两个特点：①以农户是否向农村正规金融机构申请过贷款来判断其是否具有正规借贷需求，判断方法相对准确；②用具有正规借贷需求的农户从农村正规金融机构实际获得的贷款总量占其拟申请贷款总量的比例来衡量农户正规贷款的可获性，衡量方法更准确。

二、数据来源、变量定义与描述性统计

（一）数据来源

1. 样本

本文所用数据来源于 2010 年 8 月笔者对江苏省泗洪县、河南省淮阳县和甘肃省陇南市三地农户借贷情况的调查。本文研究选择该三个地区的理由是，上述三个地区分别代表了中国东部、中部和西北部不同的经济发展水平、人口密度以及农户经营活动性质，具有较大的地域差异。本文采用 2009 年的农户借贷数据来考察其正规借贷需求及其贷款可获性。凡在 2009 年向农村正规金融机构申请过贷款的农户，无论是否申请到，本文都将其视为具有正规借贷需求的农户。

为了使样本更具有代表性，本文先采用分层抽样法（按各乡（镇）的人均纯收入分层）从三个样本县（市）各抽取 5 个样本乡（镇），再采用类似的抽样方法从每个样本乡（镇）中抽取 2 个村庄作为样本村，最后按照简单随机抽样法从每个样本村中抽取 20 户左右的农户进行调查。通过上述方法，本文最终获得有效问卷 608 份，其中，江苏省 196 份、河南省 206 份、甘肃省 206 份。在这些样本中，向农村正规金融机构申请过贷款的样本农户有 127 个，向其他渠道借款的样本农户有 69 个，没有任何借贷需求的样本农户有 412 个。

2. 问卷调查

调查问卷的内容分为以下两个部分：第一部分，考察农户 2009 年的借贷情况，询问农户在 2009 年是否申请过贷款、申请贷款的金额、借贷渠道与实际获得的贷款金额等。

第二部分，主要考察农户的户主个体特征、家庭基本特征、家庭支出、家庭偿债能力、经营规模和贷款规模。其中，户主个体特征主要包括户主年龄、户主受教育年限、户

主对农村正规金融机构借贷政策的认知程度；家庭基本特征主要包括家庭劳动力人数、正在上学的子女人数、无法正常参加劳动的人数、家庭社会关系；家庭支出包括教育支出、医疗支出和生产经营支出；家庭偿债能力主要包括家庭房产与耐用消费品总折价、生产性固定资产总折价和家庭总收入。

3. 样本基本情况

从被调查的 608 个样本农户的借贷基本情况来看，有正规借贷需求的样本农户有 127 个，占样本总数的 20.89%。其中，江苏地区有正规借贷需求的样本农户有 65 个，占该地区样本的 33.16%；河南地区有正规借贷需求的样本农户及其比例分别为 18 个和 8.74%；甘肃地区分别为 44 个和 21.36%（见表 1）。这表明，各地具有正规借贷需求的样本农户占样本总数的比例都不是很高，即各地都只有少数农户有正规借贷需求。

表 1 样本农户借贷需求的基本情况

		有借贷需求		没有借贷需求	合计
		正规借贷需求	非正规借贷需求		
江苏	样本数量（个）	65	20	111	196
	比例（%）	33.16	10.20	56.64	100.00
河南	样本数量（个）	18	29	159	206
	比例（%）	8.74	14.08	77.18	100.00
甘肃	样本数量（个）	44	20	142	206
	比例（%）	21.36	9.71	68.93	100.00

在 127 个有正规借贷需求的样本农户中，没有获得任何正规贷款的样本农户有 5 个，占正规借贷需求的样本农户的 3.94%；获得了部分正规贷款和获得全部正规贷款的样本农户分别为 41 个和 81 个，分别占有正规借贷需求的样本农户的 32.28% 和 63.78%。其中，在江苏、河南和甘肃，获得了全部正规贷款的样本农户分别占三地有正规借贷需求的样本农户的 66.15%、61.11% 和 61.36%，三地只获得了部分正规贷款的样本农户比例分别为 32.31%、33.33% 和 31.82%（见表 2）。这表明，各地仍然存在一定比例的具有正规借贷需求的农户，其借贷需求无法得到完全满足。

表 2 样本农户正规贷款可获性的基本情况

		没有获得正规贷款	获得部分正规贷款	获得全部正规贷款	合计
江苏	样本数量（个）	1	21	43	65
	比例（%）	1.54	32.31	66.15	100.00
河南	样本数量（个）	1	6	11	18
	比例（%）	5.56	33.33	61.11	100.00

续表

		没有获得正规贷款	获得部分正规贷款	获得全部正规贷款	合计
甘肃	样本数量（个）	3	14	27	44
	比例（%）	6.82	31.82	61.36	100.00

（二）变量定义

1. 因变量

（1）农户是否具有正规借贷需求。本文应用意愿调查法来获取农户的正规借贷需求信息，并以农户是否向正规金融机构申请过贷款来判断其是否具有正规借贷需求。本文采用 Logit 模型来分析农户正规借贷需求的影响因素。

（2）农户正规贷款可获性。本文以具有正规借贷需求的 127 个农户从农村正规金融机构实际获得的贷款总量占申请贷款总量的比例来衡量农户正规贷款的可获性，并采用 Tobit 模型来分析农户正规贷款可获性的影响因素①。

2. 自变量

根据已有的相关研究，本文认为，户主个体特征、家庭基本特征、家庭支出、家庭偿债能力和家庭经营规模等因素都可能影响农户的正规借贷需求，而户主个体特征、家庭基本特征、家庭偿债能力、家庭经营规模等因素则可能影响农户正规贷款可获性。特别需要指出的是，对于后者，本文还将考察贷款规模的影响。

对于各变量的定义与赋值，详见表3。

表3 变量定义

变量	变量定义
正规借贷需求（EDemand）	农户是否具有正规借贷需求（是=1；否=0）
正规贷款可获性（LA）	农户从农村正规金融机构实际获得的贷款总量占申请贷款总量的比例
户主年龄（Age）	周岁
户主受教育年限（Edu）	年
对正规金融机构借贷政策的认知程度（Known）	户主对农村正规金融机构的贷款条件与申请程序的了解程度（不太了解=1；一般=2；比较了解=3）
家庭劳动力人数（LN）	家庭中有劳动能力并参与劳动的人数（人）
家庭负担系数（DR）	家庭内正在上学的子女人数与无法正常参加劳动的人数之和占家庭总人口的比例
家庭社会关系（Relation）	是否有家人、亲戚或关系较好的人在政府部门任职（是=1；否=0）

---

① 如果仅使用具有正规借贷需求的样本来直接估计农户正规贷款可获性的影响因素，就排除了部分不具有正规借贷需求的样本农户，这可能会带来样本选择性偏误（Heckman，1979）。所以，本文尝试使用 Heckman 两步法来修正样本选择性偏误，但结果逆米尔斯比率不显著，因而，本文对于农户正规贷款可获性的影响因素的考察，以具有正规借贷需求的 127 个样本为总样本，并选择 Tobit 模型进行分析。

续表

变量	变量定义
教育支出（Edupay）	是否有孩子正在上学（如中专、大专、大学或其他）需要一次性支付较大笔（3000元及以上）的学费和书本费（是=1；否=0）
医疗支出（Medpay）	是否有家人突然患大病需要住院治疗（是=1；否=0）
生产经营支出（Pinvest）	家庭年生产经营总支出（≤1000元=1；1001~2000元=2；2001~5000元=3；5001~10000元=4；1万~2万元=5；2万~5万元=6；5万~10万元=7；10万~20万元=8；>20万元=9）
家庭房产与耐用消费品总折价（Assets1）	农户对家庭房产与耐用消费品总价值的评估（≤1万元=1；1万~2万元=2；2万~5万元=3；5万~10万元=4；10万~20万元=5；20万~50万元=6；>50万元=7）
家庭生产性固定资产总折价（Assets2）	农户对家庭生产性固定资产总价值的评估（≤500元=1；501~1000元=2；1001~2000元=3；2001~5000元=4；5001~10000元=5；1万~2万元=6；2万~5万元=7；5万~10万元=8；10万~20万元=9；>20万元=10）
家庭总收入（Tincome）	家庭年总收入（万元）
家庭经营规模（Land）	家庭经营土地总面积（亩）
贷款规模（LS）	农户向农村正规金融机构申请的贷款总量（万元）
地区虚拟变量	三个地区：江苏、河南和甘肃（以江苏为参照组）

（三）变量描述性统计

将所有样本农户与具有正规贷款需求的样本农户进行比较可发现，后者的户主个体特征（户主受教育年限和对正规金融机构借贷政策的认知程度）、家庭基本特征（家庭劳动力人数和家庭社会关系）、家庭支出（教育支出、医疗支出和生产经营支出）、家庭偿债能力（家庭房产与耐用消费品总折价、家庭生产性固定资产总折价和家庭总收入）以及家庭经营规模的均值都要高于前者，特别是家庭生产经营支出、家庭偿债能力和家庭经营规模。这可能是由于家庭生产经营支出和家庭经营规模较大的农户，其资金需求也较大，同时，良好的家庭偿债能力使他们有着能成功获得正规贷款的预期，因而这类农户有可能更具有正规借贷需求（见表4）。

表4 变量的描述性统计

	所有农户		具有正规借贷需求的农户	
	均值	标准差	均值	标准差
EDemand	0.21	0.41	—	—
LA	—	—	0.78	0.32

续表

	所有农户		具有正规借贷需求的农户	
	均值	标准差	均值	标准差
Age	43.44	11.67	42.73	10.38
Edu	6.68	3.46	7.24	2.77
Known	1.67	0.78	2.31	0.77
LN	3.50	1.63	3.60	1.85
DR	0.62	0.62	0.61	0.58
Relation	0.15	0.36	0.21	0.41
Edupay	0.24	0.43	0.26	0.44
Medpay	0.16	0.37	0.17	0.37
Pinvest	3.02	1.85	4.24	2.05
*Assets*1	4.23	1.28	4.78	1.29
*Assets*2	3.35	2.24	4.76	2.42
Tincome	3.81	4.84	6.20	6.92
Land	6.86	26.74	13.90	57.50
LS	—	—	5.21	6.79

三、实证分析

(一) 农户正规借贷需求的影响因素分析

该部分采用 Logit 模型对影响农户正规借贷需求的因素进行考察，模型基本形式如下：

$$p_i = prob(y_i = 1 \mid X_i) = \frac{1}{1 + e^{-(\beta_1 + X'_i \beta_2)}} \tag{1}$$

式 (1) 中，p_i 为第 i 个农户具有正规借贷需求的概率，y_i 表示第 i 个农户是否具有正规借贷需求，X_i 为解释变量，β_1 是常数项，β_2 是解释变量的系数，$i = 1, 2, \cdots, n$。

农户正规借贷需求影响因素的 Logit 模型估计及检验结果见表 5。

表5　农户正规借贷需求影响因素的 Logit 模型回归结果

	系数	标准误	显著性水平
Age	−0.006	0.012	0.633

续表

	系数	标准误	显著性水平
Edu	0.027	0.037	0.473
$Known$	1.038	0.154	0.000
LN	0.050	0.092	0.588
DR	-0.144	0.240	0.549
$Relation$	0.044	0.321	0.892
$Edupay$	-0.041	0.283	0.886
$Medpay$	-0.247	0.330	0.453
$Pinvest$	0.287	0.100	0.004
$Assets1$	0.231	0.110	0.036
$Assets2$	0.115	0.072	0.107
$Tincome$	-0.056	0.031	0.071
$Land$	0.036	0.027	0.182
$Henan$	-1.173	0.353	0.001
$Gansu$	-0.162	0.353	0.647
常数项	-5.333	0.987	0.000
Log likelihood		-226.815	
$LR\chi^2$ (16)		169.540	
Pseudo R^2		0.272	
样本量		608	

从模型的回归结果来看，户主对正规金融机构借贷政策的认知程度的回归系数为正，且在1%的水平上显著。这表明，农户越了解农村正规金融机构的贷款申请条件与申请程序，就可能越有正规借贷需求。这可能是因为，对借贷政策认知程度较低的农户可能会比较主观地认为，向农村正规金融机构申请贷款必须要有相应的抵押、担保或社会关系，所以，有部分这类农户可能会认为以其现阶段的家庭条件即便是申请了贷款也贷不到，因而放弃了申请，表现在总体上就是农户对正规金融机构借贷政策认知程度越低，就可能越不具有正规借贷需求；反之，农户认知程度越高，越有可能认为他符合农村正规金融机构的贷款申请条件，相应地，也就越愿意尝试向农村正规金融机构申请贷款。家庭支出中的生产经营支出的回归系数也为正，且在1%的水平上显著，这表明，家庭年生产经营总支出越高的农户，越可能具有正规借贷需求。一般来说，家庭生产经营支出越大，农户资金需求就越强烈，同时也越有可能面临资金问题，因此，这类农户也越可能具有正规借贷需求。

家庭偿债能力中的家庭房产与耐用消费品总折价对农户正规借贷需求有正向影响，且在5%的水平上显著，这可能是因为大多数农户认为，农村正规金融机构在发放贷款时会考察家庭的实物指标,如抵押物和担保品。而且很多农户主观地认为,能较好地衡量实物的指标就是其家庭房产与耐用消费品总折价①,所以,家庭房产与耐用消费品总折价越高的农户,就越有可能主观地认为他们可以相对容易地获得正规贷款,从而这类农户也就越可能去尝试向正规金融机构申请贷款。

另外,在家庭偿债能力指标中,家庭总收入对农户正规借贷需求有负向影响,且在10%的水平上显著,这可能是因为家庭总收入较高的农户有着足够的流动资金,所以,其正规借贷需求也就较小。对于地区虚拟变量,河南地区的回归系数为负,且在1%水平上显著,这表明,相对于江苏地区而言,河南地区农户的正规借贷需求较小。

(二) 农户正规贷款可获性的影响因素分析

在具有正规借贷需求的农户中,部分农户从农村正规金融机构实际获得的贷款总量等于他们申请的贷款总量,其正规贷款可获性为 1;还有部分农户实际获得的贷款总量小于他们申请的贷款总量,其正规贷款可获性介于 0~1;当然,也不排除部分农户实际获得的贷款总量为 0。这类因变量属于限值因变量,本文采用 Tobit 模型进行回归分析,其中,左边审查为 0,右边审查为 1,模型基本形式如下:

$$y_i^* = X'_i \gamma + \varepsilon_i, \quad \varepsilon_i \sim N(0, \sigma^2) \tag{2}$$

$$y_i = \begin{cases} \alpha, & y_i^* \leqslant \alpha \\ y_i^*, & \beta < y_i^* < \alpha \\ \beta, & \beta \leqslant y_i^* \end{cases}$$

式 (2) 中,y_i 为因变量,即第 i 个农户的正规贷款可获性;y_i^* 是潜在变量;α 代表右截取点,β 为左截取点,其中,$\alpha = 1$,$\beta = 0$;X_i 为解释变量,即影响第 i 个农户正规贷款可获性的主要因素;γ 为回归系数;ε_i 为随机误差。农户正规贷款可获性的 Tobit 模型估计及检验结果见表 6。

表 6 农户正规贷款可获性影响因素的 Tobit 模型回归结果

	系数	标准误	显著性水平
Age	-0.002	0.006	0.762
Edu	-0.002	0.024	0.940
Known	0.115	0.087	0.188
LN	0.061	0.047	0.196
DR	0.061	0.147	0.679
Relation	-0.214	0.148	0.150
Assets1	-0.005	0.054	0.930

---

① 但实际上,一般来说,农户的固定资产很难成为有效的抵押品。

续表

	系数	标准误	显著性水平
Assets2	0.079	0.034	0.023
Tincome	0.121	0.034	0.001
Land	-0.004	0.003	0.233
LS	-0.059	0.009	0.000
Henan	-0.139	0.170	0.414
Gansu	-0.089	0.148	0.548
常数项	0.225	0.516	0.664
Log likelihood		-67.651	
LR χ^2 (16)		70.010	
Pseudo R^2		0.341	
样本量		127	

从模型的回归结果来看，在反映家庭偿债能力的指标中，家庭生产性固定资产总折价与家庭总收入的回归系数都为正，且分别在5%和1%的水平上显著，与预期一致，即家庭偿债能力越强的农户，越容易获得正规贷款。一般来说，在农户提交贷款申请后，农村正规金融机构会根据其家庭经济条件进行甄别筛选，如考察农户的家庭偿债能力等，以此判定是否向该农户发放贷款以及发放多少贷款。家庭生产性固定资产总折价以及家庭总收入恰好能够综合地反映该农户的家庭经济状况（偿债能力），因此，这两个变量对农户正规贷款可获性有显著的正向影响。

贷款规模的回归系数为负，且在1%的水平上显著，这表明，农户向农村正规金融机构申请的贷款规模越大，其贷款可获性越小，即这类农户实际获得的贷款总量占申请贷款总量的比例越低。这可能是因为农村正规金融机构发放贷款的机制不同于风险投资机制，它首先讲求安全性，以回避风险，因此，它在发放贷款时需要考核农户的实物指标，即抵押和担保。虽然小额信贷和农户联保解决了贷款规模较小的农户的贷款抵押担保问题，但当农户申请的贷款规模超出小额信贷和农户联保的范畴时，农村正规金融机构仍然需要考察相应的抵押和担保。实际上，申请贷款规模较大的农户很可能缺乏或者没有等值的抵押物和担保物，因而这类农户的正规贷款可获性相对较小。

四、主要结论与政策启示

本文应用对江苏、河南与甘肃农户正规贷款情况的问卷调查数据，对农户正规借贷需求及其正规贷款可获性的影响因素进行了计量分析，研究结果表明：①农户对正规金融机构借贷政策的认知程度、家庭生产经营支出和家庭房产与耐用消费品总折价对其正规借贷需求有正向影响,而家庭总收入对其有负向影响;②河南农户的正规借贷需求显著低于江苏,即不同地区的农户,其正规借贷需求不同;③家庭生产性固定资产总折价和家庭总收入对农户正规贷款可获性有正向影响,而贷款申请规模对农户正规贷款可获性有负向影响。

基于以上结论,要提高农户正规贷款可获性,本文认为:首先,在面对不同地区多样化的正规借贷需求和不同的金融约束时,政府部门与相关农村金融机构应提供不同的农村金融产品和政策,因地制宜才能更好地提高农村金融服务的水平和质量;其次,政府部门与相关农村金融机构应创新农户贷款担保方式,发展多元化的农户贷款担保体系,并完善农户信用评估与贷款担保机制。

另外,有正规借贷需求的农户未必都是家庭总收入较高的农户,家庭总收入较高的农户又未必具有正规借贷需求。在现实中,农村正规金融机构总是会首先选择优质的客户(偿债能力较强的农户,如家庭总收入较高的农户)来提供贷款,以规避风险;而对于一些有正规借贷需求但家庭总收入一般的农户,农村正规金融机构可能会要求他们支付更高的贷款利率来弥补放贷风险。但是,政府过去所实行的利率管制政策限制了利率浮动,所以,那些家庭总收入一般的农户就很有可能无法获得足够的正规贷款。因此,积极推动农户贷款利率市场化改革是有必要的,只有利率政策与农村经济发展阶段相一致,才能提高农村金融资源配置效率并推动农村经济发展。

参考文献

[1] 冯旭芳. 贫困农户借贷特征及其影响因素分析——以世界银行某贫困项目监测区为例 [J]. 中国农村观察, 2007 (3).

[2] 贺莎莎. 农户借贷行为及其影响因素分析——以湖南省花岩溪村为例 [J]. 中国农村观察, 2008 (1).

[3] 黎翠梅, 陈巧玲. 传统农区农户借贷行为影响因素的实证分析——基于湖南省华容县和安乡县农户借贷行为的调查 [J]. 农业技术经济, 2007 (5).

[4] 潘海英, 翟方正, 刘丹丹. 经济发达地区农户借贷需求特征及影响因素研究——基于浙江温岭市的调查 [J]. 财贸研究, 2011 (5).

[5] 颜志杰, 张林秀, 张兵. 中国农户信贷特征及其影响因素分析 [J]. 农业技术经济, 2005 (4).

[6] 周宗安. 农户信贷需求的调查与评析:以山东省为例 [J]. 金融研究, 2010 (2).

[7] 褚保金, 卢亚娟, 张龙耀. 农户不同类型借贷需求的影响因素实证研究——以江苏省泗洪县为例 [J]. 江海学刊, 2008 (3).

宗族网络、农村金融与平滑消费：
来自中国11省77村的经验[*]

郭云南　姚　洋　Jeremy Foltz

【摘　要】本文分析了中国村庄宗族网络对家庭平滑消费的影响，并从农村正规融资与私人融资的角度进行了解释。运用包含宗族祠堂和家谱信息的独特面板数据，本文研究发现，宗族网络的存在或其强度的增加为农村家庭提供了更完全的平滑消费。其原因是，中国农村金融机构或信用合作社相对滞后，宗族外成员也并非完全了解借款人的信用级别、风险偏好或偿还能力，宗族网络于是可被视为一种信用机制或担保机制，使得其成员能获得更多的私人融资。这些发现表明了宗族网络作为非正式制度在农村平滑消费中的重要性，并对中国农村正式制度的发展具有启示意义。

【关键词】宗族网络；农村金融；平滑消费

一、引　言

平滑消费一直是关于发展中国家研究的主要议题之一。发展中国家的农民面临着较大的收入风险，如天气变化和技术冲击，这使得其平滑消费是不完全的（Jalan and Ravallion, 1999; Gertler and Gruber, 2002）。于是，人们进一步研究平滑消费程度及改善途径，如变卖资产、获得亲戚或朋友捐赠、申请政府补贴或社会安全项目、得到正规或私人借贷等（Skoufias and Quisumbing, 2005; Townsend, 1995）。甘犁等（2007）提到，平滑消费

---

[*] 本文数据来自北京大学中国经济研究中心"中国农村民主和农民福利"项目，感谢农业部农村经济研究中心在数据收集方面给予的支持。感谢威斯康星大学农业与应用经济系发展组成员提出的宝贵意见，感谢审稿人细致的修改意见。文责自负。

作者：郭云南，北京大学中国经济研究中心、威斯康星大学农业与应用经济系；姚洋，北京大学中国经济研究中心；Jeremy Foltz，威斯康星大学农业与应用经济系。

本文引自《中国农村观察》2012年第1期。

程度可能还取决于其他因素,如村庄选举及人口规模等社会因素。他们发现,村领导由选举产生或规模小的村庄中,家庭有着相对更完全的平滑消费。并且,其他社会因素,如社会网络(或宗族网络),可能在村庄范围内对促进家庭的平滑消费起着重要作用。例如,Munshi 和 Rosenzweig(2009)发现,印度的种姓网络可被视为一种担保或保险机制,由于成员间的转移支付或相互支持,家庭的平滑消费相对更完全。

关于社会网络与收入、风险偏好异质性的文献揭示了社会网络在风险分担方面的作用,并进一步表明网络效应的差异可能存在于不同性质或不同强度的社会网络中(Tsai,2007;Barrett,2005;Chantarat and Barrett,2008;Munshi,2003)。然而,现有关于社会网络的文献仍集中于研究印度的种姓网络,或部分非洲国家的种族网络,对中国宗族网络的研究比较有限。Hsu(1963)指出,存在于中国村庄的宗族是有着共同祖先且父系单线延续的合作组织。同时,Hsu 在比较中国村庄的宗族与印度的种姓、美国的俱乐部的基础上指出:第一,类似于种姓和俱乐部这两种网络,宗族可被视为自然的合作组织,其成员自觉地与组织外成员区分开来,并共享组织的资源,如土地、声誉或市场信息等;第二,与种姓和俱乐部不同的是,宗族成员不仅在经济或社会地位等方面具有巨大差异,而且成员间互惠互利并共担风险,其凝聚力更强。因此,可以猜想,宗族网络在风险分担或投资决策等方面的作用并不亚于种姓和俱乐部等其他网络。其原因是:第一,即使同时面临共同的收入减少冲击,宗族成员间也可能提供相互支持(如捐赠或私人融资);第二,宗族网络可形成一种类似于种姓网络的信用或担保机制,为其成员进行正规融资或私人融资提供便利。现有相关研究有力地支持了这一猜想。例如,Dolfin 和 Genicot(2010)运用墨西哥—美国的劳动力迁移数据发现,整个家庭网络为低收入家庭提供了信用来源;Kinnan 和 Townsend(2010)在分析泰国村庄的亲属网络对其成员投资借贷的影响时发现,亲属网络的存在为其家庭提供了一种隐性担保,使其能获得更多的投资借贷。那么,在中国农村金融机构相对滞后的背景下,由中国村庄的宗族形成的宗族网络或许可以被看作一种社会风险分担机制,对农村家庭平滑消费产生一定的影响。由于中国人口的庞大规模及中国经济的复杂性,研究宗族网络,不仅有助于理解不同性质的网络在风险分担方面的差异,而且能更深刻地认识社会网络的作用。鉴于此,本文试图研究宗族网络对农村家庭平滑消费的效应,并从农村金融的角度进行解释。

二、理论框架、研究假说与研究方法

(一)理论框架

平滑消费的检验框架来源于 Wilson(1968)和 Diamond(1967),后来,Townsend(1994)充分发展了这一框架,并用于检验发展中国家是否存在完全平滑消费。这一框架可由一最优化问题导出，是本文实证分析的基础。这一最优化问题是：在一个特定的社区里，给定社区中家庭在社会福利总和中的权重，面临不确定性的中央计划者以最大化社会福利总和为目标来配置资源。如果进一步假定效应函数满足不变相对风险规避（Constant Relative Risk Aversion，CRRA），则可以得到下列完全平滑消费的检验方程：

$$Ln(c_{it}^s) = \beta Ln(y_{ivt}) + \eta\left[\frac{1}{J-1}\sum_{\substack{j=1\\j\neq i}}^{J} Ln(c_{jt}^s)\right] + \alpha_i \tag{1}$$

式（1）中，i 代表家庭，v 代表村庄，t 代表年份，s 代表家庭收入状态（如面临好天气将会伴随高收入，而坏天气将可能导致低收入），J 代表社区中的家庭数，$Ln(c_{it}^s)$ 代表家庭消费的对数值，$\frac{1}{J-1}\sum_{\substack{j=1\\j\neq i}}^{J} Ln(c_{jt}^s)$ 代表排除家庭自身以外的村庄内其他家庭消费水平对数的平均值，$Ln(y_{ivt})$ 为家庭收入的对数值，α_i 为不随时间变化的家庭特征。如果存在完全平滑消费，家庭的当期消费只取决于所在村庄内其他家庭的平均消费水平（$\eta > 0$），而与家庭的当期收入无关（$\beta = 0$）。Townsend（1994）指出，在效用函数满足 CRRA 的情况下，完全平滑消费意味着 $\eta = 1$ 和 $\beta = 0$。在式（1）中还可以考虑添加控制变量，如未纳入本文研究框架但可能影响家庭消费的一些家庭特征变量 X_{ivt}，包括人口规模、人口抚养比、户主受教育年限、资产持有量及上期储蓄量等。式（1）中，也可引入只随年份发生变化的因素，如年份虚拟变量 λ_t。

在检验中，β 的大小直接决定了平滑消费程度①。如果 β 与 0 无显著差异，并且村庄内其他家庭的平均消费水平变量显著，则家庭消费完全取决于村庄内其他家庭的平均消费水平，而与家庭个体的收入无关，即家庭平滑消费是完全的。如果 β 显著异于 0，且村庄内其他家庭的平均消费水平变量不显著，则家庭消费纯属家庭的个体行为，并不存在村庄内部的风险分担。如果 β 和 η 均显著异于 0，则家庭消费部分取决于家庭收入，部分取决于村庄内其他家庭的平均消费水平，即村庄内部存在部分的风险分担。β 越接近于 0，家庭的平滑消费就越完全。

（二）研究假说

相关研究指出，正规融资或私人融资已成为家庭抵御收入冲击的重要策略（甘犁等，2007）。然而，从中国农村的实际情况看，农村金融机构（如银行或信用合作社）相对滞后，并不能在农村信贷市场中充分发挥作用。其原因是，这些机构在农村中数量有限，且对借款者借贷的投资价值和偿还能力方面的信息比私人贷款者（如亲戚、朋友或其他私人贷款者）了解得更少，因而往往要求借款者提供抵押或担保，且借款者从正规金融机构获得贷款的成本较高（Gertler et al.，2003）。宗族网络的存在也许能有效地解决这一问

---

① 亦可采用 η 的大小来反映平滑消费程度：η 越大，则家庭消费越依赖于所在村庄的平均消费水平，家庭平滑消费更加完全。但是，在完全平滑消费的情况下，β 始终为 0，而 η 的大小取决于效用函数的形式。例如，在效用函数满足 CRRA 的情况下，完全平滑消费意味着 $\eta = 1$；而在效应函数为其他形式时，η 不再为 1。后文实证分析将给出两种决定平滑消费程度的检验结果。

题。一方面,网络成员间可以通过相互提供支持(如捐赠或亲戚借贷)(Munshi and Rosenzweig,2009)来抵御收入减少冲击,而不需要直接向宗族外的正规金融机构或私人借贷;另一方面,银行等正规金融机构可以借助借款者宗族网络的信息,更好地评估借款者借贷的投资价值、不利冲击发生的可能性和保障借贷偿付的方式,从而有利于解决借贷双方的信息不对称问题,进而为借款者提供贷款(Kinnan and Townsend,2010;Dolfin and Genicot,2010)。也就是说,家庭以宗族网络作为担保或抵押,可以获得正规融资或私人融资。于是,本文从农村融资——正规融资(包括银行或农村信用社等)和私人融资(包括宗族内和宗族外)——的角度来解释宗族网络提升平滑消费程度的效应,对以下3点假说进行检验:

假说1:中国村庄宗族网络的存在有助于提升家庭平滑消费程度。

假说2:正规融资或私人融资能为家庭带来更完全的平滑消费。

假说3:宗族网络提供了一种信用或担保,使得其成员获得更多的正规融资或私人融资。

(三) 研究方法

1. 宗族网络与平滑消费

为了分析宗族网络对平滑消费的影响,将宗族网络变量 R 与家庭收入变量的交互项添加到式(1)中,得到:

$$\text{Ln}(c_{it}^s) = \beta \text{Ln}(y_{ivt}) + \gamma \text{Ln}(y_{ivt}) \times R + \eta \left[\frac{1}{J-1} \sum_{\substack{j=1 \\ j \neq i}}^{J} \text{Ln}(c_{jt}^s) \right] + X'_{ivt}\delta + \alpha_i + \lambda_t + \varepsilon_{ivt} \quad (2)$$

于是,平滑消费程度可以由 $\beta + \gamma R$ 来刻画,且 $\beta + \gamma R$ 越接近于0,家庭的当期消费将越少依赖于当期收入,即家庭平滑消费越完全。在一般情况下,可以假定 R 为正。负的 γ 意味着 R 越大,家庭的平滑消费程度越完全(即假说1成立)。当考虑将宗族网络变量与村庄平均消费水平变量的交互项添加到式(2)中时,则预期该交互项系数为正,意味着 R 越大,则家庭当期消费将越多依赖于村庄平均消费水平,也就是平滑消费越完全(即假说1成立)。

2. 融资与平滑消费

为检验正规融资和私人融资对平滑消费程度的影响,将式(2)中的宗族网络变量替换为融资变量,于是得到新的检验方程为:

$$\text{Ln}(c_{it}^s) = \beta \text{Ln}(y_{ivt}) + \phi \text{Ln}(loan_{ivt}) + \theta \text{Ln}(y_{ivt}) \times loan_{ivt} + \eta \left[\frac{1}{J-1} \sum_{\substack{j=1 \\ j \neq i}}^{J} \text{Ln}(c_{jt}^s) \right] + X'_{ivt}\delta + \alpha_i + \lambda_t + \varepsilon_{ivt} \quad (3)$$

式(3)中,$loan_{ivt}$ 刻画了正规融资(或私人融资)的额度。θ 为负,则意味着获得正规融资(或私人融资)的家庭当期消费将更少取决于当期收入,即平滑消费更完全(假说2成立)。考虑同时将正规融资和私人融资两个变量放入检验方程(3)中,通过比较这两个变量系数的大小,可以看出正规融资和私人融资对平滑消费程度效应的差异。

3. 宗族网络与融资

如果家庭平滑消费程度依赖于融资渠道，那么，宗族网络是否有助于家庭获得更多的正规融资或私人融资？在检验中，本文感兴趣的是宗族网络对融资的直接效应以及宗族网络如何影响融资随家庭收入变化的边际效应，即关键变量为宗族网络变量及其与家庭收入变量的交互项。为此定义变量"家庭相对收入"①，其数值通过计算家庭年人均净收入与所在村庄年人均净收入的比值得出。式（4）提供了宗族网络对家庭正规融资或私人融资效应的检验方程：

$$Ln(loan_{ivt}) = \beta_0 + \beta_1 Ln(ry_{ivt}) + \beta_2 Ln(ry_{ivt}) \times R_{iv} + X'_{ivt}\delta + \alpha_t + \lambda_t + \varepsilon_{ivt} \quad (4)$$

式（4）中，$loan_{ivt}$ 为家庭正规融资（或私人融资）的额度，ry_{ivt} 为家庭相对收入的对数值，X_{ivt} 为可能影响融资的家庭特征变量，包括资产持有量、上期储蓄量、人口规模、人口抚养比和户主受教育年限等。不难看出，家庭融资的需求弹性可由 $\beta_1 + \beta_2 R$ 刻画。其中，β_1 的符号可正可负，这依赖于家庭融资的用途。若融资仅用于家庭消费，则相对富裕的家庭向正规金融机构或私人借款的可能性相对小些；若为投资融资，则相对富裕的家庭可能更有借款动机，也更有能力获得借款②。β_2 可以用来刻画宗族网络对家庭向正规金融机构或私人借款的影响，这正是本文所关心的。如果宗族网络有助于家庭获得更多正规融资或私人融资（即假说3成立），则 β_1 和 β_2 的符号应该相同，即在宗族网络强的村庄，家庭融资的需求弹性更大③。

结合中国农村信贷市场的实际情况，家庭融资数据可能存在大量缺省值（借款数可能为0）。其原因是，一方面，未发生借款行为的家庭，可能通过其他途径满足了其资金需求（如与宗族网络相关的亲戚捐赠）；另一方面，相比于宗族内成员，宗族外的正规金融机构或私人缺少关于借款者信用级别、风险偏好或偿还能力等方面的信息，而相对富裕的家庭往往更容易获得借款。于是，容易出现遗漏变量问题，并存在一定的选择性偏误。为了解决估计偏误问题，本文借用 Heckman（1979）的两步估计法来处理。定义虚拟变量 $loand_{ivt}$ 表示"家庭是否发生正规融资（或私人融资）"，并采用 Probit 模型估计融资选择的第一阶段，其检验方程为：

$$Prob(loand_{ivt}=1) = \Phi(\beta_0 + \beta_1 Ln(ry_{ivt}) + \beta_2 Ln(ry_{ivt}) \times R_{iv} + Z'_{ivt}\delta + \alpha_i + \lambda_t + \varepsilon_{ivt} \quad (5)$$

式（5）中，$Prob(loand_{ivt}=1)$ 表示家庭发生正规融资（或私人融资）的概率，Z_{ivt} 包含式（4）中的 X_{ivt} 及两个作用于融资选择而不影响融资额度的村庄变量（"村庄是否有合作经济组织"、"所在乡（镇）是否有银行或信用合作社"）。根据第一阶段估计结果计

---

① 在此并未直接用家庭收入变量而用家庭相对收入变量的原因是，家庭收入可能内生于融资，例如，融资多的家庭往往伴随着更多的投资机会，从而其收入将有更大的提升空间，这一情况容易造成错误估计宗族网络对家庭融资的影响。

② 固定观察点调查数据缺乏关于借款用途的信息，于是不能对此做出区分。

③ 当投资动机大于消费动机时，β_1 的符号为正，即家庭收入越高，借款需求越大。此时 β_2 的符号亦为正，则宗族网络强的村庄可带来更大的融资额度。当消费动机大于投资动机时，β_1 的符号为负，即家庭收入越低，借款需求越大。此时 β_2 的符号亦为负，则宗族网络强的村庄仍可带来更大的融资额度。

算逆米尔率 $\hat{\lambda}_{ivt}$[①],得到第二阶段的家庭融资方程,并采用去掉缺省值的小样本进行估计。该方程形式为:

$$Ln(loand_{ivt}) = \gamma_0 + \gamma_1 Ln(ry_{ivt}) + \gamma_2 Ln(ry_{ivt}) \times R_{it} + \gamma_3 \hat{\lambda}_{ivt} + X'_{ivt}\delta + \alpha_i + \lambda_t + \varepsilon_{ivt} \quad (6)$$

式(6)中,$\hat{\lambda}_{ivt} = \dfrac{\varphi(\hat{\beta}_0 + \hat{\beta}_1 Ln(ry_{iv}) + \hat{\beta}_2 Ln(ry_{iv}) \times R_{iv} + Z'_{ivt}\hat{\delta})}{\Phi(\hat{\beta}_0 + \hat{\beta}_1 Ln(ry_{iv}) + \hat{\beta}_2 Ln(ry_{iv}) \times R_{iv} + Z'_{ivt}\hat{\delta})}$。类似于对式(4)和式(5)中关于 β_1 和 β_2 符号的一致性说明,预期 γ_1 和 γ_2 也具有相同的符号。

三、数据来源与描述性统计分析

(一) 数据来源

本文数据来源于两个方面:一是农业部的固定观察点调查;二是在此基础上于2006年进行的一次回顾性调查。前者提供了1986~2008年全国各省份中约300个村庄30000个家庭的收入、消费等信息。由于前者并没有调查1992年和1994年的情况,且仅获取了约1/4的被调查家庭21年的完整信息,包括家庭收入、消费结构、人口规模和结构以及向正规金融机构和私人的借款额度等数据,因此,前者提供的是非平衡面板数据。尽管如此,这些数据仍为本文检验平滑消费的完全程度提供了基础。后者则提供了全国各省份中246个村庄的姓氏结构及宗族的信息,包括前两大姓氏的家庭所占比例、有祠堂和(或)家谱的姓氏在村庄姓氏中所占比例等,这便于本文研究度量宗族网络。从固定观察点调查数据中,本文研究随机抽取了11个省77个村庄的约8400个家庭,并将该子样本与回顾性调查数据合并,从而获得了由8400个家庭19年的数据构成的非平衡面板数据。这11个省分别是广东省、福建省、浙江省、江西省、湖北省、湖南省、河南省、山西省、吉林省、四川省和甘肃省。这些省的经济发展程度和富裕情况各不相同,相对较穷的省是山西省和甘肃省,较富的省是浙江省和广东省;同时,各省份在人口规模和结构、社会结构及其他经济条件等方面也存在较大差异。

(二) 变量的测量与描述性分析

表1罗列了本文所引入的主要变量的定义和描述性统计分析结果,相关变量包括以下三类:

1. 宗族网络

在识别网络在经济中的作用时,网络的定义及其度量往往是一大难题(Durlauf and Fafchamps,2005)。本文研究的关键是如何定义一个宗族网络,同时测度其规模和强度。

[①] 具体参见 Heckman(1979)中关于逆米尔率的解释。

Hsu（1963）指出，宗族成员将自然而然地归属于一个组织，并将自己与宗族外成员区分开来，与宗族内成员间互惠互利并承担风险。于是，宗族的人口规模便自然地成为对宗族网络的一种度量，这在张爽等（2007）关于宗族网络与收入及风险分担关系的分析中有所体现。然而，宗族的人口规模仅能度量宗族网络的规模，而不能度量其强度。网络强度（或凝聚力）在宗族内互惠互利或风险分担中的作用往往更重要（Huang，1998）。但是，采用章元、陆铭（2009）提出的用亲属间的礼金往来间接度量宗族网络强度的方法，却可能导致严重的测量性误差①。由于祠堂和家谱是一个宗族的两种明显表征，在一定程度上能反映宗族网络的存在及强度（Hsu，1963），因此，本文研究拟采用虚拟变量"宗族是否有祠堂"和"宗族是否有家谱"来度量宗族网络。不过，具有更高消费水平的家庭，往往更可能为宗族修建祠堂或谱写家谱，从而可能导致消费水平与宗族网络之间的内生性。因此，本文转而用虚拟变量"村庄是否有祠堂"和"村庄是否有家谱"来度量村庄层面的宗族网络。值得说明的是，宗族和宗族网络是两个不同的概念，无论是否有祠堂或家谱，宗族总是存在的，但并非都会发生网络效应。由于本文关心的是有祠堂或家谱的村庄与没有祠堂或家谱的村庄间家庭消费行为的差异，为此，定义当村庄有祠堂或家谱时，宗族网络存在。同时，本文进一步采用"村庄有祠堂的姓氏所占比例②"和"村庄有家谱的姓氏所占比例"来度量村庄层面宗族网络的强度③。

调查结果显示，在样本村庄中，有祠堂和家谱的村庄所占比例分别接近30%和60%，且村庄有祠堂和有家谱的姓氏所占比例分别为8%和23%。这一结果与王铭铭（1996）的发现一致，相比于中国西北部省份村庄（如四川省、山西省），祠堂或家谱在东南部省份的村庄更多（如福建省、广东省、江西省）。经计算，"村庄是否有祠堂"与"村庄是否有家谱"两变量间的相关系数、"村庄有祠堂的姓氏所占比例"与"村庄有家谱的姓氏所占比例"间的相关系数均高达0.65，这在一定程度上说明了祠堂和家谱这两种表征在测度宗族网络强度上的相似性。为此，本文设定两个额外变量，即"村庄是否同时有祠堂和家谱"和"村庄同时有祠堂和家谱的姓氏所占比例"，来比较分别用祠堂和家谱度量的宗族网络对家庭平滑消费程度影响的差异。

2. 家庭特征变量

消费可以分为食物消费和非食物消费（如衣服、保险、教育、医疗及交通等）两类，本文以家庭年人均消费额来衡量（以2006年不变价格计算）。收入则以2006年不变价格计算的家庭年人均净收入来衡量。净收入为总收入减去生产成本及亲戚朋友间的礼金净支出。为方便检验平滑消费程度，本文也计算出排除家庭自身外的村庄年人均消费额（村

---

① 礼金往来数目可能依赖于家庭的富裕程度或户主的性格特征等因素，而并非仅取决于亲属间关系的强弱。
② 指的是村庄有祠堂的姓氏在村庄所有姓氏中所占的比例，下同。
③ 采用村庄层面宗族网络的虚拟变量"村庄是否有祠堂"、"村庄是否有家谱"来分析宗族网络对家庭平滑消费的影响，可能会带来内生性问题。原因在于，家庭较高的消费水平可能引发其所属宗族修建祠堂或谱写家谱，其所在村庄于是便存在祠堂或家谱。但是，村庄中一个姓氏宗族修建祠堂或谱写家谱并不一定会提高村庄有祠堂或有家谱的姓氏所占比例，从而有助于克服内生性问题。后文的实证分析也关注了表征宗族网络强度的变量。

庄平均消费水平）及村庄年人均净收入额（村庄平均收入）。融资分为正规融资（向银行和农村信用合作社借款）和私人融资（向亲戚和朋友借款）两类。由于早些年的固定观察点调查数据并没有记录家庭融资信息，故该数据仅包括每户家庭1993~2006年的融资数据。并且，这些融资数据中存在大量缺省值，报告有私人融资的家庭仅占样本总数的20.2%，有正规融资的家庭仅占10.1%。家庭借款行为的复杂性以及该种数据结构带来的估计偏误，均在上述研究方法中部分进行了分析并给出了处理方法①。其他家庭特征变量包括资产持有量、上期储蓄量、人口规模、人口抚养比及户主受教育年限等。其中，资产持有量中的资产包括牲畜、大中型农具、机械、生产用房、农业设施等固定资产，其现在价值及上期储蓄量均按照2006年不变价格计算；人口抚养比为家庭中15岁及以下和60岁及以上人口数与家庭劳动力数的比值。这些家庭特征都可能影响家庭的消费水平。例如，Klonner（2003）指出，家庭人口结构及户主受教育年限刻画了家庭的消费偏好，家庭资产和储蓄等可以抵御家庭收入减少的负面冲击。

3. 村庄特征变量

家庭是否发生正规融资或私人融资往往依赖于所在乡（镇）金融机构的覆盖程度及村庄中是否有农民合作经济组织等。当村庄中有农民合作经济组织时，家庭可能在合作经济组织内部融资；当所在乡（镇）有银行或农村信用社时，家庭可能更方便向正规金融机构借款。在此，本文定义两个虚拟变量——"村庄是否有合作经济组织"和"所在乡（镇）是否有银行或信用合作社"，用以检验村庄特征对家庭发生融资可能性的影响（见表1）。

表1 相关变量的含义及描述性统计分析结果

变量名称	测量及赋值	观察值	均值	标准差
村庄层面的宗族网络				
村庄是否有祠堂	有=1；没有=0	77	0.286	0.455
村庄是否有家谱	有=1；没有=0	77	0.571	0.498
村庄是否同时有祠堂和家谱	有=1；没有=0	77	0.260	0.441
村庄有祠堂的姓氏所占比例（%）	调查所得数据	77	8.041	19.667
村庄有家谱的姓氏所占比例（%）	调查所得数据	77	22.969	31.127
村庄同时有祠堂和家谱的姓氏所占比例（%）	调查所得数据	77	4.165	15.071
家庭特征变量				
家庭消费（元）	年人均消费额的对数值	112610	7.483	0.735
家庭收入（元）	年人均净收入额的对数值	111902	7.731	0.808

---

① 详见本文第二部分第三节"研究方法"中的第3点。

续表

变量名称	测量及赋值	观察值	均值	标准差
正规融资（千元）	正规融资额度的对数值	112802	0.711	2.168
私人融资（千元）	私人融资额度的对数值	112801	1.555	3.168
正规融资可获得性	家庭是否发生正规融资。有=1；没有=0	112801	0.101	0.301
私人融资可获得性	家庭是否发生私人融资。有=1；没有=0	112801	0.202	0.401
人口规模（人）	人口规模	112801	1.414	0.410
资产持有量（元）	所拥有的固定资产价值的对数值	112801	6.445	2.877
上期储蓄量（元）	上年末储蓄的对数值	90734	3.620	4.047
人口抚养比	家庭中15岁及以下和60岁及以上人口数与家庭劳动力数的比值	112801	0.472	0.493
户主受教育年限（年）	户主的受教育年限	112801	3.109	2.103
村庄变量				
村庄平均消费水平（元）	排除家庭自身的村庄年人均消费额的对数值	112609	7.647	0.568
村庄平均收入（元）	排除家庭自身的村庄年人均净收入额的对数值	112550	7.873	0.631
村庄是否有合作经济组织	有=1；没有=0	69293	0.657	0.475
所在乡（镇）是否有银行或信用合作社	有=1；没有=0	69293	0.454	0.498

四、实证结果分析

（一）宗族网络与平滑消费

大多数相关文献显示，中国农村家庭存在不完全平滑消费（甘犁等，2007；郭云南等，2011），但是，宗族网络是否有助于提高农村家庭平滑消费程度？表2给出了式（2）的估计结果。其中，（1）~（3）栏为宗族网络变量分别为"村庄是否有祠堂"、"村庄是否有家谱"、"村庄是否同时有祠堂和家谱"的结果，（4）栏则为模型同时包括了这3个宗族网络虚拟变量的结果。与前4栏不同的是，（5）~（8）栏为模型引入了这些虚拟变量与村庄平均消费水平变量交互项的结果。

结果显示，第一，在存在宗族网络的村庄，其家庭的平滑消费更完全。与前文的理论推测一致，宗族网络变量与收入变量交互项的系数一直为负，并且显著，说明相对于不存在宗族网络的村庄，存在宗族网络的村庄，其家庭的平滑消费程度将提高 16.1% ~ 23.8%（可由（1）~（3）栏结果简单计算得出）。第二，"村庄是否有祠堂"和"村庄是否有家谱"对平滑消费程度的效应基本等同。例如，在（4）栏的结果中，当模型同时包括 3 个宗族网络虚拟变量分别与收入变量的交互项时，"村庄是否有祠堂"、"村庄是否有家谱"这两个变量与收入变量交互项的系数为正或不再显著，这意味着，祠堂和家谱这两种宗族表征在一定程度上体现了同一宗族网络。第三，值得说明的是，将上述 3 个宗族网络虚拟变量与村庄平均消费水平的交互项分别添加到检验方程时，与前文的定性分析一致，这些系数均为正且在 1% 的统计水平上显著，而宗族网络虚拟变量与收入变量交互项的系数并无明显变化（见（5）~（7）栏），这些结果进一步验证了"在存在宗族网络的村庄，家庭平滑消费更完全"的结论。同时，若使用"村庄有祠堂的姓氏所占比例"、"村庄有家谱的姓氏所占比例"、"村庄同时有祠堂和家谱的姓氏所占比例"这 3 个宗族网络强度变量来反映宗族网络时，对式（2）的拟合结果同样表明，这 3 个变量对家庭平滑消费程度的效应类似于上述 3 个宗族网络虚拟变量的效应，限于篇幅，在此不再做重复分析。

表 2 宗族网络对平滑消费程度影响的估计结果

解释变量	被解释变量：家庭消费			
	（1）	（2）	（3）	（4）
家庭收入	0.482***	0.469***	0.471***	0.473***
家庭收入×村庄是否有祠堂	-0.078***	—	—	-0.006
家庭收入×村庄是否有家谱	—	-0.106***	—	0.067***
家庭收入×村庄是否同时有祠堂和家谱	—	—	-0.112***	-0.175***
村庄平均消费水平	0.518***	0.524***	0.523***	0.522***
村庄平均消费水平×村庄是否有祠堂	—	—	—	—
村庄平均消费水平×村庄是否有家谱	—	—	—	—
村庄平均消费水平×村庄是否同时有祠堂和家谱	—	—	—	—
人口规模	-0.127***	-0.130***	-0.130***	-0.130***
资产持有量	0.073***	0.064***	0.064***	0.065***
资产持有量×家庭收入	-0.009***	-0.008***	-0.008***	-0.008***
上期储蓄量	0.007***	0.007***	0.007***	0.007***
人口抚养比	-0.007	-0.005	-0.004	-0.004
户主受教育年限	0.013***	0.013***	0.014***	0.014***
常数项	0.166**	0.148**	0.145**	0.144**
观察值	89970	89970	89970	89970
R^2	0.391	0.393	0.393	0.394
家庭数	8163	8163	8163	8163

续表

解释变量	被解释变量：家庭消费			
	(5)	(6)	(7)	(8)
家庭收入	0.491***	0.475***	0.477***	0.480***
家庭收入×村庄是否有祠堂	-0.091***	—	—	-0.010
家庭收入×村庄是否有家谱	—	-0.121***	—	0.112***
家庭收入×村庄是否同时有祠堂和家谱	—	—	-0.127***	-0.232***
村庄平均消费水平	0.488***	0.498***	0.497***	0.495***
村庄平均消费水平×村庄是否有祠堂	0.044***	—	—	0.008
村庄平均消费水平×村庄是否有家谱	—	0.056***	—	-0.088**
村庄平均消费水平×村庄是否同时有祠堂和家谱	—	—	0.059***	0.142***
人口规模	-0.126***	-0.129***	-0.129***	-0.128***
资产持有量	0.074***	0.064***	0.064***	0.065***
资产持有量×家庭收入	-0.009***	-0.008***	-0.008***	-0.008***
上期储蓄量	0.007***	0.007***	0.007***	0.007***
人口抚养比	-0.007	-0.005	-0.005	-0.005
户主受教育年限	0.013***	0.013***	0.013***	0.013***
常数项	0.169**	0.183***	0.180***	0.175***
观察值	89970	89970	89970	89970
R^2	0.391	0.393	0.394	0.394
家庭数	8163	8163	8163	8163

注：***、**和*分别表示变量在1%、5%和10%的统计水平上显著。受篇幅限制，在此略去稳健性标准误。由于回顾性调查的限制，宗族网络变量并没有随时间发生变化，因而在上述固定效应模型估计中这一变量被删掉了。同时，在对模型的处理中，控制了年份虚拟变量。

其他控制变量的估计结果表明，资产持有量及上期储蓄量的增加均可带来更完全的平滑消费。当引入资产持有量与收入变量的交互项时，这一交互项在1%的统计水平上显著且系数为负，意味着平滑消费在相对富裕的家庭更完全。另外，户主受教育年限越多，家庭平滑消费越完全。人口抚养比变量不显著，这一结果表明，家庭人口结构对其平滑消费程度没有显著影响，原因可能是，老人和小孩多的家庭，虽然其食物消费支出较少，但非食物消费支出较多。

前文基于宗族网络存在及其强度对家庭平滑消费效应的测度已经验证出，宗族网络的存在或其强度的增加将带来更完全的家庭平滑消费（即假说1成立）。那么，宗族网络是如何提升家庭抵御收入减少冲击的能力以及使家庭更倾向于利用村庄内的风险分担机制的呢？下面将从农村融资的角度进行解释。

（二）融资与平滑消费

表3报告了对式（3）的估计结果。（1）栏和（2）栏考虑了平滑消费仅依赖于正规融资的情况，（3）栏和（4）栏考虑了平滑消费仅依赖于私人融资的情况，（5）栏和（6）栏则同时考虑了平滑消费取决于这两类融资的情况，而奇数栏和偶数栏分别给出了控制与不控制家庭特征变量的结果。结果表明，与前文的理论分析一致，正规融资变量和私人融资变量与收入变量的交互项均显著且系数为负，这表明，正规融资或私人融资多的家庭，其当期消费较少依赖于当期收入，即正规融资和私人融资均有助于提升家庭的平滑消费程度（见表3中（1）~（4）栏的结果）。然而，当同时考虑这两种形式的融资渠道时，不管是否控制家庭特征变量，正规融资变量与收入变量的交互项不再显著，私人融资变量与收入变量的交互项在1%的统计水平上显著且系数为负（见表3中（5）栏、（6）栏结果）。例如，家庭私人融资每增加1000元，其平滑消费程度将提升13.3%。同时，如果用融资可获得性（包括正规融资可获得性与私人融资可获得性，其定义分别为"家庭是否发生正规融资"与"家庭是否发生私人融资"）来反映融资，替换式（3）中的正规融资（或私人融资）额度变量，其结果显示，这些变量仍然显著且系数为负。当同时考虑这两种形式的融资可获得性时，只有私人融资可获得性变量与收入变量的交互项显著且系数为负[①]。

这些结果表明，私人融资比正规融资在中国农村更有助于提升农村家庭的平滑消费程度。由于私人贷款者可以更好地评估借款者的信用级别、收入冲击及借款偿还的可能性，而银行或农村信用合作社往往缺乏这方面的信息，可能要求借款者提供更高的抵押或给予更高的贷款利率，所以，私人融资能在一定程度上形成对正规融资的替代。因此，私人信贷市场可能在中国农村消费保险方面发挥重要作用，能比正规信贷市场更有效地提升农村家庭的平滑消费程度。

表3 正规融资、私人融资（融资额度）对平滑消费程度影响的估计结果

解释变量	被解释变量：家庭消费					
	（1）	（2）	（3）	（4）	（5）	（6）
家庭收入	0.387***	0.451***	0.398***	0.461***	0.398***	0.461***
家庭收入×正规融资	-0.001***	-0.001***	—	—	0.000	-0.000

---

① 由于篇幅限制，在此略去估计结果，如若需要，请向笔者索取。

续表

解释变量	被解释变量：家庭消费					
	（1）	（2）	（3）	（4）	（5）	（6）
家庭收入×私人融资	—	—	-0.006***	-0.006***	-0.006***	-0.006***
正规融资	0.014***	0.013***	—	—	0.002	0.002
私人融资	—	—	0.068***	0.067***	0.068***	0.067***
村庄平均消费水平	0.516***	0.530***	0.495***	0.508***	0.494***	0.508***
人口规模	—	-0.101***	—	-0.111***	—	-0.112***
资产持有量	—	0.075***	—	0.075***	—	0.076***
资产持有量×家庭收入	—	-0.009***	—	-0.009***	—	-0.009***
上期储蓄量	—	-0.014***	—	-0.012***	—	-0.012***
人口抚养比	—	-0.010**	—	-0.011**	—	-0.011**
户主受教育年限	—	0.014***	—	0.013***	—	0.013***
常数项	0.571***	0.124**	0.626***	0.213***	0.631***	0.216***
观察值	111901	111901	111901	111901	111901	111901
R^2	0.388	0.400	0.419	0.430	0.420	0.430
家庭数	8438	8438	8438	8438	8438	8438

注：***、**和*分别表示变量在1%、5%和10%的统计水平上显著。

（三）宗族网络与融资

表4报告了使用宗族网络强度变量估计式（5）的结果。其中，（1）栏和（2）栏考察了宗族网络强度对融资可获得性的影响，（3）栏、（4）栏考察了对私人融资可获得性的影响，（5）栏和（6）栏考察了对正规融资可获得性的影响，而奇数栏和偶数栏分别给出了控制与不控制家庭特征变量的结果。从表4看，模型分析得出了与上述定性分析一致的结果：（1）栏、（2）栏中β_1和β_2的估计值同时为负且变量显著。β_1的估计值为负意味着，整体而言借贷的消费动机大于投资动机，即相对贫穷的家庭更可能向正规金融机构或私人借款；β_2的估计值亦为负说明，宗族网络强度的增加有助于提升家庭向正规金融机构或私人借款的可能性。（3）栏、（4）栏的结果显示，无论是否控制家庭特征变量，β_2的估计值总为负，说明宗族网络强度的增加提升了家庭向私人借款的概率。给定家庭相对收入1%的下降，村庄有祠堂的姓氏所占比例每提高1个百分点，家庭发生私人融资的概率将增加0.55个百分点（或7.8%）。然而，当控制了家庭特征变量后，正规融资的可获得性不再依赖于宗族网络（见（5）栏、（6）栏的结果）。

表4 宗族网络强度对融资影响的第一阶段估计结果

解释变量	被解释变量：家庭发生融资（私人融资或正规融资）的概率					
	Prob (total loans >0)		Prob (private loans >0)		Prob (formal loans >0)	
	(1)	(2)	(3)	(4)	(5)	(6)
家庭相对收入	-0.091***	-0.095***	-0.094***	-0.088***	-0.067***	-0.063***
家庭相对收入×村庄有祠堂的姓氏所占比例	-0.071***	-0.064***	-0.056***	-0.049***	-0.025*	-0.011
人口规模	—	0.265***	—	0.239***	—	0.195***
资产持有量	—	0.053***	—	0.040***	—	0.075***
上期储蓄量	—	-0.049***	—	-0.045***	—	-0.040***
人口抚养比	—	-0.046*	—	-0.003	—	-0.164***
户主受教育年限	—	0.013**	—	0.002	—	0.041***
村庄是否有合作经济组织	—	0.029	—	0.054**	—	-0.072**
所在乡（镇）是否有银行或信用合作社	—	0.143***	—	0.079***	—	0.204***
常数项	-1.023***	-1.881***	-1.230***	-2.004***	-2.209***	-3.443***
观察值	68647	56150	68647	56150	68647	56150
家庭数	6273	6000	6273	6000	6273	6000

注：***、**和*分别表示变量在1%、5%和10%的统计水平上显著。受篇幅限制，本表没有报告使用家谱度量的宗族网络强度的效应，但结果类似。

表5给出了去掉缺省值小样本后对式（6）的估计结果。其中，（1）栏和（2）栏考察了宗族网络强度对总融资额度的影响，（3）栏、（4）栏考察了对私人融资额度的影响，（5）栏和（6）栏考察了对正规融资额度的影响，而奇数栏和偶数栏分别给出了控制与不控制逆米尔率的结果。（1）栏、（2）栏的结果显示，与前文的理论分析一致，γ_1和γ_2同时为正且变量显著。γ_1为正说明，对于存在融资的家庭，其投资动机大于消费动机，即相对富裕的家庭往往能获得更高的融资额度。γ_2同时为正意味着，在宗族网络作用强的村庄，家庭对融资的需求弹性更大，即其所在宗族网络使家庭获得了更高的融资额度。（3）栏、（4）栏中γ_1和γ_2也同时为正且变量显著，说明村庄的宗族网络主要使其家庭获得了更多的私人融资额度。例如，给定家庭相对收入1%的上升，村庄有祠堂的姓氏所占比例每提高1个百分点，家庭的私人融资额度将增加8.8%~9.1%（由（3）栏、（4）栏得出）。（5）栏、（6）栏中，γ_1和γ_2虽然为正值，但变量并不同时显著，说明宗族网络强度对正规融资额度影响不明显。考虑其他宗族网络强度变量（如"村庄有家谱的姓氏所占比例"或"村庄同时有祠堂和家谱的姓氏所占比例"）时，这些结果并无多大改变。

为考察结果的稳健性，本文同时使用 Tobit 模型估计宗族网络强度对家庭融资可获得性及额度的影响。利用这一方法得出的结果①与利用 Heckman 两步法得出的结果基本一致。这些结果表明，宗族网络强度有助于增加私人融资的可获得性及其额度，而对正规融资则无明显影响。

相比于中国农业银行或农村信用合作社等正规金融机构，私人贷款者（特别是宗族内成员）往往消息更灵通，比较了解借款者与其宗族成员的关系及其声誉，并以此能更好地评价其借款的信用风险，确定保障借款偿付的方式，从而提供贷款并期望最终收回。宗族网络于是以提供信用或担保的方式在私人信贷市场中发挥着重要作用。另外，宗族网络对家庭的正规融资没有产生显著影响的原因可能是，农村金融机构有限的资源主要被用于投资等长期增长目标而非消费等短期行为（刘用明、杨小玲，2010）。

表5 宗族网络强度对融资影响的第二阶段估计结果

解释变量	被解释变量：家庭的融资（私人融资或正规融资）额度					
	总融资		私人融资		正规融资	
	(1)	(2)	(3)	(4)	(5)	(6)
家庭相对收入	0.092***	0.125***	0.140***	0.153***	0.009	0.006
家庭相对收入×村庄有祠堂的姓氏所占比例	0.608***	0.632***	0.429***	0.436***	1.040***	1.037***
人口规模	0.428***	0.295***	0.347***	0.285***	0.318***	0.324***
资产持有量	0.020**	-0.006	0.011	0.000	0.028**	0.030**
上期储蓄量	0.008*	0.032***	0.006	0.017***	0.025***	0.023***
人口抚养比	-0.078*	-0.055	0.077*	0.069	0.038	0.034
户主受教育年限	0.014	0.005	0.013	0.012	0.005	0.006
逆米尔率	—	-0.590***	—	-0.291***	—	0.037
常数项	6.459***	7.502***	7.128***	7.821***	6.071***	5.964***
观察值	9163	9163	7624	7624	2674	2674
R^2	0.126	0.130	0.118	0.123	0.258	0.258
家庭数	3126	3126	2847	2847	1107	1107

注：***、**和*分别表示变量在1%、5%和10%的统计水平上显著。受篇幅限制，本表没有报告使用家谱度量的宗族网络强度的效应，但结果类似。

---

① 限于篇幅，估计结果在此略去，如若需要，请向笔者索取。

五、结论与政策启示

运用包含宗族祠堂和家谱信息的中国农村家庭的独特面板数据,本文研究了宗族网络对农村家庭平滑消费的影响,并从农村金融的角度给予了解释。与现有文献的研究结果一致,本文发现,村庄内存在不完全的风险分担,富裕家庭的平滑消费更完全。值得注意的是,宗族网络的存在或其强度的增加使家庭具有更完全的平滑消费,该效应产生的原因主要是宗族网络提供了一种信用或担保,使得其成员能获得更多私人融资。因此,对中国村庄中由宗族形成的宗族网络有助于提高农村家庭的平滑消费程度的合理解释是,宗族网络在农村私人信贷市场中发挥着重要作用。

本文结论的政策启示为:

第一,作为一种社会资本,宗族网络有助于提高农村家庭的平滑消费程度,丰富了关于社会资本在经济生活中作用的研究,在一定程度上强化了社会资本在风险分担中的重要作用,从而为村庄治理中农民行为的研究提供了一个新的视角。

第二,私人融资似乎是有效的风险分担机制。考虑到私人信贷市场规模较小的现实情况,政府或许应该重新考虑对私人金融市场的有关政策。

第三,在金融机制相对薄弱的中国农村,可能存在私人融资渠道对正规融资渠道的替代,但这些私人融资渠道大多要依靠家庭自身的宗族网络。宗族网络作为一种非正式制度,扮演了与正式制度互补的角色,对中国农村正式制度的发展具有启示意义。

参考文献

[1] Jalan, Jyotsna and Ravallion, M., 1999, "Are the Poor Less Well Insured? Evidence on Vulnerability to Income Risk in Rural China", Journal of Development Economics, 58 (1).

[2] Gertler, Pual and Gruber, Jonathan, 2002, "Insuring Consumption against Illness", The American Economic Review, 92 (1).

[3] Skoufias, Emmanuel and Quisumbing, Agnes R., 2005, "Consumption Insurance and Vulnerability to Poverty: A Synthesis of the Evidence from Bangladesh, Ethiopia, Mali, Mexico and Russia", The European Journal of Development Rresearch, 17 (1).

[4] Townsend, Robert M., 1995, "Consumption Insurance: An Evaluation of Risk – bearing Systems in Low – income Economies", The Journal of Economic Perspectives, 9 (3).

[5] Munshi, Kaivan and Rosenzweig, Mark, 2009, "Why is Mobility in India So Low? Social Insurance, Inequality, and Growth", NBER working paper, No. 14850.

[6] Tsai, Lily L., 2007, "Accountability without Democracy: Solidary Groups and Public Goods Provision in Rural China", New York: Cambridge University Press.

[7] Barrett, Christopher B., 2005, "The Social Economics of Poverty: Identities, Groups, Communities

and Networks", London: Routledge.

[8] Chantarat, Sommarat and Barrett, Christopher B. , 2008, "Social Network Capital, Economic Mobility and Poverty Traps", Journal of Economic Inequality, 110 (2).

[9] Munshi, Kaivan, 2003, "Networks in the Modern Economy: Mexican Migrants in the U. S. Labor Market", The Quarterly Journal of Economics, 118 (2).

[10] Hsu, Francis L. K. , 1963, "Clan, Caste and Club", New York: Van Nostrand Reinhold Company Press.

[11] Dolfin, Sarah and Genicot, Garance, 2010, "What Do Networks Do? The Role of Networks on Migration and 'Coyote' Use", Review of Development Economics, 14 (2).

[12] Kinnan, Cynthia and Townsend, Robert M. , 2010, "Kinship and Financial Network, Formal Financial Access and Risk Reduction", working paper, http://www.econ.brown.edu.

[13] Wilson, Robert, 1968, "The Theory of Syndicates", Econometrica, 36 (1).

[14] Diamond, Peter A. , 1967, "The Role of a Stock Market in a General Equilibrium Model with Technological Uncertainty", The American Economic Review, 57 (4).

[15] Townsend, Robert M. , 1994, "Risk and Insurance in Village India", Econometrica, 62 (3).

[16] Gertler, Paul, Levine, David I. and Moretti, Enrico, 2003, "Do Microfinance Programs Help Families Insure Consumption Against Illness?", working paper of Department of Economics, U. C. Berkeley.

[17] Heckman, J. , 1979, "Sample Selection Bias as a Specification Error", Econometrica, 47 (1).

[18] Durlauf, Steven N. and Fafchamps, Marcel, 2005, "Social Capital", Handbook of Economic Growth, 1 (2).

[19] Huang, Xiyi, 1998, "Two-way Changes: Kinship in Contemporary Rural China", in Christiansen, Flemming and Zhang, Junzuo (eds), "Village Inc: Chinese Rural Society in the 1990s", Richmond: Curzon Press.

[20] Klonner, Stefan, , 2003, "Rotating Savings and Credit Associations When Participants Are Risk Averse", International Economic Review, 44 (3).

[21] 甘犁, 徐立新, 姚洋. 村庄治理、融资与消费保险: 来自8省49村的经验数据 [J]. 中国农村观察, 2007 (2).

[22] 张爽, 陆铭, 章元. 社会资本的作用随市场化进程减弱还是加强? 来自中国农村贫困的实证研究 [J]. 经济学季刊, 2007 (2).

[23] 章元, 陆铭. 社会网络是否有助于提高农民工的工资水平? [J]. 管理世界, 2009 (3).

[24] 王铭铭. 宗族、社会与国家——弗里德曼理论的再思考 [J]. 中国社会科学季刊, 1996 (3).

[25] 郭云南, 姚洋, Jeremy Foltz. 正式与非正式权威、问责与平滑消费: 来自中国村庄的经验数据 [Z]. 北京大学中国经济研究中心工作论文, 2011 (3).

[26] 刘用明, 杨小玲. 基于乡镇企业融资视角探讨金融发展与收入分配的关系 [J]. 软科学, 2010 (11).

城乡金融发展非均等化的形成机理及对策*
——基于自组织理论的分析

鲁钊阳　冉光和　王建洪　孟　坤

【摘　要】本文运用自组织理论，在剖析我国城乡金融系统自组织机制的基础上，分析了我国城乡金融发展非均等化的形成机理，认为城乡金融发展非均等化的形成是以工业化发展道路、城乡经济差异、农村金融抑制等为代表的自组织机制和以政府差异化的投资政策、金融政策和财政政策等为代表的他组织机制共同作用的结果，最后就破解城乡金融发展非均等化提出了建议。

【关键词】城乡金融；金融发展；自组织

自组织理论是20世纪60年代末期开始建立并发展起来的一种系统科学理论，由耗散结构理论（Prigogine，1969）、协同学（Haken，1969）、突变论（Thom，1969）和超循环理论（Eigen，1971）组成，研究对象主要是复杂自组织系统的形成和发展机制问题，开放性、非线性、远离平衡态和涨落性等是自组织系统的基本特征。自组织理论在我国金融领域的应用目前还处于起步阶段，研究对象仅停留在金融子市场、微观金融主体的层面，本文拟运用自组织理论研究我国城乡金融发展非均等化的形成机理及对策。

（一）城乡金融系统的自组织机制

从新中国成立以来我国城乡金融制度的发展历程来看，我国城乡金融系统并非人为设定的，整个发展过程是一种自组织的过程，城乡金融系统的序参量、自组织行为和他组织行为可表述如下：

第一，城乡金融系统的序参量。从我国城乡金融发展的实际情况来看，城乡金融发展包含着众多的状态变量，如城乡金融发展规模的恰当程度、城乡金融结构的合理程度、城乡金融效率的差异程度、城乡金融产品满足城乡居民实际需要的程度以及城乡金融资源配

---

* 作者：鲁钊阳、冉光和，重庆大学经济与工商管理学院；王建洪，西南科技大学经济管理学院；孟坤，四川省遂宁市商业银行战略规划与管理部。

本文引自《管理世界》（月刊）2012年第3期。

置的优化程度等。在开放的环境下，随着城市化进程的加快和农村经济的复苏发展，农村金融资源大量流入城市，农村经济发展的融资困境问题日趋严重，随之而来的是城乡金融机构与组织体系发生变化，最核心的问题就是如何有效地在城乡之间配置有限的金融资源。也就是说，随着整个国民经济的发展和社会的转型，金融资源在城乡之间的优化配置作为序参量在城乡金融系统的变化中起着关键作用。

第二，城乡金融系统的自组织行为。从开放性角度来看，金融资源作为一种特殊的资源，不仅具有资源的稀缺性特点，还具有能够直接带来利润的优势，这就决定了城乡金融系统必须创造条件以便吸纳和利用更多的金融资源。在此过程中，城乡金融系统会与外界进行信息、物质和能量的交换，通过熵流在系统内部和外部的转换最终促成稳定的城乡金融系统走向不稳定，又由不稳定走向稳定。从非线性角度来看，随着我国经济的高速增长，城乡间的经济发展差距问题表现得尤为明显，城乡间经济不均衡的发展必然带来城乡金融系统的变革。从远离平衡态和涨落的角度来看，当城乡经济的发展呈现畸形发展的时候，为了吸纳和利用有限的金融资源，城乡金融系统必须做出相应的反应，如金融机构会在考虑到资金流动安全性、逐利性等的情况下，缩减农村金融机构网点，甚至是"只存不贷"等，这必然导致城乡金融系统发生变化，一旦这种变化超出一定的"度"，系统将远离初始平衡状态，在最后一家金融机构都变革的时候，整个金融系统彻底变革，涨落现象出现。

第三，城乡金融系统的他组织行为。我国不同地区的城乡差异本来就不一样，而且差距极为显著。对落后地区来说，城乡差距虽然明显，但经济体内部要求金融系统变革的动力还不足，要跟上全国的大趋势，首先需要的是以外力为主的他组织模式，进而在条件成熟的时候转化为以内力为主的自组织模式；而对于发达地区来说，随着城乡经济的发展，城乡金融系统所包含的小系统竞争更为激烈，往往在竞争的自组织过程中，实现了城乡金融系统的变革，他组织作用相对来说表现得不够明显。无论是对前者而言，还是对后者来说，要实现城乡金融的协调发展，避免城乡金融差距的过度扩大化，作为政府宏观调控力量的"看不见的手"必然发挥他组织的作用。

（二）城乡金融非均等化的形成机理：基于自组织机制扩展的分析

城乡金融非均等化的形成是城乡金融自组织系统发挥作用的结果，当然，作为他组织的政府在此过程中也扮演着十分重要的角色。具体来说就是：

（1）独特的工业化发展道路。由于中国的工业化是建立在曾经的半封建半资本主义的以农耕经济为主体的集权制国家制度基础之上的，国家必然成为整个新型工业化发展道路的设计师和建造者。为了集中资源推进新型工业化道路，国家在金融制度方面采取的是国有垄断的金融产权方式，直接通过政府的资源配置权力，强制性地使农村金融服从于高度集中的计划经济体制。也就是说，在改革开放以前，"农业为工业、农村为城市"做出了巨大的贡献，为工业化道路的推进夯实了经济基础；改革开放以后，虽然农业提供的积累额占国民收入积累额的比重在下降，但受制度变迁中路径依赖的影响，这一比例总额目前依然很大（洪银兴等，2009）。也就是说，在他组织（政府）的过度干预下，城乡金融系统的"熵产生"与"熵交换"并没有处于一种良性循环，而是长期处于不均衡状态下，整个城乡金融系统处于一种畸形状态中，这直接导致了当前的城乡金融发展非均等化局面的出现。

（2）扭曲的城乡经济差异。改革开放前，基于国家经济发展战略的需要，农村主要扮演支援城市建设的角色，农村发展并不明显，城乡经济差距并没有显著缩小；改革开放以来，特别是家庭联产承包责任制广泛推行后，农村的生产力得到了极大的解放，农村所蕴含的发展潜力逐步释放，农村经济快速发展，但1985年以后，受政府热捧GDP增长而高度重视城市发展和工业发展的影响，农业发展速度开始减缓，城乡发展差距不断扩大。经济决定金融，金融服务经济；在城乡经济的发展过程中，城乡金融扮演着十分重要的角色。改革开放以前，农村金融完全被纳入高度集中的计划经济体制下，更多的是扮演支持城市和工业发展的角色；改革开放以后，多元化的城乡经济发展对城乡金融提出了更多的诉求，与农村相比，城市融资主体在信息对称、担保物的提供以及交易成本方面拥有显著优势，城市占有和使用的金融资源远远超过农村（陈钊等，2008）。从自组织理论角度看，作为序参量的城乡金融资源优化配置的直接诉求会有力地推动城乡金融系统朝着合理化的方向发展，但囿于城乡经济自身的巨大差异，在金融资源合理配置的博弈中，农村经济体是难以战胜城市经济体的，城乡金融发展非均等化问题难以在短期之内解决。

（3）突出的农村金融抑制。改革开放以前，由于实行的是高度集中的计划经济体制，农村金融抑制问题表现得并不明显，农村经济发展所需的资金绝大部分由国家划拨；而在改革开放后，特别是家庭联产承包责任制推行后，农村融资主体的融资诉求越来越强烈，但受融资主体自身多方面的制约，农村的资金需求往往难以得到有效满足，相反，农村原有资金通过诸多隐性和显性渠道流入城市，以至于出现农村资金缺口逐年增大的情况（王永龙，2009）。按照自组织理论城乡金融系统演化观点，在理论上，农村经济强劲的融资诉求会直接推动农村金融的发展，进而倒逼农村金融系统乃至整个城乡金融系统的演化；而现实中，特别是改革开放以来，地方政府一切以经济建设为中心，政府投资偏好畸形化问题日益严重，金融逐渐被赋予支持工业发展的功能，金融作为国家意图的载体，也越来越偏好城市。在此情况下，农村金融抑制日趋严重的问题与农村资金大量外流现象并存，城乡金融发展非均等化的问题也表现得越来越明显。

（4）差异化的政府政策。作为城乡金融系统演化的重要他变量，政府的直接作用是不可忽视的，政府的这种作用主要体现在三个方面，即投资政策、金融政策和财政政策的城乡差异化。从投资政策的视角来看，资金作为特殊的资源，具有稀缺性的特点，资金的配置必然通过相应的行政手段。新中国成立初期的重工业化发展战略和改革开放以来地方政府以GDP为中心的经济发展模式，直接带来了资金使用过程中过多的政府干预，其最终结果是城市金融系统能够充分发挥优势，不仅能有效地吸纳和利用城市金融系统内部的资金，还能大量吸纳和利用农村金融系统的资金，最终的结果就是城乡金融发展出现非均等化的局面。从金融政策的视角来看，改革开放以来，城乡间的金融政策差异非常明显，表现得尤其明显的是在利率政策方面。与城镇信贷相比，农村信贷不仅面临更高的经营风险和市场风险，还要面临农业的自然风险，加之农村信贷规模小而分散，农村金融经营成本高、风险大，客观要求农村利率要高于城市利率。理论上讲，要实现城乡金融的可持续发展，城乡金融利率差必须由政府补贴；而现实中，在本来就不够合理的城乡利率机制下，政府往往采取的是以利率补贴、信贷配给等方式关照计划内的重点项目（主要是城镇），进而使城乡金融发展进一步失衡（张红宇，2005）。从财政政策的视角来看，新中国成立至今，我国财政资源在城乡之间的配置一直都是不均衡的，这不仅直接造成了农村硬件建设的严重落后，还间接制约着农村经济的发展，人为地拉大了城乡收入差距，也不利于城乡经济金融的协调发展；此外，我国税收体制中的"倒抽"机制也将农村大量的财富以税收的形式抽往城市（虽然农业税已经取消，农民税负有了极大的减轻，但税收"倒抽"机制并未彻底消失），有力地支持了城市经济社会的发展，拉大了城乡经济发展、金融发展的差距（郭金洲，2008）。

基于上述分析，城乡金融发展非均等化形成机理可以用图1表示出来。

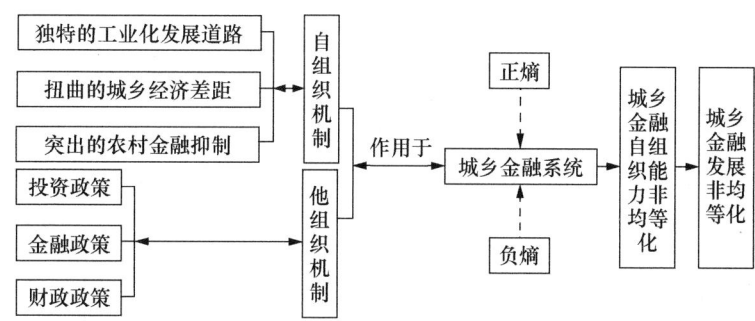

图1　城乡金融发展非均等化的形成机理

（三）破解城乡金融发展非均等化的对策

基于上述分析，本文认为要破解城乡金融发展非均等化问题，需要从两个方面做出努力：第一，从自组织角度看，在稳步推进新型工业化道路、加快城乡经济健康发展的同时，需要卓有成效地实施"工业反哺农业、城市反哺农村"的城乡协调发展战略，继续加大农村金融体制改革的步伐，有效开发农村金融资源，逐步挖掘城市金融发展潜力，建立防止农村金融资源外流和引导城市资金回流反哺农村的新机制，竭力增加农村金融服务供给，缓解农村经济发展中的金融抑制问题，夯实城乡经济金融协调发展的外部环境（冉光和等，2011）。第二，从他组织角度看，政府需要逐步消除投资政策、金融政策和财政政策的城乡差异，在大力支持城市经济金融发展的同时，需要特别重视对农村经济社会发展的扶持力度，要逐步加大对农村软硬件建设的投入力度，要通过财政补贴城乡利率差等方式逐步消除城乡金融利率差异，要通过随GDP增长而强化对农村财政支出的方式来平衡政府城乡财政支出的差距,最终在城乡经济金融动态发展的过程中有效解决城乡金融发展非均等化问题。

参考文献

[1] Prigogine I., 1969, "Structure dissipation and life", in Marois, "Theoretical physics and biology: Proceedings", Amsterdam: North – Holland.

[2] Haken, H., 1969, "Synergetics: An Introduction", Berlin: Springer.

[3] Thom, R., 1969, "Mathematical Approach to Morphogenes: Archetypal Morphologies", The Wistar Institute Symposium Monograph, 9: 65 – 74.

[4] Eigen, M., 1971, "Selforganization of Matter and Evolution of Biological Macromolecules", Naturwissenschaften, 58 (10): 465 – 523.

[5] 洪银兴,郑江淮. 反哺农业的产业组织与市场组织:基于农产品价值链的分析 [J]. 管理世界,2009 (5).

[6] 陈钊,陆铭. 从分割到融合:城乡经济增长与社会和谐的政治经济学 [J]. 经济研究,2008 (1).

[7] 王永龙. 城乡金融的非均衡性及其后续效应 [J]. 改革,2009 (10).

[8] 张红宇. 关于城乡统筹推进过程中若干问题的思考 [J]. 管理世界,2005 (9).

[9] 郭金洲. 统筹城乡发展的财政政策:基于二元财政结构的分析 [J]. 经济研究参考,2008 (56).

[10] 冉光和,鲁钊阳. 金融发展、外商直接投资与城乡收入差距:基于我国省级面板数据的门槛模型分析 [J]. 系统工程,2011 (7).

第二节 英文期刊论文精选

文章名称：Total and Per Capita Value of Food Loss in the United States
作　　者：Buzby Jean C., Hyman Jeffrey
文献出处：Food Policy, 2012, 37（5）
英文摘要：There are few peer – reviewed or major published studies that estimate the total amount of food loss in developed countries and even fewer attempt to estimate the monetary value. We compiled estimates of the amount and value of food loss for more than 200 individual foods in the United States using the US Department of Agriculture's Economic Research Service's Loss – Adjusted Food Availability data and then aggregated these values to estimate the total value of food loss and the value by food group. The results indicate that in 2008, the estimated total value of food loss at the retail and consumer levels in the United States as purchased at retail prices was $ 165. 6 billion. The top three food groups in terms of the value of food loss at these levels are: meat, poultry, and fish (41%); vegetables (17%); and dairy products (14%). Looking more closely at the estimates for the consumer level, this level of loss translates into almost 124 kg (273 lb) of food lost from human consumption, per capita, in 2008 at an estimated retail price of $ 390/capita/year. Food loss represents a significant share of household food expenditures: Our estimates suggest that the annual value of food loss is almost 10% of the average amount spent on food per consumer in 2008 and over 1% of the average disposable income. This consumer level loss translates into over 0. 3 kg (0. 7 lb) of food per capita per day valued at $ 1. 07/day. Our estimates of the total value of food loss in the United States and loss estimates by food group are useful in that they can generate awareness of the issue among the food industry members, governments, and consumers. Potential large – scale approaches and economic incentives to mitigate food loss in developed countries are also discussed.

文章名称：美国食品浪费总值和人均值
作　　者：Buzby Jean C., Hyman Jeffrey
文献出处：《食物政策》2012 年第 37 卷第 5 期
中文摘要：很少有同行评议或重要研究报告估计在发达国家的食物浪费总额，试图估算其货币价值的研究则更少。我们利用美国农业部经济研究服务局的浪费调整食物可获得性数据，编制了美国超过 200 个独立的食品的浪费金额，然后汇总这些值来估算食物浪费的总额和不同类食品的浪费额。结果表明，2008 年，以零售价格计算的美国零售和消费水平的食物浪费金额高达 1656 亿美元。按浪费价值排在前三位的三类食物分别是：肉类、家禽和鱼类（41%）、蔬菜（17%）、奶类产品（14%）。进一步分析消费者层面的食物浪费，这个水平的食物浪费转化为消费者食用中浪费的食物，2008 年达人均 124 千克（273 磅），按零售价格计算为人均 390 美元。食物浪费在家庭食品支出中有显著份额：我们的估计表明，2008 年食物浪费金额占食物消费支出的 10%，超过平均可支配收入的 1%。这相当于每人每日浪费重量超过 0.3 千克（0.7 磅）、价值为 1.07 美元的食物。我们对美国食物浪费总额和各类食物浪费金额的估计是有用的,它可以让食品行业的成员、政府和消费者意识到这个问题。该文也探讨了减少发达国家粮食浪费的潜在众多手段和经济措施。

文章名称：Agricultural Pesticides and Land use Intensification in High, Middle and Low Income Countries

作　　者：Schreinemachers Pepijn, Tipraqsa Prasnee

文献出处：Food Policy, 2012, 37 (6)

英文摘要：We study levels and trends in agricultural pesticide use for a large cross-section of countries using FAO data for the period 1990–2009. Our analysis shows that a 1% increase in crop output per hectare is associated with a 1.8% increase in pesticide use per hectare but that the growth in intensity of pesticide use levels off as countries reach a higher level of economic development. However, very few high income countries have managed to significantly reduce the level of intensity of their pesticide use, because decreases in insecticide use at higher income levels are largely offset by increases in herbicide and fungicide use. The results also show very rapid growth in the intensity of pesticide use for several middle income countries such as Brazil, Mexico, Uruguay, Cameroon, Malaysia and Thailand. Complementing our analysis with data from the Rotterdam Convention on Prior Informed Consent (PIC), we show that hazardous pesticides covered in the PIC procedure are more weakly regulated in lower than in higher income countries. We discuss the policy challenges facing developing countries with a rapid growth in pesticide use and recommend a four-pronged strategy, including an environmental tax on pesticides with revenues allocated to long-term investments in awareness building, the development of integrated crop management methods and the setting of food safety standards. The interactions between these measures should help contribute to the effectiveness of the overall strategy package.

文章名称：高中低收入国家的农药和土地集约利用

作　　者：Schreinemachers Pepijn, Tipraqsa Prasnee

文献出处：《食物政策》2012年第37卷第6期

中文摘要：我们利用联合国粮农组织数据研究了1990~2009年一大批国家农药的使用水平和趋势。分析显示，每公顷农药的使用增加1.8%，可以使每公顷的农作物产量增加1%，但是，当一国达到更高的经济发展水平时，农药使用强度的增长就停止了。然而，很少有高收入国家已经显著减少农药使用强度，因为在这些国家杀虫剂的使用下降在很大程度上是被除草剂和杀真菌剂使用的增加抵消了。研究结果还表明，农药使用强度在几个中等收入国家，如巴西、墨西哥、乌拉圭、喀麦隆、马来西亚和泰国，增长非常迅速。再结合鹿特丹事先知情同意公约的数据，我们发现，包含在事先知情同意程序之内的危险农药在低收入国家的监管比在高收入国家更弱。我们讨论了发展中国家的农药使用高速增长所面临的政策挑战，并建议采取四管齐下的战略，包括农药环境税，其税收收入用于认知构建的长期投资，综合作物管理方法的开发和食品安全标准的制定。这些措施之间的相互作用应有助于提高整体战略的有效性。

文章名称：The Price of Protein：Review of Land use and Carbon Footprints from Life Cycle Assessments of Animal Food Products and their Substitutes

作　　者：Nijdam Durk，Rood Trudy，Westhoek Henk

文献出处：Food Policy，2012，37（6）

英文摘要：Animal husbandry, aquaculture and fishery have major impacts on the environment. In order to identify the range of impacts and the most important factors thereof, as well as to identify what are the main causes of the differences between products, we analysed 52 life cycle assessment studies (LCAs) of animal and vegetal sources of protein. Our analysis was focused only on land requirement and carbon footprints. In a general conclusion it can be said that the carbon footprint of the most climate – friendly protein sources is up to 100 times smaller than those of the most climate – unfriendly. The differences between footprints of the various products were found mainly to be due to differences in production systems. The outcomes for pork and poultry show much more homogeneity than for beef and seafood. This is largely because both beef and seafood production show a wide variety of production systems. Land use (occupation), comprising both arable land and grasslands, also varies strongly, ranging from negligible for seafood to up to 2100 m^2/kg of protein from extensive cattle farming. From farm to fork the feed production and animal husbandry are by far the most important contributors to the environmental impacts.

文章名称：蛋白质的价格：动物食品及其替代品的生命周期评估中的土地利用和碳足迹评论

作　　者：Nijdam Durk，Rood Trudy，Westhoek Henk

文献出处：《食物政策》2012年第37卷第6期

中文摘要：畜牧、水产养殖和渔业对环境会产生重大影响。为了鉴别这些影响的大小和最重要的影响因素，以及识别不同产品之间差异的主要原因，我们用生命周期评估研究（LCAS）分析了52种动植物的蛋白质来源。我们的分析只集中在土地需求和碳足迹上。总的结论是，气候最友好产品的蛋白质来源的碳足迹比气候最不友好的产品小100倍。被发现的各种产品的碳足迹之间的差别主要来自生产系统中的差异。猪肉和家禽的结果表现出的同质性比牛肉和海鲜的同质性高，这主要是因为牛肉和海产品的生产系统差异很大。土地利用（占有），包括耕地和草地，差异也很大，从几乎不需要土地的海鲜养殖，到每公斤蛋白质需要高达2100平方米土地的粗放型的牛养殖。从农场到餐桌的饲料生产和畜牧业是目前对环境影响最重要的贡献者。

文章名称：Nonparametric Estimates of the Components of Productivity and Profitability Change in U. S. Agriculture

作　　者：O'Donnell Christopher J.

文献出处：American Journal of Agricultural Economics，2012，94（4）

英文摘要：Recent theoretical advances in total factor productivity（TFP）measurement mean that TFP indexes can now be exhaustively decomposed into unambiguous measures of technical change and efficiency change. To date, all applications of this new methodology have involved decomposing indexes that have poor theoretical properties. This article shows how the methodology can be used to decompose a new TFP index that satisfies all economically – relevant axioms from index theory. The application is to state – level data from 1960 to 2004. In most states, the main drivers of agricultural TFP change are found to have been technical change and scale and mix efficiency change.

文章名称：美国农业生产率构成和盈利变化的非参数估计

作　　者：O'Donnell Christopher J.

文献出处：《美国农业经济学杂志》2012年第94卷第4期

中文摘要：全要素生产率（TFP）测量理论的最新进展意味着TFP指标现在可以详尽地分解为技术变化和效率变化。但是，截至目前，这类进行指数分解的新方法的所有应用都缺乏较好的理论支撑。该文给出了用于分解TFP指数的新方法，并证明了这种指数满足来自指数理论的所有经济相关的公理。文章采用的是1960~2004年美国州一级的数据，研究发现，在大多数州农业全要素生产率变化的主要驱动力已经是技术变革、规模和混合效率的变化。

文章名称: The Impacts of Biofuels Targets on Land-use Change and Food Supply: A Global CGE Assessment

作　　者: Timilsina Govinda R., Beghin John C., van der Mensbrugghe Dominique

文献出处: Agricultural Economics, 2012, 43 (3)

英文摘要: We analyze the long-term impacts of large-scale expansion of biofuels on land-use change, food supply and prices, and the overall economy in various countries or regions using a multi-country, multi-sector global computable general equilibrium model augmented with an explicit land-use module and detailed biofuel sectors. We find that an expansion of biofuel production to meet the existing or even higher targets in various countries would slightly reduce GDP at the global level but with mixed effects across countries or regions. Significant land re-allocation would take place with notable decreases in forest and pasture lands in afew countries. The expansion of biofuels would cause a moderate decrease in world food supply and more significant decreases in developing countries like India and Sub-Saharan Africa. Feedstock commodities (sugar, corn and oil seeds) would experience significant increases in their prices in 2020, but other price changes are small.

文章名称: 生物质能源目标对土地利用变化和粮食供应的影响：一个全球 CGE 评估

作　　者: Timilsina Govinda R., Beghin John C., van der Mensbrugghe Dominique

文献出处:《农业经济学》2012 年第 43 卷第 3 期

中文摘要：我们利用包含土地利用模块和细化生物质燃料部门的一个多国家多部门的全球可计算一般均衡模型，分析生物质能源的大规模扩展对不同国家和地区的土地利用变化、粮食供应和价格，以及整体经济的长期影响。我们发现，为实现不同国家已有或更高的目标的生物质能源生产的扩张，将稍微降低全球 GDP，但在不同国家和地区影响有差异。显著的土地重新分配将发生在少数几个森林和牧场显著减少的国家。生物质能源的扩张将导致世界粮食供应的温和下降，导致印度和撒哈拉以南非洲等发展中国家的粮食供给显著下降。到 2020 年，原料商品（糖、玉米和油菜籽）价格将显著上升，但其他商品价格变化很小。

文章名称: More than Mean Effects: Modeling the Effect of Climate on the Higher Order Moments of Crop Yields

作　　者: Tack Jesse, Harri Ardian, Coble Keith

文献出处: American Journal of Agricultural Economics, 2012, 94 (5)

英文摘要: This article proposes the use of moment functions and maximum entropy techniques as a flexible approach for estimating conditional crop yield distributions. We present a moment-based model that extends previous approaches, and is easily estimated using standard econometric estimators. Predicted moments under alternative regimes are used as constraints in a maximum entropy framework to analyze the distributional impacts of switching regimes. An empirical application for Arkansas, Mississippi, and Texas upland cotton demonstrates how climate and irrigation affect the shape of the yield distribution, and allows us to illustrate several advantages of our moment-based maximum entropy approach.

文章名称: 比平均更多的影响:气候对作物产量高阶矩的影响建模

作　　者: Tack Jesse, Harri Ardian, Coble Keith

文献出处: 《美国农业经济学杂志》2012年第94卷第5期

中文摘要: 文章提出了利用矩函数和最大熵技术作为一种灵活的技术,来估计条件作物产量的分布。我们提出了一个基于矩的模型,扩展了以前的方法,并很容易采用标准的计量估计。在不同生产体制下的矩预测,被作为最大熵框架下的约束条件,用来分析体制变化带来影响的分配效应。对阿肯色州、密西西比州和得克萨斯州陆地棉进行实证应用研究,发现了气候和灌溉对产量分布形状的影响,并以此说明基于矩的最大熵方法的几个优点。

文章名称：Allocation Trade in Australia: A Qualitative Understanding of Irrigator Motives and Behaviour

作 者：Loch Adam, Bjornlund Henning, Wheeler Sarah

文献出处：Australian Journal of Agricultural and Resource Economics, 2012, 56 (1)

英文摘要：Governments in Australia are purchasing water entitlements to secure water for environmental benefit, but entitlements generate an allocation profile that does not correspond fully to environmental flow requirements. Therefore, how environmental managers will operate to deliver small and medium-sized inundation environmental flows remains uncertain. To assist environmental managers with the supply of inundation flows at variable times, it has been suggested that allocation trade be incorporated into efforts aimed at securing water. This paper provides some qualitative and quantitative perspective on what influences southern Murray Darling Basin irrigators to trade allocation water at specific times across and within seasons using a market transaction framework. The results suggest that while irrigators now have access to greater risk-management options, environmental managers should consider the possible impact of institutional change before intervening in traditional market activity. The findings may help improve the design of intervention strategies to minimise possible market intervention impacts and strategic behaviour.

文章名称：澳大利亚的配置交易：灌溉动机和行为的定性理解

作 者：Loch Adam, Bjornlund Henning, Wheeler Sarah

文献出处：《澳大利亚农业与资源经济杂志》2012年第56卷第1期

中文摘要：澳大利亚政府正在购买水权，以确保水环境效益，但这一权利却产生了不完全符合环保流量要求的配置轮廓。因此，环境管理者将如何操作释放中小型的环境流量仍然不明朗。为了协助环境管理者，提供不同时间的淹没流量，已经建议将配置贸易纳入保障水的效应当中。文章采用一个市场交易框架，从定性和定量视角，分析了南部穆里达令盆地灌溉四季交易配置水的影响。结果表明，灌溉有机会获得更大的风险管理方案，环境管理者应该在干预传统的市场活动前考虑到制度变迁可能带来的影响。这些发现可能有助于改进干预战略的设计，以尽量减少市场干预可能带来的影响和策略行为。

文章名称：Farmer Participation in Supermarket Channels, Production Technology, and Efficiency: The Case of Vegetables in Kenya

作　　者：Rao Elizaphan J. O., Bruemmer Bernhard, Qaim Matin

文献出处：American Journal of Agricultural Economics, 2012, 94 (4)

英文摘要：Supermarkets are gaining ground in agrifood systems of many developing countries. While recent research has analyzed income effects in the small farm sector, impacts on productivity and efficiency have hardly been studied. We use a meta-frontier approach and combine this with propensity score matching to estimate treatment effects among vegetable farmers in Kenya. Participation in supermarket channels increases farm productivity in terms of meta-technology ratios by 45%. We also find positive and significant impacts on technical efficiency and scale efficiency. Supermarket expansion therefore presents opportunities for agricultural growth in the small farm sector, which is crucial for poverty reduction in Africa.

文章名称：农民参与超市渠道，生产技术和效率：以肯尼亚蔬菜为例

作　　者：Rao Elizaphan J. O., Bruemmer Bernhard, Qaim Matin

文献出处：《美国农业经济学杂志》2012年第94卷第4期

中文摘要：超市在许多发展中国家的农业食品体系中越来越重要。虽然最近的研究分析了超市对小农场部门的收入效应，但是对生产率和效率的影响几乎没有进行研究。我们分析了肯尼亚菜农是否参与超市渠道的对比效果，参与超市渠道使菜农的元技术比率生产率提高45%。我们还发现其对技术效率和规模效率也有积极的显著影响。因此，超市扩张给小型农业部门的农业发展提供了机会，这对非洲减贫至关重要。

文章名称：Risk Aversion: Experimental Evidence from South African Fishing Communities
作　　者：Brick Kerri, Visser Martine, Burns Justine
文献出处：American Journal of Agricultural Economics, 2012, 94 (1)
英文摘要：We estimate the risk attitudes of a large sample of individuals from various fishing communities along the west coast of South Africa. Female fishers and rights holders are found to be more risk averse than their male counterparts, while rights holders are found to be less risk averse relative to subjects without fishing rights. Risk attitudes are found to be correlated with compliance with fisheries regulations. In particular, a greater degree of risk aversion translates into a reduction in compliance. Furthermore, in the case of gender, female fishers and rights holders are more likely to comply with fisheries regulations.

文章名称：风险厌恶：来自南非渔业社区的试验证据
作　　者：Brick Kerri, Visser Martine, Burns Justine
文献出处：《美国农业经济学杂志》2012年第94卷第1期
中文摘要：我们估计了南非西海岸各种渔业社区的大样本的个人风险态度。研究发现，女渔民和权利人比男性更厌恶风险，而权利人相比没有捕鱼权的人则更少厌恶风险。研究表明，风险态度与遵守渔业条例有关，特别是风险厌恶程度越大，相应的遵守程度会越小。此外，考虑性别差异，女性渔民和权利人更容易遵守渔业条例。

文章名称：Impacts of Vessel Capacity Reduction Programmes on Efficiency in Fisheries: The Case of Australia's Multispecies Northern Prawn Fishery

作　　者：Pascoe Sean, Coglan Louisa, Punt Andre E.

文献出处：American Journal of Agricultural Economics, 2012, 63 (2)

英文摘要：Capacity reduction programmes, in the form of buybacks or decommissioning, have had relatively widespread application in fisheries in the US, Europe and Australia. A common criticism of such programmes is that they remove the least efficient vessels first, resulting in an increase in average efficiency of the remaining fleet, which tends to increase the effective fishing power of the remaining fleet. In this paper, the effects of a buyback programme on average technical efficiency in Australias Northern Prawn Fishery are examined using a multi-output production function approach with an explicit inefficiency model. As expected, the results indicate that average efficiency of the remaining vessels was generally greater than that of the removed vessels. Further, there was some evidence of an increase in average scale efficiency in the fleet as the remaining vessels were closer, on average, to the optimal scale. Key factors affecting technical efficiency included company structure and the number of vessels fishing. In regard to fleet size, our model suggests positive externalities associated with more boats fishing at any point in time (due to information sharing and reduced search costs), but also negative externalities due to crowding, with the latter effect dominating the former. Hence, the buyback resulted in a net increase in the individual efficiency of the remaining vessels due to reduced crowding, as well as raising average efficiency through removal of less efficient vessels.

文章名称：渔船容量削减项目对渔业效率的影响：以澳大利亚北部多物种对虾捕捞业为例

作　　者：Pascoe Sean, Coglan Louisa, Punt Andre E.

文献出处：《美国农业经济学杂志》2012年第63卷第2期

中文摘要：回购或退役形式的容量削减方案已在美国、欧洲和澳大利亚的渔业中有比较广泛的应用。对这种方案的一个普遍的批评是他们会先除掉效率最低的渔船，从而增加了剩下渔船的平均效率，这往往会增加剩余渔船的有效捕捞能力。文章使用一个具有明确的低效率模型的多产出生产函数方法，考查回购计划对澳大利亚北部对虾捕捞平均技术效率的影响。正如预期那样，保留渔船的平均效率一般高于除掉的渔船。此外，由于保留渔船的船队平均更接近最优规模，得到的一些证据也说明保留船队的平均规模效率有所提高。影响技术效率的关键因素包括公司结构和船只捕鱼的数量。至于船队规模，我们的模型表明，在任何时间点，有更多的船只捕鱼存在正外部性，但是由于拥挤，也存在负外部性，而后者的影响超过了前者。因此，回购带来的船队规模下降，由于减少拥挤，同时因为除去效率低的渔船而保留效率较高的渔船，使得保留船队的个体效率净值增加。

文章名称: How Much Do Decoupled Payments Affect Production? An Instrumental Variable Approach with Panel Data

作　　者: Weber Jeremy G. , Key Nigel

文献出处: American Journal of Agricultural Economics, 2012, 94 (1)

英文摘要: How much decoupled payments, such as direct payments in the U. S. , affect agricultural production remains an open empirical question with implications for policy. Using data from multiple years of the Census of Agriculture, we exploit a provision of the 2002 Farm Act that departed from previous policy by making oilseeds eligible for direct payments, thus increasing payments to areas that historically produced more oilseeds. Our instrumental variable estimates, in contrast to OLS estimates, suggest that changes in payments over the period 2002 to 2007 had little effect on aggregate production at the ZIP – code level.

文章名称: 脱钩支付对生产影响有多大？利用面板数据的工具变量法

作　　者: Weber Jeremy G. , Key Nigel

文献出处: 《美国农业经济学杂志》2012年第94卷第1期

中文摘要: 脱钩支付，如美国的直接支付，对农业生产的影响仍然是一个开放的有政策启示的经验问题。使用来自多年的农业普查数据，文章利用2002年农业法案中使油籽享受直接支付的条款，从而使历史上有更多的油籽地区比以前获得更多的支付。对比普通最小二乘法估计，我们的工具变量的估计发现这一支付的变化在2002~2007年对以邮政编码为单位的地区生产总量影响不大。

文章名称：China's Milk Scandal, Government Policy and Production Decisions of Dairy Farmers: The Case of Greater Beijing

作　　者：Jia Xiangping, Huang Jikun, Luan Hao

文献出处：Food Policy, 2012, 37 (4)

英文摘要：During the summer of 2008 China's biggest food crisis struck when it was discovered that milk suppliers were adding melamine, a colorless crystalline compound, to artificially boost the protein readings of their milk. While there was a lot of attention on the criminal investigations and post scandal industrial shake up, less is known about the impact of the Milk Scandal and policy response on the dairy farmer. The main objectives of this study are to describe the policies that were implemented by the government in response to the Milk Scandal and analyze the effect of the policies on dairy producers. To meet the objectives of the study, the paper uses a primary data set collected by the authors in 25 dairy producing villages, including 231 households, in the Greater Beijing area. The data set documents the policies that were implemented by the government as well as the response of the dairy farmers both their participation in the dairy sector (stay in or drop out) and their herd size. Using descriptive and multivariate analyses on the changes in dairy production in the sample villages, the paper finds that, although dairy participation fell and herd sizes were reduced after the Milk Scandal, government policies did matter. Specifically, Marketing Management Policies were shown to have limited the fall in both participation and herd size. Production Management Policies had less of an effect in keeping dairy producers participating in the production of milk. The implementation of Crisis Income Management was correlated with a stronger decline in participation and herd size.

文章名称：中国毒牛奶事件、政府政策和奶农生产决策：以大北京为例

作　　者：Jia Xiangping, Huang Jikun, Luan Hao

文献出处：《食物政策》2012年第37卷第4期

中文摘要：在2008年的夏天，中国最大的食品危机来袭，人们发现牛奶被添加三聚氰胺———种无色晶体化合物，可以人为地提高牛奶中的蛋白质含量。丑闻后食品工业受到的负面影响很大，但很少有人知道有关牛奶丑闻对奶农的影响和政策反应。这项研究的主要目的是描述政府应对奶粉丑闻实施的政策和分析这些政策对奶农生产的影响。为了满足研究的目的，文章采用由作者在大北京地区采集的25个乳制品生产村231户的奶农数据。该数据既记录了政府出台的政策，也包括奶农自己的应对行为和参与牛奶产业行为及其牛群规模。使用样本村奶农生产变化的描述性统计和多元分析，文章认为，虽然毒奶粉事件后牛奶产业参与率下降，且饲养规模也在缩小，政府的应对政策仍起到了作用。具体来说，营销管理政策抑制了参与率和畜群规模的下降。生产管理政策在保持奶农参与牛奶产业的作用较小，危机收入管理的实施与牛奶产业参与率和畜群规模更强的下降有关。

文章名称：The Effects of Farm Commodity and Retail Food Policies on Obesity and Economic Welfare in the United States

作　　者：Okrent Abigail M., Alston Julian M.

文献出处：American Journal of Agricultural Economics, 2012, 94 (3)

英文摘要：Many commentators claim that farm subsidies have contributed significantly to the "obesity epidemic" by making fattening foods relatively cheap and abundant and, symmetrically, that taxing "unhealthy" commodities or subsidizing "healthy" commodities would contribute to reducing obesity rates. In this article we use an equilibrium displacement model to estimate and compare the economic welfare effects from a range of hypothetical farm commodity and retail food policies as alternative mechanisms for encouraging consumption of healthy food or discouraging consumption of unhealthy food, or both. We find that, compared with retail taxes on fat, sugar, or all food, or subsidies on fruits and vegetables at the farm or retail levels, a tax on calories would be the most efficient obesity policy. A tax on calories would have the lowest deadweight loss per pound of fat reduction in average adult weight, and would yield a net social gain once the impact on public health care expenditures is considered.

文章名称：美国农场商品和零售食品政策对肥胖和经济福利的影响

作　　者：Okrent Abigail M., Alston Julian M.

文献出处：《美国农业经济学杂志》2012年第94卷第3期

中文摘要：许多评论家声称，农业补贴通过使容易发胖的食品价格相对便宜和丰富，显著地促进了"肥胖"。相应地，通过对"不健康"的商品征税或补贴"健康"的商品，将有助于减少肥胖率。文章使用一个均衡位移模型，来估计和比较一系列假想的农场商品和零售食品政策下的经济福利效应，影响机制包括鼓励健康的食品消费或劝阻不健康的食物，或两者兼有。我们发现，与对脂肪、糖或所有的食物征收零售税，或者对水果蔬菜的农场或零售环节补贴相比，对卡路里征税将是最有效的减少肥胖政策。卡路里税将使普通成年人在减少每磅脂肪时产生的无谓损失降至最低，此外，卡路里税将对公共医疗支出方面产生社会净效益。

文章名称：Impact of Modern Agricultural Technologies on Smallholder Welfare: Evidence from Tanzania and Ethiopia

作　　者：Asfaw Solomon, Shiferaw Bekele, Simtowe Franklin

文献出处：Food Policy, 2012, 37 (3)

英文摘要：This paper evaluates the potential impact of adoption of improved legume technologies on rural household welfare measured by consumption expenditure in rural Ethiopia and Tanzania. The study utilizes cross-sectional farm household level data collected in 2008 from a randomly selected sample of 1313 households (700 in Ethiopia and 613 in Tanzania). The causal impact of technology adoption is estimated by utilizing endogenous switching regression. This helps us estimate the true welfare effect of technology adoption by controlling for the role of selection problem on production and adoption decisions. Our analysis reveals that adoption of improved agricultural technologies has a significant positive impact consumption expenditure (in per adult equivalent terms) in rural Ethiopia and Tanzania. This confirms the potential role of technology adoption in improving rural household welfare as higher consumption expenditure from improved technologies translate into lower poverty, higher food security and greater ability to withstand risk. An analysis of the determinants of adoption highlighted inadequate local supply of seed, access to information and perception about the new cultivars as key constraints for technology adoption.

文章名称：现代农业技术对小农福利的影响：来自坦桑尼亚和埃塞俄比亚的证据

作　　者：Asfaw Solomon, Shiferaw Bekele, Simtowe Franklin

文献出处：《食物政策》2012 年第 37 卷第 3 期

中文摘要：文章评估了埃塞俄比亚和坦桑尼亚农村居民采纳改进的豆科技术对其以消费支出测量的农村家庭福利的影响。这项研究利用了 1313 户（700 户在埃塞俄比亚，613 户在坦桑尼亚）在 2008 年收集的随机选择的农户数据。技术采用的因果影响是利用内生转换回归估算。这有助于我们通过控制对生产和技术采纳决策中的选择问题，进而估计技术采用对福利的真实影响。我们的分析表明，采用改进的农业技术在埃塞俄比亚和坦桑尼亚农村对居民消费支出（按成人当量计算）有一个显著的正面影响。这证实了技术采纳能够提高农村家庭福利，从改进的技术中提高消费支出并降低贫困，提高粮食安全和抵御风险的能力。技术采纳的决定因素分析表明，本地种子供应不足、信息渠道缺乏、对新品种的感知是制约新技术采纳的重要因素。

文章名称：Modeling Agricultural Supply Response Using Mathematical Programming and Crop Mixes

作　　者：Chen Xiaoguang, Oenal Hayri

文献出处：American Journal of Agricultural Economics, 2012, 94 (3)

英文摘要：Mathematical programming models are widely used in agricultural sector analysis. However, the lack of micro-level data, as well as computational requirements, necessitate the aggregation of individual producers into representative units when working at the sectoral level. This usually leads to unrealistic extreme specialization in supply responses. In 1982, McCarl introduced the "historical crop mixes" approach to avoid extreme specialization. We extend this approach by generating additional synthetic crop mixes using supply response elasticities and systematically varied commodity prices. In addition to avoiding extreme specialization, this approach provides flexibility when future supply responses can be vastly different from past responses. An application to U. S. biofuel policy analysis is presented.

文章名称：采用数学规划和作物混合的农业供给反应建模

作　　者：Chen Xiaoguang, Oenal Hayri

文献出处：《美国农业经济学杂志》2012年第94卷第3期

中文摘要：数学规划模型被广泛应用于农业部门分析。但是，由于缺乏微观层面的数据，并考虑计算要求，当研究行业层面时有必要以代表性个体生产者加总。这通常会导致不切实际的极端专业化的供给反应。1982年，麦卡尔推出了"历史的作物混合"的方式，以避免极端的专业化。我们拓展了这一方法，即通过使用供给反应弹性和系统地可变商品价格，产生额外的合成作物混合。除了避免极端专业化，这种方法提供了灵活性，未来供给反应可以跟过去的反应大不相同。

文章名称：Are Large and Complex Agricultural Cooperatives Losing Their Social Capital?
作　　者：Nilsson Jerker, Svendsen Gunnar L. H., Svendsen Gert Tinggaard
文献出处：Agribusiness, 2012, 28 (2)
英文摘要：During the last 20 years many traditionally organized agricultural cooperatives have been forced to abandon their business form. Explanations have been put forward, comprising a variety of economic and sociological theories. The present study suggests that the social capital paradigm may add explanatory power when analyzing this development. It is claimed that the problems are due to the members having increasingly little trust in the cooperatives and in each other. The cooperatives decision makers have no instruments for estimating how much social capital is lost when they pursue strategies of vertical and horizontal integration. Therefore, they do not consider this loss in their calculations. Thus, the problems caused by the cooperatives vaguely defined property rights are becoming increasingly serious. This reasoning is summarized into a model, which is influenced by the consumer choice model.

文章名称：大而复杂的农业合作社正在失去它们的社会资本吗？
作　　者：Nilsson Jerker, Svendsen Gunnar L. H., Svendsen Gert Tinggaard
文献出处：《涉农产业经济》2012年第28卷第2期
中文摘要：在过去的20年中，许多传统方式组织的农业合作社已经被迫放弃它们的业务形式，已有很多解释被提出，包括各种经济和社会学理论。目前的研究表明，社会资本范式可能有助于提高分析这一发展的解释力。合作社决策者没有工具评估他们在追求纵向和横向整合的策略中社会资本丧失的大小。因此，他们不会考虑这方面的损失。这样，因合作社产权定义模糊导致的问题日益严重。这种推理归纳成一个由消费者选择模式影响的模型。

文章名称: From the Lab to the Field: Cooperation among Fishermen

作　　者: Stoop Jan, Noussair Charles N., Van Soest Daan

文献出处: Journal of Political Economy, 2012, 120 (6)

英文摘要: We conduct a field experiment to measure cooperation among groups of recreational fishermen at a privately owned fishing facility. Group earnings are greater when group members catch fewer fish. Consistent with classical economic theory, though in contrast to prior results from laboratory experiments, we find no cooperation. A series of additional treatments identifies causes of the difference. We rule out the subject pool and the laboratory setting as potential causes and identify the type of activity involved as the source of the lack of cooperation in our field experiment. When cooperation requires reducing fishing effort, individuals are not cooperative.

文章名称: 从实验室到现场：渔民之间的合作

作　　者: Stoop Jan, Noussair Charles N., Van Soest Daan

文献出处: 《政治经济学杂志》2012年第120卷第6期

中文摘要: 文章进行了现场试验，测量在一家私人拥有的钓鱼设施的休闲渔民团体之间的合作。当小组成员抓到的鱼越少，则盈利越大。与古典经济理论相一致，但与此前实验室研究的结果相反，我们没有发现合作，一系列额外的试验处理识别了这些差异的原因。我们排除主题池和实验室环境的潜在原因，并识别我们现场试验中缺乏合作来源的活动类型。当合作需要减少捕捞强度时，个人都没有合作。

文章名称：The Impact of Pollution on Worker Productivity
作   者：Joshua Graff Zivin, Matthew Neidell
文献出处：American Economic Review, 2012, 102 (7)
英文摘要：This paper assesses the impact of pollution on worker productivity by relating exogenous daily variations in ozone with productivity of agricultural workers as recorded under piece rate contracts. We find robust evidence that ozone levels well below federal air quality standards have a significant impact on productivity. These results suggest that, in contrast to common characterizations of environmental protection as a tax on producers, environmental protection can also be viewed as an investment in human capital, and thus a tool for promoting economic growth.

文章名称：污染对工人生产率的影响
作   者：Joshua Graff Zivin, Matthew Neidell
文献出处：《美国经济评论》2012 年第 102 卷第 7 期
中文摘要：把外生臭氧层的每日变化和计件工资合同下的农业工人工作记录相联系，文章评估污染对工人生产率的影响。我们发现有力的证据证明，臭氧含量远低于联邦空气质量标准，对生产率有显著的影响。这些结果表明，与以往认为环境保护是对企业征税的看法相反，环保也可以作为人力资本的投资，从而也是促进经济增长的工具。

文章名称：Productivity, Efficiency and Structural Problems in Chinese Dairy Farms
作　　者：Yu Xiaohua
文献出处：China Agricultural Economic Review, 2012, 4 (2)
英文摘要：The purpose of this paper is to identify the structural problem in the Chinese dairy sector. There exists a large number of low–efficiency, small–scale farms, and productivity inequality between small and large farms keeps increasing, which is a possible driving force behind the Melamine scandal in 2008.

Using the stochastic frontier production function, this paper estimates and compares the changes in technology and technical efficiency between backyard, small–scale, medium–scale and large–scale dairy farms in China over the period between 2004 and 2008.

There are compensating effects between technology and technical efficiency. However, low yield for backyard farms is mainly caused by traditional low–yield varieties, even though the technical efficiency is very high, which cannot compensate for the low technology.

The author put the assumption of constant return to scale mainly due to the data availability. Such an assumption implies that there are no scale–effects between the different scales in productivity, and the productivity difference is explained by technology and technical efficiency.

In order to solve the structural problems, Chinese governments should help small–scale farmers to adopt new high–yield varieties, to subsidize small–scale farmers, and to train farmers to master the complicated skills for raising high–yield varieties.

The paper gives another possible explanation for the Melamine scandal of milk powder in 2008. If the structural problem cannot be solved, similar food safety scandals could happen once again.

文章名称：中国奶牛养殖场生产率、效率和结构问题
作　　者：Yu Xiaohua
文献出处：《中国农业经济评论》2012年第4卷第2期
中文摘要：文章的目的是确定中国乳制品行业的结构性问题。存在大量的低效率、小规模的养殖场，小型和大型农场之间的生产率不平等程度在不断增加，这可能是2008年三聚氰胺丑闻产生的推动力。

使用随机前沿生产函数，文章估算和比较了2004~2008年中国庭院、小规模、中等规模和大规模的奶牛养殖场之间的技术和技术效率的变化。

技术和技术效率之间有补偿效应。然而，庭院式养殖场产量低主要是因为采用传统的低收益品种，虽然技术效率非常高，但不能补偿低技术。

作者提出的规模报酬不变的假设主要是基于数据的可得性。这样的假设意味着有生产率的不同尺度之间没有规模效应，生产率差异完全由技术和技术效率的差异进行说明。

为了解决结构性问题，中国政府也应该帮助小规模农户采用新的高产品种，补贴小规

模养殖户，并培训农民掌握复杂的技能以便养殖高收益的品种。

文中给出了对2008年奶粉三聚氰胺丑闻的另一种可能的解释。如果结构性问题无法得到解决，类似的食品安全丑闻可能再度发生。

文章名称：The Contribution of Genetic Modification to Changes in Corn Yield in the United States

作　　者：Nolan Elizabeth, Santos Paulo

文献出处：American Journal of Agricultural Economics, 2012, 94 (5)

英文摘要：We use a large, rich dataset compiled from results of university extension trials to estimate the contribution of genetic modification (GM) to changes in corn yield in the United States from time A to time B. Through repeated experimental trials, we obtain consistent estimates of the effect of these traits by using both the Hausman – Taylor estimator and a comparison of fixed effects estimates analogous to the agronomic practice of comparing near – isolines. Our results suggest that GM traits had a positive impact on yield, but that gains associated with combining several GM traits in one hybrid are not necessarily additive.

文章名称：美国转基因对玉米产量变化的贡献

作　　者：Nolan Elizabeth, Santos Paulo

文献出处：《美国农业经济学杂志》2012年第94卷第5期

中文摘要：我们使用来自大学推广试验的结果编制了大规模的数据集，以估计转基因在美国从时间A到时间B对玉米产量变化的贡献。经过反复试验，通过使用豪斯曼—泰勒估计和类似于比较近等值线的农艺实践的固定效应对比，我们得到了这些性状影响的一致性估计。我们的研究结果表明，转基因性状对产量产生了积极影响，但在一种杂交品种上的多个转基因性状得到的收益并不会是各性状收益的简单加总。

文章名称: Heterogeneous Technology and Panel Data: The Case of the Agricultural Production Function

作　　者: Mundlak Yair, Butzer Rita, Larson Donald F.

文献出处: Journal of Development Economics, 2012, 99 (1)

英文摘要: Economic growth involves reallocating resources from traditional to new techniques of production, creating new relationships between particular resources and productivity. The paper analyzes the implications of this process on the estimation of agricultural production functions using a panel of countries. The data includes a measure of capital in agriculture absent from most studies. We employ a heterogeneous technology framework where implemented technology is chosen jointly with inputs to interpret information obtained in the empirical analysis of panel data. In this framework, estimates depend upon the economic environment, which is represented by state variables. It turns out that the old problem of identifying the production function cannot be resolved through the use of instrumental variables, but can be resolved using the allocation error. The paper discusses the scope for replacing country and time effects by observed state variables. The empirical results differ from those reported in the literature for cross – country studies, largely in augmenting the elasticities of capital and land and reducing those of fertilizer and labor. The evaluation of the marginal value productivity accounts for the flow of capital and fertilizer to agriculture and the flow of labor to other sectors, thereby contributing to overall economic growth.

文章名称: 异质性技术和面板数据: 以农业生产函数为例

作　　者: Mundlak Yair, Butzer Rita, Larson Donald F.

文献出处: 《发展经济学杂志》2012 年第 99 卷第 1 期

中文摘要: 经济增长需要重新将资源从传统的生产技术向新技术分配，建立新的资源与生产力之间的关系。文章利用面板数据分析了这一过程对农业生产函数的影响，数据包含了对农业资本的测算，这在以往文献中是没有的。我们采用异质性技术框架来进行实证分析，在这个框架中，利用相关变量来表示经济环境，以此进行估计。结果显示，使用工具变量并不能解决原有的在生产函数中存在的问题，但是可以使用分配误差来解决。文章论述了空间取代国家和时间的影响，实证结果不同于跨国研究，结果的不同在很大程度上是针对增加资本和土地弹性，降低化肥和劳动力投入。边际产品价值的估算解释了资本和化肥流向农业部门而劳动力流向其他部门，因此导致了整体经济增长。

第三章 农业经济学学科 2012 年出版图书精选

第一节

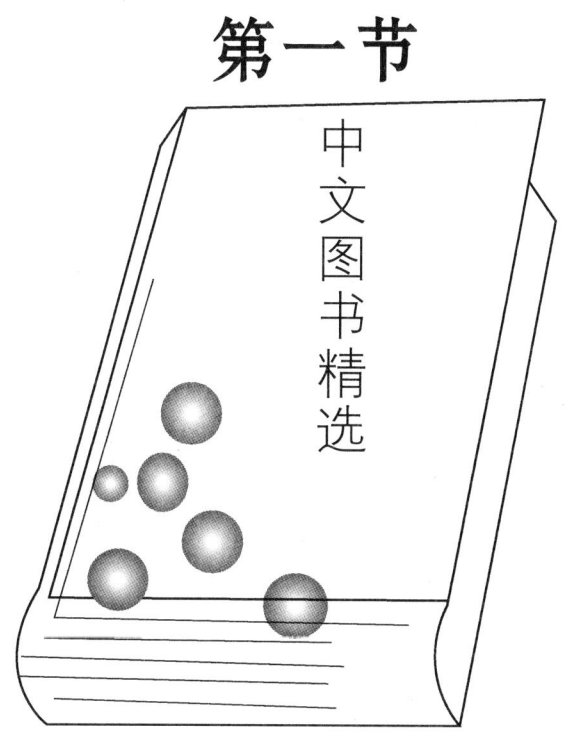
中文图书精选

书名：《中国的农地制度、农地流转和农地投资》
作者：黄季焜、邵亮亮、冀县卿、Scott Rozelle
出版社：格致出版社
出版时间：2012年11月

内容摘要：该书利用大规模的实地农户调研数据，就我国农村土地制度创新中的农地制度政策演变和实践效果等关键问题展开了深入的实证研究，具体包括：改革30年农地使用权政策演变和政策执行情况，农地调整变动趋势及其影响因素，农地确权演进及其对农户投资的影响，农地流转的趋势和特点，农地流转与流转管制、非农就业和农业补贴等的关系，农地产权和农地流转对农户投资的影响。在研究成果的基础上，该书给出了我国未来农村进一步改革尤其是农地制度创新的政策建议。

书名：《现代农业发展战略研究》
作者：周应恒
出版社：经济科学出版社
出版时间：2012 年 12 月

内容摘要：该书在吸收借鉴国际现代农业发展经验的基础上，从我国国情出发，分析我国现代农业发展的战略。主要从我国现代农业发展的资源禀赋条件，确保粮食安全和食品质量安全目标，现代农业发展的区域模式，现代农业发展的组织与制度保证等方面进行我国现代农业发展战略分析。从理论上来讲，该书拓展了投入产出分析的应用领域，丰富了农业关联产业的研究内容；在现实中，该书有助于揭示我国现代农业的产业特性，指明我国现代农业的发展空间和路径，为我国现代农业发展提供决策依据，对于促进我国现代农业乃至国民经济发展具有重要意义。该书获江苏省哲学社会科学优秀成果奖。

书名:《中国农民专业合作社运行机制与社会效应研究——百社千户调查》
作者: 孔祥智、史冰清、钟真等
出版社: 中国农业出版社
出版时间: 2012年4月

内容摘要: 该书结合2009年对农村所做的调查研究,从"长久不变"是农村基本经营制度稳定的基石、"两个转变"是农村基本经营制度稳定的基础、进一步推动和规范农村承包地经营权流转是农村基本经营制度稳定的前提、农民专业合作社建设是农村基本经营制度稳定的核心四个方面讨论稳定和完善农村基本经营制度应该侧重和注意的问题。该书获教育部人文社科优秀成果奖、北京市哲学社会科学优秀成果奖。

农业经济学学科前沿研究报告

书名：《中国农村经济：制度、发展与分配》
作者：章元
出版社：格致出版社、上海人民出版社
出版时间：2012年3月

内容摘要：该书研究了中国农村经济发展中的一系列正式和非正式制度、政策对各种生产要素配置的影响，同时分析市场化和工业化对于农村经济发展的渗透效应，然后基于这些研究总结中国降低农村贫困的一般经验和中国农村经济快速发展的经验，这些研究对理解中国过去30多年里的农村经济发展道路和展望未来中国农村经济的发展道路具有重要意义。该书系统分析了推动中国农村经济发展的多个社会经济制度和政策，包括农村家庭联产承包责任制、计划生育政策、村民选举、户籍制度等，以及以社会关系网络为核心的非正式制度，基于大量农户面板数据和宏观统计数据实证分析了这些制度和政策对于资源配置效率的影响机制和渠道，从而为中国农村经济的快速发展提供深入的解读。该书获上海市哲学社会科学优秀成果奖。

书名：《中国城乡二元经济结构转化：理论阐释与实证分析》
作者： 高帆
出版社： 上海三联书店
出版时间： 2012 年 5 月

内容摘要： 该书力图对中国城乡二元经济结构转化问题进行理论阐释和实证分析，这种研究取向具有非常突出的理论价值和实践意义。在理论层面，二元经济结构理论是发展经济学的核心理论之一，且作为二元经济结构理论的经典模型，"刘易斯—费景汉—拉尼斯"模型通常是学术界探究二元经济结构问题的重要依据，但该模型在前提假设、基本观点和政策主张等层面仍存在着改进空间。考虑到不同发展中国家经济发展的"异质性"，特别是考虑到中国正处在经济体制转型的特定背景，因此，如何基于传统的二元经济结构理论来构建更能耦合中国经济实践的二元经济问题分析框架仍是一个具有挑战性的理论问题。在实践层面，改革开放 30 多年以来，中国总量经济保持了持续快速的增长态势，但经济体中的城乡二元经济结构特征依然极为显著。城乡二元经济结构会通过影响国内居民消费水平、收入分配差距变动而对整体经济发展产生影响，在某种意义上，二元经济结构以及城乡发展失衡已经成为影响中国经济社会持续协调发展的"瓶颈性"因素。在此背景下，集中探究中国城乡二元经济结构的演变历程、内在机理以及制约因素，并在此基础上提出中国促使二元经济结构转化、实现城乡经济协调发展的最优路径和政策选择无疑具有重要的实践意义。该书获上海市哲学社会科学优秀成果奖。

书名：《中国粮食生产、流通与储备协调机制研究——基于粮食安全》
作者： 王雅鹏、王薇薇、吴娟
出版社： 科学出版社
出版时间： 2012 年 5 月

内容摘要： 该书在对我国粮食安全水平进行客观评价和科学判断的基础上，分别探讨了粮食安全与粮食生产、粮食安全与粮食流通、粮食安全与粮食储备之间的关系；然后将粮食生产、流通、储备视为一个完整的系统，分析了系统内三者之间不协调的表现及原因，并结合我国国情和粮情，构建了一个符合实际、切实可行的三者协调机制；同时，还建立了实现该协调机制的政策支撑体系和社会保障措施，为提高我国粮食综合生产能力及安全水平、提高政府粮食安全调控能力和管理水平、促进农业和农村经济发展提供了参考。此外，该书还在实地调查的基础上，分别对湖北、湖南、江西、四川、河南、河北等地的粮食生产、流通与储备问题进行了典型研究。该书获湖北省哲学社会科学优秀成果奖。

经济管理学科前沿研究报告

书名：《粤澳食品安全合作机制研究——基于农产品安全视角》
作者：罗必良等
出版社：中国农业出版社
出版时间：2012年5月

内容摘要：该书特别关注粤澳食品安全合作机制这一特殊专题，基于农产品安全问题来阐明粤澳食品安全合作机制。全书共分八章，前四章为理论部分，后四章为粤澳合作实务。研究认为，中央政府把供港澳食品摆到非常重要的位置，供港澳食品成为一项重要的战略任务。但是，作为一个食品尤其是农产品主要依靠进口的国际性城市，澳门的食品安全和保障监控体系还有进一步改进的空间，包括多部门共同监管中的权责问题、"水货"的质量安全和监控问题，以及相关餐饮企业及消费者的安全意识确立问题等。

书名：《变迁与重构：中国农村公共产品供给体制研究》
作者：曲延春
出版社：人民出版社
出版时间：2012 年 6 月

内容摘要：该书的研究目的在于，通过对新中国成立后农村公共产品供给体制变迁过程的研究，考察以制度外供给为特征的农村公共产品供给体制的形成和演变过程，分析制约农村公共产品供给体制变迁的因素和导致农村公共产品供给问题的真正原因，在此基础上，提出构建新的农村公共产品供给体制的对策思路。该书以农村公共产品供给问题为研究对象，对我国农村公共产品供给体制的变迁过程、当前困境和重构思路进行了探讨，分为上下两篇。上篇主要以时间为线索对农村公共产品供给体制的形成和发展过程进行纵向分析，下篇则对重构农村公共产品供给体制的思路进行横向展开。该书分析了新中国成立后不同时期我国农村公共产品制度外供给体制和城乡二元公共产品供给结构的形成和发展过程、不同时期农村公共产品供给体制的表现形式、制约农村公共产品供给体制变迁的因素，以及当前我国农村公共产品供给面临的问题与困境。在此基础上，对重构农村公共产品供给体制的思路进行了探讨，提出政府应在农村公共产品供给中承担最主要的责任，市场（私人部门）和农民（社会）发挥补充作用，并分析了三者各自发挥作用的思路与对策。该书获教育部人文社科优秀成果奖。

书名：《中国农业合作化运动口述史》
作者： 马社香
出版社： 中央文献出版社
出版时间： 2012 年 9 月

内容摘要： 该书作者历经 10 年走访了全国十余省的农村（包括台湾地区个别村落），在常住数省典型村庄的基础上，深入基层、深入田间地头、深入亲历者和当事人左右，采访了从中央到基层数百名农业合作化时期的各级领导干部和普通农民，掌握了大量第一手资料。原创与实证相结合，亲历者口述与档案资料相结合，基层农民与高层领导的回忆相结合，以亲历者口述实录为主干，与同期档案资料相互印证、相互补充，在叙述框架上"上下结合"。该书获教育部人文社科优秀成果奖。

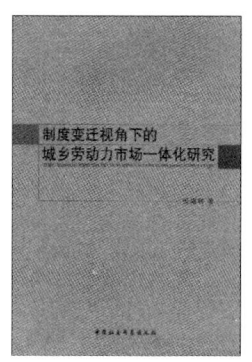

书名：《制度变迁视角下的城乡劳动力市场一体化研究》
作者：张福明
出版社：中国社会科学出版社
出版时间：2012 年 10 月

内容摘要： 城乡劳动力市场一体化是经济现代化必须经历的发展阶段，也是当前困扰我国经济社会稳定发展的现实问题。该书在制度变迁理论框架下，综合运用规范分析、实证分析、博弈分析等方法，对我国城乡劳动力市场一体化的变迁机制、变迁过程、已经取得的进展、仍然存在的问题、问题的成因及应对策略等进行了深入系统的研究。城乡劳动力市场一体化研究涉及的三个基本概念是劳动力市场、统一劳动力市场和城乡劳动力市场一体化。劳动力市场由劳动力市场制度与劳动力市场机制构成。该书获山东省哲学社会科学优秀成果奖。

书名：《小额信贷发展概况国际研究》
作者：杜晓山
出版社：中国财政经济出版社
出版时间：2012 年 10 月

内容摘要： 该书通过对国际范围小额信贷发展的全面追踪以及比较归纳，建立国际范围内小额信贷发展的全景式印象，在此基础上归纳出小额信贷的发展趋势、模式、环境、绩效、监管等方面的特征，为我国小额信贷的发展提供全面的分析。该书还通过案例研究，探讨在特定文化背景下小额信贷市场发展的特征以及监管政策，分析小额信贷的技术与管理特征，评价小额信贷机构的社会经济绩效，建立文化背景、社会环境、经济特征与贷款技术、管理模式、机构绩效之间的联系，从而为我国探讨在特定社会文化背景下如何选择适宜的贷款技术、管理模式、监管制度等提供借鉴。

书名：《集体土地所有权主体制度研究》
作者：高飞
出版社：法律出版社
出版时间：2012年2月

内容摘要： 在我国，农村土地既是农民集体及其成员享有的财产权利的重要载体，也是大部分农民维持生存的物质基础，故集体土地所有权问题不只是一个单纯的法律问题，其也是解决"三农"问题的基本经济保障。该书依循从规范解读到制度建构的研究思路，从主体视角对集体土地所有权制度进行研究，对集体所有权制度乃至农村土地法律制度面临的重大难题的解决具有重要意义。该书获湖北省哲学社会科学优秀成果奖。

经济管理学科前沿研究报告

书名：《农机服务市场与农机支持政策的选择研究》
作者：纪月清
出版社：经济管理出版社
出版时间：2012 年 11 月

内容摘要：结合国情，该书探讨了在农村劳动力非农就业不断扩大的背景下我国农机需求及需求结构的变化趋势，并分析了不同收入组农户农机服务利用及来源选择情况，最终从满足农户需求和有利于低收入者的角度，为国家是否应该支持农机、应该支持哪类农机提供决策参考。该书以农机服务市场为背景，从农业经营户农机服务利用角度出发，在既定的社会经济条件下考察劳动力非农就业与农户农业机械需求之间的关系，以及非农就业对农户选择不同类型农机服务的影响，以期预测未来农机需求及需求结构的变化趋势；同时，还将比较不同收入组农户农机服务利用及来源情况，最终从提高经济效率和有利于社会公平的角度为政府选择适当的农机支持政策提供实证依据。该书获江苏省哲学社会科学优秀成果奖。

书名：《农产品地理标志保护利用与产业发展研究》
作者：严立冬、袁泳等
出版社：湖北人民出版社
出版时间：2012年11月

内容摘要：该书共分十一章，论述了农产品地理标志的基本内容，其与农业的发展、建设、提升的关系，以及保护利用管理制度等。该书的主要内容包括农产品地理标志的基本理论、农产品地理标志与特色农业发展、农产品地理标志与农业品牌建设、农产品地理标志与农业竞争力提升等。该书获湖北省哲学社会科学优秀成果奖。

书名：《中国小麦产业发展与政策选择》
作者： 韩一军
出版社： 中国农业出版社
出版时间： 2012年12月

内容摘要： 粮食安全与能源安全、金融安全并称为当今世界三大经济安全，近年来世界粮价频繁波动和不断高涨已经越发成为世界经济治理的重要内容。在全世界粮食安全和中国粮食安全中，小麦都是最重要的品种之一。在全世界小麦安全中，中国是世界上最大的小麦生产国和消费国，具有举足轻重的地位。随着中国城乡经济发展和人民生活水平的提高，小麦在中国国民经济中的地位也越来越重要。因此，该书以中国小麦产业发展为主要研究对象，提出在快速变化的国内外环境下中国小麦产业可持续发展的政策选择，这对于促进中国小麦产业健康稳定发展乃至保障国家粮食安全都具有重要的理论意义和实践意义。该书获中国农村发展研究奖、专著奖。

书名：《新型农村社会养老保险制度适应性的实证研究》
作者： 崔红志
出版社： 社会科学文献出版社
出版时间： 2012 年 12 月

内容摘要： 该书从农民可接受的视角，基于翔实的基层调查数据探讨了新农保制度的适应性问题，并就如何完善和进一步提高新农保制度的适应性进行了较为深入的讨论。研究得出，我国农村家庭和土地保障的功能趋于弱化乃至瓦解，新农保制度的实施具有坚实的需求基础。现有的新农保制度安排总体上能够促进农民参保缴费，但不能支撑很高的参保率，更不能实现"人口全覆盖"的制度目标。全书共分四个部分：第一部分是总报告；第二部分是专题研究报告；第三部分是县（市）调查报告；第四部分是农户访谈案例研究。该书获中国农村发展研究奖、专著奖、提名奖。

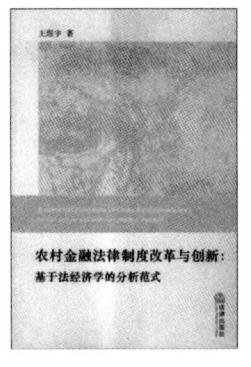

书名：《农村金融法律制度改革与创新：基于法经济学的分析范式》
作者：王煜宇
出版社：法律出版社
出版时间：2012 年 12 月

内容摘要：该书从经济学角度对农村金融制度问题进行了全面系统的研究，使农村金融制度的研究在深度上取得了突破性进展。在研究方法上，采取了法学和经济学相结合的方法，取长补短、相得益彰，增加了问题研究的深度和广度。该书参考了大量前人的研究成果，资料丰富翔实，并能够较好地运用这些成果丰富自己的理论体系，使研究成果具有很强的说服力；印证了大量国外的研究成果并广泛参考国外的相关制度，具有较宽的视野，对当前农村金融制度存在的问题既有理论的深度分析，也有实证调查，因此能够有针对性地提出解决问题的切实可行的方案。该书获中国农村发展研究奖、专著奖、提名奖。

书名：《农村金融市场失灵与金融创新研究》
作者：张龙耀、褚保金
出版社：科学出版社
出版时间：2012 年 4 月

内容摘要： 该书主要研究当代中国农村经济转型和发展时期金融市场的特征和创新路径，围绕解决发展经济学和信息经济学揭示的金融市场信息不对称引起的市场失灵这一主线，通过深入农村实地微观调查，全面揭示出当前中国农村金融市场失灵的现状、特征和机制；并进一步剖析国际、国内农村金融产品和服务方式创新典型案例，探究农村金融市场创新的微观基础和内在机制。最终提炼出农村金融市场机制创新、产品创新和体系创新背后的逻辑主线，试图在构建农村金融市场失灵和农村金融创新理论分析框架的同时，为缓解农村地区贷款难、提高农村金融覆盖广度和深度、在更大范围内和更高层次上全面提升中国农村金融服务水平提供理论基础和政策建议。该书获中国农村发展研究奖、专著奖、提名奖。

书名：《中国农村剩余劳动力转移：机理、动因与障碍——一个理论框架与实证分析》
作者： 程名望
出版社： 同济大学出版社
出版时间： 2012年12月

内容摘要： 该书是关于我国农村剩余劳动力转移的理论研究和实证分析，为描述和解释我国农村剩余劳动力转移的内在机理、根本动因及其影响因素提供一个理论框架和分析方法，建立了农村劳动力转移的理论模型，并运用我国的宏观数据和微观数据对理论模型给予检验和实证分析。该书把传统农村经济问题和现代经济学前沿思想结合起来，较全面地研究了影响劳动力转移的微观因素和宏观因素，对传统的劳动力转移理论进行了有益的补充。该书获上海市哲学社会科学优秀成果奖。

书名：《失地农民职业转换及其扶助机制——基于调研数据与风险预估》
作者：谢俊贵
出版社：社会科学文献出版社
出版时间：2012年12月

内容摘要：职业是一个人在社会中有效生存与正常发展的基本平台。失地农民问题之所以成为一个受人关注的社会问题，关键在于失地农民不仅失地，而且失业。职业缺失是城市化快速发展给失地农民带来的严重后果，也是当前失地农民问题的症结。解决失地农民问题的关键是要在失地农民城市化及其城市适应性方面找到一个合理的社会支点。这一社会支点即有效解决失地农民的城市就业和职业转换问题。失地农民的职业转换跨度极大，困难重重，政府和社会都应加强对失地农民职业转换的扶助，需要构建四大扶助机制，包括就业扶助机制、创业扶助机制、修业扶助机制和适业扶助机制。该书获广东省哲学社会科学优秀成果奖。

第二节 英文图书精选

书名：《土地和粮食短缺的政治问题》
The Politics of Land and Food Scarcity
作者：Paolo De Castro，Felice Adinolfi，Fabian Capitanio，Salvatore Di Falco，Angelo Di Mambro
出版社：Routledge
出版时间：2012 年

内容摘要：近年来，食品安全问题已成为全球议论的焦点。2007～2008 年食品价格危机以来，许多已经发表的文章从不同角度解决食品安全问题：经济、社会、文化、环境、农业和气候变化。

通过一个多学科的方法，该书提供了一个新的，与土地、粮食供应和农业相关的全球挑战的概述。它还有助于参与一项新的全球粮食政策，进行土地和粮食短缺的政治分析，包括较贫困国家的土地被富裕的国家掠夺。它不只是一场辩论，而是渴望基于 20 国集团会议的争论向前进。它讨论了国家政府、当地的农业政策和超国家实体在土地资源有限和竞相宣称的情况下，怎样面临养活不断增长的人口的新场景。

书名:《现代农业的环境影响》
Environmental Impacts of Modern Agriculture

作者: R. M. Harrison, R. E. Hester, Joe Morris, Karl Ritz, Mark G. Kibblewhite, Ruben Sakrabani, Lynda Deeks, Joanna M. Cloy, Bob Rees, Pete Smith, Keith Smith, David Chadwick, Keith Goulding, David Kay, Gilles Pinay, Lucas Reijnders, Dan Osborn, Ian Crute, Timothy P. Burt, Tony Waterhouse

出版社: Royal Society of Chemistry

出版时间: 2012 年

内容摘要: 现代农业必须寻求对环境影响尽可能少的方式来满足不断增长的世界人口。现代农业的产量比以往任何时候都高，但集约化的现代农业也付出了代价。该书通过过去的教训展望未来，全面研究在 21 世纪农业对环境的影响。该书主要内容包括：农业对土壤质量的影响、温室气体的预算、水源性病原体、地表水物质的化学组成、地下水、农药与环境、农业环境后果与粮食安全需要的平衡，以及农业生产的生物燃料的优缺点。该书为高层次学生、研究者、相关领域的从业人员及政策制定者提供了一个基本的参考。

书名：《扩大地理标志的保护：非洲农产品的案例研究》
Extending the Protection of Geographical Indications Case Studies of Agricultural Products in Africa

作 者： Michael Blakeney, Thierry Coulet, Getachew Alemu Mengistie, Marcelin Tonye Mahop

出版社： Routledge

出版时间： 2012 年

内容摘要： 世界知识产权组织（TRIPS）的协议为产品来源的地理标示提供一般的保护，如对葡萄酒和烈性酒的特殊保护以及建立多边注册的葡萄酒。非洲国家集体一直向世界贸易组织、世界知识产权理事会提议要拓展地理标志保护以及进行对发展中国家有利的多边注册行业。所谓的"扩展问题"，是世界贸易组织和世界知识产权组织多哈发展议程的核心。该书为这场辩论提供了一些经验证据以及法律和经济推理，还提供了对这些关键问题的一般回顾和对六个非洲英语国家及四个非洲法语国家的案例研究。这些研究关注主要农产品，如咖啡、棉花、可可和茶，以及更具体的非洲当地的产品，如摩洛哥坚果油和刚果白色蜂蜜。

书名：《林业的全球经济》
The Global Economics of Forestry
作者：William F. Hyde
出版社：RFF Press
出版时间：2012 年

内容摘要：该书从原始聚落在天然林中的收获活动到现代工业林，追溯森林发展的经济及生物模式。用图构建描述三个离散的森林发展阶段，然后讨论了相关的管理和政策影响，文中的例子和数据来自六大洲的发达国家及发展中国家。研究表明，三个发展阶段的特点使林业在自然资源管理中变得不寻常，并且在每个阶段，有效的政策需要不同的甚至有对比的决策。威廉·F. 海德综合全面的论述，涵盖了各种各样的问题，包括特定的森林政策及更广泛的宏观经济政策的影响，以及全球变暖、生物多样性和旅游、不同的森林产品行业的复杂性等现代问题。结论章节评论了新机构地主、规模较小的私人农场地主和公共机构的角色。该书远远超越了森林经济学范畴，它解释了林业在区域发展、环境保护中的作用，以及其他部门的政策、宏观经济对林业的作用。

书名：《农业进步对种植业的影响》
Crop Production for Agricultural Improvement
作 者：Muhammad Ashraf, Muhammad Sajid Aqeel Ahmad (auth.), Muhammad Ashraf, Münir Öztürk, Muhammad Sajid Aqeel Ahmad, Ahmet Aksoy (eds.)
出版社：Springer Netherlands
出版时间：2012 年

内容摘要： 近年来，食物短缺问题凸显了植物科学作为一个新兴学科致力于设计新的策略来提高农作物产量的重要性。造成食物短缺的主要因素是生物和非生物的压力，如植物病原体、盐度、干旱、洪水、营养缺乏和毒性太大，限制全球农作物产量。在这种情况下，应采取实现最大生产力和经济作物最大回报的战略。该书主要集中讨论了生理、生化、分子和基因的作物发展和相关方法，在与环境对抗的情况下，用于作物改良。此外，在有压力的环境下讨论了不同生物（疾病、病原体等）和非生物（盐度、干旱、高温、金属等）的负面影响，强调通过潜在的策略来提高农作物生产力。

书名：《减少贫困的农业政策》
Agricultural Policies for Poverty Reduction
作者：Jonathan Brooks
出版社：CABI Publishing
出版时间：2012年4月

内容摘要：该书涉及发展中国家农业政策的作用，重点是提高农业和农村家庭的收入，从而减少贫困。世界上超过2/3的穷人居住在农村地区，而农村收入水平提高则是持续减贫和实现全球粮食安全的先决条件。随着公共投资规模的扩大，迫切需要确保适当的政策到位。减少农村贫困的进展是不平衡的。在全球范围内，生活在绝对贫困中的人口比例和总人数有所下降，许多国家，最为显著的是中国，都在快速改善。但在非洲和南亚部分地区，减少农村贫困的进展一直断断续续或不存在。促进农村收入增加所需的政策，包括能直接提高农民收入水平，也可以通过能平稳过渡到一个更加多样化的农村经济的政策来补充。精确的组合将取决于许多因素，包括一个国家的经济发展阶段及其资源禀赋。

书名：《21世纪的农业系统研究：新动力》
Farming Systems Research into the 21st Century: The New Dynamic
作者：Ika Darnhofer，David Gibbon，Benoit Dedieu
出版社：Springer
出版时间：2012年

内容摘要：农业系统研究有三个核心特点：建立在系统思考上；依赖于社会和生物物理科学之间的密切合作；依赖于参与建立合作学习过程。农业系统研究认为，促进农村可持续发展，跨学科合作和当地人的参与是必要的，将实践和理解中的变化考虑在内。该书提供了20年的农业系统研究的见解。通过阐述欧洲的农业系统研究的产生和发展，总结了国家最先进的关键领域，并提供新的探索的前景，尤其是解决农业系统及其与自然环境和行动的情境交互作用的动态性。

经济管理学科前沿研究报告

书名：《发展中的森林：一个重要的平衡》
Forests in Development：A Vital Balance
作者：Tomás Schlichter，Leopoldo Montes
出版社：Springer
出版时间：2012 年

内容摘要：该书的目的是给出一些在林业方面的主要进展，时间是从在加拿大举行的第十二届世界林业大会到在布宜诺斯艾利斯举行的第十三届世界林业大会期间的 6 年。该书将涵盖第十三届世界林业大会的主题，从生物多样性到生产、政策、环境服务、经济角度与可持续发展。它旨在提供一个对林业全面的看法，通过对可持续森林管理实现现在和未来更好的生活质量。

书中一个持续的主题是反映森林和林业的动态变化，以及政策、管理和目标的适应性，第一个问题是面对这些变化，森林管理的目标是什么。此外，处理一些森林管理关键的方面：调节森林生长、生态系统和生态系统服务的关系；这些因素对森林管理的影响，以及一些生产用途。该书在林业未来财务相关方面进行了认真考虑，提出了新的体制和政治安排来发展这样一个部门。考虑到气候变化，生态系统健康是分析的对象，从中派生一个建议的行动，旨在最大限度地减少或减轻害虫和入侵物种的影响。对于人工林管理，在希望提高环保服务生产的同时，要最大限度地减少负面影响。关于生物能源特别是生物燃料的生产、森林对人类的潜在贡献，是从不同的角度进行阐述的，包括那些来自农产品的比较。在前景中所体现出的技术、经济和政治方面，反映了在 2009 年世界林业大会中所体现的丰富度和质量的合成特征以及林业必不可少的先进知识。

书名：《土地利用和土地覆盖遥感：原理与应用》
Remote Sensing of Land Use and Land Cover: Principles and Applications
作者：Chandra P. Giri
出版社：CRC Press
出版时间：2012年2月

内容摘要：土地覆盖特征、制图和监测是遥感数据最重要和最典型的应用。准确和及时的土地覆盖数据集的可用性和可访问性在许多全球变化研究中发挥了重要作用。几个国家和国际项目都强调了在全球范围需要更好的土地覆盖和土地覆盖变化的信息。这些项目，如国际地圈生物圈计划（IGBP）、美国气候变化科学计划、美国国家航空航天局（NASA）的土地覆盖和土地利用变化（LCLUC）计划、全球土地计划，以及全球森林观察和土地覆盖动态（GOFC/GOLD）、地球观测组织（GEO），已在制定土地变化科学问题研究的前沿。

最近地球观测卫星技术、信息技术、计算机硬件和软件及基础设施发展已经帮助产生了质量更好的土地覆盖数据集，这样的数据集正变得越来越可用，用户基础和应用领域正在扩大，许多其他应用程序的潜力正在提升。该书的目的是提供基本土地覆盖研究问题的概要和遥感历史的概述，还有土地覆盖分类、数据问题、预处理、变化分析、建模和验证结果的概述。

该书提供了在全球范围内的应用程序的例子。总体而言，该书通过整合目前的知识和科学的理解，突出了遥感土地利用/土地覆盖新的前沿，并提供了一个未来的前景。具体的主题强调了土地利用/土地覆盖制图当前和新兴的概念、先进的和自动化的土地覆盖的解释方法、主要土地覆盖类型的描述和未来预测。通过整合几十年来领先科学家在该领域进行的研究为研究提供了一个新的角度。

经济管理学科前沿研究报告

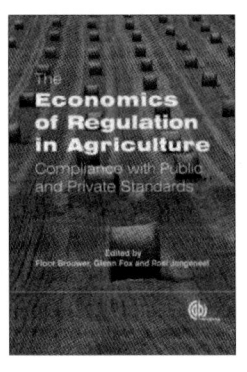

书名：《农业中的规制经济学：遵守公共和私人标准》
Economics of Regulation in Agriculture: Compliance with Public and Private Standards
作者：Floor Brouwer, Glenn Fox, Roel Jongeneel
出版社：CABI Publishing
出版时间：2012 年

内容摘要：发达国家的初级农业越来越受到环境、人类、动植物健康以及动物福利法规的限制。该书的研究动机是利用交叉遵从作为协调欧盟各类型法规强制性的一个手段。交叉遵从使得农场收到的抚养费基本满足监管标准。一般情况下，遵从这些法规引起了农场成本的增加。遵从这些法规是否对农产品竞争力和农场最终商业化运作的可行性造成消极影响，受到了不论是欧盟农民还是其他司法管辖区农民们的普遍关注。随着农业日益融入全球贸易自由化中，不同国家法规遵从成本的差异有可能对贸易流向产生重要的影响。跨辖区比较遵从法规成本，甚至比较监管标准都是复杂的。不同的政体有不同的宪法，由不同的机构甚至不同级别的政府负责不同类别的法规和标准。农户需要达到比那些竞争者更高的标准以满足辖区内的法规，这些挑战在任何特定辖区的养殖业中并不罕见。该书考察环境、健康、动物福利和一系列与农产品生产相关的"良好农业条件"的规定，对成本和竞争力的影响。

书名：《农业经营管理》
　　　Agribusiness Management
作者：Jay T. Akridge et al.
出版社：Routledge
出版时间：2012年7月

内容摘要：今天的食品和农业企业管理者在瞬息万变、极不稳定、国际化、技术含量高、以消费者为中心的世界中运作。编写新版的《农业经营管理》是为了帮助学生和管理人员在这个食品和纤维生产与销售的新世界里拥有一个成功的职业生涯。

《农业经营管理》使用四个具体的办法，以帮助读者们培养和提升他们作为农业企业管理者的能力。首先，该书提供了一个农业企业管理者现在和未来都有可能面临的当代焦点问题。具体而言，食品行业企业和大型农业企业在该书中受到更多的关注，这反映了这些企业作为用人单位对于食品和农业类毕业生越来越重要。其次，该书通过插图和案例的方式介绍概念性知识，这将帮助读者理解一个特定的概念如何在实践中运作。再次，书中有一个决策重点提供的现代化工具，在当今商业环境下做决策时读者会发现很有用。最后，农业经营管理提供了一系列相关的问题讨论和案例分析，这将使读者将所学知识与现实世界的情况相结合。

该书是当代坚实的基本面，兼具实践性和适用性，它为学生和成人学习者提供了基本的理解方法。

经济管理学科前沿研究报告

书名:《经济转型中的农业市场:阿尔巴尼亚案例研究》
Agricultural Markets in a Transitioning Economy: An Albanian Case Study
作者: Catherine Chan – Halbrendt
出版社: CABI
出版时间: 2012年4月

内容摘要: 美国国际开发署非常支持夏威夷大学马诺阿分校和地拉那农业大学建立富有成效的伙伴关系。农业对阿尔巴尼亚经济的未来至关重要。农业为阿尔巴尼亚近一半的劳动力提供了就业机会,并作为在经济不稳定时期一个稳定的缓冲。随着农业现代化,贸易惯例改进,产品出口质量和数量提升,农村居民收入增加,阿尔巴尼亚经济繁荣起来。

在过去的20年里,阿尔巴尼亚在改善农业质量和多样性方面取得了令人瞩目的进展。阿尔巴尼亚农民和生产者需要机会获得知识、最佳实践,学习如何进行区域性和全球性竞争是接下来面临的挑战。该书清楚地阐明了阿尔巴尼亚迄今为止所取得的成就,并用实用的学术研究和农业推广服务有力地论证了在阿尔巴尼亚进行持续投资的必要性。

农业经济学学科前沿研究报告

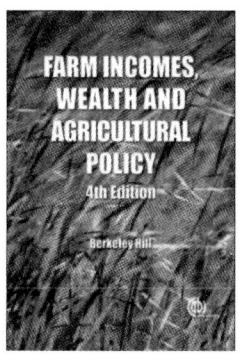

书名:《农场收入、财富和农业政策:共同农业政策核心信息鸿沟的补充》
Farm Incomes, Wealth and Agricultural Policy
作者: Berkeley Hill
出版社: CABI
出版时间: 2012 年 7 月

内容摘要: 共同农业政策(CAP)支持欧盟农业社区的收入长达半个世纪之久。尽管如此,跟踪农民及其家庭的经济福利正式制度仍然没有到位。该书验证了农户的总财富,并得出结论认为,几乎所有的成员国,可支配收入类似于或超过整体平均水平,那么它们一般不会是社会的贫穷成员。在这个更新版中,作者探讨了最新的证据,获得收集更好信息的建议,并且当我们进入 21 世纪的第二个十年时考虑共同农业政策的影响。该书适用于农业经济学及相关专业的研究人员和学生。

经济管理学科前沿研究报告

书名：《扶贫和粮食安全的可持续畜牧管理》
Sustainable Livestock Management for Poverty Alleviation and Food Security
作者：Katrien van't Hooft, ETC Foundation, Netherlands，Terry S. Wollen, Dilip P. Bhandari, Heifer International
出版社：CABI
出版时间：2012年2月

内容摘要：该书是在世界范围内小农混合耕作系统中支持牲畜业发展的学习指导。基于内生畜牧业发展（ELD）这一切实可行的方法，来理解和改善在多种农业和生态条件下的小农畜牧。为了农村和城市居民的共同利益，必须把农业和文化这两个方面相结合。世界范围内农村及城市贫困人口中约有70%依靠畜牧业为生。2/3的牲畜存在于发展中国家，而即使是在发达国家，农村和城市的贫困畜牧饲养者也有类似需求。在这种情况下，大多数小农户采取多目的、低投入的牲畜饲养方法。

今天所有的牲畜和作物农民，特别是那些生活在边远地区的农民，正面临着迅速变化着的社会经济和生态条件。这包括意外和经常性的干旱、洪水、极端温度和其他气候变化。社会变迁超过环境的影响，因为年轻劳动力外出务工，由大型企业单位取代小农拥有较大的生产经营规模。同时，由于不断增长的城市人口，畜牧产品及其副产品市场不断扩大。该书作者认为，农村和城市小农户牲畜饲养者改善动物健康和畜牧业是不容易实现的。很多时候，农民的多种需求往往不被捐助者和支持提供者所理解，传统的做法往往被忽视，正确的培训方法不被采纳。农民们通过培训获得的新知识往往不符合他们的实际，或者没有途径将所学知识付诸实践。人们普遍发现，短期课程和示范农场不是全部答案，所以往往不会造成持久的动物健康和生产的变化。

因此，培训从业者需要暂停一下，以便通过农民视角看待动物饲养。对之后的畜牧饲养者的基本畜牧业技能培训必须从这一角度出发，并将投入的类型以及（传统的）做法和创新考虑进去。提高可持续畜牧业的管理不仅是简单的动物育种杂交、提供饲料和住所以提高生产力。

书名：《农业、环境和资源经济学的数学规划》
Mathematical Programming for Agricultural, Environmental, and Resource Economics
作者：H. Kaiser, Kent D. Messer
出版社：John Wiley & Sons
出版时间：2012年

内容摘要：农业、环境和资源经济学的数学规划模型提供了一个全面的概述数学规划的模型，及其应用于现实世界以及农业、环境和资源经济学面临的重要问题。与大多数数学规划书不同的是，该书的重点是这些技术以及农业、环境和资源领域模型的应用。该书的三个基本目标是：①给读者提供一个背景，将数学规划技术应用到现实世界的政策和事业中来进行坚实的研究和分析。②给读者提供各式各样的数学规划应用于农业、环境和资源经济学各种领域重要问题的方法。③给读者提供坚实的基础来准备更高级、博士水平的、有关线性规划或非线性规划的书。尽管它是介绍性质的，但该书旨在强调将数学规划模型应用于现实世界的决策问题。一系列广泛的例子和案例研究表明各种规划技术可用于决策分析。

书名：《探讨食物的健康和环境成本：会议摘要》
Exploring Health and Environmental Costs of Food

作者：Leslie A. Pray, Laura Pillsbury, Maria Oria, Institute of Medicine (U.S.). Food and Nutrition Board, National Research Council (U.S.). Board on Agriculture and Natural Resources

出版社：National Academies Press

出版时间：2012 年

内容摘要：美国食品系统提供了很多好处，最重要的是一个安全、营养和一致的食品供应。然而，相同的体系也带来了明显的环境、公共卫生和其他成本，包括成本通常不被承认、不占食品的零售价格。包括温室气体的排放、水土流失、空气污染以及它们的环境后果、抗生素耐药性从食用动物转移到人类，以及其他人类健康结果，如食源性疾病和慢性疾病。一些外部成本也称外部效应所占方式不涉及食品价格的增加，但是很多并非如此，更好地理解外部成本将有助于决策者在生命周期的所有阶段扩大美国食品体系的好处。在美国疾病控制和预防中心（CDC）的支持下，医学研究所（IOM）和美国国家研究委员会（NRC）在 2012 年 4 月 22~23 日召开了公共研讨会，探索食物的外部成本以及这些成本的量化方法和量化方法的限制。研讨会的目的仅是为了信息收集。考虑到问题的复杂性和相关领域的专业知识，研讨会的演讲和讨论仅是当前知识的一小部分，绝不是全面的。

会议的一个主要目标是确定信息资源和方法论，来识别和估计与美国食品系统息息相关的环境和公共卫生的成本和收益。研讨会将提供后续共识的基础研究的主题和中心任务，即开发一个全面的框架研究计算美国食品系统的所有食品产品对环境和公共卫生的影响。会议总结提供了后续计划讨论的基础，涉及医学研究所和营养委员会成员以及与农业和自然资源有关的 NRC 董事会，来开发大规模所需专业知识的范围和领域。

第四章 农业经济学学科 2012 年大事记

第一节 国内大事记

［1］2012 年 2 月 1 日，《关于加快推进农业科技创新持续增强农产品供给保障能力的若干意见》发布。这是 21 世纪以来指导"三农"工作的第 9 个"中央一号文件"。"一号文件"突出强调部署农业科技创新。

［2］2012 年 4 月 21 日，由农业部、重庆市人民政府、中国农业科学院农业经济与政策顾问团共同主办，农业部产业政策与法规司、重庆市农业委员会、中国农业科学院农业经济与发展研究所共同承办的"2012 中国农村经济论坛"在重庆市召开。本次论坛提出了加强农业科技创新、加快现代农业建设、加大对种子产业的投入力度、扶持壮大新型经营主体、加快龙头企业科技创新、完善科技特派员为农村服务政策六项政策建议。

［3］2012 年 5 月 13 日，由中国现代化战略研究课题组和中科院中国现代化研究中心编写的《中国现代化报告 2012——农业现代化研究》对外发布。该报告系统分析了世界农业现代化的历史进程和中国农业现代化的发展，提出了中国农业现代化的路线图。

［4］2012 年 5 月 20~22 日，由浙江大学中国农村发展研究院（CARD）、浙江省农业厅、嘉兴学院联合举办的"2012 国际合作社年：农业合作社的国际趋势与中国实践"国际研讨会在浙江嘉兴召开。本次会议的宗旨是：探讨和研究当前国际合作社理论的新发展和实践的新变化，回顾和总结近年来中国农民专业合作社的发展历程，借鉴有关国家和地区的先进经验，为中国农民专业合作社进一步发展构架出适宜的思路。来自美国、荷兰、中国大陆和中国台湾等国家和地区知名学术机构与国内各级政府主管部门的 50 多位专家和学者以及一些优秀合作社的理事长代表，围绕合作社本质规定性及制度益贫性的嬗变、当前中国农民专业合作社的制度困境和提升思路以及中国农民专业合作社的发展经验与未来方向等问题，展开了深入研讨。

［5］2012 年 6 月 23 日，由中国留美经济学会与河南大学共同主办的"中国留美经济学会 2012 年国际学术研讨会"在开封召开。包括美国芝加哥大学赫克曼教授和美国西北

大学莫滕森教授两位诺贝尔经济学奖得主在内的 200 多位经济学专家会聚一堂，针对"跨越中等收入陷阱之中国发展"主题进行探讨。圆桌论坛分 6 个英文组、3 个中文组分别进行，就通货膨胀和人民币汇率、城市化和土地、农村和农业、环境和增长等议题展开研讨。

[6] 2012 年 7 月 16～17 日，由中国农业经济学会、国务院学位委员会农林经济管理学科评议组、教育部高等学校农林经济管理类教学指导委员会主办，广西大学商学院、广西农业经济学会承办的"2012 年全国中青年农业经济学者学术年会暨全国高等院校农林经济管理学科院长（系主任）联谊会"在广西南宁召开。来自中国人民大学、中国农业大学、南京农业大学、华中农业大学、华南农业大学等高校与科研单位的 300 多位农业经济领域的专家学者参加会议。研讨会围绕中国农业现代化与农业科技创新的主题展开，内容涉及农业现代化建设与"三化同步"、农业科技创新与农产品供给保障能力、农产品流通与农产品价格、优势农业与农业产业化、农业投入与农业基础设施建设、惠农强农富农政策及"三农"发展形势与趋势等一系列热点和难点问题。

[7] 2012 年 7 月 16～20 日，由中国自然资源学会土地资源研究专业委员会、中国地理学会农业地理与乡村发展专业委员会主办，贵州师范大学中国南方喀斯特研究院和贵州省地理学会承办的"2012 年中国农村土地整治与城乡协调发展学术研讨会"在贵阳市隆重召开。来自全国 20 多个省（市、自治区）的代表共 150 余人参会，大会交流论文 105 篇。来自全国各地的 40 余位专家学者做了大会学术报告，其中佘之祥、蔡运龙、刘彦随、熊康宁 4 位知名专家和学者分别做了题为"城市化与农村土地问题"、"农业与农村的多功能性"、"统筹城乡发展与土地整治方略"、"喀斯特高原石漠化综合治理模式与技术集成"的大会主题报告。大会还设立了两个分会场，与会代表紧紧围绕快速工业化、城镇化发展背景下，我国农村土地整治与城乡协调发展的热点、焦点和关键问题，展开了广泛的交流和讨论。

[8] 2012 年 8 月 18 日，中国国外农业经济研究会第六届会员代表大会暨学术研讨会在北京召开。在本次研讨会上，针对当前世界粮食情况和中国的应对措施、日本农业发展新动向、中非农产品贸易和农业合作及农业部近年来成立的国际农业研究体系工作进展等主题做了时效性强、涉及面广、信息量大的学术报告。此外，就世界粮食安全问题、中国粮食进口对世界粮食安全的影响、2012 年美国农业补贴政策改革的进展和特点、中美产业关联和波及效应比较、基于农业产业链的农业融资新模式以及相关的最新研究成果做了报告。

[9] 2012 年 8 月 20～23 日，由中国技术经济学会农业技术经济分会主办、内蒙古农牧业科学院农村牧区政策研究所承办的"中国技术经济学会农业技术经济分会 2012 年年会"在呼和浩特市召开。会议的主题是科技进步与我国农牧业发展，主要围绕农业科技进步贡献率的测算与分析、农业技术效率、现代农业科技支撑体系研究与科技创新的宏微观政策、农牧业未来发展四个方面展开研讨。来自全国 20 个省（市、自治区）农科院及高校农业技术经济领域的专家学者 80 余人出席会议。

农业经济学学科前沿研究报告

[10] 2012年9月1~2日,"中国农业经济学会第九次会员代表大会暨2012年学术研讨会"在天津召开。研讨会围绕"现代农业发展与体制机制创新"的主题展开,与会代表重点围绕体制机制创新、农业发展阶段性特征、农业经营主体变迁、农业科技支撑等方面的内容进行了深入交流。来自中央相关单位和各省(市、自治区)的会员代表和优秀论文作者共160多人参加了本次会议。此外,第九次会员代表大会选举产生了中国农业经济学会第九届理事会,尹成杰为第九届理事会会长,秦富、黄季焜等15人为副会长。

[11] 2012年9月19~21日,由四川大学南亚研究所和美国华盛顿大学杰克逊国际关系学院联合主办,四川大学南亚研究所承办的"中印城乡发展"国际学术研讨会在四川大学隆重召开。会议认为,中印同时崛起是当前国际格局的突出特征,中印的发展和比较成为世界各国广泛瞩目的重要话题。中印是全球排名前两位的人口大国,城市化进程正加速推进,两国千百万城乡人民的生活将因此而改变。因此,对中印两国城乡发展进行研讨对于两国、亚太地区,乃至全世界,都具有极为突出的现实意义和学术价值。会议分三个专场,围绕中印比较的宏观背景、中印城市化与发展规划、中印农村公共卫生政策、文化交流与中印关系等话题展开了深入探讨,取得了圆满成功。

[12] 2012年10月13~15日,第十届长三角研究生"三农"论坛在南京农业大学召开。本次论坛是南京农业大学、国际食品政策研究所和德国哥廷根大学联合主办的"全球化时代中国农业的发展与变迁国际学术研讨会"的重要组成部分。

论坛共设"劳动力转移与收入差距"、"农村制度变迁"、"农业科技进步、农产品市场与消费"三个专题。"劳动力转移和收入差距"专题主要探讨农村劳动力转移对生产、收入等的影响;"农村制度变迁"专题主要关注制度变迁与农业增长和农村发展的关系;"农业科技进步、农产品市场与消费"专题主要关注科技进步与农业生产、农产品价格波动以及消费等方面。

[13] 2012年10月13~15日,由西南财经大学与莫斯科罗蒙诺索夫国立大学共同主办,中国世界经济学会和中国留美经济学会协办的"2012全球化进程国际学术大会暨全球化战略中国新思维高峰论坛"在西南财经大学召开。根据"全球化进程——现状、矛盾与前景"这一主题,大会设置了18个专题分会场。学者们围绕各专题展开了热烈的讨论,探讨全球化特别是经济全球化进程中的重点与热点问题,展示当前经济学界在相关领域的最新研究成果。本次大会会集了国内外众多优秀专家学者,促进了我国学术研究与国际前沿接轨,影响范围广、学术水平高、社会意义大,对经济全球化进程研究起到了重要的推动作用,也为世界各国在全球化进程中的和谐可持续发展提供了思路。

[14] 2012年10月20~21日,"快速城乡转型发展背景下的中国土地利用问题与政策国际研讨会"在北京召开。本次会议围绕"快速转型发展期中国的土地利用问题与政策"这一主题,从国际视野、面向国家战略层面深入研讨了中国土地利用问题与政策的研究方法、理论进展与决策实践。会议收到学术论文和摘要115篇,内容涵盖了本次研讨会原定的所有议题:①中国土地利用问题、战略与政策;②中国土地利用模式的区域差异;③中国土地利用政策改革;④中国城乡转型发展及其对土地利用变化的影响;⑤中国

城乡土地综合整治与配置；⑥中国城市扩张与耕地保护的政策措施；⑦中国区域土地利用变化及其后果的政策启示。

[15] 2012年10月20~21日，由西北农林科技大学主办的"中国（杨凌）现代农业发展高峰会议暨发展模式研讨会"（"杨凌会议"）在杨凌召开。本次会议就发展现代农业生产和制度创新等问题，结合全国各地发展现代农业的不同模式，进行了深入的研讨和总结。通过有关典型县市发展现代农业的经验交流，实现了和与会专家的理论交流和相互借鉴。

[16] 2012年11月1日，农业部农村经济研究中心召开2012年农村经济形势分析与展望会，并发布《2012年中国农村政策执行报告》。报告介绍了当前我国农业农村经济总体形势及当前农村主要政策措施的执行情况，报告还分析了当前农业农村发展呈现出的一些新趋势和新特点，并针对此提出了相应的政策建议。

[17] 2012年11月8日，中国共产党第十八次全国代表大会在北京召开。中共十八大报告中强调，解决好农业农村农民问题是全党工作的重中之重，城乡发展一体化是解决"三农"问题的根本途径。要加大统筹城乡发展力度，促进城乡共同繁荣。加大强农、惠农、富农政策力度，让广大农民平等参与现代化进程、共同分享现代化成果。加快发展现代农业，增强农业综合生产能力，确保国家粮食安全和重要农产品的有效供给。深入推进新农村建设和扶贫开发，全面改善农村生产生活条件。着力促进农民增收，保持农民收入持续较快增长。坚持和完善农村基本经营制度，构建集约化、专业化、组织化、社会化相结合的新型农业经营体系。改革征地制度，提高农民在土地增值收益中的分配比例。加快完善城乡发展一体化体制机制，促进城乡要素平等交换和公共资源均衡配置，形成以工促农、以城带乡、工农互惠、城乡一体的新型工农、城乡关系。

[18] 2012年11月16日，由辽宁大学、北京市社会科学界联合会、经济科学出版社、中国经济发展研究会联合主办，辽宁大学经济学院、中国人民大学中国民营企业研究中心、澳门社会经济发展研究中心承办的"第四届中国经济学前沿论坛"在中国人民大学隆重举行。专家学者们就中共十八大提出的经济结构战略性调整的两个重点，即"促进区域协调发展、推进城镇化"，分别从经济增长、金融、区域、产业、企业等视角进行了多层面的深入研讨。来自国家发改委、中国社会科学院金融所、中国人民大学、辽宁大学、北京市社会科学界联合会、经济科学出版社、中国经济发展研究会等单位的领导、专家学者等共120余人参加了会议。

[19] 2012年11月24日，由广州大学与中国自然资源学会联合主办的"中国自然资源学会2012年学术年会"在广州召开。会议围绕"建设资源节约与环境友好社会，促进经济转型与资源科学发展"的主题展开。专家学者分别对中国水资源供需平衡发展趋势的可能前景进行了深入分析；或以"生态文明建设：系统理解、科学规划、制度创新、有序推进"为主题，阐述生态文明建设的具体内涵；或在报告中讲述中国耕地资源动态变化及其对粮食安全的影响。随后的分会场报告内容涉及土地、农业资源利用，水利改革与管理，干旱半干旱区和滨海湿地的开发保护，循环经济和资源战略等多个方面。

[20] 2012年11月28日，国务院常务会议讨论通过了土地管理法修正案草案，删除了现行法中按照被征收土地的原用途给予补偿，以及土地补偿费和安置补助费的总和不得超过土地被征收前3年平均年产值的30倍的内容，规定应公平补偿。

[21] 2012年11月30日，"2012第二届中国县域现代农业发展高层会议暨北京国际农业科技交流会"在中国农业大学召开。本次会议以"农业发展·国际合作·县域交流·科技创新"为主题，通过国际农业科技交流、特邀农业专家专题报告、特邀嘉宾论坛、县域农业专题研讨会、农业园区考察、产品展示等多种形式，围绕现代农业发展、县域农业交流、国际农业合作、品牌农业展示等农业发展热点问题，从农业政策、农业科技、农业发展等不同角度进行了交流和探讨。

[22] 2012年12月18日，全国发展和改革工作会议在北京召开。时任国家发改委主任张平在会上做报告，提出2013年要全面贯彻落实中共十八大和中央经济工作会议的总体部署和要求，准确把握宏观政策取向和经济工作主要任务，统筹兼顾，突出重点，着力解决制约持续健康发展的重大结构问题，重点做好九方面工作。其中第二条就是切实做好"三农"工作，要把解决好"三农"问题作为各项工作的重中之重，继续落实和完善各项强农、惠农、富农政策，保持农业农村发展和农民增收的好势头。继续实施全国新增千亿斤粮食生产能力规划，保障主要农产品稳定生产。加强农业农村基础设施建设，大力开展农田水利建设，加快大型灌区改造与建设等重点工程，抓好薄弱环节建设。进一步提高小麦、稻谷最低收购价，稳步提高种粮直补水平和良种补贴标准，发展农村二、三产业特别是农产品加工业，促进农民转移就业和持续增收。

[23] 2012年12月14日，由全国农林高校社科管理协作组主办、西北农林科技大学承办的"第三届全国农林高校哲学社会科学发展论坛"在西北农林科技大学举行。

本次论坛的主题为"推动农林高校哲学社会科学理论创新、人才培养与服务社会"，与会人员围绕"农林经济管理"、"社会学及哲学"、"高校哲学社会科学管理"三个主题进行了分组报告及讨论。共同探讨了农林高校哲学社会科学研究如何提高科研创新能力，为国家和地方经济社会发展服务；建设具有农林高校特色的哲学社会科学创新体系，推进协同创新，全面推进农林高校哲学社会科学繁荣发展。

[24] 2012年12月15～16日，由华南农业大学经济管理学院和《中国农村经济》杂志社联合主办、中国农业产业发展研究中心承办的"中国农村基本经营制度学术研讨会"在华南农业大学举行。与会者围绕中国农村基本经营制度的制度背景、决定因素、存在缺陷以及完善和创新路径等方面进行了深入的研讨。

[25] 2012年12月21～22日，中央农村工作会议在北京召开。会议认真贯彻中共十八大精神，系统总结2012年和过去10年农业农村发展成就，深刻分析"三农"工作面临的新形势和新挑战，重点研究加快发展现代农业，进一步增强农村发展活力，全面部署当前和今后一个时期的农业农村工作。会议指出，2013年农业农村工作的目标任务是"保供增收惠民生、改革创新添活力"。

会议提出，2013年要扎实做好以下工作：①继续抓好农业生产，稳定发展粮食等重要农产品生产，加强以农田水利为重点的农业基础设施建设，强化农业科技支撑，发挥市场对农业生产的带动作用。②继续发展农村公共事业，加强农村基础设施建设和农村社会事业发展。③继续深化农村改革，积极创新农业生产经营体制，稳步推进集体产权制度改革，加快推进其他各项改革。④继续加强和创新农村社会管理。强化以党组织为核心的农村基层组织建设，强化农村基层民主管理，强化农村社会公共安全保障。会议还强调，要"守住一条底线"，即充分保障农民土地承包经营权，不能限制或者强制农民流转承包土地。国土资源部副部长王世元说，今后要进一步明确土地承包经营权的物权性质，将土地要素与产业资本、农业企业有效地联系起来；进一步完善农村集体土地使用权能，探索农村集体建设用地有偿使用制度，显化土地资产价值。

[26] 2012年12月21～22日，全国农业工作会议在北京召开。会议深入贯彻落实中共十八大及中央经济工作会议、中央农村工作会议精神，总结2012年农业农村经济工作，研究加快建设现代农业、增强农业农村经济发展活力的思路和措施，交流工作经验，部署2013年重点工作。农业部部长韩长赋强调，各级农业部门要以中共十八大精神为指导，深入研究新形势、新挑战，准确把握新要求、新任务，解放思想、改革创新，求真务实、扎实工作，全力推进现代农业和社会主义新农村建设，不断开创农业农村经济工作新局面。

第二节　国外大事记

[1] 2012年2月7～10日，第56届澳大利亚农业与资源经济学会年会（56th AARES Conference）在澳大利亚的弗里曼特尔（Fremantle，WA）举行。会方主办了两场会前研讨会，分别就环境和自然资源政策中的交易费用、全球粮食价格波动等议题进行了讨论。大会邀请了加州大学戴维斯分校农经系教授Julian Alston，墨尔本大学经济学教授John Freebairn，萨斯喀彻温大学生物资源政策、商业和经济系主任Richard S. Gray，澳大利亚宏观经济部执行董事David Gruen，美国明尼苏达大学应用经济学系教授Robert King，2001年世界粮食奖获得者Per Pinstrup-Andersen教授，昆士兰大学经济与政治学院教授John Quiggin做出精彩报告，并设有多场小型专题讨论会，有300多名来自世界各地的代表参会。Jeff Davis和Jack Sinden获得2012年度澳大利亚农经学会杰出会员奖（AARES Distinguished Fellow）。澳大利亚农经学会杰出会员奖的设立是为了表彰那些在研究、教学、推广、管理、商业或公共服务方面为农业和资源经济学做出杰出贡献的人。2012年，这一奖项颁发给了在农业经济评价方面有杰出贡献的Jeff Davis教授以及在教学及著作方面有突出贡献的Jack Sinden。

[2] 2012年6月17～19日，2012年加拿大农业经济学年会（The CAES 2012 Annual Meeting）在安大略省（Niagara Falls，Ontario）举行。年会举行期间，同时举办了加拿大

年度商务会议（Annual Business Meeting）和加拿大农业经济学会常务会议（Executive Council Meeting）。本次年会的议题主要包括农业、食品和自然资源经济学。会议邀请了 Maple Leaf Foods Inc 前任副总裁 Ted Bilyea，麦克唐纳—劳里埃研究所主管 Brian Lee Crowley，圭尔夫大学教授 John Cranfield；加拿大农业经济学会资深会员 Lars Brink 等做大会报告。6 月 17 日下午，在欢迎致辞当中，Ted Bilyea 发表了题为"加拿大农业食品政策研究：计算机辅助的新方法"的主题演讲，Brian Lee Crowley 发表了题为"加拿大：世界粮食大国？"的主题演讲。6 月 18 日上午，在加拿大年度商务会议（Annual Business Meeting）中，John Cranfield 发表了题为"加拿大食品市场不断变化的景象：民族和民族食品市场"的报告，Lars Brink 发表了题为"促进农业经济研究与政策建议之间联系"的报告。除此以外，本次年会还举行了 28 场分会场讨论。

[3] 2012 年 6 月 20 ~ 22 日，2012 年西部农业经济学年会（2012 WAEA Annual Meeting）在犹他州帕克城（Park City，Utah）举行。2012 年 6 月 21 日，2011 年西部农业经济学会主席 Russell Tronstad 向与会者发表欢迎致辞；美国科罗拉多州立大学教授 Greg Perry 发表了题为"论文出版选择：对期刊影响因子或得分的几点思考"的主旨报告；怀俄明州大学（University of Wyoming）教授发表了题为"环境行为经济学：在美国西部存在的问题"的主题演讲。6 月 21 日和 6 月 22 日两天共举行了 20 多场学术研讨会（Organized Symposium）和分会场讨论（Concurrent Meeting），议题包括探索 Agribusiness Capstone Courses 的教学外延与边界、国家生物和农业防御设施的 SITE 特异性生物安全和生物安全风险评估、气候科学实证方法的发展和西部水资源的稀缺性等。

[4] 2012 年 8 月 12 ~ 14 日，美国农业与应用经济学年会（AAEA Annual Meeting）在美国西雅图（Seattle，US）举行。美国农业与应用经济学（AAEA）年会是国际农业经济学、应用经济学领域顶级的学术会议，每年召开 1 次。会议期间会有上千位国际著名专家学者研讨农经领域最前沿的研究方法，以及互相分享最新的研究成果。此次年会邀请了多位农经领域的知名学者进行全体大会发言，如谷歌公司首席经济学家兼加利福尼亚大学伯克利分校荣誉教授 Hal R. Varian，国际粮食政策研究所高级研究员 Laurian Unnevehr，加利福尼亚大学戴维斯分校的 Richard J. Sexton 教授和麻省理工学院的 Daron Acemoglu 教授，发言内容涉及经济发展对粮食安全和健康的影响、现代农业市场的作用等多个主题。年会下设多个分会场，涉及农业企业经济管理、应用风险分析、粮食安全与农产品市场营销政策等多个农经研究领域。Joseph W. Glauber、Helen H. Jensen、Ron Mittelhammer 及 Johan Swinnen 获得 2012 年度美国农经协会终身成就奖（AAEA Fellows）。AAEA 终身成就奖是 AAEA 协会授予的最高荣誉，该奖项授予为农业经济学或者农业应用经济学做出持久杰出贡献的学者。2012 年该奖项一共颁发给 4 位学者，分别是：为联邦政府工作 30 余年、为政府提供大量政策建议的美国农业部首席经济学家 Joseph W. Glauber；在粮食消费、粮食安全政策、营养与健康等领域有杰出贡献的爱荷华州立大学教授 Helen H. Jensen；曾在多个顶尖期刊发表计量经济学理论发展论文的华盛顿州立大学终身教授 Ron Mittelhammer；在学术研究、教育培训及全球性农业政策指导方面均有杰出贡献的美国学者 Johan Swin-

nen。由北卡罗来纳州立大学的 Charles R. Knoeber 和 Walter N. Thurman 合著的论文"Testing the Theory of Tournaments: An Empirical Analysis of Broiler Production"获得2012年度 AAEA 优秀论文奖(Publication of Enduring Quality Award)。

[5] 2012年8月18～24日,第28届国际农业经济学家(IAAE)大会(28th International Conference of Agricultural Economics)在巴西的伊瓜苏市举行,主题为"生物经济全球化"(The Global Bio-economy)。国际农业经济学家协会(IAAE)是由全球农业经济学专家及农业经济相关研究领域专家组成的国际性学术团体。IAAE 每三年举办一届国际农业经济学家(IAAE)大会(IAAE Triennial Conference),世界各地的上千名学者、政府官员和国际机构代表将受邀参加这场国际农经学界的学术盛会,会议设置了全体大会(Plenary Sessions)、特邀专题(Invited Panels)、投稿论文(Paper)、专题研讨会(Organized Symposia)等多种研讨形式。本届大会以生物经济为主题,集中讨论了当前宏观形势下全球生物经济的整合趋势和面临的诸多挑战。与此同时,全球粮食短缺与饥荒、自然资源的可持续开发与管理等经典问题仍是与会人员的重要议题。David Colman, Keijiro Otsuka, Nick Vink, Malcolm Wegener 获得2012年度国际农业经济学家协会(IAAE)的终身荣誉会员奖(Honorary Life Memebers)。IAAE 大会每三年举办一次,IAAE "终身荣誉会员奖"自1973年设立以来,全球仅有63位学者获此殊荣。2012年该奖项一共颁发给4位学者,分别是:在农业贸易条件等研究方向做出杰出贡献的国际农业经济学家协会(IAAE)主席、曼彻斯特大学农业经济学名誉教授兼西北农场企业调查主任 David Colman;著有《土地权属与自然资源管理:土地资源的比较研究》等文章的日本国际发展基金会(Foundation for Advanced Studies on International Development)研究员 Keijiro Otsuka;南非斯坦陵布什大学(University of Stellenbosch)农业经济学院院长、曾任南非发展银行政策分析研究员的 Nick Vink;在澳洲农业发展影响因素、高新技术应用及畜牧业、甘蔗糖产业等领域均有较为突出成果的澳大利亚昆士兰大学教授 Malcolm Wegener。

第五章 农业经济学学科 2012年文献索引

第一节 中文文献索引

[1] 毕红霞,薛兴利,李升. 论农村最低生活保障财政支持的适度性与政策优化[J]. 农业经济问题, 2012, 01: 29-36, 110-111.

[2] 蔡晶晶. 乡村水利合作困境的制度分析——以福建省吉龙村农民用水户协会为例[J]. 农业经济问题, 2012, 12: 44-52, 110-111.

[3] 蔡荣,韩洪云. 农户参与合作社的行为决策及其影响因素分析——以山东省苹果种植户为例[J]. 中国农村观察, 2012, 05: 32-40, 95.

[4] 曹阳. 俄罗斯加入WTO对中俄贸易的影响及对策[J]. 东北亚论坛, 2012, 06: 27-32.

[5] 曾文革,陈晓芳. 构建中日韩自贸区农产品市场准入谈判分析[J]. 东北亚论坛, 2012, 01: 12-19.

[6] 陈东平,周振. 组织场域对新型农村合作金融机构支农绩效的影响——以盐城市试点为例的实证研究[J]. 农业经济问题, 2012, 02: 50-56.

[7] 陈琼,吕新业,王济民. 我国禽肉消费及影响因素分析[J]. 农业技术经济, 2012: 20-28.

[8] 陈帅,张海鹏. 金融危机对中国农村劳动力非农就业的冲击——基于面板双重倍差模型的实证分析[J]. 中国农村经济, 2012, 08: 28-37, 45.

[9] 陈卫洪,漆雁斌. 土地利用形式对发展低碳农业的影响分析[J]. 农业技术经济, 2012, 05: 86-96.

[10] 陈勇兵,蒋灵多,曹亮. 中国农产品出口持续时间及其影响因素分析[J]. 农业经济问题, 2012, 11: 7-15, 110.

[11] 程国强. 中国农业对外开放:影响、启示与战略选择[J]. 中国农村经济, 2012, 03: 4-13, 43.

[12] 程令国,张晔. 新农合:经济绩效还是健康绩效?[J]. 经济研究, 2012, 01:

120-133.

[13] 褚彩虹,冯淑怡,张蔚文.农户采用环境友好型农业技术行为的实证分析——以有机肥与测土配方施肥技术为例[J].中国农村经济,2012,03:68-77.

[14] 丁志国,徐德财,赵晶.农村金融有效促进了我国农村经济发展吗[J].农业经济问题,2012,09:50-57,111.

[15] 董晓林,徐虹,易俊.中国农村资金互助社的社员利益倾向:判断、影响与解释[J].中国农村经济,2012,10:69-77.

[16] 董晓林,徐虹.我国农村金融排斥影响因素的实证分析——基于县域金融机构网点分布的视角[J].金融研究,2012,09:115-126.

[17] 董银果,姜盼.中国农产品出口遭遇 SPS 措施的原因探析[J].国际贸易问题,2012,11:145-155.

[18] 杜鹏.消费者绿色食品支付意愿研究:顾客体验视角[J].农业经济问题,2012,33:98-103,112.

[19] 范黎波,马聪聪,马晓婕.多元化、政府补贴与农业企业绩效——基于 A 股农业上市企业的实证研究[J].农业经济问题,2012,11:83-90,112.

[20] 扶玉枝,黄祖辉.营销合作社分类型效率考察:理论框架与实证分析[J].中国农村观察,2012,05:21-31,94-95.

[21] 高云峰,王子键.西部地区农业信贷投入的产出效应及其比较研究[J].农业技术经济,2012,09:35-42.

[22] 宫同瑶,辛贤,潘文卿.贸易壁垒变动对中国—东盟农产品贸易的影响——基于边境效应的测算及分解[J].中国农村经济,2012,02:64-74.

[23] 顾宁,范振宇.农户信贷需求结构分析[J].农业经济问题,2012,08:73-78.

[24] 关锐捷.构建新型农业社会化服务体系初探[J].农业经济问题,2012,04:4-10,110.

[25] 郭慧慧,何树全.中国农业贸易关系生存分析[J].世界经济研究,2012,02:51-56.

[26] 郭建宇,吴国宝.基于不同指标及权重选择的多维贫困测量——以山西省贫困县为例[J].中国农村经济,2012:12-20.

[27] 郭晓鸣,廖祖君.中国城郊农村新型城市化模式探析——来自成都市温江区的个案[J].中国农村经济,2012:40-47.

[28] 郭云南,姚洋,Jeremy Foltz.宗族网络、农村金融与平滑消费:来自中国 11 省 77 村的经验[J].中国农村观察,2012,01:32-45.

[29] 海力且木·斯依提,朱美玲,蒋志清.草地禁牧政策实施中存在的问题与对策建议——以新疆为例[J].农业经济问题,2012,03:105-109.

[30] 韩洪云,喻永红.退耕还林的环境价值及政策可持续性——以重庆万州为例[J].中国农村经济,2012,11:44-55.

［31］韩立岩，杜春越．收入差距、借贷水平与居民消费的地区及城乡差异［J］．经济研究，2012，S1：15-27.

［32］郝朝艳，平新乔，张海洋，梁爽．农户的创业选择及其影响因素——来自"农村金融调查"的证据［J］．中国农村经济，2012，04：57-65，95.

［33］何敏，田维明，Andrew Cassey．中日韩农产品出口贸易技术结构及演变——基于出口复杂度的实证研究［J］．农业技术经济，2012，05：104-113.

［34］洪大用．经济增长、环境保护与生态现代化——以环境社会学为视角［J］．中国社会科学，2012，09：82-99，207.

［35］洪自同，郑金贵．农业机械购置补贴政策对农户粮食生产行为的影响——基于福建的实证分析［J］．农业技术经济，2012，11：41-48.

［36］胡枫，陈玉宇．社会网络与农户借贷行为——来自中国家庭动态跟踪调查（CFPS）的证据［J］．金融研究，2012，12：178-192.

［37］胡士华，武晨笛，许静林．基于贷款监督技术的农户融资机制研究［J］．农业技术经济，2012，11：10-18.

［38］胡艺，沈铭辉．中韩贸易20年：回顾与展望［J］．东北亚论坛，2012，05：72-79.

［39］胡颖廉．基于外部信号理论的食品生产经营者行为影响因素研究［J］．农业经济问题，2012，33：84-89.

［40］黄春全，司伟．中国与印度农产品贸易的动态与前景分析［J］．国际经贸探索，2012，07：15-26.

［41］黄宏伟，展进涛．收入水平、成员结构与农户新农保参加行为——基于全国30省（区、市）4748户农户数据的实证分析［J］．中国农村经济，2012（12）．

［42］黄季焜，杨军，仇焕广．新时期国家粮食安全战略和政策的思考［J］．农业经济问题，2012，03：4-8.

［43］黄武，黄宏伟，朱文家．农户秸秆处理行为的实证分析——以江苏省为例［J］．中国农村观察，2012，04：37-43，69，93.

［44］黄延信，李伟毅．城乡统筹背景下的农村金融改革创新——重庆市的实践与启示［J］．农业经济问题，2012（5）．

［45］黄应绘．西部地区城乡居民收入差距的重新估计——基于经济收入与社会收入并重的视角［J］．农业经济问题，2012，33：35-43，110-111.

［46］黄祖辉，高钰玲．农民专业合作社服务功能的实现程度及其影响因素［J］．中国农村经济，2012，07：4-16.

［47］贾伟，屈四喜．中国各省份—东盟农产品贸易增长的实证分析［J］．中国农村经济，2012，03：25-34.

［48］蒋含明，李非．ECFA对两岸经济的影响效果评估——基于GTAP模型的模拟分析［J］．国际贸易问题，2012，08：22-28.

[49] 黎翠梅,曹建珍.中国农村金融效率区域差异的动态分析与综合评价[J].农业技术经济,2012,03:4-12.

[50] 李爱喜.农户金融合作行为的影响因素研究[J].农业技术经济,2012,11:19-28.

[51] 李红,常春华.奶牛养殖户质量安全行为的影响因素分析——基于内蒙古的调查[J].农业技术经济,2012:73-79.

[52] 李剑,黄蕾,杨程丽.基于Logistic模型下农民专业合作经济组织社员退出意愿的影响因素分析——以江西省为例[J].农业技术经济,2012,07:111-118.

[53] 李立清.农户持续参加新型农村合作医疗稳定性的实证分析——基于全国五省2207个农户的数据[J].中国农村经济,2012,12:49-61,92.

[54] 李鹏,张俊飚,丁玉梅,李树明.农业生产废弃物循环利用的产业联动绩效及影响因素的实证研究——以废弃物基质化产业为例[J].中国农村经济,2012,11:69-77.

[55] 李作稳,黄季焜,贾相平,栾昊,项诚.小额信贷对贫困地区农户畜禽养殖业的影响[J].农业技术经济,2012,11:4-9.

[56] 连英祺.我国农田水利建设的融资方式选择研究[J].农业经济问题,2012,01:88-92.

[57] 梁静雅,王修华,杨刚.农村金融增量改革实施效果研究[J].农业经济问题,2012,03:22-28,110.

[58] 林乐芬,金媛.征地补偿政策效应影响因素分析——基于江苏省镇江市40个村1703户农户调查数据[J].中国农村经济,2012,06:20-30.

[59] 林闽钢,张瑞利.农村贫困家庭代际传递研究——基于CHNS数据的分析[J].农业技术经济,2012:29-35.

[60] 刘洪秀,庄天慧.西南民族贫困地区农户防灾减灾认知及其行为的影响研究——基于36个村665户农户的调查[J].农业经济问题,2012,33:67-72,111.

[61] 刘生龙,李军.健康、劳动参与及中国农村老年贫困[J].中国农村经济,2012,01:56-68.

[62] 刘西川.村级发展互助资金的目标瞄准、还款机制及供给成本——以四川省小金县四个样本村为例[J].农业经济问题,2012,08:65-72,111.

[63] 刘晓梅,刘波.差异与整合:新农合改革政策分析[J].农业经济问题,2012,06:26-34.

[64] 刘艺卓.欧韩自贸协定实施对中国农产品贸易的影响[J].农业经济问题,2012,02:65-69,111-112.

[65] 刘莹,王凤.农户生活垃圾处置方式的实证分析[J].中国农村经济,2012,03:88-96.

[66] 刘祚祥,黄权国.信息生产能力、农业保险与农村金融市场的信贷配给——基

于修正的 S-W 模型的实证分析 [J]. 中国农村经济, 2012, 05: 53-64.

[67] 鲁钊阳, 冉光和, 王建洪, 孟坤. 城乡金融发展非均等化的形成机理及对策——基于自组织理论的分析 [J]. 管理世界, 2012, 03: 172-173.

[68] 罗必良, 何应龙, 汪沙, 尤娜莉. 土地承包经营权: 农户退出意愿及其影响因素分析——基于广东省的农户问卷 [J]. 中国农村经济, 2012, 06: 4-19.

[69] 罗必良, 汪沙, 李尚蒲. 交易费用、农户认知与农地流转——来自广东省的农户问卷调查 [J]. 农业技术经济, 2012, 01: 11-21.

[70] 罗楚亮. 经济增长、收入差距与农村贫困 [J]. 经济研究, 2012, 47: 15-27.

[71] 吕宏芬, 俞涔. 中国与巴西双边贸易的竞争性与互补性研究 [J]. 国际贸易问题, 2012, 02: 56-64.

[72] 吕开宇, 张雪梅, 邢鹂. 不同收入等级农村居民粮食消费的演变——基于住户收入分布函数的模拟分析 [J]. 农业经济问题, 2012, 33: 44-48, 111.

[73] 吕新业, 胡非凡. 2020 年我国粮食供需预测分析 [J]. 农业经济问题, 2012, 33: 11-18, 110.

[74] 马铃, 万广华. 为什么贫困农户种植业收入低下 [J]. 农业技术经济, 2012: 4-13.

[75] 马晓青, 刘莉亚, 胡乃红, 王照飞. 信贷需求与融资渠道偏好影响因素的实证分析 [J]. 中国农村经济, 2012, 05: 65-76, 84.

[76] 茆晓颖. 农村小额贷款公司可持续发展研究 [J]. 农业经济问题, 2012, 09: 57-63.

[77] 米运生, 邹海英. 农业相对脆弱性与金融危机对伙伴国农产品贸易的非对称性冲击 [J]. 农业技术经济, 2012, 02: 28-38.

[78] 苗艳青, 杨振波, 周和宇. 农村居民环境卫生改善支付意愿及影响因素研究——以改厕为例 [J]. 管理世界, 2012, 09: 89-99.

[79] 倪国华, 郑风田. 粮食安全背景下的生态安全与食品安全 [J]. 中国农村观察, 2012: 52-58, 94.

[80] 彭超, 潘苏文, 段志煌. 美国农业补贴政策改革的趋势: 2012 年美国农业法案动向、诱因及其影响 [J]. 农业经济问题, 2012, 11: 104-109, 112.

[81] 齐良书, 赵俊超. 营养干预与贫困地区寄宿生人力资本发展——基于对照实验项目的研究 [J]. 管理世界, 2012, 02: 52-61, 72.

[82] 钱克明. 我国主要农产品供求形势与市场调控的对策建议 [J]. 农业经济问题, 2012, 01: 11-14.

[83] 秦立建, 陈波, 蒋中一. 我国城市化征地对农民健康的影响 [J]. 管理世界, 2012, 09: 82-88.

[84] 秦立建, 秦雪征, 蒋中一. 健康对农民工外出务工劳动供给时间的影响 [J]. 中国农村经济, 2012, 08: 38-45.

［85］屈四喜，贾伟. CAFTA 对中国各省份向东盟出口农产品的影响［J］. 农业经济问题，2012，02：70-74.

［86］渠慎宁，吴利学，夏杰长. 中国居民消费价格波动：价格粘性、定价模式及其政策含义［J］. 经济研究，2012，47：88-102.

［87］曲峻岭. 借鉴国外经验提高我国食品安全监管水平［J］. 农业经济问题，2012，33：107-109.

［88］曲玮，涂勤，牛叔文，胡苗. 自然地理环境的贫困效应检验——自然地理条件对农村贫困影响的实证分析［J］. 中国农村经济，2012：21-34.

［89］曲延春. 农村公共产品供给中的政府责任担当：基于扩大内需视角［J］. 农业经济问题，2012，33：63-69，111.

［90］任智慧，刘俊盈. 区域性畜牧业发展政策若干问题思考［J］. 农业经济问题，2012，08：26-32.

［91］沈贵银. 农业发展的长期性趋势与支持政策的适应性调整［J］. 农业经济问题，2012，10：7-10.

［92］沈国兵. 显性比较优势与美国对中国产品反倾销的贸易效应［J］. 世界经济，2012，12：62-82.

［93］师荣蓉，徐璋勇. 农村信用社成本效率及其影响因素研究——来自陕西省81个区县的统计数据［J］. 农业技术经济，2012，03：78-85.

［94］张淑杰，孙天华. 农业补贴政策效率及其影响因素研究——基于河南省360户农户调研数据的实证分析［J］. 农业技术经济，2012，12：68-74.

［95］司伟，黄春全，王济民. 中日韩农产品贸易影响因素及分解［J］. 农业经济问题，2012，11：16-21，110.

［96］宋敏. 基于 CVM 与 AHP 方法的耕地资源外部效益研究——以武汉市洪山区为例［J］. 农业经济问题，2012，04：62-70.

［97］孙文基，孙骏可. 江苏省新型农村社会养老保险制度的调查和思考［J］. 农业经济问题，2012，04：98-103.

［98］孙亚范，余海鹏. 农民专业合作社成员合作意愿及影响因素分析［J］. 中国农村经济，2012，06：48-58，71.

［99］孙永强. 金融发展、城市化与城乡居民收入差距研究［J］. 金融研究，2012，04：98-109.

［100］谭智心，孔祥智. 不完全契约、内部监督与合作社中小社员激励——合作社内部"搭便车"行为分析及其政策含义［J］. 中国农村经济，2012，07：17-28.

［101］汤碧. 中国与金砖国家农产品贸易：比较优势与合作潜力［J］. 农业经济问题，2012，10：67-76.

［102］唐华俊. 中国居民合理膳食模式下的粮食供需平衡分析［J］. 农业经济问题，2012，33：4-11，110.

[103] 唐学玉,李世平. 基于消费动机维度的安全农产品市场细分研究——以南京市为例 [J]. 农业技术经济, 2012, 01: 109-117.

[104] 陶善信,周应恒. 食品安全的信任机制研究 [J]. 农业经济问题, 2012, 33: 93-99.

[105] 万金,祁春节. 改革开放以来中国农产品对外贸易比较优势动态研究——基于 NRCA 方法的分析 [J]. 世界经济研究, 2012, 04: 51-57, 88.

[106] 汪三贵,曾俊霞,史耀疆,罗仁福,张林秀. 西部贫困地区小学生健康与教育性别差异研究 [J]. 农业技术经济, 2012, 06: 4-14.

[107] 汪阳洁,姜志德,王晓兵. 退耕还林(草)补贴对农户种植业生产行为的影响 [J]. 中国农村经济, 2012, 11: 56-68, 77.

[108] 王阿娜. 浮动汇率制下农产品价格波动分析 [J]. 农业经济问题, 2012, 05: 95-100.

[109] 王弟海. 健康人力资本、经济增长和贫困陷阱 [J]. 经济研究, 2012, 06: 143-155.

[110] 王芳,罗剑朝. 中国东中西部地区农户生产技术效率差异的实证分析——基于 ISDF 模型的分析 [J]. 农业技术经济, 2012, 03: 55-64.

[111] 王娟,张克中. 公共支出结构与农村减贫——基于省级面板数据的证据 [J]. 中国农村经济, 2012: 31-42.

[112] 王俊,龚强,王威. "老龄健康"的经济学研究 [J]. 经济研究, 2012, 01: 134-150.

[113] 王可山. 食品安全管理研究:现状述评、关键问题与逻辑框架 [J]. 管理世界, 2012: 176-177.

[114] 王鹏,霍学喜. 合作社中农民退社的方式及诱因分析——基于渤海湾优势区苹果合作社 354 位退社果农的追踪调查 [J]. 中国农村观察, 2012, 05: 54-64, 96.

[115] 王瑞,王丽萍. 我国农产品贸易流量现状与影响因素:基于引力模型的实证研究 [J]. 国际贸易问题, 2012, 04: 39-48.

[116] 王士海,李先德. 粮食最低收购价政策托市效应研究 [J]. 农业技术经济, 2012, 04: 105-111.

[117] 王舒娟,张兵. 农户出售秸秆决策行为研究——基于江苏省农户数据 [J]. 农业经济问题, 2012, 06: 90-96, 112.

[118] 王文成,周津宇. 农村不同收入群体借贷的收入效应分析——基于农村东北地区的农户调查数据 [J]. 中国农村经济, 2012, 05: 77-84.

[119] 王孝松,谢申祥. 国际农产品价格如何影响了中国农产品价格? [J]. 经济研究, 2012, 03: 141-153.

[120] 王兴稳,樊胜根,陈志钢,张晓波,吕开宇. 中国西南贫困山区道路与农户食物获得能力——基于贵州住户调查数据的分析 [J]. 农业经济问题, 2012, 01: 45-

51,111.

[121] 王兴稳,樊胜根,陈志钢,张晓波,吕开宇. 中国西南贫困山区农户食物安全、健康与公共政策——基于贵州普定的调查 [J]. 中国农村经济, 2012, 01: 43-55.

[122] 王永强,朱玉春. 启发式偏向、认知与农民不安全农药购买决策——以苹果种植户为例 [J]. 农业技术经济, 2012, 07: 48-55.

[123] 王裕雄,肖海峰. 实证数学规划模型在农业政策分析中的应用——兼与计量经济学模型的比较 [J]. 农业技术经济, 2012, 07: 15-21.

[124] 王志刚,李腾飞,韩剑龙. 食品安全规制对生产成本的影响——基于全国334家加工企业的实证分析 [J]. 农业技术经济, 2012: 57-68.

[125] 文晓巍,李慧良. 消费者对可追溯食品的购买与监督意愿分析——以肉鸡为例 [J]. 中国农村经济, 2012: 41-52.

[126] 文晓巍,温思美. 食品安全信用档案的构建与完善 [J]. 管理世界, 2012: 174-175.

[127] 吴蓓蓓,陈永福,于法稳. 基于收入分层QUAIDS模型的广东省城镇居民家庭食品消费行为分析 [J]. 中国农村观察, 2012, 04: 59-69, 94-95.

[128] 吴蓓蓓,陈永福,于法稳. 基于收入分层QUAIDS模型的广东省城镇居民家庭食品消费行为分析 [J]. 中国农村观察, 2012: 59-69, 94-95.

[129] 吴凤娇. 海峡两岸农产品贸易互补性的动态演化研究: 1996-2010年 [J]. 农业经济问题, 2012, 11: 22-30, 110.

[130] 吴林海,卜凡,朱淀. 消费者对含有不同质量安全信息可追溯猪肉的消费偏好分析 [J]. 中国农村经济, 2012: 13-23, 48.

[131] 吴庆田. 信用信息共享下农村金融供求均衡与帕累托最优配置的实现机制 [J]. 管理世界, 2012, 01: 174-175.

[132] 吴元元. 信息基础、声誉机制与执法优化——食品安全治理的新视野 [J]. 中国社会科学, 2012: 115-133, 207-208.

[133] 肖立. 我国农村居民消费结构与收入关系研究 [J]. 农业技术经济, 2012, 11: 91-99.

[134] 谢申祥,王孝松. 战略性研发补贴政策稳健吗?——基于中间品贸易的视角 [J]. 经济学(季刊), 2013, 01: 223-242.

[135] 谢新. 指标控制下城乡土地流转微观机制分析——以成渝地票实践为例 [J]. 中国农村经济, 2012, 12: 17-31.

[136] 辛怡. 卫生服务可及性与农村居民健康不平等 [J]. 农业技术经济, 2012, 08: 105-112.

[137] 信桂新,阎建忠,杨庆媛. 新农村建设中农户的居住生活变化及其生计转型 [J]. 西南大学学报(自然科学版), 2012, 02: 122-130.

[138] 徐旭初. 农民专业合作社发展辨析: 一个基于国内文献的讨论 [J]. 中国农

村观察，2012，05：2-12，94.

［139］许汉石，乐章．生计资本、生计风险与农户的生计策略［J］．农业经济问题，2012，33：100-105.

［140］许统生，李志萌，涂远芬，余昌龙．中国农产品贸易成本测度［J］．中国农村经济，2012，03：14-24.

［141］许翔宇．贫困地区农户脱贫的困境与出路：基于农产品供应链的视角［J］．农业经济问题，2012，33：92-96.

［142］薛亮，郝卫平．加强科技创新　提高农业用水生产力［J］．农业经济问题，2012，05：4-7，110.

［143］阎亚军，郭凌．我国农村信用社核心竞争力提升的影响因素研究——以广东省为例［J］．农业技术经济，2012，12：97-104.

［144］杨丹．农业分工和专业化能否引致农户的合作行为——基于西部5省20县农户数据的实证分析［J］．农业技术经济，2012，08：56-64.

［145］杨军，杨文倩，李明，王晓兵．中非农产品贸易结构变化趋势、比较优势及互补性分析［J］．中国农村经济，2012，03：44-52，67.

［146］杨新荣，吴忠才．基于湿地保护的生态农业发展模式研究——以洞庭湖区为例［J］．农业经济问题，2012，06：97-103.

［147］杨勇，范远江．"黄箱"政策的农业增收效果：以粮食作物为例［J］．农业经济问题，2012，04：10-17，110.

［148］叶敬忠，丁宝寅，王雯．独辟蹊径：自发型巢状市场与农村发展［J］．中国农村经济，2012：4-12.

［149］易行健，张波，杨汝岱，杨碧云．家庭社会网络与农户储蓄行为：基于中国农村的实证研究［J］．管理世界，2012，05：43-51，187.

［150］易小兰．农户正规借贷需求及其正规贷款可获性的影响因素分析［J］．中国农村经济，2012，02：56-63，85.

［151］尹文静，Ted Mc Connel．农村公共投资对农民生产投资影响的区域差异——基于卡尔曼滤波的时间序列分析［J］．中国农村观察，2012：63-70.

［152］于晓华，Bruemmer Bernhard，钟甫宁．如何保障中国粮食安全［J］．农业技术经济，2012：4-8.

［153］喻永红，韩洪云．农民健康危害认知与保护性耕作措施采用——对湖北省稻农IPM采用行为的实证分析［J］．农业技术经济，2012，02：54-62.

［154］展进涛，徐萌，谭涛．供应链协作关系、外部激励与食品企业质量管理行为分析——基于江苏省、山东省猪肉加工企业的问卷调查［J］．农业技术经济，2012：39-47.

［155］张兵，刘丹．美国农产品出口贸易的影响因素分析——基于恒定市场份额模型测算［J］．国际贸易问题，2012，06：49-60.

［156］张兵，张宁．农村非正规金融是否提高了农户的信贷可获性？——基于江苏

1202户农户的调查[J]．中国农村经济，2012，10：58-68，90．

[157] 张曙光，程炼．复杂产权论和有效产权论——中国地权变迁的一个分析框架[J]．经济学（季刊），2012，04：1219-1238．

[158] 张新颖，李淑霞．中国与俄罗斯农业合作的三大趋势[J]．中国农村经济，2012，05：85-92．

[159] 张跃华，邬小撑．食品安全及其管制与养猪户微观行为——基于养猪户出售病死猪及疫情报告的问卷调查[J]．中国农村经济，2012：72-83．

[160] 章元，许庆，邬璟璟．一个农业人口大国的工业化之路：中国降低农村贫困的经验[J]．经济研究，2012，47：76-87．

[161] 赵立．企业道德及其要素的实证分析：以农村中小企业为例[J]．农业经济问题，2012，04：78-84，111-112．

[162] 赵亮，穆月英．东亚"10+3"国家农产品国际竞争力分解及比较研究——基于分类农产品的CMS模型[J]．国际贸易问题，2012，04：59-72．

[163] 赵晓飞，李崇光．农产品流通渠道变革：演进规律、动力机制与发展趋势[J]．管理世界，2012，03：81-95．

[164] 郑军．我国农村沼气国债项目：政策特征、政策绩效与政策优化[J]．农业经济问题，2012，07：55-62．

[165] 郑有贵．农村社区集体经济组织法人地位研究[J]．农业经济问题，2012，33：22-28．

[166] 郑志浩，赵殷钰．收入分布变化对中国城镇居民家庭在外食物消费的影响[J]．中国农村经济，2012：40-50．

[167] 钟甫宁，向晶．城镇化对粮食需求的影响——基于热量消费视角的分析[J]．农业技术经济，2012：4-10．

[168] 钟钰，蓝海涛．中高收入阶段农民增收的国际经验及中国农民增收趋势[J]．农业经济问题，2012，33：73-79，112．

[169] 周天芸，周彤．中国农村人际圈层与抵押替代的实证分析[J]．中国农村观察，2012，01：46-52．

[170] 周应恒，吴丽芬．城市消费者对低碳农产品的支付意愿研究——以低碳猪肉为例[J]．农业技术经济，2012，08：4-12．

[171] 朱晶，吴国松．中国农产品非关税贸易措施的保护效果研究[J]．农业技术经济，2012，02：9-19．

第二节 英文文献索引

[1] Abbott, P. C. Export Restrictions as Stabilzation Responstes to Food Crisis [J]. American Journal of Agricultural Economics, 2012, 94: 428 – 434.

[2] Adjemian, M. K. Quantifying the WASDE Announcement Effect [J]. American Journal of Agricultural Economics, 2012, 94: 238 – 256.

[3] Amare, M., S. Asfaw and B. Shiferaw. Welfare Impacts of Maize – pigeonpea Intensification in Tanzania [J]. Agricultural Economics, 2012, 43: 27 – 43.

[4] Areal, F. J., L. Riesgo, M. Gomez – Barbero, and E. Rodriguez – Cerezo. Consequences of a Coexistence Policy on the Adoption of GMHT Crops in the European Union [J]. Food Policy, 2012, 37: 401 – 411.

[5] Arndt, C., M. A. Hussain, E. S. Jones, V. Nhate, F. Tarp, and J. Thurlow. Explaining the Evolution of Poverty: The Case of Mozambique [J]. American Journal of Agricultural Economics, 2012, 94: 854 – 872.

[6] Asche, F., O. Gjolberg, and A. G. Guttormsen. Testing the Central Market Hypothesis: A Multivariate Analysis of Tanzanian Sorghum Markets [J]. Agricultural Economics, 2012, 43: 115 – 123.

[7] Aschemann – Witzel, J., F. J. A. Perez – Cueto, B. Niedzwiedzka, W. Verbeke and T. Bech – Larsen. Transferability of Private Food Marketing Success Factors to Public Food and Health Policy: An Expert Delphi Survey [J]. Food Policy, 2012, 37: 650 – 660.

[8] Asfaw, S., B. Shiferaw, F. Simtowe, and L. Lipper. Impact of Modern Agricultural Technologies on Smallholder Welfare: Evidence from Tanzania and Ethiopia [J]. Food Policy, 2012, 37: 283 – 295.

[9] Atsbeha, D. M., D. Kristofersson and K. Rickertsen. Animal Breeding and Productivity Growth of Dairy Farms [J]. American Journal of Agricultural Economics, 2012, 94: 996 – 1012.

[10] Awada, L. and A. Yiannaka. Consumer Perceptions and the Effects of Country of Origin Labeling on Purchasing Decisions and Welfare [J]. Food Policy, 2012, 37: 21 – 30.

[11] Banovic, M., M. A. Fontes, M. M. Barreira and K. G. Grunert. Impact of Product Familiarity on Beef Quality Perception [J]. Agribusiness, 2012, 28: 157 – 172.

[12] Bartolini, F., V. Gallerani, M. Raggi and D. Viaggi. Modelling the Linkages between Cross – Compliance and Agri – Environmental Schemes Under Asymmetric Information [J]. Journal of Agricultural Economics, 2012, 63: 310 – 330.

[13] Bennett, R. and K. Balcombe. Farmers' Willingness to Pay for a Tuberculosis Cattle Vaccine [J]. Journal of Agricultural Economics, 2012, 63: 408 – 424.

[14] Bonanno, A. Some Like It Healthy: Demand for Functional and Conventional Yogurts in the Italian Market [J]. Agribusiness, 2012, 28: 67 – 85.

[15] Brick, K., M. Visser and J. Burns. Risk Aversion: Experimental Evidence from South African Fishing Communities [J]. American Journal of Agricultural Economics, 2012, 94: 133 – 152.

[16] Burke, P. J. Climbing the Electricity Ladder Generates Carbon Kuznets Curve Downturns* [J]. Australian Journal of Agricultural and Resource Economics, 2012, 56: 260 – 279.

[17] Busse, S., B. Bruemmer, and R. Ihle. Price Formation in the German Biodiesel Supply Chain: A Markov – switching Vector Error – correction Modeling Approach [J]. Agricultural Economics, 2012, 43: 545 – 559.

[18] Buzby, J. C. and J. Hyman. Total and Per Capita Value of Food Loss in the United States [J]. Food Policy, 2012, 37: 561 – 570.

[19] Carew, R., W. J. Florkowski and E. G. Smith. Hedonic Analysis of Apple Attributes in Metropolitan Markets of Western Canada [J]. Agribusiness, 2012, 28: 293 – 309.

[20] Carpentier, A. and E. Letort. Accounting for Heterogeneity in Multicrop Micro – Econometric Models: Implications for Variable Input Demand Modeling [J]. American Journal of Agricultural Economics, 2012, 94: 209 – 224.

[21] Chang, J. B., W. Moon and S. K. Balasubramanian. Consumer Valuation of Health Attributes for Soy – based Food: A Choice Modeling Approach [J]. Food Policy, 2012, 37: 335 – 342.

[22] Chavas, J. – P., and S. Di Falco. On the Role of Risk Versus Economies of Scope in Farm Diversification With an Application to Ethiopian Farms [J]. Journal of Agricultural Economics, 2012, 63: 25 – 55.

[23] Chen, X. and H. Oenal. Modeling Agricultural Supply Response Using Mathematical Programming and Crop Mixes [J]. American Journal of Agricultural Economics, 2012, 94: 674 – 686.

[24] Corrigan, J. R., A. C. Drichoutis, J. L. Lusk, R. M. Nayga, Jr., and M. C. Rousu. Repeated Rounds with Price Feedback in Experimental Auction Valuation: An Adversarial Collaboration [J]. American Journal of Agricultural Economics, 2012, 94: 97 – 115.

[25] Costanigro, M., C. A. Bond, and J. J. McCluskey. Reputation Leaders, Quality Laggards: Incentive Structure in Markets with Both Private and Collective Reputations [J]. Journal of Agricultural Economics, 2012, 63: 245 – 264.

[26] Coxhead, I., L. Vu Hoang, and T. Le Dong. Global Market Shocks and Poverty in

Vietnam: The Case of Rice [J]. Agricultural Economics, 2012, 43: 575 - 592.

[27] Cranfield, J., S. Henson, and J. Blandon. The Effect of Attitudinal and Sociodemographic Factors on the Likelihood of Buying Locally Produced Food [J]. Agribusiness, 2012, 28: 205 - 221.

[28] Curzi, D., and A. Olper. Export behavior of Italian food firms: Does product quality matter? [J]. Food Policy, 2012, 37: 493 - 503.

[29] de Mey, Y., M. Demont, and M. Diagne. Estimating Bird Damage to Rice in Africa: Evidence from the Senegal River Valley [J]. Journal of Agricultural Economics, 2012, 63: 175 - 200.

[30] Dentoni, D., D. Menozzi and M. G. Capelli. Group Heterogeneity and Cooperation on the Geographical Indication Regulation: The Case of the "Prosciutto di Parma" Consortium [J]. Food Policy, 2012, 37: 207 - 216.

[31] Ding, Y., M. M. Veeman and W. L. Adamowicz. The Impact of Generalized Trust and Trust in the Food System on Choices of a Functional GM Food [J]. Agribusiness, 2012, 28: 54 - 66.

[32] Disdier, A. - C. and S. Marette. How Do Consumers in Developed Countries Value the Environment and Workers' Social Rights in Developing Countries? [J]. Food Policy, 2012, 37: 1 - 11.

[33] Doole, G. J. and D. J. Pannell. Empirical Evaluation of Nonpoint Pollution Policies under Agent Heterogeneity: Regulating Intensive Dairy Production in the Waikato Region of New Zealand [J]. Australian Journal of Agricultural and Resource Economics, 2012, 56: 82 - 101.

[34] Dorosh, P., H. G. Wang, L. You and E. Schmidt. Road Connectivity, Population, and Crop Production in Sub - Saharan Africa [J]. Agricultural Economics, 2012, 43: 89 - 103.

[35] Dorward, L. J. Where are the Best Opportunities for Reducing Greenhouse Gas Emissions in the Food System (Including the Food Chain)? A Comment [J]. Food Policy, 2012, 37: 463 - 466.

[36] Dries, L., P. Ciaian and d. A. Kancs. Job Creation and Job Destruction in EU Agriculture [J]. Food Policy, 2012, 37: 600 - 608.

[37] Drogue, S. and F. DeMaria. Pesticide Residues and Trade, the Apple of Discord? [J]. Food Policy, 2012, 37: 641 - 649.

[38] Du, X., D. A. Hennessy and C. L. Yu. Testing Day's Conjecture that More Nitrogen Decreases Crop Yield Skewness [J]. American Journal of Agricultural Economics, 2012, 94: 225 - 237.

[39] Emmanouilides, C. J., and P. Fousekis. Testing for the LOP under Nonlinearity: An Application to four Major EU Pork Markets [J]. Agricultural Economics, 2012, 43:

715 – 723.

[40] Enders, W., and M. T. Holt. Sharp Breaks or Smooth Shifts? an Investigation of the Evolution of Primary Commodity Prices [J]. American Journal of Agricultural Economics, 2012, 94: 659 – 673.

[41] Engler, A., L. Nahuelhual, G. Cofre and J. Barrena. How Far from Harmonization are Sanitary, Phytosanitary and Quality – related Standards? An Exporter's Perception Approach [J]. Food Policy, 2012, 37: 162 – 170.

[42] Erdem, S., D. Rigby and A. Wossink. Using Best – worst Scaling to Explore Perceptions of Relative Responsibility for Ensuring Food Safety [J]. Food Policy, 2012, 37: 661 – 670.

[43] Falkowski, J. Vertical coordination, Access to Capital, and Producer Loyalty in the Polish Dairy Sector [J]. Agricultural Economics, 2012, 43: 155 – 164.

[44] Finardi, C., G. Pellegrini and G. Rowe. Food Safety Issues: From Enlightened Elitism towards Deliberative Democracy? An overview of EFSA's "Public Consultation" instrument [J]. Food Policy, 2012, 37: 427 – 438.

[45] Finger, R. and N. Lehmann. The Influence of Direct Payments on Farmers' Hail Insurance Decisions [J]. Agricultural Economics, 2012, 43: 343 – 354.

[46] Fraser, R. Moral Hazard, Targeting and Contract Duration in Agri – Environmental Policy [J]. Journal of Agricultural Economics, 2012, 63: 56 – 64.

[47] Gaigne, C., J. Le Gallo, S. Larue, and B. Schmitt. Does Regulation of Manure Land Application Work Against Agglomeration Economies? Theory and Evidence from the French Hog Sector [J]. American Journal of Agricultural Economics, 2012, 94: 116 – 132.

[48] Gao, L., J. Huang and S. Rozelle. Rental Markets for Cultivated Land and Agricultural Investments in China [J]. Agricultural Economics, 2012, 43: 391 – 403.

[49] Garnaut, R. The Contemporary China Resources Boom* [J]. Australian Journal of Agricultural and Resource Economics, 2012, 56: 222 – 243.

[50] Gedara, K. M., C. Wilson, S. Pascoe and T. Robinson. Factors Affecting Technical Efficiency of Rice Farmers in Village Reservoir Irrigation Systems of Sri Lanka [J]. Journal of Agricultural Economics, 2012, 63: 627 – 638.

[51] Glenk, K., C. Hall, U. Liebe and J. Meyerhoff. Preferences of Scotch Malt Whisky Consumers for Changes in Pesticide Use and Origin of Barley [J]. Food Policy, 2012, 37: 719 – 731.

[52] Gomez – Limon, J. A., E. Vera – Toscano and M. Rico – Gonzalez. Measuring Individual Preferences for Rural Multifunctionality: The Importance of Demographic and Residential Heterogeneity [J]. Journal of Agricultural Economics, 2012, 63: 1 – 24.

[53] Gracia, A., T. de Magistris, and R. M. Nayga, Jr. Importance of Social Influence in Consumers' Willingness to Pay for Local Food: Are There Gender Differences? [J]. Agri-

business, 2012, 28: 361 - 371.

[54] Graham, D. J. , J. L. Orquin and V. H. M. Visschers. Eye Tracking and Nutrition Label Use: A Review of the Literature and Recommendations for Label Enhancement [J]. Food Policy, 2012, 37: 378 - 382.

[55] Grant, J. H. , and K. A. Boys. Agricultural Trade and the GATT/WTO: Does Membership Make a Difference? [J]. American Journal of Agricultural Economics, 2012, 94: 1 - 24.

[56] Gregory, R. G. Living Standards, Terms of Trade and Foreign Ownership: Reflections on the Australian Mining boom* [J]. Australian Journal of Agricultural and Resource Economics, 2012, 56: 171 - 200.

[57] Gruere, G. P. Implications of Nanotechnology Growth in Food and Agriculture in OECD Countries [J]. Food Policy, 2012, 37: 191 - 198.

[58] Hansen, H. , and R. Herrmann. The two Dimensions of Policy Impacts on Economic Cohesion: Concept and Illustration for the CAP [J]. Food Policy, 2012, 37: 483 - 491.

[59] Hansson, H. , R. Ferguson, and C. Olofsson. Psychological Constructs Underlying Farmers' Decisions to Diversify or Specialise their Businesses—An Application of Theory of Planned Behaviour [J]. Journal of Agricultural Economics, 2012, 63: 465 - 482.

[60] Hattam, C. E. , D. J. Lacombe, and G. J. Holloway. Organic Certification, Export Market Access and the Impacts of Policy: Bayesian Estimation of Avocado Smallholder Times - to - Organic Certification "in Michoacan Mexico" [J]. Agricultural Economics, 2012, 43: 441 - 457.

[61] Hawkes, C. , S. Friel, T. Lobstein, and T. Lang. Linking Agricultural Policies with Obesity and Noncommunicable Diseases: A New Perspective for a Globalising World [J]. Food Policy, 2012, 37: 343 - 353.

[62] He, L. - Y. and W. - S. Xe. Who Has the Final Say? Market Power Versus Price Discovery in China's Sugar Spot and Futures Markets [J]. China Agricultural Economic Review, 2012, 4: 379 - 390.

[63] Hellyer, N. E. , I. Fraser and J. Haddock - Fraser. Food Choice, Health Information and Functional Ingredients: An Experimental Auction Employing Bread [J]. Food Policy, 2012, 37: 232 - 245.

[64] Herberich, D. H. , and J. A. List. Digging into Background Risk: Experiments with Farmers and Students [J]. American Journal of Agricultural Economics, 2012, 94: 457 - 463.

[65] Herdt, R. W. People, Institutions, and Technology: A Personal View of the Role of Foundations in International Agricultural Research and Development 1960 - 2010 [J]. Food Policy, 2012, 37: 179 - 190.

[66] Heyder, M. , L. Theuvsen and T. Hollmann - Hespos. Investments in Tracking and

Tracing Systems in the Food Industry: A PLS Analysis [J]. Food Policy, 2012, 37: 102 – 113.

[67] Holden, S. and R. Lunduka. Do Fertilizer Subsidies Crowd out Organic Manures? The case of Malawi [J]. Agricultural Economics, 2012, 43: 303 – 314.

[68] Huang, J., L. Gao and S. Rozelle. The Effect of Off – farm Employment on the Decisions of Households to Rent out and Rent in Cultivated Land in China [J]. China Agricultural Economic Review, 2012, 4: 5 – 17.

[69] Huang, J., J. Yang, S. Msangi, S. Rozelle and A. Weersink. Biofuels and the Poor: Global Impact Pathways of Biofuels on Agricultural Markets [J]. Food Policy, 2012, 37: 439 – 451.

[70] Ifft, J., D. Roland – Holst and D. Zilberman. Consumer Valuation of Safety – labeled free – range Chicken: Results of a Field Experiment in Hanoi [J]. Agricultural Economics, 2012, 43: 607 – 620.

[71] Ingenbleek, P. T. M., V. M. Immink, H. A. M. Spoolder, M. H. Bokma and L. J. Keeling. EU Animal Welfare Policy: Developing a Comprehensive Policy Framework [J]. Food Policy, 2012, 37: 690 – 699.

[72] Ito, J., Z. Bao and Q. Su. Distributional Effects of Agricultural Cooperatives in China: Exclusion of Smallholders and Potential Gains on Participation [J]. Food Policy, 2012, 37: 700 – 709.

[73] Jena, P. R., B. B. Chichaibelu, T. Stellmacher and U. Grote. The Impact of Coffee Certification on Small – scale Producers' Livelihoods: a Case Study from the Jimma Zone, Ethiopia [J]. Agricultural Economics, 2012, 43: 429 – 440.

[74] Jia, X., J. Huang, H. Luan, S. Rozelle and J. Swinnen. China's Milk Scandal, Government Policy and Production Decisions of Dairy Farmers: The Case of Greater Beijing [J]. Food Policy, 2012, 37: 390 – 400.

[75] Kabunga, N. S., T. Dubois and M. Qaim. Heterogeneous Information Exposure and Technology Adoption: the Case of Tissue Culture Bananas in Kenya [J]. Agricultural Economics, 2012, 43: 473 – 485.

[76] Kariuki, I. M., J. – P. Loy and T. Herzfeld. Farmgate Private Standards and Price Premium: Evidence From the GlobalGAP Scheme in Kenya's French Beans Marketing [J]. Agribusiness, 2012, 28: 42 – 53.

[77] Kehlbacher, A., R. Bennett and K. Balcombe. Measuring the Consumer Benefits of Improving Farm Animal Welfare to Inform Welfare Labelling [J]. Food Policy, 2012, 37: 627 – 633.

[78] Kersting, S. and M. Wollni. New Institutional Arrangements and Standard Adoption: Evidence from Small – scale Fruit and Vegetable Farmers in Thailand [J]. Food Policy, 2012, 37: 452 – 462.

[79] Kissinger, M. International trade related food miles – The case of Canada [J]. Food Policy, 2012, 37: 171 – 178.

[80] Klonsky, K. Comparison of Production Costs and Resource Use for Organic and Conventional Production Systems [J]. American Journal of Agricultural Economics, 2012, 94: 314 – 321.

[81] Kolady, D. E., D. J. Spielman and A. Cavalieri. The Impact of Seed Policy Reforms and Intellectual Property Rights on Crop Productivity in India [J]. Journal of Agricultural Economics, 2012, 63: 361 – 384.

[82] Komarek, A. M., S. A. Waldron and C. G. Brown. An Exploration of Livestock – development Policies in Western China [J]. Food Policy, 2012, 37: 12 – 20.

[83] Kong, D. Does Corporate Social Responsibility Matter in the Food Industry? Evidence from a Nature Experiment in China [J]. Food Policy, 2012, 37: 323 – 334.

[84] Kuchler, M. and B. – O. Linner. Challenging the Food vs. Fuel Dilemma: Genealogical Analysis of the Biofuel Discourse Pursued by International Organizations [J]. Food Policy, 2012, 37: 581 – 588.

[85] Lefebvre, M., L. Gangadharan and S. Thoyer. Do Security – Differentiated Water Rights Improve the Performance of Water Markets? [J]. American Journal of Agricultural Economics, 2012, 94: 1113 – 1135.

[86] Lewin, P. A., M. Fisher and B. Weber. Do Rainfall Conditions Push or Pull Rural Migrants: Evidence from Malawi [J]. Agricultural Economics, 2012, 43: 191 – 204.

[87] Liaukonyte, J., B. J. Rickard, H. M. Kaiser, A. M. Okrent and T. J. Richards. Economic and Health Effects of Fruit and Vegetable Advertising: Evidence from Lab Experiments [J]. Food Policy, 2012, 37: 543 – 553.

[88] Loch, A., H. Bjornlund, S. Wheeler and J. Connor. Allocation Trade in Australia: A Aualitative Understanding of Irrigator Motives and Behaviour [J]. Australian Journal of Agricultural and Resource Economics, 2012, 56: 42 – 60.

[89] Lunduka, R., M. Fisher and S. Snapp. Could Farmer Interest in a Diversity of Seed Attributes Explain Adoption Plateaus for Modern Maize Varieties in Malawi? [J]. Food Policy, 2012, 37: 504 – 510.

[90] Lybbert, T. J. and D. A. Sumner. Agricultural Technologies for Climate Change in Developing Countries: Policy Options for Innovation and Technology Fiffusion [J]. Food Policy, 2012, 37: 114 – 123.

[91] Ma, S., S. M. Swinton, F. Lupi and C. Jolejole – Foreman. Farmers' Willingness to Participate in Payment – for – Environmental – Services Programmes [J]. Journal of Agricultural Economics, 2012, 63: 604 – 626.

[92] Magnan, N., D. M. Larson and J. E. Taylor. Stuck on Stubble? The Non – market

Value of Agricultural Byproducts for Diversified Farmers in Morocco [J]. American Journal of Agricultural Economics, 2012, 94: 1055 – 1069.

[93] Majumder, A., R. Ray and K. Sinha. Calculating Rural – Urban Food Price Differentials from Unit Values in Household Expenditure Surveys: A Comparison with Existing Methods and A New Procedure [J]. American Journal of Agricultural Economics, 2012, 94: 1218 – 1235.

[94] Marette, S., A. Messean and G. Millet. Consumers' Willingness to Pay for Eco – friendly Apples Under Different Labels: Evidences from a Lab Experiment [J]. Food Policy, 2012, 37: 151 – 161.

[95] Marette, S., B. E. Roe and M. Teisl. The Welfare Impact of Food Pathogen Vaccines [J]. Food Policy, 2012, 37: 86 – 93.

[96] Martin, W. and K. Anderson. Export Restrictions and Price Insulation During Commodity Price Booms [J]. American Journal of Agricultural Economics, 2012, 94: 422 – 427.

[97] Meyer, S. B., J. Coveney, J. Henderson, P. R. Ward and A. W. Taylor. Reconnecting Australian Consumers and Producers: Ldentifying Problems of Distrust [J]. Food Policy, 2012, 37: 634 – 640.

[98] Meyerhoff, J., A. Bartczak and U. Liebe. Protester or Non – protester: A Binary State? On the Use (and non – use) of Latent Class Models to Analyse Protesting in Economic Valuation [J]. Australian Journal of Agricultural and Resource Economics, 2012, 56: 438 – 454.

[99] Mundler, P. and L. Rumpus. The Energy Efficiency of Local Food Systems: A Comparison Between Different Modes of Distribution [J]. Food Policy, 2012, 37: 609 – 615.

[100] Muscio, A. and G. Nardone. The Determinants of University – Industry Collaboration in Food Science in Ltaly [J]. Food Policy, 2012, 37: 710 – 718.

[101] Mwebaze, P. and J. Bennett. Valuing Australian Botanic Collections: A Combined Travel – Cost and Contingent Valuation Study [J]. Australian Journal of Agricultural and Resource Economics, 2012, 56: 498 – 520.

[102] Myers, R. J. and T. S. Jayne. Multiple – Regime Spatial Price Transmission with an Application to Maize Markets in Southern Africa [J]. American Journal of Agricultural Economics, 2012, 94: 174 – 188.

[103] Nhuong, T., N. L. W. Wilson and S. Anders. Standard Harmonization as Chasing Zero (Tolerance Limits): The Impact of Veterinary Drug Residue Ssandards on Crustacean Imports in the EU, Japan, and North America [J]. American Journal of Agricultural Economics, 2012, 94: 496 – 502.

[104] Nijdam, D. T. Rood, and H. Westhoek. The Price of Protein: Review of Land Use and Carbon Footprints from Life Cycle Assessments of Animal Food Products and their Substitutes [J]. Food Policy, 2012, 37: 760 – 770.

[105] Nilsson, J., G. L. H. Svendsenand G. T. Svendsen. Are Large and Complex Agricul-

tural Cooperatives Losing Their Social Capital? [J]. Agribusiness, 2012, 28: 187-204.

[106] Nimenya, N., P. -F. Ndimira and B. H. de Frahan. Tariff Equivalents of Nontariff Measures: the Case of European Horticultural and Fish Imports From African Countries [J]. Agricultural Economics, 2012, 43: 635-653.

[107] Nocella, G. and O. Kennedy. Food Health Claims - What Consumers Understand [J]. Food Policy, 2012, 37: 571-580.

[108] Nolan, E. and P. Santos. The Contribution of Genetic Modification to Changes in Corn Yield in the United States [J]. American Journal of Agricultural Economics, 2012, 94: 1171-1188.

[109] O'Donnell, C. J. Nonparametric Estimates of the Components of Productivity and Profitability Change in U. S. Agriculture [J]. American Journal of Agricultural Economics, 2012, 94: 873-890.

[110] Okrent, A. M. and J. M. Alston. The Effects of Farm Commodity and Retail Food Policies on Obesity and Economic Welfare in the United States [J]. American Journal of Agricultural Economics, 2012, 94: 611-646.

[111] Ortega, D. L., H. H. Wang, N. J. Olynk, L. Wu and J. Bai. Chinese Consumers' Demand for Food Safety Attributes: A Push for Government and Industry Regulations [J]. American Journal of Agricultural Economics, 2012, 94: 489-495.

[112] Ovrum, A., F. Alfnes, V. L. Almli and K. Rickertsen. Health Information and Diet Choices: Results from a Cheese Experiment [J]. Food Policy, 2012, 37: 520-529.

[113] Pascoe, S., L. Coglan, A. E. Punt and C. M. Dichmont. Impacts of Vessel Capacity Reduction Programmes on Efficiency in Fisheries: The Case of Australia's Multispecies Northern Prawn Fishery [J]. Journal of Agricultural Economics, 2012, 63: 425-443.

[114] Petrick, M. and P. Zier. Common Agricultural Policy Effects on Dynamic Labour Use in Agriculture [J]. Food Policy, 2012, 37: 671-678.

[115] Phimister, E. and D. Roberts. The Role of Ownership in Determining the Rural Economic Benefits of On-shore Wind Farms [J]. Journal of Agricultural Economics, 2012, 63: 331-360.

[116] Probst, L., E. Houedjofonon, H. M. Ayerakwa and R. Haas. Will they Buy It? The Potential for Marketing Organic Vegetables in the Food Vending Sector to Strengthen Vegetable Safety: A Choice Experiment Study in Three West African Cities [J]. Food Policy, 2012, 37: 296-308.

[117] Qiao, F., J. Huang, L. Zhang and S. Rozelle. Pesticide use and Farmers' Health in China's Rice Production [J]. China Agricultural Economic Review, 2012, 4: 468-484.

[118] Rao, E. J. O., B. Bruemmer, and M. Qaim. Farmer Participation in Supermarket Channels, Production Technology, and Efficiency: The Case of Vegetables in Kenya [J]. American Journal of Agricultural Economics, 2012, 94: 891-912.

[119] Reeson, A. F., T. G. Measham and K. Hosking. Mining Activity, Income Inequality and Gender in Regional Australia* [J]. Australian Journal of Agricultural and Resource Economics, 2012, 56: 302 - 313.

[120] Resano, H., A. I. Sanjuan and L. M. Albisu. Consumers' Response to the EU Quality Policy Allowing for Heterogeneous Preferences [J]. Food Policy, 2012, 37: 355 - 365.

[121] Rouviere, E. and J. A. Caswell. From Punishment to Prevention: A French Case Study of The Introduction of Co - regulation in Enforcing Food Safety [J]. Food Policy, 2012, 37: 246 - 254.

[122] Rucker, R. R., W. N. Thurman and M. Burgett. Honey Bee Pollination Markets and the Internalization of Reciprocal Benefits [J]. American Journal of Agricultural Economics, 2012, 94: 956 - 977.

[123] Sauer, J. and D. Zilberman. Sequential Technology Implementation, Network Externalities, and Risk: The Case of Automatic Milking Systems [J]. Agricultural Economics, 2012, 43: 233 - 251.

[124] Schreinemachers, P. and P. Tipraqsa. Agricultural Pesticides and Land use Intensification in High, Middle and Low Income Countries [J]. Food Policy, 2012, 37: 616 - 626.

[125] Schroeck, R. The Organic Milk Market in Germany Is Maturing: A Demand System Analysis of Organic and Conventional Fresh Milk Segmented by Consumer Groups [J]. Agribusiness, 2012, 28: 274 - 292.

[126] Schroeder, T. C. and G. T. Tonsor. International cattle ID and traceability: Competitive Implications for the US [J]. Food Policy, 2012, 37: 31 - 40.

[127] Shee, A. and C. G. Turvey. Collateral - free Lending with Risk - Contingent Credit for Agricultural Development: Indemnifying Loans Against Pulse Crop Price Risk in Lndia [J]. Agricultural Economics, 2012, 43: 561 - 574.

[128] Skevas, T., S. E. Stefanou and A. O. Lansink. Can Economic Incentives Encourage Actual Reductions in Pesticide use and Environmental Spillovers? [J]. Agricultural Economics, 2012, 43: 267 - 276.

[129] Smed, S. Information and Consumer Perception of the "Organic" Attribute in Fresh Fruits and Vegetables [J]. Agricultural Economics, 2012, 43: 33 - 48.

[130] Soboh, R., A. O. Lansink and G. Van Dijk. Efficiency of Cooperatives and Investor Owned Firms Revisited [J]. Journal of Agricultural Economics, 2012, 63: 142 - 157.

[131] Stoop, J., C. Noussair and D. Van Soest. From the Lab to the Field: Cooperation among Fishermen [J]. Journal of Political Economy, 2012, 120: 1027 - 1056

[132] Stupar, D., W. B. Eide, L. Bourne, M. Hendricks, P. O. Iversen, and M. Wandel. The Nutrition Transition and the Human Right to Adequate Food for Adolescents in the Cape Town Metropolitan Area: Lmplications for Nutrition Policy [J]. Food Policy, 2012,

37: 199-206.

[133] Suter, J. F. , J. M. Duke, K. D. Messer and H. A. Michael. Behavior in a Spatially Explicit Groundwater Resource: Evidence from the Lab [J]. American Journal of Agricultural Economics, 2012, 94: 1094-1112.

[134] Tack, J. , A. Harri and K. Coble. More than Mean Effects: Modeling the Effect of Climate on the Higher Order Moments of Crop Yields [J]. American Journal of Agricultural Economics, 2012, 94: 1037-1054.

[135] Teuber, R. and R. Herrmann. Towards a Differentiated Modeling of Origin Effects in Hedonic Analysis: An Application to Auction Prices of Specialty Coffee [J]. Food Policy, 2012, 37: 732-740.

[136] Timilsina, G. R. , J. C. Beghin, D. van der Mensbrugghe, and S. Mevel. The Impacts of Biofuels Targets on Land-use Change and Food Supply: A Global CGE Assessment [J]. Agricultural Economics, 2012, 43: 315-332.

[137] Traill, W. B. Economic Perspectives on Nutrition Policy Evaluation [J]. Journal of Agricultural Economics, 2012, 63: 505-527.

[138] Trung Thanh, N. , H. Viet-Ngu and B. Seo. Cost and Environmental Efficiency of Rice Farms in South Korea [J]. Agricultural Economics, 2012, 43: 369-378.

[139] Ubilava, D. Modeling Nonlinearities in the U. S. Soybean-to-Corn Price Ratio: A Smooth Transition Autoregression Approach [J]. Agribusiness, 2012, 28: 29-41.

[140] Walden, J. B. , J. E. Kirkley, R. Faere and P. Logan. Productivity Change under an Individual Transferable Quota Management System [J]. American Journal of Agricultural Economics, 2012, 94: 913-928.

[141] Weber, J. C. and N. Key. How much Do Decoupled Payments Affect Production? An Instrumental Variable Approach with Panel Data [J]. American Journal of Agricultural Economics, 2012, 94: 52-66.

[142] White, B. and R. Sadler. Optimal Conservation Investment for a Biodiversity-rich Agricultural Landscape [J]. Australian Journal of Agricultural and Resource Economics, 2012, 56: 1-21.

[143] Winchester, N. The Impact of Border Carbon Adjustments Under Alternative Producer Responses [J]. American Journal of Agricultural Economics, 2012, 94: 354-359.

[144] Wollni, M. and B. Bruemmer. Productive Efficiency of Specialty and Conventional Coffee Farmers in Costa Rica: Accounting for Technological Heterogeneity and Self-Selection [J]. Food Policy, 2012, 37: 67-76.

[145] Xiao, H. , J. Wang, L. Oxley and H. Ma. The Evolution of Hog Production and Potential Sources for Future Growth in China [J]. Food Policy, 2012, 37: 366-377.

[146] Xu, C. , H. H. Wang and Q. Shi. Farmers' Income and Production Responses to Rural Taxation Reform in Three Regions in China [J]. Journal of Agricultural Economics,

2012, 63: 291-309.

[147] Yu, B., F. Liu and L. You. Dynamic Agricultural Supply Response under Economic Transformation: A Case Study of Henan, China [J]. American Journal of Agricultural Economics, 2012, 94: 370-376.

[148] Yu, X. Productivity, Efficiency and Structural Problems in Chinese Dairy Farms [J]. China Agricultural Economic Review, 2012, 4: 168-175.

[149] Zanoli, R., D. Gambelli and D. Vairo. Scenarios of the Organic Food Market in Europe [J]. Food Policy, 2012, 37: 41-57.

[150] Zimmermann, A. and T. Heckelei. Structural Change of European Dairy Farms – A Cross-Regional Analysis [J]. Journal of Agricultural Economics, 2012, 63: 576-603.

[151] Zivin, G. and M. Neidell. The Impact of Pollution on Worker Productivity [J]. American Economic Review, 2012, 102: 3652-3673.

后　记

一部著作的完成需要许多人的默默贡献，闪耀着的是集体的智慧，其中铭刻着许多艰辛的付出，凝结着许多辛勤的劳动和汗水。

本书在编写过程中，借鉴和参考了大量的文献和作品，从中得到了不少启悟，也汲取了其中的智慧菁华，谨向各位专家、学者表示崇高的敬意——因为有了大家的努力，才有了本书的诞生。凡被本书选用的材料，我们都将按相关规定向原作者支付稿费，但因为有的作者通信地址不详或者变更，尚未取得联系。敬请您见到本书后及时函告您的详细信息，我们会尽快办理相关事宜。

由于编写时间仓促以及编者水平有限，书中不足之处在所难免，诚请广大读者指正，特驰惠意。